MÉMOIRES D'UN MÉDECIN

LE COLLIER
DE
LA REINE

LAGNY. — TYPOGRAPHIE DE VIALAT ET Cie

L'ALCÔVE DE LA REINE.

MÉMOIRES D'UN MÉDECIN

LE COLLIER
DE
LA REINE

PAR

ALEXANDRE DUMAS

PARIS

DUFOUR, MULAT ET BOULANGER, ÉDITEURS
(se réservent le droit de reproduction et de traduction à l'étranger.)
21 QUAI MALAQUAIS

1856

MÉMOIRES D'UN MÉDECIN

LE
COLLIER DE LA REINE

I

UN VIEUX GENTILHOMME ET UN VIEUX MAITRE D'HOTEL

Vers les premiers jours du mois d'avril 1784, à trois heures un quart à peu près de l'après-midi, le vieux maréchal de Richelieu, notre ancienne connaissance, après s'être imprégné lui-même les sourcils d'une teinture parfumée, repoussa de la main le miroir que lui tenait son valet de chambre, successeur mais non remplaçant du fidèle Rafté; et, secouant la tête de cet air qui n'appartenait qu'à lui :

— Allons, dit-il, me voilà bien ainsi.

Et il se leva de son fauteuil, chiquenaudant du doigt, avec un geste tout juvénile, les atomes de poudre blanche qui avaient volé de sa perruque sur sa culotte de velours bleu de ciel.

Puis, après avoir fait deux ou trois tours dans son cabinet de toilette, allongeant le coude-pied et tendant le jarret :

— Mon maître d'hôtel! dit-il.

Cinq minutes après le maître d'hôtel se présenta en costume de cérémonie.

Le maréchal prit un air grave et tel que le comportait la situation.

— Monsieur, dit-il, je suppose que vous m'avez fait un bon dîner? — Mais oui, Monseigneur. — Je vous ai fait remettre la liste de mes convives, n'est-ce pas? — Et j'en ai fidèlement retenu le nombre, Monseigneur. Neuf couverts, n'est-ce point cela? — Il y a couvert et couvert, Monsieur! — Oui, Monseigneur, mais...

Le maréchal interrompit le maître d'hôtel avec un léger mouvement d'impatience, tempéré cependant de majesté.

— *Mais...* n'est point une réponse, Monsieur : et chaque fois que j'entends le mot *mais*, et je l'ai entendu bien des fois depuis quatre-vingt-huit ans, eh bien! Monsieur, chaque fois que je l'ai entendu, ce mot, je suis désespéré de vous le dire, il précédait une sottise. — Monseigneur!... — D'abord, à quelle heure me faites-vous dîner? — Monseigneur, les bourgeois dînent à deux heures, la robe à trois, la noblesse à quatre. — Et moi, Monsieur? — Monseigneur dînera aujourd'hui à cinq heures. — Oh! oh! à cinq heures! — Oui, Monseigneur, comme le roi. — Et pourquoi comme le roi? — Parce que sur la liste que Monseigneur m'a fait l'honneur de me remettre, il y a un nom de roi. — Point du tout, Monsieur, vous vous trompez, parmi mes convives d'aujourd'hui, il n'y a que de simples gentilshommes. — Monseigneur veut sans doute plaisanter avec son humble serviteur, et je le remercie de l'honneur qu'il me fait. Mais monsieur le comte de Haga, qui est un des convives de Monseigneur... — Eh bien? — Eh bien! le comte de Haga est un roi. — Je ne connais pas de roi qui se nomme ainsi. — Que Monseigneur me pardonne alors, dit le maître d'hôtel en s'inclinant, mais j'avais cru, j'avais supposé... — Votre mandat n'est pas de croire, Monsieur! Votre devoir n'est pas de supposer! Ce que vous avez à faire, c'est de lire les ordres que je vous donne, sans y ajouter aucun commentaire. Quand je veux qu'on sache une chose, je la dis; quand je ne la dis pas, je veux qu'on l'ignore.

Le maître d'hôtel s'inclina une seconde fois, et cette fois plus respectueusement peut-être que s'il eût parlé à un roi régnant.

— Ainsi donc, Monsieur, continua le vieux maréchal, vous voudrez bien, puisque je n'ai que des gentilshommes à dîner, me faire dîner à mon heure habituelle, c'est-à-dire à quatre heures.

A cet ordre, le front du maître d'hôtel s'obscurcit, comme s'il venait d'entendre prononcer son arrêt de mort. Il pâlit et plia sous le coup.

Puis, se redressant avec le courage du désespoir :

— Il arrivera ce que Dieu voudra, dit-il; mais Monseigneur ne dînera qu'à cinq heures. — Pourquoi et comment cela? s'écria le maréchal en se redressant. — Parce qu'il est matériellement impossible que Monseigneur dîne auparavant. — Monsieur, dit le vieux maréchal en secouant avec fierté sa tête encore vive et jeune, voilà vingt ans, je crois, que vous êtes à mon service? — Vingt-un ans, Monseigneur, plus un mois et deux semaines. — Eh bien! Monsieur, à ces vingt-un ans, un mois, deux semaines, vous n'ajouterez pas un jour, pas une heure. Entendez-vous? répliqua le vieillard, en pinçant ses lèvres minces et en fronçant

RICHELIEU ET LE MAÎTRE D'HÔTEL.

son sourcil peint, dès ce soir vous chercherez un maître. Je n'entends pas que le mot impossible soit prononcé dans ma maison. Ce n'est pas à mon âge que je veux faire l'apprentissage de ce mot. Je n'ai pas de temps à perdre.

Le maître d'hôtel s'inclina une troisième fois.

— Ce soir, dit-il, j'aurai pris congé de Monseigneur, mais au moins jusqu'au dernier moment mon service aura été fait comme il convient.

Et il fit deux pas à reculons vers la porte.

— Qu'appelez-vous *comme il convient?* s'écria le maréchal. Apprenez, Monsieur, que les choses doivent être faites ici comme *il me convient,* voilà la convenance. Or, je veux dîner à quatre heures, moi, et *il ne me convient pas,* quand je veux dîner à quatre heures, que vous me fassiez dîner à cinq. — Monsieur le maréchal, dit sèchement le maître d'hôtel, j'ai servi de sommelier à monsieur le prince de Soubise, d'intendant à monsieur le prince cardinal Louis de Rohan. Chez le premier, Sa Majesté le feu roi de France dînait une fois l'an; chez le second, Sa Majesté l'empereur d'Autriche dînait une fois le mois. Je sais donc comme on traite les souverains, Monseigneur. Chez monsieur de Soubise, le roi Louis XV s'appelait vainement le baron de Gonesse, c'était toujours un roi. Chez le second, c'est-à-dire chez monsieur de Rohan, l'empereur Joseph s'appelait vainement le comte de Packenstein, c'était toujours l'empereur. Aujourd'hui, monsieur le maréchal reçoit un convive qui s'appelle vainement le comte de Haga : le comte de Haga n'en est pas moins le roi de Suède. Je quitterai ce soir l'hôtel de monsieur le maréchal, ou monsieur le comte de Haga y sera traité en roi. — Et voilà justement ce que je me tue à vous défendre, monsieur l'entêté; le comte de Haga veut l'incognito le plus strict, le plus opaque. Pardieu! je reconnais bien là vos sottes vanités, messieurs de la serviette! Ce n'est pas la couronne que vous honorez, c'est vous-mêmes que vous glorifiez avec nos écus. — Je ne suppose pas, dit aigrement le maître d'hôtel, que ce soit sérieusement que Monseigneur me parle d'argent. — Eh non! Monsieur, dit le maréchal presque humilié; non. Argent! qui diable vous parle d'argent? Ne détournez pas la question, je vous prie, et je vous répète que je ne veux point qu'il soit question de roi ici. — Mais, monsieur le maréchal, pour qui donc me prenez-vous? Croyez-vous que j'aille ainsi en aveugle? mais il ne sera pas un instant question de roi. — Alors ne vous obstinez point, et faites-moi dîner à quatre heures. — Non, monsieur le maréchal, parce qu'à quatre heures ce que j'attends ne sera point arrivé. — Qu'attendez-vous? un poisson? comme monsieur Vatel. — Monsieur Vatel! monsieur Vatel! murmura le maître d'hôtel.

— Eh bien! êtes-vous choqué de la comparaison? — Non; mais pour un malheureux coup d'épée que monsieur Vatel se donna au travers du corps, monsieur Vatel est immortalisé ! — Ah ! ah ! et vous trouvez, Monsieur, que votre confrère a payé la gloire trop bon marché ? — Non, Monseigneur, mais combien d'autres souffrent plus que lui dans notre profession, et dévorent des douleurs ou des humiliations cent fois pires qu'un coup d'épée, et qui cependant ne sont point immortalisés ! — Eh ! Monsieur, pour être immortalisé, ne savez-vous pas qu'il faut être de l'Académie ou être mort ? — Monseigneur, s'il en est ainsi, mieux vaut être bien vivant et faire son service. Je ne mourrai pas, et mon service sera fait comme eût été fait celui de Vatel, si monsieur le prince de Condé eût eu la patience d'attendre une demi-heure. — Oh ! mais vous me promettez merveilles ; c'est adroit. — Non, Monseigneur, aucune merveille. — Mais qu'attendez-vous donc alors ? — Monseigneur veut que je le lui dise ? — Ma foi ! oui, je suis curieux. — Eh bien, Monseigneur, j'attends une bouteille de vin. — Une bouteille de vin ! expliquez-vous, Monsieur ? la chose commence à m'intéresser. — Voici de quoi il s'agit, Monseigneur : Sa Majesté le roi de Suède, pardon, Son Excellence le comte de Haga, voulais-je dire, ne boit jamais que du vin de Tokay. — Eh bien ! suis-je assez dépourvu pour n'avoir point de tokay dans ma cave ? il faudrait chasser mon sommelier, dans ce cas. — Non, Monseigneur, vous en avez, au contraire, encore soixante bouteilles, à peu près. — Eh bien ! croyez-vous que le comte de Haga boive soixante-une bouteilles de vin à son dîner ? — Patience, Monseigneur ; lorsque monsieur le comte de Haga vint pour la première fois en France, il n'était que prince royal ; alors, il dîna chez le feu roi, qui avait reçu douze bouteilles de tokay de Sa Majesté l'empereur d'Autriche. Vous savez que le tokay premier crû est réservé pour la cave des empereurs, et que les souverains eux-mêmes ne boivent de ce crû qu'autant que Sa Majesté l'empereur veut bien leur en envoyer ? — Je le sais. — Eh bien ! Monseigneur, de ces douze bouteilles dont le prince royal goûta, et qu'il trouva admirables, de ces douze bouteilles, deux bouteilles aujourd'hui restent seulement. — Oh ! oh ! — L'une est encore dans les caves du roi Louis XVI. — Et l'autre ? — Ah ! voilà, Monseigneur, dit le maître d'hôtel avec un sourire triomphant ; car il sentait qu'après la longue lutte qu'il venait de soutenir, le moment de la victoire approchait pour lui : l'autre, eh bien ! l'autre fut dérobée. — Par qui ? — Par un de mes amis, sommelier du feu roi, qui m'avait de grandes obligations. — Ah ! ah ! Et qui vous la donna. — Certes, oui, Monseigneur, dit le maître d'hôtel avec orgueil. — Et qu'en fîtes-vous ? — Je la déposai précieusement dans la cave de mon maître, Monseigneur. — De votre maître ? Et quel était votre maître à cette époque, Monsieur ? — Monseigneur le cardinal prince Louis de Rohan. — Ah !

mon Dieu! à Strasbourg? — A Saverne. — Et vous avez envoyé chercher cette bouteille pour moi? s'écria le vieux maréchal. — Pour vous, Monseigneur, répondit le maître d'hôtel du ton qu'il eût pris pour dire : ingrat!

Le duc de Richelieu saisit la main du vieux serviteur en s'écriant :

— Je vous demande pardon, Monsieur, vous êtes le roi des maîtres d'hôtel! — Et vous me chassiez! répondit celui-ci avec un mouvement intraduisible de tête et d'épaules. — Moi, je vous paie cette bouteille cent pistoles. — Et cent pistoles que coûteront à monsieur le maréchal les frais de voyage, cela fera deux cents pistoles. Mais Monseigneur avouera que c'est pour rien. — J'avouerai tout ce qu'il vous plaira, Monsieur; en attendant, à partir d'aujourd'hui, je double vos honoraires. — Mais, Monseigneur, il ne fallait rien pour cela; je n'ai fait que mon devoir. — Et quand donc arrivera votre courrier de cent pistoles? — Monseigneur jugera si j'ai perdu mon temps : quel jour Monseigneur a-t-il commandé le dîner? — Mais voici trois jours, je crois. — Il faut à un courrier qui court à franc étrier vingt-quatre heures pour aller, vingt-quatre pour revenir. — Il vous restait vingt-quatre heures, prince des maîtres d'hôtel, qu'en avez-vous fait de ces vingt-quatres heures? — Hélas! Monseigneur, je les ai perdues. L'idée ne m'est venue que le lendemain du jour où vous m'aviez donné la liste de vos convives. Maintenant calculons le temps qu'entraînera la négociation, et vous verrez, Monseigneur, qu'en ne vous demandant que jusqu'à cinq heures, je ne vous demande que le temps strictement nécessaire. — Comment! la bouteille n'est pas encore ici? — Non, Monseigneur. — Bon Dieu! Monsieur, et si votre collègue de Saverne allait être aussi dévoué à monsieur le prince de Rohan que vous l'êtes à moi-même? — Eh bien! Monseigneur? — S'il allait refuser la bouteille, comme vous l'eussiez refusée vous-même? — Moi, Monseigneur? — Oui, vous ne donneriez pas une pareille bouteille, je suppose, si elle se trouvait dans ma cave? — J'en demande bien humblement pardon à Monseigneur : si un confrère ayant un roi à traiter me venait demander votre meilleure bouteille de vin, je la lui donnerais à l'instant. — Oh! oh! fit le maréchal avec une légère grimace. — C'est en aidant que l'on est aidé, Monseigneur. — Alors me voilà à peu près rassuré, dit le maréchal avec un soupir; mais nous avons encore une mauvaise chance. — Laquelle, Monseigneur? — Si la bouteille se casse? — Oh! Monseigneur, il n'y a pas d'exemple qu'un homme ait jamais cassé une bouteille de vin de deux mille livres. — J'avais tort, n'en parlons plus; maintenant votre courrier arrivera à quelle heure? — A quatre heures très-précises. — Alors, qui nous empêche de dîner à quatre heures? reprit le maréchal, entêté comme un mulet de Castille. — Monseigneur, il faut une heure à mon vin pour se reposer, et encore grâce à un procédé dont je suis l'inventeur ; sans cela, il me faudrait trois jours.

Battu cette fois encore, le maréchal fit en signe de défaite un salut à son maître d'hôtel.

— D'ailleurs, continua celui-ci, les convives de Monseigneur, sachant qu'ils auront l'honneur de dîner avec M. le comte de Haga, n'arriveront qu'à quatre heures et demie. — En voici bien d'une autre ! — Sans doute, Monseigneur ; les convives de Monseigneur sont, n'est-ce pas, monsieur le comte de Launay, madame la comtesse Dubarry, monsieur de Lapeyrouse, monsieur de Favras, monsieur de Condorcet, monsieur de Cagliostro et monsieur de Taverney ? — Eh bien ? — Eh bien ! Monseigneur, procédons par ordre : monsieur de Launay vient de la Bastille ; de Paris, par la glace qu'il y a sur les routes, trois heures. — Oui, mais il partira aussitôt le dîner des prisonniers, c'est-à-dire à midi ; je connais cela, moi. — Pardon, Monseigneur ; mais depuis que Monseigneur a été à la Bastille, l'heure du dîner est changée, la Bastille dîne à une heure. — Monsieur, on apprend tous les jours, et je vous remercie. Continuez. — Madame Dubarry vient de Luciennes, une descente perpétuelle, par le verglas. — Oh ! cela ne l'empêchera pas d'être exacte. Depuis qu'elle n'est plus la favorite que d'un duc, elle ne fait plus la reine qu'avec les barons. Mais comprenez cela à votre tour, Monsieur : je voulais dîner de bonne heure à cause de monsieur de Lapeyrouse qui part ce soir et qui ne voudra point s'attarder. — Monseigneur, monsieur de Lapeyrouse est chez le roi ; il cause géographie, cosmographie, avec Sa Majesté. Le roi ne lâchera donc pas de sitôt monsieur de Lapeyrouse. — C'est possible... — C'est sûr, Monseigneur. Il en sera de même de monsieur de Favras, qui est chez monsieur le comte de Provence, et qui y cause sans doute de la pièce de monsieur Caron de Beaumarchais. — Du *Mariage de Figaro ?* — Oui, Monseigneur. — Savez-vous que vous êtes tout à fait lettré, Monsieur ? — Dans mes moments perdus, je lis, Monseigneur. — Nous avons monsieur de Condorcet qui, en sa qualité de géomètre, pourra bien se piquer de ponctualité. — Oui ; mais il s'enfoncera dans un calcul, et quand il en sortira, il se trouvera d'une demi-heure en retard. Quant au comte de Cagliostro, comme ce seigneur est étranger et habite depuis peu de temps Paris, il est probable qu'il ne connaît pas encore parfaitement la vie de Versailles, et qu'il se fera attendre.

— Allons, dit le maréchal, vous avez, moins Taverney, nommé tous mes convives, et cela dans un ordre d'énumération digne d'Homère et de mon pauvre Rafté.

Le maître d'hôtel s'inclina.

— Je n'ai point parlé de monsieur de Taverney, dit-il, parce que monsieur de Taverney est un ancien ami qui se conformera aux usages. Je crois, Monseigneur, que voilà bien les huit couverts de ce soir, n'est-ce pas?.— Parfaitement. Où nous faites-vous dîner, Monsieur? — Dans la grande salle à manger, Monseigneur. — Nous y gèlerons. — Elle chauffe depuis trois jours, Monseigneur, et j'ai réglé l'atmosphère à dix-huit degrés. — Fort bien! mais voilà la demie qui sonne.

Le maréchal jeta un coup d'œil sur la pendule.

— C'est quatre heures et demie, Monsieur. — Oui, Monseigneur, et voilà un cheval qui entre dans la cour; c'est ma bouteille de vin de Tokay. — Puissé-je être servi vingt ans encore de la sorte, dit le vieux maréchal en retournant à son miroir, tandis que le maître d'hôtel courait à son office. — Vingt ans! dit une voix rieuse qui interrompit le duc juste au premier coup d'œil jeté sur sa glace, vingt ans! mon cher maréchal, je vous les souhaite; mais alors j'en aurai soixante, duc, et je serai bien vieille. — Vous, comtesse! s'écria le maréchal; vous la première! mon Dieu! que vous êtes toujours belle et fraîche! — Dites que je suis gelée, duc. — Passez, je vous prie, dans le boudoir. — Oh! un tête à tête, maréchal? — A trois, répondit une voix cassée. — Taverney! s'écria le maréchal. La peste du trouble-fête! dit-il à l'oreille de la comtesse. — Fat! murmura madame Dubarry, avec un grand éclat de rire.

Et tous trois passèrent dans la pièce voisine.

II

LAPEYROUSE

Au même instant le roulement sourd de plusieurs voitures sur les pavés ouatés de neige avertit le maréchal de l'arrivée de ses hôtes, et bientôt après, grâce à l'exactitude du maître d'hôtel, neuf convives prenaient place autour de la table ovale de la salle à manger : neuf laquais, silencieux comme des ombres, agiles sans précipitation, prévenants sans importunité, glissant sur les tapis, passant entre les convives sans jamais effleurer leurs bras, sans heurter jamais leurs fauteuils, fauteuils ensevelis dans une moisson de fourrures, où plongeaient jusqu'aux jarrets les jambes des convives.

Voilà ce que savouraient les hôtes du maréchal, avec la douce chaleur des poêles, le fumet des viandes, le bouquet des vins, et le bourdonnement des premières causeries après le potage.

Pas un bruit au dehors, les volets avaient des sourdines; pas un bruit au dedans, excepté celui que faisaient les convives : des assiettes qui changeaient de place sans qu'on les entendît sonner, de l'argenterie qui passait des buffets sur la table sans une seule vibration, un maître d'hôtel dont on ne pouvait pas même surprendre le susurrement; il donnait ses ordres avec les yeux.

Aussi, au bout de dix minutes, les convives se sentirent-ils parfaitement seuls dans cette salle; en effet, des serviteurs aussi muets, des esclaves aussi impalpables devaient nécessairement être sourds.

Monsieur de Richelieu fut le premier qui rompit ce silence solennel qui dure autant que le potage, en disant à son voisin de droite :

— Monsieur le comte ne boit pas.

Celui auquel s'adressaient ces paroles était un homme de trente-huit ans, blond de cheveux, petit de taille, haut d'épaules; son œil, d'un bleu clair, était vif parfois, mélancolique souvent : la noblesse était écrite en traits irrécusables sur son front ouvert et généreux.

— Je ne bois que de l'eau, maréchal, répondit-il. — Excepté chez le roi Louis XV, dit le duc. J'ai eu l'honneur d'y dîner avec monsieur le comte, et cette fois il a daigné boire du vin. — Vous me rappelez là un excellent souvenir, monsieur le maréchal; oui, en 1771; c'était du vin de Tokay du crû impérial. — C'était le pareil de celui-ci, que mon maître d'hôtel a l'honneur de vous verser en ce moment, monsieur le comte, répondit Richelieu en s'inclinant.

Le comte de Haga leva le verre à la hauteur de son œil et le regarda à la clarté des bougies.

Il étincelait dans le verre comme un rubis liquide.

— C'est vrai, dit-il, monsieur le maréchal : merci.

Et le comte prononça ce mot *merci* d'un ton si noble et si gracieux, que les assistants électrisés se levèrent d'un seul mouvement en criant :

— Vive Sa Majesté! — C'est vrai, répondit le comte de Haga : vive Sa Majesté le roi de France! N'êtes-vous pas de mon avis, monsieur de Lapeyrouse? — Monsieur le comte, répondit le capitaine avec cet accent à la fois caressant et respectueux de l'homme habitué à parler aux têtes couronnées, je quitte le roi il y a une heure, et le roi a été si plein de bonté pour moi, que nul ne criera plus haut : Vive le roi! que je ne le ferai. Seulement, comme dans une heure je courrai la poste pour gagner la mer, où m'attendent les deux flûtes que le roi met à ma disposition, une fois hors d'ici, je vous demanderai la permission de crier vive un autre roi que j'aimerais fort à servir, si je n'avais un si bon maître.

Et en levant son verre, monsieur de Lapeyrouse salua humblement le comte de Haga.

— Cette santé que vous voulez porter, dit madame Dubarry, placée à la gauche du maréchal, nous sommes tous prêts, Monsieur, à y faire raison. Mais encore faut-il que notre doyen d'âge la porte, comme on dirait au parlement. — Est-ce à toi que le propos s'adresse, Taverney, ou bien à moi? dit le maréchal en riant et en regardant son vieil ami. — Je ne crois pas, dit un nouveau personnage placé en face du maréchal de Richelieu. — Qu'est-ce que vous ne croyez pas, monsieur de Cagliostro? dit le comte de Haga, en attachant son regard perçant sur l'interlocuteur. — Je ne crois pas, monsieur le comte, dit Cagliostro en s'inclinant, que ce soit monsieur de Richelieu notre doyen d'âge. — Oh! voilà qui va bien, dit le maréchal; il paraît que c'est toi, Taverney. — Allons donc, j'ai huit ans moins que toi. Je suis de 1704, répliqua le vieux seigneur. — Malhonnête! dit le maréchal, il dénonce mes quatre-vingt-huit ans. — En vérité! monsieur le duc, vous avez quatre-vingt-huit ans? fit monsieur de Concordet. — Oh! mon Dieu! oui. C'est un calcul facile à faire, et par cela même indigne d'un algébriste de votre force, marquis. Je suis de l'autre siècle, du grand siècle, comme on l'appelle : 1696, voilà une date! — Impossible! dit de Launay. — Oh! si votre père était ici, monsieur le gouverneur de la Bastille, il ne dirait pas impossible, lui qui m'a eu pour pensionnaire en 1714. — Le doyen d'âge ici, je le déclare, dit monsieur de Favras, c'est le vin que monsieur le comte de Haga verse en ce moment dans son verre. — Un tokay de cent vingt ans; vous avez raison, monsieur de Favras, répliqua le comte. A ce tokay l'honneur de porter la santé du roi. — Un instant, Messieurs, dit Cagliostro en élevant au-dessus de la table sa large tête étincelante de vigueur et d'intelligence, je réclame. — Vous réclamez sur le droit d'aînesse du tokay? reprirent en chœur les convives. — Assurément, dit le comte avec calme, puisque c'est moi-même qui l'ai cacheté dans sa bouteille. — Vous? — Oui, moi, et cela le jour de la victoire remportée par Montecuculli sur les Turcs, en 1664.

Un immense éclat de rire accueillit ces paroles, que Cagliostro avait prononcées avec une imperturbable gravité.

— A ce compte, Monsieur, dit madame Dubarry, vous avez quelque chose comme cent trente ans, car je vous accorde bien dix ans pour avoir pu mettre ce bon vin dans sa grosse bouteille. — J'avais plus de dix ans lorsque j'accomplis cette opération, Madame, puisque le surlendemain j'eus l'honneur d'être chargé par Sa Majesté l'empereur d'Autriche de féliciter Montecuculli, qui, par la victoire du Saint-Gothard, avait vengé la journée d'Especk en Esclavonie, journée où les mécréants

battirent si rudement les Impériaux, mes amis et mes compagnons d'armes, en 1536. — Eh! dit le comte de Haga aussi froidement que le faisait Cagliostro, Monsieur avait encore à cette époque dix ans au moins, puisqu'il assistait en personne à cette mémorable bataille. — Une horrible déroute! monsieur le comte, répondit Cagliostro en s'inclinant. — Moins cruelle cependant que la déroute de Crécy, dit Condorcet en souriant. — C'est vrai, Monsieur, dit Cagliostro en souriant, la déroute de Crécy fut une chose terrible en ce que ce fut non-seulement une armée, mais la France qui fut battue. Mais aussi, convenons-en, cette déroute ne fut pas une victoire tout à fait loyale de la part de l'Angleterre. Le roi Édouard avait des canons, circonstance parfaitement ignorée de Philippe de Valois, ou plutôt circonstance à laquelle Philippe de Valois n'avait pas voulu croire, quoique je l'en eusse prévenu, quoique je lui eusse dit que de mes yeux j'avais vu ces quatre pièces d'artillerie qu'Édouard avait achetées des Vénitiens. — Ah! ah! dit madame Dubarry, ah! vous avez connu Philippe de Valois. — Madame, j'avais l'honneur d'être un des cinq seigneurs qui lui firent escorte en quittant le champ de bataille, répondit Cagliostro. J'étais venu en France avec le pauvre vieux roi de Bohême, qui était aveugle, et qui se fit tuer au moment où on lui dit que tout était perdu. — Oh! mon Dieu! Monsieur, dit Lapeyrouse, vous ne sauriez croire combien je regrette qu'au lieu d'assister à la bataille de Crécy vous n'ayez pas assisté à celle d'Actium. — Et pourquoi cela, Monsieur? — Ah! parce que vous eussiez pu me donner des détails nautiques, qui, malgré la belle narration de Plutarque, me sont toujours demeurés fort obscurs. — Lesquels, Monsieur? je serais heureux si je pouvais vous être de quelque utilité. — Vous y étiez donc? — Non, Monsieur, j'étais alors en Égypte. J'avais été chargé par la reine Cléopâtre de recomposer la bibliothèque d'Alexandrie; chose que j'étais plus qu'un autre à même de faire, ayant personnellement connu les meilleurs auteurs de l'antiquité. — Et vous avez vu la reine Cléopâtre, monsieur de Cagliostro? s'écria madame Dubarry. — Comme je vous vois, Madame. — Était-elle aussi jolie qu'on le dit? — Madame la comtesse, vous le savez, la beauté est relative. Charmante reine en Égypte, Cléopâtre n'eût pu être à Paris qu'une adorable grisette. — Ne dites pas de mal des grisettes, monsieur le comte. — Dieu m'en garde! — Ainsi, Cléopâtre était... — Petite, mince, vive, spirituelle, avec de grands yeux en amande, un nez grec, des dents de perle, et une main comme la vôtre, Madame; une véritable main à tenir le sceptre. Tenez, voici un diamant qu'elle m'a donné et qui lui venait de son frère Ptolémée; elle le portait au pouce.
— Au pouce! s'écria madame Dubarry. — Oui; c'était une mode égyptienne, et moi, vous le voyez, je puis à peine le passer à mon petit doigt.

Et tirant la bague, il la présenta à madame Dubarry.

C'était un magnifique diamant, qui pouvait valoir, tant son eau était merveilleuse, tant sa taille était habile, trente ou quarante mille francs.

Le diamant fit le tour de la table et revint à Cagliostro, qui le remit tranquillement à son doigt.

— Ah! je le vois bien, dit-il, vous êtes incrédules : incrédulité fatale que j'ai eue à combattre toute ma vie. Philippe de Valois n'a pas voulu me croire quand je lui dis d'ouvrir une retraite à Édouard; Cléopâtre n'a pas voulu me croire quand je lui ai dit qu'Antoine serait battu. Les Troyens n'ont pas voulu me croire quand je leur ai dit, à propos du cheval de bois : Cassandre est inspirée, écoutez Cassandre. — Oh! mais c'est merveilleux, dit madame Dubarry en se tordant de rire, et en vérité je n'ai jamais vu d'homme aussi sérieux et aussi divertissant que vous. — Je vous assure, dit Cagliostro en s'inclinant, que Jonathas était bien plus divertissant encore que moi. Oh! le charmant compagnon! C'est au point que lorsqu'il fut tué par Saül, je faillis en devenir fou. — Savez-vous que si vous continuez, comte, dit le duc de Richelieu, vous allez rendre fou lui-même ce pauvre Taverney, qui a tant peur de la mort, qu'il vous regarde avec des yeux tout effarés en vous croyant immortel. Voyons, franchement, l'êtes-vous, oui ou non? — Immortel? — Immortel. — Je n'en sais rien, mais ce que je sais, c'est que je puis affirmer une chose. — Laquelle? demanda Taverney, le plus avide de tous les auditeurs du comte. — C'est que j'ai vu toutes les choses et hanté tous les personnages que je vous citais tout à l'heure. — Vous avez connu Montecuculli? — Comme je vous connais, monsieur de Favras, et même plus intimement, car c'est pour la deuxième ou troisième fois que j'ai l'honneur de vous voir, tandis que j'ai vécu près d'un an sous la même tente que l'habile stratégiste dont nous parlons. — Vous avez connu Philippe de Valois? — Comme j'ai eu l'honneur de vous le dire, monsieur de Condorcet; mais lui rentré à Paris, je quittai la France et retournai en Bohême. — Cléopâtre? — Oui, madame la comtesse, Cléopâtre. Je vous ai dit qu'elle avait les yeux noirs comme vous les avez, et la gorge presque aussi belle que la vôtre. — Mais, comte, vous ne savez pas comment j'ai la gorge? — Vous l'avez pareille à celle de Cassandre, Madame, et pour que rien ne manque à la ressemblance, elle avait comme vous, ou vous avez comme elle, un petit signe noir à la hauteur de la sixième côte gauche. — Oh! mais, comte, pour le coup vous êtes sorcier. — Eh! non, marquise, fit le maréchal de Richelieu en riant, c'est moi qui le lui ai dit. — Et comment le savez-vous?

Le maréchal allongea les lèvres.

— Heu! dit-il, c'est un secret de famille. — C'est bien, c'est bien, fit madame Dubarry... En vérité, maréchal, on a raison de mettre double couche de rouge quand on vient chez vous.

Puis se retournant vers Cagliostro :

— En vérité, Monsieur, dit-elle, vous avez donc le secret de rajeunir, car âgé de trois ou quatre mille ans, comme vous l'êtes, vous paraissez quarante ans à peine. — Oui, Madame, j'ai le secret de rajeunir. — Oh! rajeunissez-moi donc, alors. — Vous, Madame, c'est inutile, et le miracle est fait. On a l'âge que l'on paraît avoir, et vous avez trente ans au plus. — C'est une galanterie. — Non, Madame, c'est un fait. — Expliquez-vous. — C'est bien facile. Vous avez usé de mon procédé pour vous-même. — Comment cela? — Vous avez pris de mon élixir. — Moi? — Vous-même, comtesse. Oh! vous ne l'avez pas oublié. — Oh! par exemple. — Comtesse, vous souvient-il d'une maison de la rue Saint-Claude? vous souvient-il d'être venue dans cette maison pour certaine affaire concernant monsieur de Sartines? vous souvient-il d'avoir rendu un service à l'un de mes amis nommé Joseph Balsamo? vous souvient-il que Joseph Balsamo vous fit présent d'un flacon d'élixir en vous recommandant d'en prendre trois gouttes tous les matins? vous souvient-il d'avoir suivi l'ordonnance jusqu'à l'an dernier, époque à laquelle le flacon s'était trouvé épuisé. Si vous ne vous souveniez plus de tout cela, comtesse, en vérité, ce ne serait plus un oubli, ce serait de l'ingratitude. — Oh! monsieur de Cagliostro, vous dites là des choses... — Qui ne sont connues que de vous seule, je le sais bien. Mais où serait le mérite d'être sorcier, si l'on ne savait pas les secrets de son prochain? — Mais Joseph Balsamo avait donc, comme vous, la recette de cet admirable élixir? — Non, Madame; mais comme c'était un de mes meilleurs amis, je lui en avais donné trois ou quatre flacons. — Et lui en reste-t-il encore? — Oh! je n'en sais rien. Depuis trois ans le pauvre Balsamo a disparu. La dernière fois que je le vis, c'était en Amérique, sur les rives de l'Ohio; il partait pour une expédition dans les montagnes Rocheuses, et depuis, j'ai entendu dire qu'il y était mort. — Voyons, voyons, comte, s'écria le maréchal; trêve de galanteries, par grâce! Le secret, comte, le secret! — Parlez-vous sérieusement, Monsieur? demanda le comte de Haga. — Très-sérieusement, sire; pardon, je veux dire monsieur le comte, et Cagliostro s'inclina de façon à indiquer que l'erreur qu'il venait de commettre était tout à fait volontaire. — Ainsi, dit le maréchal, Madame n'est pas assez vieille pour être rajeunie? — Non, en conscience. — Eh bien! alors, je vais vous présenter un autre sujet. Voici mon ami Taverney. Qu'en dites-vous? N'a-t-il pas l'air d'être le contemporain de Ponce Pilate? Mais peut-être est-ce tout le contraire, et est-il trop vieux, lui?

Cagliostro regarda le baron.

— Non pas, dit-il. — Ah! mon cher comte, s'écria Richelieu, si vous rajeunissez celui-là, je vous proclame l'élève de Médée. — Vous le désirez? demanda Cagliostro en s'adressant de la parole au maître de la maison, et des yeux à tout l'auditoire.

Chacun fit signe que oui.

— Et vous comme les autres, monsieur de Taverney? — Moi plus que les autres, morbleu! dit le baron. — Eh bien! c'est facile, dit Cagliostro.

Et il glissa ses deux doigts dans sa poche et en tira une petite bouteille octaèdre.

Puis il prit un verre de cristal encore pur, et y versa quelques gouttes de la liqueur que contenait la petite bouteille.

Alors, étendant ces quelques gouttes dans un demi-verre de vin de Champagne glacé, il passa le breuvage ainsi préparé au baron.

Tous les yeux avaient suivi ses moindres mouvements, toutes les bouches étaient béantes.

Le baron prit le verre; mais au moment de le porter à ses lèvres, il hésita.

Chacun, à la vue de cette hésitation, se mit à rire si bruyamment, que Cagliostro s'impatienta.

— Dépêchez-vous, baron, dit-il, ou vous allez laisser perdre une liqueur dont chaque goutte vaut cent louis. — Diable! fit Richelieu essayant de plaisanter; c'est autre chose que le vin de Tokay. — Il faut donc boire? demanda le baron presque tremblant. — Ou passer le verre à un autre, Monsieur, afin que l'élixir profite au moins à quelqu'un. — Passe, dit le duc de Richelieu en tendant la main.

Le baron flaira son verre, et décidé sans doute par l'odeur vive et balsamique, par la belle couleur rosée que les quelques gouttes d'élixir avaient communiquée au vin de Champagne, il avala la liqueur magique.

Au même instant, il lui sembla qu'un frisson secouait son corps et faisait refluer vers l'épiderme tout le sang vieux et lent qui dormait dans ses veines, depuis les pieds jusqu'au cœur. Sa peau ridée se tendit, ses yeux flasquement couverts par le voile de leurs paupières furent dilatés sans que la volonté y prît part. La prunelle joua vive et grande, le tremblement de ses mains fit place à un aplomb nerveux; sa voix s'affermit, et ses genoux, redevenus élastiques comme aux plus beaux jours de sa jeunesse, se dressèrent en même temps que les reins; et cela comme si la liqueur, en descendant, avait régénéré tout ce corps de l'une à l'autre extrémité.

Un cri de surprise, de stupeur, un cri d'admiration surtout retentit dans l'appartement. Taverney, qui mangeait du bout des gencives, se sentit affamé. Il prit vigoureusement assiette et couteau, se servit d'un ragoût placé à sa gauche, et broya des os de perdrix en disant qu'il sentait repousser ses dents de vingt ans.

Il mangea, rit, but, et cria de joie pendant une demi-heure; et pendant cette demi-heure les autres convives restèrent stupéfaits en le regardant; puis peu à peu il baissa comme une lampe à laquelle l'huile vient à manquer. Ce fut d'abord son front, où les anciens plis un instant disparus se creusèrent en rides nouvelles; ses yeux se voilèrent et s'obscurcirent. Il perdit le goût, puis son dos se voûta. Son appétit disparut; ses genoux recommencèrent à trembler.

— Oh! fit-il en gémissant. — Eh bien? demandèrent tous les convives. — Eh bien! adieu la jeunesse.

Et il poussa un profond soupir accompagné de deux larmes qui vinrent humecter sa paupière.

Instinctivement, et à ce triste aspect du vieillard rajeuni d'abord et redevenu plus vieux ensuite par ce retour de jeunesse, un soupir pareil à celui qu'avait poussé Taverney sortit de la poitrine de chaque convive.

— C'est tout simple, Messieurs, dit Cagliostro, je n'ai versé au baron que trente-cinq gouttes de l'élixir de vie, et il n'a rajeuni que de trente-cinq minutes. — Oh! encore! encore! comte, murmura le vieillard avec avidité. — Non, Monsieur, car une seconde épreuve vous tuerait peut-être, répondit Cagliostro.

De tous les convives, c'était madame Dubarry qui, connaissant la vertu de cet élixir, avait suivi le plus curieusement les détails de cette scène.

A mesure que la jeunesse et la vie gonflaient les artères du vieux Taverney, l'œil de la comtesse suivait dans les artères la progression de la jeunesse et de la vie. Elle riait, elle applaudissait, elle se régénérait par la vue.

Quand le succès du breuvage atteignit son apogée, la comtesse faillit se jeter sur la main de Cagliostro pour lui arracher le flacon de vie.

Mais en ce moment, comme Taverney vieillissait plus vite qu'il n'avait rajeuni...

— Hélas! je le vois bien, dit-elle tristement, tout est vanité, tout est chimère; le secret merveilleux a duré trente-cinq minutes. — C'est-à-dire, reprit le comte de Haga, que pour se donner une jeunesse de deux ans, il faudrait boire un fleuve.

Chacun se mit à rire.

— Non, dit Condorcet, le calcul est simple : à trente-cinq gouttes pour trente-cinq minutes, c'est une misère de trois millions cent cinquante-trois mille six gouttes, si l'on veut rester jeune un an. — Une inondation, dit Lapeyrouse. — Et cependant, à votre avis, Monsieur, il n'en a pas été ainsi de moi, puisqu'une petite bouteille, quatre fois grande comme votre flacon, et que m'avait donnée votre ami Joseph Balsamo, a suffi pour arrêter chez moi la marche du temps pendant dix années. — Justement, Madame, et vous seule touchez du doigt la mystérieuse réalité. L'homme qui a vieilli et trop vieilli a besoin de cette quantité pour qu'un effet immédiat et puissant se produise. Mais une femme de trente ans, comme vous les avez, Madame, ou un homme de quarante ans, comme je les avais quand nous avons commencé à boire l'élixir de vie, cette femme ou cet homme, pleins de jours ou de jeunesse encore, n'ont besoin que de boire dix gouttes de cette eau à chaque période de décadence, et moyennant ces dix gouttes, celui ou celle qui les boira enchaînera éternellement la jeunesse et la vie au même degré de charme et d'énergie. — Qu'appelez-vous les périodes de la décadence? demanda le comte de Haga. — Les périodes naturelles, monsieur le comte. Dans l'état de nature, les forces de l'homme croissent jusqu'à trente-cinq ans. Arrivé là, il reste stationnaire jusqu'à quarante. A partir de quarante, il commence à décroître, mais presque imperceptiblement jusqu'à cinquante. Alors, les périodes se rapprochent et se précipitent jusqu'au jour de la mort. En état de civilisation, c'est-à-dire lorsque le corps est usé par les excès, les soucis et les maladies, la croissance s'arrête à trente ans. La décroissance commence à trente-cinq. Eh bien! c'est alors, homme de la nature ou homme des villes, qu'il faut saisir la nature au moment où elle est stationnaire, afin de s'opposer à son mouvement de décroissance, au moment même où il tentera de s'opérer. Celui qui, possesseur du secret de cet élixir, comme je le suis, sait combiner l'attaque de façon à la surprendre et à l'arrêter dans son retour sur elle-même, celui-là vivra comme je vis, toujours jeune ou du moins assez jeune pour ce qu'il lui convient de faire en ce monde. — Eh! mon Dieu! monsieur de Cagliostro, s'écria la comtesse, pourquoi donc alors, puisque vous étiez le maître de choisir votre âge, n'avez-vous pas choisi vingt ans au lieu de quarante? — Parce que, madame la comtesse, dit en souriant Cagliostro, il me convient d'être toujours un homme de quarante ans, sain et complet, plutôt qu'un jeune homme incomplet de vingt ans. — Oh! oh! fit la comtesse. — Eh! sans doute, Madame, continua Cagliostro, à vingt ans on plaît aux femmes de trente; à quarante ans on gouverne les femmes de vingt et les hommes de soixante. — Je cède, Monsieur, dit la comtesse. D'ailleurs, comment discuter avec une preuve vivante. — Alors moi, dit piteusement Taverney, je suis condamné; je m'y suis pris trop tard. — Monsieur de Richelieu a été plus habile que vous, dit naïvement Lapeyrouse avec sa franchise de marin, et j'ai toujours ouï dire que le maréchal avait certaine recette... — C'est un bruit que les femmes ont répandu dit en riant le comte de Haga. — Est-ce une raison pour n'y pas croire, duc? demanda madame Dubarry.

Le vieux maréchal rougit, lui qui ne rougissait guère.

Et aussitôt :

— Ma recette, voulez-vous savoir, Messieurs, en quoi elle a consisté? — Oui, certes, nous voulons le savoir. — Eh bien! à me ménager. — Oh! oh! fit l'assemblée. — C'est comme cela, fit le maréchal. — Je contesterais la recette, répondit la comtesse, si je ne venais de voir l'effet de celle de monsieur de Cagliostro. Aussi, tenez-vous bien, monsieur le sorcier, je ne suis pas au bout de mes questions. — Faites, Madame, faites. — Vous disiez donc que, lorsque vous avez fait pour la première fois usage de votre élixir de vie, vous aviez quarante ans? — Oui, Madame. — Et que depuis cette époque, c'est-à-dire depuis le siége de Troie... — Un peu auparavant, Madame. — Soit; vous avez conservé quarante ans? — Vous le voyez. — Mais alors vous nous prouvez, Monsieur, dit Condorcet, plus que votre théorème ne le comporte... — Que vous prouvai-je, monsieur le marquis? — Vous nous prouvez non-seulement la perpétration de la jeunesse, mais la conservation de la vie. Car si vous avez quarante ans depuis la guerre de Troie, c'est que vous n'êtes jamais mort. — C'est vrai, monsieur le marquis, je ne suis jamais mort, je l'avoue humblement. — Mais cependant, vous n'êtes pas invulnérable comme Achille, et encore, quand je dis invulnérable comme Achille, Achille n'était pas invulnérable, puisque Pâris le tua d'une flèche dans le talon. — Non, je ne suis pas invulnérable, et cela à mon grand regret, dit Cagliostro. — Alors vous pouvez être tué, mourir de mort violente? — Hélas! oui. — Comment avez-vous fait pour échapper aux accidents depuis trois mille cinq cents ans, alors? — C'est une chance, monsieur le comte; veuillez suivre mon raisonnement. — Je le suis. — Nous le suivons. — Oui! oui! répétèrent tous les convives.

Et avec des signes d'intérêt non équivoques, chacun s'accouda sur la table et se mit à écouter.

La voix de Cagliostro rompit le silence.

— Quelle est la première condition de la vie? dit-il en développant, par un geste élégant et facile, deux belles mains blanches chargées de bagues, parmi lesquelles celle de la reine Cléopâtre brillait comme l'étoile polaire. La santé, n'est-ce pas? — Oui, certes, répondirent toutes les voix. — Et la condition de la santé, c'est... — Le régime, dit le comte de Haga. — Vous avez raison, monsieur le comte, c'est le régime qui fait la santé. Eh bien! pourquoi ces gouttes de mon élixir ne constitueraient-elles pas le meilleur régime possible! — Qui le sait? — Vous, comte. — Oui, sans doute, mais… — Mais pas d'autres, fit madame Dubarry. — Cela, Madame, c'est une question que nous traiterons tout à l'heure. Donc, j'ai toujours suivi le régime de mes gouttes, et comme elles sont la réalisation du rêve éternel des hommes de tous temps, comme elles sont ce que les anciens cherchaient sous le nom d'eau de jeunesse, ce que les modernes ont cherché sous le nom d'élixir de vie, j'ai constamment conservé ma jeunesse ; par conséquent, ma santé ; par conséquent, ma vie. C'est clair. — Mais cependant tout s'use, comte, le plus beau corps comme les autres. — Celui de Pâris comme celui de Vulcain, dit la comtesse. Vous avez sans doute connu Pâris, monsieur de Cagliostro ? — Parfaitement, Madame ; c'était un fort joli garçon ; mais en somme, il ne mérite pas tout à fait ce qu'Homère en dit et ce que les femmes en pensent. D'abord il était roux. — Roux ! oh ! fi ! l'horreur ! dit la comtesse. — Malheureusement, dit Cagliostro, Hélène n'était pas de votre avis, Madame. Mais revenons à notre élixir. — Oui, oui, dirent toutes les voix. — Vous prétendiez donc, monsieur de Taverney, que tout s'use. Soit. Mais vous savez aussi que tout se raccommode, tout se régénère ou se remplace, comme vous voudrez. Le fameux couteau de Saint-Hubert, qui a tant de fois changé de lame et de poignée, en est un exemple ; car, malgré ce double changement, il est resté le couteau de saint Hubert. Le vin que conservent dans leur cellier les moines d'Heidelberg est toujours le même vin, cependant on verse chaque année dans la tonne gigantesque une récolte nouvelle. Aussi le vin des moines d'Heidelberg est-il toujours clair, vif et savoureux, tandis que le vin cacheté par Opimus et moi dans des amphores de terre n'était plus, lorsque cent ans après j'essayai d'en boire, qu'une boue épaisse, qui peut-être pouvait être mangée, mais qui certes ne pouvait être bue.

Eh bien ! au lieu de suivre l'exemple d'Opimus, j'ai deviné celui que devaient donner les moines d'Heidelberg. J'ai entretenu mon corps en y versant chaque année de nouveaux principes chargés d'y régénérer les vieux éléments. Chaque matin un atome jeune et frais a remplacé dans mon sang, dans ma chair, dans mes os, une molécule usée, inerte.

J'ai ranimé les détritus par lesquels l'homme vulgaire laisse envahir insensiblement toute la masse de son être : j'ai forcé tous ces soldats que Dieu a donnés à la nature humaine pour se défendre contre la destruction, soldats que le commun des créatures réforme ou laisse se paralyser dans l'oisiveté, je les ai forcés à un travail soutenu que facilitait, que commandait même l'introduction d'un stimulant toujours nouveau ; il résulte de cette étude assidue de la vie, que ma pensée, mes gestes, mes nerfs, mon cœur, mon âme, n'ont jamais désappris leurs fonctions ; et comme tout s'enchaîne dans ce monde, comme ceux-là réussissent le mieux à une chose qui font toujours cette chose, je me suis trouvé naturellement plus habile que tout autre à éviter les dangers d'une existence de trois milles années, et cela parce que j'ai réussi à prendre de tout une telle expérience que je prévois les désavantages, que je sens les dangers d'une position quelconque. Ainsi, vous ne me ferez pas entrer dans une maison qui risque de s'écrouler. Oh! non, j'ai vu trop de maisons pour ne pas, du premier coup d'œil, distinguer les bonnes des mauvaises. Vous ne me ferez pas chasser avec un maladroit qui manie mal son fusil. Depuis Céphale, qui tua sa femme Procris, jusqu'au Régent, qui creva l'œil de monsieur le Prince, j'ai vu trop de maladroits; vous ne me ferez pas prendre à la guerre tel ou tel poste que le premier venu acceptera, attendu que j'aurai calculé en un instant toutes les lignes droites et toutes les lignes paraboliques qui aboutissent d'une façon mortelle à ce poste. Vous me direz qu'on ne prévoit pas une balle perdue. Je vous répondrai qu'un homme ayant évité un million de coups de fusil n'est pas excusable de se laisser tuer par une balle perdue. Ah! ne faites pas de gestes d'incrédulité, car enfin je suis là comme une preuve vivante. Je ne vous dis pas que je suis immortel; je vous dis seulement que je sais ce que personne ne sait, c'est-à-dire éviter la mort quand elle vient par accident. Ainsi, par exemple, pour rien au monde je ne resterais un quart d'heure seul ici avec monsieur de Launay, qui pense en ce moment que s'il me tenait dans un de ses cabanons de la Bastille, il expérimenterait mon immortalité à l'aide de la faim. Je ne resterais pas non plus avec monsieur de Condorcet, car il pense en ce moment à jeter dans mon verre le contenu de la bague qu'il porte à l'index de la main gauche, et ce contenu c'est du poison; le tout sans méchante intention aucune, mais par manière de curiosité scientifique, pour savoir tout simplement si j'en mourrais.

Les deux personnages que venait de nommer le comte de Cagliostro firent un mouvement.

— Avouez-le hardiment, monsieur de Launay, nous ne sommes pas une cour de justice, et d'ailleurs on ne punit pas l'intention. Voyons, avez-vous pensé à ce que je viens de dire? et vous, monsieur de Condorcet, avez-vous réellement dans cet anneau un poison que vous voudriez me faire goûter, au nom de votre maîtresse bien-aimée la science? — Ma foi! dit monsieur de Launay en riant et en rougissant, j'avoue que vous avez raison, monsieur le comte. C'était folie; mais cette folie m'a passé par l'esprit juste au moment même où vous m'accusiez. — Et moi, dit Condorcet, je ne serai pas moins franc que monsieur de Launay. J'ai songé effectivement que si vous goûtiez ce que j'ai dans ma bague, je ne donnerais pas une obole de votre immortalité.

Un cri d'admiration partit de la table à l'instant même.

Cet aveu donnait raison, non pas à l'immortalité, mais à la pénétration du comte de Cagliostro.

— Vous voyez bien, dit tranquillement Cagliostro, vous voyez bien que j'ai deviné. Eh bien ! il en est de même de tout ce qui doit arriver. L'habitude de vivre m'a révélé au premier coup d'œil le passé et l'avenir des gens que je vois.

Mon infaillibilité sur ce point est telle, qu'elle s'étend aux animaux, à la matière inerte. Si je monte dans un carrosse, je vois à l'air des chevaux qu'ils s'emporteront, à la mine du cocher qu'il me versera ou m'accrochera ; si je m'embarque sur un navire, je devine que le capitaine sera un ignorant ou un entêté, et que par conséquent il ne pourra ou il ne voudra pas faire la manœuvre nécessaire. J'évite alors le cocher et le capitaine ; je laisse les chevaux comme le navire. Je ne nie pas le hasard, je l'amoindris ; au lieu de lui laisser cent chances comme fait tout le monde, je lui en ôte quatre-vingt-dix-neuf, et je me défie de la centième. Voilà à quoi me sert d'avoir vécu trois mille ans. — Alors, dit en riant Lapeyrouse au milieu de l'enthousiasme ou du désappointement soulevé par les paroles de Cagliostro, alors, mon cher prophète, vous devriez bien venir avec moi jusqu'aux embarcations qui doivent me faire faire le tour du monde. Vous me rendriez un signalé service.

Cagliostro ne répondit rien.

— Monsieur le maréchal, continua en riant le navigateur, puisque monsieur le comte de Cagliostro, et je comprends cela, ne veut pas quitter si bonne compagnie, il faut que vous me permettiez de le faire. Pardonnez-moi, monsieur le comte de Haga, pardonnez-moi, Madame, mais voilà sept heures qui sonnent, et j'ai promis au roi de monter en chaise à sept heures et un quart. Maintenant, puisque monsieur le comte de Cagliostro n'est pas tenté de venir voir mes deux flûtes, qu'il me dise au moins ce qui m'arrivera de Versailles à Brest. De Brest au pôle, je le tiens quitte, c'est mon affaire. Mais, pardieu ! de Versailles à Brest, il me doit une consultation.

Cagliostro regarda encore une fois Lapeyrouse, et d'un œil si mélancolique, avec un air si doux et si triste à la fois, que la plupart des convives en furent frappés étrangement. Mais le navigateur ne remarqua rien. Il prenait congé des convives ; ses valets lui faisaient endosser une lourde houppelande de fourrures, et madame Dubarry glissait dans sa poche quelques-uns de ces cordiaux exquis qui sont si doux au voyageur, auxquels cependant le voyageur ne pense presque jamais de lui-même, et qui lui rappellent les amis absents pendant les longues nuits d'une route.

Lapeyrouse, toujours riant, salua respectueusement le comte de Haga, et tendit la main au vieux maréchal.

— Adieu, mon cher Lapeyrouse, lui dit le duc de Richelieu. — Non pas, monsieur le duc, au revoir, répondit Lapeyrouse. Mais, en vérité, on dirait que je pars pour l'éternité : le tour du monde à faire, voilà tout, quatre ou cinq ans d'absence, pas davantage; il ne faut pas se dire adieu pour cela. — Quatre ou cinq ans! s'écria le maréchal. Eh! Monsieur, pourquoi ne dites-vous pas quatre ou cinq siècles? Les jours sont des années à mon âge; adieu, vous dis-je. — Bah! demandez au devin, dit Lapeyrouse en riant; il vous promet vingt ans encore. N'est-ce pas, monsieur de Cagliostro? Ah! comte, que ne m'avez-vous parlé de vos divines gouttes! à quelque prix que ce fût, j'en eusse embarqué une tonne sur *l'Astrolabe*. C'est le nom de mon bâtiment, Messieurs. Madame, encore un baiser sur votre belle main, la plus belle que je sois bien certainement destiné à voir d'ici à mon retour... Au revoir!

Et il partit.

Cagliostro gardait toujours le même silence de mauvais augure.

On entendit le pas du capitaine sur les degrés sonores du perron, sa voix toujours gaie dans la cour, et ses derniers compliments aux personnes rassemblées pour le voir.

Puis les chevaux secouèrent leurs têtes chargées de grelots, la portière de la chaise se ferma avec un bruit sec, et les roues grondèrent sur le pavé de la rue.

Lapeyrouse venait de faire le premier pas dans ce voyage mystérieux dont il ne devait pas revenir.

Chacun écoutait.

Lorsqu'on n'entendit plus rien, tous les regards se trouvèrent comme par une force supérieure ramenés sur Cagliostro.

Il y avait en ce moment sur les traits de cet homme une illumination pythique qui fit tressaillir les convives.

Un silence étrange dura quelques instants.

Le comte de Haga le rompit le premier.

— Et pourquoi ne lui avez-vous rien répondu, Monsieur?

Cette interrogation était l'expression de l'anxiété générale.

Cagliostro tressaillit, comme si cette demande l'avait tiré de sa contemplation.

— Parce que, dit-il en répondant au comte, il m'eût fallu lui dire un mensonge ou une dureté. — Comment cela? — Parce qu'il m'eût fallu lui dire : Monsieur de Lapeyrouse, monsieur le duc de Richelieu a raison de vous dire adieu et non pas au revoir. — Eh! mais, fit Richelieu pâlissant, que diable! monsieur Cagliostro, dites-vous donc là de Lapeyrouse?

— Oh! rassurez-vous, monsieur le maréchal, reprit vivement Cagliostro; ce n'est pas pour vous que la prédiction est triste. — Eh quoi! s'écria madame Dubarry, ce pauvre Lapeyrouse qui vient de me baiser la main... — Non-seulement ne vous la baisera plus, Madame, mais ne reverra jamais ceux qu'il vient de quitter ce soir, dit Cagliostro en considérant attentivement son verre plein d'eau, et dans lequel, par la façon dont il était placé, se jouaient des couches lumineuses d'une couleur d'opale, coupées transversalement par les ombres des objets environnants.

Un cri d'étonnement sortit de toutes les bouches.

La conversation en était venue à ce point que chaque minute faisait grandir l'intérêt; on eût dit, à l'air grave, solennel et presque anxieux avec lequel les assistants interrogeaient Cagliostro, soit de la voix, soit du regard, qu'il s'agissait des prédictions infaillibles d'un oracle antique.

Au milieu de cette préoccupation, monsieur de Favras, résumant le sentiment général, se leva, fit un signe, et s'en alla sur la pointe du pied écouter dans les antichambres si quelque valet ne guettait pas.

Mais c'était, nous l'avons dit, une maison bien tenue que celle de monsieur le maréchal de Richelieu, et monsieur de Favras ne trouva dans l'antichambre qu'un vieil intendant qui, sévère comme une sentinelle à un poste perdu, défendait les abords de la salle à manger à l'heure solennelle du dessert.

Il revint prendre sa place, et s'assit en faisant signe aux convives qu'ils étaient bien seuls.

— En ce cas, dit madame Dubarry, répondant à l'assurance de monsieur de Favras comme si elle eût été émise à haute voix, en ce cas, racontez-nous ce qui attend ce pauvre Lapeyrouse.

Cagliostro secoua la tête.

— Voyons, voyons, monsieur de Cagliostro! dirent les hommes. — Oui, nous vous en prions du moins. — Eh bien! monsieur de Lapeyrouse part, comme il vous l'a dit, dans l'intention de faire le tour du monde, et pour continuer les voyages de Cook; du pauvre Cook! vous le savez, assassiné aux îles Sandwich. — Oui! oui! nous savons, firent toutes les têtes plutôt que toutes les voix. — Tout présage un heureux succès à l'entreprise. C'est un bon marin que monsieur de Lapeyrouse; d'ailleurs le roi Louis XVI lui a habilement tracé son itinéraire. — Oui, interrompit le comte de Haga, le roi de France est un habile géographe; n'est-il pas vrai, monsieur de Condorcet? — Plus habile géographe qu'il n'est besoin pour un roi, répondit le marquis. Les rois ne devraient tout connaître qu'à la surface. Alors ils se laisseraient peut-être guider par les hommes qui connaissent le fond. — C'est une leçon, monsieur le marquis, dit en souriant monsieur le comte de Haga.

Condorcet rougit.

— Oh! non, monsieur le comte, dit-il, c'est une simple réflexion, une généralité philosophique. — Donc il part? dit madame Dubarry, empressée à rompre toute conversation particulière disposée à faire dévier du chemin qu'elle avait pris la conversation générale. — Donc il part, reprit Cagliostro. Mais ne croyez pas, si pressé qu'il vous ait paru, qu'il va partir tout de suite; non, je le vois perdant beaucoup de temps à Brest. — C'est dommage, dit Condorcet, c'est l'époque des départs. Il est même déjà un peu tard, février ou mars aurait mieux valu. — Oh! ne lui reprochez pas ces deux ou trois mois, monsieur de Condorcet, il vit au moins pendant ce temps, il vit et il espère. — On lui a donné bonne compagnie, je suppose? dit Richelieu. — Oui, dit Cagliostro, celui qui commande le second bâtiment est un officier distingué. Je le vois, jeune encore, aventureux, brave, malheureusement. — Quoi! malheureusement! — Eh bien! un an après je cherche cet ami, et ne le vois plus, dit Cagliostro avec inquiétude en consultant son verre. Nul de vous n'est parent ni allié de monsieur de Langle? — Non. — Nul ne le connaît? — Non. — Eh bien! la mort commencera par lui. Je ne le vois plus. — Un murmure d'effroi s'échappa de la poitrine des assistants. — Mais lui... lui... Lapeyrouse?... dirent plusieurs voix haletantes. — Il vogue, il aborde, il se rembarque. Un an, deux ans de navigation heureuse. On reçoit de ses nouvelles*. Et puis... — Et puis? — Les années passent. — Enfin?
— Enfin l'Océan est grand, le ciel est sombre. Çà et là surgissent des terres inexplorées, çà et là des figures hideuses comme les monstres de l'archipel grec. Elles guettent le navire qui fuit dans la brume entre les récifs, emporté par le courant; enfin la tempête, la tempête plus hospitalière que le rivage, puis des feux sinistres. Oh! Lapeyrouse! Lapeyrouse! Si tu pouvais m'entendre, je te dirais : Tu pars comme Christophe Colomb pour découvrir un monde, Lapeyrouse, défie-toi des îles inconnues!

Il se tut.

Un frisson glacial courait dans l'assemblée, tandis qu'au-dessus de la table vibraient encore ses dernières paroles.

— Mais pourquoi ne pas l'avoir averti? s'écria le comte de Haga, subissant comme les autres l'influence de cet homme extraordinaire qui remuait tous les cœurs à son caprice. — Oui, oui, dit madame Dubarry; pourquoi ne pas courir, pourquoi ne pas le rattraper; la vie d'un homme comme Lapeyrouse vaut bien le voyage d'un courrier, mon cher maréchal.

* L'officier qui apporta les dernières nouvelles que l'on reçut de Lapeyrouse fut monsieur de Lesseps, le seul homme de l'expédition qui revit la France.

Le maréchal comprit et se leva à demi pour sonner.

Cagliostro étendit le bras.

Le maréchal retomba dans son fauteuil.

— Hélas! continua Cagliostro, tout avis serait inutile; l'homme qui prévoit la destinée ne change pas la destinée. Monsieur de Lapeyrouse rirait, s'il avait entendu mes paroles, comme riaient les fils de Priam quand prophétisait Cassandre; mais tenez, vous riez vous-même, monsieur le comte de Haga, et le rire va gagner vos compagnons. Oh! ne vous contraignez pas, monsieur de Favras; je n'ai jamais trouvé un auditeur crédule. — Oh! nous croyons, s'écrièrent madame Dubarry et le vieux duc de Richelieu. — Je crois, murmura Taverney. — Moi aussi, dit poliment le comte de Haga. — Oui, reprit Cagliostro, vous croyez, vous croyez, parce qu'il s'agit de Lapeyrouse, mais s'il s'agissait de vous, vous ne croiriez pas? — Oh! — J'en suis sûr. — J'avoue que ce qui me ferait croire, dit le comte de Haga, ce serait que monsieur de Cagliostro eût dit à monsieur de Lapeyrouse : Gardez-vous des îles inconnues. Il s'en fût gardé alors. C'était toujours une chance. — Je vous assure que non, monsieur le comte, et m'eût-il cru, voyez ce que cette révélation avait d'horrible, alors qu'en présence du danger, à l'aspect de ces îles inconnues qui doivent lui être fatales, le malheureux, crédule à ma prophétie, eût senti la mort mystérieuse qui le menace s'approcher de lui sans la pouvoir fuir. Ce n'est point une mort, ce sont mille morts qu'il eût alors souffertes; car c'est souffrir mille morts que de marcher dans l'ombre avec le désespoir à ses côtés. L'espoir que je lui enlevais, songez-y donc, c'est la dernière consolation que le malheureux garde sous le couteau, alors que déjà le couteau le touche, qu'il sent le tranchant de l'acier, que son sang coule. La vie s'éteint, l'homme espère encore. — C'est vrai! dirent à voix basse quelques-uns des assistants. — Oui, continua Condorcet, le voile qui couvre la fin de notre vie est le seul bien réel que Dieu ait fait à l'homme sur la terre. — Eh bien! quoi qu'il en soit, dit le comte de Haga, s'il m'arrivait d'entendre dire par un homme comme vous : Défiez-vous de tel homme ou de telle chose, je prendrais l'avis pour bon, et je remercierais le conseiller.

Cagliostro secoua doucement la tête, en accompagnant ce geste d'un triste sourire.

— En vérité, monsieur de Cagliostro, continua le comte, avertissez-moi, et je vous remercierai. — Vous voudriez que je vous dise, à vous, ce que je n'ai point voulu dire à monsieur de Lapeyrouse? — Oui, je le voudrais.

Cagliostro fit un mouvement comme s'il allait parler; puis s'arrêtant :

— Oh! non, dit-il, monsieur le comte, non. — Je vous en supplie.

Cagliostro détourna la tête.

— Jamais! murmura-t-il. — Prenez garde, dit le comte avec un sourire, vous allez encore me rendre incrédule. — Mieux vaut l'incrédulité que l'angoisse. — Monsieur de Cagliostro, dit gravement le comte, vous oubliez une chose. — Laquelle? demanda respectueusement le prophète. — C'est que, s'il est certains hommes qui, sans inconvénient, peuvent ignorer leur destinée, il en est d'autres qui auraient besoin de connaître l'avenir, attendu que leur destinée importe non-seulement à eux, mais à des millions d'hommes. — Alors, dit Cagliostro, un ordre. Non, je ne ferai rien sans un ordre. — Que voulez-vous dire? — Que Votre Majesté commande, dit Cagliostro à voix basse, et j'obéirai. — Je vous commande de me révéler ma destinée, monsieur de Cagliostro, reprit le roi avec une majesté pleine de courtoisie.

En même temps, comme le comte de Haga s'était laissé traiter en roi et avait rompu l'incognito en donnant un ordre, monsieur de Richelieu se leva, vint humblement saluer le prince, et lui dit :

— Merci pour l'honneur que le roi de Suède a fait à ma maison, sire; que Votre Majesté veuille prendre la place d'honneur. A partir de ce moment, elle ne peut plus appartenir qu'à vous. — Restons, restons comme nous sommes, monsieur le maréchal, et ne perdons pas un mot de ce que monsieur le comte de Cagliostro va me dire. — Aux rois on ne dit pas la vérité, sire. — Bah! je ne suis pas dans mon royaume. Reprenez votre place, monsieur le duc; parlez, monsieur de Cagliostro, je vous en conjure.

Cagliostro jeta les yeux sur son verre; des globules pareils à ceux qui traversent le vin de Champagne montaient du fond à la surface; l'eau semblait, attirée par son regard puissant, s'agiter sous sa volonté.

— Sire, dites-moi ce que vous voulez savoir, dit Cagliostro; me voilà prêt à vous répondre. — Dites-moi de quelle mort je mourrai. — D'un coup de feu, sire.

Le front de Gustave rayonna.

— Ah! dans une bataille, dit-il, de la mort d'un soldat. Merci, monsieur de Cagliostro, cent fois merci. Oh! je prévois des batailles, et Gustave-Adolphe et Charles XII m'ont montré comment l'on mourait lorsqu'on est roi de Suède.

Cagliostro baissa la tête sans répondre.

Le comte de Haga fronça le sourcil.

— Oh! oh! dit-il, n'est-ce pas dans une bataille que le coup de feu sera tiré? — Non, sire. — Dans une sédition; oui, c'est encore possible. — Ce n'est point dans une sédition. — Mais où sera-ce donc? — Dans un bal, sire.

Le roi devint rêveur.

LE DÎNER DE M. DE RICHELIEU.

TYP. J. CLAYE.

Cagliostro, qui s'était levé, se rassit et laissa tomber sa tête dans ses deux mains où elle s'ensevelit.

Tous pâlissaient autour de l'auteur de la prophétie et de celui qui en était l'objet.

Monsieur de Condorcet s'approcha du verre d'eau dans lequel le devin avait lu le sinistre augure, le prit par le pied, le souleva à la hauteur de son œil, et en examina soigneusement les facettes brillantes et le contenu mystérieux.

On voyait cet œil intelligent, mais froid scrutateur, demander au double cristal solide et liquide la solution d'un problème que sa raison à lui réduisait à la valeur d'une spéculation purement physique.

En effet, le savant supputait la profondeur, les réfractions lumineuses et les jeux microscopiques de l'eau. Il se demandait, lui qui voulait une cause à tout, la cause et le prétexte de ce charlatanisme exercé sur des hommes de la valeur de ceux qui entouraient cette table, par un homme auquel on ne pouvait refuser une portée extraordinaire.

Sans doute il ne trouva point la solution de son problème, car il cessa d'examiner le verre, le replaça sur la table, et, au milieu de la stupéfaction résultant du pronostic de Cagliostro :

— Eh bien! moi aussi, dit-il, je prierai notre illustre prophète d'interroger son miroir magique. Malheureusement, moi, ajouta-t-il, je ne suis pas un seigneur puissant, je ne commande pas, et ma vie obscure n'appartient point à des millions d'hommes. — Monsieur, dit le comte de Haga, vous commandez au nom de la science, et votre vie importe non-seulement à un peuple, mais à l'humanité. — Merci, monsieur le comte; mais peut-être votre avis sur ce point n'est-il point celui de monsieur de Cagliostro.

Cagliostro releva la tête, comme fait un coursier sous l'aiguillon.

— Si fait, marquis, dit-il avec un commencement d'irritabilité nerveuse, que dans les temps antiques on eût attribuée à l'influence du dieu qui le tourmentait. Si fait, vous êtes un seigneur puissant dans le royaume de l'intelligence. Voyons, regardez-moi en face; vous aussi, souhaitez-vous sérieusement que je vous fasse une prédiction? — Sérieusement, monsieur le comte, reprit Condorcet, sur l'honneur! on ne peut plus sérieusement. — Eh bien! marquis, dit Cagliostro d'une voix sourde et en abaissant la paupière sur son regard fixe, vous mourrez du poison que vous portez dans la bague que vous avez au doigt. Vous mourrez... — Oh! mais si je la jetais? interrompit Condorcet. — Jetez-la. — Enfin vous avouez que c'est bien facile? — Alors, jetez-la, vous dis-je. — Oh! oui, marquis! s'écria madame Dubarry, par grâce, jetez ce vilain poison; jetez-le, ne fût-ce que pour faire mentir un peu ce prophète malencontreux qui nous afflige tous de ses prophéties. Car, enfin, si vous le jetez, il est certain que vous ne serez pas empoisonné par celui-là ; et comme c'est par celui-là que monsieur de Cagliostro prétend que vous le serez, alors, bon gré mal gré, monsieur de Cagliostro aura menti. — Madame la comtesse a raison, dit le comte de Haga. — Bravo ! comtesse, dit Richelieu. Voyons, marquis, jetez ce poison ; ça fera d'autant mieux que maintenant que je sais que vous portez à la main la mort d'un homme, je tremblerai toutes les fois que nous trinquerons ensemble. La bague peut s'ouvrir toute seule... Eh... eh ! — Et deux verres qui se choquent sont bien près l'un de l'autre, dit Taverney. Jetez, marquis, jetez. — C'est inutile, dit tranquillement Cagliostro, monsieur de Condorcet ne le jettera pas. — Non, dit le marquis, je ne le quitterai pas, c'est vrai, et ce n'est pas parce que j'aide la destinée, c'est parce que Cabanis m'a composé ce poison qui est unique, qui est une substance solidifiée par l'effet du hasard, et qu'il ne retrouvera jamais ce hasard peut-être ; voilà pourquoi je ne jetterai pas ce poison. Triomphez si vous voulez, monsieur de Cagliostro. — Le destin, dit celui-ci, trouve toujours des agents fidèles pour aider à l'exécution de ses arrêts. — Ainsi, je mourrai empoisonné, dit le marquis. Eh bien ! soit. Ne meurt pas empoisonné qui veut. C'est une mort admirable que vous me prédisez là ; un peu de poison sur le bout de ma langue, et je suis anéanti. Ce n'est plus la mort, cela ; c'est moins la vie, comme nous disons en algèbre. — Je ne tiens pas à ce que vous souffriez, Monsieur, répondit froidement Cagliostro.

Et il fit un signe qui indiquait qu'il désirait en rester là, avec monsieur de Condorcet du moins.

— Monsieur, dit alors le marquis de Favras en s'allongeant sur la table, comme pour aller au-devant de Cagliostro, voilà un naufrage, un coup de feu et un empoisonnement qui me font venir l'eau à la bouche. Est-ce que vous ne me ferez pas la grâce de me prédire, à moi aussi, quelque petit trépas du même genre ? — Oh ! monsieur le marquis, dit Cagliostro commençant à s'animer sous l'ironie, vous auriez vraiment tort de jalouser ces Messieurs, car, sur ma foi de gentilhomme ! vous aurez mieux. — Mieux ! s'écria monsieur de Favras en riant ; prenez garde, c'est vous engager beaucoup : mieux que la mer, le feu et le poison ; c'est difficile. — Il reste la corde, monsieur le marquis, dit gracieusement Cagliostro. — La corde... oh ! oh ! que me dites-vous là ? — Je vous dis que vous serez pendu, répondit Cagliostro avec une espèce de rage prophétique dont il n'était plus le maître. — Pendu ! répéta l'assemblée ; diable ! — Monsieur oublie que je suis gentilhomme, dit Favras un peu refroidi ; et s'il veut, par hasard, parler d'un suicide, je le préviens que je compte me respecter assez jusqu'au dernier moment pour ne pas me servir d'une corde tant que j'aurai une épée. — Je ne vous parle pas d'un suicide, Monsieur. — Alors vous parlez d'un supplice. — Oui. — Vous êtes étranger, Monsieur, et en cette qualité je vous pardonne. — Quoi? — Votre ignorance. En France on décapite les gentilshommes. — Vous réglerez cette affaire avec le bourreau, Monsieur, dit Cagliostro, écrasant son interlocuteur sous cette brutale réponse.

Il y eut un instant d'hésitation dans l'assemblée.

— Savez-vous que je tremble à présent, dit monsieur de Launay; mes prédécesseurs ont si tristement choisi que j'augure mal pour moi si je fouille au même sac qu'eux. — Alors vous êtes plus raisonnable qu'eux, et vous ne voulez pas connaître l'avenir. Vous avez raison; bon ou mauvais, respectons le secret de Dieu. — Oh! oh! monsieur de Launay, dit madame Dubarry, j'espère que vous aurez bien autant de courage que ces Messieurs. — Mais je l'espère aussi, Madame, dit le gouverneur en s'inclinant.

Puis se retournant vers Cagliostro :

— Voyons, Monsieur, lui dit-il; à mon tour, gratifiez-moi de mon horoscope, je vous en conjure. — C'est facile, dit Cagliostro : un coup de hache sur la tête et tout sera dit.

Un cri d'effroi retentit dans la salle. Messieurs de Richelieu et Taverney supplièrent Cagliostro de ne pas aller plus loin; mais la curiosité féminine l'emporta. — Mais à vous entendre, vraiment, comte, lui dit madame Dubarry, l'univers entier finirait de mort violente. Comment, nous voilà huit, et sur huit, cinq déjà sont condamnés par vous. — Oh! vous comprenez bien que c'est un parti pris, et que nous en rions, Madame, dit monsieur de Favras en essayant de rire effectivement. — Certainement que nous en rions, dit le comte de Haga, que cela soit vrai ou que cela soit faux. — Oh! j'en rirais bien aussi, dit madame Dubarry, car je ne voudrais pas, par ma lâcheté, faire déshonneur à l'assemblée. Mais, hélas! je ne suis qu'une femme, et n'aurai pas même l'honneur d'être mise à votre rang pour un dénouement sinistre. Une femme, cela meurt dans son lit. Hélas! ma mort de vieille femme triste et oubliée sera la pire de toutes les morts, n'est-ce pas, monsieur de Cagliostro?

Et en disant ces mots elle hésitait; elle donnait, non-seulement par ses paroles, mais par son air, un prétexte au devin de la rassurer; mais Cagliostro ne la rassurait pas.

La curiosité fut plus forte que l'inquiétude et l'emporta sur elle.

Voyons, monsieur de Cagliostro, dit madame Dubarry, répondez-moi donc. — Comment voulez-vous que je vous réponde, Madame, vous ne me questionnez pas.

La comtesse hésita.

— Mais... dit-elle. — Voyons, demanda Cagliostro, m'interrogez-vous, oui ou non?

La comtesse fit un effort, et après avoir puisé du courage dans le sourire de l'assemblée :

— Eh bien! oui, s'écria-t-elle, je me risque; voyons, dites comment finira Jeanne de Vaubernier, comtesse Dubarry. — Sur l'échafaud, Madame, répondit le funèbre prophète. — Plaisanterie! n'est-ce pas, Monsieur? balbutia la comtesse avec un regard suppliant.

Mais on avait poussé à bout Cagliostro, et il ne vit pas ce regard.

— Et pourquoi plaisanterie? demanda-t-il. — Mais parce que pour monter sur l'échafaud il faut avoir tué, assassiné, commis un crime enfin, et que selon toute probabilité je ne commettrai jamais de crime. Plaisanterie, n'est-ce pas? — Eh! mon Dieu, oui, dit Cagliostro, plaisanterie comme tout ce que j'ai prédit.

La comtesse partit d'un éclat de rire qu'un habile observateur eût trouvé un peu trop strident pour être naturel.

— Allons, monsieur de Favras, dit-elle, voyons, commandons nos voitures de deuil. — Oh! ce serait bien inutile pour vous, comtesse, dit Cagliostro. — Et pourquoi cela, Monsieur? — Parce que vous irez à l'échafaud dans une charrette. — Fi! l'horreur! s'écria madame Dubarry. Oh! le vilain homme! Maréchal, une autre fois choisissez des convives d'une autre humeur, ou je ne reviens pas chez vous. — Excusez-moi, Madame, dit Cagliostro, mais vous comme les autres vous l'avez voulu.

— Moi comme les autres; au moins vous m'accorderez bien le temps, n'est-ce pas, de choisir mon confesseur? — Ce serait peine superflue, comtesse, dit Cagliostro. — Comment cela? — Le dernier qui montera à l'échafaud avec un confesseur, ce sera... — Ce sera? demanda toute l'assemblée. — Ce sera le roi de France.

Et Cagliostro dit ces derniers mots d'une voix sourde et tellement lugubre, qu'elle passa comme un souffle de mort sur les assistants, et les glaça jusqu'au fond du cœur.

Alors il se fit un silence de quelques minutes.

Pendant ce silence, Cagliostro approcha de ses lèvres le verre d'eau dans lequel il avait lu toutes ces sanglantes prophéties; mais à peine eut-il touché à sa bouche, qu'avec un dégoût invincible il le repoussa comme il eût fait d'un amer calice.

Tandis qu'il accomplissait ce mouvement, les yeux de Cagliostro se portèrent sur Taverney.

— Oh! s'écria celui-ci, qui crut qu'il allait parler, ne me dites pas ce que je deviendrai; je ne vous le demande pas, moi. — Eh bien! moi je le demande à sa place, dit Richelieu. — Vous, monsieur le maréchal, dit Cagliostro, rassurez-vous, car vous êtes le seul de nous tous qui mourrez dans votre lit. — Le café, Messieurs! dit le vieux maréchal, enchanté de la prédiction. Le café!

Chacun se leva.

Mais avant de passer au salon, le comte de Haga, s'approchant de Cagliostro :

— Monsieur, dit-il, je ne songe pas à fuir le destin, mais dites-moi de quoi il faut que je me défie? — D'un manchon, sire, répondit Cagliostro.

Monsieur de Haga s'éloigna.

— Et moi? demanda Condorcet. — D'une omelette. — Bon, je renonce aux œufs.

Et il rejoignit le comte.

— Et moi, dit Favras, qu'ai-je à craindre? — Une lettre. — Bon, merci. — Et moi? demanda de Launay. — La prise de la Bastille. — Oh! me voilà tranquille.

Et il s'éloigna en riant.

— A mon tour, Monsieur, fit la comtesse toute troublée. — Vous, belle comtesse, défiez-vous de la place Louis XV! — Hélas! répondit la comtesse, déjà un jour je m'y suis égarée; j'ai bien souffert. Ce jour-là j'avais perdu la tête. — Eh bien! cette fois encore vous la perdrez, comtesse, mais vous ne la retrouverez pas.

Madame Dubarry poussa un cri et s'enfuit au salon près des autres convives.

Cagliostro allait y suivre ses compagnons.

— Un moment, fit Richelieu, il ne reste plus que Taverney et moi à qui vous n'ayez rien dit, mon cher sorcier. — Monsieur de Taverney m'a prié de ne rien dire, et vous, monsieur le maréchal, vous ne m'avez rien demandé. — Oh! et je vous en prie encore, s'écria Taverney les mains jointes. — Mais, voyons, pour nous prouver la puissance de votre génie, ne pourriez-vous pas nous dire une chose que nous deux savons seuls? — Laquelle? demanda Cagliostro en souriant. — Eh bien! c'est ce que ce brave Taverney vient faire à Versailles au lieu de vivre tranquillement dans sa belle terre de Maison-Rouge, que le roi a rachetée pour lui il y a trois ans? — Rien de plus simple, monsieur le maréchal, répondit Cagliostro. Voici dix ans, monsieur avait voulu donner sa fille, mademoiselle Andrée, au roi Louis XV; mais Monsieur n'a pas réussi. — Oh! oh! grogna Taverney. — Aujourd'hui, Monsieur veut donner son fils, Philippe de Taverney, à la reine Marie-Antoinette. Demandez-lui si je mens. — Par ma foi! dit Taverney tout tremblant, cet homme est sorcier, ou le diable m'emporte! — Oh! oh! fit le maréchal, ne parle pas si cavalièrement du diable, mon vieux camarade.—Effrayant! effrayant! murmura Taverney.

Et il se retourna pour implorer une dernière fois la discrétion de Cagliostro; mais celui-ci avait disparu.

— Allons, Taverney, allons au salon, dit le maréchal; on prendrait le café sans nous, ou nous prendrions le café froid, ce qui serait bien pis.

Et il courut au salon.

Mais le salon était désert; pas un des convives n'avait eu le courage de revoir en face l'auteur des terribles prédictions.

Les bougies brûlaient sur les candélabres; le café fumait dans l'aiguière; le feu sifflait dans l'âtre.

Tout cela inutilement.

— Ma foi! mon vieux camarade, il paraît que nous allons prendre notre café en tête-à-tête... Eh bien! où diable es-tu donc passé?

Et Richelieu regarda de tous côtés; mais le petit vieillard s'était esquivé comme les autres.

— C'est égal, dit le maréchal en ricanant comme eût fait Voltaire, et en frottant l'une contre l'autre ses mains sèches et blanches toutes chargées de bagues, je serai le seul de tous mes convives qui mourrai dans mon lit. Eh! eh! dans mon lit! Comte de Cagliostro, je ne suis pas un incrédule, moi. Dans mon lit, et le plus tard possible? Holà! mon valet de chambre, et mes gouttes!

Le valet de chambre entra un flacon à la main, et le maréchal et lui passèrent dans la chambre à coucher.

III

DEUX FEMMES INCONNUES

L'hiver de 1784, ce monstre qui dévora un sixième de la France, nous n'avons pu, quoiqu'il grondât aux portes, le voir chez monsieur le duc de Richelieu, enfermés que nous étions dans cette salle à manger si chaude et si parfumée.

Un peu de givre aux vitres, c'est le luxe de la nature ajouté au luxe des hommes. L'hiver a ses diamants, sa poudre et ses broderies d'argent pour le riche, enseveli sous sa fourrure, ou calfeutré dans son carrosse, ou emballé dans les ouates et les velours d'un appartement chauffé. Tout frimas est une pompe, toute intempérie un changement de décor, que le riche regarde exécuter à travers les vitres de ses fenêtres, par ce grand et éternel machiniste que l'on appelle Dieu.

En effet, qui a chaud peut admirer les arbres noirs, et trouver du charme aux sombres perspectives des plaines embaumées par l'hiver.

Celui qui sent monter à son cerveau les suaves parfums du dîner qui l'attend, peut humer de temps en temps, à travers une fenêtre entr'ouverte, l'âpre parfum de la bise et la glaciale vapeur des neiges qui régénèrent ses idées.

Celui, enfin, qui, après une journée sans souffrances, quand des millions de ses concitoyens ont souffert, s'étend sous un édredon, dans des draps bien fins, dans un lit bien chaud; celui-là, comme cet égoïste dont parle Lucrèce, et que glorifie Voltaire, peut trouver que tout est bien dans le meilleur des mondes possibles.

Mais celui qui a froid ne voit rien de toutes ces splendeurs de la nature, aussi riche de son manteau blanc que de son manteau vert.

Celui qui a faim cherche la terre et fuit le ciel : le ciel sans soleil et par conséquent sans sourire pour le malheureux.

Or, à cette époque où nous sommes arrivés, c'est-à-dire vers la moitié du mois d'avril, trois cent mille malheureux, mourant de froid et de faim, gémissaient dans Paris seulement, dans Paris où, sous prétexte que nulle ville ne renferme plus de riches, rien n'était prévu pour empêcher les pauvres de périr par le froid et par la misère.

Depuis ces quatre mois, un ciel d'airain chassait les malheureux des villages dans les villes, comme d'habitude l'hiver chasse les loups des bois dans les villages.

Plus de pain, plus de bois.

Plus de pain pour ceux qui supportaient le froid, plus de bois pour faire cuire le pain.

Toutes les provisions faites, Paris les avait dévorées en un mois; le prévôt des marchands, imprévoyant et incapable, ne savait pas faire entrer dans Paris, confié à ses soins, deux cent mille cordes disponibles dans un rayon de dix lieues autour de la capitale.

Il donnait pour excuse :

Quand il gelait, la gelée, qui empêche les chevaux de marcher; quand il dégelait, l'insuffisance des charrettes et des chevaux; Louis XVI, toujours bon, toujours humain, toujours le premier frappé des besoins physiques du peuple, dont les besoins sociaux lui échappaient plus facilement, Louis XVI commença par affecter une somme de deux cent mille livres à la location de chariots et de chevaux, puis ensuite il mit les uns et les autres en réquisition forcée.

Cependant, la consommation continuait d'emporter les arrivages. Il fallait taxer les acheteurs. Nul n'eut le droit d'enlever d'abord du chantier général plus d'une voie de bois, puis plus d'une demi-voie. On vit alors la queue s'allonger à la porte des chantiers, comme plus tard on devait la voir s'allonger à la porte des boulangers.

Le roi dépensa tout l'argent de sa cassette en aumônes. Il leva trois millions sur les recettes des octrois, et appliqua ces trois millions au soulagement des malheureux, déclarant que toute urgence devait céder et se taire devant l'urgence du froid et de la famine.

La reine, de son côté, donna cinq cents louis sur ses épargnes. On convertit en salles d'asiles les couvents, les hôpitaux, les monuments publics, et chaque porte cochère s'ouvrit à l'ordre de ses maîtres, à l'exemple de celles des châteaux royaux, pour donner accès dans les cours des hôtels à des pauvres qui venaient s'accroupir autour d'un grand feu.

On espérait gagner ainsi les bons dégels!

Mais le ciel était inflexible! Chaque soir, un voile de cuivre rose s'étendait sur le firmament; l'étoile brillait sèche et froide comme un falot de mort, et la gelée nocturne condensait de nouveau, dans un lac de diamant, la neige pâle que le soleil du midi avait un instant liquéfiée.

Pendant le jour, des milliers d'ouvriers, la pioche et la pelle en main, échafaudaient la neige et la glace le long des maisons, en sorte qu'un double rempart épais et humide obstruait la moitié des rues, déjà trop étroites pour la plupart. Carrosses pesants aux roues glissantes, chevaux vacillants et abattus à chaque minute, refoulaient sur ces murs glacés le passant exposé au triple danger des chutes, des chocs et des écroulements.

Bientôt, les amas de neige et de glaces devinrent tels que les boutiques en furent masquées, les passages bouchés, et qu'il fallut renoncer à enlever les glaces, les forces et les moyens du charroi ne suffisant plus.

Paris impuissant s'avoua vaincu, et laissa faire l'hiver. Décembre, janvier, février et mars se passèrent ainsi; quelquefois un dégel de deux ou trois jours changeait en un océan tout Paris, dépourvu d'égouts et de pentes.

Certaines rues, dans ces moments-là, ne pouvaient être traversées qu'à la nage. Des chevaux s'y perdirent et se noyèrent. Les carrosses ne s'y hasardèrent plus, même au pas; ils se fussent changés en bateaux.

Paris, fidèle à son caractère, chansonna la mort par le dégel, comme il avait chansonné la mort par la famine. On alla en procession aux Halles pour voir les poissardes débiter leur marchandise, et courir le chaland avec d'énormes bottes de cuir, des culottes dans leurs bottes et la jupe retroussée jusqu'à la ceinture, le tout en riant, gesticulant et s'éclaboussant les unes les autres dans le marécage qu'elles habitaient; mais comme les dégels étaient éphémères, comme la glace succédait plus opaque et plus opiniâtre, comme les lacs de la veille devenaient un cristal glissant le lendemain, des traîneaux remplaçaient les carrosses et couraient, poussés par des patineurs ou traînés par des chevaux ferrés à pointes, sur les chaussées des rues, changées en miroirs unis. La Seine, gelée à une profondeur de plusieurs pieds, était devenue le rendez-vous des oisifs qui s'y exerçaient à la course, c'est-à-dire à la chute aux glissades, au patinage, aux jeux de toute sorte enfin, et qui, échauffés par cette gymnastique, couraient au feu le plus voisin, dès que la fatigue les forçait au repos, pour empêcher la sueur de geler sur leurs membres.

On prévoyait le moment où les communications par eau étant interrompues, où les communications par terre étant devenues impossibles, on prévoyait le moment où les vivres n'arriveraient plus, et où Paris, ce corps gigantesque, succomberait faute d'aliments, comme ces monstrueux cétacés qui, ayant dépeuplé leurs cantons, demeurent enfermés par les glaces polaires et meurent d'inanition faute d'avoir pu, par les fissures, s'échapper, comme les petits poissons leur proie, et gagner des zones plus tempérées, des eaux plus fécondes.

Le roi, dans cette extrémité, assembla son conseil. Il y décida qu'on exilerait de Paris, c'est-à-dire que l'on prierait de retourner dans leurs provinces les évêques, les abbés, les moines trop insoucieux de la résidence; les gouverneurs, les intendants de province, qui avaient fait de Paris le siége de leur gouvernement; enfin les magistrats, qui préféraient l'Opéra et le monde à leurs fauteuils fleurdelisés.

En effet, tous ces gens faisaient grosse dépense de bois dans leurs riches hôtels, tous ces gens consommaient beaucoup de vivres dans leurs immenses cuisines.

Il y avait encore tous les seigneurs de terres provinciales, que l'on inviterait à s'enfermer dans leurs châteaux. Mais monsieur Lenoir, lieutenant de police, fit observer au roi que tous ces gens n'étant pas des coupables, on ne pouvait les forcer à quitter Paris du jour au lendemain; que par conséquent ils mettraient à se retirer une lenteur résultant à la fois du mauvais vouloir et de la difficulté des chemins, et qu'ainsi le dégel arriverait avant qu'on eût obtenu l'avantage de la mesure, tandis que tous les inconvénients s'en seraient produits.

Cependant, cette pitié du roi qui avait mis ses coffres à sec, cette miséricorde de la reine qui avait épuisé son épargne, avaient excité la reconnaissance ingénieuse du peuple, qui consacra par des monuments, éphémères comme le mal et comme le bienfait, la mémoire des charités que Louis XVI et la reine avaient versées sur les indigents. Comme autrefois les soldats érigeaient des trophées au général vainqueur, avec les armes de l'ennemi dont le général les avait délivrés, les Parisiens, sur le champ de bataille même où ils luttaient contre l'hiver, élevèrent donc au roi et à la reine des obélisques de neige et de glace. Chacun y concourut ; le manœuvre donna ses bras, l'ouvrier son industrie, l'artiste son talent, et les obélisques s'élevèrent élégants, hardis et solides, à chaque coin des principales rues, et le pauvre homme de lettres que le bienfait du souverain avait été chercher dans sa mansarde, apporta l'offrande d'une inscription rédigée plus encore par le cœur que par l'esprit.

A la fin de mars, le dégel était venu, mais inégal, incomplet, avec des reprises de gelée qui prolongeaient la misère, la douleur et la faim, dans la population parisienne, en même temps qu'elles conservaient debout et solides les monuments de neige.

Jamais la misère n'avait été aussi grande que dans cette dernière période ; c'est que les intermittences d'un soleil déjà tiède faisaient paraître plus dures encore les nuits de gelée et de bise : les grandes couches de glace avaient fondu et s'étaient écoulées dans la Seine débordant de toutes parts. Mais, aux premiers jours d'avril, une de ces recrudescences de froid dont nous avons parlé se manifesta ; les obélisques, le long desquels avait déjà coulé cette sueur qui présageait leur mort, les obélisques, à moitié fondus, se solidifièrent de nouveau, informes et amoindris ; une belle couche de neige couvrit les boulevards et les quais, et l'on vit les traîneaux reparaître avec leurs chevaux fringants. Cela faisait merveille sur les quais et sur les boulevards. Mais dans les rues, les carrosses et les cabriolets rapides devenaient la terreur des piétons, qui ne les entendaient pas venir, qui, souvent empêchés par les murailles de glace, ne pouvaient les éviter ; enfin qui, le plus souvent, tombaient sous les roues en essayant de fuir.

En peu de jours, Paris se couvrit de blessés et de mourants. Ici, une jambe brisée par une chute faite sur le verglas ; là une poitrine enfoncée par le brancard d'un cabriolet qui, emporté par la rapidité de sa course, n'avait pu s'arrêter sur la glace. Alors, la police commença de s'occuper à préserver des roues ceux qui avaient échappé au froid, à la faim et aux inondations. On fit donc payer des amendes aux riches qui écrasaient les pauvres. C'est qu'en ce temps-là, règne des aristocraties, il y avait aristocratie même dans la manière de conduire les chevaux : un prince du sang se menait à toute bride et sans crier gare ! un duc et pair, un gentilhomme et une fille d'Opéra, au grand trot ; un président et un financier au trot ; le petit-maître, dans son cabriolet, se conduisait lui-même comme à la chasse ; et le jockey, debout derrière, criait gare ! quand le maître avait accroché ou renversé un malheureux.

Et puis, comme dit Mercier, se ramassait qui pouvait ; mais en somme, pourvu que le Parisien vît de beaux traîneaux en col de cygne courir sur le boulevard, pourvu qu'il admirât dans leurs pelisses de martre ou d'hermine les belles dames de la cour, entraînées comme des météores sur les sillons reluisants de la glace, pourvu que les grelots dorés, les filets de pourpre et les panaches des chevaux amusassent les enfants échelonnés sur le passage de toutes ces belles choses, le bourgeois de Paris oubliait l'incurie des gens de police et les brutalités des cochers, tandis que le pauvre, de son côté, du moins pour un instant, oubliait sa misère, habitué qu'il était encore en ce temps-là à être patroné par les gens riches ou par ceux qui affectaient de l'être.

Or, c'est dans les circonstances que nous venons de rapporter, huit jours après ce dîner donné à Versailles par monsieur de Richelieu, que l'on vit, par un beau mais froid soleil, entrer à Paris quatre traîneaux élégants, glissant sur la neige durcie qui couvrait le Cours-la-Reine et l'extrémité des boulevards, à partir des Champs-Élysées. Hors Paris, la glace peut garder longtemps sa blancheur virginale, les pieds des passants sont rares. A Paris, au contraire, cent mille pas par heure déflorent vite, en le noircissant, le manteau splendide de l'hiver.

Les traîneaux qui avaient glissé à sec sur la route, s'arrêtèrent d'abord au boulevard, c'est-à-dire dès que la boue succéda aux neiges. En effet, le soleil de la journée avait amolli l'atmosphère, et le dégel momentané commençait ; nous disons momentané, car la pureté de l'air promettait pour la nuit cette bise glaciale qui brûle en avril les premières feuilles et les premières fleurs.

Dans le traîneau qui marchait en tête, se trouvaient deux hommes vêtus d'une houppelande brune en drap, avec un collet double ; la seule différence que l'on remarquât entre les deux habits, c'est que l'un avait des boutons et des brandebourgs d'or, et l'autre des brandebourgs de soie et des boutons pareils aux brandebourgs.

Ces deux hommes, traînés par un cheval noir dont les naseaux soufflaient une épaisse fumée, précédaient un second traîneau, sur lequel ils jetaient de temps en temps les yeux, comme pour le surveiller.

Dans ce second traîneau, se trouvaient deux femmes si bien enveloppées de fourrures que nul n'eût pu voir leurs visages. On pourrait même ajouter qu'il eût été difficile de dire à quel sexe appartenaient ces deux personnages, si on ne les eût reconnu femmes à la hauteur de leur coiffure, au sommet de laquelle un petit chapeau secouait ses plumes.

De l'édifice colossal de cette coiffure enchevêtrée de nattes de rubans et de menus joyaux, un nuage de poudre blanche s'échappait, comme l'hiver s'échappe un nuage de givre des branches que la bise secoue.

Ces deux dames, assises l'une à côté de l'autre, et tellement rapprochées que leur siége se confondait, s'entretenaient sans faire attention aux nombreux spectateurs qui les regardaient passer sur le boulevard.

Nous avons oublié de dire qu'après un instant d'hésitation elles avaient repris leur course.

L'une d'elles, la plus grande et la plus majestueuse, appuyait sur ses lèvres un mouchoir de fine batiste brodée, tenait sa tête droite et ferme, malgré la bise que fendait le traîneau dans sa course rapide. Cinq heures venaient de sonner à l'église Sainte-Croix-d'Antin, et la nuit commençait à descendre sur Paris, et avec la nuit le froid.

En ce moment les équipages étaient parvenus à la porte Saint-Denis à peu près.

La dame du traîneau, la même qui tenait un mouchoir sur sa bouche, fit un signe aux deux hommes de l'avant-garde qui distancèrent le traîneau des deux dames, en pressant le pas du cheval noir. Puis, la même dame se retourna vers l'arrière-garde, composée de deux autres traîneaux conduits chacun par un cocher sans livrée, et les deux cochers, obéissant de leur côté au signe qu'ils venaient de comprendre, disparurent par la rue Saint-Denis, dans la profondeur de laquelle ils s'engouffrèrent.

De son côté, comme nous l'avons dit, le traîneau des deux hommes gagna sur celui des deux femmes, et finit par disparaître dans les premières brumes du soir, qui s'épaississaient autour de la colossale construction de la Bastille.

Le second traîneau, arrivé au boulevard de Ménilmontant, s'arrêta; de ce côté, les promeneurs étaient rares, la nuit les avait dispersés; d'ailleurs, en ce quartier lointain, peu de bourgeois se hasardaient sans falot et sans escorte, depuis que l'hiver avait aiguisé les dents de trois ou quatre mille mendiants suspects, changés tout doucement en voleurs.

La dame que nous avons déjà désignée à nos lecteurs comme donnant des ordres, toucha du bout du doigt l'épaule du cocher qui conduisait le traîneau.

Le traîneau s'arrêta.

— Weber, dit-elle, combien vous faut-il de temps pour amener le cabriolet où vous savez? — Matame brend le gapriolet? demanda le cocher, avec un accent allemand des mieux prononcés. — Oui, je reviendrai par les rues pour voir les feux. Or, les rues sont encore plus boueuses que les boulevards, et on roulerait mal en traîneau. Et puis, j'ai gagné un peu de froid : vous aussi, n'est-ce pas, petite? dit la dame s'adressant à sa compagne. — Oui, Madame, répondit celle-ci. — Ainsi, vous entendez, Weber? où vous savez, avec le cabriolet. — Pien, Matame. —

DEUX FEMMES INCONNUES.

Combien de temps vous faut-il? — Une temi-heure. — C'est bien; voyez l'heure, petite.

La plus jeune des deux dames fouilla dans sa pelisse et regarda l'heure à sa montre avec assez de difficulté, car, nous l'avons dit, la nuit s'épaississait.

— Six heures moins un quart, dit-elle. — Donc, à sept heures moins un quart, Weber.

Et en disant ces mots, la dame sauta légèrement hors du traîneau, donna la main à son amie, et commença de s'éloigner, tandis que le cocher, avec des gestes d'un respectueux désespoir, murmura assez haut pour être entendu de sa maîtresse :

— Imbrutence! ah! mein Gott! quelle imbrutence!

Les deux jeunes femmes se mirent à rire, s'enfermèrent dans leurs pelisses, dont les collets montaient jusqu'à la hauteur des oreilles, et traversèrent la contre-allée du boulevard en s'amusant à faire craquer la neige sous leurs petits pieds, chaussés de fines mules fourrées.

— Vous qui avez de bons yeux, Andrée, fit la dame qui paraissait la plus âgée, et qui cependant ne devait pas avoir plus de trente à trente-deux ans, essayez donc de lire à cet angle le nom de la rue. — Rue du Pont-aux-Choux, Madame, dit la jeune femme en riant. — Quelle rue est-ce là, rue du Pont-aux-Choux? Ah! mon Dieu! mais nous sommes perdues! rue du Pont-aux-Choux! on m'avait dit la deuxième rue à droite. Mais sentez-vous, Andrée, comme il flaire bon le pain chaud?

— Ce n'est pas étonnant, répondit sa compagne, nous sommes à la porte d'un boulanger. — Eh bien! demandons-lui où est la rue Saint-Claude.

Et celle qui venait de parler fit un mouvement vers la porte.

— Oh! n'entrez pas, Madame! fit vivement l'autre femme; laissez-moi. — La rue Saint-Claude, mes mignonnes dames, dit une voix enjouée, vous voulez savoir où est la rue Saint-Claude?

Les deux femmes se retournèrent en même temps, et d'un seul mouvement, dans la direction de la voix, et elles virent, debout et appuyé à la porte du boulanger, un geindre affublé de sa jaquette, et les jambes et la poitrine découvertes, malgré le froid glacial qu'il faisait.

— Oh! un homme nu! s'écria la plus jeune des deux femmes. Sommes-nous donc en Océanie?

Et elle fit un pas en arrière et se cacha derrière sa compagne.

— Vous cherchez la rue Saint-Claude? poursuivit le mitron qui ne comprenait rien au mouvement qu'avait fait la plus jeune des deux dames, et qui, habitué à son costume, était loin de lui attribuer la force centrifuge dont nous venons de voir le résultat. — Oui, mon ami, la rue Saint-Claude, répondit l'aînée des deux femmes, en comprimant elle-même une forte envie de rire. — Oh! ce n'est pas difficile à trouver, et d'ailleurs je vais vous y conduire, reprit le joyeux garçon enfariné, qui, joignant le fait à la parole, se mit à déployer le compas de ses immenses jambes maigres, au bout desquelles s'emmanchaient deux savates larges comme des bateaux. — Non pas! non pas! dit l'aînée des deux femmes, qui ne se souciait sans doute pas d'être rencontrée avec un pareil guide; indiquez-nous la rue, sans vous déranger, et nous tâcherons de suivre votre indication. — Première rue à droite, Madame, répondit le guide en se retirant avec discrétion. — Merci, dirent ensemble les deux femmes.

Et elles se mirent à courir dans la direction indiquée, en étouffant leurs rires sous leurs manchons.

IV

UN INTÉRIEUR

Ou nous avons trop compté sur la mémoire de notre lecteur, ou nous pouvons espérer qu'il connaît déjà cette rue Saint-Claude, qui touche par l'est au boulevard et par l'ouest à la rue Saint-Louis; en effet, il a vu plus d'un des personnages qui ont joué ou qui joueront un rôle dans cette histoire la parcourir dans un autre temps, c'est-à-dire lorsque le grand physicien Joseph Balsamo y habitait avec sa sibylle Lorenza et son maître Althotas.

En 1784 comme en 1770, époque à laquelle nous y avons conduit pour la première fois nos lecteurs, la rue Saint-Claude était une honnête rue, peu claire, c'est vrai, peu nette, c'est encore vrai; enfin peu fréquentée, peu bâtie et peu connue. Mais elle avait son nom de saint et sa qualité de rue du Marais, et comme telle elle abritait, dans les trois ou quatre maisons qui composaient son effectif, plusieurs pauvres rentiers, plusieurs pauvres marchands, et plusieurs pauvres pauvres, oubliés sur les états de la paroisse.

Outre ces trois ou quatre maisons, il y avait bien encore, au coin du boulevard, un hôtel de grande mine dont la rue Saint-Claude eût pu se glorifier comme d'un bâtiment aristocratique; mais ce bâtiment, dont les hautes fenêtres eussent, par-dessus le mur de la cour, éclairé toute la rue dans un jour de fête avec le simple reflet de ses candélabres et de ses lustres; ce bâtiment, disions-nous, était la plus noire, la plus muette et la plus close de toutes les maisons du quartier.

La porte ne s'ouvrait jamais; les fenêtres, matelassées de coussins de cuir, avaient sur chaque feuille des jalousies, sur chaque plinthe des volets, une couche de poussière que les physiologistes ou les géologues eussent accusée de remonter à dix ans.

Quelquefois un passant désœuvré, un curieux ou un voisin, s'approchait de la porte cochère, et au travers de la vaste serrure examinait l'intérieur de l'hôtel.

Alors il ne voyait que touffes d'herbe entre les pavés, moisissures et mousse sur les dalles. Parfois un énorme rat, suzerain de ce domaine abandonné, traversait tranquillement la cour et s'allait plonger dans les caves, modestie bien superflue, quand il avait à sa pleine et entière disposition des salons et des cabinets si commodes où les chats ne pouvaient le venir troubler.

Si c'était un passant ou un curieux, après avoir constaté vis-à-vis de lui-même la solitude de cet hôtel, il continuait son chemin; mais si c'était un voisin, comme l'intérêt qui s'attachait à l'hôtel était plus grand, il restait presque toujours assez longtemps en observation pour qu'un autre voisin vînt prendre place auprès de lui, attiré par une curiosité pareille à la sienne, et alors presque toujours s'établissait une conversation dont nous sommes à peu près certain de rappeler le fond, sinon les détails.

— Voisin, disait celui qui ne regardait pas à celui qui regardait, que voyez-vous donc dans la maison de monsieur le comte de Balsamo? — Voisin, répondait celui qui regardait à celui qui ne regardait pas, je vois le rat. — Ah! voulez-vous permettre?

Et le second curieux s'installait à son tour au trou de la serrure.

— Le voyez-vous? disait le voisin dépossédé au voisin en possession. — Oui, répondait celui-ci, je le vois. Ah! Monsieur, il a engraissé. — Vous croyez? — Oui, j'en suis sûr. — Je crois bien, rien ne le gêne. — Et certainement, quoi qu'on en dise, il doit rester de bons morceaux dans la maison. — De bons morceaux, dites-vous? — Dam! monsieur de Balsamo a disparu trop tôt pour n'avoir pas oublié quelque chose. — Eh! voisin, quand une maison est à moitié brûlée, que voulez-vous qu'on y oublie? — Au fait, voisin, vous pourriez bien avoir raison.

Et après avoir de nouveau regardé le rat, on se séparait effrayé d'en avoir tant dit sur une matière si mystérieuse et si délicate.

En effet, depuis l'incendie de cette maison, ou plutôt d'une partie de la maison, Balsamo avait disparu, nulle réparation ne s'était faite, l'hôtel avait été abandonné.

Laissons-le surgir tout sombre et tout humide dans la nuit avec ses terrasses couvertes de neige et son toit échancré par les flammes, ce vieil hôtel près duquel nous n'avons pas voulu passer sans nous arrêter devant lui, comme devant une vieille connaissance ; puis traversant la rue pour passer de gauche à droite, regardons, attenante à un petit jardin fermé par un grand mur, une maison étroite et haute, qui s'élève pareille à une longue tour blanche sur le fond gris-bleu du ciel.

Au faîte de cette maison, une cheminée se dresse comme un paratonnerre, et juste au zénith de cette cheminée, une brillante étoile tourbillonne et scintille.

Le dernier étage de la maison se perdrait inaperçu dans l'espace, sans un rayon de lumière qui rougit deux fenêtres sur trois qui composent la façade.

Les autres étages sont mornes et sombres. Les locataires dorment-ils déjà ? économisent-ils, dans leurs couvertures, et la chandelle si chère, et le bois si rare cette année ? Toujours est-il que les quatre étages ne donnent pas signe d'existence, tandis que le cinquième, non-seulement vit, mais encore rayonne avec une certaine affectation.

Frappons à la porte ; montons l'escalier sombre, il finit à ce cinquième étage où nous avons affaire. Une simple échelle posée contre le mur conduit à l'étage supérieur.

Un pied de biche pend à la porte ; un paillasson de natte et une patère de bois meublent l'escalier.

La première porte ouverte, nous entrerons dans une chambre obscure et nue ; c'est celle dont la fenêtre n'est pas éclairée. Cette pièce sert d'antichambre et donne dans une seconde dont l'ameublement et les détails méritent toute notre attention.

Du carreau au lieu de parquet, des portes grossièrement peintes, trois fauteuils de bois blanc garnis de velours jaune, un pauvre sofa dont les coussins ondulent sous les plis d'un amaigrissement produit par l'âge.

Les plis et la flaccidité sont les rides et l'atonie d'un vieux fauteuil : jeune, il rebondissait et chatoyait ; hors d'âge, il suit son hôte au lieu de le repousser ; et quand il a été vaincu, c'est-à-dire lorsqu'on s'est assis dedans, il crie.

Deux portraits pendus au mur attirent d'abord les regards. Une chandelle et une lampe, placées l'une sur un guéridon à trois pieds, l'autre sur la cheminée, combinent leurs feux de manière à faire de ces deux portraits deux foyers de lumière.

Toquet sur la tête, figure longue et pâle, œil mat, barbe pointue, fraise au cou, le premier de ces portraits se recommande par sa notoriété ; c'est le visage héroïquement ressemblant de Henri III, roi de France et de Pologne.

Au-dessous se lit une inscription tracée en lettres noires sur un cadre mal doré :

HENRI DE VALOIS.

L'autre portrait, doré plus récemment, aussi frais de peinture que l'autre est suranné, représente une jeune femme à l'œil noir, au nez fin et droit, aux pommettes saillantes, à la bouche circonspecte. Elle est coiffée, ou plutôt écrasée d'un édifice de cheveux et de soieries, près duquel le toquet de Henri III prend les proportions d'une taupinière près d'une pyramide.

Sous ce portrait se lit également en lettres noires :

JEANNE DE VALOIS.

Et si l'on veut, après avoir inspecté l'âtre éteint, les pauvres rideaux de siamoise du lit recouvert de damas vert jauni, si l'on veut savoir quel rapport ont ces portraits avec les habitants de ce cinquième étage, il n'est besoin que de se tourner vers une petite table de chêne sur laquelle, accoudée du bras gauche, une femme simplement vêtue revise plusieurs lettres cachetées et en contrôle les adresses.

Cette jeune femme est l'original du portrait.

A trois pas d'elle, dans une attitude semi-curieuse, semi-respectueuse, une petite vieille suivante, de soixante ans, vêtue comme une duègne de Greuze, attend et regarde.

« Jeanne de Valois, » disait l'inscription.

Mais alors, si cette dame était une Valois, comment Henri III, le roi sybarite, le voluptueux fraisé, supportait-il, même en peinture, le spectacle d'une misère pareille, lorsqu'il s'agissait, non-seulement d'une personne de sa race, mais encore de son nom !

Au reste, la dame du cinquième ne démentait point, personnellement, l'origine qu'elle se donnait. Elle avait des mains blanches et délicates qu'elle réchauffait, de temps en temps, sous ses bras croisés. Elle avait un pied petit, fin, allongé, chaussé d'une pantoufle de velours encore coquette, et qu'elle essayait de réchauffer aussi en battant le carreau luisant et froid comme cette glace qui couvrait Paris.

Puis comme la bise sifflait sous les portes et par les fentes des fenêtres, la suivante secouait tristement les épaules et regardait le foyer sans feu.

Quant à la dame maîtresse du logis, elle comptait toujours les lettres et lisait les adresses.

Puis après chaque lecture d'adresse, elle faisait un petit calcul.

— Madame de Misery, murmura-t-elle, première dame d'atours de Sa

Majesté. Il ne faut compter de ce côté que six louis, car on m'a déjà donné.

Et elle poussa un soupir.

— Madame Patrix, femme de chambre de Sa Majesté, deux louis. — Monsieur d'Ormesson, une audience. — Monsieur de Calonne, un conseil. — Monsieur de Rohan, une visite. Et nous tâcherons qu'il nous la rende, fit la jeune fille en souriant. — Nous avons donc, continua-t-elle du même ton de psalmodie, huit louis assurés d'ici à huit jours.

Et elle leva la tête.

— Dame Clotilde, dit-elle, mouchez donc cette chandelle.

La vieille obéit et se remit en place, sérieuse et attentive.

Cette espèce d'inquisition dont elle était l'objet parut fatiguer la jeune femme.

— Cherchez donc, ma chère, dit-elle, s'il ne reste pas ici quelque bout de bougie, et donnez-le-moi. Il m'est odieux de brûler de la chandelle. — Il n'y en a pas, répondit la vieille. — Voyez toujours. — Où cela ? — Mais dans l'antichambre. — Il fait bien froid par là. — Et ! tenez, justement on sonne, dit la jeune femme. — Madame se trompe, dit la vieille opiniâtre. — Je l'avais cru, dame Clotilde.

Et voyant que la vieille résistait, elle céda, grondant doucement, comme font les personnes qui, par une cause quelconque, ont laissé prendre sur elles par des inférieurs des droits qui ne devraient pas leur appartenir.

Puis elle se remit à son calcul.

— Huit louis, sur lesquels j'en dois trois dans le quartier.

Elle prit la plume et écrivit :

— Trois louis... Cinq promis à monsieur de La Motte pour lui faire supporter le séjour de Bar-sur-Aube. Pauvre diable ! notre mariage ne l'a pas enrichi ; mais patience !

Et elle sourit encore, mais en se regardant cette fois dans un miroir placé entre les deux portraits.

— Maintenant, continua-t-elle, courses de Versailles à Paris et de Paris à Versailles ; courses, un louis.

Et elle écrivit ce nouveau chiffre à la colonne des dépenses.

— La vie maintenant pour huit jours, un louis.

Elle écrivit encore.

— Toilettes, fiacres, gratifications aux suisses des maisons où je sollicite : quatre louis. Est-ce bien tout ? additionnons.

Mais au milieu de son addition elle s'interrompit.

— On sonne, vous dis-je. — Non, Madame, répondit la vieille, engourdie à sa place. Ce n'est pas ici ; c'est dessous, au quatrième. — Quatre, six, onze, quatorze louis : six de moins qu'il en faut, et toute une garderobe à renouveler, et cette vieille brute à payer pour la congédier.

Puis tout à coup :

— Mais je vous dis qu'on sonne, malheureuse ! s'écria-t-elle en colère.

Et cette fois, il faut l'avouer, l'oreille la plus indocile n'eût pu se refuser à comprendre l'appel extérieur ; la sonnette, agitée avec vigueur, frémit dans son angle et vibra si longtemps que le battant frappa les parois d'une douzaine de chocs.

A ce bruit, et tandis que la vieille, réveillée enfin, courait à l'antichambre, sa maîtresse, agile comme un écureuil, enlevait les lettres et les papiers épars sur la table, jetait le tout dans un tiroir, et, après un rapide coup d'œil lancé sur la chambre pour s'assurer que tout y était en ordre, prenait place sur le sofa dans l'attitude humble et triste d'une personne souffrante mais résignée.

Seulement, hâtons-nous de le dire, les membres seuls se reposaient. L'œil actif, inquiet, vigilant, interrogeait le miroir, qui reflétait la porte d'entrée, tandis que l'oreille aux aguets se préparait à saisir le moindre son.

La duègne ouvrit la porte, et on l'entendit murmurer quelques mots dans l'antichambre.

Alors une voix fraîche et suave, et cependant empreinte de fermeté, prononça ces paroles :

— Est-ce ici que demeure madame la comtesse de La Motte ? — Madame la comtesse de La Motte-Valois ? répéta en nasillant Clotilde. — C'est cela même, ma bonne dame. Madame de La Motte est-elle chez elle ? — Oui, Madame, et trop souffrante pour sortir.

Pendant ce colloque, dont elle n'avait pas perdu une syllabe, la prétendue malade ayant regardé dans le miroir, vit qu'une femme questionnait Clotilde, et que cette femme, selon toutes les apparences, appartenait à une classe élevée de la société.

Elle quitta aussitôt le sofa et gagna le fauteuil, afin de laisser le meuble d'honneur à l'étrangère.

Pendant qu'elle accomplissait ce mouvement, elle ne put remarquer que la visiteuse s'était retournée sur le palier et avait dit à une autre personne restée dans l'ombre :

— Vous pouvez entrer, Madame, c'est ici.

La porte se referma, et les deux femmes que nous avons vues demander le chemin de la rue Saint-Claude venaient de pénétrer chez la comtesse de La Motte-Valois. — Qui faut-il que j'annonce à madame la comtesse ? demanda Clotilde en promenant curieusement, quoiqu'avec respect, la chandelle devant le visage des deux femmes. — Annoncez une dame des

Bonnes-OEuvres, dit la plus âgée. — De Paris? — Non; de Versailles.

Clotilde entra chez sa maîtresse, et les étrangères, la suivant, se trouvèrent dans la chambre éclairée au moment où Jeanne de Valois se soulevait péniblement de dessus son fauteuil pour saluer très-civilement ses deux hôtesses.

Clotilde avança les deux autres fauteuils, afin que les visiteuses eussent le choix, et se retira dans l'antichambre avec une sage lenteur, qui laissait deviner qu'elle suivrait derrière la porte la conversation qui allait avoir lieu.

V

JEANNE DE LA MOTTE DE VALOIS

Le premier soin de Jeanne de La Motte, lorsqu'elle put décemment lever les yeux, fut de voir à quels visages elle avait affaire.

La plus âgée des deux femmes pouvait, comme nous l'avons dit, avoir de trente à trente-deux ans; elle était d'une beauté remarquable, quoiqu'un air de hauteur répandu sur tout son visage dût naturellement ôter à sa physionomie une partie du charme qu'elle pouvait avoir. Du moins Jeanne en jugea ainsi par le peu qu'elle aperçut de la physionomie de la visiteuse.

En effet, préférant un des fauteuils au sofa, elle s'était rangée loin du jet de lumière qui s'élançait de la lampe, se reculant dans un coin de la chambre, et allongeant au-devant de son front la calèche de taffetas ouatée de son mantelet, laquelle, par cette disposition, projetait une ombre sur son visage.

Mais le port de la tête était si fier, l'œil si vif et si naturellement dilaté, que tout détail fût-il effacé, la visiteuse, par son ensemble, devait être reconnue pour être de belle race, et surtout de noble race.

Sa compagne, moins timide, en apparence du moins, quoique plus jeune de quatre ou cinq ans, ne dissimulait point sa réelle beauté.

Un visage admirable de teint et de contour, une coiffure qui découvrait les tempes et faisait valoir l'ovale parfait du masque; deux grands yeux bleus calmes jusqu'à la sérénité, clairvoyants jusqu'à la profondeur, une bouche d'un dessin suave à qui la nature avait donné la franchise, et à qui l'éducation et l'étiquette avaient donné la discrétion; un nez qui, pour la forme, n'eût rien eu à envier à celui de la Vénus de Médicis, voilà ce que saisit le rapide coup d'œil de Jeanne. Puis, en s'égarant encore à d'autres détails, la comtesse put remarquer dans la plus jeune des deux femmes une taille plus fine et plus flexible que celle de sa compagne, une poitrine plus large et d'un galbe plus riche, enfin une main aussi potelée que celle de l'autre dame était à la fois nerveuse et fine.

Jeanne de Valois fit toutes ces remarques en quelques secondes, c'est-à-dire en moins de temps que nous n'en avons mis pour les consigner ici.

Puis, ces remarques faites, elle demanda doucement à quelle heureuse circonstance elle devait la visite de ces dames.

Les deux femmes se regardaient, et sur un signe de l'aînée :

— Madame, dit la plus jeune, car vous êtes mariée, je crois ? — J'ai l'honneur d'être la femme de monsieur le comte de La Motte, Madame, un excellent gentilhomme. — Eh bien, nous, madame la comtesse, nous sommes les dames supérieures d'une fondation de Bonnes-Œuvres. On nous a dit, touchant votre condition, des choses qui nous ont intéressées, et nous avons en conséquence voulu avoir quelques détails précis sur vous et sur ce qui vous concerne.

Jeanne attendit un instant avant de répondre.

— Mesdames, dit-elle en remarquant la réserve de la seconde visiteuse, vous voyez là le portrait de Henri III, c'est-à-dire du frère de mon aïeul, car je suis bien véritablement du sang des Valois, comme on vous l'a dit sans doute.

Et elle attendit une nouvelle question en regardant ses hôtesses avec une sorte d'humilité orgueilleuse.

— Madame, interrompit alors la voix grave et douce de l'aînée des deux dames, est-il vrai, comme on le dit, que madame votre mère ait été concierge d'une maison nommée Fontette, sise auprès de Bar-sur-Seine ?

Jeanne rougit à ce souvenir, mais aussitôt :

— C'est la vérité, Madame, répliqua-t-elle sans se troubler ; ma mère était la concierge d'une maison nommée Fontette. — Ah ! fit l'interlocutrice. — Et, comme Marie Fossel, ma mère était d'une rare beauté, poursuivit Jeanne, mon père devint amoureux d'elle et l'épousa. C'est par mon père que je suis de race noble. Madame, mon père était un Saint-Remy de Valois, descendant direct des Valois qui ont régné. — Mais comment êtes-vous descendue à ce degré de misère, Madame ? demanda la même dame qui avait déjà questionné. — Hélas ! c'est facile à comprendre. — J'écoute. — Vous n'ignorez pas qu'après l'avénement de Henri IV, qui fit passer la couronne de la maison des Valois dans celle des Bourbons, la famille déchue avait encore quelques rejetons, obscurs sans doute, mais incontestablement sortis de la souche commune aux quatre frères, qui tous quatre périrent si fatalement.

Les deux dames firent un signe qui pouvait passer pour un assentiment.

— Or, continua Jeanne, les rejetons des Valois, craignant de faire ombrage, malgré leur obscurité, à la nouvelle famille royale, changèrent leur nom de Valois en celui de Remy, emprunté d'une terre, et on les retrouve, à partir de Louis XIII, sous ce nom, dans la généalogie jusqu'à l'avant-dernier Valois, mon aïeul, qui, voyant la monarchie affermie et l'ancienne branche oubliée, ne crut pas devoir se priver plus longtemps d'un nom illustre, son seul apanage. Il reprit donc le nom de Valois, et le traîna dans l'ombre et la pauvreté, au fond de sa province, sans que nul à la cour de France songeât que hors du rayonnement du trône végétait un descendant des anciens rois de France, sinon les plus glorieux de la monarchie, du moins les plus infortunés.

Jeanne s'interrompit à ces mots.

Elle avait parlé simplement et avec une modération qui avait été remarquée.

— Vous avez sans doute vos preuves en bon ordre, Madame? dit l'aînée des deux visiteuses avec douceur, et en fixant un regard profond sur celle qui se disait la descendante des Valois. — Oh! Madame, répondit celle-ci avec un sourire amer, les preuves ne manquent pas. Mon père les avait fait faire, et en mourant me les a laissées toutes, à défaut d'autre héritage; mais à quoi bon les preuves d'une inutile vérité ou d'une vérité que nul ne veut reconnaître? — Votre père est mort? demanda la plus jeune des deux dames. — Hélas! oui. — En province? — Non, Madame. — A Paris, alors? — Oui. — Dans cet appartement? — Non, Madame; mon père, baron de Valois, petit-neveu du roi Henri III, est mort de misère et de faim. — Impossible! s'écrièrent à la fois les deux dames. — Et non pas ici, continua Jeanne, non pas dans ce pauvre réduit, non pas sur son lit, ce lit fût-il un grabat! Non, mon père est mort côte à côte des plus misérables et des plus souffrants. Mon père est mort à l'Hôtel-Dieu de Paris.

Les deux femmes poussèrent un cri de surprise qui ressemblait à un cri d'effroi.

Jeanne, satisfaite de l'effet qu'elle avait produit par l'art avec lequel elle avait conduit la période et amené son dénouement, Jeanne resta immobile, l'œil baissé, la main inerte.

L'aînée des deux dames l'examinait à la fois avec attention et intelligence; et ne voyant dans cette douleur, si simple et si naturelle à la fois, rien de ce qui caractérise le charlatanisme ou la vulgarité, elle reprit la parole :

— D'après ce que vous me dites, Madame, vous avez éprouvé de bien grands malheurs, et la mort de monsieur votre père, surtout... — Oh! si je vous racontais ma vie, Madame, vous verriez que la mort de mon père ne compte pas au nombre des plus grands. — Comment, Madame, vous regardez comme un moindre malheur la perte d'un père? dit la dame en fronçant le sourcil avec sévérité. — Oui, Madame ; et en disant cela, je parle en fille pieuse. Car mon père, en mourant, s'est trouvé délivré de tous les maux qui l'assiégeaient sur cette terre et qui continuent d'assiéger sa malheureuse famille. J'éprouve donc, au milieu de la douleur que me cause sa perte, une certaine joie à songer que mon père est mort, et que le descendant des rois n'en est plus réduit à mendier son pain ! — Mendier son pain ! — Oh ! je le dis sans honte, car dans nos malheurs il n'y a ni la faute de mon père ni la mienne. — Mais madame votre mère? — Eh bien ! avec la même franchise que je vous disais tout à l'heure que je remerciais Dieu d'avoir appelé à lui mon père, je me plains à Dieu d'avoir laissé vivre ma mère.

Les deux femmes se regardaient, frissonnant presque à ces étranges paroles.

— Serait-ce une indiscrétion, Madame, que de vous demander un récit plus détaillé de vos malheurs? fit l'aînée. — L'indiscrétion, Madame, viendrait de moi, qui fatiguerait vos oreilles du récit de douleurs qui ne peuvent que vous être indifférentes. — J'écoute, Madame, répondit majestueusement l'aînée des deux dames, à qui sa compagne adressa à l'instant même un coup d'œil en forme d'avertissement pour l'inviter à s'observer.

En effet, madame de La Motte avait été frappée elle-même de l'accent impérieux de cette voix, et elle regardait la dame avec étonnement.

— J'écoute donc, reprit celle-ci d'une voix moins accentuée, si vous voulez bien me faire la grâce de parler.

Et cédant à un mouvement de malaise inspiré par le froid sans doute, celle qui venait de parler avec un frissonnement d'épaules agita son pied qui se glaçait au contact du carreau humide.

La plus jeune alors lui poussa une sorte de tapis de pied qui se trouvait sous son fauteuil à elle, attention que blâma à son tour un regard de sa compagne.

— Gardez ce tapis pour vous, ma sœur, vous êtes plus délicate que moi. — Pardon, Madame, dit la comtesse de La Motte, je suis au plus douloureux regret de sentir le froid qui vous gagne ; mais le bois vient d'enchérir de six livres encore, ce qui le porte à soixante-dix livres la voie, et ma provision a fini il y a huit jours. — Vous disiez, Madame, reprit l'aînée des deux visiteuses, que vous étiez malheureuse d'avoir une mère. — Oui, je conçois, un pareil blasphème demande à être expliqué, n'est-ce pas, Madame? dit Jeanne. Voici donc l'explication, puisque vous m'avez dit que vous la désiriez.

L'interlocutrice de la comtesse fit un signe affirmatif.

— J'ai déjà eu l'honneur de vous dire, Madame, que mon père avait fait une mésalliance. — Oui, en épousant sa concierge. — Eh bien! Marie Fossel, ma mère, au lieu d'être à jamais fière et reconnaissante de l'honneur qu'on lui faisait, commença par ruiner mon père, ce qui n'était pas difficile au reste, en satisfaisant, aux dépens du peu que possédait son mari, l'avidité de ses exigences. Puis l'ayant réduit à vendre jusqu'à son dernier morceau de terre, elle lui persuada qu'il devait aller à Paris pour revendiquer les droits qu'il tenait de son nom. Mon père fut facile à séduire, peut-être espérait-il dans la justice du roi. Il vint donc, ayant converti en argent le peu qu'il possédait.

Moi à part, mon père avait encore un fils et une fille. Le fils, malheureux comme moi, végète dans les derniers rangs de l'armée; la fille, ma pauvre sœur, fut abandonnée, la veille du départ de mon père pour Paris, devant la maison d'un fermier, son parrain.

Ce voyage épuisa le peu d'argent qui nous restait. Mon père se fatigua en demandes inutiles et infructueuses. A peine le voyait-on apparaître à la maison, où, rapportant la misère, il trouvait la misère. En son absence, ma mère, à qui il fallait une victime, s'aigrit contre moi. Elle commença de me reprocher la part que je prenais aux repas. Je préférai peu à peu ne manger que du pain, ou même ne pas manger du tout, à m'asseoir à notre pauvre table; mais les prétextes de châtiment ne manquèrent point à ma mère : à la moindre faute, faute qui quelquefois eût fait sourire une autre mère, la mienne me battait; des voisins, croyant me rendre service, dénoncèrent à mon père les mauvais traitements dont j'étais l'objet. Mon père essaya de me défendre contre ma mère, mais il ne s'aperçut point que par sa protection il changeait mon ennemie d'un moment en marâtre éternelle. Hélas! je ne pouvais lui donner un conseil dans mon propre intérêt, j'étais trop jeune, trop enfant. Je ne m'expliquais rien, j'éprouvais les effets sans chercher à deviner les causes. Je connaissais la douleur, voilà tout.

Mon père tomba malade et fut d'abord forcé de garder la chambre, puis le lit. Alors on me fit sortir de la chambre de mon père, sous prétexte que ma présence le fatiguait et que je ne savais point réprimer ce besoin de mouvement qui est le cri de la jeunesse. Une fois hors de la chambre, j'appartins comme auparavant à ma mère. Elle m'apprit une phrase qu'elle entrecoupa de coups et de meurtrissures; puis, quand je sus par cœur cette phrase humiliante qu'instinctivement je ne voulais pas retenir, quand mes yeux furent rougis par mes larmes, elle me fit descendre à la porte de la rue, et de la porte elle me lança sur le premier passant de bonne mine, avec ordre de lui débiter cette phrase, si je ne voulais pas

être battue jusqu'à la mort. — Oh! affreux! affreux! murmura la plus jeune des deux dames. — Et quelle était cette phrase? demanda l'aînée.
— Cette phrase, la voici, continua Jeanne : Monsieur, ayez pitié d'une petite orpheline qui descend en ligne droite de Henri de Valois. — Oh! fi donc! s'écria l'aînée des deux visiteuses avec un geste de dégoût. — Et quel effet produisait cette phrase à ceux auxquels elle était adressée? demanda la plus jeune. — Les uns m'écoutaient et avaient pitié, dit Jeanne. Les autres s'irritaient et me faisaient des menaces. D'autres, enfin, encore plus charitables que les premiers, m'avertirent que je courais un grand danger en prononçant des paroles semblables, qui pouvaient tomber dans des oreilles prévenues. Mais moi je ne connaissais qu'un danger, celui de désobéir à ma mère. Je n'avais qu'une crainte, celle d'être battue. — Et qu'arriva-t-il? — Mon Dieu! Madame, ce qu'espérait ma mère; je rapportais un peu d'argent à la maison, et mon père vit reculer de quelques jours cette affreuse perspective qui l'attendait : l'hôpital.

Les traits de l'aînée des deux jeunes femmes se contractèrent, des larmes vinrent aux yeux de la plus jeune.

— Enfin, Madame, quelque soulagement qu'il apportât à mon père, ce hideux métier me révolta. Un jour, au lieu de courir après les passants et de les poursuivre de ma phrase accoutumée, je m'assis au pied d'une borne, où je restai une partie de la journée comme anéantie. Le soir, je rentrai les mains vides. Ma mère me battit tant que le lendemain je tombai malade.

Ce fut alors que mon père, privé de toute ressource, fut forcé de partir pour l'Hôtel-Dieu, où il mourut. — Oh! l'horrible histoire! murmurèrent les deux dames. — Mais alors que fîtes-vous, votre père mort? demanda la plus jeune des deux visiteuses. — Dieu eut pitié de moi. Un mois après la mort de mon pauvre père, ma mère partit avec un soldat, son amant, nous abandonnant, mon frère et moi. — Vous restâtes orphelins! — Oh! Madame, nous, tout au contraire des autres, nous ne fûmes orphelins que tant que nous eûmes une mère. La charité publique nous adopta. Mais comme mendier nous répugnait, nous ne mendiions que dans la mesure de nos besoins. Dieu commande à ses créatures de chercher à vivre. — Hélas! — Que vous dirai-je, Madame! un jour j'eus le bonheur de rencontrer un carrosse qui montait lentement la côte du faubourg Saint-Marcel; quatre laquais étaient derrière; dedans, une femme belle et jeune encore; je lui tendis la main; elle me questionna; ma réponse et mon nom la frappèrent de surprise, puis d'incrédulité. Je donnai adresse et renseignements. Dès le lendemain, elle savait que je n'avais pas menti; elle nous adopta, mon frère et moi, plaça mon frère dans un régiment, et me plaça dans une maison de couture. Nous étions

4

sauvés tous deux de la faim. — Cette dame, n'est-ce pas madame de Boulainvilliers? — Elle-même. — Elle est morte, je crois? — Oui, et sa mort m'a replongée dans l'abîme. — Mais son mari vit encore; il est riche. — Son mari, Madame, c'est à lui que je dois tous mes malheurs de jeune fille, comme c'est à ma mère que je dois tous mes malheurs d'enfant. J'avais grandi, j'avais embelli peut-être; il s'en aperçut; il voulut mettre un prix à ses bienfaits : je refusai. Ce fut sur ces entrefaites que madame de Boulainvilliers mourut, et moi, moi qu'elle avait mariée à un brave et loyal militaire, monsieur de La Motte, je me trouvai, séparée que j'étais de mon mari, plus abandonnée après sa mort que je ne l'avais été après la mort de mon père.

Voilà mon histoire, Madame. J'ai abrégé : les souffrances sont toujours des longueurs qu'il faut épargner aux gens heureux, fussent-ils bienfaisants, comme vous paraissez l'être, Mesdames.

Un long silence succéda à cette dernière période de l'histoire de madame de La Motte. L'aînée des deux dames le rompit la première.

— Et votre mari, que fait-il? demanda-t-elle. — Mon mari est en garnison à Bar-sur-Aube, Madame; il sert dans la gendarmerie, et, de son côté, attend des temps meilleurs. — Mais vous avez sollicité auprès de la cour? — Sans doute! — Le nom de Valois, justifié par des titres, a dû éveiller des sympathies? — Je ne sais pas, Madame, quels sont les sentiments que mon nom a pu éveiller, car à aucune de mes demandes je n'ai reçu de réponse. — Cependant vous avez vu les ministres, le roi, la reine. — Personne. Partout tentatives vaines, répliqua madame de La Motte. — Vous ne pouvez mendier, pourtant! — Non, Madame, j'en ai perdu l'habitude. Mais... — Mais quoi? — Mais je puis mourir de faim comme mon père. — Vous n'avez point d'enfant? — Non, Madame, et mon mari, en se faisant tuer pour le service du roi, trouvera de son côté au moins une fin glorieuse à nos misères. — Pouvez-vous, Madame, je regrette d'insister sur ce sujet, pouvez-vous fournir les preuves justificatives de votre généalogie?

Jeanne se leva, fouilla dans un meuble, et en tira quelques papiers qu'elle présenta à la dame.

Mais comme elle voulait profiter du moment où cette dame, pour les examiner, s'approcherait de la lumière et découvrirait entièrement ses traits, Jeanne laissa deviner sa manœuvre par le soin qu'elle mit à lever la mèche de la lampe afin de doubler la clarté.

Alors la dame de charité, comme si la lumière blessait ses yeux, tourna le dos à la lampe, et par conséquent à madame de La Motte.

Ce fut dans cette position qu'elle lut attentivement et compulsa chaque pièce l'une après l'autre.

— Mais, dit-elle, ce sont des copies d'actes, Madame, et je ne vois aucune pièce authentique. — Les minutes, Madame, répondit Jeanne, sont déposées en lieu sûr, et je les produirais... — Si une occasion importante se présentait, n'est-ce pas? dit en souriant la dame. — C'est sans doute, Madame, une occasion importante que celle qui me procure l'honneur de vous voir; mais les documents dont vous parlez sont tellement précieux pour moi que... — Je comprends. Vous ne pouvez les livrer au premier venu. — Oh! Madame, s'écria la comtesse qui venait enfin d'entrevoir le visage plein de dignité de la protectrice; oh! Madame, il me semble que, pour moi, vous n'êtes pas la première venue.

Et aussitôt, ouvrant avec rapidité un autre meuble dans lequel jouait un tiroir secret, elle en tira les originaux des pièces justificatives, soigneusement enfermés dans un vieux portefeuille armorié au blason de Valois.

La dame les prit, et après un examen plein d'intelligence et d'attention:

— Vous avez raison, dit la dame de charité, ces titres sont parfaitement en règle, je vous engage à ne pas manquer de les fournir à qui de droit. — Et qu'en obtiendrais-je à votre avis, Madame? — Mais sans nul doute une pension pour vous, un avancement pour monsieur de La Motte, pour peu que ce gentilhomme se recommande par lui-même. — Mon mari est le modèle de l'honneur, Madame, et jamais il n'a manqué aux devoirs du service militaire. — Il suffit, Madame, dit la dame de charité en abattant tout à fait la calèche sur son visage.

Madame de La Motte suivait avec anxiété chacun de ses mouvements.

Elle la vit fouiller dans sa poche, d'où elle tira d'abord ce mouchoir brodé qui lui avait servi à cacher son visage quand elle glissait en traîneau le long des boulevards.

Puis au mouchoir succéda un petit rouleau d'un pouce de diamètre et de trois à quatre pouces de longueur.

La dame de charité déposa le rouleau sur le chiffonier en disant:

— Le bureau des Bonnes-Œuvres m'autorise, Madame, à vous offrir ce léger secours, en attendant mieux.

Madame de La Motte jeta un rapide coup d'œil sur le rouleau.

— Des écus de trois livres, pensa-t-elle; il doit y en avoir au moins cinquante ou même cent. Allons, c'est cent cinquante ou peut-être trois cents livres qui nous tombent du ciel. Cependant pour cent il est bien court; mais aussi pour cinquante il est bien long.

Tandis qu'elle faisait ces observations, les deux dames étaient passées dans la première pièce, où dame Clotilde dormait sur une chaise près d'une chandelle dont la mèche rouge et fumeuse s'allongeait au milieu d'une nappe de suif liquéfié.

L'odeur âcre et nauséabonde saisit à la gorge celle des deux dames de charité qui avait déposé le rouleau sur le chiffonnier. Elle porta vivement la main à sa poche et en tira un flacon.

Mais à l'appel de Jeanne, dame Clotilde s'était réveillée en saisissant à belles mains le reste de la chandelle. Elle l'élevait comme un phare au-dessus des montées obscures, malgré les protestations des deux étrangères qu'on éclairait en les empoisonnant.

— Au revoir, au revoir, madame la comtesse! crièrent-elles, et elles se précipitèrent dans les escaliers. — Où pourrai-je avoir l'honneur de vous remercier, Mesdames? demanda Jeanne de Valois. — Nous vous le ferons savoir, dit l'aînée des deux dames en descendant le plus rapidement possible.

Et le bruit de leurs pas se perdit dans les profondeurs des étages inférieurs.

Madame de Valois rentra chez elle, impatiente de vérifier si ses observations sur le rouleau étaient justes. Mais en traversant la première chambre, elle heurta du pied un objet qui roula de la natte qui servait à calfeutrer le dessous de la porte sur le carreau.

Se baisser, ramasser cet objet, courir à la lampe, telle fut la première inspiration de la comtesse de La Motte.

C'était une boîte en or, ronde, plate et assez simplement guillochée.

Cette boîte renfermait quelques pastilles de chocolat parfumé; mais, si plate qu'elle fût, il était visible que cette boîte avait un double fond, dont la comtesse fut quelque temps à trouver le secret ressort

Enfin, elle trouva ce ressort et le fit jouer.

Aussitôt un portrait de femme lui apparut sévère, éclatant de beauté mâle et d'impérieuse majesté.

Une coiffure allemande, un magnifique collier semblable à celui d'un ordre, donnaient à la physionomie de ce portrait une étrangeté étonnante.

Un chiffre composé d'un M et d'un T, entrelacés dans une couronne de laurier, occupait le dessus de la boîte.

Madame de La Motte supposa, grâce à la ressemblance de ce portrait avec le visage de la jeune dame, sa bienfaitrice, que c'était un portrait de mère ou d'aïeule, et son premier mouvement, il faut le dire, fut de courir à l'escalier pour rappeler les dames.

La porte de l'allée se refermait.

Puis à la fenêtre pour les appeler, puisqu'il était trop tard pour les rejoindre.

Mais à l'extrémité de la rue Saint-Claude, débouchant dans la rue Saint-Louis, un cabriolet rapide fut le seul objet qu'elle aperçut.

La comtesse, n'ayant plus d'espoir de rappeler ses deux protectrices, considéra encore la boîte, en se promettant de la faire passer à Versailles ; puis, saisissant le rouleau laissé sur le chiffonnier :

— Je ne me trompais pas, dit-elle, il n'y a que cinquante écus.

Et le papier éventré roula sur le carreau.

— Des louis ! des doubles louis ! s'écria la comtesse. Cinquante doubles louis ! deux mille quatre cents livres !

Et la joie la plus avide se peignit dans ses yeux, tandis que dame Clotilde, émerveillée à l'aspect de plus d'or qu'elle n'en avait jamais vu, demeurait la bouche ouverte et les mains jointes.

— Cent louis ! répéta madame de La Motte... Ces dames sont donc bien riches ? Oh ! je les retrouverai !...

VI

BÉLUS

Madame de La Motte ne s'était pas trompée en croyant que le cabriolet qui venait de disparaître emportait les deux dames de charité.

Ces deux dames, en effet, avaient trouvé au bas de la maison un cabriolet comme on les construisait à cette époque, c'est-à-dire haut de roues, caisse légère, tablier élevé, avec une sellette commode pour le jockey qui se tenait derrière.

Ce cabriolet, attelé d'un magnifique cheval irlandais, à queue courte, à croupe charnue, sous poil bai, avait été amené rue Saint-Claude par ce même domestique conducteur du traîneau que la dame de charité avait appelé Weber, ainsi que nous l'avons vu plus haut.

Weber tenait le cheval au mors quand les dames arrivèrent ; il essayait de modérer l'impatience du fougueux animal, qui battait d'un pied nerveux la neige durcissant peu à peu depuis le retour de la nuit.

Lorsque les deux dames parurent :

— Matame, dit Weber, jafais fait gommanter Scibion, qui est fort toux et fazile à mener, mais Scibion il s'est tonné un égart hier au zoir, il ne restait que Pélus, et Pélus il être diffizile. — Oh ! pour moi, vous le savez, Weber, répondit l'aînée des deux dames, la chose n'a pas d'importance ; j'ai la main nerveuse, et je suis habituée à conduire. — Je sais que Matame mène fort pien, mais les chemins il être pien mauvais. Où fa Matame ? — A Versailles. — Bar les poulefards, alors ? — Non pas, Weber, il gèle, et les boulevards seraient pleins de verglas. Les rues doivent offrir moins de résistance, grâce aux milliers de promeneurs qui échauffent la neige. Allons, vite, Weber, vite.

Weber retint le cheval, tandis que les dames montèrent lestement dans le cabriolet; puis il s'élança derrière et avertit qu'il était monté.

L'aînée des deux dames alors, s'adressant à sa compagne. :

— Eh bien! dit-elle, que vous semble de cette comtesse, Andrée?

Et en disant ces mots, elle rendit les rênes au cheval, qui partit comme un éclair et tourna le coin de la rue Saint-Louis.

C'était le moment où madame de La Motte ouvrait sa fenêtre pour rappeler les deux dames de charité.

— Je pense, Madame, répondit celle des deux femmes que l'on appelait Andrée, je pense que madame de La Motte est pauvre et très-malheureuse.

— Bien élevée, n'est-ce pas? — Oui, sans doute. — Tu es froide à son égard, Andrée. — S'il faut que je vous l'avoue, elle a quelque chose de rusé dans sa physionomie qui ne me plaît pas. — Oh! vous êtes défiante, vous, Andrée, je le sais; et pour vous plaire, il faut réunir tout. Moi, je trouve cette petite comtesse intéressante et simple dans son orgueil comme dans son humilité. — C'est une fortune pour elle, Madame, que d'avoir eu le bonheur de plaire à votre... — Gare! s'écria la dame en jetant vivement de côté son cheval qui allait renverser un portefaix au coin de la rue Saint-Antoine. — Gare! cria Weber d'une voix de stentor.

Et le cabriolet continua sa course.

Seulement, on entendit les imprécations de l'homme qui avait échappé aux roues, et plusieurs voix grondant comme un écho lui donnèrent à l'instant même l'appui d'une clameur on ne peut plus hostile au cabriolet.

Mais en quelques secondes Bélus mit entre sa maîtresse et les blasphémateurs tout l'espace qui s'étend de la rue Sainte-Catherine à la place Baudoyer.

Là, comme on sait, le chemin se bifurque, mais l'habile conductrice se jeta résolument dans la rue de la Tixéranderie, rue populeuse, étroite et fort peu aristocratique.

Aussi, malgré les *gare* très-réitérés qu'elle lançait, malgré les rugissements de Weber, on n'entendait qu'exclamations furieuses des passants :

— Oh! le cabriolet! A bas le cabriolet!

Bélus passait toujours, et son cocher, malgré la délicatesse d'une main d'enfant, le faisait courir rapidement et surtout habilement dans les mares de neige liquide ou dans les glaciers plus dangereux qui formaient ruisseaux et dépavements.

Cependant, contre toute attente, aucun malheur n'était arrivé; une lanterne brillante envoyait ses rayons en avant, et c'était un luxe de prévoyance que la police n'avait point encore imposé aux cabriolets de ce temps-là.

Aucun malheur, disons-nous, n'était donc arrivé, pas une voiture accrochée, pas une borne frôlée, pas un passant touché, c'était miracle, et cependant les cris et les menaces se succédaient toujours.

Le cabriolet traversa avec la même rapidité et le même bonheur la rue Saint-Médéric, la rue Saint-Martin, la rue Aubry-le-Boucher.

Peut-être semble-t-il à nos lecteurs qu'en approchant des quartiers civilisés la haine portée à l'équipage aristocratique deviendrait moins farouche.

Mais tout au contraire; à peine Bélus entrait-il dans la rue de la Ferronnerie, que Weber, toujours poursuivi par les vociférations de la populace, remarqua des groupes sur le passage du cabriolet. Plusieurs personnes même faisaient mine de courir après lui pour l'arrêter.

Toutefois Weber ne voulut pas inquiéter sa maîtresse. Il remarquait combien elle déployait de sang-froid et d'adresse, combien habilement elle glissait entre tous ces obstacles, inertes ou vivants, qui sont à la fois le désespoir ou le triomphe du cocher de Paris.

Quant à Bélus, solide sur ses jarrets d'acier, il n'avait pas même glissé une fois, tant la main qui soutenait la bouche savait prévoir pour lui les pentes et les accidents du terrain.

On ne murmurait plus autour du cabriolet, on vociférait; la dame qui tenait les rênes s'en aperçut, et attribuant cette hostilité à quelque cause banale comme la rigueur des temps et l'indisposition des esprits, elle résolut d'abréger l'épreuve.

Elle fit clapper sa langue, et à cette seule invitation Bélus tressaillit et passa du trot retenu au trot allongé.

Les boutiques fuyaient, les passants se jetaient de côté.

Les gare! gare! ne discontinuaient pas.

Le cabriolet touchait presque au Palais-Royal, et venait de passer devant la rue du Coq-Saint-Honoré, en avant de laquelle le plus beau des obélisques de neige levait assez fièrement encore son aiguille diminuée par les dégels, comme un bâton de sucre d'orge que les enfants transforment en pointe aiguë à force de le sucer.

Cet obélisque était surmonté d'un glorieux panache de rubans un peu flétris, c'est vrai; rubans qui retenaient un écriteau sur lequel l'écrivain public du quartier avait tracé en majuscules le quatrain suivant, qui se balançait entre deux lanternes :

> Reine dont la beauté surpasse les appas,
> Près d'un roi bienfaisant occupe ici ta place :

> Si ce frêle édifice est de neige et de glace,
> Nos cœurs pour toi ne le sont pas.

Ce fut là que Bélus éprouva la première difficulté sérieuse. Le monument qu'on était en train d'illuminer avait attiré bon nombre de curieux; les curieux faisaient masse, et l'on ne pouvait traverser cette masse au trot.

Force fut donc de mettre Bélus au pas.

Mais on avait vu venir Bélus comme la foudre; mais on entendait les cris qui le poursuivaient, et, bien qu'à l'aspect de l'obstacle il se fût arrêté court, la vue du cabriolet parut produire dans la foule le plus mauvais effet.

Cependant la foule s'ouvrit encore.

Mais après l'obélisque venait une autre cause de rassemblement.

Les grilles du Palais-Royal étaient ouvertes, et dans la cour d'immenses brasiers chauffaient toute une armée de mendiants, à qui des laquais de monsieur le duc d'Orléans distribuaient des soupes dans des écuelles de terre.

Mais les gens qui mangeaient et les gens qui se chauffaient, si nombreux qu'ils fussent, l'étaient encore moins que ceux qui les regardaient se chauffer et manger. A Paris c'est une habitude : pour un acteur, quelque chose qu'il fasse, il y a toujours des spectateurs.

Le cabriolet, après avoir surmonté le premier obstacle, fut donc forcé de s'arrêter au second, comme fait un navire au milieu des brisants.

A l'instant même, les cris, que jusque-là les deux femmes n'avaient entendus que comme un bruit vague et confus, leur arrivèrent distincts au milieu de la cohue.

On criait :

— A bas le cabriolet! à bas les écraseurs! — Est-ce donc à nous que ces cris s'adressent? demanda la dame qui conduisait à sa compagne. — En vérité, Madame, j'en ai peur, répondit celle-ci. — Avons-nous donc écrasé quelqu'un? — Personne. — A bas le cabriolet! à bas les écraseurs! criait la foule avec furie.

L'orage se formait, le cheval venait d'être saisi à la bride, et Bélus, qui goûtait peu le contact de ces mains rudes, piaffait et écumait terriblement.

— Chez le commissaire! chez le commissaire! cria une voix.

Les deux femmes se regardèrent au comble de l'étonnement.

Aussitôt mille voix de répéter:

— Chez le commissaire! chez le commissaire!

Cependant les têtes curieuses s'avançaient sous la capote du cabriolet.

Les commentaires couraient dans la foule.

— Tiens! ce sont des femmes, dit une voix. — Oui, des poupées aux Soubises, des maîtresses au d'Hennin. — Des filles d'Opéra, qui croient avoir le droit d'écraser le pauvre monde parce qu'elles ont dix mille livres par mois pour payer les frais d'hôpital.

Un hourra furieux accueillit cette dernière flagellation.

Les deux femmes éprouvèrent diversement la commotion. L'une s'enfonça tremblante et pâle dans le cabriolet. L'autre avança résolument la tête, les sourcils froncés et les lèvres serrées. — Oh! Madame, s'écria sa compagne en l'attirant en arrière, que faites-vous? — Chez le commissaire! chez le commissaire! continuaient de crier les acharnés, et qu'on les connaisse. — Ah! Madame, nous sommes perdues, dit la plus jeune des deux femmes à l'oreille de sa compagne. — Courage, Andrée, courage, répondit l'autre. — Mais on va vous voir, vous reconnaître peut-être! — Regardez par le carreau du fond si Weber est toujours derrière le cabriolet. — Il essaie de descendre, mais on l'assiége; il se défend. Ah! voici qu'il vient. — Weber! Weber! dit la dame en allemand, faites-nous descendre.

Le valet de chambre obéit, et, grâce à deux chocs d'épaule qui repoussèrent les assaillants, il ouvrit le tablier du cabriolet.

Les deux femmes sautèrent légèrement à terre.

Pendant ce temps, la foule s'en prenait au cheval et au cabriolet, dont elle commençait à briser la caisse.

— Mais qu'y a-t-il, au nom du ciel! continua en allemand la plus âgée des deux dames; y comprenez-vous quelque chose, Weber? — Ma foi! non, Madame, répondit le serviteur, beaucoup plus à son aise dans cette langue que dans la langue française, et tout en distribuant çà et là de grands coups de pied pour dégager sa maîtresse. — Mais ce ne sont pas des hommes, ce sont des bêtes féroces! continua la dame toujours en allemand. Que me reprochent-ils donc? Voyons.

Au même instant une voix polie, qui contrastait singulièrement avec les menaces et les injures dont les deux dames étaient l'objet, répondit dans le pur saxon :

— Ils vous reprochent, Madame, de braver l'ordonnance de police qui a paru dans Paris ce matin; et qui prohibe jusqu'au printemps la circulation des cabriolets, déjà fort dangereux quand le pavé est bon, mais qui deviennent mortels aux piétons quand il gèle et qu'on ne peut éviter les roues.

La dame se retourna pour voir d'où venait cette voix courtoise, au milieu de toutes ces voix menaçantes.

Elle aperçut alors un jeune officier qui, pour s'approcher d'elle, avait dû, certes, guerroyer aussi vaillamment que le faisait Weber pour se maintenir où il était.

La figure gracieuse et distinguée, la taille élevée, l'air martial du jeune homme plurent à la dame, qui s'empressa de répliquer en allemand :

— Oh! mon Dieu! Monsieur, j'ignorais cette ordonnance; je l'ignorais complétement. — Vous êtes étrangère, Madame? demanda le jeune officier. — Oui, Monsieur; mais, dites-moi, que dois-je faire? on brise mon cabriolet. — Il faut le laisser briser, Madame, et vous dérober pendant ce temps-là. Le peuple de Paris est furieux contre les riches qui affichent le luxe en face de la misère, et en vertu de l'ordonnance rendue ce matin, on vous conduira chez le commissaire. — Oh! jamais, s'écria la plus jeune des deux dames, jamais! — Alors, reprit l'officier en riant, profitez de la trouée que je vais faire dans la foule et disparaissez.

Ces mots furent dits d'un ton dégagé, qui fit comprendre aux étrangères que l'officier avait entendu les commentaires du peuple sur les filles entretenues par messieurs de Soubise et d'Hennin.

Mais ce n'était pas le moment de pointiller.

— Donnez-nous le bras jusqu'à une voiture de place, Monsieur, dit l'aînée des deux dames avec une voix pleine d'autorité. — J'allais faire cabrer votre cheval, et dans le trouble produit nécessairement par ce mouvement, vous vous seriez évadées; car, ajouta le jeune homme, qui ne demandait pas mieux que de décliner la responsabilité d'un hasardeux patronage, le peuple se fatigue de nous entendre parler une langue qu'il ne comprend pas. — Weber! cria la dame d'une voix forte, fais cabrer Bélus pour que toute cette foule s'effraie et s'écarte. — Et puis, Madame?... — Et puis, reste pendant que nous partirons. — Et s'ils brisent la caisse? — Qu'ils brisent, que t'importe; sauve Bélus si tu peux, et toi surtout; voilà la seule chose que je te recommande. — Bien, Madame, répondit Weber.

Et au même instant il chatouilla l'irritable irlandais, qui bondit au milieu de la cour, et renversa les plus passionnés, qui s'étaient cramponnés à la bride et aux brancards.

Grandes furent en ce moment la terreur et la confusion.

— Votre bras, Monsieur, dit alors la dame à l'officier; venez, petite, ajouta-t-elle en se retournant vers Andrée. — Allons, allons, femme de courage! murmura tout bas l'officier, qui donna sur-le-champ et avec une admiration réelle, son bras à celle qui le lui demandait.

En quelques minutes, il avait conduit les deux femmes à la place voisine, où des fiacres stationnaient en attendant la pratique, les cochers dormant sur leur siége, tandis que leurs chevaux, l'œil à demi fermé et la tête basse, attendaient la maigre pitance du soir.

VIII

ROUTE DE VERSAILLES

Les deux dames se trouvaient hors des atteintes de la foule, mais il était à craindre que quelques curieux les ayant suivies ne les fissent reconnaître et ne renouvelassent une scène pareille à celle qui venait d'avoir lieu et à laquelle, cette fois, elles échapperaient peut-être plus difficilement.

Le jeune officier comprit cette alternative; on le vit bien à l'activité qu'il déploya en éveillant sur son siége le cocher encore plus gelé qu'endormi.

Il faisait si horriblement froid que, contrairement à l'habitude des cochers qui se piquent d'émulation en se volant les pratiques l'un à l'autre, aucun des automédons à vingt-quatre sous l'heure ne bougea, pas même celui auquel on s'adressait.

L'officier saisit le cocher par le collet de son pauvre surtout, et le secoua si rudement qu'il le tira de son engourdissement.

—Holà! hé! cria le jeune homme à son oreille, voyant qu'il donnait signe de vie. — Voilà, maître, voilà, dit le cocher rêvant encore et chancelant sur son siége comme un homme ivre. — Où allez-vous, Mesdames? demanda l'officier, en allemand toujours. — A Versailles, répondit l'aînée des deux dames en continuant toujours la même langue. — A Versailles! s'écria le cocher, vous avez dit à Versailles? — Sans doute. —Oh! bien oui, à Versailles! Quatre lieues et demie par une glace pareille! Non, non, non. — On paiera bien, dit l'aînée des Allemandes. — On paiera, répéta en français l'officier au cocher. — Et combien paiera-t-on? fit celui-ci du haut de son siége, car il ne paraissait pas avoir une énorme confiance. Ce n'est pas le tout, voyez-vous, mon officier, d'aller à Versailles? une fois qu'on y est allé, il faut en revenir. — Un louis, est-ce assez? dit la plus jeune des deux dames à l'officier, en continuant de germaniser. — On t'offre un louis, répéta le jeune homme. — Un louis, c'est bien juste, grommela le cocher, car je risque de casser les jambes à mes chevaux. — Drôle, tu n'as droit qu'à trois livres pour aller d'ici au château de La Muette, qui est à moitié chemin. Tu vois bien qu'à ce calcul-là, en te payant l'allée et le retour, tu n'as droit qu'à douze livres, et, au lieu de douze, tu vas en recevoir vingt-quatre. —

Oh! ne marchandez pas, dit l'aînée des deux dames; deux louis, trois louis, vingt louis, pourvu qu'il parte à l'instant même et qu'il marche sans s'arrêter. — Un louis suffit, Madame, répondit l'officier.

Puis, revenant au cocher :

— Allons, coquin, en bas de ton siége et ouvre la portière, dit-il. — Je veux être payé d'abord, dit le cocher. — Tu veux! — C'est mon droit.

L'officier fit un mouvement en avant.

— Payons d'avance; payons, dit l'aînée des Allemandes.

Et elle fouilla rapidement à sa poche.

— Oh! mon Dieu! dit-elle tout bas à sa compagne, je n'ai pas ma bourse. — Vraiment? — Et vous, Andrée, avez-vous la vôtre?

La jeune femme se fouilla à son tour avec la même anxiété.

— Moi... moi, non plus. — Voyez dans toutes vos poches. — Inutile, s'écria la jeune femme avec dépit, car elle voyait l'officier les suivre de l'œil pendant ce débat, et le cocher goguenard ouvrait déjà une large bouche pour sourire en se félicitant de ce qu'il appelait peut-être plus bas une heureuse précaution.

En vain les deux dames cherchèrent-elles, ni l'une ni l'autre ne trouva un sou.

L'officier les vit s'impatienter, rougir et pâlir; la situation se compliquait.

Les dames allaient se décider à donner une chaîne ou un bijou comme gage, lorsque l'officier, pour leur épargner tout regret qui eût blessé leur délicatesse, tira de sa bourse un louis qu'il tendit au cocher.

Celui-ci prit le louis, l'examina, le soupesa, tandis que l'une des deux dames remerciait l'officier; puis il ouvrit sa portière, et la dame monta, suivie de sa compagne.

— Et maintenant, maître drôle, dit le jeune homme au cocher, conduis ces dames, et rondement, loyalement surtout, entends-tu? — Oh! vous n'avez pas besoin de me recommander cela, mon officier, cela va sans dire.

Pendant ce court colloque, les dames se consultaient.

En effet, elles voyaient avec terreur leur guide, leur protecteur, prêt à les quitter.

— Madame, dit tout bas la plus jeune à sa compagne, il ne faut pas qu'il s'éloigne. — Pourquoi cela? Demandons-lui son nom et son adresse; demain, nous lui enverrons son louis d'or avec un petit mot de remerciement que vous lui écrirez. — Non, Madame, non, gardons-le, je vous en supplie; si le cocher est de mauvaise foi, s'il fait des difficultés en route... Par un pareil temps, les chemins sont mauvais; à qui nous adresserions-nous pour demander secours? — Oh! nous avons son numéro et

ROUTE DE VERSAILLES.

TYP. J. CLAYE.

la lettre de la régie. — Fort bien, Madame, et je ne nie pas que plus tard vous ne le fassiez rouer de coups; mais, en attendant, vous n'arriverez pas cette nuit à Versailles; et que dira-t-on, grand Dieu!

L'aînée des deux dames réfléchit.

— C'est vrai, dit-elle.

Mais déjà l'officier s'inclinait pour prendre congé.

— Monsieur, Monsieur, dit en allemand Andrée, un mot, un mot encore, s'il vous plaît. — A vos ordres, Madame, répliqua l'officier visiblement contrarié, mais conservant dans son air, dans son ton et jusque dans l'accent de sa voix, la plus exquise politesse. — Monsieur, continua Andrée, vous ne pouvez nous refuser une grâce après tant de services que vous nous avez déjà rendus. — Parlez. — Eh bien! nous vous l'avouerons, nous avons peur de ce cocher, qui a si mal entamé la négociation. — Vous avez tort de vous alarmer, dit-il; je sais son numéro, 107, la lettre de régie, Z. S'il vous causait quelque contrariété, adressez-vous à moi. — A vous! dit en français Andrée qui s'oublia; comment voulez-vous que nous nous adressions à vous, nous ne savons pas même votre nom.

Le jeune homme fit un pas en arrière.

— Vous parlez français! s'écria-t-il stupéfait, vous parlez français, et vous me condamnez, depuis une demi-heure, à écorcher l'allemand! Oh! vraiment, Madame, c'est mal. — Excusez, Monsieur, reprit en français l'autre dame, qui vint bravement au secours de sa compagne interdite. Vous voyez bien, Monsieur, que, sans être étrangères peut-être, nous nous trouvons dépaysées dans Paris, dépaysées dans un fiacre surtout. Vous êtes assez homme du monde pour comprendre que nous ne nous trouvons pas dans une position naturelle. Ne nous obliger qu'à moitié, ce serait nous désobliger. Être moins discret que vous ne l'avez été jusqu'à présent, ce serait indiscret. Nous vous jugeons bien, Monsieur; veuillez ne pas nous juger mal; et, si vous pouvez nous rendre service, eh bien! faites-le sans réserve, ou permettez-nous de vous remercier et de chercher un autre appui. — Madame, répondit l'officier, frappé du ton à la fois noble et charmant de l'inconnue, disposez de moi. — Alors, Monsieur, ayez l'obligeance de monter avec nous. — Dans le fiacre? — Et de nous accompagner. — Jusqu'à Versailles? — Oui, Monsieur.

L'officier, sans répliquer, monta dans le fiacre, se plaça sur le devant et cria au cocher :

— Touche!

Les portières fermées, les mantelets et les fourrures mis en commun, le fiacre prit la rue Saint-Thomas-du-Louvre, traversa la place du Carrousel et se mit à rouler par les quais.

L'officier se blottit dans un coin, en face de l'aînée des deux femmes, sa redingote soigneusement étendue sur ses genoux.

Le silence le plus profond régnait à l'intérieur.

Le cocher, soit qu'il voulût fidèlement tenir le marché, soit que la présence de l'officier le maintînt par une crainte respectueuse dans le cercle de la loyauté, le cocher fit courir ses maigres rosses avec persévérance sur le pavé glissant des quais et du chemin de la Conférence.

Cependant, l'haleine des trois voyageurs échauffait insensiblement le fiacre. Un parfum délicat épaississait l'air et portait au cerveau du jeune homme des impressions qui, d'instants en instants, devenaient moins défavorables à ses compagnes.

— Ce sont, pensait-il, des femmes attardées dans quelque rendez-vous, et les voilà qui regagnent Versailles, un peu effrayées, un peu honteuses... Cependant, comment ces dames, continuait en lui-même l'officier, si elles sont femmes de quelque distinction, vont-elles dans un cabriolet, et surtout le conduisent-elles elles-mêmes?... Oh! à cela, il y a une réponse : le cabriolet était trop étroit pour trois personnes, et deux femmes n'iront pas se gêner pour mettre un laquais auprès d'elles... Mais pas d'argent sur l'une ni l'autre! objection fâcheuse et qui mérite qu'on y réfléchisse... Sans doute le laquais avait la bourse. Le cabriolet, qui doit être en pièces maintenant, était d'une élégance parfaite, et le cheval... si je me connais en chevaux, valait cent cinquante louis... Il n'y a que des femmes riches qui puissent abandonner un pareil cabriolet et un pareil cheval sans le regretter. L'absence d'argent ne signifie donc absolument rien... Oui, mais cette manie de parler une langue étrangère quand on est Française. Bon; mais cela prouve justement une éducation distinguée. Il n'est pas naturel aux aventurières de parler l'allemand avec cette pureté toute germanique, et le français comme des Parisiennes... D'ailleurs, il y a une distinction native chez ces femmes... La supplique de la jeune était touchante... La requête de l'aînée était noblement impérieuse... Puis, vraiment, continuait le jeune homme en rangeant son épée dans le fiacre, de manière à ce qu'elle n'incommodât pas ses voisines, ne dirait-on pas qu'il y a danger pour un militaire à passer deux heures en fiacre avec deux jolies femmes... Jolies et discrètes, ajouta-t-il, car elles ne parlent pas et attendent que j'engage la conversation.

De leur côté, sans doute, les deux jeunes femmes songeaient au jeune officier, comme le jeune officier songeait à elles; car au moment où il achevait de formuler cette idée, l'une des deux dames, s'adressant à sa compagne, lui dit en anglais :

— En vérité, chère amie, ce cocher nous mène comme des morts, jamais nous n'arriverons à Versailles. Je gage que notre pauvre compagnon s'ennuie à mourir. — C'est qu'aussi, répondit en souriant la plus jeune, notre conversation n'est pas des plus divertissantes. — Ne trouvez-vous pas qu'il a l'air d'un homme tout à fait comme il faut? — C'est mon avis, Madame. — D'ailleurs vous avez remarqué qu'il porte l'uniforme de marine? — Je ne me connais pas beaucoup en uniformes. — Eh bien! il porte, comme je vous le disais, l'uniforme d'officier de marine, et tous les officiers de marine sont de bonne maison; au reste l'uniforme lui va bien, et il est beau cavalier, n'est-ce pas?

La jeune femme allait répondre et probablement abonder dans le sens de son interlocutrice, lorsque l'officier fit un geste qui l'arrêta.

— Pardon, Mesdames, dit-il en excellent anglais, je crois devoir vous dire que je parle et comprends l'anglais assez facilement, mais je ne sais pas l'espagnol, et si vous le savez, et qu'il vous plaise de vous entretenir dans cette langue, vous serez sûres au moins de ne pas être comprises. — Monsieur, répliqua la dame en riant, nous ne voulions pas dire du mal de vous, comme vous avez pu vous en apercevoir; aussi ne nous gênons pas, et ne parlons plus que le français si nous avons quelque chose à nous dire. — Merci de cette grâce, Madame; mais cependant au cas où ma présence vous serait gênante... — Vous ne pouvez pas supposer cela, Monsieur, puisque c'est nous qui vous l'avons demandée. — Exigée même, dit la plus jeune des deux femmes. — Ne me rendez pas confus, Madame, et pardonnez-moi un moment d'indécision; vous connaissez Paris, n'est-ce pas? Paris est plein de piéges, de déconvenues et de déceptions. — Ainsi, vous nous avez prises... Voyons, parlez franc. — Monsieur nous a prises pour des piéges; voilà tout! — Oh! Mesdames, dit le jeune homme en s'humiliant, je vous jure que rien de pareil n'est entré dans mon esprit. — Pardon, qu'y a-t-il? le fiacre s'arrête. — Qu'est-il arrivé? — Je vais y voir, Mesdames. — Je crois que nous versons, prenez garde, Monsieur!

Et la main de la plus jeune, s'allongeant par un brusque mouvement, s'arrêta sur l'épaule du jeune homme.

La pression de cette main le fit frissonner.

Par un mouvement tout naturel, il essaya de la saisir; mais déjà Andrée, qui avait cédé à un premier mouvement de crainte, s'était jetée au fond du fiacre.

L'officier, que rien ne retenait plus, sortit donc, et trouva le cocher fort occupé à relever un de ses chevaux qui s'empêtrait dans le timon et dans les traits. On était un peu en avant du pont de Sèvres.

Grâce à l'aide que l'officier donna au conducteur du fiacre, le pauvre cheval fut bientôt sur ses jambes.

Le jeune homme rentra dans le fiacre.

Quant au cocher, se félicitant d'avoir une si aimable pratique, il fit gaiement claquer son fouet dans le double but sans doute d'animer ses rosses et de se réchauffer lui-même.

Mais on eût dit que par la portière ouverte le froid qui venait d'entrer avait glacé la conversation, et congelé cette intimité naissante à laquelle le jeune homme commençait à trouver un charme dont il ne se rendait pas raison.

On lui demanda simplement compte de l'accident, il raconta ce qui était arrivé.

Puis ce fut tout, et le silence revint de nouveau peser sur le trio voyageur.

L'officier, que cette main tiède et palpitante avait fort occupé, voulut au moins avoir un pied en échange.

Il allongea donc la jambe, mais si adroit qu'il fût, il ne rencontra rien, ou plutôt, s'il rencontrait, il avait la douleur de voir fuir ce qu'il rencontrait devant lui.

Une fois même, ayant effleuré le pied de l'aînée des deux femmes :

— Je vous gêne horriblement, n'est-ce pas, Monsieur? lui dit cette dernière avec le plus grand sang-froid, pardon !

Le jeune homme rougit jusqu'aux oreilles, en se félicitant que la nuit fût assez épaisse pour cacher sa rougeur.

Aussi tout fut dit, et là se terminèrent ses entreprises.

Redevenu muet, immobile et respectueux, comme s'il eût été dans un temple, il craignit de respirer, et se fit petit comme un enfant.

Mais peu à peu, et malgré lui, une impression étrange envahissait toute sa pensée, tout son être.

Il sentait, sans les toucher, les deux charmantes femmes; il les voyait sans les voir; peu à peu s'accoutumant à vivre près d'elles, il lui semblait qu'une parcelle de leur existence venait de se fondre dans la sienne. Pour tout au monde il eût voulu renouer la conversation éteinte, et maintenant il n'osait, car il craignait les banalités, lui qui au départ dédaignait de placer même un de ces mots les plus simples de la langue du monde. Il s'alarmait de paraître niais ou impertinent devant ces femmes, auxquelles une heure avant il croyait accorder beaucoup d'honneur en leur faisant l'aumône d'un louis et d'une politesse.

En un mot, comme toutes les sympathies en cette vie s'expliquent par les rapports des fluides mis en contact à propos, un magnétisme puissant, émané des parfums et de la chaleur juvénile de ces trois corps assemblés par hasard, dominait le jeune homme et lui épanouissait la pensée en lui dilatant le cœur.

Ainsi naissent parfois, vivent et meurent dans l'espace de quelques moments, les plus réelles, les plus suaves, les plus ardentes passions. Elles ont le charme, parce qu'elles sont éphémères; elles ont la force, parce qu'elles sont contenues.

L'officier ne dit plus un seul mot. Les dames parlèrent bas entre elles.

Cependant, comme son oreille était incessamment ouverte, il saisissait des mots sans suite, qui cependant présentaient un sens à son imagination. Voici ce qu'il entendit :

— L'heure avancée... les portes... le prétexte de la sortie...

Le fiacre s'arrêta de nouveau.

Cette fois, ce n'était ni un cheval tombé, ni une roue brisée. Après trois heures de courageux efforts, le brave cocher s'était réchauffé les bras, c'est-à-dire qu'il avait mis ses chevaux en nage et avait atteint Versailles, dont les longues avenues sombres et désertes apparaissaient, sous les lueurs rougeâtres de quelques lanternes blanchies par le givre, comme une double procession de spectres noirs et décharnés.

Le jeune homme comprit qu'on était arrivé. Par quelle magie le temps lui avait-il donc paru si court?

Le cocher se pencha vers la glace de devant :

— Mon maître, dit-il, nous sommes à Versailles. — Où faut-il arrêter, Mesdames? demanda l'officier. — A la place d'Armes. — A la place d'Armes! cria le jeune homme au cocher. — Il faut aller à la place d'Armes? demanda celui-ci. — Oui, sans doute, puisqu'on te le dit. — Il y aura bien un petit pourboire? fit l'Auvergnat en ricanant. — Va toujours.

Les coups de fouet recommencèrent.

— Il faut pourtant que je parle, pensa tout bas l'officier. Je vais passer pour un imbécile, après avoir passé pour un impertinent. Mesdames, dit-il, non sans hésiter encore, vous voilà chez vous. — Grâce à votre généreux secours. — Quelle peine nous vous avons donnée! dit la plus jeune des deux femmes. — Oh! je l'ai plus qu'oubliée, Madame. — Et nous, Monsieur, nous ne l'oublierons pas. Votre nom, s'il vous plaît, Monsieur. — Mon nom? Oh! — C'est la seconde fois qu'on vous le demande. Prenez garde! — Et vous ne voulez pas nous faire cadeau d'un louis, n'est-ce pas? — Oh! s'il en est ainsi, Madame, dit l'officier un peu piqué, je cède : je suis le comte de Charny; comme l'a remarqué Madame, au reste, officier dans la marine royale. — Charny! répéta l'aînée des deux dames, du ton qu'elle eût mis à dire : C'est bien, je ne l'oublierai pas. — Georges, Georges de Charny, ajouta l'officier. — Georges! murmura la plus jeune des dames. — Et vous demeurez? — Hôtel des Princes, rue Richelieu.

Le fiacre s'arrêta.

L'aînée des dames ouvrit elle-même la portière à sa gauche, et d'un bond agile sauta à terre, tendant la main à sa compagne.

— Mais au moins, s'écria le jeune homme qui s'apprêtait à les suivre, Mesdames, acceptez mon bras; vous n'êtes pas chez vous, et la place d'Armes n'est pas un domicile. — Ne bougez pas, dirent simultanément les deux femmes. — Comment, que je ne bouge pas! — Non, restez dans le fiacre. — Mais marcher seules, Mesdames, la nuit, par ce temps, impossible! — Bon! voilà maintenant qu'après avoir presque refusé de nous obliger, vous voulez absolument nous obliger trop, dit avec gaieté l'aînée des deux dames. — Cependant! — Il n'y a pas de cependant. Soyez jusqu'au bout un galant et loyal cavalier. Merci, monsieur de Charny, merci du fond du cœur, et comme vous êtes un galant et loyal cavalier, comme je vous le disais tout à l'heure, nous ne vous demandons pas même votre parole. — De quoi, ma parole? — De fermer la portière et de dire au cocher de retourner à Paris; ce que vous allez faire, n'est-ce pas, sans même regarder de notre côté? — Vous avez raison, Mesdames, et ma parole serait inutile. Cocher, retournons, mon ami.

Et le jeune homme glissa un second louis dans la grosse main du cocher.

Le digne Auvergnat frémit de joie.

— Morbleu! dit-il, les chevaux en crèveront s'ils veulent! — Je le crois bien, ils sont payés, murmura l'officier.

Le fiacre roula, et roula vite. Il étouffa par le bruit de ses roues un soupir de jeune homme, soupir voluptueux, car le sybarite s'était couché sur les deux coussins, tièdes encore de la présence des deux belles inconnues.

Quant à elles, elles étaient restées à la même place, et ce ne fut que lorsque le fiacre eut disparu qu'elles se dirigèrent vers le château.

VIII

LA CONSIGNE

Au moment où elles se mettaient en chemin, les bouffées d'un vent rude apportèrent à l'oreille des voyageuses les trois quarts sonnant à l'horloge de l'église de Saint-Louis.

— Oh! mon Dieu! onze heures trois quarts, s'écrièrent ensemble les deux femmes. — Voyez, toutes les grilles sont fermées, ajouta la plus jeune. — Oh! pour cela, je m'en inquiète peu, chère Andrée; car la grille fût-elle restée ouverte, nous ne serions certes pas rentrées par la cour d'honneur. Allons, vite, vite, allons-nous-en par les Réservoirs.

Et toutes deux se dirigèrent vers la droite du château.

Chacun sait, en effet, qu'il y a de ce côté un passage particulier qui mène aux jardins.

On arriva à ce passage.

— La petite porte est fermée, Andrée, dit avec inquiétude l'aînée des deux femmes. — Heurtons, Madame. — Non, appelons. Laurent doit m'attendre, je l'ai prévenu que peut-être rentrerais-je tard. — Eh bien, je vais appeler.

Et Andrée s'approcha de la porte.

— Qui va là? dit une voix de l'intérieur, qui n'attendit même pas qu'on appelât. — Oh! ce n'est pas la voix de Laurent, dit la jeune femme effrayée. — Non, en effet.

L'autre femme s'approcha à son tour.

— Laurent! murmura-t-elle à travers la porte.

Pas de réponse.

— Laurent! répéta la dame en heurtant. — Il n'y a pas de Laurent ici, répliqua rudement la voix. — Mais, fit Andrée avec insistance, que ce soit Laurent ou non, ouvrez toujours. — Je n'ouvre pas. — Mais, mon ami, vous ne savez pas que Laurent a l'habitude de nous ouvrir. — Je me moque pas mal de Laurent! j'ai ma consigne. — Qui êtes-vous donc? — Qui je suis? — Oui. — Et vous? dit la voix.

L'interrogation était un peu brutale, mais il n'y avait pas à marchander, il fallait répondre.

— Nous sommes des dames de la suite de Sa Majesté. Nous logeons au château, et nous voudrions rentrer chez nous. — Eh bien! moi, Mesdames, je suis un suisse de la 1re compagnie Salischamade, et je ferai tout le contraire de Laurent, je vous laisserai à la porte. — Oh! murmurèrent les deux femmes, dont l'une serra avec colère les mains de l'autre.

Puis, faisant un effort sur elle-même :

— Mon ami, dit-elle, je conçois que vous observiez votre consigne, c'est d'un bon soldat, et je ne veux pas vous y faire manquer. Rendez-moi seulement, je vous prie, le service de faire prévenir Laurent, qui ne doit pas être éloigné. — Je ne puis quitter mon poste. — Envoyez quelqu'un. — Je n'ai personne. — Par grâce! — Eh! mordieu! Madame, couchez en ville. Ne voilà-t-il pas une belle affaire! Oh! si l'on me fermait la porte de la caserne au nez, je trouverais bien un gîte, moi, allez.

— Grenadier, écoutez, dit avec résolution l'aînée des deux dames. Vingt louis pour vous, si vous ouvrez. — Et dix ans de fers; merci! Quarante-huit livres par an, ce n'est point assez. — Je vous ferai nommer sergent.

— Oui, et celui qui m'a donné ma consigne me fera fusiller; merci! — Qui donc vous a donné cette consigne? — Le roi. — Le roi! répétèrent les deux femmes avec épouvante; oh! nous sommes perdues.

La plus jeune semblait presque folle.

— Voyons, voyons, dit l'aînée, y a-t-il d'autres portes? — Oh! Madame, si on a fermé celle-ci, on a fermé les autres. — Et si nous ne trouvons pas Laurent à cette porte, qui est la sienne, où croyez-vous que nous le trouvons? — Oh! non, c'est un parti pris. — C'est vrai, et tu as raison. Andrée, Andrée, voilà un horrible tour du roi. Oh! oh!

Et la dame accentua ses dernières paroles avec un mépris menaçant.

Cette porte des Réservoirs était pratiquée dans l'épaisseur d'une muraille assez profonde pour faire de cette niche une espèce de vestibule.

Un banc de pierre régnait des deux côtés.

Les dames s'y laissèrent tomber, dans un état d'agitation qui ressemblait au désespoir.

On voyait sous la porte une raie lumineuse; on entendait derrière la porte le pas du suisse, qui tantôt levait, tantôt posait son fusil.

Au delà de ce mince obstacle de chêne, le salut; en deçà, la honte, un scandale, presque la mort.

— Oh! demain, demain, quand on saura! murmura l'aînée des deux femmes. — Mais vous direz la vérité. — La croira-t-on? — Vous avez des preuves. Madame, le soldat ne va pas veiller toute la nuit, dit la jeune femme qui semblait reprendre courage au fur et à mesure que le perdait sa compagne; à une heure on le relèvera, et son successeur sera complaisant peut-être. Attendons. — Oui, mais des patrouilles vont passer une fois minuit sonné; on me trouvera dehors attendant, me cachant. C'est infâme! Tenez, Andrée, le sang me monte au visage et me suffoque. — Oh! du courage, Madame; vous si forte d'habitude, moi si faible tout à l'heure, et c'est moi qui vous soutiens! — Il y a un complot là-dessous, Andrée, nous en sommes les victimes. Jamais cela n'est arrivé, jamais la porte n'a été fermée; j'en mourrai, Andrée, j'en meurs!

Et elle se renversa en arrière, comme si elle suffoquait effectivement.

Au même instant, sur ce pavé sec et blanc de Versailles, que si peu de pas foulent aujourd'hui, un pas retentit.

En même temps une voix se fit entendre, voix légère et joyeuse, voix de jeune homme chantant.

Il chantait une de ces chansons maniérées qui appartiennent essentiellement à l'époque que nous essayons de peindre:

> Pourquoi ne puis-je pas le croire?
> Oh! que n'est-ce la vérité?

> Ce que tous deux, dans l'ombre noire,
> Cette nuit nous avons été.
> Morphée, en fermant ma paupière,
> Fit de moi l'acier le plus doux;
> D'aimant vous étiez une pierre
> Et vous m'entraîniez près de vous !

— Cette voix ! s'écrièrent en même temps les deux femmes. — Je la connais, dit l'aînée. — C'est celle de...

> — Ce dieu, par un beau stratagème,
> De cet aimant fit un écho,

continua la voix.

— C'est lui ! dit à l'oreille d'Andrée la dame dont l'inquiétude s'était si énergiquement manifestée ; c'est lui, il nous sauvera.

En ce moment, un jeune homme enseveli dans une grande redingote de fourrures pénétra dans le petit vestibule, et, sans voir les deux femmes, heurta la porte en appelant :

— Laurent ! — Mon frère ! dit l'aînée des deux femmes en touchant l'épaule du jeune homme. — La reine ! s'écria celui-ci en reculant d'un pas et en mettant le chapeau à la main. — Chut ! Bonsoir, mon frère. — Bonsoir, Madame ; bonsoir, ma sœur, vous n'êtes pas seule ? — Non, je suis avec mademoiselle Andrée de Taverney. — Ah ! fort bien. Bonsoir, Mademoiselle. — Monseigneur, murmura Andrée en s'inclinant. — Vous sortez, Mesdames ? dit le jeune homme. — Non pas. — Vous rentrez, alors ? — Nous le voudrions bien, rentrer. — Est-ce que vous n'avez pas appelé Laurent ? — Si fait. — Alors ? — Alors, appelez un peu Laurent, à votre tour, et vous allez voir. — Oui, oui, appelez, Monseigneur, et vous verrez.

Le jeune homme, que l'on a sans doute reconnu pour le comte d'Artois, s'approcha à son tour et de nouveau :

— Laurent ! cria-t-il en frappant à la porte. — Bon, voilà la plaisanterie qui va recommencer, dit la voix du Suisse, je vous préviens que si vous me tourmentez plus longtemps, je vais appeler mon officier. — Qu'est-ce que cela ? dit le jeune homme interdit en se tournant vers la reine. — Un Suisse que l'on a substitué à Laurent, voilà tout. — Et qui cela ? — Le roi. — Le roi ! — Dam ! lui-même nous l'a dit tout à l'heure. — Et avec une consigne ?... — Féroce, à ce qu'il paraît. — Diable ! capitulons. — Comment cela ? — Donnons de l'argent à ce drôle. — Je lui en ai offert, il a refusé. — Offrons-lui des galons. — Je les lui ai offerts. — Et ?... — Il n'a voulu entendre à rien. — Il n'y a qu'un moyen, alors. — Lequel ? — Je vais faire du bruit. — Vous allez nous compromettre ; mon cher Charles, je vous en supplie ! — Je ne vous compromettrai pas le moins du monde. — Oh! — Vous allez vous mettre à l'écart, je frapperai comme un sourd, je crierai comme un aveugle, on finira par m'ouvrir, et vous passerez derrière moi. — Essayez.

Le jeune prince se mit de nouveau à appeler Laurent, puis à heurter, puis à faire un tel vacarme avec la poignée de son épée que le Suisse furieux lui cria :

— Ah! c'est comme cela. Eh bien! j'appelle mon officier. — Eh! pardieu! appelle, drôle! C'est ce que je demande depuis un quart d'heure.

Un instant après, on entendit des pas de l'autre côté de la porte. La reine et Andrée se placèrent derrière le comte d'Artois, toutes prêtes à profiter du passage qui, selon toute probabilité, allait lui être ouvert.

On entendit le Suisse expliquer toute la cause de ce bruit.

— Mon lieutenant, dit-il, ce sont des dames avec un homme qui vient de m'appeler drôle. Ils veulent entrer de force. — Eh bien! qu'y a-t-il d'étonnant à cela que nous désirions rentrer, puisque nous sommes du château? — Ce peut être un désir naturel, Monsieur, mais c'est défendu, répliqua l'officier. — Défendu! et par qui donc? morbleu! — Par le roi. — Je vous demande pardon ; mais le roi ne peut pas vouloir qu'un officier du château couche dehors. — Monsieur, ce n'est point à moi de scruter les intentions du roi ; c'est à moi de faire ce que le roi m'ordonne, voilà tout. — Voyons, lieutenant, ouvrez un peu la porte afin que nous causions autrement qu'à travers une planche. — Monsieur, je vous répète que ma consigne est de tenir la porte fermée. Or, si vous êtes officier, comme vous le dites, vous devez savoir ce que c'est qu'une consigne. — Lieutenant, vous parlez au colonel d'un régiment. — Mon colonel, excusez-moi, ma consigne est formelle. — La consigne n'est pas faite pour un prince. Voyons, Monsieur, un prince ne couche pas dehors, et je suis prince. — Mon prince, vous me mettez au désespoir, mais il y a un ordre du roi. — Le roi vous a-t-il ordonné de chasser son frère comme un mendiant ou un voleur? Je suis le comte d'Artois, Monsieur! Mordieu! vous risquez gros à me faire geler à la porte. — Monseigneur le comte d'Artois, dit le lieutenant, Dieu m'est témoin que je donnerais tout mon sang pour Votre Altesse Royale ; mais le roi m'a fait l'honneur de me dire à moi-même, en me confiant la garde de cette porte, de n'ouvrir à personne, pas même à lui, le roi, s'il se présentait après onze heures. Ainsi, Monseigneur, je vous demande pardon en toute humilité ; mais je suis un soldat, et quand je verrais à votre place, derrière cette porte, Sa Majesté la reine transie de froid, je répondrais à Sa Majesté ce que je viens d'avoir la douleur de vous répondre.

Cela dit, l'officier murmura un bonsoir des plus respectueux et regagna lentement son poste.

Quant au soldat, collé au port d'armes contre la cloison même, il n'osait plus respirer, et son cœur battait si fort, que le comte d'Artois, en s'adossant de son côté à la porte, en eût senti les pulsations.

— Nous sommes perdues! dit la reine à son beau-frère en lui prenant la main.

Celui-ci ne répliqua rien.

— On sait que vous êtes sortie? demanda-t-il. — Hélas! je l'ignore, dit la reine. — Peut-être aussi n'est-ce que contre moi, ma sœur, que le roi a dirigé cette consigne. Le roi sait que je sors la nuit, que je rentre quelquefois tard. Madame la comtesse d'Artois aura su quelque chose, elle se sera plainte à Sa Majesté : de là cet ordre tyrannique! — Oh! non, non, mon frère : je vous remercie de tout mon cœur de la délicatesse que vous mettez à me rassurer; mais c'est bien pour moi, ou plutôt contre moi, que la mesure est prise, allez! — Impossible, ma sœur, le roi a trop d'optimo... En attendant, je suis à la porte, et demain un scandale affreux résultera d'une chose bien innocente. Oh! j'ai un ennemi près du roi, je le sais bien. — Vous avez un ennemi près du roi, petite sœur; c'est possible. Eh bien! moi, j'ai une idée. — Une idée? Voyons vite. — Une idée qui va rendre votre ennemi plus sot qu'un âne pendu à son licou. — Oh! pourvu que vous nous sauviez du ridicule de cette position, voilà tout ce que je vous demande. — Si je vous sauverai! je l'espère bien. Oh! je ne suis pas plus niais que lui, quoiqu'il soit plus savant que moi! — Qui, lui? — Eh! pardieu! que monsieur le comte de Provence. — Ah! vous reconnaissez donc comme moi qu'il est mon ennemi? — Eh! n'est-il pas l'ennemi de tout ce qui est jeune, de tout ce qui est beau, de tout ce qui peut... ce qu'il ne peut pas, lui! — Mon frère, vous savez quelque chose sur cette consigne? — Peut-être; mais d'abord ne restons pas sous cette porte, il y fait un froid de loup. Venez avec moi, chère sœur. — Où cela? — Vous verrez; quelque part où il fera chaud, au moins; venez, et en route je vous dirai ce que je pense à propos de cette fermeture de porte. Ah! monsieur de Provence, mon cher et indigne frère! Donnez-moi le bras, ma sœur; prenez mon autre bras, mademoiselle de Taverney, et tournons à droite.

On se mit en marche.

— Et vous disiez donc que monsieur de Provence?... fit la reine. — Eh bien! voilà. Ce soir, après le souper du roi, il vint au grand cabinet; le roi avait beaucoup causé dans la journée avec le comte de Haga, et l'on ne vous avait pas vue. — A deux heures, je suis partie pour Paris. — Je le savais bien; le roi, permettez-moi de vous le dire, chère sœur, le roi ne songeait pas plus à vous qu'à Aroun-al-Raschid et à son grand visir Giaffar, et causait géographie. Je l'écoutais assez impatient, car j'avais aussi à sortir, moi. Ah! pardon, nous ne sortions probablement pas pour la même cause, de sorte que j'ai tort... — Allez, allez toujours, dites. — Tournons à gauche. — Mais où me menez-vous? — A vingt pas. Prenez garde, il y a un tas de neige. Ah! mademoiselle de Taverney, si vous quittez mon bras, vous allez tomber, je vous en préviens. Bref, pour en revenir au roi, il ne songeait qu'à la latitude et à la longitude, lorsque monsieur de Provence lui dit : Je voudrais bien cependant présenter mes hommages à la reine. — Ah! ah! fit Marie-Antoinette. — La reine soupe chez elle, répondit le roi. — Tiens, je la croyais à Paris, ajouta mon frère. — Non, elle est chez elle, dit tranquillement le roi. — J'en sors, et l'on ne m'a point reçu, riposta monsieur de Provence.

Alors je vis le sourcil du roi se froncer. Il nous congédia, mon frère et moi, et sans doute, nous partis, il s'informa. Louis est jaloux par boutades, vous le savez ; il aura voulu vous voir, on lui aura refusé l'entrée, et il se sera douté de quelque chose. — Précisément, madame de Misery en avait l'ordre. — C'est cela ; et pour s'assurer de votre absence, le roi aura donné cette sévère consigne qui nous met dehors. — Oh! ceci, c'est un trait affreux, avouez-le, comte. — Je l'avoue ; mais nous voici arrivés. — Cette maison!... — Vous déplaît-elle, ma sœur? — Oh! je ne dis pas cela ; elle me charme, au contraire. Mais vos gens? — Eh bien! — S'ils me voient? — Ma sœur, entrez toujours, et je vous garantis que personne ne vous verra. — Pas même celui qui m'ouvrira la porte? demanda la reine. — Pas même celui-là. — Impossible! — Nous allons essayer, dit le comte d'Artois en riant.

Et il approcha sa main de la porte.

La reine lui arrêta le bras.

— Je vous en supplie, mon frère, prenez garde.

Le prince appuya son autre main sur un panneau sculpté avec élégance.

La porte s'ouvrit.

La reine ne put réprimer un mouvement de crainte.

— Entrez donc, ma sœur, je vous en conjure, dit le prince; vous voyez bien que jusqu'à présent il n'y a personne.

La reine regarda mademoiselle de Taverney comme une personne qui se risque; elle franchit le seuil avec un de ces gestes si charmants chez les femmes, et qui veulent dire :

— A la grâce de Dieu!

La porte se referma derrière elle sans bruit.

Alors elle se trouva dans un vestibule de stuc avec des soubassements de marbre, vestibule d'une médiocre étendue, mais d'un goût parfait;

les dalles étaient une mosaïque figurant des bouquets de fleurs, tandis que sur des consoles en marbre cent rosiers bas et touffus faisaient pleuvoir leurs feuilles parfumées, si rares à cette époque de l'année, hors de leurs vases du Japon.

Une douce chaleur, une senteur plus douce encore, captivaient si bien les sens, qu'à leur arrivée dans le vestibule les deux dames oublièrent, non-seulement une partie de leurs craintes, mais encore une partie de leurs scrupules.

— Maintenant, c'est bien, nous sommes à l'abri, dit la reine, et même, s'il faut l'avouer, l'abri est assez commode. Mais ne serait-il pas bon de vous occuper d'une chose, mon frère? — De laquelle? — D'éloigner de vous vos serviteurs. — Oh! rien de plus facile.

Et le prince, saisissant une sonnette placée dans la cannelure d'une colonne, fit résonner un timbre qui, après avoir frappé un seul coup, vibra mystérieusement dans les profondeurs de l'escalier.

Les deux femmes poussèrent un petit cri d'épouvante.

— Est-ce ainsi que vous éloignez vos gens, mon frère? demanda la reine; j'eusse cru, au contraire, que c'était ainsi que vous les appeliez. — Si je sonnais une seconde fois, oui, quelqu'un viendrait; mais comme je n'ai donné qu'un seul coup de sonnette, soyez tranquille, ma sœur, personne ne viendra.

La reine se mit à rire.

— Allons, vous êtes un homme de précaution, dit-elle. — Maintenant, chère sœur, continua le prince, vous ne pouvez habiter un vestibule; prenez la peine de monter un étage. — Obéissons, dit la reine; le génie de la maison ne me paraît pas trop malveillant.

Et elle monta.

Le prince la précédait.

On n'entendit les pas d'aucun d'eux sur les tapis d'Aubusson qui garnissaient l'escalier.

Arrivé le premier, le prince agita une seconde sonnette, dont le bruit fit de nouveau tressaillir la reine et mademoiselle de Taverney, qui n'étaient pas prévenues. Mais leur étonnement redoubla lorsqu'elles virent les portes de cet étage s'ouvrir seules.

— En vérité, Andrée, dit la reine, je commence à trembler; et vous? — Moi, Madame, tant que Votre Majesté marchera en avant, je la suivrai avec confiance. — Rien, ma sœur, n'est plus simple que ce qui se passe, dit le jeune prince : la porte qui vous fait face est celle de votre appartement. Voyez!

Et il indiquait à la reine un charmant réduit dont nous ne saurions omettre la description.

Une petite antichambre en bois de rose, avec deux étagères de Boule, plafond de Boucher, parquet de bois de rose, donnait dans un boudoir de cachemire blanc semé de fleurs brodées à la main par les plus habiles artistes en broderie.

L'ameublement de ce boudoir était une tapisserie au petit point de soie, nuancé avec cet art qui faisait d'un tapis des Gobelins de cette époque un tableau de maître.

Après le boudoir, une belle chambre à coucher bleue, tendue de rideaux de dentelle et de soie de Tours, un lit somptueux dans une alcôve obscure, un feu éblouissant dans une cheminée de marbre blanc, douze bougies parfumées brûlant dans des candélabres de Clodion; un paravent de laque azurée avec ses chinoiseries d'or, telles étaient les merveilles qui apparurent aux yeux des dames lorsqu'elles entrèrent timidement dans cet élégant réduit.

Nul être vivant ne se montrait : partout la chaleur, la lumière, sans qu'on pût en quelque point deviner les causes de tant d'heureux effets.

La reine, qui avait pénétré avec réserve déjà dans le boudoir, demeura un instant au seuil de la chambre à coucher.

Le prince s'excusa d'une façon toute civile sur la nécessité qui le poussait à mettre sa sœur dans une confidence indigne d'elle.

La reine répondit par un demi-sourire qui exprimait beaucoup plus de choses que toutes les paroles qu'elle aurait pu prononcer.

— Ma sœur, ajouta alors le comte d'Artois, cet appartement est mon logis de garçon; seul j'y pénètre, et j'y pénètre toujours seul. — Presque toujours, dit la reine. — Non, toujours. — Ah! fit la reine. — Au surplus, continua-t-il, il y a dans le boudoir où vous êtes un sofa et une bergère sur lesquels bien des fois, quand la nuit me surprenait après la chasse, j'ai dormi aussi bien que dans mon lit. — Je comprends, dit la reine, que madame la comtesse d'Artois soit parfois inquiète. — Sans doute, mais avouez, ma sœur, que si madame la comtesse est inquiète de moi cette nuit, elle aura bien tort. — Cette nuit, je ne dis pas, mais les autres nuits... — Ma sœur, quiconque a tort une fois a toujours tort. — Abrégeons, dit la reine en s'asseyant sur un fauteuil. Je suis horriblement lasse; et vous, ma pauvre Andrée? — Oh! moi, je succombe à la fatigue, et si Votre Majesté le permet... — En effet, vous pâlissez, Mademoiselle, dit le comte d'Artois. — Faites, faites, ma chère, dit la reine; asseyez-vous, couchez-vous même, monsieur le comte d'Artois nous abandonne cet appartement, n'est-ce pas, Charles? — En toute propriété, Madame. — Un instant, comte, un dernier mot. — Lequel? — Si vous partez, comment nous rappellerons-vous? — Vous n'avez en rien besoin de moi, ma sœur; une fois installée, disposez de

LA CONSIGNE.

la maison. — Il y a donc d'autres pièces que celles-ci? — Mais sans doute. Il y a d'abord une salle à manger, que je vous engage à visiter. — Avec une table toute servie, sans doute? — Ah! certainement, et sur laquelle mademoiselle de Taverney, qui me paraît en avoir grand besoin, trouvera un consommé, une aile de volaille et un doigt de vin de Xérès, et où vous trouverez, vous, ma sœur, une collection de ces fruits cuits que vous aimez. — Et tout cela sans valets? — Pas le moindre. — Nous verrons. Mais ensuite? — Ensuite? — Oui, pour retourner au château. — Il ne faut pas songer à y rentrer du tout de la nuit, puisque la consigne est donnée. Mais la consigne donnée pour la nuit tombe avec le jour; à six heures les portes s'ouvrent, sortez d'ici à six heures moins un quart. Vous trouverez dans les armoires des mantes de toutes couleurs et de toutes formes, si vous désirez vous déguiser; entrez donc, comme je vous le dis, au château, gagnez votre chambre, couchez-vous, et ne vous inquiétez pas du reste. — Mais vous? — Comment, moi? — Oui, qu'allez vous faire? — Je sors de la maison. — Comment! nous vous chassons, mon pauvre frère? — Il ne serait pas convenable que j'eusse passé la nuit sous le même toit que vous, ma sœur. — Mais encore il vous faut un gîte, et nous vous volons le vôtre. — Bon! il m'en reste trois pareils à celui-ci.

La reine se mit à rire.

— Et il dit que madame la comtesse d'Artois a tort de s'inquiéter; je la préviendrai, fit-elle avec un charmant geste de menace. — Alors, moi, je dirai tout au roi, répliqua le prince sur le même ton. — Il a raison, nous sommes sous sa dépendance. — Tout à fait, c'est humiliant; mais qu'y faire? — Se soumettre. Ainsi, vous dites donc que pour sortir demain matin sans rencontrer personne... — Un seul coup de sonnette à la colonne en bas. — A laquelle? à celle de droite ou à celle de gauche? — Peu importe. — La porte s'ouvrira? — Et se refermera. — Toute seule? — Toute seule. — Merci. Bonsoir, mon frère. — Bonsoir, ma sœur.

Le prince salua, Andrée ferma les portes derrière lui, et il disparut.

IX

L'ALCOVE DE LA REINE

Le lendemain, ou plutôt le matin même, car notre dernier chapitre a dû se fermer vers les deux heures de la nuit, le matin même, disons-nous, le roi Louis XVI, en petit habit violet du matin, sans ordres et sans poudre, et tel qu'il venait de sortir de son lit enfin, heurta aux portes de l'antichambre de la reine.

Une femme de service entre-bâilla cette porte, et reconnaissant le roi :
— Sire!... dit-elle. — La reine! demanda Louis XVI d'un ton bref.
— Sa Majesté dort, sire.

Le roi fit un geste comme pour éloigner la femme, mais celle-ci ne bougea point.

— Eh bien! dit le roi, vous bougerez-vous? Vous voyez bien que je veux passer.

Le roi avait par moments une promptitude de mouvement que ses ennemis appelaient de la brutalité.

— La reine repose, sire, objecta timidement la femme de service. — Je vous ai dit de me livrer passage, répliqua le roi.

En effet, à ces mots il écarta la femme et passa outre.

Arrivé à la porte même de la chambre à coucher, le roi vit madame de Misery, première femme de chambre de la reine, qui lisait la messe dans son livre d'heures.

Cette dame se leva dès qu'elle aperçut le roi.

— Sire, dit-elle à voix basse et avec un profond salut, Sa Majesté n'a pas encore appelé. — Ah! vraiment, fit le roi d'un air railleur. — Mais, sire, il n'est guère que six heures et demie, je crois, et jamais Sa Majesté ne sonne avant sept heures. — Et vous êtes sûre que la reine est dans son lit? Vous êtes sûre qu'elle dort? — Je n'affirmerais pas, sire, que Sa Majesté dort; mais je suis sûre qu'elle est dans son lit. — Elle y est? — Oui, sire.

Le roi n'y put tenir plus longtemps. Il marcha droit à la porte, tourna le bouton doré avec une précipitation bruyante.

La chambre de la reine était obscure comme en pleine nuit : volets, rideaux et stores hermétiquement fermés y maintenaient les plus épaisses ténèbres.

Une veilleuse, brûlant sur un guéridon dans l'angle le plus éloigné de l'appartement, laissait l'alcôve de la reine entièrement baignée dans l'ombre, et les immenses rideaux de soie blanche à fleurs de lis d'or pendaient à plis ondoyants sur le lit en désordre.

Le roi marcha d'un pas rapide vers le lit.

— Oh! madame de Misery, s'écria la reine, que vous êtes bruyante, voilà que vous m'avez réveillée.

Le roi s'arrêta stupéfait.

— Ce n'est point madame de Misery, murmura-t-il. — Tiens! c'est vous, sire, ajouta Marie-Antoinette en se soulevant. — Bonjour, Madame, articula le roi d'un ton aigre-doux. — Quel bon vent vous amène, sire? demanda la reine. Madame de Misery! madame de Misery! ouvrez donc les fenêtres.

Les femmes entrèrent et, selon l'habitude que leur avait fait prendre la reine, elles ouvrirent à l'instant portes et fenêtres, pour donner passage à l'invasion d'air pur que Marie-Antoinette respirait avec délices en s'éveillant.

— Vous dormez de bon appétit, Madame, dit le roi en s'asseyant près du lit, après avoir promené son regard investigateur. — Oui, sire, j'ai lu tard, et par conséquent, si Votre Majesté ne m'eût point réveillée, je dormirais encore. — D'où vient qu'hier vous n'avez pas reçu, Madame? — Reçu qui? votre frère, monsieur de Provence? fit la reine avec une présence d'esprit qui allait au-devant des soupçons du roi. — Justement oui, mon frère; il a voulu vous saluer, et on l'a laissé dehors. — Eh bien? — En lui disant que vous étiez absente? — Lui a-t-on dit cela? demanda négligemment la reine. Madame de Misery! madame de Misery!

La première femme de chambre parut à la porte, tenant sur un plateau d'or une quantité de lettres adressées à la reine.

— Sa Majesté m'appelle? demanda madame de Misery. — Oui. Est-ce qu'on a dit hier à monsieur de Provence que j'étais absente du château?

Madame de Misery, pour ne pas passer devant le roi, tourna autour de lui et tendit le plateau de lettres dont la reine reconnut l'écriture.

— Répondez au roi, madame de Misery, continua Marie-Antoinette avec la même négligence; dites à Sa Majesté ce que l'on a répondu hier à monsieur de Provence lorsqu'il s'est présenté à ma porte. Quant à moi, je ne me le rappelle plus. — Sire, dit madame de Misery, tandis que la reine décachetait la lettre, monseigneur le comte de Provence s'est présenté hier pour offrir ses respects à Sa Majesté, et je lui ai répondu que Sa Majesté ne recevait pas. — Et par quel ordre? — Par ordre de la reine. — Ah! fit le roi.

Pendant ce temps, la reine avait décacheté la lettre et lu ces deux lignes :

« Vous êtes revenue hier de Paris et rentrée au château à huit heures du soir. Laurent vous a vue. »

Puis, toujours avec le même air de nonchalance, la reine avait décacheté une demi-douzaine de billets, de lettres et de placets, qui gisaient épars sur un édredon.

— Eh bien? fit-elle en relevant la tête vers le roi. — Merci, Madame, dit celui-ci à la première femme de chambre.

Madame de Misery s'éloigna.

— Pardon, sire, dit la reine, éclairez-moi sur un point. — Lequel, Madame? — Est-ce que je suis ou ne suis plus libre de voir monsieur de

Provence? — Oh! parfaitement libre, Madame; mais... — Mais son esprit me fatigue, que voulez-vous? d'ailleurs, il ne m'aime pas; il est vrai que je le lui rends bien. J'attendais sa mauvaise visite et me suis mise au lit à huit heures, afin de ne pas recevoir cette visite. Qu'avez-vous donc, sire? — Rien, rien. — On dirait que vous doutez. — Mais... — Mais, quoi? — Mais je vous croyais hier à Paris. — A quelle heure? — A l'heure à laquelle vous prétendez que vous vous êtes couchée. — Sans doute, j'y suis allée à Paris. Eh bien! est-ce que l'on ne revient pas de Paris? — Si fait. Le tout dépend de l'heure à laquelle on en revient. — Ah! ah! vous voulez savoir juste l'heure à laquelle je suis revenue de Paris, alors? — Mais, oui. — Rien de plus facile, sire.

La reine appela :
— Madame de Misery!
La femme de chambre reparut.
— Quelle heure était-il quand je revins de Paris, hier, madame de Misery? demanda la reine. — A peu près huit heures, Votre Majesté. — Je ne crois pas, dit le roi; vous devez vous tromper, madame de Misery; informez-vous.

La femme de chambre, droite et impassible, se tourna vers la porte.
— Madame Duval! dit-elle. — Madame! répliqua une voix. — A quelle heure Sa Majesté est-elle rentrée de Paris hier soir? — Il pouvait être huit heures, Madame, répliqua la deuxième femme de chambre. — Vous devez vous tromper, madame Duval, dit madame de Misery.

Madame Duval se pencha vers la fenêtre de l'antichambre, et cria :
— Laurent! — Qu'est-ce que Laurent? demanda le roi. — C'est le concierge de la porte par laquelle Sa Majesté est rentrée hier, dit madame de Misery. — Laurent! cria madame Duval, à quelle heure Sa Majesté la reine est-elle rentrée hier? — Vers huit heures, répliqua le concierge du bas de la terrasse.

Le roi baissa la tête.
Madame de Misery congédia madame Duval, qui congédia Laurent.
Les deux époux demeurèrent seuls.
Louis XVI était honteux et faisait tous ses efforts pour dissimuler cette honte. Mais la reine, au lieu de triompher de la victoire qu'elle venait de remporter, lui dit froidement :
— Eh bien! voyons, sire, que désirez-vous savoir encore? — Oh! rien, s'écria le roi en pressant les mains de sa femme, rien! — Cependant... — Pardonnez-moi, Madame; je ne sais trop ce qui m'était passé par la tête. Voyez ma joie; elle est aussi grande que mon repentir. Vous ne m'en voulez point, n'est-ce pas? Ne boudez plus : foi de gentilhomme! j'en serais au désespoir.

La reine retira sa main de celle du roi.

— Eh bien! que faites-vous, Madame? demanda Louis. — Sire, répondit Marie-Antoinette, une reine de France ne ment pas! — Eh bien? demanda le roi étonné. — Je veux dire que je ne suis pas rentrée hier à huit heures du soir!

Le roi recula surpris.

— Je veux dire, continua la reine avec le même sang-froid, que je suis rentrée ce matin à six heures seulement. — Madame! — Et que sans monsieur le comte d'Artois, qui m'a offert un asile et logée par pitié dans une maison à lui, je restais à la porte comme une mendiante. — Ah! vous n'étiez pas rentrée, dit le roi d'un air sombre; alors, j'avais donc raison? — Sire, vous tirez, je vous en demande pardon, de ce que je viens de dire une solution d'arithméticien, mais non une conclusion de galant homme. — En quoi, Madame? — En ceci que, pour vous assurer si je rentrais tôt ou tard, vous n'aviez besoin ni de fermer votre porte, ni de donner vos consignes, mais seulement de venir me trouver, et de me demander : A quelle heure êtes-vous rentrée, Madame? — Oh! fit le roi. — Il ne vous est plus permis de douter, Monsieur; vos espions avaient été trompés ou gagnés, vos portes forcées ou ouvertes, votre appréhension combattue, vos soupçons dissipés. Je vous voyais honteux d'avoir usé de violence envers une femme dans son droit. Je pouvais continuer à jouir de ma victoire. Mais je trouve vos procédés honteux pour un roi, malséants pour un gentilhomme, et je ne veux pas me refuser la satisfaction de vous le dire.

Le roi épousseta son jabot en homme qui médite une réplique.

— Oh! vous avez beau faire, Monsieur, dit la reine en secouant la tête, vous n'arriverez pas à excuser votre conduite envers moi. — Au contraire, Madame, j'y arriverai facilement, répondit le roi. Est-ce que dans le château, par exemple, une seule personne se doutait que vous ne fussiez pas rentrée? Eh bien! si chacun vous savait rentrée, personne n'a pu prendre pour vous ma consigne de la fermeture des portes. Qu'on l'ait attribuée aux dissipations de monsieur le comte d'Artois ou de tout autre, vous comprenez bien que je ne m'en inquiète pas. — Après, sire? interrompit la reine. — Eh bien! je me résume, et je dis, si j'ai sauvé envers vous les apparences, Madame, j'ai raison, et je vous dis, vous avez tort, vous qui n'en avez pas fait autant envers moi; et si j'ai voulu tout simplement vous donner une secrète leçon, si la leçon vous profite, ce que je crois, d'après l'irritation que vous me témoignez, eh bien! j'ai raison encore, et je ne reviens sur rien de ce que j'ai fait.

La reine avait écouté la réponse de son auguste époux en se calmant peu à peu; non pas qu'elle fût moins irritée, mais elle voulait garder toutes ses forces pour la lutte qui, dans son opinion, au lieu d'être terminée, commençait à peine.

— Fort bien ! dit-elle. Ainsi, vous ne vous excusez pas d'avoir fait languir à la porte de sa demeure, comme vous eussiez pu faire de la première venue, la fille de Marie-Thérèse, votre femme, la mère de vos enfants ? Non, c'est à votre avis une plaisanterie toute royale, pleine de sel attique, dont la moralité d'ailleurs double la valeur. Ainsi, à vos yeux, ce n'est rien qu'une chose toute naturelle que d'avoir forcé la reine de France à passer la nuit dans la petite maison où le comte d'Artois reçoit les demoiselles de l'Opéra et les femmes galantes de votre cour ? Oh ! ce n'est rien, non, un roi plane au-dessus de toutes ces misères, un roi philosophe surtout. Et vous êtes philosophe, vous, sire ! Notez bien qu'en ceci monsieur d'Artois a joué le beau rôle ; notez qu'il m'a rendu un service signalé ; notez que pour cette fois j'ai eu à remercier le ciel que mon beau-frère fût un homme dissipé, puisque sa dissipation a servi de manteau à ma honte, puisque ses vices ont sauvegardé mon honneur.

Le roi rougit et se remua bruyamment sur son fauteuil.

— Oh ! dit la reine, avec un rire amer, je sais bien que vous êtes un roi moral, sire ! Mais avez-vous songé à quel résultat votre morale arrive ? Nul n'a su que je n'étais pas rentrée, dites-vous ? Et vous-même m'avez crue ici ! Direz-vous que monsieur de Provence, votre instigateur, l'a cru, lui ? Direz-vous que monsieur d'Artois l'a cru, lui ? Direz-vous que mes femmes, qui, par mon ordre, vous ont menti ce matin, l'ont cru ? Direz-vous que Laurent, acheté par monsieur le comte d'Artois et moi, l'a cru ? Allez, le roi a toujours raison, mais parfois la reine peut avoir raison aussi. Prenons cette habitude, voulez-vous, sire ? vous de m'envoyer espions et gardes suisses, moi d'acheter vos suisses et vos espions, et je vous le dis, avant un mois, car vous me connaissez et vous savez que je ne me contiendrai pas, eh bien ! avant un mois la majesté du trône et la dignité du mariage, nous additionnerons tout cela ensemble un matin, comme aujourd'hui par exemple, et nous verrons ce que cela nous coûtera à tous deux.

Il était évident que ces paroles avaient fait un grand effet sur celui à qui elles étaient adressées.

— Vous savez, dit le roi d'une voix altérée, vous savez que je suis sincère, et que j'avoue toujours mes torts. Voulez-vous me prouver, Madame, que vous avez raison de partir de Versailles en traîneau, avec des gentilshommes à vous ? Folle troupe qui vous compromet dans les graves circonstances où nous vivons ! Voulez-vous me prouver que vous avez raison de disparaître avec eux dans Paris, comme des masques dans un bal, et de ne plus reparaître que dans la nuit, scandaleusement tard, tandis que ma lampe s'est épuisée au travail et que tout le monde dort? Vous avez parlé de la dignité du mariage, de la majesté du trône et de votre qualité de mère. Est-ce d'une épouse, est-ce d'une reine, est-ce d'une mère ce que vous avez fait là? — Je vais vous répondre en deux mots, Monsieur, et, vous le dirai-je d'avance, je vais répondre encore plus dédaigneusement que je n'ai fait jusqu'à présent, car il me semble, en vérité, que certaines parties de votre accusation ne méritent que mon dédain. J'ai quitté Versailles en traîneau pour arriver plus vite à Paris; je suis sortie avec mademoiselle de Taverney, dont, Dieu merci! la réputation est une des plus pures de la cour, et je suis allée à Paris vérifier par moi-même que le roi de France, ce père de la grande famille, ce roi philosophe, ce soutien moral de toutes les consciences, lui qui a nourri les pauvres étrangers, réchauffé les mendiants et mérité l'amour du peuple par sa bienfaisance; j'ai voulu vérifier, dis-je, que le roi laissait mourir de faim, croupir dans l'oubli, exposé à toutes les attaques du vice et de la misère, quelqu'un de sa famille, autant que le roi : un descendant enfin d'un des rois qui ont gouverné la France. — Moi! fit le roi surpris. — J'ai monté, continua la reine, dans une espèce de grenier, et j'ai vu, sans feu, sans lumière, sans argent, la petite fille d'un grand prince; j'ai donné cent louis à cette victime de l'oubli, de la négligence royale. Et comme je m'étais attardée, en réfléchissant sur le néant de nos grandeurs, car moi aussi parfois je suis philosophe, comme la gelée était rude, et que par la gelée les chevaux marchent mal, et surtout les chevaux de fiacre... — Les chevaux de fiacre! s'écria le roi. Vous êtes revenue en fiacre? — Oui, sire, dans le n° 107. — Oh! oh! murmura le roi en balançant sa jambe droite croisée sur la gauche, ce qui était chez lui le symptôme d'une vive impatience. En fiacre! — Oui, et trop heureuse encore d'avoir trouvé ce fiacre, répliqua la reine. — Madame, interrompit le roi, vous avez bien agi; vous avez toujours de nobles inspirations, écloses trop légèrement peut-être; mais la faute en est à cette chaleur de générosité qui vous distingue. — Merci, sire, répondit la reine d'un ton railleur. — Songez bien, continua le roi, que je ne vous ai soupçonnée de rien qui ne fût parfaitement droit et honnête; la démarche seule, et l'aventureuse allure de la reine, m'ont déplu; vous avez fait le bien comme toujours; mais en faisant le bien aux autres, vous avez trouvé le moyen de vous faire du mal à vous. Voilà ce que je vous reproche. Maintenant j'ai à réparer quelque oubli, j'ai à veiller au sort d'une famille de rois? Je suis prêt : dénoncez-moi ces infortunes, et mes bienfaits ne se feront pas attendre. — Le nom de Valois, sire, est assez illustre, je pense, pour que vous l'ayez présent à la mémoire. — Ah! s'écria Louis XVI avec un bruyant éclat de rire, je sais maintenant ce qui vous

occupe. La petite Valois, n'est-ce pas? une comtesse de... Attendez donc...
— De La Motte. — Précisément, de La Motte; son mari est gendarme?
— Oui, sire. — Et la femme est une intrigante? Oh! ne vous fâchez pas,
elle remue ciel et terre; elle accable les ministres; elle harcèle mes
tantes; elle m'écrase moi-même de suppliques, de placets, de preuves
généalogiques. — Eh! sire, cela prouve qu'elle a jusqu'ici réclamé inutilement, voilà tout. — Je ne dis pas non! — Est-elle ou non Valois? —
Oh! je crois bien qu'elle l'est! — Eh bien! une pension. Une pension
honorable pour elle, un régiment pour son mari, un état enfin pour des
rejetons de souche royale. — Oh! doucement, Madame. Diable! comme
vous y allez. La petite Valois m'arrachera toujours bien assez de plumes
sans que vous vous mettiez à l'aider; elle a bon bec, la petite Valois,
allez! — Oh! je ne crains pas pour vous, sire; vos plumes tiennent fort.
— Une pension honorable! Dieu merci! comme vous y allez, Madame!
Savez-vous quelle saignée terrible cet hiver a fait à ma cassette? Un régiment à ce petit gendarme qui a fait la spéculation d'épouser une Valois!
et je n'en ai plus, Madame, de régiment à donner, même à ceux qui les
paient ou qui les méritent. Un état digne des rois dont ils descendent à
ces mendiants! Allons donc! quand nous autres rois nous n'avons plus
même un état digne des riches particuliers. Monsieur le duc d'Orléans a
envoyé ses chevaux et ses mulets en Angleterre pour les faire vendre, et
supprimé les deux tiers de sa maison. J'ai supprimé ma louveterie, moi;
monsieur de Saint-Germain m'a fait réformer ma maison militaire. Nous
vivons de privations tous, grands et petits, ma chère. — Mais cependant, sire, des Valois ne peuvent mourir de faim! — Ne m'avez-vous
pas dit que vous aviez donné cent louis? — La belle aumône! — C'est
royal. — Donnez-en autant, alors. — Je m'en garderai bien. Ce que
vous avez donné suffit pour nous deux. — Alors, une petite pension. —
Pas du tout; rien de fixe. Ces gens-là vous soutireront assez par eux-mêmes; ils sont de la famille des rongeurs. Quand j'aurai envie de donner,
eh bien! je donnerai une somme sans précédents, sans obligations pour
l'avenir. En un mot, je donnerai quand j'aurai trop d'argent. Cette petite Valois, mais, en vérité, je ne puis vous conter tout ce que je sais
sur elle. Votre bon cœur est pris au piège, ma chère Antoinette. J'en demande pardon à votre bon cœur.

Et en disant ces mots, Louis tendit la main à la reine, qui, cédant à
un premier mouvement, l'approcha de ses lèvres.

Puis, tout à coup la repoussant :

— Vous, dit-elle, vous n'êtes pas bon pour moi. Je vous en veux! —
Vous m'en voulez, dit le roi, vous! Eh bien! moi... moi... — Oh! oui,
dites que vous ne m'en voulez pas, vous qui me faites fermer les portes

de Versailles; vous qui arrivez à six heures et demie du matin dans mes antichambres, qui ouvrez ma porte de force, et qui entrez chez moi en roulant des yeux furibonds.

Le roi se mit à rire.

— Non, dit-il, je ne vous en veux pas. — Vous ne m'en voulez plus, à la bonne heure. — Que me donnerez-vous, si je vous prouve que je ne vous en voulais pas, même en venant ici? — Voyons d'abord la preuve de ce que vous dites. — Oh! c'est bien aisé, répliqua le roi, je l'ai dans ma poche, la preuve. — Bah! s'écria la reine avec curiosité, en se soulevant sur son séant; vous avez quelque chose à me donner? Oh! réellement, alors vous êtes bien aimable; mais je ne vous croirai, comprenez-vous bien, que si vous étalez la preuve tout de suite. Oh! pas de subterfuge. Je parie que vous m'allez encore promettre?

Alors, avec un sourire plein de bonté, le roi fouilla dans sa poche, en y mettant cette lenteur qui double la convoitise, cette lenteur qui fait trépigner d'impatience l'enfant pour son jouet, l'animal pour sa friandise, la femme pour son cadeau. Enfin, il finit par tirer de cette poche une boîte de maroquin rouge artistement gauffrée et rehaussée de dorures.

— Un écrin! dit la reine, ah! voyons.

Le roi déposa l'écrin sur le lit.

La reine le saisit vivement et l'attira à elle.

A peine eut-elle ouvert la boîte, qu'enivrée, éblouie, elle s'écria :

— Oh! que c'est beau! mon Dieu! que c'est beau!

Le roi sentit comme un frisson de joie qui lui chatouillait le cœur.

— Vous trouvez? dit-il.

La reine ne pouvait répondre, elle était haletante.

Alors elle tira de l'écrin un collier de diamants si gros, si purs, si lumineux et si habilement assortis, qu'il lui sembla voir courir sur ses belles mains un fleuve de phosphore et de flammes.

Le collier ondulait comme les anneaux d'un serpent dont chaque écaille aurait été un éclair.

— Oh! c'est magnifique, dit enfin la reine en retrouvant la parole, magnifique, répéta-t-elle avec des yeux qui s'animaient, soit au contact de ces diamants splendides, soit parce qu'elle songeait que nulle femme au monde ne pourrait avoir un collier pareil. — Alors, vous êtes contente? dit le roi. — Enthousiasmée, sire. Vous me rendez trop heureuse.

— Vraiment! — Voyez donc ce premier rang, les diamants sont gros comme des noisettes. — En effet. — Et assortis! On ne les distinguerait pas les uns des autres. Comme la gradation des grosseurs est habilement ménagée! Quelles savantes proportions entre les différences du premier et du second, et du second au troisième! Le joaillier qui a réuni ces diamants et fait ce collier est un artiste. — Ils sont deux. — Je parie alors que c'est Boehmer et Bossange? — Vous avez deviné. — En vérité, il n'y a qu'eux pour oser faire des entreprises pareilles. Que c'est beau, sire, que c'est beau! — Madame, Madame, dit le roi, vous payez ce collier beaucoup trop cher, prenez-y garde. — Oh! s'écria la reine! oh! sire.

Et tout à coup son front radieux s'assombrit, se pencha.

Ce changement dans sa physionomie s'opéra si rapide et s'effaça si rapidement encore, que le roi n'eut pas même le temps de le remarquer. — Voyons, dit-il, laissez-moi un plaisir. — Lequel? — Celui de mettre ce collier à votre cou.

La reine l'arrêta.

— C'est bien cher, n'est-ce pas? dit-elle tristement. — Ma foi! oui, répliqua le roi en riant; mais je vous l'ai dit, vous venez de le payer plus qu'il ne vaut, et ce n'est qu'à sa place, c'est-à-dire à votre cou, qu'il prendra son véritable prix.

Et en disant ces mots, Louis s'approchait de la reine, tenant de ses deux mains les deux extrémités du magnifique collier, pour le fixer par l'agrafe, faite elle-même d'un gros diamant.

— Non, non, dit la reine, pas d'enfantillage. Remettez ce collier dans votre écrin, sire.

Et elle secoua la tête.

— Vous me refusez de le voir le premier sur vous? — A Dieu ne plaise que je vous refusasse cette joie, sire, si je prenais le collier; mais... — Mais... fit le roi surpris. — Mais ni vous ni personne, sire, ne verra un collier de ce prix à mon cou. — Vous ne le porterez pas, Madame? — Jamais! — Vous me refusez? — Je refuse de me pendre un million, et peut-être un million et demi au cou, car j'estime ce collier quinze cent mille livres, n'est-ce pas? — Eh! je ne dis pas non, répliqua le roi. — Et je refuse de pendre à mon cou un million et demi quand les coffres du roi sont vides, quand le roi est forcé de mesurer ses secours et de dire aux pauvres : Je n'ai plus d'argent, Dieu vous assiste! — Comment, c'est sérieux ce que vous me dites-là? — Tenez, sire, monsieur de Sartines me disait un jour qu'avec quinze cent mille livres on pouvait avoir un vaisseau de ligne, et, en vérité, sire, le roi de France a plus besoin d'un vaisseau de ligne que la reine de France n'a besoin d'un collier. — Oh! s'écria le roi, au comble de la joie et les yeux mouillés de larmes, oh! ce que vous venez de faire là est sublime. Merci, merci, merci!... Antoinette, vous êtes une bonne femme.

Et pour couronner dignement sa démonstration cordiale et bourgeoise, le bon roi jeta ses deux bras au cou de Marie-Antoinette, et l'embrassa.

— Oh ! comme on vous bénira en France, Madame, s'écria-t-il, quand on saura le mot que vous venez de dire.

La reine soupira.

— Il est encore temps, dit le roi avec vivacité. Un soupir de regrets ! — Non, sire, un soupir de soulagement ; fermez cet écrin et rendez-le aux joailliers. — J'avais déjà disposé mes termes de paiements ; l'argent est prêt ; voyons, qu'en ferai-je ? Ne soyez pas si désintéressée, Madame. — Non, j'ai bien réfléchi. Non, bien décidément, sire, je ne veux pas de ce collier ; mais je veux autre chose. — Diable ! voilà mes seize cent mille livres écornées. — Seize cent mille livres ? Voyez-vous ! Eh quoi ! c'était si cher ? — Ma foi ! Madame, j'ai lâché le mot, je ne m'en dédis pas. — Rassurez-vous ; ce que je vous demande coûtera moins cher. — Que me demandez-vous ? — C'est de me laisser aller à Paris encore une fois. — Oh ! mais c'est facile, et pas cher surtout. — Attendez ! attendez ! — Diable ! — A Paris, place Vendôme. — Diable ! diable ! — Chez monsieur Mesmer.

Le roi se gratta l'oreille.

— Enfin, dit-il, vous avez refusé une fantaisie de seize cent mille livres ; je puis bien vous passer celle-là. Allez donc chez monsieur Mesmer ; mais, à mon tour, à une condition. — Laquelle ? — Vous vous ferez accompagner d'une princesse du sang.

La reine réfléchit.

— Voulez-vous madame de Lamballe ? dit-elle. — Madame de Lamballe, soit. — C'est dit ? — Je signe. — Merci. — Et de ce pas, ajouta le roi, je vais commander mon vaisseau de ligne, et le baptiser *le Collier de la Reine*. Vous en serez la marraine, Madame ; puis je l'enverrai à Lapeyrouse.

Le roi baisa la main de sa femme et sortit de l'appartement tout joyeux.

X

LE PETIT LEVER DE LA REINE

A peine le roi fut-il sorti que la reine se leva et vint à la fenêtre respirer l'air vif et glacial du matin.

Le jour s'annonçait brillant et plein de ce charme qu'une avance du printemps donne à certains jours d'avril : aux gelées de la nuit succédait la douce chaleur d'un soleil déjà sensible; le vent avait tourné depuis la veille du nord à l'est.

S'il demeurait dans cette direction, l'hiver, ce terrible hiver de 1784, était fini.

Déjà, en effet, on voyait à l'horizon rose sourdre cette vapeur grisâtre qui n'est autre chose que l'humidité fuyant devant le soleil.

Dans les parterres, le givre tombait peu à peu des branches, et les petits oiseaux commençaient à poser librement sur les bourgeons déjà formés leurs griffes délicates.

La fleur d'avril, la ravenelle, courbée sous la gelée, comme ces pauvres fleurs dont parle Dante, levait sa tête noircissante du sein de la neige à peine fondue, et sous les feuilles de la violette, feuilles épaisses, dures et larges, le bouton oblong de la fleur mystérieuse lançait les deux folioles elliptiques qui précèdent l'épanouissement et le parfum.

Dans les allées, sur les statues, sur les rampes des grilles, la glace glissait en diamants rapides : elle n'était pas encore de l'eau, elle n'était déjà plus de la glace. Tout annonçait la lutte sourde du printemps contre les frimas, et présageait la prochaine défaite de l'hiver.

— Si nous voulons profiter de la glace, s'écria la reine interrogeant l'atmosphère, je crois qu'il faut se hâter. N'est-ce pas, madame de Misery, ajouta-t-elle en se retournant, car voilà le printemps qui pousse.
— Votre Majesté avait envie depuis longtemps d'aller faire une partie sur la pièce d'eau des Suisses, répliqua la première femme de chambre. — Eh bien! aujourd'hui même nous ferons cette partie, dit la reine, car demain, peut-être, serait-il trop tard. — Alors, pour quelle heure la toilette de Votre Majesté? — Pour tout de suite. Je déjeunerai légèrement et je sortirai. — Sont-ce là les seuls ordres de la reine? — On s'informera si mademoiselle de Taverney est levée, et on lui dira que je désire la voir. — Mademoiselle de Taverney est déjà dans le boudoir de Sa Majesté, répliqua la femme de chambre. — Déjà! demanda la reine, qui savait mieux que personne à quelle heure Andrée avait dû se coucher.
— Oh! Madame, elle attend déjà depuis plus de vingt minutes. — Introduisez-la.

En effet, Andrée entra chez la reine au moment où le premier coup de neuf heures sonnait à l'horloge de la cour de Marbre.

Déjà vêtue avec soin, comme toute femme de la cour qui n'avait pas le droit de se montrer en négligé chez sa souveraine, mademoiselle de Taverney se présenta souriante et presque inquiète.

La reine souriait aussi, ce qui rassura Andrée.

— Allez, ma bonne Misery, dit-elle, envoyez-moi Léonard et mon tailleur.

Puis, ayant suivi des yeux madame de Misery et vu la porte se fermer derrière elle.

— Rien, dit-elle à Andrée ; le roi a été charmant, il a ri, il a été désarmé. — Mais a-t-il su ? demanda Andrée. — Vous comprenez, Andrée, que l'on ne ment pas lorsqu'on n'a pas tort et que l'on est reine de France. — C'est vrai, Madame, répondit Andrée en rougissant. — Et cependant, ma chère Andrée, il paraît que nous avons eu un tort. — Un tort, Madame, dit Andrée, oh ! plus d'un, sans doute ? — C'est possible, mais enfin voilà le premier : c'est d'avoir plaint madame de La Motte ; le roi ne l'aime pas. J'avoue pourtant qu'elle m'a plu, à moi. — Oh ! Votre Majesté est trop bon juge pour que l'on ne s'incline pas devant ses arrêts. — Voici Léonard, dit madame de Misery en rentrant.

La reine s'assit devant sa toilette de vermeil, et le célèbre coiffeur commença son office.

La reine avait les plus beaux cheveux du monde, et sa coquetterie consistait à faire admirer ses cheveux.

Léonard le savait, et au lieu de procéder avec rapidité, comme il eût fait à l'égard de toute autre femme, il laissait à la reine le temps et le plaisir de s'admirer elle-même.

Ce jour-là, Marie-Antoinette était contente, joyeuse même : elle était en beauté ; de son miroir, elle passait à Andrée, à qui elle envoyait les plus affectueux regards.

— Vous n'avez pas été grondée, vous, dit-elle, vous libre et fière, vous de qui tout le monde a un peu peur parce que, comme la divine Minerve, vous êtes trop sage. — Moi, Madame, balbutia Andrée. — Oui, vous, vous le rabat-joie de tous les étourneaux de la cour. Oh ! mon Dieu ! que vous êtes heureuse d'être fille, Andrée, et surtout de vous trouver heureuse de l'être.

Andrée rougit et essaya un triste sourire.

— C'est un vœu que j'ai fait, dit-elle. — Et que vous tiendrez, ma belle vestale ? demanda la reine. — Je l'espère. — A propos, s'écria la reine, je me rappelle... — Quoi ? Votre Majesté. — Que, sans être mariée, vous avez cependant un maître depuis hier. — Un maître, Madame ! — Oui, votre cher frère ; comment l'appelez-vous ? Philippe, je crois ? — Oui, Madame, Philippe. — Il est arrivé ? — Depuis hier, comme Votre Majesté me faisait l'honneur de me le dire. — Et vous ne l'avez pas encore vu ? Égoïste que je suis, je vous ai arrachée à lui hier pour vous mener à Paris ; en vérité, c'est impardonnable. — Oh ! Madame, dit Andrée en souriant, je vous pardonne de grand cœur, et Philippe aussi. — Est-ce bien sûr ? — J'en réponds. — Pour vous ? — Pour moi et pour lui. — Comment est-il ? — Toujours beau et bon, Madame. —

Quel âge a-t-il maintenant? — Trente-deux ans. — Pauvre Philippe, savez-vous que voilà tantôt quatorze ans que je le connais, et que sur les quatorze ans j'ai été neuf ou dix ans sans le voir? — Quand Votre Majesté voudra bien le recevoir, il sera heureux d'assurer à Votre Majesté que l'absence n'apporte aucune atteinte aux sentiments de respectueux dévouement qu'il avait voués à la reine. — Puis-je le voir tout de suite? — Mais dans un quart d'heure il sera aux pieds de Votre Majesté, si Votre Majesté le permet. — Bien, bien, je le permets, je le veux même.

La reine achevait à peine, que quelqu'un de vif, de rapide, de bruyant, glissa, ou plutôt bondit sur le tapis du cabinet de toilette et vint réfléchir son visage rieur et narquois dans la même glace où Marie-Antoinette souriait au sien.

— Mon frère d'Artois, dit la reine; ah! en vérité, vous m'avez fait peur. — Bonjour à Votre Majesté, dit le jeune prince, comment Votre Majesté a-t-elle passé la nuit? — Très-mal, merci, mon frère. — Et la matinée? — Très-bien. — Voilà l'essentiel. Tout à l'heure je me suis bien douté que l'épreuve avait été supportée heureusement, car j'ai rencontré le roi qui m'a délicieusement souri. Ce que c'est que la confiance!

La reine se mit à rire. Le comte d'Artois, qui n'en savait pas plus, rit aussi pour un tout autre motif.

— Mais j'y pense, dit-il, étourdi que je suis, je n'ai seulement pas questionné cette pauvre mademoiselle de Taverney sur l'emploi de son temps.

La reine se mit à regarder dans son miroir, grâce aux réflexions duquel rien de ce qui se passait dans la chambre ne lui échappait.

Léonard venait de terminer son œuvre, et la reine, délivrée du peignoir de mousseline des Indes, endossait sa robe du matin.

La porte s'ouvrit.

— Tenez, dit-elle au comte d'Artois, si vous avez quelque chose à savoir d'Andrée, la voici.

Andrée entrait en effet au moment même, tenant par la main un beau gentilhomme brun de visage, aux yeux noirs profondément empreints de noblesse et de mélancolie, un vigoureux soldat au front intelligent, au maintien sévère, pareil à l'un de ces beaux portraits de famille comme les a peints Coypel ou Ganisborough.

Philippe de Taverney était vêtu d'un habit gris foncé finement brodé d'argent, mais ce gris semblait noir, cet argent semblait du fer : la cravate blanche, le jabot blanc mat tranchaient sur la veste de couleur sombre, et la poudre de la coiffure rehaussait la mâle énergie du teint et des traits.

PHILIPPE DE TAVERNEY.

Philippe s'avança, une main dans celle de sa sœur, l'autre arrondie autour de son chapeau.

— Votre Majesté, dit Andrée en s'inclinant avec respect, voici mon frère.

Philippe salua gravement et avec lenteur.

Quand il releva la tête, la reine n'avait pas encore cessé de regarder dans son miroir. Il est vrai qu'elle voyait dans son miroir tout aussi bien que si elle eût regardé Philippe en face.

— Bonjour, monsieur de Taverney, dit la reine.

Et elle se retourna.

Elle était belle de cet éclat royal qui confondait autour de son trône les amis de la royauté et les adorateurs de la femme; elle avait la puissance de la beauté, et, qu'on nous pardonne cette inversion de l'idée, elle avait aussi la beauté de la puissance.

Philippe, en la voyant sourire, en sentant cet œil limpide, fier et doux à la fois s'arrêter sur lui, Philippe pâlit et laissa voir dans toute sa personne l'émotion la plus vive.

— Il paraît, monsieur de Taverney, continua la reine, que vous nous donnez votre première visite. Merci. — Votre Majesté daigne oublier que c'est à moi de la remercier, répliqua Philippe. — Que d'années, dit la reine, que de temps passé depuis que nous ne nous sommes vus; le temps le plus beau de la vie, hélas! — Pour moi, oui, Madame, mais non pour Votre Majesté, à qui tous les jours sont de beaux jours. — Vous avez donc pris bien du goût à l'Amérique, monsieur de Taverney, que vous y êtes resté alors que tout le monde en revenait? — Madame, dit Philippe, monsieur de Lafayette en quittant le Nouveau Monde, avait besoin d'un officier de confiance à qui il pût laisser une part dans le commandement des auxiliaires. Monsieur de Lafayette m'a en conséquence proposé au général Washington, qui a bien voulu m'accepter. — Il paraît, dit la reine, que de ce Nouveau Monde dont vous me parlez nous reviennent force héros. — Ce n'est pas pour moi que Votre Majesté dit cela, répondit Philippe en souriant. — Pourquoi pas? fit la reine.

Puis se retournant vers le comte d'Artois :

— Regardez donc, mon frère, la belle mine et l'air martial de monsieur de Taverney.

Philippe, se voyant ainsi mis en rapport avec monsieur le comte d'Artois, qu'il ne connaissait pas, fit un pas vers lui, sollicitant du prince la permission de le saluer.

Le comte fit un signe de la main, Philippe s'inclina.

— Un bel officier, s'écria le jeune prince; un noble gentilhomme, dont je suis heureux de faire la connaissance. Quelles sont vos intentions en revenant en France?

Philippe regarda sa sœur.

— Monseigneur, dit-il, j'ai l'intérêt de ma sœur qui domine le mien; ce qu'elle voudra que je fasse je le ferai. — Mais il y a monsieur de Taverney le père, je crois? dit le comte d'Artois. — Nous avons eu le bonheur de conserver notre père, oui, Monseigneur, répliqua Philippe. — Mais n'importe, interrompit vivement la reine; j'aime mieux Andrée sous la protection de son frère, et son frère sous la vôtre, monsieur le comte. Vous vous chargez donc de monsieur de Taverney, c'est dit, n'est-ce pas?

Le comte d'Artois fit un signe d'assentiment.

— Savez-vous, continua la reine, que des liens très-étroits nous lient. — Des liens très-étroits, vous, ma sœur? Oh! contez-moi cela, je vous prie. — Oui, monsieur Philippe de Taverney fut le premier Français qui s'offrit à mes yeux quand j'arrivai en France, et je m'étais promis bien sincèrement de faire le bonheur du premier Français que je rencontrerais.

Philippe sentit la rougeur monter à son front. Il mordit ses lèvres pour rester impassible.

Andrée le regarda et baissa la tête.

Marie-Antoinette surprit un de ces regards que le frère et la sœur avaient échangés; mais comment eût-elle deviné tout ce qu'un pareil regard cachait de secrets douloureusement entassés!

Marie-Antoinette ne savait rien des événements que nous avons racontés dans la première partie de cette histoire.

L'apparente tristesse que saisit la reine, elle l'attribua à une autre cause. Pourquoi, lorsque tant de gens s'étaient épris d'amour pour la dauphine, en 1774, pourquoi monsieur de Taverney n'aurait-il pas un peu souffert de cet amour épidémique des Français pour la fille de Marie-Thérèse?

Rien ne rendrait cette supposition invraisemblable, rien, pas même l'inspection passée au miroir de cette beauté de jeune fille devenue femme et reine.

Marie-Antoinette attribua donc le soupir de Philippe à quelque confidence de ce genre, faite à la sœur par le frère. Elle sourit au frère et caressa la sœur de ses plus aimables regards; elle n'avait pas deviné tout à fait, elle ne s'était pas tout à fait trompée, et dans cette innocente coquetterie que nul ne voie un crime. La reine fut toujours femme, elle se glorifiait d'être aimée. Certaines âmes ont cette aspiration vers la sympathie de tous ceux qui les entoure : ce ne sont pas les âmes les moins généreuses en ce monde.

Hélas! il viendra un moment, pauvre reine, où ce sourire qu'on te reproche envers les gens qui t'aiment, tu l'adresseras en vain aux gens qui ne t'aiment plus.

Le comte d'Artois s'approcha de Philippe, tandis que la reine consultait Andrée sur une garniture de robe de chasse.

— Sérieusement, dit le comte d'Artois, est-ce un bien grand général que monsieur de Washington? — Un grand homme, oui, Monseigneur. — Et quel effet faisaient les Français là-bas? — Eh bien, l'effet que les Anglais faisaient en mal. — D'accord. Vous êtes un partisan des idées nouvelles, mon cher monsieur Philippe de Taverney; mais avez-vous bien réfléchi à une chose? — Laquelle, Monseigneur? Je vous avouerai que là-bas, sur l'herbe des camps, dans les savanes du bord des grands lacs, j'ai eu souvent le temps de réfléchir à bien des choses. — A celle-ci, par exemple, qu'en faisant la guerre là-bas, ce n'est ni aux Indiens, ni aux Anglais que vous l'avez faite. — A qui donc, Monseigneur? — A vous. — Ah! Monseigneur, je ne vous démentirai pas; la chose est bien possible. — Vous avouez... — J'avoue le malheureux contre-coup d'un événement qui a sauvé la monarchie. — Oui, mais un contre-coup peut-être mortel à ceux qui avaient guéri de l'accident primitif. — Hélas! Monseigneur. — Voilà pourquoi je ne trouve pas aussi heureuse qu'on le prétend les victoires de monsieur Washington et du marquis de Lafayette. C'est de l'égoïsme, je le veux bien; mais passez-le-moi, ce n'est pas de l'égoïsme pour moi seul. — Oh! Monseigneur. — Et savez-vous pourquoi je vous aiderai de toutes mes forces? — Monseigneur, quelle que soit la raison, j'en aurai à Votre Altesse Royale la plus vive reconnainaissance. — C'est que, mon cher monsieur de Taverney, vous n'êtes pas un de ceux que la trompette a héroïsés dans nos carrefours; vous avez fait bravement votre service, mais vous ne vous êtes pas coulé sans cesse dans l'embouchure de la trompette. On ne vous connaît pas à Paris, voilà pourquoi je vous aime, sinon..... ah! ma foi! monsieur de Taverney... sinon... je suis égoïste, voyez-vous.

Là-dessus le prince baisa la main de la reine en riant, salua Andrée d'un air affable et plus respectueux qu'il n'en avait l'habitude avec les femmes, puis la porte s'ouvrit et il disparut.

La reine alors quitta presque brusquement l'entretien qu'elle avait avec Andrée, se tourna vers Philippe, et lui dit :

— Avez-vous vu votre père, Monsieur? — Avant de venir ici, oui, Madame, je l'ai trouvé dans les antichambres; ma sœur l'avait fait prévenir. — Pourquoi n'avoir pas été voir votre père d'abord? — J'avais envoyé chez lui mon valet de chambre, Madame, et mon mince bagage, mais monsieur de Taverney m'a renvoyé ce garçon avec l'ordre de me présenter d'abord chez le roi ou chez Votre Majesté. — Et vous avez obéi?

— Avec bonheur, Madame; de cette façon j'ai pu embrasser ma sœur.

— Il fait un temps superbe! s'écria la reine avec un mouvement de joie.

Madame de Misery, demain la glace sera fondue, il me faut tout de suite un traîneau.

La première femme de chambre sortait pour faire exécuter l'ordre.

— Et mon chocolat ici, ajouta la reine. — Votre Majesté ne déjeunera pas, dit madame de Misery. Ah! déjà hier Votre Majesté n'a pas soupé. — C'est ce qui vous trompe, ma bonne Misery, nous avons soupé hier; demandez à mademoiselle de Taverney. — Et très-bien, répliqua Andrée. — Ce qui n'empêchera pas que je prenne mon chocolat, ajouta la reine. Vite, vite, ma bonne Misery, ce beau soleil m'attire : il y aura du monde sur la pièce des Suisses. — Votre Majesté se propose de patiner, dit Philippe. — Oh! vous allez vous moquer de nous, monsieur l'Américain, s'écria la reine, vous qui avez parcouru des lacs immenses, sur lesquels on fait plus de lieues qu'ici nous ne faisons de pas. — Madame, répondit Philippe, ici Votre Majesté s'amuse du froid et du chemin : là-bas on en meurt. — Ah! voici mon chocolat : Andrée, vous en prendrez une tasse. — Andrée rougit de plaisir et s'inclina. — Vous voyez, monsieur de Taverney, je suis toujours la même, l'étiquette me fait horreur comme autrefois; vous souvient-il d'autrefois, monsieur Philippe, êtes-vous changé, vous?

Ces mots allèrent au cœur du jeune homme; souvent le regret d'une femme est un coup de poignard pour les intéressés.

— Non, Madame, répondit-il d'une voix brève, non, je ne suis pas changé, de cœur au moins. — Alors si vous avez gardé le même cœur, dit la reine avec enjouement, comme le cœur était bon, nous vous en remercions à notre manière : une tasse pour monsieur de Taverney, Madame de Misery. — Oh! Madame, s'écria Philippe tout bouleversé, Votre Majesté n'y pense pas, un tel honneur à un pauvre soldat obscur comme moi. — Un ancien ami, s'écria la reine, voilà tout. Ce jour me fait monter au cerveau tous les parfums de la jeunesse; ce jour me trouve heureuse, libre, fière, folle!... Ce jour me rappelle mes premiers tours dans mon Trianon chéri, et les escapades que nous faisions, Andrée et moi. Mes roses, mes fraises, mes verveines, les oiseaux que j'essayais à reconnaître dans mes parterres, tout, jusqu'à mes jardiniers chéris, dont les bonnes figures signifiaient toujours une fleur nouvelle, un fruit savoureux; et monsieur de Jussieu, et cet original Rousseau, qui est mort... Ce jour... je vous dis que ce jour... me rend folle! Mais qu'avez-vous, Andrée? vous êtes rouge; qu'avez-vous, monsieur Philippe? vous êtes pâle.

La physionomie de ces deux jeunes gens avait, en effet, supporté mal l'épreuve de ce souvenir cruel.

Tous deux, aux premiers mots de la reine, rappelèrent leur courage.

— Je me suis brûlé le palais, dit Andrée, excusez-moi, Madame. — Et moi, Madame, dit Philippe, je ne puis encore me faire à cette idée que Votre Majesté m'honore comme un grand seigneur. — Allons, allons, interrompit Marie-Antoinette en versant elle-même le chocolat dans la tasse de Philippe, vous êtes un soldat, avez-vous dit, et comme tel accoutumé au feu : brûlez-vous glorieusement avec le chocolat, je n'ai pas le temps d'attendre.

Et elle se mit à rire. Mais Philippe prit la chose au sérieux, comme un campagnard eût pu le faire; seulement, ce que celui-ci eût accompli par embarras, Philippe l'accomplit par héroïsme.

La reine ne le perdait pas de vue, son rire redoubla.

— Vous avez un parfait caractère, dit-elle.

Elle se leva...

Déjà ses femmes lui avaient donné un charmant chapeau, une mante d'hermine et des gants.

La toilette d'Andrée se fit aussi rapidement.

Philippe remit son chapeau sous son bras et suivit les dames.

— Monsieur de Taverney, je ne veux pas que vous me quittiez, dit la reine, et je prétends aujourd'hui, par politique, confisquer un Américain. Prenez ma droite, monsieur de Taverney.

Taverney obéit. Andrée passa vers la gauche de la reine.

Quand la reine descendit le grand escalier, quand les tambours battirent aux champs, quand le clairon des gardes du corps et le froissement des armes qu'on apprêtait monta dans le palais, poussé par le vent des vestibules, cette pompe royale, ce respect de tous, ces adorations qui venaient au cœur de la reine et rencontraient Taverney en chemin, ce triomphe, disons-nous, frappa de vertige la tête déjà embarrassée du jeune homme. Une sueur de fièvre perla sur son front, ses pas hésitèrent.

Sans le tourbillon froid qui le frappa aux yeux et aux lèvres, il se fût certainement évanoui.

C'était pour ce jeune homme, après tant de jours lugubrement usés dans le chagrin et dans l'exil, un retour trop soudain aux grandes joies de l'orgueil et du cœur.

Tandis que sur le passage de la reine, étincelante de beauté, se courbaient les fronts et se dressaient les armes, on eût pu voir un petit vieillard à qui la préoccupation faisait oublier l'étiquette.

Il était resté la tête tendue, l'œil braqué sur la reine et sur Taverney, au lieu de baisser sa tête et ses regards.

Lorsque la reine s'éloigna, le petit vieillard rompit son rang avec la haie qui se démolissait autour de lui, et on le vit courir aussi vite que le lui permettaient ses petites jambes blanches de soixante-dix ans.

XI

LA PIÈCE D'EAU DES SUISSES

Chacun connaît ce long carré glauque et moiré dans la belle saison, blanc et rugueux dans l'hiver, qui se nomme encore aujourd'hui la pièce d'eau des Suisses.

Une allée de tilleuls, qui tendent joyeusement au soleil leurs bras rougissants, borde chaque rive de l'étang : cette allée est peuplée de promeneurs de tous rangs et de tout âge, qui vont jouir du spectacle des traîneaux et des patins.

Les toilettes des femmes offrent ce bruyant pêle-mêle du luxe un peu gênant de l'ancienne cour, et de la désinvolture un peu capricieuse de la nouvelle mode.

Les hautes coiffures, les mantes ombrageant de jeunes fronts, les chapeaux d'étoffe en majorité, les manteaux de fourrures et les vastes falbalas des robes de soie, font une bigarrure assez curieuse avec les habits rouges, les redingotes bleu de ciel, les livrées jaunes et les grandes lévites blanches.

Des valets bleus et rouges fendent toute cette foule, comme des coquelicots et des bleuets que le vent fait onduler sur les épis ou les trèfles.

Parfois un cri d'admiration part du milieu de l'assemblée. C'est que Saint-Georges, le hardi patineur, vient d'exécuter un cercle si parfait, qu'un géomètre en le mesurant n'y trouverait pas un défaut sensible.

Tandis que les rives de la pièce d'eau sont couvertes d'un tel nombre de spectateurs qu'ils se réchauffent par le contact et présentent de loin l'aspect d'un tapis bariolé au-dessus duquel flotte une vapeur, celle des haleines que le froid saisit, la pièce d'eau elle-même, devenue un épais miroir de glace, présente l'aspect le plus varié et surtout le plus mouvant.

Là c'est un traîneau que trois énormes molosses, attelés comme les troïkas russes, font voler sur la glace.

Ces chiens, vêtus de caparaçons de velours armoriés, la tête coiffée de plumes flottantes, ressemblent à ces chimériques animaux des diableries de Callot, ou des sorcelleries de Goya.

Leur maître, monsieur de Lauzun, nonchalamment assis dans le traîneau bourré de peaux de tigre, se penche sur le côté pour respirer librement, ce qu'il ne réussirait probablement pas à faire en suivant le fil du vent.

Çà et là, quelques traîneaux d'une modeste allure cherchent l'isolement. Une dame masquée, sans doute à cause du froid, monte un de ces traîneaux, tandis qu'un beau patineur, vêtu d'une houppelande de velours à brandebourgs d'or, se penche sur le dossier pour donner une impulsion plus rapide au traîneau qu'il pousse et dirige en même temps.

Les paroles entre la dame masquée et le patineur à la houppelande de velours s'échangent à la portée du souffle, et nul ne saurait blâmer un rendez-vous secret donné sous la voûte des cieux, à la vue de Versailles tout entier.

Ce qu'ils disent, qu'importe aux autres puisqu'on les voit, qu'importe à eux qu'on les voie puisqu'on ne les entend pas : il est évident qu'au milieu de tout ce monde ils vivent d'une vie isolée, ils passent dans la foule comme deux oiseaux voyageurs : où vont-ils ? à ce monde inconnu que toute âme cherche et qu'on appelle le bonheur.

Tout à coup, au milieu de ces sylphes qui glissent bien plus qu'ils ne marchent, il se fait un grand mouvement, il s'élève un grand tumulte.

C'est que la reine vient d'apparaître au bord de la pièce d'eau des Suisses, qu'on l'a reconnue, et qu'on s'apprête à lui céder la place, quand elle fait de la main signe à chacun de demeurer.

Le cri de : Vive la reine ! retentit ; puis, forts de la permission, patineurs qui volent et traîneaux qu'on pousse, forment, comme par un mouvement électrique, un grand cercle autour de l'endroit où l'auguste visiteuse s'est arrêtée.

L'attention générale est fixée sur elle.

Les hommes alors se rapprochent par de savantes manœuvres, les femmes s'ajustent avec une respectueuse décence, enfin chacun trouve moyen de se mêler presque aux groupes de gentilshommes et de grands officiers qui viennent offrir leurs compliments à la reine.

Parmi les principaux personnages que le public a remarqués, il en est un fort remarquable qui, au lieu de suivre l'impulsion générale et de venir au-devant de la reine, il en est un qui, au contraire, reconnaissant sa toilette et son entourage, quitte son traîneau et se jette dans une contre-allée où il disparaît avec les personnes de sa suite.

Le comte d'Artois, que l'on remarquait au nombre des plus élégants et des plus légers patineurs, ne fut pas des derniers à franchir l'espace qui le séparait de sa belle-sœur, et à venir lui baiser la main.

Puis, en lui baisant la main :

— Voyez-vous, lui dit-il bas, comme notre frère monsieur de Provence vous évite ?

Et en disant ces mots, il désignait du doigt l'Altesse Royale, qui, à grands pas, marchait dans le taillis plein de givre, pour aller par un détour à la recherche de son carrosse.

— Il ne veut pas que je lui fasse des reproches, dit la reine. — Oh! quant aux reproches qu'il attend, cela me regarde, et ce n'est point pour cela qu'il vous craint. — C'est pour sa conscience alors, dit gaiement la reine. — Pour autre chose encore, ma sœur. — Pour quoi donc? — Je vais vous le dire. Il vient d'apprendre que monsieur de Suffren, le glorieux vainqueur, doit arriver ce soir, et comme la nouvelle est importante, il veut vous la laisser ignorer.

La reine vit autour d'elle quelques curieux, dont le respect n'éloignait pas tellement les oreilles qu'ils ne pussent entendre les paroles de son beau-frère.

— Monsieur de Taverney, dit-elle, soyez assez bon pour vous occuper de mon traîneau, je vous prie, et si votre père est là, embrassez-le, je vous donne congé pour un quart d'heure.

Le jeune homme s'inclina et traversa la foule pour aller exécuter l'ordre de la reine.

La foule aussi avait compris : elle a parfois des instincts merveilleux; elle élargit le cercle, et la reine et le comte d'Artois se trouvèrent plus à l'aise.

— Mon frère, dit alors la reine, expliquez-moi, je vous prie, ce que mon frère gagne à ne point me faire part de l'arrivée de monsieur de Suffren. — Oh! ma sœur, est-il bien possible que vous, femme, reine et ennemie, vous ne saisissiez pas tout à coup l'intention de ce rusé politique! Monsieur de Suffren arrive, nul ne le sait à la cour. Monsieur de Suffren est le héros des mers de l'Inde, et, par conséquent, a droit à une réception magnifique à Versailles. Donc, monsieur de Suffren arrive; le roi ignore son arrivée, le roi le néglige sans le savoir, et par conséquent sans le vouloir; vous de même, ma sœur. Tout au contraire, pendant ce temps, monsieur de Provence, qui sait l'arrivée de monsieur de Suffren, lui, monsieur de Provence, accueille le marin, lui sourit, le caresse, lui fait un quatrain, et, en se frottant au héros de l'Inde, il devient le héros de la France. — C'est clair, dit la reine. — Pardieu! dit le comte. — Vous n'oubliez qu'un seul point, mon cher gazetier. — Lequel? — Comment savez-vous tout ce beau projet de notre cher frère et beau-frère? — Comment je le sais? comme je sais tout ce qu'il fait, c'est bien simple : m'étant aperçu que monsieur de Provence prend à tâche de savoir tout ce que je fais, j'ai payé des gens qui me content tout ce qu'il fait, lui. Oh! cela pourra m'être utile, et à vous aussi, ma sœur.

— Merci de votre alliance, mon frère, mais le roi? — Eh bien! le roi est prévenu. — Par vous? — Oh! non pas, par son ministre de la marine que je lui ai envoyé. Tout cela ne me regarde pas, vous comprenez, moi, je suis trop frivole, trop dissipateur, trop fou, pour m'occuper de choses de cette importance. — Et le ministre de la marine ignorait aussi, lui, l'arrivée de monsieur de Suffren en France? — Eh! mon Dieu! ma chère sœur, vous avez connu assez de ministres, n'est-ce pas, depuis quatorze ans que vous êtes ou dauphine ou reine de France, pour savoir que ces messieurs ignorent toujours la chose importante. Eh bien! j'ai prévenu le nôtre et il est enthousiasmé. — Je le crois bien. — Vous comprenez, chère sœur, voilà un homme qui me sera reconnaissant toute sa vie, et justement j'ai besoin de sa reconnaissance. — Pourquoi faire? — Pour négocier un emprunt. — Oh! s'écria la reine en riant, voilà que vous me gâtez votre belle action. — Ma sœur, dit le comte d'Artois d'un air grave, vous devez avoir besoin d'argent; foi de fils de France! je mets à votre disposition la moitié de la somme que je toucherai. — Oh! mon frère! s'écria Marie-Antoinette, gardez, gardez; Dieu merci! je n'ai besoin de rien en ce moment. — Diable! n'attendez pas trop longtemps pour réclamer ma promesse, chère sœur. — Pourquoi cela? — Parce que je pourrais bien, si vous attendiez trop longtemps, n'être plus en mesure de la tenir. — Eh bien! en ce cas, je m'arrangerais aussi, moi, de façon à découvrir quelque secret d'État. — Ma sœur, vous prenez froid, dit le prince, vos joues bleuissent, je vous en préviens. — Voici monsieur de Taverney qui revient avec mon traîneau. — Alors vous n'avez plus besoin de moi, ma sœur? — Non. — En ce cas, chassez-moi, je vous prie. — Pourquoi? vous figurez-vous, par hasard, que vous me gênez en quelque chose que ce soit. — Non pas, c'est moi, au contraire qui ai besoin de ma liberté. — Adieu, alors. — Au revoir, chère sœur. — Quand? — Ce soir. — Qu'y a-t-il donc ce soir? — Il n'y a pas, mais il y aura. — Eh bien! qu'y aura-t-il? — Il y aura grand monde au jeu du roi. — Pourquoi cela? — Parce que le ministre amènera ce soir monsieur de Suffren. — Très-bien, à ce soir, alors.

A ces mots, le jeune prince salua sa sœur avec cette charmante courtoisie qui lui était naturelle, et disparut dans la foule.

Taverney père avait suivi des yeux son fils, tandis qu'il s'éloignait de la reine pour s'occuper du traîneau.

Mais bientôt son regard vigilant était revenu à la reine. Cette conversation animée de Marie-Antoinette avec son beau-frère n'était pas sans lui donner quelques inquiétudes, car cette conversation coupait en deux toute la familiarité témoignée naguère encore à son fils par la reine.

Aussi se contenta-t-il de faire un geste amical à Philippe, quand celui-ci acheva de terminer les préparatifs indispensables au départ du traî-

7

neau, et le jeune homme ayant voulu, comme le lui prescrivait la reine, aller embrasser son père qu'il n'avait pas embrassé depuis dix ans, celui-ci l'éloigna de la main en disant :

— Plus tard, plus tard; reviens après ton service et nous causerons.

Philippe s'éloigna donc, et le baron vit avec joie que monsieur le comte d'Artois avait pris congé de la reine.

Celle-ci entra dans le traîneau et y fit entrer Andrée avec elle, et comme deux grands heiduques se présentaient pour pousser le traîneau :

— Non pas, non pas, dit la reine, je ne veux point aller de cette façon. Est-ce que vous ne patinez pas, monsieur de Taverney? — Pardonnez-moi, Madame, répondit Philippe. — Donnez des patins à monsieur le chevalier, ordonna la reine; puis se retournant de son côté : — Je ne sais quoi me dit que vous patinez aussi bien que Saint-Georges, ajouta-t-elle.

— Mais déjà autrefois, dit Andrée, Philippe patinait fort élégamment.

— Et maintenant vous ne connaissez plus de rival, n'est-ce pas, monsieur de Taverney? — Madame, dit Philippe, puisque Votre Majesté a cette confiance en moi, je vais faire de mon mieux.

En disant ces mots, Philippe s'était déjà armé de patins tranchants et affilés comme les lames.

Il se plaça alors derrière le traîneau, lui donna l'impulsion d'une main, et la course commença.

On vit alors un curieux spectacle.

Saint-Georges, le roi des gymnastes, Saint-Georges, l'élégant mulâtre, l'homme à la mode, l'homme supérieur dans tous les exercices du corps, Saint-Georges devine un rival dans ce jeune homme qui osait se lancer près de lui dans la carrière.

Aussi se mit-il aussitôt à voltiger autour du traîneau de la reine avec des révérences si respectueuses, si pleines de charme, que jamais courtisan solide sur le parquet de Versailles n'en avait exécuté de plus séduisantes; il décrivait autour du traîneau les cercles les plus rapides et les plus justes, l'enlaçant par une suite d'anneaux merveilleusement soudés l'un à l'autre, de sorte que sa courbe nouvelle prévenait toujours l'arrivée du traîneau, lequel le laissait derrière; après quoi, d'un coup de patin vigoureux, il regagnait par l'ellipse tout ce qu'il avait perdu d'avance.

Nul, pas même avec le regard, ne pouvait suivre cette manœuvre sans être étourdi, ébloui, émerveillé.

Alors Philippe, piqué au jeu, prit un parti plein de témérité : il lança le traîneau avec une si effrayante rapidité que deux fois Saint-Georges, au lieu de se trouver devant lui, acheva son cercle derrière lui ; et comme la vitesse du traîneau faisait pousser à beaucoup de gens des cris d'effroi qui eussent pu effrayer la reine :

LA PIÈCE D'EAU DES SUISSES.

TYP. J. CLAYE.

— Si Sa Majesté le désire, dit Philippe, je m'arrêterai, ou du moins je ralentirai la course. — Oh! non, non, s'écria la reine avec cette ardeur fougueuse qu'elle mettait dans le travail comme dans le plaisir, non, je n'ai pas peur; plus vite si vous pouvez, chevalier, plus vite. — Oh! tant mieux, merci de la permission, Madame, je vous tiens bien, rapportez-vous-en à moi.

Et comme sa robuste main s'affermit de nouveau au triangle du dossier, le mouvement fut si vigoureux que tout le traîneau trembla.

On eût dit qu'il venait de le soulever à bras tendu.

Alors, appliquant au traîneau sa seconde main, effort qu'il avait dédaigné jusque-là, il entraîna la machine comme un jouet dans ses mains d'acier.

A partir de ce moment, il croisa chacun des cercles de Saint-Georges par des cercles plus grands encore, de sorte que le traîneau se mouvait comme l'homme le plus souple, tournant et se retournant sur toute sa longueur, comme s'il se fût agi de ces simples semelles sur lesquelles Saint-Georges labourait la glace; malgré la masse, malgré le poids, malgré l'étendue, le traîneau de la reine s'était fait patin, il vivait, il volait, il tourbillonnait comme un danseur.

Saint-Georges, plus gracieux, plus fin, plus correct dans ses méandres, commença bientôt à s'inquiéter. Il patinait déjà depuis une heure; Philippe, en le voyant tout en sueur, en remarquant les efforts de ses jarrets frémissants, résolut de l'abattre par la fatigue.

Il changea de marche, et abandonnant les cercles qui lui donnaient la peine de soulever chaque fois le traîneau, il lança droit devant lui l'équipage.

Le traîneau partit plus rapide qu'une flèche.

Saint-Georges, d'un seul coup de jarret, l'eut bientôt rejoint, mais Philippe avait saisi le moment où la seconde impulsion multiplie l'élan de la première; il poussa donc le traîneau sur une couche de glace encore intacte, et ce fut avec tant de raideur qu'il demeura, lui, en arrière.

Saint-Georges s'élança pour rattraper le traîneau, mais alors Philippe, rassemblant sa force, glissa si finement sur l'extrême courbure du patin, qu'il passa devant Saint-Georges poser ses deux mains sur le traîneau; puis, par un mouvement herculéen, il fit faire au traîneau volte-face, et le lança de nouveau dans le sens contraire; tandis que Saint-Georges, emporté par son suprême effort, ne pouvant retenir sa course, et perdant un espace irréparable, demeura complétement distancé.

L'air retentit de telles acclamations que Philippe en rougit de honte.

Mais il fut bien surpris quand la reine, après avoir battu elle-même des mains, se retourna de son côté, et avec l'accent d'une voluptueuse oppression, lui dit :

— Oh! monsieur de Taverney, à présent que la victoire vous est restée, grâce! grâce! vous me tuerez.

XII

LE TENTATEUR

Philippe, à cet ordre, ou plutôt à cette prière de la reine, serra ses muscles d'acier, se cramponna sur ses jarrets, et le traîneau s'arrêta court, comme le cheval arabe qui frémit sur ses jarrets dans le sable de la plaine.

— Oh! maintenant reposez-vous, dit la reine en sortant du traîneau toute vaillante. En vérité, je n'eusse jamais cru qu'il y eût un tel enivrement dans la vitesse, vous avez failli me rendre folle.

Et toute vacillante en effet, elle s'appuya sur le bras de Philippe.

Un frémissement de stupeur, qui courut par toute cette foule dorée et chamarrée, l'avertit qu'une fois encore elle venait de commettre une de ses fautes contre l'étiquette; fautes énormes aux yeux de la jalousie et de la servilité.

Quant à Philippe, tout étourdi de cet excès d'honneur, il était plus tremblant et plus honteux que si sa souveraine l'eût outragé publiquement.

Il baissait les yeux, son cœur battait à rompre sa poitrine.

Une singulière émotion, celle de sa course sans doute, agitait aussi la reine, car elle retira immédiatement son bras et prit celui de mademoiselle de Taverney en demandant un siége.

On lui apporta un pliant.

— Pardon, monsieur de Taverney, dit-elle à Philippe.

Puis, brusquement :

— Mon Dieu! que c'est un grand malheur, ajouta-t-elle, que d'être environnée sans cesse de curieux, et de sots, fit-elle tout bas.

Les gentilshommes ordinaires et les dames d'honneur l'avaient jointe et dévoraient des yeux Philippe qui, pour cacher sa rougeur, délaçait ses patins.

Les patins délacés, Philippe recula pour laisser la place aux courtisans.

La reine demeura quelques moments pensive, puis relevant la tête :

— Oh! je sens que je me refroidirais à rester ainsi immobile, dit-elle, encore un tour.

Et elle remonta dans son traîneau.

Philippe attendit, mais inutilement, un ordre.

Alors vingt gentilshommes se présentèrent.

— Non, mes heiduques, dit-elle; merci, Messieurs.

Puis, lorsque les valets furent à leur poste:

— Doucement, dit-elle, doucement.

Et fermant les yeux, elle se laissa aller à une rêverie intérieure.

Le traîneau s'éloigna doucement, comme l'avait ordonné la reine, suivi d'une foule d'avides, de curieux et de jaloux.

Philippe demeura seul, essuyant sur son front les gouttes de sueur.

Il cherchait des yeux Saint-Georges, pour le consoler de sa défaite par quelque loyal compliment.

Mais celui-ci avait reçu un message du duc d'Orléans, son protecteur, et avait quitté le champ de bataille.

Philippe, un peu triste, un peu las, presqu'effrayé lui-même de ce qui venait de se passer, était resté immobile à sa place, suivant des yeux le traîneau de la reine qui s'éloignait, lorsqu'il sentit quelque chose qui lui effleurait les flancs.

Il se retourna et reconnut son père.

Le petit vieillard, tout ratatiné comme un homme d'Hoffmann, tout enveloppé de fourrures comme un Samoyède, avait heurté son fils avec le coude pour ne pas sortir ses mains du manchon qu'il portait à son cou.

Son œil, dilaté par le froid ou par la joie, parut flamboyant à Philippe.

— Vous ne m'embrassez pas, mon fils? dit-il.

Et il prononça ces paroles du ton que le père de l'athlète grec dut prendre pour remercier son fils de la victoire remportée dans le cirque.

— Mon cher père, de tout mon cœur, répliqua Philippe.

Mais on pouvait comprendre qu'il n'y avait aucune harmonie entre l'accent des paroles et leur signification.

— Là, là! et maintenant que vous m'avez embrassé, allez, allez vite.

Et il le poussa en avant.

— Mais où donc voulez-vous que j'aille, Monsieur? demanda Philippe.

— Mais là-bas, morbleu! — Là-bas? — Oui, près de la reine. — Oh! non, mon père, non, merci. — Comment, non! comment merci! Êtes-vous fou? Vous ne voulez pas aller rejoindre la reine? — Mais non, c'est impossible; vous n'y pensez pas, mon cher père. — Comment impossible! impossible d'aller rejoindre la reine qui vous attend? — Qui m'attend, moi? — Mais oui; oui, la reine qui vous désire. — Qui me désire?

Et Taverney regarda fixement le baron.

— En vérité, mon père, dit-il froidement, je crois que vous vous oubliez. — Il est étonnant! parole d'honneur, dit le vieillard en se redressant et en frappant du pied. Ah çà! Philippe, faites-moi le plaisir de me dire un peu d'où vous venez? — Monsieur, dit tristement le chevalier, j'ai peur en vérité de prendre une certitude. — Laquelle? — C'est que vous vous moquez de moi, ou bien... — Ou bien?... — Pardonnez-moi, mon père; ou bien vous devenez fou.

Le vieillard saisit son fils par le bras avec un mouvement nerveux si énergique, que le jeune homme fronça le sourcil de douleur.

— Écoutez, monsieur Philippe, dit le vieillard. L'Amérique est un pays fort éloigné de la France, je le sais bien. — Oui, mon père, très-éloigné, répéta Philippe; mais je ne comprends point ce que vous voulez dire; expliquez-vous donc, je vous prie. — Un pays où il n'y a ni roi ni reine. — Ni sujets. — Très-bien! ni sujets, monsieur le philosophe. Je ne nie pas cela, ce point ne m'intéresse aucunement et m'est fort égal; mais ce qui ne m'est point égal, ce qui me peine, ce qui m'humilie, c'est que j'ai peur, moi aussi, d'avoir une certitude. — Laquelle, mon père? En tous cas, je pense que nos certitudes diffèrent tout à fait l'une de l'autre. — La mienne est que vous êtes un niais, mon fils, et cela n'est point permis à un grand gaillard taillé comme vous l'êtes; voyez, mais voyez donc là-bas! — Je vois, Monsieur. — Eh bien! la reine se retourne, et c'est pour la troisième fois; oui, Monsieur, la reine s'est retournée trois fois, et tenez, la voilà qui se retourne encore; elle cherche qui? monsieur le niais, monsieur le puritain, monsieur de l'Amérique; oh!

Et le petit vieillard mordit, non plus avec ses dents, mais avec ses gencives, le gant de daim gris qui eût enfermé deux mains comme la sienne.

— Eh bien! Monsieur, fit le jeune homme, quand il serait vrai, ce qui ne l'est probablement point, que c'est moi que la reine cherche? — Oh! répéta encore le vieillard en trépignant, il a dit quand ce serait vrai; mais cet homme-là n'est pas de mon sang, cet homme-là n'est pas un Taverney! — Je ne suis pas de votre sang! murmura Philippe.

Puis, tout bas et les yeux au ciel :

— Faut-il en remercier Dieu? dit-il. — Monsieur, dit le vieillard, je vous dis que la reine vous demande; Monsieur, je vous dis que la reine vous cherche. — Vous avez bonne vue, mon père, dit sèchement Philippe. — Voyons, reprit plus doucement le vieillard en essayant de modérer son impatience, voyons, laisse-moi t'expliquer. Il est vrai, tu as tes raisons; mais enfin, moi, j'ai l'expérience; voyons, mon bon Philippe, es-tu ou n'es-tu pas un homme?

Philippe haussa légèrement les épaules et ne répondit rien.

Le vieillard, en ce moment, et voyant qu'il attendait vainement une réponse, se hasarda, plutôt par mépris que par besoin, à fixer les yeux sur son fils, et alors il s'aperçut de toute la dignité, de toute l'impénétrable réserve, de toute la volonté inexpugnable dont ce visage était armé pour le bien, hélas!

Il comprima sa douleur, passa son manchon caressant sur le bout rouge de son nez, et d'une voix douce comme celle d'Orphée parlant aux rochers thessaliens :

— Philippe, mon ami, dit-il, voyons, écoute-moi. — Eh! répondit le jeune homme, il me semble que je ne fais pas autre chose depuis un quart d'heure, mon père. — Oh! pensa le vieillard, je vais te faire tomber du haut de ta majesté, monsieur l'Américain; tu as bien ton côté faible, colosse; laisse-moi te saisir ce côté avec mes vieilles griffes, et tu vas voir.

Puis, tout haut :

— Tu ne t'es pas aperçu d'une chose? dit-il. — De laquelle? — D'une chose qui fait honneur à ta naïveté. — Voyons, dites, Monsieur. — C'est tout simple, tu arrives d'Amérique, tu es parti dans un moment où il n'y avait plus qu'un roi et plus de reine, si ce n'est la Dubarry, majesté peu respectable; tu reviens, tu vois une reine et tu te dis : respectons-la. — Sans doute. — Pauvre enfant! fit le vieillard.

Et il se mit à étouffer à la fois, dans son manchon, une toux et un éclat de rire.

— Comment, demanda Philippe, vous me plaignez, Monsieur, de ce que je respecte la royauté, vous, un Taverney-Maison-Rouge; vous, un des bons gentilshommes de France? — Attends donc, je ne te parle pas de la royauté, moi, je te parle de la reine. — Et vous faites une différence? — Pardieu! qu'est-ce que la royauté, mon cher? une couronne; on n'y touche pas à cela, peste! Qu'est-ce que la reine? une femme; oh! une femme, c'est différent. — C'est différent! s'écria Philippe, rougissant à la fois de colère et de mépris, accompagnant ces paroles d'un geste si superbe, que nulle femme n'eût pu le voir sans l'aimer, nulle reine sans l'adorer.

Le petit vieillard, fort étonné d'abord de ce grand air, finit par jeter un regard de pitié sur monsieur son fils.

— Voilà qui me confond, disait-il en lui-même et en tournant son manchon, voilà qui renverse mes idées. Comment un jeune homme de cette tournure et de ce mérite peut-il être assez niais pour ne pas séparer dans son esprit la femme de la reine. Philippe est donc un Caton, un Cassandre? et moi que suis-je alors? un Valère, un Adonis, un Apollon!

Et il pirouetta sur ses talons.

Philippe était devenu sombre; il arrêta le vieillard au demi-tour.

— Vous n'avez point parlé sérieusement, n'est-ce pas, mon père? dit-il, car il est impossible qu'un gentilhomme d'aussi bonne race que vous, ait contribué à accréditer de telles calomnies, semées par les ennemis, non-seulement de la femme, non-seulement de la reine, mais encore de la royauté. — Il en doute encore, la double brute ! s'écria Taverney. — Vous m'avez parlé comme vous parlerez devant Dieu ? — En vérité. — Devant Dieu de qui vous vous rapprochez chaque jour !

Le jeune homme avait repris la conversation si dédaigneusement interrompue par lui ; c'était un succès pour le baron, il se rapprocha.

— Mais, dit-il, il me semble que je suis quelque peu gentilhomme, monsieur mon fils, et que je ne mens pas. — Qui vous accuse de mentir, Monsieur ? reprit Philippe. Allons donc, le mensonge n'est pas le fait d'un gentilhomme. Mais la reine ne manque pas d'ennemis. Il y a malheureusement par le monde assez de pamphlétaires qui l'outragent dans les feuilles publiques. — Monsieur, dit le baron, est-ce que vous me prenez pour un gazetier, par hasard ? — Non, et c'est là le malheur, c'est que des hommes comme vous répètent de pareilles infamies, qui se dissoudraient comme les vapeurs malfaisantes qui obscurcissent parfois le plus beau soleil. C'est vous, et les gens de race, qui donnez, en les répétant, à ces propos une terrible consistance. Oh ! Monsieur, par religion, ne répétez plus de pareilles choses. — Je les répète, cependant. — Et pourquoi les répétez-vous ? s'écria le jeune homme en frappant du pied. — Eh ! dit le vieillard en se cramponnant au bras de son fils et en le regardant avec son sourire de démon, pour te prouver que je n'avais pas tort de te dire : Philippe, la reine se retourne ; Philippe, la reine cherche ; Philippe, la reine désire ; Philippe, cours, cours, la reine attend ! — Oh ! s'écria le jeune homme en cachant sa tête dans ses mains, au nom du ciel ! taisez-vous, mon père, vous me rendriez fou. — En vérité, Philippe, je ne te comprends pas, répondit le vieillard ; est-ce un crime d'aimer ? Cela prouve qu'on a du cœur, et dans les yeux de cette femme, dans sa voix, dans sa démarche, ne sent-on pas son cœur ? Elle aime, elle aime, te dis-je ; mais tu es un philosophe, un puritain, un quaker, un homme d'Amérique, tu n'aimes pas, toi ; laisse-la donc regarder, laisse-la se retourner, laisse-la attendre ; insulte-la, méprise-la, repousse-la, Philippe, c'est-à-dire *Joseph de Taverney*.

Et, sur ces mots accentués avec une ironie sauvage, le petit vieillard, voyant l'effet qu'il avait produit, se sauva comme le tentateur après avoir donné le premier conseil du crime.

Philippe demeura seul, le cœur gonflé, le cerveau bouillonnant ; il ne songea même pas que depuis une demi-heure il était resté cloué à la même place ; que la reine avait fini son tour de promenade, qu'elle revenait, qu'elle le regardait, et que, du milieu de son cortége, elle cria en passant :

— Vous devez être bien reposé, monsieur de Taverney? venez donc, il n'est tel que vous pour promener royalement une reine. Rangez-vous, Messieurs.

Philippe courut à elle, aveugle, étourdi, ivre.

En posant sa main sur le dossier du traîneau, il se sentit brûler; la reine était nonchalamment renversée en arrière, ses doigts avaient effleuré les cheveux de Marie-Antoinette.

XIII

LE SUFFREN

Contre toutes les habitudes de la cour, le secret avait été fidèlement gardé à Louis XVI et au comte d'Artois.

Nul ne sut à quelle heure et comment devait arriver monsieur de Suffren.

Le roi avait indiqué son jeu pour le soir.

A sept heures, il entra avec les princes et les princesses de sa famille.

La reine arriva tenant par la main madame Royale, qui n'avait que sept ans encore.

L'assemblée était nombreuse et brillante.

Pendant les préliminaires de la réunion, au moment où chacun prenait place, le comte d'Artois s'approcha tout doucement de la reine et lui dit :

— Ma sœur, regardez bien autour de vous. — Eh bien! dit-elle, je regarde. — Que voyez-vous?

La reine promena ses yeux dans le cercle, fouilla les épaisseurs, sonda les vides, et apercevant partout des amis, partout des serviteurs, parmi lesquels Andrée et son frère.

— Mais, dit-elle, je vois des visages fort agréables, des visages amis surtout. — Ne regardez pas qui nous avons, ma sœur, regardez qui nous manque. — Ah! c'est ma foi vrai! s'écria-t-elle.

Le comte d'Artois se mit à rire.

— Encore absent, reprit la reine. Ah çà! le ferai-je toujours fuir ainsi? — Non, dit le comte d'Artois; seulement, la plaisanterie se prolonge. Monsieur est allé attendre le bailli de Suffren à la barrière. — Mais, en ce cas, je ne vois pas pourquoi vous riez, mon frère. — Vous ne voyez pas pourquoi je ris? — Sans doute, si Monsieur a été attendre le bailli de Suffren à la barrière, il a été plus fin que nous, voilà tout, puisque le premier, il le verra, et par conséquent le complimentera avant tout le monde. — Allons donc, chère sœur, répliqua le jeune prince en riant, vous avez une bien petite idée de notre diplomatie; Monsieur est allé attendre le bailli à la barrière de Fontainebleau, c'est vrai; mais nous avons, nous, quelqu'un qui l'attend au palais de Villejuif. — En vérité? — En sorte, continua le comte d'Artois, que Monsieur se morfondra seul à sa barrière, tandis que, sur un ordre du roi, monsieur de Suffren, tournant Paris, arrivera directement à Versailles, où nous l'attendons. — C'est merveilleusement imaginé. — Mais pas mal, et je suis assez content de moi. Faites votre jeu, ma sœur.

Il y avait en ce moment dans la salle du jeu cent personnes au moins de la plus haute qualité : Monsieur de Condé, monsieur de Penthièvre, monsieur de La Trémouille, les princesses.

Le roi seul s'aperçut que monsieur le comte d'Artois faisait rire la reine, et pour se mettre un peu dans leur complot, il leur envoya un coup d'œil des plus significatifs.

La nouvelle de l'arrivée du commandeur de Suffren ne s'était point répandue, comme nous l'avons dit, et cependant on n'avait pu étouffer comme un présage qui planait au-dessus des esprits.

On sentait quelque chose de caché qui allait apparaître, quelque chose de nouveau qui allait éclore; c'était un intérêt inconnu qui se répandait par tout ce monde, où le moindre événement prend de l'importance dès que le maître a froncé le sourcil pour désapprouver ou plissé la bouche pour sourire.

Le roi, qui avait habitude de jouer un écu de six livres, afin de modérer le jeu des princes et des seigneurs de la cour, le roi ne s'aperçut pas qu'il mettait sur la table tout ce qu'il avait d'or dans ses poches.

La reine, entièrement à son rôle, fit de la politique et dérouta l'attention du cercle par l'ardeur factice qu'elle mit à son jeu.

Philippe, admis à la partie et placé en face de sa sœur, absorbait par tous ses sens à la fois l'impression inouïe, stupéfiante, de cette faveur qui le réchauffait inopinément.

Les paroles de son père lui revenaient, quoi qu'il en eût, à la mémoire. Il se demandait si en effet le vieillard qui avait vu trois ou quatre règnes de favorites ne savait pas au juste l'histoire des temps et des mœurs.

Il se demandait si ce puritanisme qui tient de l'adoration religieuse n'était pas un ridicule de plus qu'il avait rapporté des pays lointains.

La reine, si poétique, si belle, si fraternelle pour lui, n'était-elle en somme qu'une coquette terrible, curieuse d'attacher une passion de plus à ses souvenirs, comme l'entomologiste attache un insecte ou un papillon de plus sous sa montre, sans s'inquiéter de ce que souffre le pauvre animal dont une épingle traverse le cœur.

Et cependant la reine n'était pas une femme vulgaire, un caractère banal. Un regard d'elle signifiait quelque chose, d'elle qui ne laissait jamais tomber son regard sans en calculer la portée.

Ce Coigny, ce Vaudreuil, ont aimé la reine, c'est possible; mais la reine, peut-elle les avoir aimés? Pourquoi, oh! pourquoi un rayon de lumière ne glisse-t-il pas dans ce profond abîme qu'on appelle un cœur de femme, plus profond encore lorsque c'est un cœur de reine!

Et lorsque Philippe avait assez balloté ces deux noms dans sa pensée, il regardait à l'extrémité de la table messieurs de Coigny et de Vaudreuil, qui, par un singulier caprice du hasard, se trouvaient assis côté à côte, les yeux tournés sur un autre point que celui où se trouvait la reine, in soucieux pour ne pas dire oublieux.

Et Philippe se disait qu'il était impossible que ces deux hommes eussent aimé et fussent si calmes, qu'ils eussent été aimés et qu'ils fussent si oublieux. Oh! si la reine l'aimait, lui, il deviendrait fou de bonheur; si elle l'oubliait après l'avoir aimé, il se tuerait de désespoir.

Et de messieurs de Coigny et de Vaudreuil, Philippe passait à Marie-Antoinette.

Et toujours rêvant, il interrogeait ce front si pur, cette bouche si impérieuse, ce regard si majestueux; il demandait à toutes les beautés de cette femme la révélation du secret de la reine.

— Oh! non, calomnies! calomnies, que tous ces bruits vagues qui commençaient à circuler dans le peuple, et auxquels les intérêts, les haines ou les intrigues de la cour donnaient seuls quelque consistance.

Philippe en était là de ses réflexions quand sept heures trois quarts sonnèrent à l'horloge de la salle des gardes. Au même instant un grand bruit se fit entendre.

Dans cette salle, des pas retentirent pressés et rapides. La crosse des fusils frappa les dalles. Un brouhaha de voix, pénétrant par la porte entr'ouverte, appela l'attention du roi, qui renversa la tête en arrière pour mieux entendre, puis fit un signe à la reine.

Celle-ci comprit l'indication et immédiatement leva la séance.

Chaque joueur ramassant ce qu'il avait devant lui attendit, pour prendre une résolution, que la reine eût laissé deviner la sienne.

La reine passa dans la grande salle de réception.

Le roi y était arrivé devant elle.

Un aide de camp de monsieur de Castries, ministre de la marine, s'approcha du roi et lui dit quelques mots à l'oreille.

— Bien, répondit le roi, allez.

Puis à la reine :

— Tout va bien, ajouta-t-il.

Chacun interrogea son voisin du regard, le « tout va bien » donnant fort à penser à tout le monde.

Tout à coup, monsieur le maréchal de Castries entra dans la salle en disant à haute voix :

— Sa Majesté veut-elle recevoir monsieur le bailli de Suffren, qui arrive de Toulon?

A ce nom, prononcé d'une voix haute, enjouée, triomphante, il se fit dans l'assemblée un tumulte inexprimable.

— Oui, Monsieur, répondit le roi, et avec grand plaisir.

Monsieur de Castries sortit.

Il y eut presqu'un mouvement en masse vers la porte par où monsieur de Castries venait de disparaître.

Pour expliquer cette sympathie de la France envers monsieur de Suffren, pour faire comprendre l'intérêt qu'un roi, qu'une reine, que des princes d'un sang royal mettaient à jouir les premiers d'un coup d'œil de Suffren, peu de mots suffiront. Suffren est un nom essentiellement français : comme Turenne, comme Catinat, comme Jean-Bart.

Depuis la guerre avec l'Angleterre, ou plutôt depuis la dernière période de combats qui avaient précédé la paix, monsieur le commandant de Suffren avait livré sept grandes batailles navales sans subir une défaite; il avait pris Trinquemale et Gondelour, assuré les possessions françaises, nettoyé la mer, et appris au nabab Haïder-Aly que la France était la première puissance de l'Europe. Il avait apporté dans l'exercice de la profession de marin toute la diplomatie d'un négociateur fin et honnête, toute la bravoure et toute la tactique d'un soldat, toute l'habileté d'un sage administrateur. Hardi, infatigable, orgueilleux quand il s'agissait de l'honneur du pavillon français, il avait fatigué les Anglais sur terre et sur mer, à ce point que ces fiers marins n'osèrent jamais achever une victoire commencée, ou tenter une attaque sur Suffren quand le lion montrait les dents.

Puis après l'action, pendant laquelle il avait prodigué sa vie avec l'insouciance du dernier matelot, on l'avait vu humain, généreux, compatissant; c'était le type du vrai marin, un peu oublié depuis Jean-Bart et Duguay-Trouin, que la France retrouvait dans le bailli de Suffren.

Nous n'essaierons pas de peindre le bruit et l'enthousiasme que son arrivée à Versailles fit éclater parmi les gentilshommes convoqués à cette réunion.

Suffren était un homme de cinquante-six ans, gros, court, à l'œil de

LE BAILLI DE SUFFREN.

feu, au geste noble et facile. Agile malgré son obésité, majestueux malgré sa souplesse, il portait fièrement sa coiffure, ou plutôt sa crinière : comme un homme habitué à se jouer de toutes les difficultés, il avait trouvé moyen de se faire habiller et coiffer dans son carrosse de poste.

Il portait l'habit bleu brodé d'or, la veste rouge, la culotte bleue. Il avait gardé le col militaire sur lequel son puissant menton venait s'arrondir comme le complément obligé de sa tête colossale.

Lorsqu'il était entré dans la salle des gardes, quelqu'un avait dit un mot à monsieur de Castries, lequel se promenait en long et en large avec impatience, et aussitôt celui-ci s'était écrié :

— Monsieur de Suffren, Messieurs !

Aussitôt les gardes, sautant sur leurs mousquetons, s'étaient alignés d'eux-mêmes comme s'il se fût agi du roi de France, et, le bailli une fois passé, ils s'étaient formés derrière lui en bon ordre, quatre par quatre, comme pour lui servir de cortége.

Lui, serrant les mains de monsieur de Castries, il avait cherché à l'embrasser.

Mais le ministre de la marine le repoussait doucement.

— Non, non, Monsieur, lui disait-il, non, je ne veux pas priver du bonheur de vous embrasser le premier quelqu'un qui en est plus digne que moi.

Et il conduisit de cette façon monsieur de Suffren jusqu'à Louis XVI.

— Monsieur le bailli ! s'écria le roi tout rayonnant, et dès qu'il l'aperçut, soyez le bienvenu à Versailles. Vous y apportez la gloire, vous y apportez tout ce que les héros donnent à leurs contemporains sur la terre ; je ne vous parle point de l'avenir, c'est votre propriété. Embrassez-moi, monsieur le bailli.

Monsieur de Suffren avait fléchi le genou, le roi le releva et l'embrassa si cordialement, qu'un long frémissement de joie et de triomphe courut par toute l'assemblée.

Sans le respect dû au roi, tous les assistants se fussent confondus en bravos et en cris d'approbation.

Le roi se tourna vers la reine.

— Madame, dit-il, voici monsieur de Suffren, le vainqueur de Trinquemale et de Gondelour, la terreur de nos voisins les Anglais, mon Jean-Bart à moi !

— Monsieur, dit la reine, je n'ai pas d'éloges à vous faire. Sachez seulement que vous n'avez pas tiré un coup de canon pour la gloire de la France, sans que mon cœur ait battu d'admiration et de reconnaissance pour vous.

La reine avait à peine achevé, que le comte d'Artois, s'approchant avec son fils, monsieur le duc d'Angoulême :

— Mon fils, dit-il, vous voyez un héros. Regardez-le bien, la chose est rare. — Monseigneur, répondit le jeune prince à son père, tout à l'heure encore je lisais les grands hommes de Plutarque, mais je ne les voyais pas. Je vous remercie de m'avoir montré monsieur de Suffren.

Au murmure qui se fit autour de lui, l'enfant put comprendre qu'il venait de dire un mot qui resterait.

Le roi alors prit le bras de monsieur de Suffren et se disposa tout d'abord à l'emmener dans son cabinet pour l'entretenir en géographe de ses voyages et de son expédition.

Mais monsieur de Suffren fit une respectueuse résistance.

— Sire, dit-il, veuillez permettre, puisque Votre Majesté a tant de bontés pour moi... — Oh! s'écria le roi, vous demandez, monsieur de Suffren? — Sire, un de mes officiers a commis contre la discipline une faute si grave, que j'ai pensé que Votre Majesté devait seule être juge de la cause. — Oh! monsieur de Suffren, dit le roi, j'espérais que votre première demande serait une faveur et non pas une punition. — Sire, Votre Majesté, j'ai eu l'honneur de le lui dire, sera juge de ce qu'elle doit faire. — J'écoute. — Au dernier combat, cet officier, dont je parle à Votre Majesté, montait *le Sévère*. — Oh! ce bâtiment qui a amené son pavillon, dit le roi en fronçant le sourcil. — Sire, le capitaine du *Sévère* avait en effet amené son pavillon, répondit monsieur de Suffren en s'inclinant, et déjà sir Hugues, l'amiral anglais, envoyait un canot pour amariner la prise; mais le lieutenant du bâtiment, qui surveillait les batteries de l'entrepont, s'étant aperçu que le feu cessait, et ayant reçu l'ordre de faire taire les canons, monta sur le pont; il vit alors le pavillon amené et le capitaine prêt à se rendre. J'en demande pardon à Votre Majesté, sire, mais à cette vue, tout ce qu'il y avait de sang français en lui se révolta. Il prit le pavillon qui se trouvait à portée de sa main, s'empara d'un marteau, et tout en ordonnant de recommencer le feu, il alla clouer le pavillon au-dessous de la flamme. C'est par cet événement, sire, que *le Sévère* fut conservé à Votre Majesté. — Beau trait! fit le roi. — Brave action! fit la reine. — Oui, sire, oui, Madame; mais grave rébellion contre la discipline. L'ordre était donné par le capitaine, le lieutenant devait obéir. Je vous demande donc la grâce de cet officier, sire, et je vous la demande avec d'autant plus d'instances qu'il est mon neveu. — Votre neveu! s'écria le roi, et vous ne m'en avez point parlé? — Au roi, non; mais j'ai eu l'honneur de faire mon rapport à monsieur le ministre de la marine, en le priant de n'en rien dire à Sa Majesté avant que j'eusse obtenu la grâce du coupable. — Accordée, accordée, s'écria le roi; et je promets d'avance ma protection à tout indiscipliné qui saura venger ainsi l'honneur du pavillon et du roi de France. Vous eussiez dû me présenter cet officier, monsieur le bailli. — Il est ici, répliqua monsieur de Suffren, et puisque Votre Majesté le permet...

Monsieur de Suffren se retourna.

— Approchez, monsieur de Charny, dit-il.

La reine tressaillit. Ce nom éveillait dans son esprit un souvenir trop récent pour être effacé.

Alors un jeune officier se détacha du groupe formé par monsieur de Suffren et apparut tout à coup aux yeux du roi.

La reine avait fait un mouvement de son côté pour aller au-devant du jeune homme, tout enthousiasmée qu'elle était du récit de sa belle action.

Mais au nom, mais à la vue du marin que monsieur de Suffren présentait au roi, elle s'arrêta, pâlit et poussa comme un petit murmure.

Mademoiselle de Taverney, elle aussi, pâlit et regarda avec anxiété la reine.

Quant à monsieur de Charny, sans rien voir, sans rien regarder, sans que son visage exprimât d'autre émotion que le respect, il s'inclina devant le roi qui lui donna sa main à baiser; puis il rentra modeste et tremblant, sous les regards avides de l'assemblée, dans le cercle d'officiers qui le félicitaient bruyamment, et l'étouffaient de caresses.

Il y eut alors un moment de silence et d'émotion pendant lequel on eût pu voir le roi radieux, la reine souriante et indécise, monsieur de Charny les yeux baissés, et Philippe, à qui l'émotion de la reine n'avait point échappé, inquiet et interrogateur.

— Allons, allons, dit enfin le roi, venez, monsieur de Suffren, venez, que nous causions; je meurs du désir de vous entendre et de vous prouver combien j'ai pensé à vous. — Sire, tant de bontés... — Oh! vous verrez mes cartes, monsieur le bailli; vous verrez chaque phase de votre expédition prévue ou devinée d'avance par ma sollicitude. Venez, venez.

Puis, après avoir fait quelques pas, en entraînant monsieur de Suffren, il se retourna tout à coup vers la reine :

— A propos, Madame, dit-il, je fais construire, comme vous savez, un vaisseau de cent canons; j'ai changé d'avis sur le nom qu'il doit porter. Au lieu de l'appeler comme nous avions dit, n'est-ce pas, Madame...

Marie-Antoinette, un peu revenue à elle, saisit au vol la pensée du roi.

— Oui, oui, dit-elle, nous l'appellerons *le Suffren*, et j'en serai la marraine avec monsieur le bailli.

Des cris, jusque-là contenus, se firent jour avec violence : Vive le roi ! vive la reine !

— Et vive *le Suffren !* ajouta le roi avec une exquise délicatesse ; car nul ne pouvait crier : Vive monsieur de Suffren ! en présence du roi, tandis que les plus minutieux observateurs de l'étiquette pouvaient crier : Vive le vaisseau de Sa Majesté ! — Vive *le Suffren !* répéta donc l'assemblée avec enthousiasme.

Le roi fit un signe de remerciement de ce que l'on avait si bien compris sa pensée, et emmena le bailli chez lui.

XIV

MONSIEUR DE CHARNY

Aussitôt que le roi eût disparu, tout ce qu'il y avait dans la salle de princes et de princesses vint se grouper autour de la reine.

Un signe du bailli de Suffren avait ordonné à son neveu de l'attendre ; et, après un salut indiquant l'obéissance, il était resté dans le groupe où nous l'avons vu.

La reine, qui avait échangé avec Andrée plusieurs coups d'œil significatifs, ne perdait presque plus de vue le jeune homme, et chaque fois qu'elle le regardait, elle se disait :

— C'est lui, à n'en pas douter.

Ce à quoi mademoiselle de Taverney répondait par une pantomime qui ne devait laisser aucun doute à la reine, attendu qu'elle signifiait :

— Oh ! mon Dieu ! oui, Madame ; c'est lui, c'est bien lui !

Philippe, nous l'avons déjà dit, voyait cette préoccupation de la reine : il la voyait et il en sentait sinon la cause, du moins le sens vague.

Jamais celui qui aime ne s'abuse sur l'impression de ceux qu'il aime.

Il devinait donc que la reine venait d'être frappée par quelque événement singulier, mystérieux, inconnu à tout le monde, excepté à elle et à Andrée.

En effet, la reine avait perdu contenance et cherché un refuge derrière son éventail, elle qui d'habitude faisait baisser les yeux à tout le monde.

Tandis que le jeune homme se demandait à quoi aboutirait cette préoccupation de Sa Majesté, tandis qu'il cherchait à sonder la physionomie de messieurs de Coigny et de Vaudreuil afin de s'assurer s'ils n'étaient pour rien dans ce mystère, et qu'il les voyait fort indifféremment occupés à entretenir monsieur de Haga, qui était venu faire sa cour à Versailles, un personnage, revêtu du majestueux habit de cardinal, entra suivi d'officiers et de prélats dans le salon où l'on se trouvait.

La reine reconnut monsieur Louis de Rohan; elle le vit d'un bout de la salle à l'autre, et aussitôt détourna la tête sans même prendre la peine de dissimuler le froncement de ses sourcils.

Le prélat traversa toute l'assemblée sans saluer personne, et vint droit à la reine, devant laquelle il s'inclina bien plus en homme du monde qui salue une femme qu'en sujet qui salue une reine.

Puis il adressa un compliment fort galant à Sa Majesté, qui détourna à peine la tête, murmura deux ou trois mots d'un cérémonial glacé, et reprit sa conversation avec madame de Lamballe et madame de Polignac.

Le prince Louis ne parut point s'être aperçu du mauvais accueil de la reine. Il accomplit ses révérences, se retourna sans précipitation et avec toute la grâce d'un parfait homme de cour, s'adressa à Mesdames, tantes du roi, qu'il entretint longtemps, attendu qu'en vertu du jeu de bascule en usage à la cour il obtenait là un accueil aussi bienveillant que celui de la reine avait été glacé.

Le cardinal Louis de Rohan était un homme dans la force de l'âge, d'une imposante figure, d'un noble maintien; ses traits respiraient l'intelligence et la douceur: il avait la bouche fine et circonspecte, la main admirable; son front, un peu dégarni, accusait l'homme de plaisir ou l'homme d'étude; et chez le prince de Rohan il y avait effectivement de l'un et l'autre.

C'était un homme recherché par les femmes qui aimaient la galanterie sans fadeur et sans bruit; on le citait pour sa magnificence. Il avait en effet trouvé moyen de se croire pauvre avec seize cent mille livres de revenu.

Le roi l'aimait parce qu'il était savant; la reine le haïssait au contraire.

Les raisons de cette haine n'ont jamais été bien connues à fond, mais elles peuvent soutenir deux sortes de commentaires.

D'abord, en sa qualité d'ambassadeur à Vienne, le prince Louis aurait écrit, disait-on, au roi Louis XV, sur Marie-Thérèse, des lettres pleines d'ironie que jamais Marie-Antoinette n'aurait pu pardonner à ce diplomate.

En outre, et ceci est plus humain et surtout plus vraisemblable, l'ambassadeur, à propos du mariage de la jeune archiduchesse avec le dauphin, aurait écrit, toujours au roi Louis XV, qui aurait lu tout haut la lettre à un souper chez madame Dubarry, aurait écrit, disons-nous, certaines particularités hostiles à l'amour-propre de la jeune femme, fort maigre à cette époque.

8

Ces attaques auraient vivement blessé Marie-Antoinette, qui ne pouvait s'en reconnaître publiquement la victime, et se serait juré d'en punir tôt ou tard l'auteur.

Il y avait naturellement là-dessous toute une intrigue politique.

L'ambassade de Vienne avait été retirée à monsieur de Breteuil au bénéfice de monsieur de Rohan.

Monsieur de Breteuil, trop faible pour lutter ouvertement contre le prince, avait alors employé ce qu'en diplomatie on appelle l'adresse. Il s'était procuré les copies, ou même les originaux des lettres du prélat, alors ambassadeur, et balançant les services réels rendus par le diplomate avec la petite hostilité qu'il exerçait contre la famille impériale autrichienne, il avait trouvé dans la dauphine un auxiliaire décidé à perdre un jour monsieur le prince de Rohan.

Cette haine couvait sourdement à la cour : elle y rendait difficile la position du cardinal.

Chaque fois qu'il voyait la reine, il subissait ce glacial accueil dont nous avons essayé de donner une idée.

Mais plus grand que le dédain, soit qu'il fût réellement fort, soit qu'un sentiment irrésistible l'entraînât à pardonner tout à son ennemie, Louis de Rohan ne négligeait aucune occasion de se rapprocher de Marie-Antoinette, et les moyens ne lui manquaient pas : le prince Louis de Rohan était grand aumônier de la cour.

Jamais il ne s'était plaint, jamais il n'avait rien avancé à personne. Un petit cercle d'amis, parmi lesquels on distinguait le baron de Planta, officier allemand, son confident intime, servait à le consoler des rebuffades royales, quand les dames de la cour, qui en fait de sévérité pour le cardinal ne se modelaient pas toutes sur la reine, n'avaient point opéré cet heureux résultat.

Le cardinal venait de passer comme une ombre sur le tableau riant qui se jouait dans l'imagination de la reine. Aussi, à peine se fut-il éloigné d'elle, que Marie-Antoinette se rasségnant :

— Savez-vous, dit-elle à madame la princesse de Lamballe, que le trait de ce jeune officier, neveu de monsieur le bailli, est un des plus remarquables de cette guerre. Comment l'appelle-t-on déjà ? — Monsieur de Charny, je crois, répondit la princesse.

Puis, se retournant du côté d'Andrée pour l'interroger :

— N'est-ce point cela, mademoiselle de Taverney ? demanda-t-elle.

— Charny, oui, Votre Altesse, répondit Andrée. — Il faut, continua la reine, que monsieur de Charny nous raconte à nous-même cet épisode, sans nous faire grâce d'un seul détail. Qu'on le cherche. Est-il toujours ici ?

Un officier se détacha et s'empressa de sortir pour exécuter l'ordre de la reine.

Au même instant, comme elle regardait autour d'elle, elle aperçut Philippe, et, impatiente comme toujours :

— Monsieur de Taverney, dit-elle, voyez donc.

Philippe rougit ; peut-être pensait-il qu'il eût dû prévenir le désir de sa souveraine. Il se mit donc à la recherche de ce bienheureux officier qu'il n'avait pas quitté de l'œil depuis sa présentation.

La recherche fut donc bien facile.

Monsieur de Charny arriva l'instant d'après entre les deux messagers de la reine.

Le cercle s'élargit devant lui ; la reine put alors l'examiner avec plus d'attention qu'il ne lui avait été possible de le faire la veille.

C'était un jeune homme de vingt-sept à vingt-huit ans, à la taille droite et mince, aux épaules larges, à la jambe parfaite. Sa figure, fine et douce à la fois, prenait un caractère d'énergie singulier à chaque fois qu'il dilatait son grand œil bleu au regard profond.

Il était, chose étonnante pour un homme arrivant de faire les guerres de l'Inde, il était aussi blanc de teint que Philippe était brun ; son cou nerveux, et d'un dessin admirable, se jouait dans une cravate d'une blancheur moins éclatante que sa peau.

Lorsqu'il s'approcha du groupe au centre duquel se tenait la reine, il n'avait encore en aucune façon manifesté qu'il connût soit mademoiselle de Taverney, soit la reine elle-même.

Entouré d'officiers qui le questionnaient et auxquels il répondait civilement, il semblait avoir oublié qu'il y eût un roi auquel il avait parlé, une reine qui l'avait regardé.

Cette politesse, cette réserve étaient de nature à le faire remarquer beaucoup plus encore par la reine, si délicate sur tout ce qui tenait aux procédés.

Ce n'était pas seulement aux autres que monsieur de Charny avait raison de cacher sa surprise à la vue si inattendue de la dame du fiacre. Le comble de la prud'homie, c'était de lui laisser, s'il était possible, ignorer à elle-même qu'elle venait d'être reconnue.

Le regard de Charny, demeuré naturel et chargé d'une timidité de bon goût, ne se leva donc point avant que la reine ne lui eût adressé la parole.

— Monsieur de Charny, lui dit-elle, ces dames éprouvent le désir, désir bien naturel puisque je l'éprouve comme elles, ces dames éprouvent le désir de connaître l'affaire du vaisseau dans tous ses détails ; contez-nous cela, je vous prie. — Madame, répliqua le jeune marin au milieu d'un profond silence, je supplie Votre Majesté, non point par modestie, mais par humanité, de me dispenser de ce récit; ce que j'ai fait comme lieutenant du *Sévère*, dix officiers, mes camarades, ont pensé à le faire en même temps que moi; j'ai exécuté le premier, voilà tout mon mérite. Quant à donner à ce qui a été fait l'importance d'une narration adressée à Sa Majesté, non, Madame, c'est impossible, et votre grand cœur, votre cœur royal surtout, le comprendra.

L'ex-commandant du *Sévère* est un brave officier qui, ce jour-là, avait perdu la tête. Hélas! Madame, vous avez dû l'entendre dire aux plus courageux, on n'est pas brave tous les jours. Il lui fallait dix minutes pour se remettre; notre détermination de ne pas nous rendre lui a donné ce dépit, et le courage lui est revenu; dès ce moment, il a été le plus brave de nous tous; voilà pourquoi je conjure Votre Majesté de ne pas exagérer le mérite de mon action, ce serait une occasion d'écraser ce pauvre officier qui pleure tous les jours l'oubli d'une minute.

— Bien! bien! dit la reine touchée et rayonnante de joie, en entendant le favorable murmure que les généreuses paroles du jeune officier avaient soulevé autour d'elle, bien! monsieur de Charny, vous êtes un honnête homme, c'est ainsi que je vous connaissais.

A ces mots l'officier releva la tête, une rougeur toute juvénile empourprait son visage; ses yeux allaient de la reine à Andrée avec une sorte d'effroi. Il redoutait la vue de cette nature si généreuse et si téméraire dans sa générosité.

En effet, monsieur de Charny n'était pas au bout.

— Car, continua l'intrépide reine, il est bon que vous sachiez tous que monsieur de Charny, ce jeune officier, ce débarqué d'hier, cet inconnu, était déjà fort connu de nous avant qu'il nous fût présenté ce soir, et mérite d'être connu et admiré de toutes les femmes.

On vit que la reine allait parler, qu'elle allait raconter une histoire dans laquelle chacun pouvait glaner, soit un petit scandale, soit un petit secret. On fit donc cercle, on écouta, on s'étouffa.

— Figurez-vous, Mesdames, dit la reine, que monsieur de Charny est aussi indulgent envers les dames qu'il est impitoyable envers les Anglais. On m'a conté de lui une histoire qui, je vous le déclare d'avance, lui a fait le plus grand honneur dans mon esprit. — Oh! Madame, balbutia le jeune officier.

On devine que les paroles de la reine, la présence de celui auquel elles s'adressaient, ne firent que redoubler la curiosité.

Un frémissement courut dans tout l'auditoire.

Charny, le front couvert de sueur, eût donné un an de sa vie pour être encore dans l'Inde.

— Voici le fait, poursuivit la reine : Deux dames que je connais étaient attardées, embarrassées dans une foule. Elles couraient un danger réel, un grand danger. Monsieur de Charny passait en ce moment par hasard ou plutôt par bonheur; il écarta la foule et prit, sans les connaître et quoiqu'il fût difficile de reconnaître leur rang, il prit les deux dames sous sa protection, les accompagna fort loin.... à dix lieues de Paris, je crois.
— Oh! Votre Majesté exagère, dit en riant Charny, rassuré par le tour qu'avait pris la narration. — Voyons, mettons cinq lieues et n'en parlons plus, interrompit le comte d'Artois, se mêlant soudain à la conversation. — Soit, mon frère, continua la reine; mais ce qu'il y eut de plus beau, c'est que monsieur de Charny ne chercha même pas à savoir le nom des deux dames auxquelles il avait rendu ce service, c'est qu'il les déposa à l'endroit qu'elles lui indiquèrent, c'est qu'il s'éloigna sans retourner la tête, de sorte qu'elles s'échappèrent de ses mains protectrices sans avoir été inquiétées un seul instant.

On se récria, on admira; Charny fut complimenté par vingt femmes à la fois.

— C'est beau, n'est-ce pas? acheva la reine; un chevalier de la Table-Ronde n'eût pas fait mieux. — C'est superbe! s'écria le chœur. — Monsieur de Charny, continua la reine, le roi est occupé sans doute de récompenser monsieur de Suffren, votre oncle; moi, de mon côté, je voudrais bien faire quelque chose pour le neveu de ce grand homme.

Elle lui tendit la main.

Et tandis que Charny, pâle de joie, y collait ses lèvres, Philippe, pâle de douleur, s'ensevelissait dans les amples rideaux du salon.

Andrée avait aussi pâli, et cependant elle ne pouvait deviner tout ce que souffrait son frère.

La voix de monsieur le comte d'Artois rompit cette scène, qui eût été si curieuse pour un observateur.

— Ah! mon frère de Provence, dit-il tout haut, arrivez donc, Monsieur, arrivez donc; vous avez manqué un beau spectacle, la réception de monsieur de Suffren. En vérité, c'était un moment que n'oublieront jamais les cœurs français! Comment diable avez-vous manqué cela, vous, mon frère, l'homme exact par excellence?

Monsieur pinça ses lèvres, salua distraitement la reine, et répondit une banalité.

Puis, tout bas, à monsieur de Favras, son capitaine des gardes:

— Comment se fait-il qu'il soit à Versailles? — Eh! Monseigneur, répliqua celui-ci, je me le demande depuis une heure et ne l'ai point encore compris.

XV

LES CENT LOUIS DE LA REINE

Maintenant que nous avons fait faire ou fait renouveler connaissance à nos lecteurs avec les principaux personnages de cette histoire, maintenant que nous les avons introduits, et dans la petite maison du comte d'Artois, et dans le palais de Louis XIV, à Versailles, nous allons les mener à cette maison de la rue Saint-Claude où la reine de France est entrée incognito, et est montée, avec Andrée de Taverney, au quatrième étage.

Une fois la reine disparue, madame de La Motte, nous le savons, compta et recompta joyeusement les cent louis qui venaient de lui choir si miraculeusement du ciel.

Cinquante beaux doubles louis de quarante-huit livres qui, étalés sur la pauvre table, et rayonnants aux reflets de la lampe, semblaient humilier par leur présence aristocratique tout ce qu'il y avait de pauvres choses dans l'humble galetas.

Après le plaisir d'avoir, madame de La Motte n'en connaissait pas de plus grand que de faire voir. La possession n'était rien pour elle si la possession ne faisait pas naître l'envie.

Il lui répugnait déjà depuis quelque temps d'avoir sa femme de chambre pour confidente de sa misère; elle se hâta donc de la prendre pour confidente de sa fortune.

Alors elle appela dame Clotilde, demeurée dans l'antichambre, et, ménageant habilement le jour de la lampe de manière à ce que l'or resplendît sur la table:

— Clotilde? lui dit-elle.

La femme de ménage fit un pas dans la chambre.

— Venez ici et regardez, ajouta madame de La Motte. — Oh! Madame... s'écria la vieille en joignant les mains et en allongeant le cou. — Vous étiez inquiète de vos gages? dit madame la comtesse. — Oh! Madame, jamais je n'ai dit un mot de cela. Dam! j'ai demandé à madame la comtesse quand elle pourrait me payer, et c'était bien naturel, n'ayant rien reçu depuis trois mois. — Croyez-vous qu'il y ait là de quoi vous payer? — Jésus! Madame, si j'avais ce qu'il y a là, je me trouverais riche pour toute ma vie.

Madame de La Motte regarda la vieille en haussant les épaules avec un mouvement d'inexprimable dédain.

— C'est heureux, dit-elle, que certaines gens aient souvenir du nom que je porte, tandis que ceux qui devraient s'en souvenir l'oublient. — Et à quoi allez-vous employer tout cet argent? demanda dame Clotilde. — A tout! — D'abord, moi, Madame, ce que je trouverais de plus important, à mon avis, ce serait de monter ma cuisine, car vous allez donner à dîner, n'est-ce pas, maintenant que vous avez de l'argent? — Chut! fit madame de La Motte, on frappe. — Madame se trompe, dit la vieille, toujours économe de ses pas. — Mais je vous dis que si. — Oh! je promets bien à Madame... — Allez voir. — Je n'ai rien entendu. — Oui, comme tout à l'heure; tout à l'heure vous n'aviez rien entendu non plus : eh bien! si les deux dames étaient parties sans entrer?

Cette raison parut convaincante à dame Clotilde, qui s'achemina vers la porte.

— Entendez-vous? s'écria madame de La Motte. — Ah! c'est vrai, dit la vieille; j'y vais, j'y vais.

Madame de La Motte se hâta de faire glisser les cinquante doubles louis de la table dans sa main, puis elle les jeta dans un tiroir.

Et elle murmura, en repoussant le tiroir :

— Voyons, Providence, encore une centaine de louis.

Et ces mots furent prononcés avec une expression de sceptique avidité qui eût fait sourire Voltaire.

Pendant ce temps, la porte du palier s'ouvrait, et un pas d'homme se faisait entendre dans la première pièce.

Quelques mots s'échangèrent entre cet homme et dame Clotilde sans que la comtesse pût en saisir le sens.

Puis la porte se referma, les pas se perdirent dans l'escalier, et la vieille rentra une lettre à la main.

— Voici, dit-elle, en donnant la lettre à sa maîtresse.

La comtesse en examina attentivement l'écriture, l'enveloppe et le cachet, puis, relevant la tête :

— Un domestique? demanda-t-elle. — Oui, Madame. — Quelle livrée? — Il n'en avait pas. — C'est donc un grison? — Oui. — Je connais ces armes, reprit madame de La Motte en donnant un nouveau coup d'œil au cachet.

Puis, approchant le cachet de la lampe :

— De gueules à neuf macles d'or, dit-elle; qui donc porte de gueules à neuf macles d'or?

Elle chercha un instant dans ses souvenirs, mais inutilement.

— Voyons toujours la lettre, murmura-t-elle.

Et, l'ayant ouverte avec soin pour n'en point endommager le cachet, elle lut :

« Madame, la personne que vous avez sollicitée pourra vous voir demain au soir, si vous avez pour agréable de lui ouvrir votre porte. »

— Et c'est tout?

La comtesse fit un nouvel effort de mémoire.

— J'ai écrit à tant de personnes, dit-elle. Voyons un peu, à qui ai-je écrit?... A tout le monde. Est-ce un homme, est-ce une femme qui me répond?... L'écriture ne dit rien... insignifiante... une véritable écriture de secrétaire... Ce style? style de protecteur... plat et vieux.

Puis elle répéta :

« La personne que vous avez sollicitée... »

— La phrase a l'intention d'être humiliante. C'est certainement d'une femme.

Elle continua :

« ... Viendra demain soir, si vous avez pour agréable de lui ouvrir « votre porte. »

— Une femme eût dit : Vous attendra demain soir. C'est d'un homme... Et cependant, ces dames d'hier, elles sont bien venues, et pourtant c'étaient de grandes dames. Pas de signature... Qui donc porte de gueules à neuf macles d'or? Oh! s'écria-t-elle, ai-je donc perdu la tête? les Rohan, pardieu! Oui, j'ai écrit à monsieur de Guéménée et à monsieur de Rohan; l'un d'eux me répond, c'est tout simple... Mais l'écusson n'est pas écartelé, la lettre est du cardinal... Ah! le cardinal de Rohan, ce galant, ce dameret, cet ambitieux; il viendra voir madame de La Motte, si madame de La Motte lui ouvre sa porte! Bon! qu'il soit tranquille, la porte lui sera ouverte... Et quand cela? demain soir.

Elle se mit à rêver.

— Une dame de charité qui donne cent louis peut être reçue dans un galetas; elle peut geler sur mon carreau froid, souffrir sur mes chaises dures comme le gril de saint Laurent, moins le feu. Mais un prince de l'Église, un homme de boudoir, un seigneur des cœurs! Non, non, il faut à la misère que visitera un pareil aumônier, il faut plus de luxe que n'en ont certains riches.

Puis se retournant vers la femme de ménage qui achevait de préparer son lit :

— A demain, dame Clotilde, dit-elle, n'oubliez pas de me réveiller de bonne heure.

Là-dessus, pour penser plus à son aise sans doute, la comtesse fit signe à la vieille de la laisser seule.

Dame Clotilde raviva le feu qu'on avait enterré dans les cendres pour donner un aspect plus misérable à l'appartement, ferma la porte et se retira dans l'appentis où elle couchait.

Jeanne de Valois, au lieu de dormir, fit ses plans pendant toute la nuit. Elle prit des notes au crayon à la lueur de la veilleuse; puis, sûre de la journée du lendemain, elle se laissa, vers trois heures du matin, engourdir dans un repos dont dame Clotilde, qui n'avait guère plus dormi qu'elle, vint, fidèle à sa recommandation, la tirer au point du jour.

Vers huit heures, elle avait achevé sa toilette, composée d'une robe de soie élégante et d'une coiffure pleine de goût.

Chaussée à la fois en grande dame et en jolie femme, la mouche sur la pommette gauche, la militaire brodée au poignet, elle envoya quérir une espèce de brouette à la place où l'on trouvait ce genre de locomotive, c'est-à-dire rue du Pont-aux-Choux.

Elle eût préféré une chaise à porteurs, mais il eût fallu quérir trop loin.

La brouette chaise roulante, attelée d'un robuste Auvergnat, reçut l'ordre de déposer madame la comtesse à la Place-Royale, où, sous les arcades du Midi, dans un ancien rez-de-chaussée d'un hôtel abandonné, logeait maître Fingret, tapissier décorateur, tenant meubles d'occasion et autres au plus juste prix pour la vente et la location.

L'Auvergnat brouetta rapidement sa pratique de la rue Saint-Claude à la Place-Royale.

Dix minutes après sa sortie, la comtesse abordait aux magasins de maître Fingret, où nous allons la trouver tout à l'heure admirant et choisissant dans une espèce de pandémonium dont nous allons essayer de faire l'esquisse.

Qu'on se figure des remises d'une longueur de cinquante pieds environ sur trente de large, avec une hauteur de dix-sept; sur les murs toutes les tapisseries du règne de Henri IV et de Louis XIII; aux plafonds, dissimulés par le nombre des objets suspendus, des lustres à girandoles du xviie siècle heurtant les lézards empaillés, les lampes d'église et les poissons volants.

Sur le sol entassés, tapis et nattes, meubles à colonnes torses, à pieds équarris, buffets de chêne sculptés, consoles Louis XV à pattes dorées, sofas couverts de damas rose ou de velours d'Utrecht, lits de repos, vastes fauteuils de cuir, comme les aimait Sully, armoires d'ébène aux panneaux en relief et aux baguettes de cuivre, tables de Boule à dessus d'émaux ou de porcelaine, trictracs, toilettes toutes garnies, commodes aux marqueteries d'instruments ou de fleurs.

Lits en bois de rose ou en chêne à estrade ou à baldaquin, rideaux de toutes formes, de tous dessins, de toutes étoffes, s'enchevêtrant, se confondant, se mariant ou se heurtant dans les pénombres de la remise.

Des clavecins, des épinettes, des harpes, des sistres sur un guéridon; le chien de Marlborough empaillé avec des yeux d'émail.

Puis du linge de toute qualité : des robes pendues à côté d'habits de velours, des poignées d'acier, d'argent, de nacre.

Des flambeaux, des portraits d'ancêtres, des grisailles, des gravures encadrées, et toutes les imitations de Vernet, alors en vogue, de ce Vernet à qui la reine disait si gracieusement et si finement :

— Décidément, monsieur Vernet, il n'y a que vous en France pour faire la pluie et le beau temps.

XVI

MAITRE FINGRET

Voici tout ce qui séduisait les yeux, et par conséquent l'imagination des petites fortunes dans les magasins de maître Fingret, Place-Royale.

Toutes marchandises qui n'étaient pas neuves, l'enseigne le disait loyalement, mais qui, réunies, se faisaient valoir l'une l'autre et finissaient par représenter un total beaucoup plus considérable que les marchandeurs les plus dédaigneux ne l'eussent exigé.

Madame de La Motte, une fois admise à considérer toutes ces richesses, s'aperçut seulement alors de ce qui lui manquait rue Saint-Claude.

Il lui manquait un salon pour contenir sofa, fauteuils et bergères.

Une salle à manger pour renfermer buffets, étagères et dressoirs.

Un boudoir pour renfermer les rideaux perses, les guéridons et les écrans.

Puis enfin, ce qui lui manquait, eût-elle salon, salle à manger et boudoir, c'était l'argent pour avoir les meubles à mettre dans ce nouvel appartement.

Mais avec les tapissiers de Paris, il y a eu des transactions faciles dans toutes les époques, et nous n'avons jamais entendu dire qu'une jeune et jolie femme soit morte sur le seuil d'une porte qu'elle n'ait pas pu se faire ouvrir.

A Paris, ce qu'on n'achète point, on le loue, et ce sont les locataires en garni qui ont mis en circulation le proverbe : Voir, c'est avoir.

Madame de La Motte, dans l'espérance d'une location possible, après avoir pris des mesures, avisa un certain meuble de soie jaune bouton d'or qui lui plut au premier coup d'œil. Elle était brune.

Mais jamais ce meuble, composé de dix pièces, ne tiendrait au quatrième étage de la rue Saint-Claude.

Pour tout arranger, il fallait prendre à loyer le troisième étage, composé d'une antichambre, d'une salle à manger, d'un petit salon et d'une chambre à coucher.

De telle sorte que l'on recevrait au troisième étage les aumônes des cardinaux, et au quatrième celles des bureaux de charité, c'est-à-dire dans le luxe les aumônes des gens qui font la charité par ostentation, et dans la misère les offrandes de ces gens à préjugés qui n'aiment point à donner à ceux qui n'ont pas besoin de recevoir.

La comtesse ayant ainsi pris son parti, tourna les yeux du côté obscur de la remise, c'est-à-dire du côté où les richesses se présentaient les plus splendides, côté des cristaux, des dorures et des glaces.

Elle y vit, le bonnet à la main, l'air impatient et le sourire un peu goguenard, une figure de bourgeois parisien qui faisait tourner une clé dans les deux index de ses deux mains, soudés l'un à l'autre par les deux ongles.

Ce digne inspecteur des marchandises d'occasion n'était autre que monsieur Fingret, à qui ses commis avaient annoncé la visite d'une belle dame venue en brouette.

On pouvait voir dans la cour les mêmes commis vêtus court et étroit de bure et de camelot, leurs petits mollets à l'air sous des bas quelque peu riants. Ils s'occupaient à restaurer, avec les plus vieux meubles, les moins vieux, ou, pour mieux dire, à éventrer sofas, fauteuils et carreaux antiques, pour en tirer le crin et la plume qui devaient servir à rembourrer leurs successeurs.

L'un cardait le crin, le mélangeait généreusement d'étoupes et en bourrait un nouveau meuble.

L'autre lessivait de bons fauteuils.

Un troisième repassait des étoffes nettoyées avec des savons aromatiques.

Et l'on composait de ces vieux ingrédients les meubles d'occasion si beaux que madame de La Motte admirait en ce moment.

Monsieur Fingret s'apercevant que sa pratique pouvait voir les opérations de ses commis, et comprendre moins favorablement l'occasion qu'il n'était expédient à ses intérêts, ferma une porte vitrée donnant sur la cour, de crainte que la poussière n'aveuglât Madame...

Sur ce Madame... il s'arrêta.

C'était une interrogation.

— Madame la comtesse de La Motte-Valois, répliqua nonchalamment Jeanne.

On vit alors sur ce titre bien sonnant monsieur Fingret dissoudre ses ongles, mettre sa clé dans sa poche et se rapprocher.

— Oh! dit-il, il n'y a rien ici de ce qui convient à Madame. J'ai du neuf, j'ai du beau, j'ai du magnifique. Il ne faudrait pas que Madame la comtesse se figurât, parce qu'elle est à la Place-Royale, que la maison Fingret n'a pas d'aussi beaux meubles que le tapissier du roi. Laissez tout cela, Madame, s'il vous plaît, et voyons dans l'autre magasin.

Jeanne rougit.

Tout ce qu'elle avait vu là lui paraissait fort beau, si beau qu'elle n'espérait même pas pouvoir l'acquérir.

Flattée sans aucun doute d'être si favorablement jugée par monsieur Fingret, elle ne pouvait s'empêcher de craindre qu'il ne la jugeât trop bien.

Elle maudit son orgueil, et regretta de ne s'être pas annoncée simple bourgeoise.

Mais de tout mauvais vice un esprit habile se tire avec avantage.

— Pas de neuf, Monsieur, dit-elle, je n'en veux pas. — Madame a sans doute quelques appartements d'amis à meubler. — Vous l'avez dit, Monsieur, un appartement d'ami. Or, vous comprenez que pour un appartement d'ami... — A merveille. Que Madame choisisse, répliqua Fingret, rusé comme un marchand de Paris, lequel ne met pas d'amour-propre à vendre du neuf plutôt que du vieux, s'il peut gagner autant sur l'un que sur l'autre. — Ce petit meuble bouton d'or, par exemple, demanda la comtesse. — Oh! mais c'est peu de chose, Madame, il n'y a que dix pièces. — La chambre est médiocre, repartit la comtesse. — Il est tout neuf, comme peut le voir Madame. — Neuf... pour de l'occasion. — Sans doute, fit monsieur Fingret en riant; mais enfin, tel qu'il est, il vaut huit cents livres.

Ce prix fit tressaillir la comtesse; comment avouer que l'héritière des Valois se contentait d'un meuble d'occasion, mais ne pouvait le payer huit cents livres.

Elle prit le parti de la mauvaise humeur.

— Mais, s'écria-t-elle, on ne vous parle pas d'acheter, monsieur. Où prenez-vous que j'aille acheter ces vieilleries? Il ne s'agit que de louer, et encore...

Fingret fit la grimace, car insensiblement la pratique perdait de sa valeur. Ce n'était plus ni un meuble neuf, ni même un meuble d'occasion à vendre, mais une location.

— Vous désireriez tout ce meuble bouton d'or, dit-il, est-ce pour un an? — Non, c'est pour un mois. J'ai un provincial à meubler. — Ce sera cent livres par mois, dit maître Fingret. — Vous plaisantez, je suppose,

Monsieur, car à ce compte, au bout de huit mois, mon meuble serait à moi. — D'accord, madame la comtesse. — Eh bien ! alors ? — Eh bien ! alors, Madame, s'il était à vous, il ne serait plus à moi, et par conséquent je n'aurais pas à m'occuper de le faire restaurer, rafraîchir : toutes choses qui coûtent.

Madame de La Motte réfléchit.

— Cent livres pour un mois, dit-elle, c'est beaucoup ; mais il faut raisonner : ou ce sera trop cher dans un mois, et alors je rends les meubles en laissant une grande opinion au tapissier, ou dans un mois je puis commander un meuble neuf. Je comptais employer cinq à six cents livres ; faisons les choses en grand, dépensons cent écus. — Je garde, dit-elle tout haut, ce meuble bouton d'or pour un salon, avec tous les rideaux pareils. — Oui, Madame. — Et les tapis ? — Les voici. — Que me donnerez-vous pour une autre chambre ? — Ces banquettes vertes, ce corps d'armoire en chêne, cette table à pieds tordus, des rideaux verts en damas. — Bien ; et pour une chambre à coucher ? — Un lit large et beau, un coucher excellent, une courte-pointe de velours brodée rose et argent, rideaux bleus, garniture de cheminée un peu gothique, mais d'une riche dorure. — Toilette ? — Dont les dentelles sont de Malines. Regardez-les, Madame. Commode d'une marqueterie délicate, chiffonnier pareil, sofa de tapisserie, chaises pareilles, feu élégant, qui vient de la chambre à coucher de madame de Pompadour, à Choisy. — Tout cela pour quel prix ? — Un mois ? — Oui. — Quatre cents livres. — Voyons, monsieur Fingret, ne me prenez pas pour une grisette, je vous prie. On n'éblouit pas les gens de ma qualité avec des drapeaux. Voulez-vous réfléchir, s'il vous plaît, que quatre cents livres par mois valent quatre mille huit cents livres par an, et que pour ce prix j'aurai un hôtel tout meublé.

Maître Fingret se gratta l'oreille.

— Vous me dégoûtez de la Place-Royale, continua la comtesse. — J'en serais au désespoir, Madame. — Prouvez-le. Je ne veux donner que cent écus de tout ce mobilier.

Jeanne prononça ces derniers mots avec une telle autorité, que le marchand songea de nouveau à l'avenir.

— Soit, dit-il, Madame. — Et à une condition, maître Fingret. — Laquelle, Madame ? — C'est que tout sera posé, arrangé, dans l'appartement que je vous indiquerai, d'ici à trois heures de l'après-midi. — Il est dix heures, Madame ; réfléchissez-y, dix heures sonnent. — Est-ce oui ou non ? — Où faut-il aller, Madame ? — Rue Saint-Claude, au Marais. — A deux pas ? — Précisément.

Le tapissier ouvrit la porte de la cour et se mit à crier : Sylvain !

Landry ! Rémy ! Trois des apprentis accoururent, enchantés d'avoir un prétexte pour interrompre leur ouvrage, un prétexte pour voir la belle dame.

— Les civières, Messieurs, les charriots à bras ! Rémy, vous allez charger le meuble bouton d'or, Sylvain, l'antichambre dans le chariot, tandis que vous, Landry, qui êtes soigneux, vous aurez la chambre à coucher. Relevons la note, Madame, et, s'il vous plaît, je signerai le reçu. — Voici six doubles louis, dit la comtesse, plus un louis simple ; rendez-moi.

— Voici deux écus de six livres, Madame. — Desquels je donnerai l'un à ces Messieurs, si la besogne est bien faite, répondit la comtesse.

Et ayant donné son adresse, elle regagna la brouette.

Une heure après le logement du troisième était loué par elle, et deux heures ne s'étaient pas écoulées que déjà le salon, l'antichambre et la chambre à coucher se meublaient et se tapissaient simultanément.

L'écu de six livres fut gagné par messieurs Landry, Rémy et Sylvain, à dix minutes près.

Le logement ainsi transformé, les vitres nettoyées, les cheminées garnies de feu, Jeanne se mit à sa toilette et savoura le bonheur deux heures, le bonheur de fouler un bon tapis ; autour de soi la répercussion d'une atmosphère chaude sur des murailles ouatées, et de respirer le parfum de quelques giroflées qui baignaient avec joie leur tige dans des vases du Japon, leur tête dans la tiède vapeur de l'appartement.

Maître Fingret n'avait pas oublié les bras dorés qui portent les bougies ; aux deux côtés des glaces, les lustres à girandoles de verre, qui, sous le feu des cires, s'irisent de toutes les nuances de l'arc-en-ciel.

Feu, fleurs, cires, roses parfumées, Jeanne employa tout à l'embellissement du paradis qu'elle destinait à Son Excellence.

Elle donna même ses soins à ce que la porte de la chambre à coucher, coquettement entr'ouverte, laissât voir un beau feu doux et rouge, aux reflets duquel reluisaient les pieds des fauteuils, le bois du lit et les chenets de madame de Pompadour, têtes de Chimères sur lesquelles avait posé le pied charmant de la marquise.

Cette coquetterie de Jeanne ne se bornait pas là.

Si le feu relevait l'intérieur de cette chambre mystérieuse, si les parfums décelaient la femme, la femme décelait une race, une beauté, un esprit, un goût dignes d'une Éminence.

Jeanne mit dans sa toilette une recherche dont monsieur de La Motte, son mari absent, lui eût demandé compte. La femme fut digne de l'appartement et du mobilier loué par maître Fingret.

Après un repas qu'elle fit léger, afin d'avoir toute sa présence d'esprit et de conserver sa pâleur élégante, Jeanne s'ensevelit dans un grand fauteuil à bergeries, près de son feu, dans sa chambre à coucher.

Un livre à la main, une mule sur un tabouret, elle attendit, écoutant à la fois et les tintements du balancier de la pendule et les bruits lointains des voitures qui troublaient rarement la tranquillité du désert du Marais.

Elle attendit. L'horloge sonna neuf heures, dix et onze heures; personne ne vint, soit en voiture, soit à pied.

Onze heures! c'est pourtant l'heure des prélats galants qui ont aiguisé leur charité dans un souper du faubourg, et qui, n'ayant que vingt tours de roue à faire pour entrer rue Saint-Claude, s'applaudissent d'être humains, philanthropes et religieux à si bon compte.

Minuit sonna lugubrement aux Filles-du-Calvaire.

Ni prélat ni voiture; les bougies commençaient à pâlir, quelques-unes envahissaient en nappes diaphanes leurs patères de cuivre doré.

Le feu, renouvelé avec des soupirs, s'était transformé en braise, puis en cendres. Il faisait une chaleur africaine dans les deux chambres.

La vieille servante, qui s'était préparée, grommelait en regrettant son bonnet à rubans prétentieux, dont les nœuds, s'inclinant avec sa tête quand elle s'endormait devant sa bougie dans l'antichambre, ne se relevaient pas intacts, soit des baisers de la flamme, soit des outrages de la cire liquide.

A minuit et demi, Jeanne se leva toute furieuse de son fauteuil, qu'elle avait plus de cent fois, dans la soirée, quitté pour ouvrir la fenêtre et plonger son regard dans les profondeurs de la rue.

Le quartier était calme comme avant la création du monde.

Elle se fit déshabiller, refusa de souper, congédia la vieille, dont les questions commençaient à l'importuner.

Et seule, au milieu de ses tentures de soie, sous ses beaux rideaux, dans son excellent lit, elle ne dormit pas mieux que la veille, car la veille son insouciance était plus heureuse, elle naissait de l'espoir.

Cependant, à force de se retourner, de se crisper, de se raidir contre le mauvais sort, Jeanne trouva une excuse au cardinal.

D'abord celle-ci : qu'il était cardinal, grand aumônier, qu'il avait mille affaires inquiétantes, et par conséquent plus importantes qu'une visite rue Saint-Claude.

Puis cette autre excuse :

Il ne connaît pas cette petite comtesse de Valois, excuse bien consolante pour Jeanne. Oh! certes, elle ne se fût pas consolée si monsieur de Rohan eût manqué de parole après une première visite.

Cette raison que se donnait Jeanne à elle-même avait besoin d'une épreuve pour paraître tout à fait bonne.

Jeanne n'y tint pas; elle sauta en bas du lit, toute blanche qu'elle était dans son peignoir, et alluma les bougies à la veilleuse; elle se regarda longtemps dans la glace.

Après l'examen, elle sourit, souffla les bougies et se recoucha. L'excuse était bonne.

XVII

LE CARDINAL DE ROHAN

Le lendemain, Jeanne, sans se décourager, recommença toilette d'appartement et toilette de femme.

Le miroir lui avait appris que monsieur de Rohan viendrait pour peu qu'il eût entendu parler d'elle.

Sept heures sonnaient donc, et le feu du salon brûlait dans tout son éclat, lorsqu'un carrosse roula dans la descente de la rue Saint-Claude.

Jeanne n'avait pas encore eu le temps de se mettre à la fenêtre et de s'impatienter.

De ce carrosse descendit un homme enveloppé d'une grosse redingote; puis, la porte de la maison s'étant refermée sur cet homme, le carrosse alla dans une petite rue voisine attendre le retour du maître.

Bientôt la sonnette retentit, et le cœur de madame de La Motte battit si fort qu'on eût pu l'entendre.

Mais, honteuse de céder à une émotion déraisonnable, Jeanne commanda le silence à son cœur, arrangea du mieux qu'il lui fût possible une broderie sur la table, un air nouveau sur le clavecin, une gazette au coin de la cheminée.

Au bout de quelques secondes, dame Clotilde vint annoncer à madame la comtesse:

« La personne qui avait écrit avant-hier. »

— Faites entrer, répliqua Jeanne.

Un pas léger, des souliers craquants, un beau personnage vêtu de velours et de soie, portant haut la tête et paraissant grand de dix coudées dans ce petit appartement, voilà ce que vit Jeanne en se levant pour recevoir.

Elle avait été frappée désagréablement de l'*incognito* gardé par la *personne*.

Aussi, se décidant à prendre tout l'avantage de la femme qui a réfléchi:

— A qui ai-je l'honneur de parler? dit-elle avec une révérence, non pas de protégée, mais de protectrice.

LE CARDINAL DE ROHAN CHEZ MADAME LA MOTTE.

Le prince regarda la porte du salon derrière laquelle la vieille avait disparu.

— Je suis le cardinal de Rohan, répliqua-t-il.

Ce à quoi madame de La Motte, feignant de rougir et de se confondre en humilités, répondit par une révérence comme on en fait aux rois.

Puis elle avança un fauteuil, et au lieu de se placer sur une chaise ainsi que l'eût voulu l'étiquette, elle se mit dans le grand fauteuil.

Le cardinal, voyant que chacun pouvait prendre ses aises, plaça son chapeau sur la table, et, regardant en face Jeanne qui le regardait aussi : — Il est donc vrai, Mademoiselle?... dit-il. — Madame, interrompit Jeanne. — Pardon... J'oubliais... Il est donc vrai, Madame?... — Mon mari s'appelle le comte de La Motte, Monseigneur. — Parfaitement, parfaitement, gendarme du roi ou de la reine. — Oui, Monseigneur. — Et vous, Madame, dit-il, vous êtes née Valois? — Valois, oui, Monseigneur. — Grand nom! dit le cardinal en croisant les jambes, nom rare, éteint.

Jeanne devina le doute du cardinal.

— Éteint! non pas, Monseigneur, dit-elle, puisque je le porte et que j'ai un frère baron de Valois. — Reconnu? — Il n'est pas besoin qu'il soit reconnu, Monseigneur; mon frère peut être riche ou pauvre, il ne sera pas moins ce qu'il est né, baron de Valois. — Madame, contez-moi un peu cette transmission, je vous prie. Vous m'intéressez; j'aime le blason.

Jeanne conta simplement, nonchalamment, ce que le lecteur sait déjà.

Le cardinal écoutait et regardait.

Il ne prenait pas la peine de dissimuler ses impressions. A quoi bon : il ne croyait ni au mérite ni à la qualité de Jeanne; il la voyait jolie, pauvre; il regardait, c'était assez.

Jeanne, qui s'apercevait de tout, devina la mauvaise idée du futur protecteur.

— De sorte, dit monsieur de Rohan avec insouciance, que vous avez été réellement malheureuse? — Je ne me plains pas, Monseigneur. — En effet, on m'avait beaucoup exagéré les difficultés de votre position.

Il regarda autour de lui.

— Ce logement est commode, agréablement meublé. — Pour une grisette sans doute, répliqua durement Jeanne, impatiente d'engager l'action. Oui, Monseigneur.

Le cardinal fit un mouvement.

— Quoi! dit-il, vous appelez ce mobilier un mobilier de grisette? — Je ne crois pas, Monseigneur, dit-elle, que vous puissiez l'appeler un mobilier de princesse. — Et vous êtes princesse, dit-il avec une de ces imperceptibles ironies que les esprits très-distingués ou les gens de grande race ont seuls le secret de mêler à leur langage sans devenir tout à fait impertinents. — Je suis née Valois, Monseigneur, comme vous Rohan. Voilà tout ce que je sais, dit-elle.

Et ces mots furent prononcés avec tant de douce majesté du malheur qui se révolte, majesté de la femme qui se sent méconnue, ils furent si harmonieux et si dignes à la fois, que le prince ne fut pas blessé et que l'homme fut ému.

— Madame, dit-il, j'oubliais que mon premier mot eût dû être une excuse. Je vous avais écrit hier que je viendrais ici, mais j'avais affaire à Versailles, pour la réception de monsieur de Suffren. J'ai dû renoncer au plaisir de vous visiter. — Monseigneur me fait encore trop d'honneur d'avoir songé à moi aujourd'hui, et monsieur le comte de La Motte, mon mari, regrettera bien plus vivement encore l'exil où le tient la misère, puisque cet exil l'empêche de jouir d'une si illustre présence.

Ce mot mari appela l'attention du cardinal.

— Vous vivez seule, Madame? dit-il. — Absolument seule, Monseigneur. — C'est beau de la part d'une femme jeune et jolie. — C'est simple, Monseigneur, de la part d'une femme qui serait déplacée en toute autre société que celle dont sa pauvreté l'éloigne.

Le cardinal se tut.

— Il paraît, reprit-il, que les généalogistes ne contestent pas votre généalogie? — A quoi cela me sert-il, dit dédaigneusement Jeanne, en relevant par un geste charmant les petits anneaux frisés et poudrés des tempes.

Le cardinal rapprocha son fauteuil, comme pour atteindre au feu avec ses pieds.

— Madame, dit-il, je voudrais savoir et j'ai voulu savoir à quoi je puis vous être utile. — Mais à rien, Monseigneur. — Comment à rien? — Votre Éminence me comble d'honneur, certainement. — Parlons plus franc. — Je ne saurais être plus franche que je ne le suis, Monseigneur. — Vous vous plaigniez tout à l'heure, dit le cardinal en regardant autour de lui comme pour rappeler à Jeanne ce qu'elle avait dit du mobilier de la grisette. — Certes, oui, je me plaignais. — Eh bien! alors, Madame? — Eh bien! Monseigneur, je vois que Votre Éminence veut me faire l'aumône, n'est-ce pas? — Oh! Madame!... — Pas autre chose. L'aumône, je la recevais, mais je ne la recevrai plus. — Qu'est-ce à dire? — Monseigneur, je suis assez humiliée depuis quelque temps; il n'est plus possible pour moi d'y résister. — Madame, vous abusez des mots. Dans le malheur on n'est pas déshonorée. — Même avec le nom que je porte? voyons, mendieriez-vous, vous, monsieur de Rohan? — Je ne parle pas de moi, dit le cardinal avec un embarras mêlé de hauteur. — Monseigneur, je ne connais que deux façons de demander l'aumône : en carrosse ou à la porte d'une église ; avec or et velours ou en haillons. Eh bien ! tout à l'heure, je n'attendais pas l'honneur de votre visite ; je me croyais oubliée. — Ah ! vous saviez donc que c'était moi qui avais écrit ? dit le cardinal. — N'ai-je pas vu vos armes sur le cachet de la lettre que vous m'avez fait l'honneur de m'écrire ? — Cependant vous avez feint de ne point me reconnaître. — Parce que vous ne me faisiez pas l'honneur de vous faire annoncer. — Eh bien ! cette fierté me plaît, dit vivement le cardinal, en regardant avec une attention complaisante les yeux animés, la physionomie hautaine de Jeanne. — Je disais donc, reprit celle-ci, que j'avais pris avant de vous voir la résolution de laisser là ce misérable manteau qui voile ma misère, qui couvre la nudité de mon nom, et de m'en aller en haillons, comme toute mendiante chrétienne, implorer mon pain, non pas de l'orgueil, mais de la charité des passants. — Vous n'êtes pas à bout de ressources, j'espère, Madame ?

Jeanne ne répondit pas.

— Vous avez une terre quelconque, fût-elle hypothéquée ; des bijoux de famille ? celui-ci, par exemple.

Il montrait une boîte avec laquelle jouaient les doigts blancs et délicats de la jeune femme.

— Ceci ? dit-elle. — Une boîte originale, sur ma parole. Permettez-vous ?

Il la prit.

— Ah ! un portrait !

Aussitôt il fit un mouvement de surprise.

— Vous connaissez l'original de ce portrait ? demanda Jeanne. — C'est celui de Marie-Thérèse ? — De Marie-Thérèse ? — Oui, l'impératrice d'Autriche. — En vérité ! s'écria Jeanne. Vous croyez, Monseigneur ?

Le cardinal se mit de plus belle à regarder la boîte.

— D'où tenez-vous cela ? demanda-t-il. — Mais d'une dame qui est venue avant-hier. — Chez vous ? — Chez moi. — D'une dame ?...

Et le cardinal regarda la boîte avec une nouvelle attention.

— Je me trompe, Monseigneur, reprit la comtesse, il y avait deux dames. — Et l'une de ces deux dames vous a remis la boîte que voici ? demanda-t-il avec défiance. — Elle ne me l'a pas donnée, non. — Comment est-elle entre vos mains, alors ? — Elle l'a oubliée chez moi.

Le cardinal demeura pensif, tellement pensif que la comtesse de Valois en fut intriguée, et songea qu'il était à propos qu'elle se tînt sur ses gardes.

Puis le cardinal leva la tête, et regardant attentivement la comtesse :

— Et comment s'appelle cette dame ? Vous me pardonnerez, n'est-ce pas? dit-il, de vous adresser cette question; j'en suis tout honteux moi-même, et je me fais l'effet d'un juge. — En effet, Monseigneur, dit madame de La Motte, la question est étrange. — Indiscrète, peut-être, mais étrange... — Étrange, je le répète. Si je connaissais la dame qui a laissé ici cette bonbonnière... — Eh bien? — Eh bien! je la lui eusse déjà renvoyée. Sans doute elle y tient, et je ne voudrais pas payer par une inquiétude de quarante-huit heures sa gracieuse visite. — Ainsi, vous ne la connaissez pas... — Non, je sais seulement que c'est la dame supérieure d'une maison de charité... — De Paris? — De Versailles... — De Versailles?... la supérieure d'une maison de charité?... — Monseigneur, j'accepte des femmes, les femmes n'humilient pas une femme pauvre en lui portant secours, et cette dame, que des avis charitables avaient éclairée sur ma position, a mis cent louis sur ma cheminée en me faisant visite. — Cent louis! dit le cardinal avec surprise; puis, voyant qu'il pouvait blesser la susceptibilité de Jeanne.

En effet, Jeanne avait fait un mouvement :

— Pardon, Madame, ajouta-t-il, je ne m'étonne pas qu'on vous ait donné cette somme. Vous méritez au contraire toute la sollicitude des gens charitables, et votre naissance leur fait une loi de vous être utile. C'est seulement le titre de dame de charité qui m'étonne; les dames de charité font d'habitude des aumônes plus légères. Pourriez-vous me faire le portrait de cette dame, comtesse? — Difficilement, Monseigneur, répliqua Jeanne, pour aiguiser la curiosité de son interlocuteur. — Comment, difficilement? puisqu'elle est venue ici. — Sans doute. Cette dame, qui ne voulait probablement pas être reconnue, cachait son visage dans une calèche assez ample; en outre, elle était enveloppée de fourrures. Cependant...

La comtesse eut l'air de chercher.

— Cependant? répéta le cardinal. — J'ai cru voir... Je n'affirme pas, Monseigneur. — Qu'avez-vous cru voir? — Des yeux bleus. — La bouche? — Petite, quoique les lèvres un peu épaisses, la lèvre inférieure surtout. — De haute ou de moyenne taille? — De moyenne taille. — Les mains? — Parfaites. — Le cou? — Long et mince. — La physionomie? — Sévère et noble. — L'accent? — Légèrement embarrassé. Mais vous connaissez peut-être cette dame, Monseigneur? — Comment la connaîtrais-je, madame la comtesse? demanda vivement le prélat. — Mais à la façon dont vous me questionnez, Monseigneur, ou même par la sympathie que tous les ouvriers de bonnes œuvres éprouvent les uns pour les autres. — Non, Madame, non, je ne la connais pas. — Cependant, Monseigneur, si vous aviez quelque soupçon?... — Mais à quel propos? — Inspiré par ce portrait, par exemple? — Ah! répliqua vivement le cardinal, qui craignait d'en avoir laissé trop soupçonner, oui, certes, ce portrait... — Eh bien! ce portrait, Monseigneur? — Eh bien! ce portrait me fait toujours l'effet d'être... — Celui de l'impératrice Marie-Thérèse, n'est-ce pas? — Mais je crois que oui. — Alors vous pensez?... — Je pense que vous aurez reçu la visite de quelque dame allemande, de celles, par exemple, qui ont fondé une maison de secours... — A Versailles? — A Versailles, oui, Madame.

Et le cardinal se tut.

Mais on voyait clairement qu'il doutait encore, et que la présence de cette boîte dans la maison de la comtesse avait renouvelé toutes ses défiances.

Seulement ce que Jeanne ne distinguait pas complétement, ce qu'elle cherchait vainement d'expliquer, c'était le fond de la pensée du prince, pensée visiblement désavantageuse pour elle, et qui n'allait à rien moins qu'à la soupçonner de lui tendre un piége avec des apparences?

En effet, on pouvait avoir su l'intérêt que le cardinal prenait aux affaires de la reine, c'était un bruit de cour qui était loin d'être demeuré même à l'état de demi-secret, et nous avons signalé tout le soin que mettaient certains ennemis à entretenir l'animosité entre la reine et son grand aumônier.

Ce portrait de Marie-Thérèse, cette boîte dont elle se servait habituellement, et que le cardinal lui avait vue cent fois entre les mains, comment cela se trouvait-il entre les mains de Jeanne la mendiante?

La reine était-elle venue ici réellement elle-même dans ce pauvre logis?

Si elle était venue, était-elle restée inconnue à Jeanne? pour un motif quelconque dissimulait-elle l'honneur qu'elle avait reçu?

Le prélat doutait.

Il doutait déjà la veille. Le nom de Valois lui avait appris à se tenir en garde, et voilà qu'il ne s'agissait plus d'une femme pauvre, mais d'une princesse secourue par une reine apportant ses bienfaits en personne.

Marie-Antoinette était-elle charitable à ce point?

Tandis que le cardinal doutait ainsi, Jeanne, qui ne le perdait pas de vue, Jeanne, à qui aucun des sentiments du prince n'échappait, Jeanne était au supplice. C'est, en effet, un véritable martyre pour les consciences chargées d'une arrière-pensée, que le doute de ceux que l'on voudrait convaincre avec la vérité pure.

Le silence était embarrassant pour tous deux; le cardinal le rompit par une nouvelle interrogation.

— Et la dame qui accompagnait votre bienfaitrice, l'avez-vous remarquée? Pouvez-vous me dire quel air elle avait? — Oh! celle-là, je l'ai bien vue, dit la comtesse; elle est grande et belle, elle a le visage résolu, le teint superbe, les formes riches. — Et l'autre dame ne l'a pas nommée? — Si fait, une fois, mais par son nom de baptême. — Et de son nom de baptême elle s'appelle? — Andrée. — Andrée! s'écria le cardinal. Et il tressaillit.

Ce mouvement n'échappa pas plus que les autres à la comtesse de La Motte. Le cardinal savait maintenant à quoi s'en tenir, le nom d'Andrée lui avait enlevé tous ses doutes.

En effet, la surveille, on savait que la reine était venue à Paris avec mademoiselle de Taverney. Certaine histoire de retard, de porte fermée, de querelle conjugale entre le roi et la reine, avait couru dans Versailles.

Le cardinal respira.

Il n'y avait ni piége ni complot rue Saint-Claude. Madame de La Motte lui parut belle et pure comme l'ange de la candeur.

Pourtant il fallait tenter une dernière épreuve. Le prince était diplomate.

— Comtesse, dit-il, une chose m'étonne par-dessus tout, je l'avouerai. — Laquelle? Monseigneur. — C'est qu'avec votre nom et vos titres vous ne vous soyez pas adressée au roi. — Au roi? — Oui. — Mais, Monseigneur, je lui ai envoyé vingt placets, vingt suppliques, au roi. — Sans résultat? — Sans résultat. — Mais, à défaut du roi, tous les princes de la maison royale eussent accueilli vos réclamations. Monsieur le duc d'Orléans, par exemple, est charitable, et puis il aime à faire souvent ce que ne fait pas le roi. — J'ai fait solliciter Son Altesse le duc d'Orléans, Monseigneur, mais inutilement. — Inutilement! Cela m'étonne. — Que voulez-vous, quand on n'est pas riche ou qu'on n'est pas recommandée, on voit chaque placet s'engloutir dans l'antichambre des princes. — Il y a encore monseigneur le comte d'Artois. Les gens dissipés font parfois de meilleures actions que les gens charitables. — Il en a été de monseigneur le comte d'Artois comme de Son Altesse le duc d'Orléans, comme de Sa Majesté le roi de France. — Mais enfin, il y a Mesdames, tantes du roi. Oh! celles-là, comtesse, ou je me trompe fort, ou elles ont dû vous répondre favorablement. — Non, Monseigneur. — Oh! je ne puis croire que madame Élisabeth, sœur du roi, ait eu le cœur insensible. — C'est vrai, Monseigneur, Son Altesse Royale, sollicitée par moi, avait promis de me recevoir; mais je ne sais vraiment comment cela s'est fait, après avoir reçu mon mari, elle n'a plus voulu, quelques instances que j'aie faites auprès d'elle, daigner donner de ses nouvelles. — C'est étrange! en vérité, dit le cardinal.

Puis soudain, et comme si cette pensée se présentait seulement à cette heure en son esprit :

— Mais, mon Dieu! s'écria-t-il, nous oublions. — Quoi? — Mais la personne à laquelle vous eussiez dû vous adresser d'abord. — Et à qui eussé-je dû m'adresser? — A la dispensatrice des faveurs, à celle qui n'a jamais refusé un secours mérité, à la reine. — A la reine? — Oui, à la reine, l'avez-vous vue? — Jamais, répondit Jeanne avec une parfaite simplicité. — Comment, vous n'avez pas présenté de supplique à la reine? — Jamais. — Vous n'avez pas cherché à obtenir de Sa Majesté une audience? — J'ai cherché, mais je n'ai point réussi. — Au moins, avez-vous dû essayer de vous placer sur son passage, pour vous faire remarquer, pour vous faire appeler à la cour. C'était un moyen. — Je ne l'ai jamais employé. — En vérité, Madame, vous me dites des choses incroyables. — Non, en vérité, je n'ai jamais été que deux fois à Versailles, et je n'y ai vu que deux personnes, monsieur le docteur Louis, qui avait soigné mon malheureux père à l'Hôtel-Dieu, et monsieur le baron de Taverney, à qui j'étais recommandée. — Que vous a dit monsieur de Taverney? Il était tout à fait en mesure de vous acheminer vers la reine. — Il m'a répondu que j'étais bien maladroite. — Comment cela? — De revendiquer comme un titre à la bienveillance du roi une parenté qui devait naturellement contrarier Sa Majesté, puisque jamais parent pauvre ne plaît. — C'est bien le baron égoïste et brutal, dit le prince.

Puis réfléchissant à cette visite d'Andrée chez la comtesse :

— Chose bizarre, pensa-t-il, le père évince la solliciteuse, et la reine amène la fille chez elle. En vérité, il doit sortir quelque chose de cette contradiction. Foi de gentilhomme! reprit-il tout haut, je suis émerveillé d'entendre dire à une solliciteuse, à une femme de la première noblesse, qu'elle n'a jamais vu le roi ni la reine. — Si ce n'est en peinture, dit Jeanne en souriant. — Eh bien! s'écria le cardinal, convaincu cette fois de l'ignorance et de la sincérité de la comtesse, je vous mènerai, s'il le faut, moi-même à Versailles, et je vous en ferai ouvrir les portes. — Oh! Monseigneur, que de bontés! s'écria la comtesse au comble de la joie.

Le cardinal se rapprocha d'elle.

— Mais il est impossible, dit-il, qu'avant peu de temps tout le monde ne s'intéresse pas à vous. — Hélas! Monseigneur, dit Jeanne avec un adorable soupir, le croyez-vous sincèrement? — Oh! j'en suis sûr. — Je crois que vous me flattez, Monseigneur.

Et elle le regarda fixement.

En effet ce changement subit avait droit de surprendre la comtesse; elle que le cardinal, dix minutes auparavant, traitait avec une légèreté toute princière.

Le regard de Jeanne, décoché comme par la flèche d'un archer, frappa le cardinal soit dans son cœur, soit dans sa sensualité. Il renfermait ou le feu de l'ambition ou le feu du désir; mais c'était du feu.

Monsieur de Rohan, qui se connaissait en femmes, dut s'avouer en lui-même qu'il en avait vu peu d'aussi séduisantes.

— Ah! par ma foi! se dit-il avec cette arrière-pensée éternelle des gens de cour élevés pour la diplomatie, ah! par ma foi! il serait trop extraordinaire ou trop heureux que je rencontrasse à la fois et une honnête femme qui a les dehors d'une rusée, et dans la misère une protectrice toute-puissante. — Monseigneur, interrompit la sirène, vous gardez parfois un silence qui m'inquiète; pardonnez-moi de vous le dire. — En quoi, comtesse? demanda le cardinal. — En ceci, Monseigneur. Un homme comme vous ne manque jamais de politesse qu'avec deux sortes de femmes. — Oh! mon Dieu! qu'allez-vous me dire, comtesse, sur ma parole! vous m'effrayez.

Il lui prit la main.

— Oui, répondit la comtesse, avec deux sortes de femmes, je l'ai dit et je le répète. — Lesquelles, voyons? — Des femmes qu'on aime trop, ou des femmes qu'on n'estime pas assez. — Comtesse, comtesse, vous me faites rougir. J'aurais moi-même manqué de politesse envers vous? — Dam! — Ne dites point cela, ce serait affreux! — En effet, Monseigneur, car vous ne pouvez m'aimer trop, et je ne vous ai point, jusqu'à présent du moins, donné le droit de m'estimer trop peu.

Le cardinal prit la main de Jeanne.

— Oh! comtesse, en vérité, vous me parlez comme si vous étiez fâchée contre moi. — Non, Monseigneur, car vous n'avez pas encore mérité ma colère. — Et je ne la mériterai jamais, Madame, à partir de ce jour où j'ai eu le plaisir de vous voir et de vous connaître. — Oh! mon miroir! mon miroir! pensa Jeanne. — Et à partir de ce jour, continua le cardinal, ma sollicitude ne vous quittera plus. — Oh! tenez, Monseigneur, dit la comtesse en détournant les yeux et avec un peu d'impatience, ne parlons plus de cela. — Que voulez-vous dire? — Ne me parlez pas de votre protection. — A Dieu ne plaise que je prononce ce mot protection. Oh! Madame, ce n'est pas vous qu'il humilierait, c'est moi. — Alors, monsieur le cardinal, admettons une chose qui va me flatter infiniment. — Si cela est, Madame, admettons cette chose. — Admettons que vous, prince de Rohan, vous avez rendu une visite à madame de La Motte-Valois. Rien de plus. — Vous êtes charmante, dit le prince. On ne saurait avoir plus de tact et de modestie. — Mais non, reprit la comtesse. N'est-il pas tout naturel qu'une femme comme moi n'ait le cœur très-satisfait en apprenant qu'elle a occupé une petite place dans l'esprit éminent d'un si haut personnage. J'en aurai pour un an de bonheur, monsieur le cardinal, reprit-elle en souriant.

Monsieur le cardinal tout court était une familiarité dont, pour la seconde fois, se rendait coupable madame la comtesse de La Motte. Le prélat, irritable dans son orgueil, aurait pu s'en étonner; mais les choses en étaient à ce point, que non-seulement il ne s'en étonna pas, mais encore qu'il en fut satisfait comme d'une faveur.

— Ah! de la confiance, s'écria-t-il en se rapprochant encore. Tant mieux, tant mieux. — J'ai confiance, oui, Monseigneur, parce que je sens dans Votre Éminence... — Vous disiez Monsieur tout à l'heure, comtesse. — Il faut me pardonner, Monseigneur; je ne connais pas la cour. Je dis donc que j'ai confiance, parce que vous êtes capable de comprendre un esprit comme le mien, aventureux, brave, et un cœur tout pur. Malgré les épreuves de la pauvreté, malgré les combats que m'ont livrés de vils ennemis, Votre Éminence saura prendre en moi, c'est-à-dire en ma conversation, ce qu'il y a de digne d'elle. Votre Éminence saura me témoigner de l'indulgence pour le reste. — Nous voilà donc amis, Madame. C'est signé, juré? — Amitié à trois! dit-elle avec un inimitable accent de raillerie et d'innocence. — Comment, amitié à trois? demanda le cardinal. — Sans doute; est-ce qu'il n'y a pas, de par le monde, un pauvre gendarme, un exilé, qu'on appelle le comte de La Motte? — Oh! comtesse, quelle déplorable mémoire vous possédez! — Mais il faut bien que je vous parle de lui, puisque vous ne m'en parlez pas, vous. — Savez-vous pourquoi je ne vous parle pas de lui, comtesse? — Dites un peu. — C'est qu'il parlera toujours bien assez lui-même, les maris ne s'oublient jamais, croyez-moi bien. — Et s'il parle de lui? — Alors on parlera de vous, alors on parlera de nous. — Comment cela? — On dira, par exemple, que monsieur le comte de La Motte a trouvé bon ou trouvé mauvais que monsieur le cardinal de Rohan vînt visiter madame de La Motte, rue Saint-Claude.

Jeanne se mit à rire.

Le cardinal remarqua qu'elle faisait pour la première fois honneur à ses plaisanteries, et il en fut encore flatté.

— Empêcherez-vous qu'on ne parle? dit-elle, vous savez bien que c'est chose impossible. — Oui, répliqua-t-il. — Et comment? — Oh! une chose toute simple; à tort ou à raison, le peuple de Paris me connaît. — Oh! certes, et à raison, Monseigneur. — Mais vous, il a le malheur de ne pas vous connaître. — Eh bien! — Déplaçons la question. — Déplacez-la, c'est-à-dire... — Comme vous voudrez... Si par exemple... — Achevez. — Si vous sortiez au lieu de me faire sortir? — Que j'aille dans votre hôtel, moi! Monseigneur. — Vous iriez bien chez un ministre.

— Un ministre n'est pas un homme, Monseigneur. — Vous êtes adorable. Eh bien! il ne s'agit pas de mon hôtel, j'ai une maison où nous pourrons causer de vos affaires. — Une petite maison, tranchons le mot. — Non pas, une maison à vous. — Ah! fit la comtesse, une maison à moi! Et où cela? Je ne me connaissais pas cette maison.

Le cardinal qui s'était rassis se leva.

— Demain, à dix heures du matin, vous en recevrez l'adresse.

La comtesse rougit, le cardinal lui prit galamment la main sur laquelle il déposa un baiser respectueux, tendre et hardi tout ensemble.

Tous deux se saluèrent alors avec ce reste de cérémonie souriante qui indique une prochaine intimité.

— Éclairez à Monseigneur, cria la comtesse.

La vieille parut et éclaira.

Le prélat sortit.

— Eh! mais, pensa Jeanne, voilà un grand pas fait dans le monde, ce me semble. — Allons, allons, pensa le cardinal en montant dans son carrosse, j'ai fait une double affaire. Cette femme a trop d'esprit pour ne pas prendre la reine comme elle m'a pris.

XVIII

MESMER ET SAINT-MARTIN

Il fut un temps où Paris, libre d'affaires, Paris, plein de loisirs, se passionnait tout entier pour des questions qui, de nos jours, sont le monopole des riches, qu'on appelle les inutiles, et des savants, qu'on appelle les paresseux.

En 1784, c'est-à-dire à l'époque où nous sommes arrivés, la question à la mode, celle qui surnageait au-dessus de toutes, qui flottait dans l'air, qui s'arrêtait à toutes les têtes un peu élevées, comme font les vapeurs aux montagnes, c'était le mesmérisme, science mystérieuse, mal définie par ses inventeurs, qui, n'éprouvant pas le besoin de démocratiser une découverte dès sa naissance, avaient laissé prendre à celle-là un nom d'homme, c'est-à-dire un titre aristocratique, au lieu d'un de ces noms de science tirés du grec à l'aide desquels la pudibonde modestie des savants modernes vulgarise aujourd'hui tout élément scientifique.

En effet, à quoi bon, en 1784, démocratiser une science? Le peuple qui, depuis plus d'un siècle et demi, n'avait pas été consulté par ceux qui le gouvernaient, comptait-il pour quelque chose dans l'État? Non : le peuple, c'était la terre féconde qui rapportait, c'était la riche moisson que l'on fauchait; mais le maître de la terre, c'était le roi; mais les moissonneurs, c'était la noblesse.

Aujourd'hui tout est changé : la France ressemble à un sablier séculaire; pendant neuf cents ans, il a marqué l'heure de la royauté; la droite puissante du Seigneur l'a retourné; pendant des siècles, il va marquer l'ère du peuple.

En 1784, c'était donc une recommandation qu'un nom d'homme. Aujourd'hui, au contraire, le succès serait un nom de choses.

Mais abandonnons *aujourd'hui* pour jeter les yeux sur *hier*. Au compte de l'éternité, qu'est-ce que cette distance d'un demi-siècle? pas même celle qui existe entre la veille et le lendemain.

Le docteur Mesmer était à Paris, comme Marie-Antoinette nous l'a appris elle-même en demandant au roi la permission de lui faire une visite. Qu'on nous permette donc de dire quelques mots du docteur Mesmer, dont le nom, retenu aujourd'hui d'un petit nombre d'adeptes, était, à cette époque que nous essayons de peindre, dans toutes les bouches.

Le docteur Mesmer avait, vers 1777, apporté d'Allemagne, ce pays des rêves brumeux, une science toute gonflée de nuages et d'éclairs. A la lueur de ces éclairs, le savant ne voyait que les nuages qui faisaient, au-dessus de sa tête, une voûte sombre; le vulgaire ne voyait que des éclairs.

Mesmer avait débuté en Allemagne par une thèse sur l'influence des planètes. Il avait essayé d'établir que les corps célestes, en vertu de cette force qui produit leurs attractions mutuelles, exercent une influence sur les corps animés, et particulièrement sur le système nerveux, par l'intermédiaire d'un fluide subtil qui remplit tout l'univers. Mais cette première théorie était bien abstraite : il fallait, pour la comprendre, être initié à la science des Galilée et des Newton. C'était un mélange de grandes variétés astronomiques, avec les rêveries astrologiques qui ne pouvait, nous ne disons pas se populariser, mais s'aristocratiser; car il eût fallu pour cela que le corps de la noblesse fût converti en société savante. Mesmer abandonna donc ce premier système pour se jeter dans celui des aimants.

Les aimants, à cette époque, étaient fort étudiés; leurs facultés sympathiques ou antipathiques faisaient vivre les minéraux d'une vie à peu près pareille à la vie humaine, en leur prêtant les deux grandes passions de la vie humaine, l'amour et la haine. En conséquence, on attribuait aux aimants des vertus surprenantes pour la guérison des maladies. Mesmer joignit donc l'action des aimants à son premier système, et essaya de voir ce qu'il pourrait tirer de cette adjonction.

Malheureusement pour Mesmer il trouva, en arrivant à Vienne, un rival établi. Ce rival, qui se nommait Hall, prétendit que Mesmer lui avait dérobé ses procédés. Ce que voyant, Mesmer, en homme d'imagination qu'il était, déclara qu'il abandonnerait les aimants comme inutiles, et qu'il ne guérirait plus par le magnétisme minéral, mais par le magnétisme animal.

Ce mot, prononcé comme un mot nouveau, ne désignait pas cependant une découverte nouvelle; le magnétisme, connu des anciens, employé dans les initiations égyptiennes et dans le pythisme grec, s'était conservé dans le moyen âge à l'état de tradition ; quelques lambeaux de cette science, recueillis, avaient fait les sorciers des treizième, quatorzième et quinzième siècles, beaucoup furent brûlés, qui confessèrent, au milieu des flammes, la religion étrange dont ils étaient les martyrs.

Urbain Grandier n'était autre chose qu'un magnétiseur.

Mesmer avait entendu parler des miracles de cette science.

Joseph Balsamo, le héros d'un de nos livres, avait laissé trace de son passage en Allemagne, et surtout à Strasbourg. Mesmer se mit en quête de cette science éparse et voltigeante comme ces feux follets qui courent la nuit au-dessus des étangs; il en fit une théorie complète, un système uniforme auquel il donna le nom de mesmérisme.

Mesmer, arrivé à ce point, communiqua son système à l'Académie des sciences à Paris, à la Société royale de Londres, et à l'Académie de Berlin; les deux premières ne lui répondirent même pas, la troisième dit qu'il était un fou.

Mesmer se rappela ce philosophe grec qui niait le mouvement, et que son antagoniste confondit en marchant. Il vint en France, prit, aux mains du docteur Storck et de l'oculiste Wenzel une jeune fille de dix-sept ans, atteinte d'une maladie de foie et d'une goutte sereine, et, après trois mois de traitement, la malade était guérie, l'aveugle voyait clair.

Cette cure avait convaincu nombre de gens, et, entre autres, un médecin nommé Deslon : d'ennemi il devint apôtre.

A partir de ce moment, la réputation de Mesmer avait été grandissant; l'Académie s'était déclarée contre le novateur, la cour se déclara pour lui; des négociations furent ouvertes par le ministère pour engager Mesmer à enrichir l'humanité par la publication de sa doctrine. Le docteur fit son prix. On marchanda; monsieur de Breteuil lui offrit, au nom du roi, une rente viagère de vingt mille livres, et un traitement de dix mille pour former trois personnes, indiquées par le gouvernement, à la pratique de ses procédés. Mais Mesmer, indigné de la parcimonie royale, refusa, et partit pour les eaux de Spa, avec quelques-uns de ses malades.

Une catastrophe inattendue menaçait Mesmer. Deslon, son élève, Deslon, possesseur du fameux secret que Mesmer avait refusé de vendre pour trente mille livres par an; Deslon ouvrit chez lui un traitement public par la méthode mesmérienne.

Mesmer apprit cette douloureuse nouvelle; il cria au vol, à la fraude; il pensa devenir fou. Alors, un de ses malades, monsieur de Bergasse, eut l'heureuse idée de mettre la science de l'illustre professeur en commandite; il fut formé un comité de cent personnes au capital de trois cent quarante mille livres, à la condition qu'il révélerait la doctrine aux actionnaires. Mesmer s'engagea à cette révélation, toucha le capital et revint à Paris.

L'heure était propice. Il y a des instants dans l'âge des peuples, ceux qui touchent aux époques de transformation, où la nation tout entière s'arrête comme devant un obstacle inconnu, hésite et sent l'abîme au bord duquel elle est arrivée, et qu'elle devine sans le voir.

La France était dans un de ces moments-là, elle présentait l'aspect d'une société calme, dont l'esprit était agité; on était en quelque sorte engourdi dans un bonheur factice, dont on entrevoyait la fin, comme, en arrivant à la lisière d'une forêt, on devine la plaine par les interstices des arbres. Ce calme, qui n'avait rien de constant, rien de réel, fatiguait; on cherchait partout des émotions, et les nouveautés, quelles qu'elles fussent, étaient les bien reçues. On était devenu trop frivole pour s'occuper, comme autrefois, des graves questions du gouvernement et du molinisme; mais on se querellait à propos de musique, on prenait parti pour Gluck ou pour Piccini, on se passionnait pour l'*Encyclopédie,* on s'enflammait pour les mémoires de Beaumarchais.

L'apparition d'un opéra nouveau préoccupait plus les imaginations que le traité de paix avec l'Angleterre et la reconnaissance de la république des États-Unis. C'était enfin une de ces périodes où les esprits, amenés par les philosophes vers le vrai, c'est-à-dire vers le désenchantement, se lassent de cette limpidité du possible qui laisse voir le fond de toute chose, et, par un pas en avant, essaie de franchir les bornes du monde réel pour entrer dans le monde des rêves et fictions.

En effet, s'il est prouvé que les vérités bien claires, bien lucides, sont les seules qui se popularisent promptement, il n'en est pas moins prouvé que les mystères sont une attraction toute-puissante pour tous les peuples.

Le peuple de France était donc entraîné, attiré d'une façon irrésistible par ce mystère étrange du fluide mesmérien, qui, selon les adeptes, rendait la santé aux malades, donnait l'esprit aux fous et la folie aux sages.

Partout on s'inquiétait de Mesmer. Qu'avait-il fait? sur qui avait-il opéré ses divins miracles? A quel grand seigneur avait-il rendu la vue ou la force? à quelle dame fatiguée de la veille et du jeu avait-il assoupli les nerfs? à quelle jeune fille avait-il fait prévoir l'avenir dans une crise magnétique?

L'avenir! ce grand mot de tous les temps, ce grand intérêt de tous les esprits, solution de tous les problèmes. En effet, qu'était le présent?

Une royauté sans rayons, une noblesse sans autorité, un pays sans commerce, un peuple sans droits, une société sans confiance.

Depuis la famille royale, inquiète et isolée sur son trône, jusqu'à la famille plébéienne affamée dans son taudis, misère, honte et peur partout.

Oublier les autres pour ne songer qu'à soi, puiser à des sources nouvelles, étranges, inconnues, l'assurance d'une vie plus longue et d'une santé inaltérable pendant ce prolongement d'existence, arracher quelque chose au ciel avare, n'était-ce pas là l'objet d'une aspiration facile à comprendre vers cet inconnu dont Mesmer dévoilait un repli?

Voltaire était mort, et il n'y avait plus en France un seul éclat de rire, excepté le rire de Beaumarchais, plus amer encore que celui du maître. Rousseau était mort : il n'y avait plus en France de philosophie religieuse. Rousseau voulait bien soutenir Dieu; mais depuis que Rousseau n'était plus, personne n'osait s'y risquer, de peur d'être écrasé sous le poids.

La guerre avait été autrefois une grave occupation pour les Français. Les rois entretenaient à leur compte l'héroïsme national ; maintenant, la seule guerre française était une guerre américaine, et encore le roi n'y était-il personnellement pour rien. En effet, ne se battait-on pas pour cette chose inconnue que les Américains appellent indépendance, mot que les Français traduisent par une abstraction : la liberté.

Encore, cette guerre lointaine, cette guerre, non-seulement d'un autre peuple, mais encore d'un autre monde, venait de finir.

Tout bien considéré, ne valait-il pas mieux s'occuper de Mesmer, ce médecin allemand qui, pour la deuxième fois depuis six ans, passionnait la France, que de lord Cornwalis ou de monsieur Washington, qui étaient si loin qu'il était probable qu'on ne les verrait jamais ni l'un ni l'autre!

Tandis que Mesmer était là : on pouvait le voir, le toucher, et, ce qui était l'ambition suprême des trois quarts de Paris, être touché par lui.

Ainsi, cet homme qui, à son arrivée à Paris, n'avait été soutenu par personne, pas même par la reine, sa compatriote, qui cependant soutenait si volontiers les gens de son pays; cet homme qui, sans le docteur Deslon, qui l'avait trahi depuis, fût demeuré dans l'obscurité, cet homme régnait véritablement sur l'opinion publique, laissant bien loin derrière lui le roi, dont on n'avait jamais parlé, monsieur de Lafayette, dont on ne parlait pas encore, et monsieur de Necker, dont on ne parlait plus.

Et, comme si ce siècle avait pris à tâche de donner à chaque esprit selon son aptitude, à chaque cœur selon sa sympathie, à chaque corps selon ses besoins, en face de Mesmer, l'homme du matérialisme, s'élevait Saint-Martin, l'homme du spiritualisme, dont la doctrine venait consoler toutes les âmes que blessait le positivisme du docteur allemand.

Qu'on se figure l'athée avec une religion plus douce que la religion elle-même; qu'on se figure un républicain plein de politesse et d'égards pour les rois; un gentilhomme des classes privilégiées, affectueux, tendre amoureux du peuple; qu'on se représente la triple attaque de cet homme, doué de l'éloquence la plus logique, la plus séduisante contre les cultes de la terre, qu'il appelle insensés, par la seule raison qu'ils sont divins!

Qu'on se figure enfin Épicure poudré à blanc, en habit brodé, en veste à paillettes, en culotte de satin, en bas de soie et en talons rouges; Épicure ne se contentant pas de renverser les dieux auxquels il ne croit pas, mais ébranlant les gouvernements qu'il traite comme les cultes, parce que jamais ils ne concordent, et presque toujours ne font qu'aboutir au malheur de l'humanité.

Agissant contre la loi sociale qu'il infirme avec ce seul mot : elle punit semblablement des fautes dissemblables, elle punit l'effet sans apprécier la cause.

Supposez maintenant que ce tentateur, qui s'intitule le philosophe inconnu, réunit, pour fixer les hommes dans un cercle d'idées différentes, tout ce que l'imagination peut ajouter de charmes aux promesses d'un paradis moral, et qu'au lieu de dire : les hommes sont égaux, ce qui est une absurdité, il invente cette formule qui semble échappée à la bouche même qui la nie :

Les êtres intelligents sont tous rois!

Et puis, rendez-vous compte d'une pareille morale tombant tout à coup au milieu d'une société sans espérances, sans guides; d'une société, archipel semé d'idées, c'est-à-dire d'écueils. Rappelez-vous qu'à cette époque les femmes sont tendres et folles, les hommes avides de pouvoir, d'honneurs et de plaisirs; enfin, que les rois laissent pencher la couronne sur laquelle, pour la première fois, debout et perdu dans l'ombre, s'attache un regard à la fois curieux et menaçant, trouvera-t-on étonnant qu'elle fît des prosélytes, cette doctrine qui disait aux âmes :

— Choisissez parmi vous l'âme supérieure, mais supérieure par l'amour, par la charité, par la volonté puissante de bien aimer, de bien rendre heureux; puis, quand cette âme, faite homme, se sera révélée, courbez-vous, humiliez-vous, anéantissez-vous toutes, âmes inférieures, afin de laisser l'espace à la dictature de cette âme, qui a pour mission de vous réhabiliter dans votre principe essentiel, c'est-à-dire dans l'égalité des souffrances, au sein de l'inégalité forcée des aptitudes et des fonctionnements.

Ajoutez à cela que le philosophe inconnu s'entourait de mystères; qu'il adoptait l'ombre profonde pour discuter en paix, loin des espions et des parasites, la grande théorie sociale qui pouvait devenir la politique du monde.

— Écoutez-moi, disait-il, âmes fidèles, cœurs croyants, écoutez-moi et tâchez de me comprendre, ou plutôt ne m'écoutez que si vous avez intérêt et curiosité à me comprendre, car vous y aurez de la peine, et je ne livrerai pas mes secrets à quiconque n'arrachera point le voile.

Je dis des choses que je ne veux point paraître dire, voilà pourquoi je paraîtrai souvent dire autre chose que ce que je dis.

Et Saint-Martin avait raison, et il avait bien réellement autour de son œuvre les défenseurs silencieux, sombres et jaloux de ses idées, mystérieux cénacle, dont nul ne perçait l'obscure et religieuse mysticité.

Ainsi travaillaient à la glorification de l'âme et de la matière, tout en rêvant l'anéantissement de la religion du Christ, ces deux hommes qui avaient divisé en deux camps et en deux besoins tous les esprits intelligents, toutes les natures choisies de France.

Ainsi se groupaient autour du baquet de Mesmer, d'où jaillissait le bien-être, toute la vie de sensualité, tout le matérialisme élégant de cette nation dégénérée. Tandis qu'autour du livre des erreurs et de la vérité se réunissaient les âmes pieuses, charitables, aimantes, altérées de la réalisation après avoir savouré des chimères.

Que si, au-dessous de ces sphères privilégiées, les idées divergeaient ou se troublaient; que si les bruits s'en échappant se transformaient en tonnerres, comme les lueurs s'étaient transformées en éclairs, on comprendra l'état d'ébauche dans lequel demeurait la société subalterne, c'est-à-dire la bourgeoisie et le peuple, ce que plus tard on appela le tiers, lequel devinait seulement que l'on s'occupait de lui, et qui dans son impatience et sa résignation brûlait du désir de voler le feu sacré, comme Prométhée, d'en animer un monde qui serait le sien et dans lequel il ferait ses affaires lui-même.

Les conspirations à l'état de conversations, les associations à l'état de cercles, les partis sociaux à l'état de quadrilles, c'est-à-dire la guerre civile et l'anarchie, voilà ce qui apparaissait sous tout cela au penseur, lequel ne voyait pas encore la seconde vie de cette société.

Hélas! aujourd'hui que les voiles ont été déchirés, aujourd'hui que les peuples Prométhées ont dix fois été renversés par le feu qu'ils ont dérobé eux-mêmes, dites-nous ce que pouvait voir le penseur dans la fin de cet étrange XVIIIe siècle, sinon la décomposition d'un monde, sinon quelque chose de pareil à ce qui se passait après la mort de César et avant l'avénement d'Auguste.

Auguste fut l'homme qui sépara le monde païen du monde chrétien; comme Napoléon est l'homme qui sépara le monde féodal du monde démocratique.

Peut-être venons-nous de jeter et de conduire nos lecteurs après nous dans une digression qui a dû leur paraître un peu longue; mais en vérité il eût été difficile de toucher à cette époque sans effleurer de la plume ces graves questions qui en sont la chair et la vie.

Maintenant l'effort est fait : effort d'un enfant qui gratterait avec son ongle la rouille d'une statue antique, pour lire sous cette rouille une inscription aux trois quarts effacée.

Rentrons dans l'apparence. En continuant de nous occuper de la réalité, nous en dirions trop pour le romancier, trop peu pour l'historien.

XIX

LE BAQUET

La peinture que nous avons essayé de tracer dans le précédent chapitre, et du temps dans lequel on vivait, et des hommes dont on s'occupait en ce moment, peut légitimer aux yeux de nos lecteurs cet empressement inexprimable des Parisiens pour le spectacle des cures opérées publiquement par Mesmer.

Aussi le roi Louis XVI, qui avait sinon la curiosité, du moins l'appréciation des nouveautés qui faisaient bruit dans sa bonne ville de Paris, avait-il permis à la reine, à la condition, on se le rappelle, que l'auguste visiteuse serait accompagnée d'une princesse, le roi avait-il permis à la reine d'aller voir une fois à son tour ce que tout le monde avait vu.

C'était à deux jours de cette visite que monsieur le cardinal de Rohan avait rendue à madame de La Motte.

Le temps était adouci; le dégel était arrivé. Une armée de balayeurs, heureux et fiers d'en finir avec l'hiver, repoussait aux égouts, avec l'ardeur de soldats qui ouvrent une tranchée, les dernières neiges, toutes souillées et fondant en ruisseaux noirs.

Le ciel, bleu et limpide, s'illuminait des premières étoiles, quand madame de La Motte, vêtue en femme élégante, offrant toutes les apparences de la richesse, arriva dans un fiacre que dame Clotilde avait choisi le plus neuf possible, et s'arrêta sur la place Vendôme, en face d'une maison d'aspect grandiose et dont les hautes fenêtres étaient splendidement éclairées sur toute la façade.

Cette maison était celle du docteur Mesmer.

Outre le fiacre de madame de La Motte, bon nombre d'équipages ou chaises stationnaient devant cette maison; enfin, outre ces équipages et ces chaises, deux ou trois cents curieux piétinaient dans la boue, et attendaient la sortie des malades guéris ou l'entrée des malades à guérir.

Ceux-ci, presque tous riches et titrés, arrivaient dans leurs voitures armoriées, se faisaient descendre et porter par leurs laquais, et ces colis de nouvelle espèce, renfermés dans des pelisses de fourrures ou dans des mantes de satin, n'étaient pas une mince consolation pour ces malheureux affamés et demi-nus, qui guettaient à la porte cette preuve évidente que Dieu fait les hommes sains ou malsains sans consulter leur arbre généalogique.

Quand un de ces malades au teint pâle, aux membres languissants, avait disparu sous la grande porte, un murmure se faisait dans les assistants, et il était bien rare que cette foule curieuse et inintelligente, qui voyait se presser à la porte des bals et sous les portiques des théâtres toute cette aristocratie avide de plaisirs, ce qui était son plaisir à elle, ne reconnût pas, soit tel duc paralysé d'un bras ou d'une jambe, soit tel maréchal de camp dont les pieds refusaient le service, moins à cause des fatigues de la marche militaire que de l'engourdissement des haltes faites chez les dames de l'Opéra ou de la Comédie-Italienne.

Il va sans dire que les investigations de la foule ne s'arrêtaient pas aux hommes seulement.

Cette femme aussi, qu'on avait vue passer dans les bras de ses heiduques, la tête pendante, l'œil atone, comme les dames romaines que portaient leurs Thessaliens après le repas, cette dame, sujette aux douleurs nerveuses, ou débilitée par des excès et des veilles, et qui n'avait pu être guérie ou ressuscitée par ces comédiens à la mode ou ces anges vigoureux dont madame Dugazon pouvait faire de si merveilleux récits, venait demander au baquet de Mesmer ce qu'elle avait vainement cherché ailleurs.

Et qu'on ne croie pas que nous exagérions ici à plaisir l'avilissement des mœurs. Il faut bien l'avouer, à cette époque il y avait assaut entre les dames de la cour et les demoiselles du théâtre. Celles-ci prenaient aux femmes du monde leurs amants et leurs maris, celles-là volaient aux demoiselles de théâtre leurs camarades et leurs cousins à la mode de Bretagne.

Quelques-unes de ces dames étaient tout aussi connues que les hommes, et leurs noms circulaient dans la foule d'une façon tout aussi bruyante; mais beaucoup, et sans doute ce n'étaient point celles dont le nom eût produit le moindre esclandre, beaucoup échappaient, ce soir-là du moins, au bruit et à la publicité, en venant chez Mesmer le visage couvert d'un masque de satin.

C'est que ce jour-là, qui marquait la moitié du carême, il y avait bal masqué à l'Opéra, et que ces dames ne comptaient quitter la place Vendôme que pour passer immédiatement au Palais-Royal.

C'est au milieu de cette foule répandue en plaintes, en ironie, en admiration et surtout en murmures, que madame la comtesse de La Motte passa droite et ferme, un masque sur la figure, et ne laissant d'autres traces de son passage que cette phrase répétée sur son chemin.

— Ah! celle-ci ne doit pas être bien malade.

Mais qu'on ne s'y trompe pas, cette phrase n'impliquait point absence de commentaires.

Car si madame de La Motte n'était point malade, que venait-elle faire chez Mesmer?

Si la foule eût, comme nous, été au courant des événements que nous venons de raconter, elle eût trouvé que rien n'était plus simple que cette vérité.

En effet, madame de La Motte avait beaucoup réfléchi à son entretien avec monsieur le cardinal de Rohan, et surtout à l'attention toute particulière dont le cardinal avait honoré cette boîte au portrait, oubliée ou plutôt perdue chez elle.

Et comme dans le nom de la propriétaire de cette boîte à portrait gisait toute la révélation de la soudaine gracieuseté du cardinal, madame de La Motte avait avisé à deux moyens de savoir ce nom.

D'abord elle avait eu recours au plus simple.

Elle était allée à Versailles pour s'informer du bureau de charité des dames allemandes.

Là, comme on le pense bien, elle n'avait recueilli aucun renseignement.

Les dames allemandes qui habitaient Versailles étaient en grand nombre, à cause de la sympathie ouverte que la reine éprouvait pour ses compatriotes : on en comptait cent cinquante ou deux cents.

Seulement toutes étaient fort charitables, mais aucune n'avait eu l'idée de mettre une enseigne sur le bureau de charité.

Jeanne avait donc inutilement demandé des renseignements sur les deux dames qui étaient venues la visiter; elle avait dit inutilement que l'une d'elles s'appelait Andrée. On ne connaissait dans Versailles aucune dame allemande portant ce nom, du reste assez peu allemand.

Les recherches n'avaient donc, de ce côté, amené aucun résultat.

Demander directement à monsieur de Rohan le nom qu'il soupçonnait, c'était d'abord lui laisser voir qu'on avait des idées sur lui ; c'était ensuite se retirer le plaisir et le mérite d'une découverte faite malgré tout le monde et en dehors de toutes les possibilités.

Or, puisqu'il y avait eu mystère dans la démarche de ces dames chez Jeanne, mystère dans les étonnements et les réticences de monsieur de Rohan, c'est avec mystère qu'il fallait arriver à savoir le mot de tant d'énigmes.

Il y avait d'ailleurs un attrait puissant dans le caractère de Jeanne pour cette lutte avec l'inconnu.

Elle avait entendu dire qu'à Paris, depuis quelque temps, un homme, un illuminé, un faiseur de miracles, avait trouvé le moyen d'expulser du corps humain les maladies et les douleurs, comme autrefois le Christ chassait les démons du corps des possédés.

Elle savait que non-seulement cet homme guérissait les maux physiques, mais qu'il arrachait de l'âme le secret douloureux qui la minait. On avait vu sous sa conjuration toute-puissante la volonté tenace de ses clients s'amollir et se transformer en une docilité d'esclave.

Ainsi, dans le sommeil qui succédait aux douleurs, après que le savant médecin avait calmé l'organisation la plus irritée en la plongeant dans un oubli complet, l'âme, charmée du repos qu'elle devait à l'enchanteur, se mettait à l'entière disposition de ce nouveau maître. Il en dirigeait dès lors toutes les opérations ; il en dirigeait dès lors tous les fils ; aussi chaque pensée de cette âme reconnaissante lui apparaissait transmise par un langage qui avait sur le langage humain l'avantage ou le désavantage de ne jamais mentir.

Bien plus, sortant du corps qui lui servait de prison au premier ordre de celui qui momentanément la dominait, cette âme courait le monde, se mêlait aux autres âmes, les sondait sans relâche, les fouillait impitoyablement, et faisait si bien que, comme le chien de chasse qui fait sortir le gibier du buisson dans lequel il se cache, s'y croyant en sûreté, elle finissait par faire sortir ce secret du cœur où il était enseveli, le poursuivait, le joignait, et finissait par le rapporter aux pieds du maître. Image assez fidèle du faucon ou de l'épervier bien dressé, qui va chercher sous les nuages, pour le compte du fauconnier son maître, le héron, la perdrix ou l'alouette désigné à sa féroce servilité.

De là, révélation d'une quantité de secrets merveilleux.

Madame de Duras avait retrouvé de la sorte un enfant volé en nourrice ; madame de Chantoné un chien anglais, gros comme le poing, pour lequel elle eût donné tous les enfants de la terre ; et monsieur de Vaudreuil une boucle de cheveux pour laquelle il eût donné la moitié de sa fortune.

Ces aveux avaient été faits par des *voyants* ou des *voyantes*, à la suite des opérations magnétiques du docteur Mesmer.

Aussi pouvait-on venir choisir, dans la maison de l'illustre docteur, les secrets les plus propres à exercer cette faculté de divination surnaturelle ; et madame de La Motte comptait bien, en assistant à une séance, rencontrer ce phénix de ses curieuses recherches, et découvrir, par son moyen, la propriétaire de la boîte qui faisait pour le moment l'objet de ses plus ardentes préoccupations.

Voilà pourquoi elle se rendait en si grande hâte dans la salle où les malades se réunissaient.

Cette salle, nous en demandons pardon à nos lecteurs, va demander une description toute particulière.

Nous l'aborderons franchement.

L'appartement se divisait en deux salles principales.

Lorsqu'on avait traversé les antichambres et exhibé les passe-ports nécessaires aux huissiers de service, on était admis dans un salon dont les fenêtres, hermétiquement fermées, interceptaient le jour et l'air dans le jour, le bruit et l'air pendant la nuit.

Au milieu du salon, sous un lustre dont les bougies ne donnaient qu'une clarté affaiblie et presque mourante, on remarquait une vaste cuve fermée par un couvercle.

Cette cuve n'avait rien d'élégant dans la forme. Elle n'était pas ornée ; nulle draperie ne dissimulait la nudité de ses flancs de métal.

C'était cette cuve que l'on appelait le baquet de Mesmer.

Quelle vertu renfermait ce baquet ? rien de plus simple à expliquer.

Il était presque entièrement rempli d'eau chargée de principes sulfureux, laquelle eau concentrait ses miasmes sous le couvercle pour en saturer à leur tour les bouteilles rangées méthodiquement au fond du baquet dans des positions inverses.

Il y avait ainsi croisement des courants mystérieux à l'influence desquels les malades devaient leur guérison.

Au couvercle était soudé un anneau de fer soutenant une longue corde, dont nous allons connaître la destination en jetant un coup d'œil sur les malades.

Ceux-ci, que nous avons vus entrer tout à l'heure dans l'hôtel, se tenaient, pâles et languissants, assis sur des fauteuils rangés autour de la cuve. Hommes et femmes entremêlés, indifférents, sérieux ou inquiets, attendaient le résultat de l'épreuve.

Un valet, prenant le bout de cette longue corde, attachée au couvercle du baquet, la roulait en anneau autour des membres malades, de telle sorte que tous, liés par la même chaîne, perçussent en même temps les effets de l'électricité contenue dans le baquet.

Puis, afin de n'interrompre aucunement l'action des fluides animaux transmis et modifiés à chaque nature, les malades avaient soin, sur la recommandation du docteur, de se toucher l'un l'autre, soit du coude, soit de l'épaule, soit des pieds, en sorte que le baquet sauveur envoyait simultanément à tous les corps sa chaleur et sa régénération puissantes.

Certes, c'était un curieux spectacle que celui de cette cérémonie médicale, et l'on ne s'étonnera pas qu'il excitât la curiosité parisienne à un si haut degré.

Vingt ou trente malades rangés autour de cette cuve; un valet muet comme les assistants et les enlaçant d'une corde, comme Laocoon et ses fils des replis de leurs serpents; puis cet homme lui-même se retirant d'un pas furtif, après avoir désigné aux malades les tringles de fer qui, s'emboîtant à certains trous de la cuve, devaient servir de conducteurs plus immédiatement locaux à l'action salutaire du fluide mesmérien.

Et d'abord, dès que la séance était ouverte, une certaine chaleur douce et pénétrante commençait à circuler dans le salon; elle amollissait les fibres un peu tendues des malades; elle montait, par degrés, du parquet au plafond, et bientôt se chargeait de parfums délicats, sous la vapeur desquels se penchaient, alourdis, les cerveaux les plus rebelles.

Alors on voyait les malades s'abandonner à l'impression toute voluptueuse de cette atmosphère, lorsque soudain une musique suave et vibrante, exécutée par des instruments et des musiciens invisibles, se perdait comme une douce flamme au milieu de ces parfums et de cette chaleur.

Pure comme le cristal au bord duquel elle prenait naissance, cette musique frappait les nerfs avec une puissance irrésistible. On eût dit un de ces bruits mystérieux et inconnus de la nature, qui étonnent et charment les animaux eux-mêmes; une plainte du vent dans les spirales sonores des rochers.

Bientôt aux sons de l'harmonica se joignaient des voix harmonieuses, groupées comme une masse de fleurs dont bientôt les notes éparpillées comme des feuilles allaient sur la tête des assistants.

Sur tous les visages, que la surprise avait animés d'abord, se peignait peu à peu la satisfaction matérielle, caressée par tous ses endroits sensibles. L'âme cédait; elle sortait de ce refuge où elle se cache quand les maux du corps l'assiégent, et, se répandant libre et joyeuse dans toute l'organisation, elle domptait la matière et se transformait.

C'était le moment où chacun des malades avait pris dans ses doigts une tringle de fer assujettie au couvercle du baquet et dirigeait cette tringle sur sa poitrine, son cœur ou sa tête, siége plus spécial de la maladie.

Qu'on se figure alors la béatitude remplaçant sur tous les visages la souffrance et l'anxiété, qu'on se représente l'assoupissement égoïste de ces satisfactions qui absorbent, le silence entrecoupé de soupirs qui pèse sur toute cette assemblée, et l'on aura l'idée la plus exacte possible de la scène que nous venons d'esquisser, à deux tiers de siècle du jour où elle avait lieu.

Maintenant quelques mots plus particuliers sur les acteurs.

Et d'abord les acteurs se divisaient en deux classes :

Les uns malades, peu soucieux de ce qu'on appelle le respect humain, limite fort vénérée des gens de condition médiocre, mais toujours franchie par les très-grands ou les très-petits; les uns, disons-nous, véritables acteurs, n'étaient venus dans ce salon que pour être guéris, et ils essayaient de tout leur cœur d'arriver à ce but.

Les autres, sceptiques ou simples curieux, ne souffrant d'aucune maladie, avaient pénétré dans la maison de Mesmer comme on entre dans un théâtre, soit qu'ils eussent voulu se rendre compte de l'effet éprouvé quand on entourait le baquet enchanté, soit que, simples spectateurs, ils eussent voulu simplement étudier ce nouveau système physique, et ne s'occupassent que de regarder les malades et même ceux qui partageaient la cure tout en se portant bien.

Parmi les premiers, fougueux adeptes de Mesmer, liés à sa doctrine par la reconnaissance peut-être, on distinguait une jeune femme d'une belle taille, d'une belle figure, d'une mise un peu extravagante, qui, soumise à l'action du fluide et s'appliquant à elle-même avec la tringle les plus fortes doses sur la tête et sur l'épigastre, commençait à rouler ses beaux yeux comme si tout languissait en elle, tandis que ses mains frissonnaient sous ces premières titillations nerveuses qui indiquent l'envahissement du fluide magnétique.

Lorsque sa tête se renversait en arrière sur le dossier du fauteuil, les assistants pouvaient regarder tout à leur aise ce front pâle, ces lèvres convulsives, et ce cou marbré peu à peu par le flux et le reflux plus rapide du sang.

Alors parmi les assistants, dont beaucoup tenaient avec étonnement les yeux fixés sur cette jeune femme, deux ou trois têtes, s'inclinant l'une vers l'autre, se communiquaient une idée étrange sans doute qui redoublait l'attention réciproque de ces curieux.

Au nombre de ces curieux était madame de La Motte, qui, sans crainte d'être reconnue, ou s'inquiétant peu de l'être, tenait à la main le masque de satin qu'elle avait posé sur son visage pour traverser la foule.

Au reste, par la façon dont elle s'était placée, elle échappait à peu près à tous les regards.

Elle se tenait près de la porte adossée à un pilastre, voilée par une draperie, et de là elle voyait tout sans être vue.

Mais, parmi tout ce qu'elle voyait, la chose qui lui paraissait la plus digne d'attention était sans doute la figure de cette jeune femme électrisée par le fluide mesmérien.

En effet, cette figure l'avait tellement frappée, que depuis plusieurs minutes elle restait à sa place, fixée par une irrésistible avidité de voir et de savoir.

— Oh! murmurait-elle sans détacher les yeux de la belle malade, c'est, à n'en pas douter, la dame de charité qui est venue chez moi l'autre soir, et qui est la cause singulière de tout l'intérêt que m'a témoigné monseigneur de Rohan.

Et bien convaincue qu'elle ne se trompait pas, désireuse du hasard qui faisait pour elle ce que les recherches n'avaient pu faire, elle s'approcha.

Mais en ce moment la jeune convulsionnaire ferma ses yeux, crispa sa bouche, et battit faiblement l'air avec ses deux mains.

Avec ses deux mains, qui, il faut bien le dire, n'étaient pas tout à fait ces mains fines et effilées, ces mains d'une blancheur de cire que madame de La Motte avait admirées chez elle quelques jours auparavant.

La contagion de la crise fut électrique chez la plupart des malades, le cerveau s'était saturé de bruits et de parfums. Toute l'irritation nerveuse était sollicitée. Bientôt, hommes et femmes, entraînés par l'exemple de leur jeune compagne, se mirent à pousser des soupirs, des murmures, des cris, et remuant bras, jambes et têtes, entrèrent franchement et irrésistiblement dans cet accès auquel le maître avait donné le nom de crise.

En ce moment, un homme parut dans la salle, sans que nul l'y eût vu entrer, sans que personne pût dire comment il y était entré.

Sortait-il de la cuve comme Phœbus? Apollon des eaux, était-il la vapeur embaumée et harmonieuse de la salle qui se condensait? Toujours est-il qu'il se trouva là subitement, et que son habit lilas, doux et frais à l'œil, sa belle figure pâle, intelligente et sereine, ne démentirent pas le caractère un peu divin de cette apparition.

Il tenait à la main une longue baguette, appuyée ou plutôt trempée pour ainsi dire au fameux baquet.

Il fit un signe; les portes s'ouvrirent, vingt robustes valets accoururent, et, saisissant avec une rapide adresse chacun des malades, qui commençaient à perdre l'équilibre sur leurs fauteuils, ils les transportèrent en moins d'une minute dans la salle voisine.

LE BAQUET DE MESMER.

Au moment où s'accomplissait cette opération, devenue intéressante surtout par le paroxysme de béatitude furieuse auquel s'abandonnait la jeune convulsionnaire, madame de La Motte, qui s'était avancée avec les curieux jusqu'à cette nouvelle salle destinée aux malades, entendit un homme s'écrier :

— Mais c'est elle, c'est bien elle !

Madame de La Motte se préparait à demander à cet homme :

— Qui, elle ?

Tout à coup deux dames entrèrent au fond de la première salle, appuyées l'une sur l'autre et suivies, à une certaine distance, d'un homme qui avait tout l'extérieur d'un valet de confiance, bien qu'il fût déguisé sous un habit bourgeois.

La tournure de ces deux femmes, de l'une d'elles surtout, frappa si bien la comtesse, qu'elle fit un pas vers elles.

En ce moment un grand cri, parti de la salle et échappé aux lèvres de la convulsionnaire, entraîna tout le monde de son côté.

Aussitôt l'homme qui avait déjà dit : « C'est elle! » et qui se trouvait près de madame de La Motte, s'écria d'une voix sourde et mystérieuse :

— Mais, Messieurs, regardez donc, c'est la reine.

A ce mot, Jeanne tressaillit.

— La reine ! s'écrièrent à la fois plusieurs voix effrayées et surprises. — La reine chez Mesmer ! — La reine dans une crise ! répétèrent d'autres voix. — Oh! disait l'un, c'est impossible. — Regardez, répondit l'inconnu avec tranquillité, connaissez-vous la reine, oui ou non ? — En effet, murmurèrent la plupart des assistants, la ressemblance est incroyable.

Madame de La Motte avait un masque comme toutes les femmes qui, en sortant de chez Mesmer, devaient se rendre au bal de l'Opéra. Elle pouvait donc questionner sans risque.

— Monsieur, demanda-t-elle à l'homme aux exclamations, lequel avait un corps volumineux, un visage plein et coloré avec des yeux étincelants et singulièrement observateurs, ne dites-vous pas que la reine est ici ? — Oh! Madame, c'est à n'en pas douter, répondit celui-ci. — Et où cela ? — Mais cette jeune femme que vous apercevez là-bas, sur des coussins violets, dans une crise si ardente qu'elle ne peut modérer ses transports, c'est la reine. — Mais sur quoi fondez-vous votre idée, Monsieur, que la reine est cette femme ? — Mais tout simplement sur ceci, Madame, que cette femme est la reine, répliqua imperturbablement le personnage accusateur.

Et il quitta son interlocutrice pour aller appuyer et propager la nouvelle dans les groupes.

Jeanne se détourna du spectacle presque révoltant que donnait l'épileptique. Mais à peine eût-elle fait quelques pas vers la porte, qu'elle se trouva face à face avec les deux dames qui, en attendant qu'elles passassent aux convulsionnaires, regardaient, non sans un vif intérêt, le baquet, les tringles et le couvercle.

A peine Jeanne eut-elle vu le visage de la plus âgée des deux dames, qu'elle poussa un cri à son tour.

— Qu'y a-t-il? demanda celle-ci.

Jeanne arracha vivement son masque.

— Me reconnaissez-vous? dit-elle.

La dame fit et presque aussitôt réprima un mouvement.

— Non, Madame, fit-elle avec un certain trouble. — Eh bien! moi! je vous reconnais, et je vais vous en donner une preuve.

Les deux dames, à cette interpellation, se serrèrent l'une contre l'autre avec effroi.

Jeanne tira de sa poche la boîte au portrait.

— Vous avez oublié cela chez moi, dit-elle. — Mais quand cela serait, Madame, demanda l'aînée, pourquoi tant d'émotion? — Je suis émue du danger que court ici Votre Majesté. — Expliquez-vous. — Oh! pas avant que vous ayez mis ce masque, Madame.

Et elle tendit son loup à la reine, qui hésitait, se croyant suffisamment cachée sous sa coiffe.

— De grâce! pas un instant à perdre, continua Jeanne. — Faites, faites, Madame, dit tout bas la seconde femme à la reine.

La reine mit machinalement le masque sur son visage.

— Et maintenant, venez, venez, dit Jeanne.

Et elle entraîna les deux femmes si vivement, qu'elles ne s'arrêtèrent qu'à la porte de la rue, où elles se trouvèrent au bout de quelques secondes.

— Mais enfin, dit la reine en respirant. — Votre Majesté n'a été vue de personne? — Je ne crois pas. — Tant mieux. — Mais enfin m'expliquerez-vous?... — Que, pour le moment, Votre Majesté en croie sa fidèle servante quand celle-ci vient de lui dire qu'elle court le plus grand danger. — Encore, ce danger, quel est-il? — J'aurai l'honneur de tout dire à Sa Majesté, si elle daigne un jour m'accorder une heure d'audience. Mais la chose est longue; Sa Majesté peut être connue, remarquée.

Et comme elle voyait que la reine manifestait quelque impatience.

— Oh! Madame, dit-elle à la princesse de Lamballe, joignez-vous à moi, je vous en supplie, pour obtenir que sa Majesté parte, et parte à l'instant même.

La princesse fit un geste suppliant.

— Allons, dit la reine, puisque vous le voulez.

Puis, se retournant vers madame de La Motte.

— Vous m'avez demandé une audience? dit-elle. — J'aspire à l'honneur de donner à Votre Majesté l'explication de ma conduite. — Eh bien! rapportez-moi cette boîte et demandez le concierge Laurent; il sera prévenu.

Et, se retournant vers la rue:

— *Kommen sie da, Weber!* cria-t-elle en allemand.

Un carrosse s'approcha avec rapidité; les deux princesses s'y élancèrent.

Madame de La Motte resta sur la porte jusqu'à ce qu'elle l'eût perdue de vue.

— Oh! dit-elle tout bas, j'ai bien fait de faire ce que j'ai fait; mais pour la suite... réfléchissons.

XX

MADEMOISELLE OLIVA

Pendant ce temps, l'homme qui avait signalé la prétendue reine aux regards des assistants frappait sur l'épaule d'un des spectateurs à l'œil avide, à l'habit râpé.

— Pour vous qui êtes journaliste, dit-il, le beau sujet d'article! — Comment cela? répondit le gazetier. — En voulez-vous le sommaire? — Volontiers. — Le voici: « Du danger qu'il y a de naître sujet d'un pays dont le roi est gouverné par la reine, laquelle reine aime les crises. »

Le gazetier se mit à rire.

— Et la Bastille? dit-il. — Allons donc! Est-ce qu'il n'y a pas les anagrammes, à l'aide desquelles on évite tous les censeurs royaux? Je vous demande un peu si jamais un censeur vous interdira de raconter l'histoire du prince Silou et de la princesse Etteniotna, souveraine de Narfec? Hein? qu'en dites-vous? — Oh! oui, s'écria le gazetier enflammé, l'idée est admirable. — Et je vous prie de croire qu'un chapitre intitulé: *Les crises de la princesse Etteniotna chez le fakir Remsem* obtiendrait un joli succès dans les salons. — Je le crois comme vous. — Allez donc, et rédigez-nous cela de votre meilleure encre.

Le gazetier serra la main de l'inconnu.

— Vous enverrai-je quelques numéros? dit-il; je le ferai avec bien du plaisir, s'il vous plaît de me dire votre nom. — Certes, oui! L'idée me ravit, et exécutée par vous elle gagnera cent pour cent. A combien tirez-vous ordinairement vos petits pamphlets? — Deux mille. — Rendez-moi donc un service? — Volontiers. — Prenez ces cinquante louis et faites tirer à six mille. — Comment! Monsieur; oh! mais vous me comblez... Que je sache au moins le nom d'un si généreux protecteur des lettres. — Je vous le dirai en faisant prendre chez vous un millier d'exemplaires à deux livres la pièce, dans huit jours, n'est-ce pas? — J'y travaillerai jour et nuit, Monsieur. — Et que ce soit divertissant. — A faire rire aux larmes tout Paris, excepté une personne. — Qui pleurera jusqu'au sang, n'est-ce pas? — Oh! Monsieur, que vous avez d'esprit! — Vous êtes bien bon. A propos, datez la publication de Londres. — Comme toujours. — Monsieur je suis bien votre serviteur.

Et le gros inconnu congédia le folliculaire, lequel, ses cinquante louis en poche, s'enfuit léger comme un oiseau de mauvais augure.

L'inconnu demeuré seul, ou plutôt sans compagnon, regarda encore, dans la salle des crises, la jeune femme dont l'extase avait fait place à une prostration absolue, et dont une femme de chambre affectée au service des dames en travail de crise abaissait chastement les jupes un peu indiscrètes.

Il remarqua dans cette délicate beauté ces traits fins et voluptueux, la grâce noble de ce sommeil abandonné; puis revenant sur ses pas:

— Décidément, dit-il, la ressemblance est effrayante. Dieu, qui l'a faite, avait ses desseins; il a condamné d'avance celle de là-bas, à qui celle-ci ressemble.

Au moment où il achevait de formuler cette pensée menaçante, la jeune femme se souleva lentement du milieu des coussins, et, s'aidant du bras d'un voisin réveillé déjà de l'extase, elle s'occupa de remettre un peu d'ordre dans sa toilette fort compromise.

Elle rougit un peu de voir l'attention que les assistants lui donnaient, répondit avec une politesse coquette aux questions graves et avenantes à la fois de Mesmer; puis étirant ses bras ronds et ses jolies jambes comme une chatte qui sort du sommeil, elle traversa les trois salons, récoltant, sans en perdre un seul, tous les regards, soit railleurs, soit convoiteurs, soit effarés, que lui envoyaient les assistants.

Mais ce qui la surprit au point de la faire sourire, c'est qu'en passant devant un groupe chuchotant dans un coin du salon, elle essuya, au lieu d'œillades mutines et de propos galants, une bordée de révérences si respectueuses, que nul courtisan français n'en eût trouvé de plus guindées et de plus sévères pour saluer sa reine. Et réellement ce groupe stupéfait et révérencieux avait été composé à la hâte par cet inconnu infatigable qui, caché derrière eux, leur disait à demi-voix:

— N'importe, Messieurs, n'importe, ce n'est pas moins la reine de France, saluons, saluons bas.

La petite personne, objet de tant de respect, franchit avec une sorte d'inquiétude le dernier vestibule et arriva dans la cour.

Là ses yeux fatigués cherchèrent un fiacre ou une chaise à porteurs : elle ne trouva ni l'un ni l'autre; seulement, au bout d'une minute d'indécision à peu près, lorsqu'elle posait déjà son pied mignon sur le pavé, un grand laquais s'approcha d'elle.

— La voiture de Madame? dit-il. — Mais, répliqua la jeune femme, je n'ai pas de voiture. — Madame est venue dans un fiacre? — Oui. — De la rue Dauphine? — Oui. — Je vais ramener Madame chez elle. — Soit, ramenez-moi, dit la petite personne d'un air fort délibéré, sans avoir conservé plus d'une minute l'espèce d'inquiétude que l'imprévu de cette proposition eût causée à toute autre femme.

Le laquais fit un signe auquel répondit aussitôt un carrosse de bonne apparence, qui vint recevoir la dame au péristyle.

Le laquais releva le marchepied, et cria au cocher :

— Rue Dauphine!

Les chevaux partirent avec rapidité; arrivés au Pont-Neuf, la petite dame, qui goûtait fort cette façon d'aller, comme dit La Fontaine, regrettait de ne pas loger au Jardin des Plantes.

La voiture s'arrêta. Le marchepied s'abaissa; déjà le laquais bien appris tendait la main pour recevoir le passe-partout à l'aide duquel rentraient chez eux les habitants des trente mille maisons de Paris qui n'étaient pas des hôtels et n'avaient ni concierge ni suisse.

Ce laquais ouvrit donc la porte pour ménager les doigts de la petite dame; puis, au moment où celle-ci pénétrait dans l'allée sombre, il salua et referma la porte.

Le carrosse se remit à rouler et disparut.

— En vérité! s'écria la jeune femme, voilà une agréable aventure. C'est bien galant de la part de monsieur de Mesmer. Oh! que je suis fatiguée. Il aura prévu cela. C'est un bien grand médecin.

En disant ces mots, elle était arrivée au deuxième étage de la maison, sur un palier commandé par deux portes.

Aussitôt qu'elle eut frappé, une vieille lui ouvrit.

— Oh! bonsoir, mère; le souper est-il prêt? — Oui, et même il refroidit. — Est-il là, *lui*? — Non, pas encore; mais le Monsieur y est. — Quel Monsieur? — Celui auquel vous avez besoin de parler ce soir. — Moi? — Oui, vous.

Ce colloque avait lieu dans une espèce de petite antichambre vitrée, qui séparait le palier d'une grande chambre donnant sur la rue.

Au travers du vitrage, on voyait distinctement la lampe qui éclairait cette chambre dont l'aspect était, sinon satisfaisant, du moins supportable.

De vieux rideaux, d'une soie jaune, que le temps avait veinés et blanchis par places, quelques chaises de velours d'Utrecht vert à côtes, et un grand chiffonnier à douze tiroirs en marqueterie, un vieux sofa jaune, telles étaient les magnificences de l'appartement.

Elle ne reconnut pas cet homme, mais nos lecteurs le reconnaîtront bien : c'était celui qui avait ameuté les curieux sur le passage de la prétendue reine, l'homme aux cinquante louis donnés pour le pamphlet.

Un cartel meublait la cheminée flanqué de deux potiches bleu-Japon visiblement fêlées.

La jeune femme ouvrit brusquement la porte vitrée et vint jusqu'au sofa, sur lequel elle vit assis fort tranquillement un homme d'une bonne mine, gras plutôt que maigre, qui jouait d'une fort belle main blanche avec un très-riche jabot de dentelle.

La jeune femme n'eut pas le temps de commencer l'entretien.

Ce singulier personnage fit une espèce de salut, moitié mouvement, moitié inclination, et attachant sur son hôtesse un regard brillant et plein de bienveillance :

— Je sais, dit-il, ce que vous allez me demander; mais je vous répondrai mieux en vous questionnant moi-même. Vous êtes mademoiselle Oliva? — Oui, Monsieur. — Charmante femme, très-nerveuse et très-éprise du système de monsieur Mesmer. — J'arrive de chez lui. — Fort bien! Cela ne vous explique pas, à ce que me disent vos beaux yeux, pourquoi vous me trouvez sur votre sofa, et voilà ce que vous désirez plus particulièrement connaître? — Vous avez deviné juste, Monsieur. — Voulez-vous me faire la grâce de vous asseoir? Si vous restiez debout, je serais forcé de me lever aussi, alors nous ne causerions plus commodément. — Vous pouvez vous flatter d'avoir des manières fort extraordinaires, répliqua la jeune femme que nous appellerons désormais mademoiselle Oliva, puisqu'elle daignait répondre à ce nom. — Mademoiselle, je vous ai vue tout à l'heure chez monsieur Mesmer; je vous ai trouvée telle que je vous souhaitais. — Monsieur! — Oh! ne vous alarmiez pas, Mademoiselle; je ne vous dis pas que je vous ai trouvée charmante; non, cela vous ferait l'effet d'une déclaration d'amour, et telle n'est pas mon intention. Ne reculez pas, je vous prie, vous allez me forcer de crier comme un sourd. — Que voulez-vous alors? fit naïvement Oliva. — Je sais, continua l'inconnu, que vous êtes habituée à vous entendre dire que vous êtes belle; moi, je le pense; d'ailleurs, j'ai autre chose à vous proposer. — Monsieur, en vérité, vous me parlez sur un ton... — Ne vous effarouchez donc pas avant de m'avoir entendu... Est-ce qu'il y a quelqu'un de caché ici? — Personne n'est caché, Monsieur, mais enfin... — Alors, si personne n'est caché, ne nous gênons pas pour parler... Que diriez-vous d'une petite association entre nous? — Une association... Vous voyez bien... — Voilà encore que vous confondez. Je ne vous dis pas liaison, je vous dis association. Je ne vous dis pas amour, je vous dis affaires. — Quelle sorte d'affaires? demanda Oliva, dont la curiosité se trahissait par un véritable ébahissement. — Qu'est-ce que vous faites toute la journée? — Mais... — Ne craignez point; je ne suis point pour vous blâmer; dites-moi ce qu'il vous plaira. — Je ne fais rien, ou du moins je fais le moins possible. — Vous êtes paresseuse? — Oh! — Très-bien. — Ah! vous dites très-bien? — Sans doute. Qu'est-ce que cela me fait à moi que vous soyez paresseuse! Aimez-vous à vous promener? — Beaucoup. — A courir les spectacles, les bals? — Toujours. — A bien vivre? — Surtout. — Si je vous donnais vingt-cinq louis par mois, me refuseriez-vous? — Monsieur! — Ma chère demoiselle Oliva, voilà que vous recommencez à douter. Il était pourtant convenu que vous ne vous effaroucheriez pas. J'ai dit vingt-cinq louis comme j'aurais dit cinquante. — J'aimerais mieux cinquante que vingt-cinq; mais ce que j'aime encore mieux que cinquante, c'est le droit de choisir mon amant. — Morbleu! je vous ai déjà dit que je ne voulais pas être votre amant. Tenez-vous donc l'esprit en repos. — Alors, morbleu! aussi, que voulez-vous que je fasse pour gagner vos cinquante louis? — Avons-nous dit cinquante? — Oui. — Soit, cinquante. Vous me recevrez chez vous, vous me ferez le meilleur visage possible, vous me donnerez le bras quand je le désirerai, vous m'attendrez où je vous dirai de m'attendre. — Mais j'ai un amant, Monsieur. — Eh bien! après? — Comment, après? — Oui... chassez-le, pardieu! — Oh! l'on ne chasse pas Beausire comme on veut. — Voulez-vous que je vous y aide? — Non, je l'aime. — Oh! — Un peu. — C'est précisément trop. — C'est comme cela. — Alors, passe pour le Beausire. — Vous êtes commode, Monsieur. — A charge de revanche; les conditions vous vont-elles? — Elles me vont si vous me les avez dites au complet. — Écoutez donc, ma chère, j'ai dit tout ce que j'ai à dire pour le moment. — Parole d'honneur? — Parole d'honneur! Mais cependant vous comprenez une chose... — Laquelle? — C'est que si, par hasard, j'avais besoin que vous fussiez réellement ma maîtresse. — Ah! voyez-vous! On n'a jamais besoin de cela, Monsieur. — Mais de le paraître? — Oh! pour cela, passe encore. — Eh bien! c'est dit. — Tope. — Voici le premier mois d'avance.

Il lui tendit un rouleau de cinquante louis, sans même effleurer le bout de ses doigts. Et comme elle hésitait, il le lui glissa dans la poche de sa robe, sans même frôler de la main cette hanche, si ronde et si mobile que les fins gourmets de l'Espagne ne l'eussent pas dédaignée comme lui.

A peine l'or avait-il touché le fond de la poche, que deux coups secs, frappés à la porte de la rue, firent bondir Oliva vers la fenêtre.

— Bon Dieu! s'écria-t-elle, sauvez-vous vite, c'est lui. — Lui. Qui? — Beausire... mon amant... Remuez-vous donc, Monsieur. — Ah! ma foi! tant pis! — Comment, tant pis! Mais il va vous mettre en pièces. — Bah! — Entendez-vous comme il frappe; il va enfoncer la porte. — Faites-lui ouvrir. Que diable! aussi, pourquoi ne lui donnez-vous pas de passe-partout?

Et l'inconnu s'étendit sur le sofa en disant tout bas :

— Il faut que je voie ce drôle et que je le juge.

Les coups continuaient; ils s'entrecoupaient d'affreux jurons qui montaient bien plus haut que le deuxième étage.

— Allez, mère, allez ouvrir, dit Oliva toute furieuse. Et quant à vous, Monsieur, tant pis s'il vous arrive un malheur. — Comme vous dites, tant pis! répliqua l'impassible inconnu sans bouger du sofa.

Oliva écoutait, palpitante, sur le palier.

XXI

MONSIEUR DE BEAUSIRE

Oliva se jeta au-devant d'un homme furieux qui, les deux mains étendues, le visage pâle, les habits en désordre, faisait invasion dans l'appartement en poussant de rauques imprécations.

— Beausire! voyons! Beausire, dit-elle d'une voix qui n'était pas assez épouvantée pour faire tort au courage de cette femme. — Lâchez-moi! cria le nouveau venu en se débarrassant avec brutalité des étreintes d'Oliva.

Et il se mit à continuer sur un ton agressif.

— Ah! c'est parce qu'il y avait ici un homme qu'on ne m'ouvrait pas la porte! Ah! ah!

L'inconnu, nous le savons, était demeuré sur le sofa dans une attitude calme et immobile, que monsieur Beausire dut prendre pour de l'indécision ou même de l'effroi.

Il arriva en face de l'homme avec des grincements de dents de mauvais augure.

— Je suppose que vous me répondrez, Monsieur? dit-il. — Qu'est-ce que vous voulez que je vous dise, mon cher monsieur Beausire? répliqua l'inconnu. — Que faites-vous ici? et d'abord qui êtes-vous? — Je suis un homme très-tranquille à qui vous faites des yeux effrayants, et puis, je causais avec Madame en tout bien tout honneur. — Mais oui, certainement, murmura Oliva, en tout bien tout honneur. — Tâchez de vous taire, vous, vociféra Beausire. — Là, là! dit l'inconnu, ne rudoyez pas ainsi Madame qui est parfaitement innocente; et si vous avez de la mauvaise humeur... — Oui, j'en ai. — Il aura perdu au jeu, dit à demi voix Oliva. — Je suis dépouillé, mort de tous les diables! hurla Beausire. — Et vous ne seriez pas fâché de dépouiller un peu quelqu'un, dit en riant l'inconnu; cela se conçoit, cher monsieur Beausire. — Trêve de mauvaises plaisanteries, vous! Et faites-moi le plaisir de déguerpir d'ici. — Oh! monsieur Beausire, de l'indulgence! — Mort de tous les diables de l'enfer! levez-vous et partez, ou je brise le sofa et tout ce qu'il y a dessus. — Vous ne m'aviez pas dit, Mademoiselle, que monsieur Beausire avait de ces lunes rousses. Tudieu! quelle férocité!

Beausire, exaspéré, fit un grand mouvement de comédie, et pour tirer l'épée décrivit avec ses bras et la lame un cercle d'au moins dix pieds de circonférence.

— Encore un coup, dit-il, levez-vous, ou sinon je vous cloue sur le dossier. — En vérité, on n'est pas plus désagréable, répondit l'inconnu en faisant doucement, et de sa seule main gauche, sortir du fourreau la petite épée qu'il avait mise en verrouil derrière lui sur le sofa.

Oliva poussa des cris perçants.

— Ah! Mademoiselle, Mademoiselle, taisez-vous, dit l'homme tranquille qui avait enfin l'épée au poing sans s'être levé de son siége; taisez-vous, car il arrivera deux choses: la première, c'est que vous étourdirez monsieur Beausire et qu'il se fera embrocher; la seconde, c'est que le guet montera, vous frappera, et vous mènera droit à Saint-Lazare.

Oliva remplaça les cris par une pantomime des plus expressives.

Ce spectacle était curieux. D'un côté, monsieur Beausire débraillé, aviné, tremblant de rage, bourrait des coups droits sans portée, sans tactique, à un adversaire impénétrable.

De l'autre, un homme assis sur le sofa, une main le long du genou, l'autre armée, parant avec agilité, sans secousses, et riant de façon à épouvanter saint Georges lui-même.

L'épée de Beausire n'avait pu un seul instant garder la ligne, ballotée qu'elle était toujours par les parades de l'adversaire.

Beausire commençait à se fatiguer, à souffler, mais la colère avait fait place à une terreur involontaire; il réfléchissait que si cette épée complaisante voulait s'allonger, se fendre dans un dégagement, c'en était fait de lui, Beausire. L'incertitude le prit, il rompit, et ne donna plus que sur le faible de l'épée de l'adversaire. Celui-ci le prit vigoureusement en tierce, lui enleva l'épée de la main, et la fit voler comme une plume. L'épée fila par la chambre, traversa une vitre de la fenêtre, et disparut au dehors.

Beausire ne savait plus quelle contenance garder.

— Eh! monsieur Beausire, dit l'inconnu, prenez donc garde, si votre épée tombe par la pointe, et qu'il passe quelqu'un dessous, voilà un homme mort!

Beausire, rappelé à lui, courut à la porte et se précipita par les montées pour rattraper son arme et prévenir un malheur qui l'eût brouillé avec la police.

Pendant ce temps, Oliva saisit la main du vainqueur et lui dit :

— Oh! Monsieur, vous êtes très-brave; mais monsieur Beausire est traître, et puis vous me compromettez en restant; lorsque vous serez parti, certainement il me battra. — Je reste alors. — Non, non, par grâce; quand il me bat, je le bats aussi, et je suis toujours la plus forte; mais c'est parce que je n'ai rien à ménager. Retirez-vous, je vous prie. — Faites donc bien attention à une chose, ma toute belle; c'est que si je pars, je le trouverai en bas ou me guettant dans l'escalier; on se rebattra; sur un escalier on ne pare pas toujours double contre de quarte, double contre de tierce et demi-cercle, comme sur un canapé. — Alors? — Alors je tuerai maître Beausire ou il me tuera. — Grand Dieu! c'est vrai; nous aurions un bel esclandre dans la maison. — C'est à éviter; donc, je reste. — Pour l'amour du ciel! sortez : vous monterez à l'étage supérieur jusqu'à ce qu'il soit rentré. Lui, croyant vous retrouver ici, ne cherchera nulle part. Une fois qu'il aura mis le pied dans l'appartement, vous m'entendrez fermer la porte à double tour. C'est moi qui aurai emprisonné mon homme et mis la clé dans ma poche. Prenez alors votre retraite pendant que je me battrai courageusement pour occuper le temps. — Vous êtes une charmante fille; au revoir. — Au revoir! quand cela? — Cette nuit, s'il vous plaît. — Comment, cette nuit! Êtes-vous fou? — Pardi! oui, cette nuit. Est-ce qu'il n'y a pas bal à l'Opéra ce soir? — Songez donc qu'il est déjà minuit. — Je le sais bien, mais que m'importe. — Il faut des dominos. — Beausire en ira chercher, si vous avez su le battre. — Vous avez raison, dit Oliva en riant. — Et voilà dix louis pour les costumes, dit l'inconnu en riant aussi. — Adieu! adieu! Merci!

Et elle le poussa vers le palier.

— Bon! il referme la porte d'en bas, dit l'inconnu. — Ce n'est qu'un pène et un verrou à l'intérieur. Adieu! Il monte. — Mais si par hasard vous étiez battue, vous, comment me le ferez-vous dire?

Elle réfléchit.

— Vous devez avoir des valets? dit-elle. — Oui, j'en mettrai un sous vos fenêtres. — Très-bien, et il regardera en l'air jusqu'à ce qu'il lui tombe un petit billet sur le nez. — Soit. Adieu.

L'inconnu monta aux étages supérieurs. Rien n'était plus facile, l'escalier était sombre, et Oliva, en interpellant à haute voix Beausire, couvrait le bruit des pas de son nouveau complice.

— Arriverez-vous, enragé, criait-elle à Beausire, qui ne remontait pas sans faire de sérieuses réflexions sur la supériorité morale et physique de cet intrus, si insolemment emménagé dans le domicile d'autrui.

Il parvint cependant à l'étage où l'attendait Oliva. Il avait l'épée au fourreau, il ruminait un discours.

Oliva le prit par les épaules, le poussa dans l'antichambre, et referma la porte à double tour comme elle l'avait promis.

L'inconnu, en se retirant, put entendre le commencement d'une lutte dans laquelle brillaient par leur son éclatant, comme les cuivres dans l'orchestre, ces sortes de horions qui s'appellent vulgairement et par onomatopée des claques.

Aux claques se mêlaient des cris et des reproches. La voix de Beausire tonnait, celle d'Oliva étonnait. Qu'on nous passe ce mauvais jeu de mots, car il rend au complet notre idée.

— En effet, disait l'inconnu en s'éloignant, on n'eût jamais pu croire que cette femme, si stupéfiée tout à l'heure par l'arrivée du maître, possédât une pareille faculté de résistance.

L'inconnu ne perdit pas de temps à suivre la fin de la scène.

— Il y a trop de chaleur au début, dit-il, pour que le dénouement soit éloigné.

Il tourna l'angle de la petite rue d'Anjou-Dauphine, dans laquelle il trouva son carrosse qui l'attendait, et qui s'était remisé à reculons dans cette ruelle.

Il dit un mot à un de ses gens, qui se détacha, vint prendre position en face des fenêtres d'Oliva, et se blottit dans l'ombre épaisse d'une petite arcade surplombant l'allée d'une maison antique.

Ainsi placé, l'homme qui voyait les fenêtres éclairées put juger par la mobilité des silhouettes de tout ce qui se passait dans l'intérieur.

Ces images, d'abord très-agitées, finirent par se calmer un peu. Enfin, il n'en resta plus qu'une.

XXII

L'OR

Voici ce qui s'était passé derrière ces rideaux :

D'abord Beausire avait été surpris de voir fermer cette porte au verrou.

Ensuite surpris d'entendre crier si haut mademoiselle Oliva.

Enfin plus surpris encore d'entrer dans la chambre et de n'y plus trouver son farouche rival.

Perquisitions, menaces, appel : puisque l'homme se cachait, c'est qu'il avait peur ; s'il avait peur, c'est que Beausire triomphait.

Oliva le força de cesser ses recherches et de répondre à ses interrogations.

Beausire, un peu rudoyé, prit le haut ton à son tour.

Oliva, qui savait ne plus être coupable, puisque le corps du délit avait disparu, *Quia corpus delicti aberat*, comme dit le texte ; Oliva cria si haut que, pour la faire taire, Beausire lui appliqua la main sur la bouche, ou voulut la lui appliquer.

Mais il se trompa ; Oliva comprit autrement le geste tout persuasif et conciliateur de Beausire. A cette main rapide qui se dirigeait vers son visage, elle opposa une main aussi adroite, aussi légère que l'était naguère l'épée de l'inconnu.

Cette main para quarte et tierce subitement et se porta en avant, à fond, et frappa sur la joue de Beausire.

Beausire riposta sur une flanconnade de la main droite un coup qui abattit les deux mains d'Oliva, et lui fit rougir la joue gauche avec un bruit scandaleux.

C'était le passage de la conversation qu'avait saisi l'inconnu au moment de son départ.

Une explication commencée de la sorte amène vite, disons-nous, un dénouement ; toutefois, le dénouement, si bon qu'il soit à présenter, a besoin, pour être dramatique, d'une foule de préparations.

Oliva répondit au soufflet de Beausire par un projectile lourd et dangereux : une cruche de faïence ; Beausire riposta au projectile par le moulinet d'une canne, qui brisa plusieurs tasses, écorna une bougie, et finit par rencontrer l'épaule de la jeune femme.

Celle-ci, furieuse, bondit sur Beausire et l'étreignit au gosier. Force fut au malheureux de saisir ce qu'il put trouver de la menaçante Oliva.

Il déchira une robe. Oliva, sensible à cet affront et à cette perte, lâcha prise et envoya Beausire rouler au milieu de la chambre. Il se releva écumant.

Mais comme la valeur d'un ennemi se mesure sur la défense, et que la défense se fait toujours respecter, même du vainqueur, Beausire, qui avait conçu beaucoup de respect pour Oliva, reprit la conversation verbale où il l'avait laissée.

— Vous êtes, dit-il, une méchante créature; vous me ruinez. — C'est vous qui me ruinez, dit Oliva. — Oh! je la ruine. Elle n'a rien. — Dites que je n'ai plus rien. Dites que vous avez vendu et mangé, bu ou joué tout ce que j'avais. — Et vous osez me reprocher ma pauvreté? — Pourquoi êtes-vous pauvre? C'est un vice. — Je vous corrigerai de tous les vôtres d'un seul coup. — En me battant?

Et Oliva brandit une pincette fort lourde dont l'aspect fit reculer Beausire.

— Il ne vous manquait plus, dit-il, que de prendre des amants. — Et vous, comment appelez-vous toutes ces misérables qui s'asseyent à vos côtés dans les tripots où vous passez vos jours et vos nuits? — Je joue pour vivre. — Et vous y réussissez joliment; nous mourons de faim; charmante industrie, ma foi! — Et vous, avec la vôtre, vous êtes forcée de pleurer quand on vous déchire une robe, parce que vous n'avez pas le moyen d'en acheter une autre. Belle industrie, pardieu! — Meilleure que la vôtre! s'écria Oliva furieuse, et en voici la preuve!

Et elle saisit dans sa poche une poignée d'or qu'elle jeta tout au travers de la chambre.

Les louis se mirent à rouler sur leurs disques et à trembler sur leurs faces, les uns se cachant sous les meubles, les autres continuant leurs évolutions sonores jusque sous les portes; les autres enfin, s'arrêtant à plat, fatigués, et faisant reluire leurs effigies comme des paillettes de feu.

Lorsque Beausire entendit cette pluie métallique tinter sur le bois des meubles et sur le carreau de la chambre, il fut saisi comme d'un vertige, nous devrions plutôt dire comme d'un remords.

— Des louis, des doubles louis, s'écria-t-il atterré.

Oliva tenait dans sa main une autre poignée de ce métal. Elle le lança dans le visage et les mains ouvertes de Beausire, qui en fut aveuglé.

— Oh! oh! fit-il encore. Est-elle riche, cette Oliva! — Voilà ce que me rapporte mon industrie, répliqua cyniquement la créature en repoussant à la fois d'un grand coup de sa mule, et l'or qui jonchait le plancher, et Beausire qui s'agenouillait pour ramasser l'or. — Seize, dix-sept, dix-huit, disait Beausire pantelant de joie. — Misérable! grommela Oliva. — Dix-neuf, vingt-et-un, vingt-deux. — Lâche! — Vingt-trois, vingt-quatre, vingt-six. — Infâme!

Soit qu'il eût entendu, soit qu'il eût rougi sans entendre, Beausire se releva.

— Ainsi, dit-il, d'un ton si sérieux que rien ne pouvait en égaler le comique, ainsi, Mademoiselle, vous faisiez des économies en me privant du nécessaire. Ainsi, continua le drôle, vous me laissez courir avec des bas fanés, avec un chapeau roux, avec des doublures sciées et éventrées, tandis que vous gardez des louis dans votre cassette. D'où viennent ces louis? de la vente que je fis de mes hardes en associant ma triste destinée à la vôtre. — Coquin! murmura tout bas Oliva.

Et elle lui lança un regard plein de mépris. Il ne s'en effaroucha pas.

— Je vous pardonne, dit-il, non pas votre avarice, mais votre économie. — Et vous vouliez me tuer tout à l'heure! — J'avais raison tout à l'heure, j'aurais tort à présent. — Pourquoi? s'il vous plaît. — Parce qu'à présent, vous êtes une vraie ménagère, vous rapportez au ménage. — Je vous dis que vous êtes un misérable. — Ma petite Oliva! — Et que vous allez me rendre cet or. — Oh! ma chérie! — Vous allez me le rendre, sinon je vous passe votre épée au travers du corps. — Oliva! — C'est oui ou non. — C'est non, Oliva, je ne consentirai jamais que tu me traverses le corps. — Ne remuez pas, ou vous êtes traversé. L'argent? — Donnez-le-moi. — Ah! lâche! ah! créature avilie! vous mendiez, vous sollicitez les bienfaits de ma mauvaise conduite! Ah! voilà ce qu'on appelle un homme; je vous ai toujours méprisés, tous méprisés, entendez-vous bien? plus encore celui qui donne que celui qui reçoit. — Celui qui donne, répartit gravement Beausire, peut donner, il est heureux. Moi aussi, je vous ai donné, Nicole. — Je ne veux pas qu'on m'appelle Nicole. — Pardon, Oliva. Je disais donc que je vous avais donné lorsque je pouvais. — Belles largesses, des boucles d'argent, six louis d'or, deux robes de soie, trois mouchoirs brodés! — C'est beaucoup pour un soldat. — Taisez-vous; ces boucles, vous les aviez volées à quelqu'autre pour me les offrir; ces louis d'or, on vous les avait prêtés, vous ne les avez jamais rendus; les robes de soie... — Oliva! Oliva! — Rendez-moi mon argent. — Que veux-tu en retour? — Le double. — Eh bien! soit, dit le coquin avec gravité. Je vais aller jouer rue de Bussy; je te rapporte, non pas le double, mais le quintuple.

Il fit deux pas vers la porte. Elle le saisit par la basque de son habit trop mûr.

— Allons! bien, fit-il, l'habit est déchiré. — Tant mieux, vous en aurez un neuf. — Six louis! Oliva, six louis. Heureusement que rue de

Bussy les banquiers et les pontes ne sont pas rigoureux sur l'article de la toilette.

Oliva saisit tranquillement l'autre basque de l'habit et l'arracha. Beausire devint furieux.

— Mort de tous les diables! s'écria-t-il, tu vas te faire tuer. Voilà-t-il pas que la drôlesse me déshabille. Je ne puis plus sortir d'ici, moi. — Au contraire, vous allez sortir tout de suite. — Ce serait curieux, sans habit. — Vous mettrez la redingote d'hiver. — Trouée, rapiécée! — Vous ne la mettrez pas, si cela vous plaît mieux, mais vous sortirez. — Jamais.

Oliva prit dans sa poche ce qui lui restait d'or, une quarantaine de louis environ, et les fit sauter entre ses deux mains rassemblées.

Beausire faillit devenir fou; il s'agenouilla encore une fois.

— Ordonne, dit-il, ordonne. — Vous allez courir au Capucin-Magique, rue de Seine, on y vend des dominos pour le bal masqué. — Eh bien? — Vous m'en achèterez un complet, masque et bas pareils. — Bon. — Pour vous, un noir; pour moi, un blanc de satin! — Oui. — Et je ne vous donne que vingt minutes pour cela. — Nous allons au bal? — Au bal. — Et tu me conduis au boulevard souper? — Certes; mais à une condition. — Laquelle? — Si vous êtes obéissant. — Oh! toujours, toujours. — Allons donc, montrez votre zèle. — Je cours. — Comment, vous n'êtes pas encore parti? — Mais la dépense... — Vous avez vingt-cinq louis. — Comment, j'ai vingt-cinq louis? Et où prenez-vous cela? — Mais ceux que vous avez ramassés. — Oliva, Oliva, ce n'est pas bien. — Que voulez-vous dire? — Oliva, vous me les aviez donnés. — Je ne dis pas que vous ne les aurez pas; mais si je vous les donnais à présent, vous ne reviendriez pas. Allez donc, et revenez vite. — Elle a pardieu! raison, dit le coquin un peu confus. C'était mon intention de ne pas revenir. — Vingt-cinq minutes, entendez-vous, cria-t-elle. — J'obéis.

C'est à ce moment que le valet, placé en embuscade dans la niche située en face des fenêtres, vit un des deux interlocuteurs disparaître.

C'était monsieur Beausire, lequel sortit avec un habit sans basque, derrière lequel l'épée se balançait insolemment, tandis que la chemise boursoufflait sous la veste comme au temps de Louis XII.

Tandis que le vaurien gagnait du côté de la rue de Seine, Oliva écrivit rapidement sur un papier ces mots qui résumaient tout l'épisode :

« La paix est signée, le partage est fait, le bal adopté. A deux heures nous serons à l'Opéra. J'aurai un domino blanc, et sur l'épaule gauche un ruban de soie bleue. »

Oliva roula le papier autour d'un débris de la cruche de faïence, aventura la tête par la fenêtre, et jeta le billet dans la rue.

Le valet fondit sur sa proie, la ramassa et s'enfuit.

Il est à peu près certain que monsieur Beausire ne resta pas plus de trente minutes à revenir, suivi de deux garçons tailleurs qui apportaient, au prix de dix-huit louis, deux dominos d'un goût exquis, comme on les fait au Capucin-Magique, chez le bon faiseur, fournisseur de Sa Majesté la reine et des dames d'honneur.

XXIII

LA PETITE MAISON

Nous avons laissé madame de La Motte sur la porte de l'hôtel, suivant des yeux la voiture de la reine, qui disparaissait rapidement.

Quand sa forme cessa d'être visible, quand son roulement cessa d'être distinct, Jeanne remonta à son tour dans son remise, et rentra chez elle pour prendre un domino et un autre masque, et pour voir en même temps si rien de nouveau ne s'était passé à son domicile.

Madame de La Motte s'était promis pour cette bienheureuse nuit un rafraîchissement à toutes les émotions du jour. Elle avait résolu, une fois, en femme forte qu'elle était, de faire le garçon, comme on dit vulgairement et expressivement, et de s'en aller en conséquence respirer toute seule les délices de l'imprévu.

Mais un contretemps l'attendait au premier pas qu'elle faisait dans cette route si séduisante pour les imaginations vives et longtemps contenues.

En effet, un grison l'attendait chez le concierge.

Ce grison appartenait à monsieur le prince de Rohan, et était porteur, de la part de Son Éminence, d'un billet conçu en ces termes :

« Madame la comtesse,

« Vous n'avez pas oublié sans doute que nous avons des affaires à ré-
« gler ensemble. Peut-être avez-vous la mémoire brève ; moi je n'ou-
« blie jamais ce qui m'a plu.

« J'ai l'honneur de vous attendre là où le porteur vous conduira, si
« vous le voulez bien. »

La lettre était signée de la croix pastorale.

Madame de La Motte, d'abord contrariée de ce contretemps, réfléchit un instant et prit son parti avec cette rapidité de décision qui la caractérisait.

—Montez avec mon cocher, dit-elle au grison, ou donnez-lui l'adresse.

Le grison monta avec le cocher, madame de La Motte dans la voiture.

Dix minutes suffirent pour mener la comtesse à l'entrée du faubourg Saint-Antoine, dans un renfoncement nouvellement aplani, où de grands arbres, vieux comme le faubourg lui-même, cachaient à tous les yeux une de ces jolies maisons bâties sous Louis XV, avec le goût extérieur du xvie siècle et le confort incomparable du xviiie.

— Oh! oh! une petite maison, murmura la comtesse : c'est bien naturel de la part d'un grand prince, mais bien humiliant pour une Valois. Enfin!

Ce mot, dont la résignation a fait un soupir, ou l'impatience une exclamation, décelait tout ce qui sommeillait de dévorante ambition et de folle convoitise dans son esprit.

Mais elle n'eut pas plus tôt dépassé le seuil de l'hôtel que sa résolution était prise.

On la mena de chambre en chambre, c'est-à-dire de surprises en surprises, jusqu'à une petite salle à manger du goût le plus exquis.

Elle y trouva le cardinal seul et l'attendant.

Son Éminence feuilletait des brochures qui ressemblaient fort à une collection de ces pamphlets qui pleuvaient par milliers à cette époque, quand le vent venait d'Angleterre ou de la Hollande.

A sa vue il se leva.

— Ah! vous voici, merci, madame la comtesse, dit-il.

Et il s'approcha pour lui baiser la main.

La comtesse recula d'un air dédaigneux et blessé.

— Quoi donc! fit le cardinal, et qu'avez-vous, Madame? — Vous n'êtes pas accoutumé, n'est-ce pas, Monseigneur, à voir une pareille figure aux femmes à qui Votre Éminence fait l'honneur de les appeler ici. — Oh! madame la comtesse. — Nous sommes dans votre petite maison, n'est-ce pas, Monseigneur? dit la comtesse en jetant autour d'elle un regard dédaigneux. — Mais, Madame... — J'espérais, Monseigneur, que Votre Éminence daignerait se rappeler dans quelle condition je suis née. J'espérais que Votre Éminence daignerait se souvenir que si Dieu m'a faite pauvre, il m'a laissé au moins l'orgueil de mon rang.

— Allons, allons, comtesse, je vous avais prise pour une femme d'esprit, dit le cardinal. — Vous appelez femme d'esprit, à ce qu'il paraît, Monseigneur, toute femme indifférente, qui rit à tout, même au déshonneur; à ces femmes, j'en demande pardon à Votre Éminence, j'ai pris l'habitude, moi, de donner un autre nom. — Non pas, comtesse, vous vous trompez; j'appelle femme d'esprit toute femme qui écoute quand on lui parle, ou qui ne parle pas avant d'avoir écouté. — J'écoute, voyons. — J'avais à vous entretenir d'objets sérieux. — Et vous m'avez fait venir pour cela dans une salle à manger? — Mais, oui; eussiez-vous mieux aimé que je vous attendisse dans un boudoir, comtesse? — La distinction est délicate. — Je le crois ainsi, comtesse. — Ainsi, il ne s'agit que de souper avec Monseigneur. — Pas autre chose. — Que Votre Éminence soit persuadée que je ressens cet honneur comme je le dois. — Vous raillez, comtesse? — Non, je ris. — Vous riez? — Oui. Aimez-vous mieux que je me fâche? Ah! vous êtes d'humeur difficile, Monseigneur, à ce qu'il paraît. — Oh! vous êtes charmante quand vous riez, et je ne demanderais rien de mieux que de vous voir rire toujours. Mais vous ne riez pas en ce moment. Oh! non, non; il y a de la colère derrière ces belles lèvres qui montrent les dents. — Pas le moins du monde, Monseigneur, et la salle à manger me rassure. — A la bonne heure! — Et j'espère que vous y souperez bien. — Comment, que j'y souperai bien. Et vous? — Moi, je n'ai pas faim. — Comment, Madame, vous me refusez à souper? — Plaît-il? — Vous me chassez? — Je ne vous comprends pas, Monseigneur. — Écoutez, chère comtesse. — J'écoute. — Si vous étiez moins courroucée, je vous dirais que vous avez beau faire, vous ne pouvez pas vous empêcher d'être charmante; mais comme à chaque compliment je crains d'être congédié, je m'abstiens. — Vous craignez d'être congédié. En vérité, Monseigneur, j'en demande pardon à Votre Éminence, mais vous devenez inintelligible. — C'est pourtant limpide ce qui se passe. — Excusez mon éblouissement, Monseigneur. — Eh bien! l'autre jour vous m'avez reçu avec beaucoup de gêne; vous trouviez que vous étiez logée d'une façon peu convenable pour une personne de votre rang et de votre nom. Cela m'a forcé d'abréger ma visite; cela, en outre, vous a rendue un peu froide avec moi. J'ai pensé alors que vous remettre dans votre milieu, dans vos conditions de vivre, c'était rendre l'air à l'oiseau que le physicien place sous la machine pneumatique. — Et alors? demanda la comtesse avec anxiété, car elle commençait à comprendre. — Alors, belle comtesse, pour que vous puissiez me recevoir avec franchise, pour que de mon côté je puisse venir vous visiter sans me compromettre, ou vous compromettre vous-même...

Le cardinal regardait fixement la comtesse.

— Eh bien? demanda celle-ci. — Eh bien! j'ai espéré que vous daigneriez accepter cette étroite maison. Vous comprenez, comtesse, je ne dis pas petite maison. — Accepter, moi? Vous me donnez cette maison, Monseigneur? s'écria la comtesse dont le cœur battait à la fois d'orgueil et d'avidité. — Bien peu de chose, comtesse, trop peu; mais si je vous donnais plus, vous n'eussiez point accepté. — Oh! ni plus ni moins, Monseigneur, dit la comtesse. — Vous dites? Madame. — Je dis qu'il est impossible que j'accepte un pareil don. — Impossible! Et pourquoi? — Mais parce que c'est impossible, tout simplement. — Oh! ne prononcez pas ce mot-là près de moi, comtesse. — Pourquoi? — Parce que je ne veux pas y croire près de vous. — Monseigneur!... — Madame, la maison vous appartient, les clés sont là sur un plat de vermeil. Je vous traite comme un triomphateur. Voyez-vous encore une humiliation dans cela? — Non, mais... — Voyons, acceptez. — Monseigneur, je vous l'ai dit. — Comment, Madame, vous écrivez aux ministres pour solliciter une pension; vous acceptez cent louis de deux dames inconnues, vous! — Oh! Monseigneur, c'est bien différent. Qui reçoit... — Qui reçoit oblige, comtesse, dit noblement le prince. Voyez, je vous ai attendue dans votre salle à manger; je n'ai pas même vu ni le boudoir, ni les salons, ni les chambres; seulement je suppose qu'il y a tout cela. — Oh! Monseigneur, pardon; car vous me forcez d'avouer qu'il n'existe pas d'homme plus délicat que vous.

Et la comtesse, si longtemps contenue, rougit de plaisir en songeant qu'elle allait pouvoir dire : Ma maison.

Puis, voyant tout à coup qu'elle se laissait entraîner, à un geste que fit le prince :

— Monseigneur! dit-elle en reculant d'un pas, je prie Votre Éminence de me donner à souper.

Le cardinal ôta un manteau dont il ne s'était pas encore débarrassé, approcha un siége pour la comtesse, et vêtu d'un habit de ville qui lui seyait à merveille, il commença son office de maître d'hôtel.

Le souper se trouva servi en un moment.

Tandis que les laquais pénétraient dans l'antichambre, Jeanne avait replacé un loup sur son visage.

— C'est moi qui devrais me masquer, dit le cardinal, car vous êtes chez vous; car vous êtes au milieu de vos gens; car c'est moi qui suis l'étranger.

Jeanne se mit à rire, mais n'en garda pas moins son masque. Et malgré le plaisir et la surprise qui l'étouffaient, elle fit honneur au repas.

Le cardinal, nous l'avons déjà dit en plusieurs occasions, était un homme d'un grand cœur et d'un réel esprit.

La longue habitude des cours les plus civilisées de l'Europe, des cours gouvernées par des reines, l'habitude des femmes qui, à cette époque, compliquaient, mais souvent aussi résolvaient toutes les questions de politique; cette expérience, pour ainsi dire transmise par la voie du sang, et multipliée par une étude personnelle; toutes ces qualités, si rares aujourd'hui, déjà rares alors, faisaient du prince un homme extrêmement difficile à pénétrer.

C'est que sa bonne façon et sa haute courtoisie étaient une cuirasse que rien ne pouvait entamer.

Aussi le cardinal se croyait-il bien supérieur à Jeanne. Cette provinciale bouffie de prétentions, et qui, sous son faux orgueil, n'avait pu lui cacher son avidité, lui paraissait une facile conquête, désirable sans doute à cause de sa beauté, de son esprit, de je ne sais quoi de provoquant qui séduit beaucoup plus les hommes blasés que les hommes naïfs. Peut-être cette fois le cardinal, plus difficile à pénétrer qu'il n'était pénétrant lui-même, se trompait-il; mais le fait est que Jeanne, belle qu'elle était, ne lui inspirait aucune défiance.

Ce fut la perte de cet homme supérieur. Il ne se fit pas seulement moins fort qu'il était, il se fit pygmée; de Marie-Thérèse à Jeanne de La Motte, la différence était trop grande pour qu'un Rohan de cette trempe se donnât la peine de lutter.

Aussi une fois la lutte engagée, Jeanne, qui sentait son infériorité apparente, se garda-t-elle de laisser voir sa supériorité réelle; elle joua toujours la provinciale coquette, elle fit la femmelette pour se conserver un adversaire confiant dans sa force, et par conséquent faible dans ses attaques.

Le cardinal, qui avait surpris chez elle tous les mouvements qu'elle n'avait pu réprimer, la crut donc enivrée du présent qu'il venait de lui faire; elle l'était effectivement, car le présent était non-seulement au-dessus de ses espérances, mais même de ses prétentions.

Seulement il oubliait que c'était lui qui était au-dessous de l'ambition et de l'orgueil d'une femme telle que Jeanne.

Ce qui dissipa d'ailleurs l'enivrement chez elle, c'est la succession de désirs nouveaux immédiatement substitués aux anciens.

— Allons, dit le cardinal en versant à la comtesse un verre de vin de Chypre dans une petite coupe de cristal étoilée d'or; allons, puisque vous avez signé votre contrat avec moi, ne me boudez plus, comtesse. — Vous bouder, oh! non. — Vous me recevrez donc quelquefois ici sans trop de répugnance? — Jamais je ne serai assez ingrate pour oublier que vous êtes ici chez vous, Monseigneur. — Chez moi? folie! — Non, non, chez vous, bien chez vous. — Ah! si vous me contrariez, prenez garde! — Eh bien! qu'arrivera-t-il? — Je vais vous imposer d'autres conditions. — Ah! prenez garde à votre tour. — A quoi? — A tout. — Dites. — Je suis chez moi. — Et... — Et si je trouve vos conditions déraisonnables, j'appelle mes gens.

Le cardinal se mit à rire.

— Eh bien! vous voyez? dit-elle. — Je ne vois rien du tout, fit le cardinal. — Si fait, vous voyez bien que vous vous moquiez de moi! —

Comment cela? — Vous riez!... — C'est le moment, ce me semble. — Oui, c'est le moment, car vous savez bien que si j'appelais mes gens, ils ne viendraient pas. — Oh! si fait! — Vous m'effrayez, Monseigneur.

Le cardinal se prit à réfléchir un moment, puis reprenant sa physionomie souriante :

— Madame, dit-il, laissez-moi mes illusions. Il ne serait pas convenable à moi de me dire en bonne fortune, mais je puis bien me vanter du charmant tête à tête que vous m'avez accordé. — Allons, dit la comtesse en elle-même, décidément c'est un excellent homme. — A propos, fit tout à coup le cardinal, comme si une pensée bien éloignée de son esprit venait d'y rentrer par hasard, que me disiez-vous l'autre jour de ces deux dames de charité, de ces deux Allemandes? — De ces deux dames au portrait? fit Jeanne, qui, ayant vu la reine, arrivait à la parade et se tenait prête à la riposte. — Oui, de ces dames au portrait. — Monseigneur, fit madame de La Motte en regardant le cardinal, vous le connaissez aussi bien et mieux que moi, je parie. — Moi? oh! comtesse, vous me faites tort. Je suis franc. — Sans doute. Un homme de votre caractère ne doit jamais mentir. — Vous me raillez? — Non pas. — Prenez garde, je me vengerai. — Et comment? — C'est mon secret, Madame. Mais revenons au portrait. — Monsieur l'ambassadeur près la cour de Vienne! monsieur le grand ami de l'impératrice Marie-Thérèse! il me semble, à moins qu'il ne soit guère ressemblant, que vous auriez dû reconnaître le portrait de votre amie. — Quoi! vraiment, comtesse, c'était le portrait de Marie-Thérèse! — Oh! faites donc l'ignorant, monsieur le diplomate! — Eh bien! voyons, quand cela serait, quand j'aurais reconnu l'impératrice Marie-Thérèse, où cela nous mènerait-il? — Qu'ayant reconnu le portrait de Marie-Thérèse, vous devez bien avoir quelque soupçon des femmes à qui un pareil portrait appartient. — Mais pourquoi voulez-vous que je sache cela? dit le cardinal assez inquiet. — Dam! parce qu'il n'est pas très-ordinaire de voir un portrait de mère, car remarquez bien que ce portrait est portrait de mère et non d'impératrice, en d'autres mains qu'entre les mains... — Achevez. — Qu'entre les mains d'une fille... — La reine! s'écria Louis de Rohan avec une vérité d'intonation qui dupa Jeanne. La reine! Sa Majesté serait venue chez vous! — Eh! quoi, vous n'aviez pas deviné que c'était elle, Monsieur? — Mon Dieu! non, dit le cardinal d'un ton parfaitement simple : non, il est d'habitude, en Hongrie, que les portraits des princes régnants passent de famille en famille. Ainsi, moi qui vous parle, par exemple, je ne suis ni fils, ni fille, ni même parent de Marie-Thérèse, eh bien! j'ai un portrait d'elle sur moi.

— Sur vous, Monseigneur? — Tenez, dit froidement le cardinal.

Et il tira de sa poche une tabatière qu'il montra à Jeanne, confondue.

— Vous voyez bien, ajouta-t-il, que si j'ai ce portrait, moi qui, comme je vous le disais, n'ai pas l'honneur d'être de la famille impériale, un autre que moi peut bien l'avoir oublié chez vous, sans être pour cela de l'auguste maison d'Autriche.

Jeanne se tut. Elle avait tous les instincts de la diplomatie; mais la pratique lui manquait encore.

— Ainsi, à votre avis, continua le prince Louis, c'est la reine Marie-Antoinette qui est allée vous rendre visite? — La reine avec une autre dame. — Madame de Polignac? — Je ne sais. — Madame de Lamballe? — Une jeune femme fort belle et fort sérieuse. — Mademoiselle de Taverney peut-être? — C'est possible; je ne la connais pas. — Alors, si Sa Majesté vous est venue rendre visite, vous voilà sûre de la protection de la reine. C'est un grand pas pour votre fortune. — Je le crois, Monseigneur. — Sa Majesté, pardonnez-moi cette question, a-t-elle été généreuse envers vous? — Mais elle m'a donné une centaine de louis, je crois. — Oh! Sa Majesté n'est pas riche, surtout dans ce moment-ci... — C'est ce qui double ma reconnaissance. — Et vous a-t-elle témoigné quelque intérêt particulier? — Un assez vif. — Alors, tout va bien, dit le prélat pensif et oubliant la protégée pour penser à la protectrice; il ne vous reste donc plus à faire qu'une seule chose. — Laquelle? — Pénétrer à Versailles.

La comtesse sourit.

— Ah! ne nous le dissimulons pas, comtesse, là est la véritable difficulté.

La comtesse sourit une seconde fois, mais d'une façon plus significative que la première.

Le cardinal sourit à son tour.

— En vérité, vous autres provinciales, dit-il, vous ne doutez jamais de rien. Parce que vous avez vu Versailles avec des grilles qui s'ouvrent et des escaliers qu'on monte, vous vous figurez que tout le monde ouvre ces grilles et monte ces escaliers. Avez-vous vu tous les monstres d'airain, de marbre ou de plomb qui garnissent le parc et les terrasses de Versailles, comtesse? — Mais oui, Monseigneur. — Hippogriffes, chimères, gorgones, goules et autres bêtes malfaisantes, il y en a des centaines : eh bien! figurez-vous dix fois plus de méchantes bêtes vivantes entre les princes et leurs bienfaits que vous n'avez vu de monstres fabriqués entre les fleurs du jardin et les passants. — Votre Éminence m'aiderait bien à passer dans les rangs de ces monstres s'ils me fermaient le passage. — J'essaierai, mais j'aurai bien du mal. Et d'abord si vous prononciez mon nom, si vous découvriez votre talisman, au bout de deux visites il vous serait devenu inutile. — Heureusement, dit la comtesse, je suis gardée de ce côté par la protection immédiate de la reine, et si je pénètre à Versailles, j'y entrerai avec la bonne clé. — Quelle clé, comtesse? — Ah! monsieur le cardinal, c'est mon secret... Non, je me trompe; si c'était mon secret, je vous le dirais, car je ne veux rien avoir de caché pour mon plus aimable protecteur. — Il y a un mais, comtesse? — Hélas! oui, Monseigneur, il y a un mais; mais comme ce n'est pas mon secret, je le garde. Qu'il vous suffise de savoir... — Quoi donc? — Que demain j'irai à Versailles; que je serai reçue, et, j'ai tout lieu de l'espérer, bien reçue, Monseigneur.

Le cardinal regarda la jeune femme, dont l'aplomb lui paraissait une conséquence un peu directe des premières vapeurs du souper.

— Comtesse, dit-il en riant, nous verrons si vous entrez. — Vous pousseriez la curiosité jusqu'à me faire suivre? — Exactement. — Je ne m'en dédis pas. — Dès demain, défiez-vous, comtesse, je déclare votre honneur intéressé à entrer à Versailles. — Dans les petits appartements, oui, Monseigneur. — Je vous assure, comtesse, que vous êtes pour moi une énigme vivante. — Je tiens beaucoup à rester une énigme, Monseigneur. — Un sphynx armé de griffes... — Qui ne s'ouvriront jamais pour vous si vous restez dans les conditions de notre traité d'alliance. — Quel traité, Madame? Voyons, dictez-en les conditions. — En public vous vous obligez à conserver avec moi toutes les formes d'une amitié respectueuse; vous me prenez comme la femme du monde la plus digne de considération. — Eh bien! est-ce que ce sera là mentir? — Non, certes, Monseigneur. Mais passons. En particulier vous me jurez de n'avoir aucun secret pour moi et de suivre docilement tous mes conseils. — Absolument tous? — Sans hésiter un moment. — Bon! et si vous me conseillez une folie qui devra me perdre? — Vous ferez cette folie. — Hum! dit le cardinal, je commence à avoir peur. — Fi! Monseigneur! un homme de votre rang. — C'est précisément ce rang, cette grande position qui me donnent à réfléchir. — Eh bien! réfléchissez et brisons le traité. Il n'y a rien de fait. Je n'irai pas à Versailles, ou plutôt j'irai dans mes intérêts et sans me soucier des vôtres. — Oh! comtesse.

Il voulait lui prendre les mains. La comtesse les retira avec une dignité qui sentait tout à fait la grande dame.

— Non, reprit le cardinal, non, madame la comtesse, je ne puis croire que vous puissiez me conseiller des folies, et je vous rends toute ma confiance. — Allons donc, ajouta la comtesse. Mon Dieu! que vous êtes soupçonneux! — Vous êtes charmante, Madame. — Vous me l'avez dit. — Et je suis décidé à avoir pour vous un attachement prodigieux. Voyons, comtesse, de quelle nature voulez-vous que soit cet attachement? Que voulez-vous me permettre? — Tout ce qui est compatible avec mes goûts et mes devoirs. — Oh! oh! vous prenez là les deux plus vagues terrains qu'il y ait au monde. — Vous avez eu tort de m'interrompre, Monseigneur, j'allais y en ajouter un troisième. — Lequel? bon Dieu! — Celui de mes caprices. — Je suis perdu. — Vous reculez?

Le cardinal subissait en ce moment beaucoup moins la direction de sa pensée intérieure que le charme de cette provocante enchanteresse.

— Non, dit-il, je ne reculerai pas. — Ni devant mes devoirs? — Ni devant vos goûts et vos caprices. — La preuve? — Parlez. — Je veux aller ce soir au bal de l'Opéra. — Cela vous regarde, comtesse, vous êtes libre comme l'air, et je ne vois pas en quoi vous seriez empêchée d'aller au bal de l'Opéra? — Un moment; vous ne voyez que la moitié de mon désir; l'autre, c'est que vous aussi, vous veniez à l'Opéra? — Moi! à l'Opéra... oh! comtesse!

Et le cardinal fit un mouvement qui, tout simple pour un particulier ordinaire, était un bond prodigieux pour un Rohan de cette qualité.

— Voilà déjà comme vous cherchez à me plaire? dit la comtesse. — Un cardinal ne va pas au bal de l'Opéra, comtesse; c'est comme si à vous je vous proposais d'entrer dans... une tabagie. — Eh bien! soit, j'irai seule, dit la comtesse. Seulement, Monseigneur, comme je tiens à être protégée et surtout comme je tiens à ce qu'on vous rende un compte fidèle de tout ce qui pourra se passer d'extraordinaire au bal de l'Opéra, donnez-moi pour m'accompagner un homme de confiance à vous, un de ces gentilshommes qui vous sont dévoués. — Bravo! comtesse. — Mais un homme raisonnable, entre deux âges et qui ne s'avise pas de me faire la cour. — C'est, parbleu! bien entendu. J'ai quelqu'un. Un homme sans importance, mais en qui j'ai une confiance aveugle. Peu importe son nom. Vous l'appellerez le *Baron*. — Va pour monsieur le baron. Ce sera mon tuteur et au besoin mon défenseur. Ce sera votre historien des événements du bal, Monseigneur. Envoyez-le-moi sur-le-champ, et qu'il se munisse d'un masque et d'un domino noir. — C'est entendu. Adieu, comtesse.

Le cardinal prit congé et partit.

Une demi-heure après, la comtesse vit arriver un homme d'une belle taille et qui pouvait avoir quarante ans. Il était fort respectueux, et paraissait avoir de bonnes manières.

— Monsieur le baron, dit madame de La Motte, vous avez un masque et un domino? — Les voici, Madame. — C'est bien. Déguisez-vous, et partons. Vous avez bien compris la mission que vous donne Monseigneur. — Parfaitement. Vous protéger d'abord, Madame, puis tout voir, tout entendre et tout rapporter fidèlement à Monseigneur. — C'est bien cela, dit la comtesse.

Alors, elle revêtit elle-même son costume de bal, et fort bien déguisée de manière à conserver un incognito impénétrable, elle demanda son carrosse et partit pour l'Opéra, escortée de son nouveau compagnon.

XXIV

QUELQUES MOTS SUR L'OPÉRA

L'Opéra, ce temple du plaisir à Paris, avait brûlé en 1781, au mois de juin.

Vingt personnes avaient péri sous les décombres; et comme depuis dix-huit ans c'était la deuxième fois que ce malheur arrivait, l'emplacement habituel de l'Opéra, c'est-à-dire le Palais-Royal, avait paru fatal aux joies parisiennes; une ordonnance du roi avait transféré ce séjour dans un autre quartier moins central.

Ce fut toujours pour les voisins une grande préoccupation que cette ville de toile et de bois blanc, de cartons et de peintures. L'Opéra sain et sauf enflammait les cœurs des financiers et des gens de qualité, déplaçait les rangs et les fortunes. L'Opéra en combustion pouvait détruire un quartier, la ville tout entière. Il ne s'agissait que d'un coup de vent.

L'emplacement choisi fut la Porte-Saint-Martin. Le roi, peiné de voir que sa bonne ville de Paris allait manquer d'opéra pendant bien longtemps, devint triste comme il le devenait chaque fois que les arrivages de grains ne se faisaient point, ou que le pain dépassait sept sous les quatre livres.

Il fallait voir toute la vieille noblesse et toute la jeune robe, toute l'épée et toute la finance désorientées par ce vide de l'après-dînée; il fallait voir errer sur les promenades les divinités sans asile, depuis l'espalier jusqu'à la première chanteuse.

Pour consoler le roi et même un peu la reine, on fit voir à Leurs Majestés un architecte, monsieur Lenoir, qui promettait monts et merveilles.

Ce galant homme avait des plans nouveaux, un système de circulation si parfait, que, même en cas d'incendie, nul ne pourrait être étouffé dans les corridors. Il ouvrait huit portes aux fuyards sans compter un premier étage à cinq larges fenêtres, si basses que les plus poltrons pourraient sauter sur le boulevard sans rien craindre que des entorses.

Monsieur Lenoir donnait, pour remplacer la belle salle de Moreau et les peintures de Durameaux, un bâtiment de quatre-vingt-seize pieds de façade sur le boulevard ; une façade ornée de huit cariatides adossées aux piliers, pour former trois portes d'entrée; huit colonnes posant sur le soubassement; de plus, un bas-relief au-dessus des chapiteaux, un balcon à trois croisées ornées d'archivoltes.

La scène aurait trente-six pieds d'ouverture, le théâtre, soixante-douze pieds de profondeur et quatre-vingt-quatre pieds dans sa largeur d'un mur à l'autre.

Il y aurait des foyers ornés de glaces, d'une décoration simple, mais noble.

Dans toute la largeur de la salle, sous l'orchestre, monsieur Lenoir ménagerait un espace de douze pieds pour contenir un immense réservoir et deux corps de pompes au service desquelles seraient affectés vingt gardes françaises.

Enfin, pour combler la mesure, l'architecte demandait soixante-quinze jours et soixante-quinze nuits pour livrer la salle au public, pas une heure de plus ou de moins.

Ce dernier article parut être une gasconnade; on rit beaucoup d'abord, mais le roi fit son calcul avec monsieur Lenoir, et accorda tout.

Monsieur Lenoir se mit à l'œuvre et tint sa promesse. La salle fut achevée dans le délai convenu.

Mais alors le public, qui n'est jamais satisfait ou rassuré, se mit à réfléchir que la salle était en charpente, que c'était le seul moyen de construire vite, mais que la célérité était une condition d'infirmité, que par conséquent l'Opéra nouveau n'était pas solide. Ce théâtre, après lequel on avait tant soupiré, que les curieux avaient si bien regardé s'élever poutre à poutre, enfin ce monument que tout Paris était venu voir grandir chaque soir, en y fixant d'avance sa place, nul n'y voulut entrer lorsqu'il fut achevé. Les plus hardis, les fous, retinrent leurs billets pour la première représentation d'*Adèle de Ponthieu*, musique de Piccini, mais en même temps ils firent leur testament.

Ce que voyant, l'architecte désolé eut recours au roi, qui lui donna une idée.

— Ce qu'il y a de poltrons en France, dit Sa Majesté, ce sont les gens qui paient; ceux-là veulent bien vous donner dix mille livres de rente et se faire étouffer dans la presse, mais ils ne veulent pas risquer d'être étouffés sous des plafonds croulants. Laissez-moi ces gens-là, et invitez les braves qui ne paient pas. La reine m'a donné un dauphin; la ville nage dans la joie. Faites annoncer qu'en réjouissance de la naissance de mon fils, l'Opéra ouvrira par un spectacle gratuit; et, si deux mille cinq cents personnes entassées; c'est-à-dire une moyenne de trois cent mille livres, ne vous suffisent pas pour éprouver la solidité, priez tous ces lurons de se trémousser un peu ; vous savez, monsieur Lenoir, que le poids se quintuple quand il tombe de quatre pouces. Vos deux mille cinq cents braves pèseront quinze cent mille si vous les faites danser ; donnez donc un bal après le spectacle. — Sire, merci, dit l'architecte. — Mais auparavant, réfléchissez, ce sera lourd. — Sire, je suis sûr de mon fait, et j'irai à ce bal. — Moi, répliqua le roi, je vous promets d'assister à la deuxième représentation.

L'architecte suivit le conseil du roi. On joua *Adèle de Ponthieu* devant trois mille plébéiens, qui applaudirent plus que des rois.

Ces plébéiens voulurent bien danser après le spectacle et se divertir considérablement. Ils décuplèrent leur poids au lieu de le quintupler.

Rien ne bougea dans la salle.

S'il y avait eu quelque malheur à craindre, c'eut été aux représentations suivantes, car les nobles peureux encombraient la salle.

Tel était le préambule que nous devions à nos lecteurs ; maintenant retrouvons nos personnages.

XXV

LE BAL DE L'OPÉRA

Le bal était dans son plus grand éclat, lorsque madame de La Motte et le baron, son compagnon, s'y glissèrent furtivement parmi des milliers de dominos et de masques de toute espèce.

Ils furent bientôt enveloppés dans la foule, où ils disparurent comme disparaissent dans les grands tourbillons ces petits remous un moment remarqués par les promeneurs de la rive, puis entraînés et effacés par le courant.

Deux dominos côte à côte, autant qu'il était possible de se tenir côte à côte dans un pareil pêle-mêle, essayaient, en combinant leurs forces, de résister à l'envahissement ; mais voyant qu'ils n'y pouvaient parvenir, ils prirent le parti de se réfugier sous la loge de la reine, où la foule était moins intense, et où d'ailleurs la muraille leur offrait un point d'appui.

Domino noir et domino blanc, l'un grand, l'autre de moyenne taille ; l'un homme et l'autre femme ; l'un agitant les bras, l'autre tournant et retournant la tête.

Ces deux dominos se livraient évidemment à un colloque des plus animés. Écoutons.

— Je vous dis, Oliva, que vous attendez quelqu'un, répétait le plus grand, votre cou n'est plus un cou, c'est le rapport d'une girouette qui ne tourne pas seulement à tout vent, mais à tout venant. — Eh bien! après? — Comment! après? — Oui, qu'y a-t-il d'étonnant à ce que ma tête tourne? Est-ce que je ne suis pas ici pour cela? — Oui, mais si vous la faites tourner aux autres... — Eh bien! Monsieur, pourquoi donc vient-on à l'Opéra? — Pour mille motifs. — Oh! oui, les hommes, mais les femmes n'y viennent que pour un seul. — Lequel? — Celui que vous avez dit, pour faire tourner autant de têtes que possible. Vous m'avez amenée au bal de l'Opéra; j'y suis, résignez-vous. — Mademoiselle Oliva! — Oh! ne faites pas votre grosse voix. Vous savez que votre grosse voix ne me fait pas peur, et surtout privez-vous de m'appeler par mon nom. Vous savez que rien n'est de plus mauvais goût que d'appeler les gens par leur nom au bal de l'Opéra.

Le domino noir fit un geste de colère, qui fut interrompu tout net par l'arrivée d'un domino bleu, assez gros, assez grand, et d'une belle tournure.

— Là, là, Monsieur, dit le nouveau venu, laissez donc Madame s'amuser tout à son aise. Que diable! ce n'est pas tous les jours la mi-carême, et à toutes les mi-carême on ne vient pas au bal de l'Opéra. — Mêlez-vous de ce qui vous regarde, répartit brutalement le domino noir. — Eh! Monsieur, fit le domino bleu, rappelez-vous donc une fois pour toutes qu'un peu de courtoisie ne gâte jamais rien. — Je ne vous connais pas, répondit le domino noir, pourquoi diable me gênerais-je avec vous? — Vous ne me connaissez pas, soit; mais... — Mais, quoi? — Mais moi, je vous connais, monsieur de Beausire.

A son nom prononcé, lui qui prononçait si facilement le nom des autres, le domino noir frémit, sensation qui fut visible aux oscillations répétées de son capuchon soyeux.

— Oh! n'ayez pas peur, monsieur de Beausire, reprit le masque, je ne suis pas ce que vous pensez. — Eh pardieu! qu'est-ce que je pense? Est-ce que vous, qui devinez les noms, vous ne vous contenteriez pas de cela et auriez la prétention de deviner aussi les pensées? — Pourquoi pas? — Alors devinez donc un peu ce que je pense. Je n'ai jamais vu de sorcier, et il me fera, en vérité, plaisir d'en rencontrer un. — Oh! ce que vous demandez de moi n'est pas assez difficile pour me mériter un titre que vous paraissez octroyer bien facilement. — Dites toujours. — Non, trouvez autre chose. — Cela me suffira. Devinez. — Vous le voulez? — Oui. — Eh bien! vous m'avez pris pour un agent de monsieur de Crosne. — De monsieur de Crosne? — Eh! oui, vous ne connaissez que cela, pardieu! de monsieur de Crosne, le lieutenant de police. — Monsieur... — Tout beau, cher monsieur Beausire; en vérité, on dirait que vous cherchez une épée à votre côté. — Certainement que je la cherche. — Tudieu! quelle belliqueuse nature. Mais remettez-vous, cher monsieur Beausire, vous avez laissé votre épée chez vous, et vous avez bien fait. Parlons d'autre chose. Voulez-vous, s'il vous plaît, me laisser le bras de Madame?... — Le bras de Madame? — Oui, de Madame. Cela se fait, ce me semble, au bal de l'Opéra, ou bien arriverais-je des Grandes-Indes? — Sans doute, Monsieur, cela se fait quand cela convient au cavalier. — Il suffit quelquefois, cher monsieur Beausire, que cela convienne à la dame. — Est-ce pour longtemps que vous demandez ce bras? — Ah! cher monsieur Beausire, vous êtes trop curieux : peut-être pour dix minutes, peut-être pour une heure, peut-être pour toute la nuit. — Allons donc, Monsieur, vous vous moquez de moi. — Cher Monsieur, répondez oui ou non. Oui ou non, voulez-vous me donner le bras de Madame? — Non. — Allons, allons, ne faites pas le méchant. — Pourquoi cela? — Parce que, puisque vous avez un masque, il est inutile d'en prendre deux. — Mon Dieu! Monsieur. — Allons, bien, voilà que vous vous fâchez, vous qui étiez si doux tout à l'heure. — Où cela? — Rue Dauphine. — Rue Dauphine! exclama Beausire stupéfait.

Oliva éclata de rire.

— Taisez-vous, Madame! lui grinça le domino noir.

Puis, se tournant vers le domino bleu :

— Je ne comprends rien à ce que vous dites, Monsieur. Intriguez-moi honnêtement, si cela vous est possible. — Mais, cher Monsieur, il me semble que rien n'est plus honnête que la vérité, n'est-ce pas, mademoiselle Oliva? — Eh mais! fit celle-ci, vous me connaissez donc aussi, moi? — Monsieur ne vous a-t-il pas nommée tout haut par votre nom tout à l'heure? — Et la vérité, dit Beausire revenant à la conversation, la vérité, c'est... — C'est qu'au moment de tuer cette pauvre dame, car il y a une heure vous vouliez la tuer; c'est qu'au moment de tuer cette pauvre dame, dis-je, vous vous êtes arrêté devant le son d'une vingtaine de louis. — Assez, Monsieur. — Soit; donnez-moi le bras de Madame, alors, puisque vous en avez assez. — Oh! je vois bien, murmura Beausire, que Madame et vous... — Eh bien! Madame et moi? — Vous vous entendez. — Je vous jure que non. — Oh! peut-on dire? s'écria Oliva. — Et d'ailleurs... ajouta le domino bleu. — Comment, d'ailleurs? — Oui, quand nous nous entendrions, ce ne serait que pour votre bien. — Pour mon bien? — Sans doute. — Quand on avance une chose, on la prouve, dit cavalièrement Beausire. — Volontiers. — Ah! je serais curieux... — Je prouverai donc, continua le domino bleu, que votre présence ici vous est aussi nuisible que votre absence vous serait profitable. — A moi? — Oui, à vous. — En quoi, je vous prie? — Nous sommes membre d'une certaine académie, n'est-ce pas? — Moi? — Oh! ne vous fâchez point, cher monsieur de Beausire, je ne parle pas de l'Académie française. — Académie... académie... grommela le chevalier d'Oliva. — Rue du Pot-de-Fer, un étage au-dessous du rez-de-chaussée, est-ce bien cela, cher monsieur de Beausire? — Chut! — Bah! — Oui, chut! oh! l'homme désagréable que vous faites, Monsieur. On ne dit pas cela. — Pourquoi? — Parbleu! parce que vous n'en pouvez croire un mot. Revenons donc à cette académie. — Eh bien?

Le domino bleu tira sa montre, une belle montre enrichie de brillants, sur laquelle se fixèrent comme deux lentilles enflammées les deux prunelles de Beausire.

— Eh bien? répéta ce dernier. — Eh bien! dans un quart d'heure, à votre académie de la rue du Pot-de-Fer, cher monsieur de Beausire, on va discuter un petit projet tendant à donner un bénéfice de deux millions aux douze vrais associés, dont vous êtes un, monsieur de Beausire. — Et dont vous êtes un autre, si toutefois... — Achevez. — Si toutefois vous n'êtes pas un mouchard. — En vérité, je vous croyais un homme d'esprit, monsieur de Beausire, mais je vois avec douleur que vous n'êtes qu'un sot; si j'étais de la police, je vous aurais déjà pris et repris vingt fois pour des affaires moins honorables que cette spéculation de deux millions que l'on va discuter à l'académie dans quelques minutes.

Beausire réfléchit un moment.

— Au diable! si vous n'avez pas raison, dit-il.

Puis, se ravisant :

— Ah! Monsieur, dit-il, vous m'envoyez rue du Pot-de-Fer! — Je vous envoie rue du Pot-de-Fer. — Je sais bien pourquoi. — Dites! — Pour m'y faire pincer. Mais pas si fou. — Encore une sottise. — Monsieur! — Sans doute, si j'ai le pouvoir de faire ce que vous dites, si j'ai le pouvoir plus grand encore de deviner ce qui se trame à votre académie, pourquoi viens-je vous demander la permission d'entretenir Madame? Non. Je vous ferais, en ce cas, arrêter tout de suite, et nous serions débarrassés de vous, Madame et moi; mais, au contraire, tout par la douceur et la persuasion, cher monsieur de Beausire, c'est ma devise. — Voyons, s'écria tout à coup Beausire en quittant le bras d'Oliva, c'est vous qui étiez sur le sofa de Madame il y a deux heures? Hein! répondez. — Quel sofa? demanda le domino bleu, à qui Oliva pinça légèrement le bout du petit doigt; je ne connais, moi, en fait de sofa, que celui de monsieur Crébillon fils. — Au fait, cela m'est bien égal, reprit Beausire, vos raisons sont bonnes, voilà tout ce qu'il me faut. Je dis bonnes, c'est excellentes qu'il faudrait dire. Prenez donc le bras de Madame, et si vous avez conduit un galant homme à mal, rougissez !

Le domino bleu se mit à rire à cette épithète de galant homme dont se gratifiait si libéralement Beausire ; puis, lui frappant sur l'épaule :

— Dormez tranquille, lui dit-il ; en vous envoyant là-bas, je vous fais cadeau d'une part de cent mille livres au moins ; car si vous n'alliez pas à l'académie ce soir, selon l'habitude de vos associés, vous seriez mis hors de partage, tandis qu'en y allant... — Eh bien ! soit, au petit bonheur, murmura Beausire.

Et saluant avec une pirouette, il disparut.

Le domino bleu prit possession du bras de mademoiselle Oliva, devenu vacant par la disparition de Beausire.

— Maintenant, à nous deux, dit celle-ci. Je vous ai laissé intriguer tout à votre aise ce pauvre Beausire, mais je vous préviens que je serai plus difficile à démonter, moi qui vous connais. Ainsi, comme il s'agit de continuer, trouvez-moi de jolies choses, ou sinon... — Je ne connais pas de plus jolies choses au monde que votre histoire, chère mademoiselle Nicole, dit le domino bleu en serrant agréablement le bras rond de la petite femme, qui poussa un cri étouffé à ce nom que le masque venait de lui glisser dans l'oreille.

Mais elle se remit aussitôt, en personne habituée à ne point se laisser prendre par surprise.

— Oh mon Dieu ! qu'est-ce que ce nom-là ? demanda-t-elle. Nicole !... Est-ce de moi qu'il s'agit ? Voulez-vous, par hasard, me désigner par ce nom ? En ce cas, vous faites naufrage en sortant du port, vous échouez au premier rocher. Je ne m'appelle pas Nicole. — Maintenant, je sais, oui ; maintenant vous vous appelez Oliva. Nicole sentait par trop la province. Il y a deux femmes en vous, je le sais bien, Oliva et Nicole. Nous parlerons tout à l'heure d'Oliva, parlons d'abord de Nicole. Avez-vous oublié le temps où vous répondiez à ce nom ? Je n'en crois rien. Ah ! ma chère enfant ! lorsqu'on a porté un nom étant jeune fille, c'est toujours celui-là que l'on garde, sinon au dehors, du moins au fond de son cœur, quel que soit l'autre nom qu'on a été forcé de prendre pour faire oublier le premier. Pauvre Oliva ! Heureuse Nicole !

En ce moment, un flot de masques vint heurter comme une lame d'orage les deux promeneurs entrelacés, et Nicole ou Oliva fut forcée, presque malgré elle, de serrer son compagnon de plus près encore qu'elle ne le faisait.

— Voyez, lui dit-il, voyez toute cette foule bigarrée ; voyez tous ces groupes qui se pressent, sous les coqueluchons l'un de l'autre, pour dévorer les mots de galanterie ou d'amour qu'ils échangent ; voyez ces groupes qui se font et se défont, les uns avec des rires, les autres avec des reproches. Tous ces gens-là ont peut-être autant de noms que vous, et il y en a beaucoup que j'étonnerais en leur disant des noms dont ils se souviennent, et qu'ils croient qu'on a oubliés. — Vous avez dit : Pauvre Oliva !... — Oui. — Vous ne me croyez donc pas heureuse ? — Il serait difficile que vous fussiez heureuse avec un homme comme Beausire.

Oliva poussa un soupir.

— Aussi ne le suis-je point ! dit-elle. — Vous l'aimez, cependant ? — Oh ! raisonnablement. — Si vous ne l'aimez pas, quittez-le. — Non. — Pourquoi cela ? — Parce que je ne l'aurais pas plutôt quitté que je le regretterais. — Vous le regretteriez ? — J'en ai peur. — Et que regretteriez-vous donc dans un ivrogne, dans un joueur, dans un homme qui vous bat, dans un escroc qui sera un jour roué en Grève ? — Peut-être ne comprendrez-vous point ce que je vais vous dire. — Dites toujours. — Je regretterais le bruit qu'il fait autour de moi. — J'aurais dû le deviner. Voilà ce que c'est que d'avoir passé sa jeunesse avec des gens silencieux. — Vous connaissez ma jeunesse ? — Parfaitement. — Ah ! mon cher Monsieur, dit Oliva en riant et en secouant la tête d'un air de défi. — Vous doutez ? — Oh ! je ne doute pas, je suis sûre. — Nous allons donc causer de votre jeunesse, mademoiselle Nicole. — Causons ; mais je vous préviens que je ne vous donnerai pas la réplique. — Oh ! je n'en ai pas besoin. — J'attends. — Je ne vous prendrai point à l'enfance, temps qui ne compte pas dans la vie, je vous prendrai à la puberté, au moment où vous vous aperçûtes que Dieu avait mis en vous un cœur pour aimer. — Pour aimer qui ? — Pour aimer Gilbert.

A ce mot, à ce nom, un frisson courut par toutes les veines de la jeune femme, et le domino bleu la sentit frémissante à son bras.

— Oh ! dit-elle, comment savez-vous, mon Dieu ?

Et elle s'arrêta tout à coup, dardant à travers son masque, et avec une émotion indéfinissable, ses yeux sur le domino bleu.

Le domino bleu resta muet.

Oliva, ou plutôt Nicole, poussa un soupir.

— Ah ! Monsieur, dit-elle sans chercher à lutter plus longtemps, vous venez de prononcer un nom pour moi bien fertile en souvenirs. Vous connaissez donc ce Gilbert ? — Oui, puisque je vous en parle. — Hélas ! — Un charmant garçon, sur ma foi ! Vous l'aimiez ? — Il était beau !... non... ce n'est pas cela... mais je le trouvais beau, moi. Il était plein d'esprit, il était mon égal par la naissance... Mais non, cette fois surtout je me trompe. Égal, non, jamais. Tant que Gilbert le voudra, aucune femme ne sera son égale. — Même... — Même qui ? — Même mademoiselle de Ta...... — Oh ! je sais ce que vous voulez dire, interrompit Nicole ; oh ! vous êtes bien instruit, Monsieur, je le vois ; oui, il aimait plus haut que la pauvre Nicole. — Je m'arrête, vous voyez. — Oui, oui, vous savez des secrets bien terribles, Monsieur, dit Oliva en tressaillant ; maintenant...

Elle regarda l'inconnu comme si elle eut pu lire à travers son masque.

— Maintenant, qu'est-il devenu? — Mais je crois que vous pourriez le dire mieux que personne. — Pourquoi? grand Dieu! — Parce que, s'il vous a suivie de Taverney à Paris, vous l'avez suivi, vous, de Paris à Trianon. — Oui, c'est vrai, mais il y a dix ans de cela ; aussi, n'est-ce pas de ce temps que je vous parle. Je vous parle des dix ans qui se sont écoulés depuis que je me suis enfuie et qu'il a disparu. Mon Dieu! il se passe tant de choses en dix ans!

Le domino bleu garda le silence.

— Je vous en prie, insista Nicole presque suppliante, dites-moi ce qu'est devenu Gilbert? Vous vous taisez, vous détournez la tête. Peut-être ce souvenir vous blesse-t-il, vous attriste-t-il?

Le domino bleu avait, en effet, non pas détourné, mais incliné la tête, comme si le poids de ses souvenirs eut été trop lourd.

— Quand Gilbert aimait mademoiselle de Taverney, dit Oliva... — Plus bas les noms, dit le domino bleu. N'avez-vous point remarqué que je ne les prononce point moi-même? — Quand il était si amoureux, continua Oliva avec un soupir, que chaque arbre de Trianon savait son amour... — Eh bien! vous ne l'aimiez plus, vous ? — Moi, au contraire, plus que jamais ; et ce fut cet amour qui me perdit. Je suis belle, je suis fière, et quand je veux je suis insolente. Je mettrais ma tête sur un billot pour la faire abattre, plutôt que de laisser dire que j'ai courbé la tête. — Vous avez du cœur, Nicole. — Oui, j'en ai eu... dans ce temps-là, dit la jeune fille en soupirant. — La conversation vous attriste ? — Non, au contraire, cela me fait du bien de remonter vers ma jeunesse. Il en est de la vie comme des rivières, la rivière la plus troublée a une source pure. Continuez, et ne faites pas attention à un pauvre soupir perdu qui sort de ma poitrine. — Oh! fit le domino bleu avec un doux balancement qui trahissait un sourire éclos sous le masque : de vous, de Gilbert et d'une autre personne, je sais, ma pauvre enfant, tout ce que vous pouvez savoir vous-même. — Alors, s'écria Oliva, dites-moi pourquoi Gilbert s'est enfui de Trianon ; et si vous me le dites... — Vous serez convaincue? Eh bien! je ne vous le dirai pas, et vous serez bien mieux convaincue encore. — Comment cela? — En me demandant pourquoi Gilbert a quitté Trianon, ce n'est pas une vérité que vous voulez constater dans ma réponse, c'est une chose que vous ne savez pas et que vous désirez apprendre. — C'est vrai.

Tout à coup elle tressaillit plus vivement qu'elle n'avait fait encore, et lui saisissant les mains de ses deux mains crispées :

— Mon Dieu! dit-elle, mon Dieu! — Eh bien! quoi?

Nicole parut se remettre à écarter l'idée qui l'avait amenée à cette démonstration.

— Rien. — Si fait, vous vouliez me demander quelque chose. — Oui, dites-moi tout franc ce qu'est devenu Gilbert? — N'avez-vous pas entendu dire qu'il était mort? — Oui, mais... — Eh bien! il est mort. — Mort? fit Nicole d'un air de doute.

Puis, avec une secousse soudaine qui ressemblait à la première

— De grâce, Monsieur, dit-elle, un service? — Deux, dix, tant que vous en voudrez, ma chère Nicole. — Je vous ai vu chez moi il y a deux heures, n'est-ce pas, car c'est bien vous? — Sans doute. — Il y a deux heures, vous ne cherchiez pas à vous cacher de moi. — Pas du tout; je cherchais au contraire à me faire bien voir. — Oh! folle, folle que je suis! moi qui vous ai tant regardé. Folle, folle, stupide! femme, rien que femme! comme disait Gilbert. — Eh bien! là, laissez vos beaux cheveux. Épargnez-vous. — Non. Je veux me punir de vous avoir regardé sans vous avoir vu. — Je ne vous comprends pas. — Savez-vous ce que je vous demande? — Demandez. — Otez votre masque. — Ici; impossible. — Oh! ce n'est pas la crainte d'être vu par d'autres regards que les miens qui vous en empêche; car là, derrière cette colonne, dans l'ombre de la galerie, personne ne vous verrait que moi. — Quelle chose m'empêche donc alors? — Vous avez peur que je ne vous reconnaisse. — Moi? — Et que je m'écrie : C'est vous, c'est Gilbert! — Ah! vous avez bien dit : Folle! folle! — Otez votre masque. — Eh bien, soit; mais à une condition... — Elle est accordée d'avance. — C'est que si je veux à mon tour que vous ôtiez votre masque... — Je l'ôterai. Si je ne l'ôte pas, vous me l'arracherez.

Le domino bleu ne se fit pas prier plus longtemps; il gagna l'endroit obscur que la jeune femme lui avait indiqué, et arrivé là, détachant son masque, il se posa devant Oliva, qui le dévora du regard pendant une minute.

— Hélas! non, dit-elle en battant le sol du pied et en coupant la paume de ses mains avec ses ongles. Hélas! non, ce n'est pas Gilbert. — Et qui suis-je? — Que m'importe! du moment que vous n'êtes pas lui. — Et si c'eût été Gilbert? demanda l'inconnu en rattachant son masque. — Si c'eût été Gilbert! s'écria la jeune fille avec passion. — Oui. — S'il m'eût dit : Nicole, Nicole, souviens-toi de Taverney-Maison-Rouge. Oh! alors! — Alors? — Il n'y avait plus de Beausire au monde, voyez-vous. — Je vous ai dit, ma chère enfant, que Gilbert était mort. — Eh bien!

peut-être cela vaut-il mieux, soupira Oliva. — Oui, Gilbert ne vous aurait pas aimée, toute belle que vous êtes. — Voulez-vous dire que Gilbert me méprisât? — Non, il vous craignait plutôt. — C'est possible. J'avais de lui en moi, et il se connaissait si bien que je lui faisais peur. — Donc, vous l'avez dit, mieux vaut qu'il soit mort. — Pourquoi répéter mes paroles? Dans votre bouche elles me blessent. Pourquoi vaut-il mieux qu'il soit mort?.dites. — Parce qu'aujourd'hui, ma chère Oliva, vous voyez j'abandonne Nicole, parce qu'aujourd'hui, ma chère Oliva, vous avez en perspective tout un avenir heureux, riche, éclatant! — Croyez-vous? — Oui, si vous êtes bien décidée à tout faire pour arriver au but que je vous promets. — Oh! soyez tranquille. — Seulement, il ne faut plus soupirer comme vous soupiriez tout à l'heure. — Soit. Je soupirais pour Gilbert; et comme il n'y avait pas deux Gilbert au monde, puisque Gilbert est mort, je ne soupirerai plus. — Gilbert était jeune; il avait les défauts et les qualités de la jeunesse. Aujourd'hui... — Gilbert n'est pas plus vieux aujourd'hui qu'il y a dix ans. — Non, sans doute, puisque Gilbert est mort. — Vous voyez bien, il est mort; les Gilbert ne vieillissent pas, ils meurent. — Oh! s'écria l'inconnu, ô jeunesse! ô courage! ô beauté! semences éternelles d'amour, d'héroïsme et de dévouement, celui-là qui vous perd perd véritablement la vie. La jeunesse, c'est le paradis, c'est le ciel, c'est tout. Ce que Dieu nous donne ensuite, ce n'est que la triste compensation de la jeunesse. Plus il donne aux hommes, une fois la jeunesse perdue, plus il a cru devoir les indemniser. Mais rien ne remplace, grand Dieu! les trésors que cette jeunesse prodiguait à l'homme. — Gilbert eût pensé ce que vous dites si bien, fit Oliva; mais assez sur ce sujet. — Oui, parlons de vous. — Parlons de ce que vous voudrez. — Pourquoi avez-vous fui avec Beausire? — Parce que je voulais quitter Trianon, et qu'il me fallait fuir avec quelqu'un. Il m'était impossible de demeurer plus longtemps pour Gilbert un pis-aller, un reste dédaigné. — Dix ans de fidélité par orgueil, dit le domino bleu; oh! que vous avez payé cher cette vanité.

Oliva se mit à rire.

— Oh! je sais bien de quoi vous riez, dit gravement l'inconnu. Vous riez de ce qu'un homme qui prétend tout savoir vous accuse d'avoir été dix ans fidèle, quand vous ne vous doutiez pas vous être rendue coupable d'un pareil ridicule. Oh! mon Dieu! s'il est question de fidélité matérielle, pauvre jeune femme, je sais à quoi m'en tenir là-dessus. Oui, je sais que vous avez été en Portugal avec Beausire, que vous y êtes restée deux ans, que de là vous êtes passée dans l'Inde, sans Beausire, avec un capitaine de frégate, qui vous cacha dans sa cabine, et vous oublia à Chandernagor, en terre ferme, au moment où il revint en Europe.

Je sais que vous avez eu deux millions de roupies à dépenser dans la maison d'un nabab, qui vous enfermait sous trois grilles. Je sais que vous avez fui en sautant par-dessus ces grilles sur les épaules d'un esclave. Je sais enfin que, riche, car vous aviez emporté deux bracelets de perles fines, deux diamants et trois gros rubis, vous revîntes en France, à Brest, où, sur le port, votre mauvais génie vous fit, au débarquer, retrouver Beausire, lequel faillit s'évanouir en vous reconnaissant vous-même, toute bronzée et amaigrie que vous reveniez en France, pauvre exilée!

— Oh! fit Nicole, qui êtes-vous donc, mon Dieu! pour savoir toutes ces choses? — Je sais enfin que Beausire vous emmena, vous prouva qu'il vous aimait, vendit vos pierreries, et vous réduisit à la misère... Je sais que vous l'aimez, que vous le dites, du moins, et que comme l'amour est la source de tout bien, vous devez être la plus heureuse femme qui soit au monde.

Oliva baissa la tête, appuya son front sur sa main, et à travers les doigts de cette main, on vit rouler deux larmes, perles liquides, plus précieuses peut-être que celles de ses bracelets, et que cependant personne, hélas! n'eût voulu acheter à Beausire.

— Et cette femme si fière, cette femme si heureuse, dit-elle, vous l'avez acquise ce soir pour une cinquantaine de louis. — Oh! c'est trop peu, Madame, je le sais bien, dit l'inconnu avec cette grâce exquise et cette courtoisie parfaite qui n'abandonne jamais l'homme comme il faut, parlât-il à la plus infime des courtisanes. — Oh! c'est beaucoup trop cher, Monsieur, au contraire; et cela m'a étrangement surprise, je vous le jure, qu'une femme comme moi valût encore cinquante louis. — Vous valez bien plus que cela, et je vous le prouverai. Oh! ne me répondez rien, car vous ne me comprenez pas; et puis, ajouta l'inconnu en se penchant de côté... — Et puis? — Et puis, en ce moment, j'ai besoin de toute mon attention. — Alors je dois me taire. — Non, tout au contraire, parlez-moi. — De quoi? — Oh! de ce que vous voudrez, mon Dieu! Dites-moi les choses les plus oiseuses de la terre, peu m'importe, pourvu que nous ayons l'air occupés. — Soit; mais vous êtes un homme singulier. — Donnez-moi le bras et marchons.

Et ils marchèrent dans les groupes, elle cambrant sa fine taille et donnant à sa tête, élégante même sous le capuce, à son cou, flexible même sous le domino, des mouvements que tout connaisseur regardait avec envie; car, au bal de l'Opéra, en ce temps de galantes prouesses, le passant suivait de l'œil une marche de femme aussi curieusement qu'aujourd'hui quelques amateurs suivent le train d'un beau cheval.

Oliva, au bout de quelques minutes, hasarda une question.

— Silence! dit l'inconnu, ou plutôt parlez, si vous voulez, tant que vous voudrez; mais ne me forcez pas à répondre. Seulement, tout en parlant, déguisez votre voix, tenez la tête droite, et grattez-vous le cou avec votre éventail.

Elle obéit.

En ce moment nos deux promeneurs passaient contre un groupe tout parfumé, au centre duquel un homme d'une taille élégante, d'une tournure svelte et libre, parlait à trois compagnons qui paraissaient l'écouter respectueusement.

— Qui donc est ce jeune homme? demanda Oliva. Oh! le charmant domino gris-perle. — C'est monsieur le comte d'Artois, répondit l'inconnu; mais ne parlez plus, par grâce!

Au moment où Oliva, toute stupéfaite du grand nom que venait de proférer son domino bleu, se rangeait pour mieux voir et se tenait droite, suivant la recommandation plusieurs fois répétée, deux autres dominos, se débarrassant d'un groupe bavard et bruyant, se réfugièrent près du pourtour, à un endroit où les banquettes manquaient.

Il y avait là une sorte d'îlot désert, que mordaient par intervalles les groupes de promeneurs refoulés du centre à la circonférence.

— Adossez-vous sur ce pilier, comtesse, dit tout bas une voix qui fit impression sur le domino bleu.

Et presque au même instant un grand domino orange, dont les allures hardies révélaient l'homme utile plutôt que le courtisan agréable, fendit la foule et vint dire au domino bleu :

— C'est lui. — Bien, répliqua celui-ci.

Et du geste il congédia le domino jaune.

— Écoutez-moi, fit-il alors à l'oreille d'Oliva, ma bonne petite amie, nous allons commencer à nous réjouir un peu. — Je le veux bien, car vous m'avez deux fois attristée, la première en m'ôtant Beausire, qui me fait rire toujours, la seconde en me parlant de Gilbert, qui me fit tant de fois pleurer. — Je serai pour vous et Gilbert et Beausire, dit gravement le domino bleu. — Oh! soupira Nicole. — Je ne vous demande pas de m'aimer, comprenez cela ; je vous demande de recevoir la vie telle que je vous la ferai, c'est-à-dire l'accomplissement de toutes vos fantaisies, pourvu que de temps en temps vous souscriviez aux miennes. Or, en voici une que j'ai. — Laquelle? — Le domino noir que vous voyez, c'est un Allemand de mes amis. — Ah! — Un perfide qui m'a refusé de venir au bal sous prétexte d'une migraine. — Et à qui, vous aussi, avez dit que vous n'iriez point. — Précisément. — Il a une femme avec lui? — Oui. — Qui? — Je ne la connais pas. Nous allons nous rapprocher, n'est-ce pas? Nous feindrons que vous êtes une Allemande; vous n'ouvrirez pas la bouche, de peur qu'il reconnaisse à votre accent que vous êtes une parisienne pure. — Très-bien. Et vous l'intriguerez? —

Oh! je vous en réponds. Tenez, commencez à me le désigner du bout de votre éventail. — Comme cela? — Oui, très-bien ; et parlez-moi à l'oreille.

Oliva obéit avec une docilité et une intelligence qui charmèrent son compagnon.

Le domino noir, objet de cette démonstration, tournait le dos à la salle; il causait avec la dame sa compagne. Celle-ci, dont les yeux étincelaient sous le masque, aperçut le geste d'Oliva.

— Tenez, dit-elle tout bas, monsieur le baron, il y a là deux masques qui s'occupent de nous. — Oh! ne craignez rien, comtesse; impossible qu'on nous reconnaisse. — Prenez garde, nos espions entendraient. — Deux espions! s'écria le baron ému. — Oui, les voilà qui se décident; ils s'approchent. — Déguisez bien votre voix, comtesse, si l'on vous fait parler. — Et vous, la vôtre.

Oliva et son domino bleu s'approchaient en effet.

Celui-ci s'adressant au baron :

— Masque, dit-il.

Et il se pencha à l'oreille d'Oliva qui lui fit un signe affirmatif.

— Que veux-tu? demanda le baron en déguisant sa voix. — Cette dame qui m'accompagne, répondit le domino bleu, me charge de t'adresser plusieurs questions. — Fais vite, dit le baron. — Et qu'elles soient indiscrètes, ajouta d'une voix flûtée madame de La Motte. — Si indiscrètes, répliqua le domino bleu, que tu ne les entendras pas, curieuse.

Et il se pencha encore à l'oreille d'Oliva qui joua le même jeu.

Alors l'inconnu, dans un allemand irréprochable, adressa au baron cette question :

— Monseigneur, est-ce que vous êtes amoureux de la femme qui vous accompagne?

Le baron tressaillit, il vit qu'on le prenait pour son maître.

— N'avez-vous pas dit, Monseigneur? répondit-il. — Oui, Monseigneur. — Vous vous trompez, alors, et je ne suis pas celui que vous croyez. — Oh! que si fait, monsieur le cardinal; ne niez point, c'est inutile ; quand bien même moi je ne vous connaîtrais pas, la dame à laquelle je sers de cavalier me charge de vous dire qu'elle vous reconnaît à merveille.

Il se pencha vers Oliva, et lui dit tout bas :

— Faites signe que oui. Faites ce signe chaque fois que je vous serrerai le bras.

Elle fit ce signe.

— Vous m'étonnez, répondit le baron tout désorienté ; quelle est cette dame qui vous accompagne? — Oh! Monseigneur, je croyais que vous l'aviez déjà reconnue. Elle vous a bien deviné. Il est vrai que la jalousie...

— Madame est jalouse de moi! s'écria le baron. — Nous ne disons pas cela, fit l'inconnu avec une sorte de hauteur. — Que vous dit-on là? demanda vivement madame de La Motte, que ce dialogue allemand, c'est-à-dire inintelligible pour elle, contrariait au suprême degré. — Rien, rien.

Madame de La Motte frappa du pied avec impatience.

— Madame, dit alors le baron à Oliva, un mot de vous, je vous en prie, et je promets de vous deviner avec ce seul mot.

Le baron, qui savait l'allemand, avait parlé dans cette langue. Oliva ne comprit pas un mot et se pencha vers le domino bleu.

— Je vous en conjure, s'écria celui-ci, Madame, ne parlez pas.

Ce mystère piqua la curiosité de l'ami du cardinal. Il ajouta :

— Quoi! un seul mot allemand! cela compromettrait bien peu Madame.

Le domino bleu, qui feignait d'avoir pris les ordres d'Oliva, répliqua aussitôt :

— Monsieur le cardinal, voici les propres paroles de Madame : Celui dont la pensée ne veille pas toujours, celui dont l'imagination ne remplace pas perpétuellement la présence de l'objet aimé, celui-là n'aime pas; il aurait tort de le dire.

Le baron parut frappé du sens de ces paroles. Toute son attitude exprima au plus haut degré la surprise, le respect, puis ses bras retombèrent.

— C'est impossible! murmura-t-il en français. — Quoi donc impossible? s'écria madame de La Motte, qui venait de saisir avidement ces seuls mots échappés dans toute la conversation. — Rien, Madame, rien. — Monsieur, en vérité, je crois que vous me faites jouer un triste rôle, dit-elle avec dépit.

Et elle lui quitta le bras. Celui-ci non-seulement ne le reprit pas, mais il parut ne pas l'avoir remarqué, tant fut grand son empressement auprès de la dame allemande.

— Madame, dit-il à cette dernière, toujours raide et immobile derrière son rempart de satin, ces paroles que votre compagnon m'a dites en votre nom... ce sont des vers allemands que j'ai lus dans une maison connue de vous, peut-être?

L'inconnu serra le bras d'Oliva.

— Oui, fit-elle de la tête.

Le baron frissonna.

— Cette maison, dit-il en hésitant, ne s'appelle-t-elle pas Schœnbrunn? — Oui, fit Oliva. — Ils furent écrits sur une table de merisier avec un poinçon d'or par une main auguste? — Oui, fit Oliva.

Une sorte de révolution venait de s'opérer chez l'ami intime du cardinal.

Madame de La Motte guettait à deux pas le résultat de cette scène étrange.

Le bras du baron se posa sur celui du domino bleu.

— Et, dit-il, en voici la suite...

« Mais celui-là qui voit partout l'objet aimé, qui le devine à une fleur, à un parfum, sous des voiles impénétrables, celui-là peut se taire, sa voix est dans son cœur, il suffit qu'un autre cœur l'entende pour qu'il soit heureux. »

— Ah çà! mais on parle allemand par ici! dit tout à coup une voix jeune et fraîche partie d'un groupe qui avait rejoint le baron. Voyons donc un peu cela; vous comprenez l'allemand, vous, maréchal? — Non, Monseigneur. — Et vous, Charny? — Oh! oui, Votre Altesse. — Monsieur le comte d'Artois! dit Oliva en se serrant contre le domino bleu, car les quatre masques venaient de la serrer un peu cavalièrement.

A ce moment, l'orchestre éclatait en fanfares bruyantes, et la poudre du parquet, la poudre des coiffures, montaient en nuages irisés jusqu'au-dessus des lustres enflammés qui doraient ce brouillard d'ambre et de rose.

Dans le mouvement que firent les masques, le domino bleu se sentit heurté.

— Prenez garde! Messieurs, dit-il d'un ton d'autorité. — Monsieur, répliqua le prince toujours masqué, vous voyez bien qu'on nous pousse. Excusez-nous, Mesdames. — Partons, partons, monsieur le baron, dit tout bas madame de La Motte.

Aussitôt le capuchon d'Oliva fut froissé, tiré en arrière par une main invisible, son masque dénoué tomba; ses traits apparurent une seconde dans la pénombre de l'entablement formé par la première galerie au-dessus du parterre.

Le domino bleu poussa un cri d'inquiétude affectée; Oliva, un cri d'épouvante.

Trois ou quatre cris de surprise répondirent à cette double exclamation.

Le baron faillit s'évanouir. Madame de La Motte le soutint.

Un flot de masques, emportés par le courant, venait de séparer le comte d'Artois de madame de La Motte et de son compagnon.

Le domino bleu, qui, rapide comme l'éclair, venait de rabaisser le capuchon d'Oliva et de rattacher le masque, s'approcha du baron en lui serrant la main.

— Voilà, Monsieur, lui dit-il, un malheur irréparable; vous voyez que l'honneur de cette dame est à votre merci. — Oh! Monsieur, Monsieur, murmura l'ami du prince Louis en s'inclinant.

LE BAL DE L'OPERA.

Et il passa sur son front ruisselant de sueur un mouchoir qui tremblait dans sa main.

— Partons vite, dit le domino bleu à Oliva.

Et ils disparurent.

— Je sais à présent ce que je croyais être impossible, se dit madame de La Motte; cette femme sera toujours prise pour la reine, et voilà l'effet que produit cette ressemblance. Bien! encore une observation à conserver. — Voulez-vous que nous quittions le bal, comtesse? dit l'ami de monsieur de Rohan d'une voix affaiblie. — Comme il vous plaira, répondit tranquillement Jeanne. — Je n'y vois pas grand intérêt, n'est-ce pas? — Oh! non, je n'y en vois plus.

Et ils se frayèrent péniblement un chemin à travers les causeurs. Le baron, qui était de haute taille, regardait partout s'il retrouverait la vision disparue.

Mais, dès lors, dominos bleus, rouges, jaunes, verts et gris tourbillonnèrent à ses yeux dans la vapeur lumineuse, en confondant leurs nuances comme les couleurs du prisme. Tout fut bleu de loin pour le pauvre homme, rien ne le fut de près.

Il regagna dans cet état le carrosse qui l'attendait, lui et sa compagne.

Ce carrosse roulait depuis cinq minutes, que le baron n'avait pas encore adressé la parole à Jeanne.

XXVI

SAPHO

Madame de La Motte, qui ne s'oubliait pas, tira son compagnon de sa rêverie.

— Où me conduit cette voiture? dit-elle. — Madame la comtesse, dit le confident du cardinal, vous êtes partie de votre maison, eh bien! le carrosse vous y ramène. J'ai reçu mes ordres de Monseigneur. — Ma maison du faubourg? — Oui, Madame... une bien petite maison pour contenir tant de charmes! — Vous êtes galant, monsieur le baron, ajouta-t-elle. Il est vrai que vous êtes à bonne école.

Le carrosse s'arrêta devant la petite maison où tant de charmes allaient essayer de tenir.

Jeanne sauta légèrement en bas de la voiture. Le baron, qui probablement outrepassait son mandat et qui commençait à se monter la tête, se préparait à la suivre.

— Ce n'est pas la peine, lui dit tout bas ce démon femelle. — Mais ne faut-il pas que je rende compte à Monseigneur de tout ce que je verrai cette nuit? — Peste! reprit Jeanne. Vous poussez loin le rôle de ministre plénipotentiaire. — Madame, j'ai les pouvoirs les plus étendus...

Le pauvre homme perdait un peu la tête, lorsque la comtesse, qui était sur le pavé, referma prestement la portière, et dit très-cavalièrement:

— Au revoir, baron. Allez rendre compte de votre mission. — Adieu donc, madame la comtesse, répliqua l'ami du cardinal, revenant à la raison. Au fait, cela vaut mieux, se dit-il en partant.

Jeanne entra seule dans sa maison nouvelle.

Six laquais, dont le sommeil avait été interrompu par le marteau du coureur, s'alignèrent dans le vestibule.

Jeanne les regarda tous avec cet air de supériorité calme que la fortune ne donne pas à tous les riches.

— Et les femmes de chambre? dit-elle.

L'un des valets s'avança respectueusement.

— Deux femmes attendent Madame dans la chambre, dit-il. — Appelez-les.

Le valet obéit. Deux femmes entrèrent quelques minutes après.

— Où couchez-vous d'ordinaire? leur demanda Jeanne. — Mais... nous n'avons pas encore d'habitude, répliqua la plus âgée; nous coucherons où il plaira à Madame. — Les clés des appartements? — Les voici, Madame. — Bien, pour cette nuit, vous coucherez hors de la maison.

Les femmes regardèrent leur maîtresse avec surprise.

— Vous avez un gîte dehors? — Sans doute, Madame, mais il est un peu tard; toutefois, si Madame veut être seule... — Ces Messieurs vous accompagneront, ajouta la comtesse en congédiant les six valets, plus satisfaits encore que les femmes de chambre. — Et... quand reviendrons-nous? dit l'un d'eux avec timidité. — Demain, à midi.

Les six valets et les deux femmes se regardèrent un instant; puis, tenus en échec par l'œil impérieux de Jeanne, ils se dirigèrent vers la porte.

Jeanne les reconduisit, les mit dehors, et avant de fermer la porte :

— Reste-t-il encore quelqu'un dans la maison? dit-elle. — Mon Dieu! non, Madame, il ne restera personne. C'est impossible que Madame demeure ainsi abandonnée; au moins faut-il qu'une femme veille dans les communs, dans les offices, n'importe où, mais qu'elle veille. — Je n'ai besoin de personne. — Il peut survenir le feu, Madame peut se trouver mal. — Bonne nuit, allez tous.

MADAME DE LAMOTHE VISITANT SA MAISON.

Et elle tira sa bourse :

— Et voilà pour que vous étrenniez mon service, dit-elle.

Un murmure joyeux, un remerciement de valets de bonne compagnie, fut la seule réponse, le dernier mot des valets. Tous disparurent en saluant jusqu'à terre.

Jeanne les écouta de l'autre côté de la porte : ils se répétaient l'un à l'autre que le sort venait de leur donner une fantasque maîtresse.

Lorsque le bruit des voix et le bruit des pas se fut amorti dans le lointain, Jeanne poussa les verroux, et dit d'un air triomphant :

— Seule ! je suis seule ici, chez moi !

Elle alluma un flambeau à trois branches aux bougies qui brûlaient dans le vestibule, et ferma également les verroux de la porte massive de cette antichambre.

Alors commença une scène muette et singulière qui eût bien vivement intéressé l'un de ces spectateurs nocturnes que les fictions du poëte ont fait planer au-dessus des villes et des palais.

Jeanne visitait ses états ; elle admirait, pièce par pièce, toute cette maison dont le moindre détail acquérait à ses yeux une immense valeur depuis que l'égoïsme du propriétaire avait remplacé la curiosité du passant.

Le rez-de-chaussée, tout calfeutré, tout boisé, renfermait la salle de bain, les offices, les salles à manger, trois salons et deux cabinets de réception.

Le mobilier de ces vastes chambres n'était pas riche comme celui de la Guimard, ou coquet comme celui des amis de monsieur de Soubise, mais il sentait son luxe de grand seigneur ; il n'était pas neuf. La maison eût moins plu à Jeanne si elle eût été meublée de la veille exprès pour elle.

Toutes ces richesses antiques, dédaignées par les dames à la mode, ces merveilleux meubles d'ébène sculpté, ces lustres à girandoles de cristal, dont les branchages dorés lançaient du sein des bougies roses des lis brillants ; ces horloges gothiques, chefs-d'œuvre de ciselure et d'émail ; ces paravents brodés de figures chinoises, ces énormes potiches du Japon, gonflées de fleurs rares ; ces dessus de porte en grisaille ou en couleur de Boucher ou de Watteau, jetaient la nouvelle propriétaire dans d'indicibles extases.

Ici, sur une cheminée, deux tritons dorés soulevaient des gerbes de corail, aux branches desquelles s'accrochaient comme des fruits toutes les fantaisies de la joaillerie de l'époque. Plus loin, sur une console de bois doré à dessus de marbre blanc, un énorme éléphant de céladon, aux oreilles chargées de pendeloques de saphir, supportait une tour pleine de parfums et de flacons.

Des livres de femme dorés et enluminés brillaient sur des étagères de bois de rose à coins d'arabesques d'or.

Un meuble tout entier de fines tapisseries des Gobelins, chef-d'œuvre de patience qui avait coûté cent mille livres à la manufacture même, remplissait un petit salon gris et or, dont chaque panneau était une toile oblongue peinte par Vernet ou par Greuze. Le cabinet de travail était rempli des meilleurs portraits de Chardin, des plus fines terres cuites de Clodion.

Tout témoignait, non pas de l'empressement qu'un riche parvenu met à satisfaire sa fantaisie ou celle de sa maîtresse, mais du long, du patient travail de ces riches séculaires qui entassent sur les trésors de leurs pères des trésors pour leurs enfants.

Jeanne examina d'abord l'ensemble, elle dénombra les pièces; puis elle se rendit compte des détails.

Et comme son domino la gênait, et comme son corps de baleine la serrait, elle entra dans sa chambre à coucher, se déshabilla rapidement, et revêtit un peignoir de soie ouatée, charmant habit que nos mères, peu scrupuleuses quand il s'agissait de nommer les choses utiles, avaient désigné par une appellation que nous ne pouvons plus écrire.

Frissonnante, demi-nue dans le satin qui caressait son sein et sa taille, sa jambe fine et nerveuse cambrée dans les plis de sa robe courte, elle montait hardiment les degrés, sa lumière à la main.

Familiarisée avec la solitude, sûre de n'avoir plus à redouter le regard même d'un valet, elle bondissait de chambre en chambre, laissant flotter au gré du vent qui sifflait sous les portes son fin peignoir de batiste relevé dix fois en dix minutes sur son genou charmant.

Et quand pour ouvrir une armoire elle élevait le bras, quand la robe s'écartant laissait voir la blanche rotondité de l'épaule jusqu'à la naissance du bras, que dorait un rutilant reflet de lumière familier aux pinceaux de Rubens, alors les esprits invisibles, cachés sous les tentures, abrités derrière les panneaux peints, devaient se réjouir d'avoir en leur possession cette charmante hôtesse qui croyait les posséder.

Une fois, après toutes ses courses, épuisée, haletante, sa bougie aux trois quarts consumée, elle rentra dans la chambre à coucher, tendue de satin bleu brodé de larges fleurs toutes chimériques.

Elle avait tout vu, tout compté, tout caressé du regard et du toucher, il ne lui restait plus à admirer qu'elle-même.

Elle posa la bougie sur un guéridon de Sèvres à galerie d'or; et tout à coup ses yeux s'arrêtèrent sur un Endymion de marbre, délicate et voluptueuse figure de Bouchardon, qui se renversait ivre d'amour sur un socle de porphyre rouge brun.

Jeanne alla fermer la porte et les portières de sa chambre, tira les rideaux épais, revint en face de la statue, et dévora des regards ce bel amant de Phœbé qui lui donnait le dernier baiser en remontant vers le ciel.

Le feu rouge, réduit en braise, échauffait cette chambre, où tout vivait, excepté le plaisir.

Jeanne sentit ses pieds s'enfoncer doucement dans la haute laine si moelleuse du tapis; ses jambes vacillaient et pliaient sous elle, une langueur qui n'était pas la fatigue, ou le sommeil, pressait son sein et ses paupières avec la délicatesse d'un toucher d'amant, tandis qu'un feu qui n'était pas la chaleur de l'âtre montait de ses pieds à son corps, et en montant, tordait dans ses veines toute l'électricité vivante qui, chez la bête, s'appelle le plaisir, chez l'homme, l'amour.

En ce moment de sensations étranges, Jeanne s'aperçut elle-même dans un trumeau placé derrière l'Endymion. Sa robe avait glissé de ses épaules sur le tapis. La batiste si fine avait, entraînée par le satin plus lourd, descendu jusqu'à la moitié des bras blancs et arrondis.

Tout à coup ses yeux s'allanguirent, sa tête roula sur sa poitrine avec un soupir, et Jeanne alla tomber, endormie, inanimée, sur le lit, dont les rideaux s'inclinèrent au-dessus d'elle.

La bougie lança un dernier jet de flamme du sein d'une nappe de cire liquide, puis exhala son dernier parfum avec sa dernière clarté.

XXVIII

L'ACADÉMIE DE MONSIEUR DE BEAUSIRE

Beausire avait pris à la lettre le conseil du domino bleu; il s'était rendu à ce qu'on appelait son académie.

Le digne ami d'Oliva, affriandé par le chiffre énorme de deux millions, redoutait bien plus encore la sorte d'exclusion que ses collègues avaient faite de lui dans la soirée en ne lui donnant pas communication d'un plan aussi avantageux.

Il savait qu'entre gens d'académie on ne se pique pas toujours de scrupule, et c'était pour lui une raison de se hâter, les absents ayant toujours tort quand ils sont absents par hasard, et bien plus tort encore lorsque l'on profite de leur absence.

Beausire s'était fait, parmi les associés de l'académie, une réputation d'homme terrible. Cela n'était pas étonnant ni difficile. Beausire avait été exempt; il avait porté l'uniforme; il savait mettre une main sur la hanche, l'autre sur la garde de l'épée. Il avait l'habitude, au moindre mot, d'enfoncer son chapeau sur ses yeux. Toutes façons qui, pour des gens médiocrement braves, paraissaient assez effrayantes, surtout si ces gens ont à redouter l'éclat d'un duel et les curiosités de la justice.

Beausire comptait donc se venger du dédain qu'on avait professé pour lui, en faisant quelque peur aux confrères du tripot de la rue du Pot-de-Fer.

De la Porte-Saint-Martin à l'église Saint-Sulpice il y a loin; mais Beausire était riche; il se jeta dans un fiacre et promit cinquante sous au cocher, c'est-à-dire une gratification d'une livre; la course nocturne valant d'après le tarif de cette époque ce qu'elle vaut aujourd'hui pendant le jour.

Les chevaux partirent rapidement. Beausire se donna un petit air furibond, et à défaut du chapeau qu'il n'avait pas, puisqu'il portait un domino; à défaut de l'épée, il se composa une mine assez hargneuse pour donner de l'inquiétude à tout passant attardé.

Son entrée dans l'académie produisit une certaine sensation.

Il y avait là, dans le premier salon, un beau salon tout gris avec un lustre et force tables de jeu, il y avait, disons-nous, une vingtaine de joueurs qui buvaient de la bière et du sirop, en souriant du bout des dents à sept ou huit femmes affreusement fardées qui regardaient les cartes.

On jouait le pharaon à la principale table; les enjeux étaient maigres, l'animation en proportion des enjeux.

A l'arrivée du domino, qui froissait son coqueluchon en se cambrant dans les plis de la robe, quelques femmes se mirent à ricaner, moitié raillerie, moitié agacerie. Monsieur Beausire était un bellâtre, et les dames ne le maltraitaient pas.

Cependant il s'avança comme s'il n'avait rien entendu, rien vu, et une fois près de la table, il attendit en silence une réplique à sa mauvaise humeur.

Un des joueurs, espèce de vieux financier équivoque dont la figure ne manquait pas de bonhomie, fut la première voix qui décida Beausire.

— Corbleu! chevalier, dit ce brave homme, vous arrivez du bal avec une figure renversée. — C'est vrai, dirent les dames. — Eh! cher chevalier, demanda un autre joueur, le domino vous blesse-t-il à la tête? — Ce n'est pas le domino qui me blesse, répondit Beausire avec dureté. — Là, là, fit le banquier qui venait de râcler une douzaine de louis, monsieur le chevalier de Beausire nous a fait une infidélité : ne voyez-vous pas qu'il a été au bal de l'Opéra, qu'aux environs de l'Opéra il a trouvé quelque bonne mise à faire, et qu'il a perdu.

Chacun rit ou s'apitoya, suivant son caractère; les femmes eurent compassion.

— Il n'est pas vrai de dire que j'aie fait des infidélités à mes amis, répliqua Beausire, j'en suis incapable des infidélités, moi! C'est bon pour certaines gens de ma connaissance de faire des infidélités à leurs amis.

Et pour donner plus de poids à sa parole, il eut recours au geste, c'est-à-dire qu'il voulut enfoncer son chapeau sur sa tête. Malheureusement, il n'aplatit qu'un morceau de soie qui lui donna une largeur ridicule, ce qui fit qu'au lieu d'un effet sérieux il ne produisit qu'un effet comique.

— Que voulez-vous dire, cher chevalier? demandèrent deux ou trois de ses associés. — Je sais ce que je veux dire, répondit Beausire. — Mais cela ne nous suffit pas, à nous, fit observer le vieillard de belle humeur. — Cela ne vous regarde pas, vous, Monsieur le financier, répartit maladroitement Beausire.

Un coup d'œil assez expressif du banquier avertit Beausire que sa phrase avait été déplacée. En effet, il ne fallait pas opérer de démarcation dans cette audience entre ceux qui payaient et ceux qui empochaient l'argent.

Beausire le comprit, mais il était lancé; les faux braves s'arrêtent plus difficilement que les braves éprouvés.

— Je croyais avoir des amis ici, dit-il. — Mais... oui, répondirent plusieurs voix. — Eh bien! je me suis trompé. — En quoi? — En ceci : que beaucoup de choses se font sans moi.

Nouveau signe du banquier, nouvelles protestations de ceux des associés qui étaient présents.

— Il suffit que je sache, dit Beausire, et les faux amis seront punis.

Il chercha la poignée de l'épée, mais ne trouva que son gousset, lequel était plein de louis et rendit un son révélateur.

— Oh! oh! s'écrièrent deux dames, monsieur de Beausire est en bonne disposition ce soir. — Mais, oui, répondit sournoisement le banquier; il me paraît que, s'il a perdu, il n'a pas perdu tout, et que, s'il a fait infidélité aux légitimes, ce n'est pas une infidélité sans retour. Voyons, pontez, cher chevalier. — Merci! dit sèchement Beausire, puisque chacun garde ce qu'il a, je garde aussi. — Que diable veux-tu dire? lui glissa à l'oreille un des joueurs. — Nous nous expliquerons tout à l'heure. — Jouez donc, dit le banquier. — Un simple louis, dit une dame en caressant l'épaule de Beausire pour se rapprocher le plus possible du gousset.

— Je ne joue que des millions, dit Beausire avec audace, et, vraiment, je ne conçois pas qu'on joue ici de misérables louis. Des millions! Allons, messieurs du Pot-de-Fer, puisqu'il s'agit de millions sans qu'on s'en doute. A bas les enjeux d'un louis ! Des millions, millionnaires !

Beausire en était à ce moment d'exaltation qui pousse l'homme au delà des bornes du sens commun. Une ivresse plus dangereuse que celle du vin l'animait. Tout à coup il reçut par derrière, dans les jambes, un coup assez violent pour l'interrompre soudain.

Il se retourna et vit à ses côtés une grande figure olivâtre, raide et trouée, aux deux yeux noirs lumineux comme des charbons ardents.

Au geste de colère que fit Beausire, ce personnage étrange répondit par un salut cérémonieux accompagné d'un regard long comme une rapière.

— Le Portugais ! dit Beausire stupéfait de cette salutation d'un homme qui venait de lui appliquer une bourrade. — Le Portugais ! répétèrent les dames qui abandonnèrent Beausire pour aller papillonner autour de l'étranger.

Ce Portugais était, en réalité, l'enfant chéri de ces dames, auxquelles, sous prétexte qu'il ne parlait pas français, il apportait constamment des friandises, quelquefois enveloppées dans des billets de caisse de cinquante à soixante livres.

Beausire connaissait ce Portugais pour un des associés. Le Portugais perdait toujours avec les habitués du tripot. Il fixait ses mises à une centaine de louis par semaine, et régulièrement les habitués lui emportaient ses cent louis.

C'était l'amorceur de la société. Tandis qu'il se laissait dépouiller de cent plumes dorées, les autres confrères dépouillaient les joueurs alléchés.

Aussi, le Portugais était-il considéré par les associés comme l'homme utile ; par les habitués, comme l'homme agréable. Beausire avait pour lui cette considération tacite qui s'attache toujours à l'inconnu, quand même la défiance y entrerait pour quelque chose.

Beausire, ayant donc reçu le petit coup de pied que le Portugais lui venait d'appliquer dans les mollets, attendit, se tut, et s'assit.

Le Portugais prit place au jeu, mit vingt louis sur la table, et en vingt coups, qui durèrent un quart d'heure à se débattre, il fut débarrassé de ses vingt louis par six pontes affamés qui oublièrent un moment les coups de griffes du banquier et des autres compères.

L'horloge sonna trois heures du matin, Beausire achevait un verre de bière.

Deux laquais entrèrent, le banquier fit tomber son argent dans le double fond de la table, car les statuts de l'association étaient si empreints de confiance envers les membres que jamais l'on ne remettait à l'un d'eux le maniement complet des fonds de la société.

L'argent tombait donc à la fin de la séance, par un petit guichet, dans le double fond de la table, et il était ajouté en post-scriptum à cet article des statuts que jamais le banquier n'aurait de manches longues, comme aussi il ne pourrait jamais porter d'argent sur lui.

Ce qui signifiait qu'on lui interdisait de faire passer une vingtaine de louis dans ses manches, et que l'assemblée se réservait le droit de le fouiller pour lui enlever l'or qu'il aurait su faire couler dans ses poches.

Les laquais, disons-nous, apportèrent aux membres du cercle les houppelandes, les mantes et épées; plusieurs des joueurs heureux donnèrent le bras aux dames; les malheureux se guindèrent dans une chaise à porteurs, encore de mode en ces quartiers paisibles, et la nuit se fit dans le salon de jeu.

Beausire, aussi, avait paru s'envelopper dans son domino comme pour faire un voyage éternel; mais ne passa pas le premier étage, et la porte s'étant refermée, tandis que les fiacres, les chaises et les piétons disparaissaient, il rentra dans le salon où douze des associés venaient de rentrer aussi.

— Nous allons nous expliquer, dit Beausire, enfin. — Rallumez votre quinquet et ne parlez pas si haut, lui dit froidement et en bon français le Portugais, qui de son côté allumait une bougie placée sur la table.

Beausire grommela quelques mots auxquels personne ne fit attention; le Portugais s'assit à la place du banquier, on examina si les volets, les rideaux et les portes étaient soigneusement fermés, on s'assit doucement, les coudes sur le tapis, avec une curiosité dévorante.

— J'ai une communication à faire, dit le Portugais; heureusement suis-je arrivé à temps, car monsieur de Beausire est démangé ce soir par une intempérance de langue...

Beausire voulut s'écrier.

— Allons! paix! fit le Portugais; pas de paroles perdues. Vous avez prononcé des mots qui sont plus qu'imprudents. Vous avez eu connaissance de mon idée, c'est bien. Vous êtes homme d'esprit, vous pouvez l'avoir devinée; mais il me semble que jamais l'amour-propre ne doit primer l'intérêt. — Je ne comprends pas, dit Beausire. — Nous ne comprenons pas, dit la respectable assemblée. — Si fait, monsieur de Beausire a voulu prouver que le premier il avait trouvé l'affaire. — Quelle affaire? dirent les intéressés. — L'affaire des deux millions! s'écria Beausire avec emphase. — Deux millions! firent les associés. — Et d'abord, se hâta de dire le Portugais, vous exagérez; il est impossible que l'affaire aille là. Je vais le prouver à l'instant. — Nul ici ne sait ce que vous voulez dire, exclama le banquier. — Oui, mais nous n'en sommes pas moins tout oreilles, ajouta un autre. — Parlez le premier, dit Beausire. — Je le veux bien.

Et le Portugais se versa un immense verre de sirop d'orgeat, qu'il but tranquillement sans rien changer à ses allures d'homme glacé.

— Sachez, dit-il, je ne parle pas pour monsieur de Beausire, que le collier ne vaut pas plus de quinze cent mille livres. — Ah ! s'il s'agit d'un collier, dit Beausire. — Oui, Monsieur, n'est-ce pas là votre affaire ? — Peut-être. — Il va faire le discret après avoir fait l'indiscret.

Et le Portugais haussa les épaules.

— Je vous vois à regret prendre un ton qui me déplaît, dit Beausire avec l'accent d'un coq qui monte sur ses éperons. — Mira ! mira ! dit le Portugais froid comme un marbre, vous direz après ce que vous direz, je dis avant ce que j'ai à dire, et le temps presse, car vous devez savoir que l'ambassadeur arrive dans huit jours au plus tard. — Cela se complique, pensa l'assemblée palpitante d'intérêt : le collier, les quinze cent mille livres, un ambassadeur... qu'est-ce que cela? — En deux mots, voici, fit le Portugais. Messieurs Bœhmer et Bossange ont fait offrir à la reine un collier de diamants qui vaut quinze cent mille livres. La reine a refusé. Les joailliers ne savent qu'en faire et le cachent. Ils sont bien embarrassés, car ce collier ne peut être acheté que par une fortune royale; eh bien ! j'ai trouvé la personne royale qui achètera ce collier et le fera sortir du coffre-fort de messieurs Bœhmer et Bossange. — C'est?... dirent les associés. — C'est ma gracieuse souveraine, la reine de Portugal.

Et le Portugais se rengorgea.

— Nous comprenons moins que jamais, dirent les associés. — Moi, je ne comprends plus du tout, pensa Beausire. — Expliquez-vous nettement, cher monsieur Manoël, dit-il, car les dissentiments particuliers doivent céder devant l'intérêt public. Vous êtes le père de l'idée, je le reconnais franchement. Je renonce à tout droit de paternité, mais, pour l'amour de Dieu, soyez clair. — A la bonne heure, fit Manoël, en avalant une jatte d'orgeat. Je vais rendre cette question limpide. — Nous sommes déjà certains qu'il existe un collier de quinze cent mille livres, dit le banquier. Voilà un point important. — Et ce collier est dans le coffre de messieurs Bœhmer et Bossange. Voilà le second point, dit Beausire. — Mais don Manoël a dit que Sa Majesté la reine de Portugal achetait le collier. Voilà ce qui nous déroute. — Rien de plus clair pourtant, dit le Portugais. Il ne s'agit que de faire attention à mes paroles. L'ambassade est vacante. Il y a intérim ; l'ambassadeur nouveau, monsieur de Souza, n'arrive que dans huit jours au plus tôt. — Bon ! dit Beausire. — En huit jours, qui empêche que cet ambassadeur, pressé de voir Paris, n'arrive et ne s'installe?

Les assistants s'entre-regardèrent bouche béante.

— Comprenez donc, fit vivement Beausire, don Manoël veut vous dire qu'il peut arriver un ambassadeur vrai ou faux. — Précisément, ajouta le Portugais. Si l'ambassadeur qui se présentera avait envie du collier pour Sa Majesté la reine de Portugal, n'en a-t-il pas le droit? — Pardieu! firent les assistants. — Et alors il traite avec messieurs Bœhmer et Bossange. Voilà tout. — Absolument tout. — Seulement, il faut payer quand on a traité, fit observer le banquier du pharaon. — Ah dam! oui, répliqua le Portugais. — Messieurs Bœhmer et Bossange ne laisseront pas aller le collier dans les mains d'un ambassadeur, fût-ce un vrai Souza, sans avoir de bonnes garanties. — Oh! j'ai bien pensé à une garantie, objecta le futur ambassadeur. — Laquelle? — L'ambassade, avons-nous dit, est déserte? — Oui. — Il n'y reste plus qu'un chancelier, brave homme de Français, qui parle la langue portugaise aussi mal qu'homme du monde, et qui est enchanté quand les Portugais lui parlent français, parce qu'il ne souffre pas; quand les Français lui parlent portugais, parce qu'il brille. — Eh bien? fit Beausire. — Eh bien! Messieurs, nous nous présenterons à ce brave homme avec tous les dehors de la légation nouvelle. — Les dehors sont bons, dit Beausire, mais les papiers valent mieux. — On aura les papiers, répliqua laconiquement don Manoël. — Il serait inutile de contester que don Manoël soit un homme précieux, dit Beausire. — Les dehors et les papiers ayant convaincu le chancelier de l'identité de la légation, nous nous installons à l'ambassade. — Oh! oh! c'est fort, interrompit Beausire. — C'est forcé, continua le Portugais. — C'est tout simple, affirmèrent les autres associés. — Mais le chancelier? objecta Beausire. — Nous l'avons dit : Convaincu. Si par hasard il devenait moins crédule, dix minutes avant qu'il doutât, on le congédierait. Je pense qu'un ambassadeur a le droit de changer son chancelier? — Évidemment. — Donc, nous sommes maîtres de l'ambassade, et notre première opération, c'est d'aller rendre visite à messieurs Bœhmer et Bossange. — Non, non pas, dit vivement Beausire, vous me paraissez ignorer un point capital que je sais pertinemment, moi, qui ai vécu dans les cours. C'est qu'une opération comme vous dites ne se fait pas par un ambassadeur sans que, préalablement à toute démarche, il n'ait été reçu en audience solennelle, et là, ma foi! il y a un danger. Le fameux Riza-Bey, qui fut admis devant Louis XIV en qualité d'ambassadeur du shah de Perse, et qui eut l'aplomb d'offrir à Sa Majesté Très-Chrétienne pour trente francs de turquoises, Riza-Bey, dis-je, était très-fort sur la langue persane, et du diable s'il y avait en France des savants capables de lui prouver qu'il ne venait pas d'Ispahan. Mais nous serions reconnus tout de suite. On nous dirait à l'instant même que nous parlons le portugais en pur gaulois, et pour le cadeau de protestation, on nous enverrait à la Bastille. Prenons garde. — Votre imagination vous entraîne trop loin, cher collègue, dit le Portugais ; nous ne nous jetterons pas au-devant de tous ces dangers, nous resterons chacun dans notre hôtel. — Alors, monsieur Bœhmer ne nous croira pas aussi Portugais, aussi ambassadeur qu'il serait besoin. — Monsieur Bœhmer comprendra que nous venions en France avec la mission toute simple d'acheter le collier, l'ambassadeur ayant été changé pendant que nous étions en chemin. L'ordre seul de venir le remplacer nous a été remis. Cet ordre, eh bien! on le montrera s'il le faut à monsieur Bossange, puisqu'on l'aura bien montré à monsieur le chancelier de l'ambassade; seulement, c'est aux ministres du roi qu'il faut tâcher de ne pas le montrer, cet ordre, car les ministres sont curieux, ils sont défiants, ils nous tracasseraient sur une foule de petits détails. — Oh! oui, s'écria l'assemblée, ne nous mettons pas en rapport avec le ministère. — Et si messieurs Bœhmer et Bossange demandaient... — Quoi? fit don Manoël. — Un à-compte, dit Beausire. — Cela compliquerait l'affaire, fit le Portugais embarrassé. — Car enfin, poursuivit Beausire, il est d'usage qu'un ambassadeur arrive avec des lettres de crédit, sinon avec de l'argent frais. — C'est juste, dirent les associés. — L'affaire manquerait là, continua Beausire. — Vous trouvez toujours, dit Manoël avec une aigreur glaciale, des moyens pour faire manquer l'affaire. Vous n'en trouvez pas pour la faire réussir. — C'est précisément parce que j'en veux trouver que je soulève des difficultés, répliqua Beausire. Et tenez, tenez, je les trouve.

Toutes les têtes se rapprochèrent dans un même cercle.

— Dans toute chancellerie il y a une caisse. — Oui, une caisse et un crédit. — Ne parlons pas du crédit, reprit Beausire, car rien n'est si cher à se procurer. Pour avoir du crédit, il nous faudrait des chevaux, des équipages, des valets, des meubles, un attirail, qui sont la base de tout crédit possible. Parlons de la caisse. Que pensez-vous de celle de votre ambassade? — J'ai toujours regardé ma souveraine, Sa Majesté Très-Fidèle, comme une magnifique reine. Elle doit avoir bien fait les choses. — C'est ce que nous verrons ; et puis, admettons qu'il n'y ait rien dans la caisse. — C'est possible, firent en souriant les associés. — Alors, plus d'embarras, car aussitôt, nous, ambassadeurs, nous demandons à messieurs Bœhmer et Bossange quel est leur correspondant à Lisbonne, et nous leur signons, nous leur estampillons, nous leur scellons des lettres de change sur ce correspondant pour la somme demandée. — Ah! voilà qui est bien, dit don Manoël; majestueusement préoccupé de l'invention, je n'avais pas descendu aux détails. — Qui sont exquis, dit le banquier du pharaon en passant sa langue sur ses lèvres. — Maintenant, avisons à nous partager les rôles, dit Beausire. Je vois don Manoël dans l'ambassadeur. — Oh! certes, oui, fit en chœur l'assemblée. — Et je vois monsieur de Beausire dans mon secrétaire-interprète, ajouta don Manoël. — Comment cela? reprit Beausire un peu inquiet. — Il ne faut pas que je parle un mot de français, moi qui suis monsieur de Souza ; car je le connais, ce seigneur, et s'il parle, ce qui est rare, c'est tout au plus le portugais, sa langue naturelle. Vous, au contraire, monsieur de Beausire, qui avez voyagé, qui avez une grande habitude des transactions parisiennes, qui parlez agréablement le portugais. — Mais, dit Beausire. — Assez pour qu'on ne vous croie pas Parisien. — C'est vrai... Mais... — Et puis, ajouta don Manoël, en attachant son regard noir sur Beausire, aux plus utiles agents les plus gros bénéfices. — Assurément, dirent les associés. — C'est convenu, je suis secrétaire-interprète. — Parlons-en tout de suite, interrompit le banquier; comment divisera-t-on l'affaire? — Tout simplement, dit don Manoël, nous sommes douze. — Oui, douze, diront les associés en se comptant. — Par douzièmes, alors, ajouta don Manoël, avec cette réserve toutefois que certains parmi nous auront une part et demie; moi, par exemple, comme père de l'idée et ambassadeur; monsieur de Beausire parce qu'il avait flairé le coup et parlé millions en arrivant ici.

Beausire fit un signe d'adhésion.

— Et enfin, dit le Portugais, une part et demie aussi à celui qui vendra les diamants. — Oh! s'écrièrent tout d'une voix les associés, rien à celui-là, rien qu'une demi-part. — Pourquoi donc? fit don Manoël surpris, celui-là me semble risquer beaucoup. — Oui, dit le banquier, mais il aura les pots-de-vin, les primes, les remises, qui lui constitueront un lopin distingué.

Chacun de rire : ces honnêtes gens se comprenaient à merveille.

— Voilà donc qui est arrangé, dit Beausire; à demain les détails, il est tard.

Il pensait à Oliva restée seule au bal avec ce domino bleu, vers lequel, malgré sa facilité à donner des louis d'or, l'amant de Nicole ne se sentait pas porté par une confiance aveugle.

— Non, non, tout de suite, finissons, dirent les associés, quels sont ces détails? — Une chaise de voyage aux armes de Souza, dit Beausire. — Ce sera trop long à peindre, fit don Manoël, et à sécher surtout. — Un autre moyen alors, s'écria Beausire. La chaise de monsieur l'ambassadeur se sera brisée en chemin, et il aura été contraint de prendre celle de son secrétaire. — Vous avez donc une chaise, vous? demanda le Portugais. — J'ai la première venue. — Mais vos armes? — Les premières venues. — Oh! cela simplifie tout. Beaucoup de poussière, d'éclaboussures sur les panneaux, beaucoup sur le derrière de la chaise, à l'endroit où sont les armoiries, et le chancelier n'y verra que de la poussière et

des éclaboussures. — Mais le reste de l'ambassade? demanda le banquier.
— Nous autres, nous arriverons le soir, c'est plus commode pour un début, et vous, vous arriverez le lendemain, quand nous aurons déjà préparé les voies. — Très-bien. — A tout ambassadeur, outre son secrétaire, il faut un valet de chambre, dit don Manoël, fonction délicate! — Monsieur le commandeur, dit le banquier en s'adressant à l'un des aigrefins, vous prenez le rôle de valet de chambre.

Le commandeur s'inclina.

— Et des fonds pour des achats? dit don Manoël, moi je suis à sec. — Moi j'ai de l'argent, dit Beausire, mais il est à ma maîtresse. — Qu'y a-t-il en caisse? demandèrent les associés. — Vos clés, Messieurs, dit le banquier.

Chacun des associés tira une petite clé qui ouvrait un verrou sur douze, par lesquels se fermait le double fond de la fameuse table, en sorte que dans cette honnête société nul ne pouvait visiter la caisse sans la permission de ses onze collègues.

Il fut procédé à la vérification.

— Cent quatre-vingt-dix-huit louis au-dessus du fonds de réserve, dit le banquier qui avait été surveillé. — Donnez-les à monsieur de Beausire et à moi, ce n'est pas trop, demanda Manoël. — Donnez-en les deux tiers, laissez le tiers au reste de l'ambassade, dit Beausire avec une générosité qui concilia tous les suffrages.

De cette façon, don Manoël et Beausire reçurent cent trente-deux louis d'or, et soixante-six restèrent aux autres.

On se sépara, les rendez-vous pris pour le lendemain. Beausire se hâta de rouler son domino sous son bras et de courir rue Dauphine, où il espérait retrouver mademoiselle Oliva en possession de tout ce qu'elle avait de vertus anciennes et de nouveaux louis d'or.

XXVIII

L'AMBASSADEUR

Le lendemain, vers le soir, une chaise de voyage arrivait par la barrière d'Enfer, assez poudreuse, assez éclaboussée pour que nul ne pût distinguer les armoiries.

Les quatre chevaux qui la menaient brûlaient le pavé: les postillons, comme on dit, allaient un train de prince.

La chaise s'arrêta devant un hôtel d'assez belle apparence, dans la rue de la Jussienne.

Sur la porte même de cet hôtel, deux hommes attendaient; l'un, d'une mise assez recherchée pour annoncer la cérémonie, l'autre dans une sorte de livrée banale comme en ont eu de tout temps les officiers publics des différentes administrations parisiennes.

Autrement dit, ce dernier ressemblait à un suisse en costume d'apparat.

L'homme aux habits de cérémonie s'approcha très-respectueusement de la portière, et d'une voix un peu chevrotante, il entama une harangue en langue portugaise.

— Qui êtes-vous? répondit de l'intérieur une voix brusque, en portugais également, seulement cette voix parlait un excellent portugais. — Le chancelier indigne de l'ambassade, Excellence. Fort bien. Comme vous parlez mal notre langue! mon cher chancelier; voyons, où descend-on? — Par ici, Monseigneur, par ici. — Triste réception, dit le seigneur don Manoël, qui faisait le gros dos en s'appuyant sur son valet de chambre et sur son secrétaire. — Votre Excellence daignera me pardonner, dit le chancelier dans son mauvais langage; ce n'est qu'à deux heures aujourd'hui qu'est descendu à l'ambassade le courrier de Son Excellence pour annoncer votre arrivée. J'étais absent, Monseigneur, absent pour les affaires de la légation. Aussitôt mon retour, j'ai trouvé la lettre de Votre Excellence. Je n'ai eu que le temps de faire ouvrir les appartements; on les éclaire. — Bon, bon. — Ah! ce m'est une vive joie de voir l'illustre personne de notre nouvel ambassadeur. — Chut! ne divulguons rien jusqu'à ce que des ordres nouveaux soient venus de Lisbonne. Veuillez seulement, Monsieur, me faire conduire à ma chambre à coucher, je tombe de fatigue. Vous vous entendrez avec mon secrétaire, il vous transmettra mes ordres.

Le chancelier s'inclina respectueusement devant Beausire, qui rendit un salut affectueux, et dit d'un air courtoisement ironique :

— Parlez français, cher Monsieur, cela vous mettra plus à l'aise, et moi aussi. — Oui, oui, murmura le chancelier, je serai plus à l'aise, car je vous avouerai, monsieur le secrétaire, que ma prononciation... — Je le vois bien, répliqua Beausire avec aplomb. — Je profiterai de cette occasion, monsieur le secrétaire, puisque je trouve en vous un homme si aimable, se hâta de dire le chancelier avec effusion; je profiterai, dis-je, de l'occasion, pour vous demander si vous croyez que monsieur de Souza ne m'en voudra pas d'écorcher ainsi le portugais. — Pas du tout, pas du tout, si vous parlez le français purement. — Moi! dit le chancelier joyeusement; moi! un Parisien de la rue Saint-Honoré! —Eh bien!

c'est à ravir, dit Beausire. Comment vous nomme-t-on? Ducorneau, je crois? — Ducorneau, oui, monsieur le secrétaire; nom assez heureux, car il a une terminaison espagnole, si l'on veut. Monsieur le secrétaire savait mon nom? c'est bien flatteur pour moi. — Oui, vous êtes bien noté là-bas; si bien noté, que cette bonne réputation nous a empêché d'amener un chancelier de Lisbonne. — Oh! que de reconnaissance, monsieur le secrétaire, et quelle heureuse chance pour moi que la nomination de monsieur de Souza. Mais monsieur l'ambassadeur sonne, je crois. — Courons.

On courut en effet. Monsieur l'ambassadeur, grâce au zèle de son valet de chambre, venait de se déshabiller. Il avait revêtu une magnifique robe de chambre. Un barbier, appelé à la hâte, l'accommodait. Quelques boîtes et nécessaires de voyage, assez riches en apparence, garnissaient les tables et les consoles.

Un grand feu flambait dans la cheminée.

— Entrez, entrez, monsieur le chancelier, dit l'ambassadeur qui venait de s'ensevelir dans un immense fauteuil à coussins, tout en travers du feu. — Monsieur l'ambassadeur se fâchera-t-il si je lui réponds en français? dit le chancelier tout bas à Beausire. — Non, non, allez toujours.

Ducorneau fit son compliment en français.

— Eh! mais, c'est fort commode, vous parlez admirablement le français, monsieur du Corno. — Il me prend pour un Portugais, pensa le chancelier ivre de joie.

Et il serra la main de Beausire.

— Çà! dit Manoël, pourra-t-on souper? — Certes, oui, Votre Excellence. Oui, le Palais-Royal est à deux pas d'ici, et je connais un traiteur excellent qui apportera un bon souper pour Votre Excellence. — Comme si c'était pour vous, monsieur du Corno? — Oui, Monseigneur... et moi, si Son Excellence le permettait, je prendrais la permission d'offrir quelques bouteilles d'un vin du pays, comme Votre Excellence n'en aura trouvé qu'à Porto même. — Eh! notre chancelier a donc bonne cave? dit Beausire gaillardement. — C'est mon seul luxe, répliqua humblement le brave homme, dont pour la première fois, aux bougies, Beausire et don Manoël purent remarquer les yeux vifs, les grosses joues rondes et le nez fleuri. — Faites comme il vous plaira, monsieur du Corno, dit l'ambassadeur; apportez-nous de votre vin, et venez souper avec nous. — Un pareil honneur!... — Sans étiquette, aujourd'hui je suis encore un voyageur, je ne serai l'ambassadeur que demain. Et puis, nous parlerons affaires. — Oh! mais, Monseigneur permettra que je donne un coup d'œil à ma toilette. — Vous êtes superbe, dit Beausire. — Toilette de réception, non de gala, dit Ducorneau. — Demeurez comme vous êtes, monsieur le chancelier, et donnez à nos préparatifs le temps que vous donneriez à prendre l'habit de gala.

Ducorneau ravi quitta l'ambassadeur, et se mit à courir pour gagner dix minutes à l'appétit de Son Excellence.

Pendant ce temps, les trois coquins, enfermés dans la chambre à coucher, passaient en revue le mobilier et les actes de leur nouveau pouvoir.

— Couche-t-il à l'hôtel, ce chancelier? dit don Manoël. — Non pas : le drôle a une bonne cave et doit avoir quelque part une jolie femme ou une grisette. C'est un vieux garçon. — Le suisse? — Il faudra bien s'en débarrasser. — Je m'en charge. — Les autres valets de l'hôtel? — Valets de louage que nos associés remplaceront demain. — Que dit la cuisine? que dit l'office? — Morts! morts! L'ancien ambassadeur ne paraissait jamais à l'hôtel. Il avait sa maison en ville. — Que dit la caisse? — Pour la caisse, il faut consulter le chancelier : c'est délicat. — Je m'en charge, dit Beausire : nous sommes déjà les meilleurs amis du monde. — Chut! le voici.

En effet, Ducorneau revenait essoufflé. Il avait prévenu le traiteur de la rue des Bons-Enfants, pris dans son cabinet six bouteilles d'une mine respectable, et sa figure réjouie annonçait toutes les bonnes dispositions que ces soleils, la nature et la diplomatie, savent combiner pour dorer ce que les cyniques appellent la façade humaine.

— Votre Excellence, dit-il, ne descendra pas dans la salle à manger? — Non pas, non pas, nous mangerons dans la chambre, entre nous, près du feu. — Monseigneur me ravit de joie. Voici le vin. — Des topazes! dit Beausire en élevant un des flacons à la hauteur d'une bougie.

— Asseyez-vous, monsieur le chancelier, pendant que mon valet de chambre dressera le couvert.

Ducorneau s'assit.

— Quel jour sont arrivées les dernières dépêches? dit l'ambassadeur. — La veille du départ de votre... du prédécesseur de Votre Excellence. — Bien. La légation est en bon état? — Oh! oui, Monseigneur. — Pas de mauvaises affaires d'argent? — Pas que je sache. — Pas de dettes... Oh! dites... S'il y en avait, nous commencerions par payer. Mon prédécesseur est un galant gentilhomme pour qui je me porte garant solidaire. — Dieu merci! Monseigneur n'en aura pas besoin; les crédits ont été ordonnancés il y a trois semaines, et le lendemain même du départ de l'ex-ambassadeur, cent mille livres arrivaient ici. — Cent mille livres! s'écrièrent à la fois Beausire et don Manoël, effarés de joie. — En or, dit le chancelier. — En or, répétèrent l'ambassadeur, le secrétaire, et

14

jusqu'au valet de chambre. — De sorte, dit Beausire en avalant son émotion, que la caisse renferme... — Cent mille trois cent vingt-huit livres, monsieur le secrétaire. — C'est peu, dit froidement don Manoël; mais Sa Majesté heureusement a mis des fonds à notre disposition. Je vous l'avais bien dit, mon cher, ajouta-t-il en s'adressant à Beausire, que nous manquerions à Paris. — Hormis ce point que Votre Excellence avait pris ses précautions, répliqua respectueusement Beausire.

A partir de cette communication importante du chancelier, l'hilarité de l'ambassade ne fit que s'accroître.

Un bon souper, composé d'un saumon, d'écrevisses énormes, de viandes noires et de crèmes, n'augmenta pas médiocrement cette verve des seigneurs portugais.

Ducorneau mis à l'aise mangea comme dix grands d'Espagne, et montra à ses supérieurs comme quoi un Parisien de la rue Saint-Honoré traitait les vins de Porto et de Xérès en vins de Brie et de Tonnerre.

Monsieur Ducorneau bénissait encore le ciel de lui avoir envoyé un ambassadeur qui préférait la langue française à la langue portugaise, et les vins portugais aux vins de France; il nageait dans cette délicieuse béatitude que fait au cerveau l'estomac satisfait et reconnaissant, lorsque monsieur de Souza l'interpellant lui demanda de s'aller coucher.

Ducorneau se leva, et dans une révérence épineuse qui accrocha autant de meubles qu'une branche d'églantier accroche de feuilles dans un taillis, le chancelier gagna la porte de la rue.

Beausire et don Manoël n'avaient pas assez fêté le vin de l'ambassade pour succomber sur-le-champ au sommeil.

D'ailleurs, il fallait que le valet de chambre soupât à son tour après ses maîtres, opération que le *commandeur* accomplit minutieusement, d'après les précédents tracés par monsieur l'ambassadeur et son secrétaire.

Tout le plan du lendemain se trouva dressé. Les trois associés poussèrent une reconnaissance dans l'hôtel, après s'être assurés que le suisse dormait.

XXIX

MESSIEURS BOEHMER ET BOSSANGE

Le lendemain, grâce à l'activité de Ducorneau à jeun, l'ambassade était sortie de sa léthargie. Bureaux, cartons, écritoires, air d'apparat, chevaux piaffant dans la cour, indiquaient la vie là où la veille encore on sentait l'atonie et la mort.

Le bruit se répandit vite dans le quartier qu'un grand personnage, chargé d'affaires, était arrivé de Portugal pendant la nuit.

Ce bruit, qui devait donner du crédit à nos trois fripons, était pour eux une sorte de frayeurs toujours renaissantes.

En effet, la police de monsieur de Crosne et celle de monsieur de Breteuil avaient de larges oreilles qu'elles se garderaient bien de clore en pareille occurrence; elles avaient des yeux d'Argus que certainement elles ne fermeraient pas lorsqu'il s'agirait de messieurs les diplomates du Portugal.

Mais don Manoël fit observer à Beausire qu'avec de l'audace on empêcherait les recherches de la police d'être soupçons avant huit jours; les soupçons d'être certitudes avant quinze jours; que, par conséquent, avant dix jours, moyen terme, rien ne gênerait les allures de l'association, laquelle association, pour bien agir, devait avoir terminé ses opérations avant six jours.

L'aurore venait de poindre quand deux chaises de louage amenèrent dans l'hôtel la cargaisoin des neuf drôles destinés à composer le personnel de l'ambassade.

Ils furent installés bien vite, ou, pour mieux dire, couchés par Beausire. On en mit un à la caisse, l'autre aux archives, un troisième remplaça le suisse, auquel Ducorneau lui-même donna son congé, sous prétexte qu'il ne savait pas le portugais. L'hôtel se trouva donc peuplé par cette garnison, qui devait en défendre les abords à tout profane.

La police est profane au plus haut degré pour ceux qui ont des secrets politiques ou autres.

Vers midi, don Manoël dit Souza s'étant habillé galamment, monta dans un carrosse fort propre que Beausire avait loué cinq cents livres pour un mois, en payant quinze jours d'avance.

Il partit pour la maison de messieurs Bœhmer et Bossange, en compagnie de son secrétaire et de son valet de chambre.

Le chancelier reçut l'ordre d'expédier sous son couvert, et comme d'habitude en l'absence des ambassadeurs, toutes les affaires relatives aux passe-ports, indemnités et secours, avec attention toutefois de ne donner des espèces ou de solder de comptes qu'avec l'agrément de monsieur le secrétaire.

Ces Messieurs voulaient garder intacte la somme de cent mille livres, pivot fondamental de toute l'opération.

On apprit à monsieur l'ambassadeur que les joailliers de la couronne demeuraient sur le quai de l'École, où ils firent leur entrée vers une heure de relevée. Le valet de chambre frappa modestement à la porte du joaillier, qui était fermée par de fortes serrures et garnie de gros clous à large tête comme une porte de prison.

L'art avait disposé ces clous de manière à former des dessins plus ou moins agréables. Il était constaté seulement que jamais vrille, scie ou lime n'eût pu mordre un morceau du bois sans se rompre une dent sur un morceau de fer.

Un guichet treillissé s'ouvrit, et une voix demanda au valet de chambre ce qu'il désirait savoir.

— Monsieur l'ambassadeur de Portugal veut parler à messieurs Bœhmer et Bossange, répondit le valet.

Une figure apparut bien vite au premier étage, puis un pas précipité se fit entendre dans l'escalier. La porte s'ouvrit.

Don Manoël descendit de voiture avec une noble lenteur.

Monsieur Beausire était descendu le premier pour offrir son bras à Son Excellence.

L'homme qui s'avançait avec tant d'empressement au-devant des deux Portugais était monsieur de Bœhmer lui-même qui, en entendant s'arrêter la voiture, avait regardé par ses vitres, entendu le mot ambassadeur, et s'était élancé pour ne pas faire attendre Son Excellence.

Le joaillier se confondit en excuses pendant que don Manoël montait l'escalier.

Monsieur Beausire remarqua que, derrière eux, une vieille servante, vigoureuse et bien découplée, fermait verrous, serrures, dont il y avait un grand luxe à la porte de la rue.

Monsieur Beausire ayant paru faire ces observations avec une certaine recherche, monsieur Bœhmer lui dit :

— Monsieur, pardonnez; nous sommes si fort exposés dans notre malheureuse profession, que nos habitudes renferment toutes une précaution quelconque.

Don Manoël était demeuré impassible; Bœhmer le vit et lui réitéra à lui-même la phrase qui avait obtenu de Beausire un sourire agréable. Mais l'ambassadeur n'ayant pas plus sourcillé à la seconde fois qu'à la première :

— Pardonnez-moi, monsieur l'ambassadeur, dit encore Bœhmer décontenancé. — Son Excellence ne parle pas français, dit Beausire, et ne peut vous entendre, Monsieur; mais je vais lui transmettre vos excuses, à moins, se hâta-t-il de dire, que vous-même, Monsieur, ne parliez le portugais. — Non, Monsieur, non. — Je parlerai donc pour vous.

Et Beausire baragouina quelques mots portugais à don Manoël, qui répondit dans la même langue.

— Son Excellence monsieur le comte de Souza, ambassadeur de Sa Majesté Très-Fidèle, accepte gracieusement vos excuses, Monsieur, et me charge de vous demander s'il est vrai que vous ayez encore en votre possession un beau collier de diamants?

Bœhmer leva la tête et regarda Beausire en homme qui sait toiser son monde.

Beausire soutint le choc en habile diplomate.

— Un collier de diamants, dit lentement Bœhmer, un fort beau collier? — Celui que vous avez offert à la reine de France, ajouta Beausire, et dont Sa Majesté Très-Fidèle a entendu parler. — Monsieur, dit Bœhmer, est un officier de monsieur l'ambassadeur? — Son secrétaire particulier, Monsieur.

Don Manoël s'était assis en grand seigneur; il regardait les peintures des panneaux d'une assez belle pièce qui donnait sur le quai.

Un beau soleil éclairait alors la Seine, et les premiers peupliers montraient leurs pousses d'un vert tendre au-dessus des eaux, grosses encore et jaunies par le dégel.

Don Manoël passa de l'examen des peintures à celui du paysage.

— Monsieur, dit Beausire, il me semble que vous n'avez pas entendu un mot de ce que je vous ai dit. — Comment cela, Monsieur? répondit Bœhmer, un peu étourdi du ton vif du personnage. — C'est que je vois Son Excellence qui s'impatiente, monsieur le joaillier. — Monsieur, pardon, dit Bœhmer tout rouge, je ne dois pas montrer le collier sans être assisté de mon associé, monsieur Bossange. — Eh bien! Monsieur, faites venir votre associé.

Don Manoël se rapprocha, et, de son air glacial qui comportait une certaine majesté, il commença en portugais une allocution qui fit plusieurs fois courber sous le respect la tête de Beausire.

Après quoi il tourna le dos, et reprit sa contemplation aux vitres.

— Son Excellence me dit, Monsieur, qu'il y a déjà six minutes qu'elle attend, et qu'elle n'a pas l'habitude d'attendre nulle part, pas même chez les rois.

Bœhmer s'inclina, prit un cordon de sonnette et l'agita.

Une minute après, une autre figure entra dans la chambre. C'était monsieur Bossange, l'associé.

Bœhmer le mit au fait avec deux mots. Bossange donna son coup d'œil aux deux Portugais, et finit par demander à Bœhmer sa clé pour ouvrir le coffre-fort.

— Il me paraît que les honnêtes gens, pensa Beausire, prennent autant de précautions les uns contre les autres que les voleurs.

Dix minutes après, monsieur Bossange revint, portant un écrin dans sa main gauche; sa main droite était cachée sous son habit. Beausire y vit distinctement le relief de deux pistolets.

— Nous pouvons avoir bonne mine, dit don Manoël gravement en portugais; mais ces marchands nous prennent plutôt pour des filous que pour des ambassadeurs.

Et en prononçant ces mots, il regarda bien les joailliers pour saisir sur leurs visages la moindre émotion dans le cas où ils comprendraient le portugais.

Rien ne parut, rien qu'un collier de diamants si merveilleusement beau que l'éclat éblouissait.

On mit avec confiance cet écrin dans les mains de don Manoël, qui soudain avec colère :

— Monsieur, dit-il à son secrétaire, dites à ces drôles qu'ils abusent de la permission qu'a un marchand d'être stupide. Ils me montrent du strass quand je leur demande des diamants. Dites-leur que je me plaindrai au ministre de France, et qu'au nom de ma reine, je ferai jeter à la Bastille les impertinents qui mystifient un ambassadeur de Portugal.

Disant ces mots, il fit voler, d'un revers de main, l'écrin sur le comptoir.

Beausire n'eut pas besoin de traduire toutes les paroles, la pantomime avait suffi.

Bœhmer et Bossange se confondirent en excuses, et dirent qu'en France on montrait des modèles de diamants, des semblants de parure, le tout pour satisfaire les honnêtes gens, mais pour ne pas allécher ou tenter les voleurs.

Monsieur de Souza fit un geste énergique, et marcha vers la porte, aux yeux des marchands inquiets.

— Son Excellence me charge de vous dire, poursuivit Beausire, qu'il est fâcheux que des gens qui portent le titre de joailliers de la couronne de France en soient à distinguer un ambassadeur d'avec un gredin, et Son Excellence se retire à son hôtel.

Monsieur Bœhmer et Bossange se firent un signe, et s'inclinèrent en protestant de nouveau de tout leur respect.

Monsieur de Souza leur faillit marcher sur les pieds et sortit.

Les marchands se regardèrent, décidément inquiets et courbés jusqu'à terre.

Beausire suivit fièrement son maître.

La vieille ouvrit les serrures de la porte.

— A l'hôtel de l'ambassade, rue de la Jussienne! cria Beausire au valet de chambre. — A l'hôtel de l'ambassade, rue de la Jussienne! cria le valet au cocher.

BŒHMER ET BOSSANGE.

Bœhmer entendit au travers du guichet.

— Affaire manquée! grommela le valet. — Affaire faite, dit Beausire; dans une heure, ces croquants seront chez nous.

Le carrosse roula comme s'il eut été enlevé par huit chevaux.

XXX

A L'AMBASSADE

En rentrant à l'hôtel de l'ambassade, ces messieurs trouvèrent Ducorneau qui dînait tranquillement dans son bureau.

Beausire le pria de monter chez l'ambassadeur, et lui tint ce langage:

— Vous comprenez, cher chancelier, qu'un homme tel que monsieur de Souza n'est pas un ambassadeur ordinaire. — Je m'en suis aperçu, dit le chancelier. — Son Excellence, poursuivit Beausire, veut occuper une place distinguée à Paris, parmi les riches et les gens de goût, c'est vous dire que le séjour de ce vilain hôtel, rue de la Jussienne, n'est pas supportable pour lui; en conséquence, il s'agirait de trouver une autre résidence particulière pour monsieur de Souza. — Cela compliquera les relations diplomatiques, dit le chancelier; nous aurons à courir beaucoup pour les signatures. — Eh! Son Excellence vous donnera un carrosse, cher monsieur Ducorneau, répondit Beausire.

Ducorneau faillit s'évanouir de joie.

— Un carrosse à moi! s'écria-t-il. — Il est fâcheux que vous n'en ayez pas l'habitude, continua Beausire; un chancelier d'ambassade un peu digne doit avoir son carrosse; mais nous parlerons de ce détail en temps et lieu. Pour le moment, rendons compte à monsieur l'ambassadeur de l'état des affaires étrangères; la caisse, où est-elle? — Là-haut, Monsieur, dans l'appartement même de monsieur l'ambassadeur. — Si loin de vous. — Mesure de sûreté, Monsieur; les voleurs ont plus de mal à pénétrer au premier qu'au rez-de-chaussée. — Des voleurs, fit dédaigneusement Beausire, pour une si petite somme. — Cent mille livres! fit Ducorneau. Peste! on voit bien que monsieur de Souza est riche. Il n'y a pas cent mille livres dans toutes les caisses d'ambassade. — Voulez-vous que nous vérifions, dit Beausire; j'ai hâte de me rendre à mes affaires. — A l'instant, Monsieur, à l'instant, dit Ducorneau en quittant le rez-de-chaussée.

Vérification faite, les cent mille livres apparurent en belles espèces, moitié or et moitié argent.

Ducorneau offrit sa clé, que Beausire regarda quelque temps, pour en admirer les ingénieuses guillochures et les trèfles compliqués.

Il en avait habilement pris l'empreinte avec de la cire.

Puis il la rendit au chancelier en lui disant :

— Monsieur Ducorneau, elle est mieux dans vos mains que dans les miennes; passons chez monsieur l'ambassadeur.

On trouva don Manoël en tête-à-tête avec le chocolat national. Il semblait fort occupé d'un papier couvert de chiffres. A la vue de son chancelier :

— Connaissez-vous le chiffre de l'ancienne correspondance? demanda-t-il. — Non, Votre Excellence. — Eh bien! je veux que désormais vous soyez initié, Monsieur; vous me débarrasserez, de cette façon, d'une foule de détails ennuyeux. A propos, la caisse? demanda-t-il à Beausire. — En parfait état, comme tout ce qui est du ressort de monsieur Ducorneau, répliqua Beausire. — Les cent mille livres? — Liquides, Monsieur. — Bien; asseyez-vous, monsieur Ducorneau, vous allez me donner un renseignement. — Aux ordres de Votre Excellence, dit le chancelier radieux. — Voici le fait : affaire d'État, monsieur Ducorneau. — Oh! j'écoute, Monseigneur.

Et le digne chancelier approcha son siége.

— Affaire grave, dans laquelle j'ai besoin de vos lumières. Connaissez-vous des joailliers un peu honnêtes, à Paris? — Il y a messieurs Bœhmer et Bossange, joailliers de la couronne, dit le chancelier. — Précisément, ce sont eux que je ne veux point employer, dit don Manoël, je les quitte pour ne jamais les revoir. — Ils ont eu le malheur de mécontenter Votre Excellence? — Gravement, monsieur Corno, gravement. — Oh! si je pouvais être un peu moins réservé, si j'osais... — Osez. — Je demanderais en quoi ces gens, qui ont de la réputation dans leur métier... — Ce sont de véritables juifs, monsieur Corno, et leurs mauvais procédés leur font perdre comme un million ou deux. — Oh! s'écria Ducorneau avidement. — J'étais envoyé par Sa Majesté Très-Fidèle pour négocier d'un collier de diamants. — Oui, oui, le fameux collier qui avait été commandé par le feu roi pour madame Dubarry; je sais, je sais. — Vous êtes un homme précieux; vous savez tout. Eh bien! j'allais acheter ce collier; mais puisque les choses vont ainsi, je ne l'achèterai pas. — Faut-il que je fasse une démarche? — Monsieur Corno! — Diplomatique, Monseigneur, très-diplomatique. — Ce serait bon si vous connaissiez ces gens-là. — Bossange est mon petit cousin à la mode de Bretagne.

Don Manoël et Beausire se regardèrent.

Il se fit un silence. Les deux Portugais aiguisaient leurs réflexions.

Tout à coup un des valets ouvrit la porte et annonça :

— Messieurs Bœhmer et Bossange !

Don Manoël se leva soudain, et d'une voix irritée :

— Renvoyez ces gens-là ! s'écria-t-il.

Le valet fit un pas pour obéir.

— Non, chassez-les vous-même, monsieur le secrétaire, reprit l'ambassadeur. — Au nom du ciel ! fit Ducorneau suppliant, laissez-moi exécuter l'ordre de Monseigneur ; je l'adoucirai, puisque je ne puis l'éluder. — Faites, si vous voulez, dit négligemment don Manoël.

Beausire se rapprocha de lui au moment où Ducorneau sortait avec précipitation.

— Ah çà ! mais cette affaire est destinée à manquer, dit don Manoël. — Non pas, Ducorneau va la raccommoder. — Il l'embrouillera, malheureux ; nous avons parlé portugais seulement chez les joailliers. Vous avez dit que je n'entendais pas un mot de français, Ducorneau va tout gâter. — J'y cours. — Vous montrer, c'est peut-être dangereux, Beausire. — Vous allez voir que non ; laissez-moi plein pouvoir. — Pardieu !

Beausire sortit.

Ducorneau avait trouvé en bas Bœhmer et Bossange, dont la contenance, depuis leur entrée à l'ambassade, était toute modifiée dans le sens de la politesse, sinon dans celui de la confiance.

Ils comptaient peu sur la vue d'un visage de connaissance, et se faufilaient avec raideur dans les premiers cabinets.

En apercevant Ducorneau, Bossange poussa un cri de joyeuse surprise.

— Vous ici ? dit-il.

Et il s'approcha pour l'embrasser.

— Ah ! ah ! vous êtes bien aimable, dit Ducorneau, vous me reconnaissez ici, mon cousin le richard. Est-ce parce que je suis à une ambassade ? — Ma foi ! oui, dit Bossange, si nous avons été séparés un peu, pardonnez-le-moi, et rendez-moi un service. — Je venais pour cela. — Oh ! merci. Vous êtes donc attaché à l'ambassade ? — Mais oui. — Un renseignement. — Lequel, et sur quoi ? — Sur l'ambassade même. — J'en suis le chancelier. — Oh ! à merveille. Nous voulons parler à l'ambassadeur. — Je viens de sa part. — De sa part ! pour nous dire ?... — Qu'il vous prie de sortir bien vite de son hôtel, et bien vite, Messieurs.

Les deux joailliers se regardèrent penauds.

— Parce que, dit Ducorneau avec importance, vous avez été maladroits et malhonnêtes, à ce qu'il paraît. — Écoutez-nous donc. — C'est inutile, dit tout à coup la voix de Beausire, qui apparut fier et froid au seuil de la chambre. Monsieur Ducorneau, Son Excellence vous a dit de congédier ces Messieurs, congédiez-les. — Monsieur le secrétaire... — Obéissez, dit Beausire avec dédain. Faites.

Et il passa.

Le chancelier prit son parent par l'épaule droite, l'associé du parent par l'épaule gauche, et les poussa doucement dehors.

— Voilà, dit-il, c'est une affaire manquée. — Que ces étrangers sont donc susceptibles, mon Dieu! murmura Bœhmer, qui était un Allemand. — Quand on s'appelle Souza, et qu'on a neuf cent mille livres de revenu, mon cher cousin, dit le chancelier, on a le droit d'être ce qu'on veut. — Ah! soupira Bossange, je vous ai bien dit, Bœhmer, que vous êtes trop raide en affaires. — Eh! répliqua l'entêté Allemand, si nous n'avons pas son argent, il n'aura pas notre collier.

On approchait de la porte de la rue.

Ducorneau se mit à rire.

— Savez-vous bien ce que c'est qu'un Portugais? dit-il dédaigneusement; savez-vous ce que c'est qu'un ambassadeur, bourgeois que vous êtes? Non. Eh bien! je vais vous le dire. Un ambassadeur favori d'une reine, monsieur Potemkin, achetait tous les ans, au 1er janvier, pour la reine, un panier de cerises qui coûtait cent mille écus, mille livres la cerise; c'est joli, n'est-ce pas? Eh bien! monsieur de Souza achètera les mines du Brésil pour en trouver dans les filons un diamant gros comme tous les vôtres. Cela lui coûtera vingt années de son revenu, vingt millions; mais que lui importe, il n'a pas d'enfants, voilà.

Et il leur fermait la porte, quand Bossange, se ravisant :

— Raccommodez cela, dit-il, et vous aurez... — Ici, l'on est incorruptible, répliqua Ducorneau.

Et il ferma la porte.

Le soir même, l'ambassadeur reçut la lettre suivante :

« Monseigneur,

« Un homme qui attend vos ordres et désire vous présenter les res-
« pectueuses excuses de vos humbles serviteurs est à la porte de votre
« hôtel; sur un signe de Votre Excellence, il déposera dans les mains
« d'un de vos gens le collier qui avait eu le bonheur d'attirer votre
« attention.

« Daignez recevoir, Monseigneur, l'assurance du profond respect, etc., etc.

« Bœhmer et Bossange. »

— Eh bien! mais, dit don Manoël en lisant cette épître, le collier est à nous. — Non pas, non pas, dit Beausire; il ne sera à nous que quand

A L'AMBASSADE.

nous l'aurons acheté; achetons-le! — Comment? — Votre Excellence ne sait pas le français, c'est convenu; et tout d'abord, débarrassons-nous de monsieur le chancelier. — Comment? — De la façon la plus simple: il s'agit de lui donner une mission diplomatique importante; je m'en charge. — Vous avez tort, dit Manoël, il sera ici notre caution. — Il dira que vous parlez français comme monsieur Bossange et moi. — Il ne le dira pas; je l'en prierai. — Soit, qu'il reste, faites entrer l'homme aux diamants.

L'homme fut introduit; c'était Bœhmer en personne, Bœhmer, qui fit les plus profondes gentillesses et les excuses les plus soumises.

Après quoi il offrit ses diamants, et fit mine de les laisser pour être examinés.

Don Manoël le retint.

— Assez d'épreuves comme cela, dit Beausire; vous êtes un marchand défiant; vous devez être honnête. Asseyez-vous ici et causons, puisque monsieur l'ambassadeur vous pardonne. — Ouf! que l'on a du mal à vendre, soupira Bœhmer. — Que de mal on se donne pour voler, pensa Beausire.

XXXI

LE MARCHÉ

Alors, monsieur l'ambassadeur consentit à examiner le collier en détail.

Monsieur Bœhmer en montra curieusement chaque pièce, et en fit ressortir chaque beauté.

— Sur l'ensemble de ces pierres, dit Beausire, à qui don Manoël venait de parler en portugais, monsieur l'ambassadeur ne voit rien à dire; l'ensemble est satisfaisant.

Quant aux diamants en eux-mêmes, ce n'est pas la même chose; Son Excellence en a compté dix un peu piqués, un peu tachés.

— Oh! fit Bœhmer. — Son Excellence, interrompit Beausire, se connaît mieux que vous en diamants; les nobles portugais jouent avec les diamants au Brésil, comme ici les enfants avec du verre.

Don Manoël, en effet, posa le doigt sur plusieurs diamants l'un après l'autre, et fit remarquer avec une admirable perspicacité les défauts imperceptibles que peut-être un connaisseur n'eût pas relevés dans les diamants.

— Tel qu'il est, cependant, dit Bœhmer un peu surpris de voir un si grand seigneur aussi fort joaillier, tel qu'il est, ce collier est la plus belle réunion de diamants qu'il y ait en ce moment dans toute l'Europe. — C'est vrai, répliqua don Manoël, et sur un signe Beausire ajouta : — Eh bien! monsieur Bœhmer, voici le fait : Sa Majesté la reine de Portugal a entendu parler du collier; elle a chargé Son Excellence de négocier l'affaire après avoir vu les diamants. Les diamants conviennent à Son Excellence; combien voulez-vous vendre ce collier? — Seize cent mille livres, dit Bœhmer.

Beausire répéta le chiffre à son ambassadeur.

— C'est cent mille livres trop cher, répliqua don Manoël. — Monseigneur, reprit le joaillier, on ne peut évaluer les bénéfices au juste sur un objet de cette importance; il a fallu, pour composer une parure de ce mérite, des recherches et des voyages qui effraieraient si on les connaissait comme moi. — Cent mille livres trop cher, répartit le tenace Portugais. — Et pour que Monseigneur vous dise cela, dit Beausire, il faut que ce soit chez lui une conviction, car Son Excellence ne marchande jamais.

Bœhmer parut un peu ébranlé. Rien ne rassure les marchands soupçonneux comme un acheteur qui marchande.

— Je ne saurais, dit-il, après un moment d'hésitation, souscrire une diminution qui fait la différence du gain ou de la perte entre notre associé et moi.

Don Manoël écouta la traduction de Beausire et se leva.

Beausire ferma l'écrin et le remit à Bœhmer.

— J'en parlerai toujours à monsieur Bossange, dit ce dernier; Votre Excellence y consent-elle? — Qu'est-ce à dire? demanda Beausire. — Je veux dire que monsieur l'ambassadeur semble avoir offert quinze cent mille livres du collier. — Oui. — Son Excellence maintient-elle son prix? — Son Excellence ne recule jamais devant ce qu'elle a dit, répliqua portugaisement Beausire; mais Son Excellence ne recule pas toujours devant l'ennui de marchander ou d'être marchandé. — Monsieur le secrétaire, ne concevez-vous pas que je doive causer avec mon associé? — Oh, parfaitement, monsieur Bœhmer. — Parfaitement, répondit en portugais don Manoël, à qui la phrase de Bœhmer était parvenue, mais à moi aussi une solution prompte est nécessaire. — Eh bien! Monseigneur, si mon associé accepte la diminution, moi j'accepte d'avance. — Bien. — Le prix est donc dès à présent de quinze cent mille livres. — Soit. — Il ne reste plus, dit Bœhmer, sauf toutefois la ratification de monsieur Bossange... — Toujours, oui. — Il ne reste plus que le mode du paiement. — Vous n'aurez pas à cet égard la moindre difficulté, dit Beausire.

Comment voulez-vous être payé? — Mais, dit Bœhmer en riant, si le comptant est possible. — Qu'appelez-vous le comptant? dit Beausire froidement. — Oh! je sais bien que nul n'a un million et demi en espèces à donner! s'écria Bœhmer en soupirant. — Et d'ailleurs, vous en seriez embarrassé vous-même, monsieur Bœhmer. — Cependant, monsieur le secrétaire, je ne consentirai jamais à me passer d'argent comptant. — C'est trop juste.

Et il se tourna vers don Manoël.

— Combien Votre Excellence donnerait-elle comptant à monsieur Bœhmer? — Cent mille livres, dit le Portugais. — Cent mille livres, dit Beausire à Bœhmer, en signant le marché. — Mais le reste? dit Bœhmer. — Le temps qu'il faut à une traite de Monseigneur pour aller de Paris à Lisbonne, à moins que vous ne préfériez attendre l'avertissement envoyé de Lisbonne à Paris. — Oh! dit Bœhmer, nous avons un correspondant à Lisbonne; en lui écrivant... — C'est cela, dit Beausire en riant ironiquement, écrivez-lui; demandez-lui si monsieur de Souza est solvable, et si Sa Majesté la reine est bonne pour quatorze cent mille livres. — Monsieur... dit Bœhmer confus. — Acceptez-vous, ou bien préférez-vous d'autres conditions? — Celles que monsieur le secrétaire a bien voulu me poser en premier lieu me paraissent acceptables. Y aurait-il des termes aux paiements? — Il y aurait trois termes, monsieur Bœhmer, chacun de cinq cent mille livres, et ce serait pour vous l'affaire d'un voyage intéressant. — D'un voyage à Lisbonne? — Pourquoi pas?... Toucher un million et demi en trois mois, cela vaut-il qu'on se dérange? — Oh! sans doute, mais... — D'ailleurs, vous voyagerez aux frais de l'ambassade, et moi ou monsieur le chancelier nous vous accompagnerons. — Je porterai les diamants? — Sans nul doute, à moins que vous ne préfériez envoyer d'ici les traites, et laisser les diamants aller seuls en Portugal. — Je ne sais... je... crois... que... le voyage serait utile, et que... — C'est aussi mon avis, dit Beausire : on signerait ici; vous recevriez vos cent mille livres comptant; vous signeriez la vente, et vous porteriez vos diamants à Sa Majesté. Quel est votre correspondant? — Messieurs Nunez Balboa et frères.

Don Manoël leva la tête.

— Ce sont mes banquiers, dit-il en souriant. — Ce sont les banquiers de Son Excellence, dit Beausire en souriant aussi.

Bœhmer parut radieux; son aspect n'avait pas conservé un nuage; il s'inclina comme pour remercier et prendre congé.

Soudain une réflexion le ramena.

— Qu'y a-t-il? demanda Beausire inquiet. — C'est parole donnée? fit Bœhmer. — Oui, donnée. — Sauf... — Sauf la ratification de monsieur

Bossange, nous l'avons dit. — Sauf un autre cas, ajouta Bœhmer. — Ah! ah! — Monsieur, cela est tout délicat, et l'honneur du nom portugais est un sentiment trop puissant pour que Son Excellence ne comprenne pas ma pensée. — Que de détours! Au fait! — Voici le fait. Le collier a été offert à Sa Majesté la reine de France. — Qui l'a refusé. Après? — Nous ne pouvons, Monsieur, laisser sortir de France à tout jamais ce collier sans en prévenir la reine, et le respect, la loyauté même, exigent que nous donnions la préférence à Sa Majesté la reine. — C'est juste, dit don Manoël avec dignité. Je voudrais qu'un marchand portugais tînt le même langage que monsieur Bœhmer. — Je suis bien heureux et bien fier de l'assentiment que Son Excellence a daigné m'accorder. Voilà donc les deux cas prévus : ratifications des conditions par Bossange, deuxième et définitif refus de Sa Majesté la reine de France. Je vous demande pour cela trois jours. — De notre côté, dit Beausire, cent mille livres comptant, trois traites de cinq cent mille livres mises dans vos mains. La boîte de diamants remise à monsieur le chancelier de l'ambassade ou à moi disposé à vous accompagner à Lisbonne, chez Messieurs Nunez Balboa frères. Paiement intégral en trois mois. Frais de voyage nuls. — Oui, Monseigneur, oui, Monsieur, dit Bœhmer en faisant la révérence. — Ah! dit don Manoël en portugais. — Quoi donc? fit Bœhmer inquiet à son tour et revenant. — Pour épingles, dit l'ambassadeur, une bague de mille pistoles pour mon secrétaire, ou pour mon chancelier, pour votre compagnon, enfin, monsieur le joaillier. — C'est trop juste, Monseigneur, murmura Bœhmer, et j'avais déjà fait cette dépense dans mon esprit.

Don Manoël congédia le joaillier avec un geste de grand seigneur.

Les deux associés demeurèrent seuls.

— Veuillez m'expliquer, dit don Manoël avec une certaine animation à Beausire, quelle diable d'idée avez-vous eue de ne pas faire remettre ici les diamants? Un voyage en Portugal, êtes-vous fou? Ne pouvait-on donner à ces bijoutiers leur argent et prendre leurs diamants en échange. — Vous prenez trop au sérieux votre rôle d'ambassadeur, répliqua Beausire. Vous n'êtes pas encore tout à fait monsieur de Souza pour monsieur Bœhmer. — Allons donc, eût-il traité s'il eût eu des soupçons. — Tant qu'il vous plaira. Il n'eût pas traité, c'est possible; mais tout homme qui possède quinze cent mille livres se croit au-dessus de tous les rois et de tous les ambassadeurs du monde. Tout homme qui troque quinze cent mille livres contre des morceaux de papier, veut savoir si ces papiers valent quelque chose. — Alors vous allez en Portugal! Vous qui ne savez pas le portugais... Je vous dis que vous êtes fou. — Point du tout. Vous irez vous-même. — Oh! non pas, s'écria don Manoël; retourner en

Portugal, moi, j'ai de trop fameuses raisons. Non! non, — Je vous déclare que Bœhmer n'eût jamais donné ses diamants contre des papiers. — Papiers signés Souza! — Quand je dis qu'il se prend pour un Souza! s'écria Beausire en frappant ses mains. — J'aime mieux entendre dire que l'affaire est manquée, répéta don Manoël. — Pas le moins du monde. Venez ici, monsieur le commandeur, dit Beausire au valet de chambre qui apparaissait sur le seuil. Vous savez de quoi il s'agit, n'est-ce pas? — Oui. — Vous m'écoutiez? — Certes. — Très-bien. Êtes-vous d'avis que j'ai fait une sottise? — Je suis d'avis que vous avez cent mille fois raison. — Dites pourquoi? — Le voici. Monsieur Bœhmer n'aurait jamais cessé de faire surveiller l'hôtel de l'ambassade et l'ambassadeur. — Eh bien? dit don Manoël. — Eh bien! ayant son argent à la main, son argent à ses côtés, monsieur Bœhmer ne conservera aucun soupçon, il partira tranquillement pour le Portugal... et nous n'irons pas jusque-là, monsieur l'ambassadeur, dit le valet de chambre; n'est-ce pas, monsieur le chevalier de Beausire? — Allons donc, voilà un garçon d'esprit, dit l'amant d'Oliva. — Dites, dites votre plan, répondit don Manoël assez froid. — A cinquante lieues de Paris, dit Beausire, ce garçon d'esprit, avec un masque sur le visage, viendra montrer un ou deux pistolets à notre postillon; il nous volera nos traites, nos diamants, rouera de coups monsieur Bœhmer, et le tour sera fait. — Je ne comprenais pas cela, dit le valet de chambre. Je voyais monsieur Beausire et monsieur Bœhmer s'embarquant à Bayonne pour le Portugal. — Très-bien! — Monsieur Bœhmer, comme tous les Allemands, aime la mer et se promène sur le pont. Un jour de roulis il se penche et tombe. L'écrin est censé tomber avec lui, voilà. Pourquoi la mer ne garderait-elle pas quinze cent mille livres de diamants, elle qui a bien gardé les galions des Indes. — Ah! oui, je comprends, dit le Portugais. — C'est heureux, grommela Beausire. — Seulement, reprit don Manoël, pour avoir subtilisé les diamants on est mis à la Bastille, pour avoir fait regarder la mer à monsieur le joaillier on est pendu. — Pour avoir volé les diamants, on est pris, dit le commandeur; pour avoir noyé cet homme, on ne peut être soupçonné une minute. — Nous verrons d'ailleurs quand nous en serons là, répliqua Beausire. Maintenant, à nos rôles. Faisons aller l'ambassade comme des Portugais modèles, afin qu'on dise de nous : S'ils n'étaient pas de vrais ambassadeurs, ils en avaient la mine. C'est toujours flatteur. Attendons les trois jours.

XXXII

LA MAISON DU GAZETIER

C'était le lendemain du jour où les Portugais avaient fait affaire avec Bœhmer, et trois jours après le bal de l'Opéra, auquel nous avons vu assister quelques-uns des principaux personnages de cette histoire.

Dans la rue Montorgueil, au fond d'une cour fermée par une grille, s'élevait une petite maison longue et mince, défendue du bruit de la rue par des contrevents qui rappelaient la vie de province.

Au fond de cette cour, le rez-de-chaussée, qu'il fallait aller chercher en sondant les différents gués de deux ou trois trous punais, offrait une espèce de boutique à demi ouverte à ceux qui avaient franchi l'obstacle de la grille et l'espace de la cour.

C'était la maison d'un journaliste assez renommé, d'un gazetier, comme on disait alors. Le rédacteur habitait le premier étage. Le rez-de-chaussée servait à empiler les livraisons de la gazette, étiquetées par numéros. Les deux autres étages appartenaient à des gens tranquilles, qui payaient bon marché le désagrément d'assister plusieurs fois l'an à des scènes bruyantes faites au gazetier par des agents de police, des particuculiers offensés, ou des acteurs traités comme des ilotes.

Ces jours-là, les locataires de la maison de *la Grille*, on l'appelait ainsi dans le quartier, fermaient leurs croisées sur le devant, afin de mieux entendre les abois du gazetier, qui, poursuivi, se réfugiait ordinairement dans la rue des Vieux-Augustins, par une sortie de plain-pied avec sa chambre.

Une porte dérobée s'ouvrait, se refermait; le bruit cessait, l'homme menacé avait disparu; les assaillants se trouvaient seuls en face de quatre fusiliers des gardes françaises, qu'une vieille servante était allée vite requérir au poste de la halle.

Il arrivait bien de çà et de là que les assaillants ne trouvant personne sur qui décharger leur colère, s'en prenaient aux paperasses mouillées du rez-de-chaussée, et lacéraient, trépignaient ou brûlaient, si par malheur il y avait du feu dans les environs, une certaine quantité des papiers coupables.

Mais qu'est-ce qu'un morceau de gazette pour une vengeance qui demandait des morceaux de peau du gazetier ?

A ces scènes près, la tranquillité de la maison de la Grille était proverbiale.

Monsieur Reteau sortait le matin, faisait sa ronde sur les quais, les places et les boulevards. Il trouvait les ridicules, les vices, les annotait, les crayonnait au vif, et les couchait tout portraiturés dans son plus prochain numéro.

Le journal était hebdomadaire.

C'est-à-dire que, pendant quatre jours, le sieur Reteau chassait l'article, le faisait imprimer pendant les trois autres jours, et menait du bon temps le jour de la publication du numéro.

La feuille venait de paraître, le jour dont nous parlons, soixante-douze heures après le bal de l'Opéra, où mademoiselle Oliva avait pris tant de plaisir au bras du domino bleu.

Monsieur Reteau, en se levant à huit heures, reçut de sa vieille servante le numéro du jour, encore humide et puant sous sa robe gris rouge.

Il s'empressa de lire ce numéro avec le soin qu'un tendre père met à passer en revue les qualités ou les défauts de son fils chéri.

Puis quand il eut fini :

— Aldegonde, dit-il à la vieille, voilà un joli numéro, l'as-tu lu ? — Pas encore ; ma soupe n'est pas finie, dit la vieille. — Je suis content de ce numéro, dit le gazetier en élevant sur son maigre lit ses bras encore plus maigres. — Oui, répliqua Aldegonde ; mais savez-vous ce qu'on en dit à l'imprimerie ? — Que dit-on ? — On dit que certainement vous n'échapperez pas cette fois à la Bastille.

Reteau se mit sur son séant, et d'une voix calme :

— Aldegonde, Aldegonde, dit-il, fais-moi une bonne soupe et ne te mêle pas de littérature. — Oh ! toujours le même, répliqua la vieille ; téméraire comme un moineau franc. — Je t'achèterai des boucles avec le numéro d'aujourd'hui, fit le gazetier, roulé dans son drap d'une blancheur équivoque. Est-on venu déjà acheter beaucoup d'exemplaires ? — Pas encore, et mes boucles ne seront pas bien reluisantes, si cela continue. Vous rappelez-vous le bon numéro contre monsieur de Broglie : il n'était pas dix heures qu'on avait déjà vendu cent numéros. — Et j'avais passé trois fois rue des Vieux-Augustins, dit Reteau ; chaque bruit me donnait la fièvre ; ces militaires sont brutaux. J'en conclus, poursuivit Aldegonde tenace, que ce numéro d'aujourd'hui ne vaudra pas celui de monsieur de Broglie. — Soit, dit Reteau ; mais je n'aurai pas tant à courir, et je mangerai tranquillement ma soupe. Sais-tu pourquoi, Aldegonde ? — Ma foi non, Monsieur. — C'est qu'au lieu d'attaquer un homme, j'attaque un corps ; au lieu d'attaquer un militaire, j'attaque une reine. — La reine ! Dieu soit loué, murmura la vieille ; alors ne craignez rien, si vous attaquez la reine, vous serez porté en triomphe, et nous allons vendre des numéros, et j'aurai mes boucles. — On sonne, dit Reteau, rentré dans son lit.

La vieille courut à la boutique pour recevoir la visite.

Un moment après elle remontait enluminée, triomphante.

— Mille exemplaires, disait-elle, mille d'un coup; voilà une commande. — A quel nom? dit vivement Reteau. — Je ne sais. — Il faut le savoir, cours vite. — Oh! nous avons le temps; ce n'est pas peu de chose que de compter, de ficeler et de charger mille numéros. — Cours vite, te dis-je, et demande au valet... Est-ce un valet? — C'est un commissionnaire, un Auvergnat avec ses crochets. — Bon! questionne, demande-lui où il va porter ces numéros.

Aldegonde fit diligence; ses grosses jambes firent gémir l'escalier de bois criard, et sa voix, qui interrogeait, ne cessa de résonner à travers les planches. Le commissionnaire répliqua qu'il portait ces numéros rue Neuve-Saint-Gilles, au Marais, chez le comte de Cagliostro.

Le gazetier fit un bond de joie, qui faillit défoncer sa couchette. Il se leva, vint lui-même activer la livraison confiée aux soins d'un seul commis, sorte d'ombre famélique plus diaphane que les feuilles imprimées. Les mille exemplaires furent chargés sur les crochets de l'Auvergnat, lequel disparut par la grille, courbé sous le poids.

Le sieur Reteau se disposait à noter pour le prochain numéro le succès de celui-ci, et à consacrer quelques lignes au généreux seigneur qui voulait bien prendre mille numéros d'un pamphlet prétendu politique. Monsieur Reteau, disons-nous, se félicitait d'avoir fait une si heureuse connaissance, lorsqu'un nouveau coup de sonnette retentit dans la cour.

— Encore mille exemplaires, fit Aldegonde alléchée par le premier succès. Ah! Monsieur, ce n'est pas étonnant; dès qu'il s'agit de l'Autrichienne tout le monde va faire chorus. — Silence! silence! Aldegonde; ne parle pas si haut. L'Autrichienne, c'est une injure qui me vaudrait la Bastille, que tu m'as prédite. — Eh bien! quoi, dit aigrement la vieille, est-elle, oui ou non, l'Autrichienne? — C'est un mot que nous autres journalistes nous mettons en circulation, mais qu'il ne faut pas prodiguer.

Nouveau coup de sonnette.

— Va voir, Aldegonde, je ne crois pas que ce soit pour acheter des numéros. — Qui vous fait croire cela? dit la vieille en descendant. — Je ne sais; il me semble que je vois un homme de figure lugubre à la grille.

Aldegonde descendait toujours pour ouvrir.

Monsieur Reteau regardait, lui, avec une attention que l'on comprendra depuis que nous avons fait la description du personnage et de son officine.

Aldegonde ouvrit en effet à un homme vêtu simplement, qui s'informa si l'on trouverait chez lui le rédacteur de *la Gazette*.

— Qu'avez-vous à lui dire ? demanda Aldegonde un peu défiante.

Et elle entre-bâillait à peine la porte, prête à la repousser à la première apparence de danger.

L'homme fit sonner des écus dans sa poche.

Ce son métallique dilata le cœur de la vieille.

— Je viens, dit-il, payer les mille exemplaires de *la Gazette* d'aujourd'hui, qu'on est venu prendre au nom de monsieur le comte de Cagliostro. — Ah ! si c'est ainsi, entrez.

L'homme franchit la grille ; mais il ne l'avait pas refermée, que derrière lui un autre visiteur, jeune, grand et de belle mine, retint cette grille en disant :

— Pardon, Monsieur.

Et sans demander autrement la permission, il se glissa derrière le payeur envoyé par le comte de Cagliostro.

Aldegonde, tout entière au gain, fascinée par le son des écus, arrivait au maître.

— Allons, allons, dit-elle, tout va bien, voici les cinq cents livres du Monsieur aux mille exemplaires. — Recevons-les noblement, dit Reteau en parodiant Larive dans sa plus récente création.

Et il se drapa dans une robe de chambre assez belle, qu'il tenait de la munificence ou plutôt de la terreur de madame Dugazon, à laquelle, depuis son aventure avec l'écuyer Astley, le gazetier soutirait bon nombre de cadeaux en tous genres.

Le payeur du comte de Cagliostro se présenta, étala un petit sac d'écus de six livres, en compta jusqu'à cent qu'il empila en douze tas.

Reteau comptait scrupuleusement et regardait si les pièces n'étaient pas rognées.

Enfin, ayant trouvé son compte, il remercia, donna quittance, et congédia, par un sourire agréable, le payeur, auquel il demanda malicieusement des nouvelles de monsieur le comte de Cagliostro.

L'homme aux écus remercia, comme d'un compliment tout naturel, et se retira.

— Dites à monsieur le comte que je l'attends à son premier souhait, dit-il, et ajoutez qu'il soit tranquille ; je sais garder un secret. — C'est inutile, répliqua le payeur, monsieur le comte de Cagliostro est indépendant, il ne croit pas au magnétisme ; il veut que l'on rie de monsieur Mesmer, et propage l'aventure du baquet pour ses menus plaisirs. —

Bien, murmura une voix sur le seuil de la porte, nous tâcherons que l'on rie aussi aux dépens de monsieur le comte de Cagliostro.

Et monsieur Reteau vit apparaître dans sa chambre un personnage qui lui parut bien autrement lugubre que le premier.

C'était, comme nous l'avons dit, un homme jeune et vigoureux; mais Reteau ne partagea point l'opinion que nous avons émise sur sa bonne mine.

Il lui trouva l'œil menaçant et la tournure menaçante.

En effet, il avait la main gauche sur le pommeau d'une épée, et la main droite sur la pomme d'une canne.

— Qu'y a-t-il pour votre service, Monsieur? demanda Reteau avec une sorte de tremblement qui lui prenait à chaque occasion un peu difficile.

Il en résulte que, comme les occasions difficiles n'étaient pas rares, Reteau tremblait souvent.

— Monsieur Reteau? demanda l'inconnu. — C'est moi. — Qui se dit de Villette? — C'est moi, Monsieur. — Gazetier? — C'est bien moi toujours. — Auteur de l'article que voici? dit froidement l'inconnu en tirant de sa poche un numéro frais encore de *la Gazette* du jour. — J'en suis effectivement, non pas l'auteur, dit Reteau, mais le publicateur. — Trèsbien; cela revient exactement au même; car si vous n'avez pas eu le courage d'écrire l'article, vous avez eu la lâcheté de le laisser paraître. Je dis lâcheté, répéta l'inconnu froidement, parce qu'étant gentilhomme, je tiens à mesurer mes termes, même dans ce bouge. Mais il ne faut pas prendre ce que je dis à la lettre, car ce que je dis n'exprime pas ma pensée. Si j'exprimais ma pensée, je dirais : Celui qui a écrit l'article est un infâme! celui qui l'a publié est un misérable! — Monsieur! dit Reteau devenant fort pâle. — Ah dam! voilà une mauvaise affaire, c'est vrai, continua le jeune homme, s'animant au fur et à mesure qu'il parlait. Mais écoutez donc, monsieur le folliculaire, chaque chose a son tour; tout à l'heure vous avez reçu les écus, maintenant vous allez recevoir les coups de bâton. — Oh! s'écria Reteau, nous allons voir. — Et qu'allons-nous voir? fit d'un ton bref et tout militaire le jeune homme, qui, en prononçant ces mots, s'avança vers son adversaire.

Mais celui-ci n'en était pas à la première affaire de ce genre; il connaissait les détours de sa propre maison; il n'eut qu'à se retourner pour trouver une porte, la franchir, en repousser le battant, s'en servir comme d'un bouclier, et gagner de là une chambre adjacente qui aboutissait à la fameuse porte de dégagement donnant sur la rue des Vieux-Augustins.

Une fois là, il était en sûreté : il y trouvait une autre petite grille qu'en un tour de clé, et la clé était toujours prête, il ouvrait en se sauvant à toutes jambes.

Mais ce jour-là était un jour néfaste pour ce pauvre gazetier, car au moment où il mettait la main sur cette clé, il aperçut par la claire-voie un autre homme qui, grandi sans doute par l'agitation du sang, lui parut un Hercule, et qui, immobile, menaçant, semblait attendre comme jadis le dragon d'Hesperus attendait les mangeurs de pommes d'or.

Reteau eût bien voulu revenir sur ses pas, mais le jeune homme à la canne, celui qui le premier s'était présenté à ses yeux, avait enfoncé la porte d'un coup de pied, l'avait suivi, et maintenant qu'il était arrêté par la vue de cette autre sentinelle, armée aussi d'une épée et d'une canne, il n'avait qu'une main à étendre pour le saisir.

Reteau se trouvait pris entre deux feux, ou plutôt entre deux cannes, dans une espèce de petite cour obscure, perdue, sourde, située entre les dernières chambres de l'appartement et la bienheureuse grille qui donnait sur la rue des Vieux-Augustins, c'est-à-dire, si le passage eût été libre, sur le salut et la liberté.

— Monsieur, laissez-moi passer, je vous prie, dit Reteau au jeune homme qui gardait la grille. — Monsieur, s'écria le jeune homme qui poursuivait Reteau, Monsieur, arrêtez ce misérable. — Soyez tranquille, monsieur de Charny, il ne passera pas, dit le jeune homme de la grille. — Monsieur de Taverney, vous! s'écria Charny, car c'était lui en effet qui s'était présenté le premier chez Reteau à la suite du payeur, et par la rue Montorgueil.

Tous deux, en lisant *la Gazette* le matin, avaient eu la même idée, parce qu'ils avaient dans le cœur le même sentiment, et, sans se le communiquer le moins du monde l'un à l'autre, ils avaient mis cette idée à exécution.

C'était de se rendre chez le gazetier, de lui demander satisfaction, et de le bâtonner s'il ne la leur donnait pas.

Seulement chacun d'eux en apercevant l'autre éprouva un mouvement de mauvaise humeur; chacun d'eux devinait un rival dans l'homme qui avait éprouvé la même sensation que lui.

Aussi ce fut avec un accent assez maussade que monsieur de Charny prononça ces quatre mots :

— Monsieur de Taverney, vous! — Moi-même, répondit Philippe avec le même accent dans la voix, en faisant de son côté un mouvement vers le gazetier suppliant, qui passait ses deux bras vers la grille; moi-même; mais il paraît que je suis arrivé trop tard. Eh bien! je ne ferai qu'assister à la fête, à moins que vous n'ayez la bonté de m'ouvrir la porte. — La fête, murmura le gazetier épouvanté, la fête, que dites-vous donc là? allez-vous m'égorger, Messieurs? — Oh! dit Charny, le mot est fort. Non, Monsieur, nous ne vous égorgerons pas, mais nous vous interrogerons d'abord, ensuite nous verrons. Vous permettez que j'en use à ma guise avec cet homme, n'est-ce pas, monsieur de Taverney? — Assurément, Monsieur, répondit Philippe, vous avez le pas, étant arrivé le premier. — Çà, collez-vous au mur, et ne bougez, dit Charny, en remerciant du geste Taverney. Vous avouez donc, mon cher Monsieur, avoir écrit et publié contre la reine le conte badin, vous l'appelez ainsi, qui a paru ce matin dans votre gazette? — Monsieur, ce n'est pas contre la reine. — Ah bon! il ne manquait plus que cela. — Ah! vous êtes bien patient, Monsieur, dit Philippe, rageant de l'autre côté de la grille. — Soyez tranquille, répondit Charny; le drôle ne perdra pas pour attendre. — Oui, murmura Philippe; mais c'est que moi aussi, j'attends.

Charny ne répondit pas, à Taverney du moins.

Mais se retournant vers le malheureux Reteau :

— *Etteniotna*, c'est Antoinette retournée... Oh! ne mentez pas, Monsieur... Ce serait si plat et si vil, qu'au lieu de vous battre ou de vous tuer proprement, je vous écorcherais tout vif. Répondez donc, et catégoriquement. Je vous demandais si vous étiez le seul auteur de ce pamphlet? — Je ne suis pas un délateur, répliqua Reteau en se redressant. — Très-bien! cela veut dire qu'il y a un complice; d'abord, cet homme, qui vous a fait acheter mille exemplaires de cette diatribe, le comte de Cagliostro, comme vous disiez tout à l'heure, soit! le comte paiera pour lui, lorsque vous aurez payé pour vous. — Monsieur, Monsieur, je ne l'accuse pas, hurla le gazetier, redoutant de se trouver pris entre les deux colères de ces deux hommes, sans compter celle de Philippe qui pâlissait de l'autre côté de la grille. — Mais, continua Charny, comme je vous tiens le premier, vous paierez le premier.

Et il leva sa canne.

— Monsieur, si j'avais une épée, hurla le gazetier.

Charny baissa sa canne.

— Monsieur Philippe, dit-il, prêtez votre épée à ce coquin. — Oh! point de cela, je ne prête point une épée honnête à ce drôle; voici ma canne, si vous n'avez point assez de la vôtre. Mais je ne puis consciencieusement faire autre chose pour lui et pour vous. — Corbleu! une canne, dit Reteau exaspéré; savez-vous, Monsieur, que je suis gentilhomme? — Alors, prêtez-moi votre épée, à moi, dit Charny en jetant la sienne aux pieds du gazetier, j'en serai quitte pour ne plus toucher à celle-ci.

Et il jeta la sienne aux pieds de Reteau pâlissant.

Philippe n'avait plus d'objection à faire. Il tira son épée du fourreau et la passa à travers la grille à Charny.

Charny la prit en saluant.

— Ah! tu es gentilhomme, dit-il en se retournant du côté de Reteau, tu es gentilhomme et tu écris sur la reine de France de pareilles infamies!... Eh bien! ramasse cette épée et prouve que tu es gentilhomme.

Mais Reteau ne bougea point; on eût dit qu'il avait aussi peur de l'épée qui était à ses pieds que de la canne qui, un instant, avait été au-dessus de sa tête.

— Mordieu! dit Philippe exaspéré, ouvrez-moi donc cette grille. — Pardon, Monsieur, dit Charny, mais, vous en êtes convenu, cet homme est à moi d'abord. — Alors, hâtez-vous d'en finir, car j'ai, moi, hâte de commencer. — Je devais épuiser tous les moyens avant d'en arriver à ce moyen extrême, dit Charny, car je trouve que les coups de canne coûtent presque autant à donner qu'à recevoir; mais puisque bien décidément Monsieur préfère des coups de canne aux coups d'épée, soit, il sera servi à sa guise.

A peine ces mots étaient-ils achevés, qu'un cri poussé par Reteau annonça que Charny venait de joindre l'effet aux paroles. Cinq ou six coups vigoureusement appliqués, dont chacun tira un cri équivalent à la douleur qu'il produisit, suivirent le premier.

Ces cris attirèrent la vieille Aldegonde; mais Charny s'inquiéta aussi peu de ses cris qu'il s'était inquiété de ceux de son maître.

Pendant ce temps, Philippe, placé comme Adam de l'autre côté du Paradis, se rongeait les doigts, faisant le manège de l'ours qui sent la chair fraîche en avant de ses barreaux.

Enfin Charny s'arrêta, las d'avoir battu, et Reteau se prosterna, las d'être rossé.

— Là! dit Philippe, avez-vous fini, Monsieur? — Oui, dit Charny. — Eh bien! maintenant rendez-moi mon épée qui vous a été inutile, et ouvrez-moi, je vous prie. — Monsieur! Monsieur! implora Reteau qui voyait un défenseur dans l'homme qui avait terminé ses comptes avec lui. — Vous comprenez que je ne puis laisser Monsieur à la porte, dit Charny; je vais donc lui ouvrir. — Oh! c'est un meurtre! cria Reteau; voyons, tuez-moi tout de suite d'un coup d'épée, et que ce soit fini. — Oh! maintenant, dit Charny, rassurez-vous, je crois que Monsieur ne vous touchera même pas. — Et vous avez raison, dit avec un souverain mépris Philippe qui venait d'entrer. Je n'ai garde. Vous avez été roué, c'est bien, et, comme dit l'axiome légal : *Non bis in idem*. Mais il reste des numéros de l'édition, et ces numéros, il est important de les détruire. — Ah! très-bien! dit Charny; voyez-vous que mieux vaut être deux qu'un seul ; j'eusse peut-être oublié cela ; mais par quel hasard étiez-vous donc à cette porte, monsieur de Taverney? — Voici, dit Philippe. Je me suis fait instruire dans le quartier des mœurs de ce coquin. J'ai appris qu'il avait l'habitude de fuir quand on lui serrait le bouton. Alors je me suis enquis de ses moyens de fuite, et j'ai pensé qu'en me présentant par la porte dérobée au lieu de me présenter par la porte ordinaire, et qu'en refermant cette porte derrière moi, je prendrais mon renard dans son terrier. La même idée de vengeance vous était venue : seulement, plus pressé que moi, vous avez pris des informations moins complètes; vous êtes entré par la porte de tout le monde, et il allait vous échapper, quand heureusement vous m'avez trouvé là. — Et je m'en réjouis! Venez, monsieur de Taverney... Ce drôle va nous conduire à sa presse. — Mais ma presse n'est pas ici, dit Reteau. — Mensonge ! s'écria Charny menaçant. — Non, non, s'écria Philippe, vous voyez bien qu'il a raison, les caractères sont déjà distribués; il n'y a plus que l'édition. Or, l'édition doit être entière, sauf les mille vendus à monsieur de Cagliostro. — Alors, il va déchirer cette édition devant nous. — Il va la brûler, c'est plus sûr.

Et Philippe, approuvant ce mode de satisfaction, poussa Reteau et le dirigea vers la boutique.

XXXIII

COMMENT DEUX AMIS DEVIENNENT ENNEMIS

Cependant Aldegonde, ayant entendu crier son maître et ayant trouvé la porte fermée, était allée chercher la garde.

Mais, avant qu'elle ne fût de retour, Philippe et Charny avaient eu le temps d'allumer un feu brillant avec les premiers numéros de *la Gazette*, puis d'y jeter lacérées successivement les autres feuilles, qui s'embrasaient à mesure qu'elles touchaient le rayon de la flamme.

Les deux exécuteurs en étaient aux derniers numéros, lorsque la garde parut derrière Aldegonde, à l'extrémité de la cour, et en même temps que la garde cent polissons et autant de commères.

Les premiers fusils frappaient la dalle du vestibule quand le dernier numéro de la gazette commençait à flamber.

Heureusement Philippe et Charny connaissaient le chemin que leur avait montré imprudemment Reteau; ils prirent donc le couloir secret, fermèrent les verrous, franchirent la grille de la rue des Vieux-Augustins, fermèrent la grille à double tour, et en jetèrent la clé dans le premier égout qui se trouva là.

Pendant ce temps-là Reteau, devenu libre, criait à l'aide, au meurtre, à l'assassinat, et Aldegonde, qui voyait les vitres s'enflammer aux reflets du papier brûlant, criait au feu.

Les fusiliers arrivèrent; mais comme ils trouvèrent les deux jeunes gens partis et le feu éteint, ils ne jugèrent pas à propos de pousser plus loin les recherches; ils laissèrent Reteau se bassiner le dos avec de l'eau-de-vie camphrée, et retournèrent au corps de garde.

Mais la foule, toujours plus curieuse que la garde, séjourna jusqu'à près de midi dans la cour de monsieur Reteau, espérant toujours que la scène du matin se renouvellerait.

Aldegonde, dans son désespoir, blasphéma le nom de Marie-Antoinette en l'appelant l'Autrichienne, et bénit celui de monsieur Cagliostro, en l'appelant le protecteur des lettres.

Lorsque Taverney et Charny se trouvèrent dans la rue des Vieux-Augustins :

— Monsieur, dit Charny, maintenant que notre exécution est finie, puis-je espérer que j'aurai le bonheur de vous être bon à quelque chose? — Mille grâces, Monsieur, j'allais vous faire la même question. — Merci; j'étais venu pour affaires particulières qui vont me tenir à Paris probablement une partie de la journée. — Et moi aussi, Monsieur. — Permettez donc que je prenne congé de vous, et que je me félicite de l'honneur et du bonheur que j'ai eu de vous rencontrer. — Permettez-moi de vous faire le même compliment, et d'y ajouter tout mon désir que l'affaire pour laquelle vous êtes venu se termine selon vos souhaits.

Et les deux hommes se saluèrent avec un sourire et une courtoisie à travers lesquels il était facile de voir que, dans toutes les paroles qu'ils venaient d'échanger, les lèvres seules avaient été en jeu.

En se quittant, tous deux se tournèrent le dos, Philippe remontant vers les boulevards, Charny descendant du côté de la rivière.

Tous deux se retournèrent deux ou trois fois jusqu'à ce qu'ils se fussent perdus de vue. Et alors Charny, qui, ainsi que nous l'avons dit, était remonté du côté de la rivière, prit la rue Beaurepaire, puis, après la rue Beaurepaire la rue du Renard, puis la rue du Grand-Hurleur, la rue Jean-Robert, la rue des Gravilliers, la rue Pastourelle, la rue d'Anjou, du Perche, Culture-Sainte-Catherine, de Saint-Anastase et Saint-Louis.

Arrivé là, il descendit la rue Saint-Louis et s'avança vers la rue Neuve-Saint-Gilles.

Mais à mesure qu'il approchait, son œil se fixait sur un jeune homme qui, de son côté, remontait la rue Saint-Louis, et qu'il croyait reconnaître. Deux ou trois fois, il s'arrêta doutant; mais bientôt le doute disparut. Celui qui remontait était Philippe.

Philippe qui, de son côté, avait pris la rue Mauconseil, la rue aux Ours, la rue du Grenier-Saint-Lazare, la rue Michel-le-Comte, la rue des Vieilles-Audriettes, la rue de l'Homme-Armé, la rue des Rosiers, était passé devant l'hôtel de Lamoignon, et enfin avait débouché sur la rue Saint-Louis, à l'angle de la rue de l'Égout-Sainte-Catherine.

Les deux jeunes gens se trouvèrent ensemble à l'entrée de la rue Neuve-Saint-Gilles.

Tous deux s'arrêtèrent, et se regardèrent avec des yeux qui, cette fois, ne prenaient point la peine de cacher leur pensée.

Chacun d'eux avait encore eu, cette fois, la même pensée; c'était de venir demander raison au comte de Cagliostro.

Arrivés là, ni l'un ni l'autre ne pouvait douter du projet de celui en face duquel il se trouvait de nouveau.

— Monsieur de Charny, dit Philippe, je vous ai laissé le vendeur, vous pourriez bien me laisser l'acheteur. Je vous ai laissé donner les coups de canne, laissez-moi donner les coups d'épée. — Monsieur, répondit Charny, vous m'avez fait cette galanterie, je crois, parce que j'étais arrivé le premier, et point pour autre chose. — Oui; mais ici, dit Taverney, j'arrive en même temps que vous, et, je vous le dis tout d'abord, ici je ne vous ferai point de concession. — Et qui vous dit que je vous en demande, Monsieur; je défendrai mon droit, voilà tout. — Et selon vous, votre droit, monsieur de Charny?... — Est de faire brûler à monsieur de Cagliostro les mille exemplaires qu'il a achetés à ce misérable. — Vous vous rappellerez, Monsieur, que c'est moi qui, le premier, ai eu l'idée de les faire brûler rue Montorgueil. — Eh bien! soit, vous les avez fait brûler rue Montorgueil, je les ferai déchirer, moi, rue Neuve-Saint-Gilles. — Monsieur, je suis désespéré de vous dire que, très-sérieusement, je désire avoir affaire le premier au comte de Cagliostro. — Tout ce que je puis faire pour vous, Monsieur, c'est de m'en remettre au sort; je jetterai un louis en l'air, celui de nous deux qui gagnera aura la priorité. — Merci, Monsieur; mais, en général, j'ai peu de chance, et peut-être serais-je assez malheureux pour perdre.

Et Philippe fit un pas en avant.

Charny l'arrêta.

— Monsieur, lui dit-il, un mot, et je crois que nous allons nous entendre.

Philippe se retourna vivement. Il y avait dans la voix de Charny un accent de menace qui lui plaisait.

— Ah! dit-il, soit. — Si, pour aller demander satisfaction à monsieur de Cagliostro, nous passions par le bois de Boulogne, ce serait le plus long, je le sais bien ; mais je crois que cela terminerait notre différend. L'un de nous deux resterait probablement en route, et celui qui reviendrait n'aurait de compte à rendre à personne. — En vérité, Monsieur, dit Philippe, vous allez au-devant de ma pensée ; oui, voilà en effet qui concilie tout. Voulez-vous me dire où nous nous retrouverons ? — Mais, si ma société ne vous est pas trop insupportable, Monsieur... — Comment donc ! — Nous pourrions ne pas nous quitter. J'ai donné ordre à ma voiture de venir m'attendre Place-Royale, et, comme vous savez, c'est à deux pas d'ici. — Alors, vous voudrez bien m'y donner une place ? — Comment donc, avec le plus grand plaisir.

Et les deux jeunes gens, qui s'étaient sentis rivaux au premier coup d'œil, devenus ennemis à la première occasion, se mirent à allonger le pas pour gagner la Place-Royale. Au coin de la rue du Pas-de-la-Mule, ils aperçurent le carrosse de Charny.

Celui-ci, sans se donner la peine d'aller plus loin, fit un signe au valet de pied. Le carrosse s'approcha. Charny invita Philippe à y prendre sa place, et le carrosse partit dans la direction des Champs Élysées.

Avant de monter en voiture, Charny avait écrit deux mots sur ses tablettes, et fait porter ces mots par son valet de pied à son hôtel de Paris.

Les chevaux de monsieur de Charny étaient excellents, en moins d'une demi-heure ils furent au bois de Boulogne.

Charny arrêta son cocher quand il eut trouvé dans le bois un endroit convenable.

Le temps était beau, l'air un peu vif, mais déjà le soleil humait avec force le premier parfum des violettes et des jeunes pousses de sureaux aux bords des chemins et sous la lisière du bois.

Sur les feuilles jaunies de l'année précédente, l'herbe montait orgueilleusement parée de ses graines à panaches mouvants, les ravenelles d'or laissaient tomber leurs têtes parfumées le long des vieux murs.

— Il fait un beau temps pour la promenade, n'est-ce pas, monsieur de Taverney ? dit Charny. — Beau temps, oui, Monsieur.

Et tous deux descendaient.

— Partez, Dauphin, dit Charny à son cocher. — Monsieur, dit Taverney, peut-être avez-vous tort de renvoyer votre carrosse, l'un de nous pourrait bien en avoir besoin pour s'en retourner. — Avant tout, Monsieur, le secret, dit Charny, le secret sur toute cette affaire ; confiée à un laquais, elle risque d'être demain le sujet des conversations de tout Paris. — Ce sera comme il vous plaira, Monsieur ; mais le drôle qui nous a amenés sait certainement déjà de quoi il s'agit. Ces espèces de gens connaissent trop les façons des gentilshommes pour ne pas se douter que, lorsqu'ils se font conduire au bois de Boulogne, de Vincennes ou de Satory, au train dont il nous a menés, ce n'est point pour y faire une simple promenade. Ainsi, je le répète, votre cocher sait déjà à quoi s'en tenir. Maintenant, j'admets qu'il ne le sache pas. Il me verra ou vous verra blessé, tué peut-être, et ce sera bien assez pour qu'il comprenne, quoiqu'un peu tard. Ne vaut-il pas mieux le garder pour emmener celui de nous qui ne pourra pas revenir, que de rester, vous, ou de me laisser, moi, dans l'embarras de la solitude ? — C'est vous qui avez raison, Monsieur, répliqua Charny.

Alors, se retournant vers le cocher :

— Dauphin, dit-il, arrêtez, vous attendrez ici.

Dauphin s'était douté qu'on le rappellerait ; il n'avait pas pressé ses chevaux, et, par conséquent, n'avait point dépassé la portée de la voix.

Dauphin s'arrêta donc ; et comme, ainsi que l'avait prévu Philippe, il se doutait de ce qui allait se passer, il s'accommoda sur son siége de façon à voir, à travers les arbres encore dégarnis de feuilles, la scène dont son maître lui paraissait devoir être un des acteurs.

Cependant, peu à peu, Philippe et Charny gagnèrent dans le bois ; au bout de cinq minutes, ils étaient perdus, où à peu près, dans la demi-teinte bleuâtre qui en estompait les horizons.

Philippe, qui marchait le premier, rencontra une place sèche, dure sous le pied ; elle présentait un carré long merveilleusement approprié à l'objet qui amenait les deux jeunes gens.

— Sauf votre avis, monsieur de Charny, dit Philippe, il me semble que voilà un bon endroit. — Excellent, Monsieur, répliqua Charny, en ôtant son habit.

Philippe ôta son habit à son tour, jeta son chapeau à terre, et dégaîna.

— Monsieur, dit Charny dont l'épée était encore au fourreau, à tout autre qu'à vous, je dirais : Chevalier, un mot, sinon d'excuse, du moins de douceur, et nous voilà bons amis... mais à vous, mais à un brave qui vient d'Amérique, c'est-à-dire d'un pays où l'on se bat si bien, je ne puis... — Et moi à tout autre, répliqua Philippe, je dirais : Monsieur, j'ai peut-être eu vis-à-vis de vous l'apparence d'un tort ; mais à vous, mais à ce brave marin qui l'autre soir encore faisait l'admiration de toute la cour par un fait d'armes si glorieux ; à vous, monsieur de Charny, je ne puis rien dire, sinon : Monsieur le comte, faites-moi l'honneur de vous mettre en garde.

Le comte salua et tira l'épée à son tour.

— Monsieur, dit Charny, je crois que nous ne touchons ni l'un ni l'autre à la véritable cause de la querelle. — Je ne vous comprends pas, comte, répliqua Philippe. — Oh ! vous me comprenez, au contraire, Mon-

DUEL DE PHILIPPE DE TAVERNEY ET DE CHARNY.

sieur, et parfaitement même; et, comme vous venez d'un pays où l'on ne sait pas mentir, vous avez rougi en me disant que vous ne me compreniez pas. — En garde ! répéta Philippe.

Les fers se croisèrent.

Aux premières passes, Philippe s'aperçut qu'il avait sur son adversaire une supériorité marquée. Seulement, cette assurance, au lieu de lui donner une ardeur nouvelle, sembla le refroidir complétement.

Cette supériorité laissant à Philippe tout son sang-froid, il en résulta que son jeu devint bientôt aussi calme que s'il eût été dans une salle d'armes, et, au lieu d'une épée, eût tenu un fleuret à la main.

Mais Philippe se contentait de parer, et le combat durait depuis plus d'une minute qu'il n'avait pas encore porté un seul coup.

— Vous me ménagez, Monsieur, dit Charny; puis-je vous demander à quel propos?

Et masquant une feinte rapide, il se fendit à fond sur Philippe.

Mais Philippe enveloppa l'épée de son adversaire dans un contre encore plus rapide que la feinte, et le coup se trouva paré.

Quoique la parade de Taverney eût écarté l'épée de Charny de la ligne, Taverney ne riposta point.

Charny fit une reprise que Philippe écarta encore une fois, mais par une simple parade, Charny fut forcé de se relever rapidement. Charny était plus jeune, plus ardent surtout; il avait honte en sentant bouillir son sang du calme de son adversaire; il voulut le forcer à sortir de ce calme.

— Je vous disais, Monsieur, que nous n'avions touché, ni l'un ni l'autre, à la véritable cause du duel.

Philippe ne répondit pas.

— La véritable cause, je vais vous la dire : vous m'avez cherché querelle, car la querelle vient de vous; vous m'avez cherché querelle par jalousie.

Philippe resta muet.

— Voyons, dit Charny, s'animant en raison inverse du sang-froid de Philippe, quel jeu jouez-vous, monsieur de Taverney? Votre intention est-elle de me fatiguer la main? Ce serait un calcul indigne de vous. Morbleu ! tuez-moi si vous pouvez, mais au moins tuez-moi en pleine défense.

Philippe secoua la tête.

— Oui, Monsieur, dit-il, le reproche que vous me faites est mérité; je vous ai cherché querelle, et j'ai eu tort. — Il ne s'agit plus de cela, maintenant, Monsieur; vous avez l'épée à la main, servez-vous de votre épée pour autre chose que pour parer, ou, si vous ne m'attaquez pas mieux, défendez-vous moins. — Monsieur, reprit Philippe, j'ai l'honneur de vous dire une seconde fois que j'ai eu tort et que je me repens.

Mais Charny avait le sang trop enflammé pour comprendre la générosité de son adversaire; il la prit à offense.

— Ah! dit-il, je comprends; vous voulez faire de la magnanimité vis-à-vis de moi. C'est cela, n'est-ce pas, chevalier? ce soir ou demain vous comptez dire à quelques belles dames que vous m'avez amené sur le terrain, et que là vous m'avez donné la vie. — Monsieur le comte, dit Philippe, en vérité je crains que vous ne deveniez fou. — Vous vouliez tuer monsieur de Cagliostro pour plaire à la reine, n'est-ce pas? et, pour plaire plus sûrement encore à la reine, moi aussi vous voulez me tuer, mais par le ridicule. — Ah! voilà un mot de trop, s'écria Philippe en fronçant le sourcil. Et ce mot me prouve que votre cœur n'est pas si généreux que je le croyais. — Eh bien! percez donc ce cœur! dit Charny en se découvrant juste au moment où Philippe passait un dégagement rapide et se fendait.

L'épée glissa le long des côtes et ouvrit un sillon sanglant sous la chemise de toile fine.

— Enfin, dit Charny joyeux, je suis donc blessé! Maintenant, si je vous tue, j'aurai le beau rôle. — Allons, décidément, dit Philippe, vous êtes fou, Monsieur; vous ne me tuerez pas, et vous aurez un rôle tout vulgaire; car vous serez blessé sans cause et sans profit, nul ne sachant pourquoi nous nous sommes battus.

Charny poussa un coup droit si rapide, que cette fois ce fut à grand'-peine que Philippe arriva à temps à la parade; mais, en arrivant à la parade, il lia l'épée, et d'un vigoureux coup de fouet la fit sauter à dix pas de son adversaire.

Aussitôt il s'élança sur l'épée qu'il brisa d'un coup de talon.

— Monsieur de Charny, dit-il, vous n'aviez pas à me prouver que vous êtes brave; vous me détestez donc bien que vous avez mis cet acharnement à vous battre contre moi?

Charny ne répondit pas; il pâlissait visiblement.

Philippe le regarda pendant quelques secondes pour provoquer de sa part un aveu ou une dénégation.

— Allons, monsieur le comte, dit-il, le sort en est jeté, nous sommes ennemis.

Charny chancela. Philippe s'élança pour le soutenir; mais le comte repoussa sa main.

— Merci, dit-il, j'espère aller jusqu'à ma voiture. — Prenez au moins ce mouchoir pour étancher le sang. — Volontiers.

Et il prit le mouchoir.

— Et mon bras, Monsieur; au moindre obstacle que vous rencontrerez, chancelant comme vous êtes, vous tomberez, et votre chute vous sera une douleur inutile. — L'épée n'a traversé que les chairs, dit Charny. Je ne sens rien dans la poitrine. — Tant mieux, Monsieur. — Et j'espère être bientôt guéri. — Tant mieux encore, Monsieur. Mais si vous hâtez de vos vœux cette guérison pour recommencer ce combat, je vous préviens que vous retrouverez difficilement en moi un adversaire.

Charny essaya de répondre, mais les paroles moururent sur ses lèvres; il chancela, et Philippe n'eut que le temps de le retenir entre ses bras.

Alors il le souleva comme il eût fait d'un enfant, et le porta à moitié évanoui jusqu'à sa voiture.

Il est vrai que Dauphin, ayant à travers les arbres vu ce qui se passait, abrégea le chemin en venant au-devant de son maître.

On déposa Charny dans la voiture; il remercia Philippe d'un signe de tête.

— Allez au pas, cocher, dit Philippe. — Mais vous, Monsieur, murmura le blessé. — Oh! ne vous inquiétez pas de moi.

Et saluant à son tour, il referma la portière.

Philippe regarda le carrosse s'éloigner lentement; puis, le carrosse ayant disparu au détour d'une allée, il prit lui-même la route qui devait le ramener à Paris par le chemin le plus court.

Puis, se retournant une dernière fois, et apercevant le carrosse qui, au lieu de revenir comme lui vers Paris, tournait du côté de Versailles et se perdait dans les arbres, il prononça ces trois mots, mots profondément arrachés de son cœur après une profonde méditation :

— Elle le plaindra!

XXXIV

LA MAISON DE LA RUE NEUVE-SAINT-GILLES

A la porte du garde, Philippe trouva un carrosse de louage et sauta dedans.

— Rue Neuve-Saint-Gilles, dit-il au cocher, et vivement.

Un homme qui vient de se battre et qui a conservé un air vainqueur, un homme vigoureux dont la taille annonce la noblesse, un homme vêtu en bourgeois et dont la tournure dénonce un militaire, c'était plus qu'il n'en fallait pour stimuler le brave homme, dont le fouet, s'il n'était pas comme le trident de Neptune le sceptre du monde, n'en était pas moins pour Philippe un sceptre très-important.

L'automédon à vingt-quatre sous dévora donc l'espace, et apporta Philippe tout frémissant rue Saint-Gilles, à l'hôtel du comté de Cagliostro.

L'hôtel était d'une grande simplicité extérieure, d'une grande majesté de lignes, comme la plupart des bâtiments élevés sous Louis XIV, après les concetti de marbre ou de brique entassés par le règne de Louis XIII sur la Renaissance.

Un vaste carrosse, attelé de deux bons chevaux, se balançait sur ses moelleux ressorts, dans une vaste cour d'honneur.

Le cocher, sur son siége, dormait dans sa vaste houppelande fourrée de renard; deux valets, dont l'un portait un couteau de chasse, arpentaient silencieusement le perron.

A part ces personnages agissants, nul symptôme d'existence n'apparaissait dans l'hôtel.

Le fiacre de Philippe ayant reçu l'ordre d'entrer, tout fiacre qu'il était, héla le suisse, qui fit aussitôt crier les gonds de la porte massive.

Philippe sauta à terre, s'élança vers le perron, et s'adressant aux deux valets à la fois :

— Monsieur le comte de Cagliostro? dit-il. — Monsieur le comte va sortir, répondit un des valets. — Alors, raison de plus pour que je me hâte, dit Philippe, car j'ai besoin de lui parler avant qu'il ne sorte. Annoncez le chevalier Philippe de Taverney.

Et il suivit le laquais d'un pas si pressé qu'il arriva en même temps que lui au salon.

— Le chevalier Philippe de Taverney! répéta après le valet une voix mâle et douce à la fois. Faites entrer.

Philippe entra sous l'influence d'une certaine émotion que cette voix si calme avait fait naître en lui.

— Excusez-moi, Monsieur, dit le chevalier en saluant un homme d'une grande taille, d'une vigueur et d'une fraîcheur peu communes, et qui n'était autre que le personnage qui nous est déjà successivement apparu à la table du maréchal de Richelieu, au baquet de Mesmer, dans la chambre de mademoiselle Oliva et au bal de l'Opéra. — Vous excuser, Monsieur! Et de quoi? répondit-il. — Mais de ce que je vais vous empêcher de sortir. — Il eût fallu vous excuser si vous étiez venu plus tard, chevalier. — Pourquoi cela? — Parce que je vous attendais.

Philippe fronça le sourcil.

— Comment, vous m'attendiez? — Oui, j'avais été prévenu de votre visite. — De ma visite, à moi, vous étiez prévenu? — Mais oui, depuis deux heures. Il doit y avoir une heure ou deux, n'est-ce pas, que vous vouliez venir ici, lorsqu'un accident indépendant de votre volonté vous a forcé de retarder l'exécution de ce projet?

Philippe serra les poings ; il sentait que cet homme prenait une étrange influence sur lui.

Mais lui, sans s'apercevoir le moins du monde des mouvements nerveux qui agitaient Philippe :

— Asseyez-vous donc, monsieur de Taverney, dit-il, je vous en prie.

Et il avança à Philippe un fauteuil placé devant la cheminée.

— Ce fauteuil avait été mis là pour vous, ajouta-t-il. — Trêve de plaisanteries, monsieur le comte, répliqua Philippe d'une voix qu'il essayait de rendre aussi calme que celle de son hôte, mais de laquelle cependant il ne pouvait faire disparaître un léger tremblement. — Je ne plaisante pas, Monsieur, je vous attendais, vous dis-je. — Allons, trêve de charlatanisme, Monsieur; si vous êtes devin, je ne suis pas venu pour mettre à l'épreuve votre science divinatoire; si vous êtes devin, tant mieux pour vous, car vous savez déjà ce que je viens vous dire, et vous pouvez à l'avance vous mettre à l'abri. — A l'abri... reprit le comte avec un singulier sourire ; et à l'abri de quoi, s'il vous plaît ? — Devinez, puisque vous êtes devin. — Soit. Pour vous faire plaisir, je vais vous épargner la peine de m'exposer le motif de votre visite : vous venez me chercher une querelle. — Vous savez cela ? — Sans doute. — Alors, vous savez à quel propos ? s'écria Philippe. — A propos de la reine. A présent, Monsieur, à votre tour. Continuez, je vous écoute.

Et ces derniers mots furent prononcés, non plus avec l'accent courtois de l'hôte, mais avec le ton sec et froid de l'adversaire.

— Vous avez raison, Monsieur, dit Philippe, et j'aime mieux cela. — La chose tombe à merveille, alors. — Monsieur, il existe un certain pamphlet... — Il y a beaucoup de pamphlets, Monsieur. — Publié par un certain gazetier... — Il y a beaucoup de gazetiers. — Attendez ; ce pamphlet... nous nous occuperons du gazetier plus tard. — Permettez-moi de vous dire, Monsieur, interrompit Cagliostro avec un sourire, que vous vous en êtes déjà occupé. — C'est bien ; je disais donc qu'il y avait un certain pamphlet dirigé contre la reine.

Cagliostro fit un signe de tête.

— Vous le connaissez, ce pamphlet ? — Oui, Monsieur. — Vous en avez même acheté mille exemplaires. — Je ne le nie pas. — Ces mille exemplaires, fort heureusement, ne sont pas parvenus entre vos mains ? — Qui vous fait penser cela, Monsieur, dit Cagliostro. — C'est que j'ai rencontré le commissionnaire qui emportait le ballot, c'est que je l'ai payé, c'est que je l'ai dirigé chez moi, où mon domestique, prévenu d'avance, a dû le recevoir. — Pourquoi ne faites-vous pas vous-même vos affaires jusqu'au bout ? — Que voulez-vous dire ? — Je veux dire qu'elles seraient mieux faites. — Je n'ai point fait mes affaires jusqu'au bout, parce que tandis que mon domestique était occupé de soustraire à votre singulière bibliomanie ces mille exemplaires, moi je détruisais le reste de l'édition. — Ainsi, vous êtes sûr que les mille exemplaires qui m'étaient destinés sont chez vous. — J'en suis sûr. — Vous vous trompez, Monsieur. — Comment cela? dit Taverney avec un serrement de cœur, et pourquoi n'y seraient-ils pas? — Mais, parce qu'ils sont ici, dit tranquillement le comte en s'adossant à la cheminée.

Philippe fit un geste menaçant.

— Ah! vous croyez, dit le comte, aussi flegmatique que Nestor, vous croyez que moi, un devin, comme vous dites, je me laisserai jouer ainsi? Vous avez cru avoir une idée en soudoyant le commissionnaire, n'est-ce pas? Eh bien! j'ai un intendant, moi; mon intendant a eu aussi une idée. Je le paie pour cela; il a deviné, c'est tout naturel que l'intendant d'un devin devine, il a deviné que vous viendriez chez le gazetier, que vous rencontreriez le commissionnaire, que vous soudoieriez le commissionnaire; il l'a donc suivi, il l'a menacé de lui faire rendre l'or que vous lui aviez donné : l'homme a eu peur, et au lieu de continuer son chemin vers votre hôtel, il a suivi mon intendant ici. Vous en doutez? — J'en doute. — *Vide pedes, vide manus!* a dit Jésus à saint Thomas. Je vous dirai, à vous, monsieur de Taverney : Voyez l'armoire, et palpez les brochures.

Et en disant ces mots, il ouvrit un meuble de chêne admirablement sculpté; et, dans le casier principal, il montra au chevalier pâlissant les mille exemplaires de la brochure encore imprégnés de cette odeur moisie du papier humide.

Philippe s'approcha du comte. Celui-ci ne bougea point, quoique l'attitude du chevalier fût des plus menaçantes.

— Monsieur, dit Philippe, vous me paraissez être un homme courageux; je vous somme de me rendre raison l'épée à la main. — Raison de quoi? demanda Cagliostro. — De l'insulte faite à la reine, insulte dont vous vous rendez complice, en détenant ne fût-ce qu'un exemplaire de cette feuille. — Monsieur, dit Cagliostro sans changer de posture, vous êtes, en vérité, dans une erreur qui me fait peine. J'aime les nouveautés, les bruits scandaleux, les choses éphémères. Je collectionne, afin de me souvenir plus tard de mille choses que j'oublierais sans cette précaution. J'ai acheté cette gazette; en quoi voyez-vous que j'aie insulté quelqu'un en l'achetant? — Vous m'avez insulté, moi! — Vous? — Oui, moi! moi, Monsieur! comprenez-vous? — Non, je ne comprends pas, sur l'honneur. — Mais, comment mettez-vous, je vous le demande, une pareille insistance à acheter une si hideuse brochure? — Je vous l'ai dit, la manie des collections. — Quand on est homme d'honneur, Monsieur, on ne collectionne pas des infamies. — Vous m'excuserez, Monsieur; mais je ne suis pas de votre avis sur la qualification de cette brochure : c'est un pamphlet peut-être, mais ce n'est pas une infamie. — Vous avouerez, au moins, que c'est un mensonge? — Vous vous trompez encore, Monsieur, car Sa Majesté la reine a été au baquet de Mesmer. — C'est faux, Monsieur. — Vous voulez dire que j'en ai menti? — Je ne veux pas le dire, je le dis. — Eh bien! puisqu'il en est ainsi, je vous répondrai par un seul mot : Je l'ai vue. — Vous l'avez vue? — Comme je vous vois, Monsieur.

Philippe regarda son interlocuteur en face. Il voulut lutter avec son regard si franc, si noble, si beau, contre le regard lumineux de Cagliostro; mais cette lutte finit par le fatiguer, il détourna la vue en s'écriant :

— Eh bien! je n'en persiste pas moins à dire que vous mentez.

Cagliostro haussa les épaules, comme il eût fait à l'insulte d'un fou.

— Ne m'entendez-vous pas? dit sourdement Philippe. — Au contraire, Monsieur, je n'ai pas perdu une parole de ce que vous dites. — Eh bien! ne savez-vous pas ce que vaut un démenti? — Si, Monsieur, répondit Cagliostro; il y a même un proverbe en France qui dit qu'un démenti vaut un soufflet. — Eh bien! je m'étonne d'une chose. — De laquelle? — C'est de n'avoir pas encore vu votre main se lever sur mon visage, puisque vous êtes gentilhomme, puisque vous connaissez le proverbe français. — Avant de me faire gentilhomme et de m'apprendre le proverbe français, Dieu m'a fait homme et m'a dit d'aimer mon semblable. — Ainsi, Monsieur, vous me refusez satisfaction l'épée à la main? — Je ne paie que ce que je dois. — Alors vous me donnerez satisfaction d'une autre manière? — Comment cela? — Je ne vous traiterai pas plus mal qu'un homme de noblesse n'en doit traiter un autre; seulement, j'exigerai que vous brûliez en ma présence tous les exemplaires qui sont dans l'armoire. — Et moi, je vous refuserai. — Réfléchissez. — C'est réfléchi. — Vous allez m'exposer à prendre avec vous le parti que j'ai pris avec le gazetier. — Ah! des coups de canne, dit Cagliostro en riant et sans remuer plus que n'eût fait une statue. — Ni plus ni moins, Monsieur; oh! vous n'appellerez pas vos gens. — Moi? allons donc; et pourquoi appellerai-je mes gens? cela ne les regarde pas; je ferai bien mes affaires moi-même. Je suis plus fort que vous. Vous doutez? Je vous le jure. Ainsi, réfléchissez à votre tour. Vous allez vous approcher de moi avec votre canne? Je vous prendrai par le cou et par l'échine, et je vous jetterai à dix pas de moi, et cela, entendez-vous bien, autant de fois que vous essaierez de revenir sur moi. — Jeu de lord anglais, c'est-à-dire jeu de crocheteur. Eh bien! soit, monsieur l'Hercule, j'accepte.

Et Philippe, ivre de fureur, se jeta sur Cagliostro, qui tout à coup raidit ses bras comme deux crampons d'acier, saisit le chevalier à la gorge et à la ceinture, et le lança tout étourdi sur une pile de coussins épais qui garnissait un sofa dans l'angle du salon.

Puis, après ce tour de force prodigieux, il se remit devant la cheminée, dans la même posture, et comme si rien ne s'était passé.

Philippe s'était relevé, pâle et écumant, mais la réaction d'un froid raisonnement vint soudain lui rendre ses facultés morales.

Il se redressa, ajusta son habit et ses manchettes, puis d'une voix sinistre :

— Vous êtes en effet fort comme quatre hommes, Monsieur, dit le chevalier; mais vous avez la logique moins nerveuse que le poignet. En me traitant comme vous venez de le faire, vous avez oublié que, vaincu, humilié, à jamais votre ennemi, je venais d'acquérir le droit de vous dire : L'épée à la main, comte, ou je vous tue.

Cagliostro ne bougea point.

— L'épée à la main, vous dis-je, ou vous êtes mort, continua Philippe. — Vous n'êtes pas encore assez près de moi, Monsieur, pour que je vous traite comme la première fois, répliqua le comte, et je ne m'exposerai pas à être blessé par vous, tué même, comme ce pauvre Gilbert.

— Gilbert! s'écria Philippe chancelant, quel nom avez-vous prononcé là... — Heureusement que vous n'avez pas un fusil, cette fois, mais une épée. — Monsieur, s'écria Philippe, vous avez prononcé un nom... — Oui, n'est-ce pas, qui a éveillé un terrible écho dans vos souvenirs. — Monsieur! — Un nom que vous croyiez n'entendre jamais, car vous étiez seul avec le pauvre enfant dans cette grotte des Açores, n'est-ce pas, quand vous l'avez assassiné? — Oh! reprit Philippe, défendez-vous! défendez-vous! — Si vous saviez, dit Cagliostro en regardant Philippe, si vous saviez comme il serait facile de vous faire tomber l'épée des mains. — Avec votre épée? — Oui, d'abord avec mon épée, si je voulais. — Mais voyons... voyons donc!... — Oh! je ne m'y hasarderai pas; j'ai un moyen plus sûr. — L'épée à la main! pour la dernière fois, ou vous êtes mort, s'écria Philippe en bondissant vers le comte.

Mais celui-ci, menacé cette fois par la pointe de l'épée distante de trois pouces à peine de sa poitrine, prit dans sa poche un petit flacon qu'il déboucha, et en jeta le contenu au visage de Philippe.

A peine la liqueur eut-elle touché le chevalier, que celui-ci chancela, laissa échapper son épée, tourna sur lui-même, et, tombant sur les genoux, comme si ses jambes eussent perdu la force de le soutenir, pendant quelques secondes perdit absolument l'usage de ses sens.

Cagliostro l'empêcha de tomber à terre tout à fait, le soutint, lui remit son épée au fourreau, l'assit sur un fauteuil, attendit que sa raison fût parfaitement revenue, et alors :

— Ce n'est plus à votre âge, chevalier, qu'on fait des folies, dit-il ; cessez donc d'être fou comme un enfant, et écoutez-moi.

Philippe se secoua, se raidit, chassa la terreur qui envahissait son cerveau, et murmura :

— Oh! Monsieur, Monsieur ; est-ce donc là ce que vous appelez des armes de gentilhomme?

Cagliostro haussa les épaules.

— Vous répétez toujours la même phrase, dit-il. Quand nous autres, gens de noblesse, nous avons ouvert largement notre bouche pour laisser passer le mot gentilhomme! tout est dit. Qu'appelez-vous une arme de gentilhomme, voyons? Est-ce votre épée, qui vous a si mal servi contre moi? Est-ce votre fusil, qui vous a si bien servi contre Gilbert? Qui fait les hommes supérieurs, chevalier? Croyez-vous que ce soit ce mot sonore : gentilhomme? Non. C'est la raison d'abord, la force ensuite, la science enfin. Eh bien! j'ai usé de tout cela vis-à-vis de vous ; avec ma raison, j'ai bravé vos injures, croyant vous amener à m'écouter ; avec ma force, j'ai bravé votre force ; avec ma science, j'ai éteint à la fois vos forces physiques et morales ; il me reste maintenant à vous prouver que vous avez commis deux fautes en venant ici la menace à la bouche. Voulez-vous me faire l'honneur de m'écouter? — Vous m'avez anéanti, dit Philippe, je ne puis faire un mouvement ; vous vous êtes rendu maître de mes muscles, de ma pensée, et puis vous venez me demander de vous écouter quand je ne puis faire autrement?

Alors Cagliostro prit un petit flacon d'or que tenait sur la cheminée un Esculape de bronze.

— Respirez ce flacon, chevalier, dit-il avec une douceur pleine de noblesse. Philippe obéit ; les vapeurs qui obscurcissaient son cerveau se dissipèrent, et il lui semblait que le soleil, descendant dans les parois de son crâne, en illuminait toutes les idées.

— Oh! je renais! dit-il. — Et vous vous sentez bien, c'est-à-dire libre et fort? — Oui. — Avec la mémoire du passé? — Oh! oui. — Et comme j'ai affaire à un homme de cœur, qui a de l'esprit, cette mémoire qui vous revient me donne tout avantage dans ce qui s'est passé entre nous. — Non, dit Philippe, car j'agissais en vertu d'un principe sacré. — Que faisiez-vous donc? — Je défendais la monarchie. — Vous, vous défendiez la monarchie? — Oui, moi. — Vous, un homme qui est allé en Amérique défendre la république! Eh! mon Dieu! soyez donc franc, ou ce n'est pas la république que vous défendiez là-bas, ou ce n'est pas la monarchie que vous défendez ici.

Philippe baissa les yeux ; un immense sanglot faillit lui briser le cœur.

— Aimez, continua Cagliostro, aimez ceux qui vous dédaignent; aimez ceux qui vous oublient; aimez ceux qui vous trompent, c'est le propre des grandes âmes d'être trahies dans leurs grandes affections; c'est la loi de Jésus de rendre le bien pour le mal. Vous êtes chrétien, monsieur de Taverney. — Monsieur! s'écria Philippe effrayé de voir Cagliostro lire ainsi dans le présent et dans le passé, pas un mot de plus; car si je ne défendais pas la royauté, je défendais la reine, c'est-à-dire une femme respectable, innocente; respectable encore quand elle ne le serait plus, car c'est une loi divine que de défendre les faibles. — Les faibles! une reine, vous appelez cela un être faible? Celle devant qui vingt-huit millions d'êtres vivants et pensants plient le genou et la tête, allons donc! — Monsieur, on la calomnie. — Qu'en savez-vous? — Je veux le croire. — Vous pensez que c'est votre droit? — Sans doute. — Eh bien ! mon droit à moi est de croire le contraire. — Vous agissez comme un mauvais génie. — Qui vous l'a dit? s'écria Cagliostro, dont l'œil étincela tout à coup et inonda Philippe de lueur. D'où vous vient cette témérité de penser que vous avez raison, que moi j'ai tort? D'où vous vient cette audace de préférer votre principe au mien? Vous défendez la royauté, vous; eh bien! si je défendais l'humanité, moi? Vous dites : Rendez à César ce qui appartient à César ; je vous dis : Rendez à Dieu ce qui appartient à Dieu. Républicain de l'Amérique ! chevalier de l'ordre de Cincinnatus ! je vous rappelle à l'amour des hommes, à l'amour de l'égalité. Vous marchez sur les peuples pour baiser les mains des reines, vous; moi, je foule aux pieds les reines pour élever les peuples d'un degré. Je ne vous trouble pas dans vos adorations, ne me troublez pas dans mon travail. Je vous laisse le grand jour, le soleil des cieux et le soleil des cours; laissez-moi l'ombre et la solitude. Vous comprenez la force de mon langage, n'est-ce pas, comme vous avez compris tout à l'heure la force de mon individualité? Vous me disiez : Meurs, toi qui as offensé l'objet de mon culte; je vous dis, moi : Vis, toi qui combats mes adorations ; et si je vous dis cela, c'est que je me sens tellement fort avec mon principe, que ni vous, ni les vôtres, quelques efforts que vous fassiez, ne retarderez ma marche un seul instant. — Monsieur, vous m'épouvantez, dit Philippe : le premier peut-être dans ce pays j'entrevois, grâce à vous, le fond d'un abîme où court la royauté. — Soyez prudent, alors, si vous avez vu le précipice. — Vous qui me dites cela, répliqua Philippe, ému du ton paternel avec lequel Cagliostro lui avait parlé; vous qui me révélez des secrets si terribles, vous manquez encore de générosité, car vous savez bien que je me jetterai dans le gouffre avant d'y voir tomber ceux que je défends. — Eh bien! donc, je vous aurai prévenu ; et, comme le préfet de Tibère, je me laverai les mains, monsieur de Taverney. — Eh bien! moi, moi! s'écria Philippe en courant à Cagliostro avec une ardeur fébrile, moi qui ne suis qu'un homme faible et inférieur à vous, j'userai envers vous des armes du faible, je vous aborderai l'œil humide, la voix tremblante, les mains jointes; je vous supplierai de m'accorder, pour cette fois, du moins, la grâce de ceux que vous poursuivez. Je vous demanderai pour moi, pour moi, entendez-vous, pour moi qui ne puis, je ne sais pourquoi, m'habituer à voir en vous un ennemi, je vous attendrirai, je vous convaincrai, j'obtiendrai enfin que vous ne laissiez pas derrière moi le remords d'avoir vu la perte de cette pauvre reine et de ne l'avoir pas conjurée. Enfin, Monsieur, j'obtiendrai, n'est-ce pas, que vous détruisiez ce pamphlet qui fera pleurer une femme; je l'obtiendrai de vous, ou, sur mon honneur, sur cet amour fatal que vous connaissez si bien, avec cette épée si impuissante contre vous, je me percerai le cœur à vos pieds. — Ah! murmura Cagliostro en regardant Philippe avec des yeux pleins d'une éloquente douleur; ah! que ne sont-ils tous comme vous êtes, je serais à eux, et ils ne périraient pas! — Monsieur, Monsieur, je vous en prie, répondez à ma demande, supplia Philippe. — Comptez, dit Cagliostro après un silence, comptez si les mille exemplaires sont bien là, et brûlez-les vous-même jusqu'au dernier.

Philippe sentit que son cœur montait à ses lèvres; il courut à l'armoire, en tira les brochures, les jeta au feu, et serrant avec effusion la main de Cagliostro :

— Adieu, adieu, Monsieur, dit-il, cent fois merci de ce que vous avez fait pour moi.

Et il partit.

— Je devais au frère, dit Cagliostro en le voyant s'éloigner, cette compensation pour ce qu'a enduré la sœur.

Puis, haussant la voix :

— Mes chevaux!

XXXV

LA TÊTE DE LA FAMILLE DE TAVERNEY

Pendant que ces choses se passaient rue Neuve-Saint-Gilles, monsieur de Taverney le père se promenait dans son jardin, suivi de deux laquais qui roulaient un fauteuil.

Il y avait à Versailles, il y a peut-être encore aujourd'hui, de ces vieux hôtels avec des jardins français, qui, par une imitation servile des goûts et des idées du maître, rappelaient en petit le Versailles de Le Nôtre et de Mansard.

Plusieurs courtisans, monsieur de La Feuillade en dut être le modèle, s'étaient fait construire en raccourci une orangerie souterraine, une pièce d'eau des Suisses et des bains d'Apollon.

Il y avait aussi la cour d'honneur et les Trianons, le tout sur une échelle au cinq centième : chaque bassin était représenté par un seau d'eau.

Monsieur de Taverney en avait fait autant depuis que Sa Majesté Louis XV avait adopté les Trianons. La maison de Versailles avait eu ses Trianons, ses vergers et ses parterres. Depuis que Sa Majesté Louis XVI avait eu ses ateliers de serrurerie et ses tours, monsieur de Taverney avait sa forge et ses copeaux. Depuis que Marie-Antoinette avait dessiné des jardins anglais, des rivières artificielles, des prairies et des chalets, monsieur de Taverney avait fait dans un coin de son jardin un petit Trianon pour des poupées, et une petite rivière pour des canetons.

Cependant, au moment où nous le prenons, il humait le soleil dans la seule allée du grand siècle qui lui restât, allée de tilleuls aux longs filets rouges comme du fil de fer sortant du feu. Il marchait à petits pas, les mains dans son manchon, et à toutes les cinq minutes le fauteuil roulé par les valets s'approchait pour lui offrir le repos après l'exercice.

Il savourait ce repos et clignotait au grand soleil, lorsque de la maison un portier accourut en criant :

— Monsieur le chevalier ! — Mon fils ! dit le vieillard avec une joie orgueilleuse.

Puis, se retournant, et apercevant Philippe qui suivait le portier :

— Mon cher chevalier, dit-il.

Et du geste, il congédia le laquais.

— Viens, Philippe, viens, continua le baron, tu arrives à propos, j'ai l'esprit plein de joyeuses idées. Eh ! quelle mine tu fais... Tu boudes ? — Moi, Monsieur, non. — Tu sais déjà le résultat de l'affaire. — De quelle affaire ?

Le vieillard se retourna, comme pour voir si on l'écoutait.

— Vous pouvez parler, Monsieur, nul n'écoute, dit le chevalier. — Je te parle de l'affaire du bal. — Je comprends encore moins. — Du bal de l'Opéra.

Philippe rougit, le malin vieillard s'en aperçut.

— Imprudent, dit-il, tu fais comme les mauvais marins ; dès qu'ils ont le vent favorable, ils enflent toutes les voiles. Allons, assieds-toi là sur ce banc, et écoute ma morale, j'ai du bon. — Monsieur, enfin...

— Enfin, il y a que tu abuses, que tu tranches, et que toi, si timide autrefois, si délicat, si réservé, eh bien! à présent tu la compromets.

Philippe se leva.

— De qui voulez-vous parler, Monsieur? — D'elle, pardieu! d'elle. — Qui, elle? — Ah! tu crois que j'ignore ton escapade, votre escapade à tous deux au bal de l'Opéra, c'est joli. — Monsieur, je vous proteste... — Allons, ne te fâche pas; ce que je t'en dis c'est pour ton bien, tu n'as aucune précaution, tu seras pris, que diable! On t'a vu cette fois avec elle au bal, on te verra une autre fois autre part. — On m'a vu? — Pardieu! avais-tu, oui ou non, un domino bleu?

Taverney allait s'écrier qu'il n'avait pas de domino bleu, et que l'on se trompait, qu'il n'avait point été au bal, qu'il ne savait pas de quel bal son père lui voulait parler; mais il répugne à certains cœurs de se défendre en des circonstances délicates; ceux-là seuls se défendent énergiquement qui savent qu'on les aime, et qu'en se défendant ils rendent service à l'ami qui les accusait.

— Mais à quoi bon, pensa Philippe, donner des explications à mon père? d'ailleurs, je veux tout savoir.

Il baissa la tête comme un coupable qui avoue.

— Tu vois bien, reprit le vieillard triomphant, tu as été reconnu, j'en étais sûr. En effet, monsieur de Richelieu, qui t'aime beaucoup et qui était à ce bal malgré ses quatre-vingt-quatre ans, monsieur de Richelieu a cherché qui pouvait être le domino bleu à qui la reine donnait le bras, et il n'a trouvé que toi à soupçonner; car il a vu tous les autres, et tu sais s'il s'y connaît, monsieur le maréchal. — Que l'on m'ait soupçonné, dit froidement Philippe, je le conçois; mais qu'on ait reconnu la reine, voilà qui est plus extraordinaire. — Avec cela que c'était difficile de la reconnaître, puisqu'elle s'est démasquée. Oh! cela, vois-tu, dépasse toute imagination. Une audace pareille! Il faut que cette femme-là soit folle de toi.

Philippe rougit. Aller plus loin, en soutenant la conversation, lui était devenu impossible.

— Si ce n'est pas de l'audace, continua Taverney, ce ne peut être que du hasard très-fâcheux. Prends-y garde, chevalier, il y a des jaloux, et des jaloux à craindre. C'est un poste envié que celui de favori d'une reine, quand la reine est le vrai roi.

Et Taverney le père huma longuement une prise de tabac.

— Tu me pardonneras ma morale, n'est-ce pas, chevalier? Pardonne-la-moi, mon cher. Je t'ai de la reconnaissance, et je voudrais empêcher que le souffle du hasard, puisque hasard il y a, ne vînt démolir l'échafaudage que tu as si habilement élevé.

Philippe se leva en sueur, les poings crispés. Il s'apprêtait à partir pour rompre le discours, avec la joie que l'on met à rompre les vertèbres d'un serpent; mais un sentiment l'arrêta, un sentiment de curiosité douloureuse, un de ces désirs furieux de savoir le mal, aiguillon impitoyable qui laboure les cœurs pleins d'amour.

— Je te disais donc qu'on nous porte envie, reprit le vieillard; c'est tout simple. Cependant, nous n'avons pas atteint encore le faîte où tu nous fais monter. A toi la gloire d'avoir fait jaillir le nom des Taverney au-dessus de leur humble source. Seulement, sois prudent, sinon nous n'arriverons pas, et les desseins avorteront en route. Ce serait dommage, en vérité, nous allons bien.

Philippe se retourna pour cacher le dégoût profond, le mépris sanglant qui donnaient à ses traits, en ce moment, une expression dont le vieillard se fût étonné, effrayé peut-être.

— Dans quelque temps, tu demanderas une grande charge, dit le vieillard qui s'animait. Tu me feras donner une lieutenance de roi quelque part, pas trop loin de Paris; tu feras ensuite ériger en pairie Taverney-Maison-Rouge; tu me feras comprendre dans la première promotion de l'Ordre. Tu pourras être duc, pair, et lieutenant général. Dans deux ans, je vivrai encore; tu me feras donner... — Assez! assez! gronda Philippe. — Oh! si tu te tiens pour satisfait, je ne le suis pas. Tu as toute une vie, toi; moi, j'ai à peine quelques mois. Il faut que ces mois me paient le passé triste et médiocre. Du reste, je n'ai pas à me plaindre. Dieu m'avait donné deux enfants : c'est beaucoup pour un homme sans fortune; mais si ma fille est restée inutile à notre maison, toi tu répares; tu es l'architecte du temple. Je vois en toi le grand Taverney, le héros. Tu m'inspires du respect, et c'est quelque chose, vois-tu. Il est vrai que ta conduite avec la cour est admirable. Oh! je n'ai rien vu encore de plus adroit. — Quoi donc? fit le jeune homme inquiet de se voir approuvé par ce serpent. — Ta ligne de conduite est superbe : tu ne montres pas de jalousie; tu laisses le champ libre à tout le monde en apparence, et tu te maintiens en réalité; c'est fort, mais c'est de l'observation. — Je ne comprends pas, dit Philippe de plus en plus piqué. — Pas de modestie, vois-tu, c'est mot pour mot la conduite de monsieur Potemkin, qui a étonné tout le monde par sa fortune. Il a vu que Catherine aimait la vanité dans ses amours; que si on la laissait libre, elle voltigerait de fleur en fleur, revenant à la plus féconde et à la plus belle; que si on la poursuivait, elle s'envolerait hors de toute portée. Il a pris son parti. C'est lui qui a rendu plus agréable à l'impératrice les favoris nouveaux qu'elle distinguait; c'est lui qui, en les faisant valoir par un côté, réservait habilement leur côté vulnérable; c'est lui qui fatiguait la souveraine avec les caprices de passage, au lieu de la blaser sur ses propres agréments à lui,

Potemkin. En préparant le règne éphémère de ces favoris qu'on nomme ironiquement les Douze Césars, Potemkin rendait son règne à lui, éternel, indestructible. — Mais voilà des infamies incompréhensibles! murmurait le pauvre Philippe en regardant son père avec stupéfaction.

Le vieillard continua imperturbablement.

— Selon le système de Potemkin, tu aurais pourtant un léger tort. Il n'abandonnait pas trop la surveillance, et toi tu te relâches. Je sais bien que la politique française n'est pas la politique russe.

A ces mots prononcés avec une affectation de finesse qui eût détraqué les plus rudes têtes diplomatiques, Philippe, qui crut son père en délire, ne répondit que par un haussement d'épaules peu respectueux.

— Oui, oui, interrompit le vieillard, tu crois que je n'ai pas deviné? tu vas voir. — Voyons, Monsieur.

Taverney se croisa les bras.

— Me diras-tu, fit-il, que tu n'élèves pas ton successeur à la brochette? — Mon successeur? dit Philippe en pâlissant. — Me diras-tu que tu ne sais pas tout ce qu'il y a de fixité dans les idées amoureuses de la reine, alors qu'elle est possédée, et que, dans la prévision d'un changement de sa part, tu ne veux pas être complétement sacrifié, évincé, ce qui arrive toujours avec la reine, car elle ne peut aimer le présent et souffrir le passé. — Vous parlez hébreu, monsieur le baron.

Le vieillard se mit à rire encore de ce rire strident et funèbre qui faisait tressaillir Philippe comme l'appel d'un mauvais génie.

— Tu me feras accroire que ta tactique n'est pas de ménager monsieur de Charny? — Charny? — Oui, ton futur successeur. L'homme qui peut, quand il régnera, te faire exiler, comme tu peux faire exiler messieurs de Coigny, de Vaudreuil et autres.

Le sang monta violemment aux tempes de Philippe.

— Assez, cria-t-il encore une fois; assez, Monsieur; je me fais honte, en vérité, d'avoir écouté si longtemps! Celui qui dit que la reine de France est une Messaline, celui-là, Monsieur, est un criminel calomniateur. — Bien! très-bien! s'écria le vieillard, tu as raison, c'est ton rôle; mais je t'assure que personne ne peut nous entendre. — Oh! — Et quant à Charny, tu vois que je t'ai pénétré. Tout habile que soit ton plan, deviner, vois-tu, c'est dans le sang des Taverney. Continue, Philippe, continue. Flatte, adoucis, console le Charny, aide-le à passer doucement et sans aigreur de l'état d'herbe à l'état de fleur, et sois assuré que c'est un gentilhomme qui plus tard, dans sa faveur, te revaudra ce que tu auras fait pour lui.

Et, après ces mots, monsieur de Taverney, tout fier de son exhibition de perspicacité, fit un petit bond capricieux qui rappelait le jeune homme, et le jeune homme insolent de prospérité. Philippe le saisit par la manche et l'arrêta furieux.

— C'est comme cela, dit-il, eh bien! Monsieur, votre logique est admirable. — J'ai deviné, n'est-ce pas, et tu m'en veux? Bah! tu me pardonneras en faveur de l'intention. J'aime Charny, d'ailleurs, et suis bien aise que tu en agisses de la sorte avec lui. — Votre monsieur de Charny, à cette heure, est si bien mon favori, mon mignon, mon oiseau élevé à la brochette, qu'en effet je lui ai passé tout à l'heure un pied de cette lame à travers les côtes.

Et Philippe montra son épée à son père.

— Hein! fit Taverney effarouché à la vue de ces yeux flamboyants, à la nouvelle de cette belliqueuse sortie; ne dis-tu pas que tu t'es battu avec monsieur de Charny? — Et que je l'ai embroché! Oui. — Grand Dieu! — Voilà ma façon de soigner, d'adoucir et de ménager mes successeurs, ajouta Philippe; maintenant que vous la connaissez, appliquez votre théorie à ma pratique.

Et il fit un mouvement désespéré pour s'enfuir.

Le vieillard se cramponna à son bras.

— Philippe! Philippe! dis-moi que tu plaisantais. — Appelez cela une plaisanterie si vous voulez, mais c'est fait.

Le vieillard leva les yeux au ciel, marmotta quelques mots sans suite, et, quittant son fils, courut jusqu'à son antichambre.

— Vite! vite! cria-t-il, un homme à cheval! qu'on coure s'informer de monsieur de Charny qui a été blessé; qu'on prenne de ses nouvelles, et qu'on n'oublie pas de lui dire qu'on vient de ma part! Ce traître de Philippe, fit-il en rentrant, n'est-il pas le frère de sa sœur! Et moi qui le croyais corrigé! Oh! il n'y avait qu'une tête dans ma famille... la mienne.

XXXVI

LE QUATRAIN DE MONSIEUR DE PROVENCE

Tandis que tous ces événements se passaient à Paris et à Versailles, le roi, tranquille comme à son ordinaire, depuis qu'il savait ses flottes victorieuses et l'hiver vaincu, se proposait dans son cabinet, au milieu des cartes et des mappemondes, des petits plans mécaniques, et songeait à tracer de nouveaux sillons sur les mers aux vaisseaux de La Peyrouse.

Un coup légèrement frappé à la porte le tira de ses rêveries toutes échauffées par un bon goûter qu'il venait de prendre.

En ce moment, une voix se fit entendre.

— Puis-je pénétrer, mon frère? dit-elle. — Monsieur le comte de Provence, le malvenu! grommela le roi en poussant un livre d'astronomie ouvert aux plus grandes figures. Entrez, dit-il.

Un personnage gros, court et rouge, à l'œil vif, entra d'un pas trop respectueux pour un frère, trop familier pour un sujet.

— Vous ne m'attendiez pas, mon frère? dit-il. — Non, ma foi! — Je vous dérange? — Non, mais auriez-vous quelque chose à me dire d'intéressant? — Un bruit si drôle, si grotesque... — Ah! ah! une médisance. — Ma foi! oui, mon frère. — Qui vous a diverti? — Oh! à cause de l'étrangeté. — Quelque méchanceté contre moi. — Dieu m'est témoin que je ne rirais pas s'il en était ainsi. — C'est contre la reine, alors. — Sire, figurez-vous qu'on m'a dit sérieusement, mais là, très-sérieusement... je vous le donne en cent, je vous le donne en mille... — Mon frère, depuis que mon précepteur m'a fait admirer cette précaution oratoire, comme modèle du genre, dans madame de Sévigné, je ne l'admire plus... Au fait. — Eh bien! mon frère, dit le comte de Provence un peu refroidi par cet accueil brutal, on dit que la reine a découché l'autre jour, ah! ah! ah!

Et il s'efforça de rire.

— Ce serait bien triste si cela était vrai, dit le roi avec gravité. — Mais cela n'est pas vrai, n'est-ce pas, mon frère? — Non. — Il n'est pas vrai non plus que l'on ait vu la reine attendre à la porte des Réservoirs? — Non. — Le jour, vous savez, où vous ordonnâtes de fermer la porte à onze heures! — Je ne sais pas. — Eh bien! figurez-vous, mon frère, que le bruit prétend... — Qu'est-ce que cela, le bruit? Où est-ce? Qui est-ce? — Voilà un trait profond, mon frère, très-profond. En effet, qui est le bruit? Eh bien! cet être insaisissable, incompréhensible, qu'on appelle le bruit, prétend qu'on a vu la reine avec monsieur le comte d'Artois, bras dessus bras dessous, à minuit et demi, ce jour-là. — Où? — Allant à une maison que monsieur d'Artois possède, là, derrière les écuries. Est-ce que Votre Majesté n'a pas ouï parler de cette énormité? — Si fait, bien, mon frère; j'en ai entendu parler, il le faut bien. — Comment, sire? — Oui, est-ce que vous n'avez pas fait quelque chose pour que j'en entende parler? — Moi? — Vous. — Quoi donc, sire, qu'ai-je fait? — Un quatrain, par exemple, qui a été imprimé dans *le Mercure*. — Un quatrain! fit le comte plus rouge qu'à son entrée. — On vous sait favori des Muses. — Pas au point de... — De faire un quatrain qui finit par ce vers :

Hélène n'en dit rien au bon roi Ménélas.

— Moi, sire!... — Ne niez pas, voici l'autographe du quatrain; votre écriture... hein! Je me connais mal en poésie, mais en écriture, oh! comme un expert... — Sire, une folie en amène une autre. — Monsieur de Provence, je vous assure qu'il n'y a eu folie que de votre part, et je m'étonne qu'un philosophe ait commis cette folie; gardons cette qualification à votre quatrain. — Sire, Votre Majesté est dure pour moi. — La peine du talion, mon frère. Au lieu de faire votre quatrain, vous auriez pu vous informer de ce qu'avait fait la reine; je l'ai fait, moi; et au lieu du quatrain contre elle, contre moi par conséquent, vous eussiez écrit quelque madrigal pour votre belle-sœur. Après cela, direz-vous, ce n'est pas un sujet qui inspire; mais j'aime mieux une mauvaise épître qu'une bonne satire. Horace disait cela aussi, Horace, votre poëte. — Sire, vous m'accablez. — N'eussiez-vous pas été sûr de l'innocence de la reine, comme je le suis, répéta le roi avec fermeté, vous eussiez bien fait de relire votre Horace. N'est-ce pas lui qui a dit ces belles paroles? pardon, j'écorche le latin :

Rectius hoc est :
Hoc faciens vivam melius, sic dulcis amicis occurram.

« Cela est mieux; si je le fais, je serai plus honnête; si je le fais, je serai bon pour mes amis. » Vous traduiriez plus élégamment, vous, mon frère; mais je crois que c'est là le sens.

Et le bon roi, après cette leçon donnée en père plutôt qu'en frère, attendit que le coupable commençât une justification.

Le comte médita quelque temps sa réponse, moins comme un homme embarrassé que comme un orateur en quête de délicatesses.

— Sire, dit-il, tout sévère que soit l'arrêt de Votre Majesté, j'ai un moyen d'excuse et un espoir de pardon. — Dites, mon frère. — Vous m'accusez de m'être trompé, n'est-ce pas, et non d'avoir eu mauvaise intention? — D'accord. — S'il en est ainsi, Votre Majesté qui sait que n'est pas homme celui qui ne se trompe pas, Votre Majesté admettra bien que je ne me sois pas trompé pour quelque chose. — Je n'accuserai jamais votre esprit, qui est grand et supérieur, mon frère. — Eh bien! sire, comment ne me serais-je pas trompé à entendre tout ce qui se débite. Nous autres princes, nous vivons dans l'air de la calomnie, nous en sommes imprégnés. Je ne dis pas que j'ai cru, je dis que l'on m'a dit. — A la bonne heure! puisqu'il en est ainsi; mais... — Le quatrain? Oh! les poëtes sont des êtres bizarres; et puis, ne vaut-il pas mieux répondre par une douce critique qui peut être un avertissement que par un sourcil froncé? Des attitudes menaçantes mises en vers n'offensent pas, sire ; ce n'est pas comme les pamphlets, au sujet desquels on est fort à demander coërcition à Votre Majesté ; des pamphlets comme celui que je viens vous montrer moi-même. — Un pamphlet? — Oui, sire ; il me faut absolument un ordre d'embastillement contre le misérable auteur de cette turpitude.

Le roi se leva brusquement.

— Voyons ! dit-il. — Je ne sais si je dois, sire... — Certainement, vous devez ; il n'y a rien à ménager dans cette circonstance. Avez-vous ce pamphlet ? — Oui, sire. — Donnez.

Et le comte de Provence tira de sa poche un exemplaire de l'*Histoire d'Etteniotna*, épreuve fatale que le bâton de Charny, que l'épée de Philippe, que le brasier de Cagliostro avaient laissé passer dans la circulation.

Le roi jeta les yeux avec la rapidité d'un homme habitué à lire les passages intéressants d'un livre ou d'une gazette.

— Infamie ! dit-il, infamie ! — Vous voyez, sire, qu'on prétend que ma sœur a été au baquet de Mesmer. — Eh bien ! oui, elle y a été ! — Elle y a été ! s'écria le comte de Provence. — Autorisée par moi. — Oh ! sire. — Et ce n'est pas de sa présence chez Mesmer que je tire induction contre sa sagesse, puisque j'avais permis qu'elle allât place Vendôme.
— Votre Majesté n'avait pas permis que la reine s'approchât du baquet pour expérimenter par elle-même...

Le roi frappa du pied. Le comte venait de prononcer ces paroles précisément au moment où les yeux de Louis XVI parcouraient le passage le plus insultant pour Marie-Antoinette, l'histoire de sa prétendue crise, de ses contorsions, de son voluptueux désordre, de tout ce qui, enfin, avait signalé chez Mesmer le passage de mademoiselle Oliva.

— Impossible, impossible, dit le roi devenu pâle. Oh ! la police doit savoir à quoi s'en tenir là-dessus !

Il sonna.

— Monsieur de Crosne ! dit-il, qu'on m'aille chercher monsieur de Crosne ! — Sire, c'est aujourd'hui jour de rapport hebdomadaire, et monsieur de Crosne attend dans l'Œil de Bœuf. — Qu'il entre. — Permettez-moi, mon frère, dit le comte de Provence d'un ton hypocrite.

Et il fit mine de sortir.

— Restez, lui dit Louis XVI. Si la reine est coupable, eh bien ! Monsieur, vous êtes de la famille, vous pouvez le savoir ; si elle est innocente, vous devez le savoir aussi, vous qui l'avez soupçonnée.

Monsieur de Crosne entra.

Ce magistrat, voyant monsieur de Provence avec le roi, commença par présenter ses respectueux hommages aux deux plus grands du royaume puis, s'adressant au roi :

— Le rapport est prêt, sire, dit-il. — Avant tout, Monsieur, fit Louis XVI, expliquez-nous comment il s'est publié à Paris un pamphlet aussi indigne contre la reine? — *Etteniotna?* dit monsieur de Crosne. — Oui. — Eh bien! sire, c'est un gazetier nommé Reteau. — Oui. Vous savez son nom, et vous ne l'avez, ou empêché de publier ou arrêté après la publication! — Sire, rien n'était plus facile que de l'arrêter; je vais montrer à Votre Majesté l'ordre d'écrou tout préparé dans mon portefeuille. — Alors, pourquoi l'arrestation n'est-elle pas opérée?

Monsieur de Crosne se tourna du côté de monsieur de Provence.

— Je prends congé de Votre Majesté, dit celui-ci plus lentement. — Non, non, répliqua le roi; je vous ai dit de rester; eh bien! restez.

Le comte s'inclina.

— Parlez, monsieur de Crosne; parlez ouvertement, sans réserve; parlez vite et net. — Eh bien! voici, répliqua le lieutenant de police : je n'ai pas fait arrêter le gazetier Reteau, parce qu'il fallait de toute nécessité que j'eusse, avant cette démarche, une explication avec Votre Majesté. — Je la sollicite. — Peut-être, sire, vaut-il mieux donner à ce gazetier un sac d'argent et l'envoyer se faire pendre ailleurs, très-loin. — Pourquoi? — Parce que, sire, quand ces misérables disent un mensonge, le public à qui on le prouve est fort aise de les voir fouetter, essoriller, pendre même. Mais quand, par malheur, ils mettent la main sur une vérité... — Une vérité?

Monsieur de Crosne s'inclina.

— Oui. Je sais. La reine a été en effet au baquet de Mesmer. Elle y a été, c'est un malheur, comme vous dites; mais je le lui avais permis. — Oh! sire, murmura monsieur de Crosne.

Cette exclamation du sujet respectueux frappa le roi encore plus qu'elle n'avait fait sortant de la bouche du parent jaloux.

— La reine n'est pas perdue pour cela, dit-il, je suppose. — Non, sire, mais compromise. — Monsieur de Crosne, que vous a dit votre police, voyons? — Sire, beaucoup de choses qui, sauf le respect que je dois à Votre Majesté, sauf l'adoration toute respectueuse que je professe pour la reine, sont d'accord avec quelques allégations du pamphlet. — D'accord, dites-vous? — Voici comment : une reine de France qui va dans un costume de femme ordinaire au milieu de ce monde équivoque, attiré par ces bizarreries magnétiques de Mesmer, et qui va seule... — Seule! s'écria le roi. — Oui, sire. — Vous vous trompez, monsieur de Crosne. — Je ne crois pas, sire. — Vous avez de mauvais rapports. — Tellement exacts, sire, que je puis vous donner le détail de la toilette de Sa Majesté, l'ensemble de sa personne, ses pas, ses gestes, ses cris.

— Ses cris!

Le roi pâlit et froissa la brochure.

— Ses soupirs mêmes ont été notés par mes agents, ajouta timidement monsieur de Crosne. — Ses soupirs! La reine se serait oubliée à ce point!... La reine aurait fait si bon marché de mon honneur de roi, de son honneur de femme! — C'est impossible, dit le comte de Provence; ce serait plus qu'un scandale, et Sa Majesté est incapable...

Cette phrase était un surcroît d'accusation plutôt qu'une excuse. Le roi le sentit; tout en lui se révoltait.

— Monsieur, dit-il au lieutenant de police, vous maintenez ce que vous avez dit? — Hélas! jusqu'au dernier mot, sire. — Je vous dois à vous, mon frère, dit Louis XVI en passant son mouchoir sur son front mouillé de sueur, je vous dois une preuve de ce que j'ai avancé. L'honneur de la reine est celui de toute ma maison. Je ne le risque jamais. J'ai permis à la reine d'aller au baquet de Mesmer; mais je lui avais enjoint de mener avec elle une personne sûre, irréprochable, sainte même. — Ah! dit monsieur de Crosne, s'il en eût été ainsi... — Oui, dit le comte de Provence, si une femme comme madame de Lamballe, par exemple...

— Précisément, mon frère, c'est madame la princesse de Lamballe que j'avais désignée à la reine. — Malheureusement, sire, la princesse n'a pas été emmenée. — Eh bien! ajouta le roi frémissant, si la désobéissance a été telle, je dois sévir et je sévirai.

Un énorme soupir lui ferma les lèvres après lui avoir déchiré le cœur.

— Seulement, dit-il plus bas, un doute me reste : ce doute, vous ne le partagez pas, c'est naturel; vous n'êtes pas le roi, l'époux, l'ami de celle qu'on accuse... ce doute, je veux l'éclaircir.

Il sonna; l'officier de service parut.

— Qu'on voie, dit le roi, si madame la princesse de Lamballe n'est pas chez la reine ou dans son appartement à elle-même. — Sire, madame de Lamballe se promène dans le petit jardin avec Sa Majesté et une autre dame. — Priez madame la princesse de monter ici sur-le-champ.

L'officier partit.

— Maintenant, Messieurs, encore dix minutes : je ne saurais prendre un parti jusque-là.

Et Louis XVI, contre son habitude, fronça le sourcil, et lança sur les deux témoins de sa profonde douleur un regard presque menaçant.

Les deux témoins gardèrent le silence. Monsieur de Crosne avait une tristesse réelle, monsieur de Provence avait une affectation de tristesse qui se fût communiquée au dieu Momus en personne.

Un léger bruit de soie derrière les portes avertit le roi que la princesse de Lamballe approchait.

17

XXVII

LA PRINCESSE DE LAMBALLE

La princesse de Lamballe entra, belle et calme, le front découvert, les boucles éparses de sa haute coiffure rejetées fièrement hors des tempes, ses sourcils noirs et fins comme deux traits de sépia, son œil bleu, limpide, dilaté, plein de nacre, son nez droit et pur, ses lèvres chastes et voluptueuses à la fois : toute cette beauté, sur un corps d'une beauté sans rivale, charmait et imposait.

La princesse apportait avec elle, autour d'elle, ce parfum de vertu, de grâce, d'immatérialité, que La Vallière répandit avant sa faveur, et depuis sa disgrâce.

Quand le roi la vit venir, souriante et modeste, il se sentit pénétré de douleur.

— Hélas! pensa-t-il, ce qui sortira de cette bouche sera une condamnation sans appel. — Asseyez-vous, dit-il, princesse, en la saluant profondément.

Monsieur de Provence s'approcha pour lui baiser la main.

Le roi se recueillit.

— Que souhaite de moi Votre Majesté, dit la princesse avec la voix d'un ange? — Un renseignement, Madame, un renseignement précis, ma cousine. — J'attends, sire. — Quel jour êtes-vous allée, en compagnie de la reine, à Paris? Cherchez bien.

Monsieur de Crosne et le comte de Provence se regardèrent surpris.

— Vous comprenez, Messieurs, dit le roi, vous ne doutez pas, vous, je doute encore, moi; par conséquent j'interroge comme un homme qui doute. — Mercredi, sire, répliqua la princesse. — Vous me pardonnez, continua Louis XVI; mais, ma cousine, je désire savoir la vérité. — Vous la connaîtrez en questionnant, sire, dit simplement madame de Lamballe. — Qu'allâtes-vous faire à Paris, ma cousine? — J'allai chez monsieur Mesmer, place Vendôme, sire.

Les deux témoins tressaillirent, le roi rougit d'émotion.

— Seule? dit-il. — Non, sire, avec Sa Majesté la reine. — Avec la reine? vous dites avec la reine! s'écria Louis XVI en lui prenant la main avidement. — Oui, sire.

Monsieur de Provence et monsieur de Crosne se rapprochèrent stupéfaits.

MADAME DE LAMBALLE.

— Votre Majesté avait autorisé la reine, dit madame de Lamballe; du moins, Sa Majesté me l'a dit. — Et Sa Majesté avait raison, ma cousine... Maintenant... il me semble que je respire, car madame de Lamballe ne ment jamais. — Jamais, sire, dit doucement la princesse. — Oh! jamais! s'écria monsieur de Crosne avec la conviction la plus respectueuse. Mais alors, sire, permettez-moi... — Oh! oui, je vous permets, monsieur de Crosne; questionnez, cherchez, je place ma chère princesse sur la sellette, je vous la livre.

Madame de Lamballe sourit.

— Je suis prête, dit-elle; mais, sire, la torture est abolie. — Oui, je l'ai abolie pour les autres, fit le roi avec un sourire, mais on ne l'a pas abolie pour moi. — Madame, dit le lieutenant de police, ayez la bonté de dire au roi ce que vous fîtes avec Sa Majesté, chez monsieur Mesmer, et d'abord comment Sa Majesté était-elle mise? — Sa Majesté portait une robe de taffetas gris perle, une mante de mousseline brodée, un manchon d'hermine, un chapeau de velours rose, à grands rubans noirs.

C'était un signalement tout opposé à celui donné pour Oliva.

Monsieur de Crosne manifesta une vive surprise, le comte de Provence se mordit les lèvres.

Le roi se frotta les mains.

— Et qu'a fait la reine en entrant? dit-il. — Sire, vous avez raison de dire en entrant, car, à peine étions-nous entrées... — Ensemble? — Oui, sire, ensemble; et à peine étions-nous entrées dans le premier salon, où nul n'avait pu nous remarquer, tant était grande l'attention donnée aux mystères magnétiques, qu'une femme s'approcha de Sa Majesté, lui offrit un masque, la suppliant de ne pas pousser plus avant. — Et vous vous arrêtâtes? dit vivement le comte de Provence. — Oui, Monsieur. — Et vous n'avez pas franchi le seuil du premier salon? demanda monsieur de Crosne. — Non, Monsieur. — Et vous n'avez pas quitté le bras de la reine? fit le roi avec un reste d'anxiété. — Pas une seconde; le bras de Sa Majesté n'a pas cessé de s'appuyer sur le mien. — Eh bien! s'écria tout à coup le roi, qu'en pensez-vous, monsieur de Crosne? Mon frère, qu'en dites-vous? — C'est extraordinaire, c'est surnaturel, dit Monsieur en affectant une gaieté qui décelait, mieux que n'eût fait le doute, tout son dépit de la contradiction. — Il n'y a rien de surnaturel là-dedans, se hâta de répondre monsieur de Crosne, à qui la joie bien naturelle du roi donnait une sorte de remords; ce que madame la princesse a dit ne peut être que la vérité. — Il en résulte... dit monsieur de Provence. — Il en résulte, Monseigneur, que mes agents se sont trompés. — Parlez-vous bien sérieusement? demanda le comte de Provence avec le même tressaillement nerveux. — Tout à fait, Monseigneur, mes agents se sont trompés ; Sa Majesté a fait ce que vient de dire madame de Lamballe, et pas autre chose. Quant au gazetier, si je suis convaincu par les paroles éminemment vraies de madame la princesse, je crois que ce maraud doit l'être aussi : je vais envoyer l'ordre de l'écrouer sur-le-champ.

Madame de Lamballe tournait et retournait la tête, avec la placidité de l'innocence qui s'informe sans plus de curiosité que de crainte.

— Un moment, dit le roi, un moment ; il sera toujours temps de faire pendre ce gazetier. Vous avez parlé d'une femme qui aurait arrêté la reine à l'entrée du salon : princesse, dites-nous quelle était cette femme. — Sa Majesté paraît la connaître, sire ; je dirai même, toujours parce que je ne mens pas, que Sa Majesté la connaît, je le sais. — C'est que, voyez-vous, cousine, il faut que je parle à cette femme, c'est indispensable. Là est toute la vérité ; là seulement est la clé du mystère. — C'est mon avis, dit monsieur de Crosne, vers qui le roi s'était retourné. — Commérage... murmura le comte de Provence. Voilà une femme qui me fait l'effet du dieu des dénouements. Ma cousine, dit-il tout haut, la reine vous a avoué qu'elle connaissait cette femme ? — Sa Majesté ne m'a pas avoué, Monseigneur, elle m'a raconté. — Oui, oui, pardon. — Mon frère veut vous dire, interrompit le roi, que si la reine connaît cette femme, vous savez aussi son nom. — C'est madame de La Motte-Valois.

— Cette intrigante ! s'écria le roi avec dépit. — Cette mendiante ! dit le comte. Diable ! diable ! elle sera difficile à interroger ; elle est fine. — Nous serons aussi fins qu'elle, dit monsieur de Crosne. Et d'ailleurs, il n'y a pas de finesse, depuis la déclaration de madame de Lamballe. Ainsi, au premier mot du roi... — Non, non, fit Louis XVI avec découragement, je suis las de voir cette mauvaise société autour de la reine. La reine est si bonne, que le prétexte de la misère lui amène tout ce qu'il y a de gens équivoques dans la noblesse infime du royaume. — Madame de La Motte est réellement Valois, dit madame de Lamballe. — Qu'elle soit ce qu'elle voudra, ma cousine, je ne veux pas qu'elle mette les pieds ici. J'aime mieux me priver de cette joie immense que m'eût faite l'entière absolution de la reine ; oui, j'aime mieux renoncer à cette joie, que de voir en face cette créature. — Et pourtant vous la verrez, s'écria la reine, pâle de colère, en ouvrant la porte du cabinet, et en se montrant belle de noblesse et d'indignation aux yeux éblouis du comte de Provence, qui salua gauchement derrière le battant de la porte replié sur lui. Oui, sire, continua la reine, il ne s'agit pas de dire : J'aime à voir ou je crains de voir cette créature ; cette créature est un témoin à qui l'intelligence de mes accusateurs...

Elle regarda son beau-frère.

— Et la franchise de mes juges...

Elle se tourna vers le roi et monsieur de Crosne.

— A qui enfin sa propre conscience, si dénaturée qu'elle soit, arracherait un cri de vérité. Moi, l'accusée, je demande qu'on entende cette femme, et on l'entendra. — Madame, se hâta de dire le roi, vous entendez bien qu'on n'enverra pas chercher madame de La Motte pour lui faire l'honneur de déposer pour ou contre vous. Je ne mets pas votre honneur dans une balance en parallèle avec la véracité de cette femme.

— On n'enverra pas chercher madame de La Motte, sire, car elle est ici.

— Ici! s'écria le roi, en se retournant comme s'il eut marché sur un reptile, ici! — Sire, j'avais, comme vous le savez, rendu visite à une femme malheureuse qui porte un nom illustre. Ce jour, vous savez, où l'on a dit tant de choses...

Et elle regarda fixement par-dessus l'épaule le comte de Provence, qui eût voulu être à cent pieds sous terre, mais dont le visage large et épanoui grimaçait une expression d'acquiescement.

— Eh bien? fit Louis XVI. — Eh bien! sire, ce jour-là j'oubliai chez madame de La Motte un portrait, une boîte. Elle me la rapporte aujourd'hui; elle est là. — Non, non... Eh bien! je suis convaincu, fit le roi; j'aime mieux cela. — Oh! moi, je ne suis pas satisfaite, dit la reine; je vais l'introduire. D'ailleurs, pourquoi cette répugnance. Qu'a-t-elle fait? qu'est-elle donc? Si je ne le sais pas, instruisez-moi. Voyons, monsieur de Crosne, vous qui savez tout, dites... — Je ne sais rien qui soit défavorable à cette dame, répondit le magistrat. — Bien vrai? — Assurément. Elle est pauvre, voilà tout; un peu ambitieuse, peut-être. — L'ambition, c'est la voix du sang. Si vous n'avez que cela contre elle, le roi peut bien l'admettre à donner témoignage. — Je ne sais, répliqua Louis XVI, mais j'ai des pressentiments, moi, des instincts; je sens que cette femme sera pour un malheur, pour un désagrément dans ma vie... c'est bien assez.

— Oh! sire, de la superstition! Cours la chercher, dit la reine à la princesse de Lamballe!

Cinq minutes après, Jeanne, toute modeste, toute honteuse, mais distinguée dans son attitude comme dans sa mise, pénétrait pas à pas dans le cabinet du roi.

Louis XVI, inexpugnable dans son antipathie, avait tourné le dos à la porte. Les deux coudes sur son bureau, la tête dans ses mains, il semblait être un étranger au milieu des assistants.

Le comte de Provence dardait sur Jeanne des regards tellements gênants par leur inquisition, que si la modestie de Jeanne eût été réelle, cette femme eût été paralysée, pas un mot ne fût sorti de sa bouche.

Mais il fallait bien autre chose pour troubler la cervelle de Jeanne.

Ni roi, ni empereur avec leurs sceptres, ni pape avec sa tiare, ni puissances célestes, ni puissances des ténèbres, n'eussent agi sur cet esprit de fer, avec la crainte ou la vénération.

— Madame, lui dit la reine, en la menant derrière le roi, veuillez dire, je vous prie, ce que vous avez fait le jour de ma visite chez monsieur Mesmer; veuillez le dire de point en point.

Jeanne se tut.

— Pas de réticences, pas de ménagements. Rien que la vérité, la forme de votre idée vous apparaissant en relief, telle qu'elle est dans votre mémoire.

Et la reine s'assit dans un fauteuil, pour ne pas influencer le témoin par son regard.

Quel rôle pour Jeanne! Pour elle, dont la perspicacité avait deviné que sa souveraine avait besoin d'elle, pour elle, qui sentait que Marie-Antoinette était soupçonnée à faux et qu'on pouvait la justifier sans s'écarter du vrai.

Toute autre eût cédé, ayant cette conviction, au plaisir d'innocenter la reine par l'exagération des preuves.

Jeanne était une nature si déliée, si fine, si forte, qu'elle se renferma dans la pure expression du fait.

— Sire, dit-elle, j'étais allée chez monsieur Mesmer par curiosité, comme tout Paris y va. Le spectacle m'a paru un peu grossier. Je m'en retournais, quand soudain, sur le seuil de la porte d'entrée, j'aperçus Sa Majesté, que j'avais eu l'honneur de voir l'avant-veille sans la connaître. Sa Majesté dont la générosité m'avait révélé le rang. Quand je vis ses traits augustes, qui jamais ne s'effaceront de ma mémoire; il me sembla que la présence de Sa Majesté la reine était peut-être déplacée en cet endroit, où beaucoup de souffrances et de guérisons ridicules s'étalaient en spectacle. Je demande humblement pardon à Sa Majesté d'avoir osé penser si librement sur sa conduite, mais ce fut un éclair, un instinct de femme; j'en demande pardon à genoux, si j'ai outrepassé la ligne de respect que je dois aux moindres mouvements de Sa Majesté.

Elle s'arrêta là, feignant l'émotion, baissant la tête, arrivant, par un art inouï, à la suffocation qui précède les larmes.

Monsieur de Crosne y fut pris. Madame de Lamballe se sentit entraînée vers le cœur de cette femme, qui paraissait être à la fois délicate, timide, spirituelle et bonne.

Monsieur de Provence fut étourdi.

La reine remercia Jeanne par un regard, que le regard de celle-ci sollicitait ou plutôt guettait sournoisement.

— Eh bien! dit la reine, vous avez entendu, sire?

Le roi ne se remua pas.

— Je n'avais pas besoin, dit-il, du témoignage de Madame. — On m'a dit de parler, objecta timidement Jeanne, et j'ai dû obéir. — Assez! dit brutalement Louis XVI ; quand la reine dit une chose, elle n'a pas besoin de témoins pour contrôler son dire. Quand la reine a mon approbation, elle n'a rien à chercher auprès de personne ; et elle a mon approbation.

Il se leva en achevant ces mots, qui écrasèrent monsieur de Provence.

La reine ne se fit point faute d'y ajouter un sourire dédaigneux.

Le roi tourna le dos à son frère, vint baiser la main de Marie-Antoinette et de la princesse de Lamballe.

Il congédia cette dernière en lui demandant pardon de l'avoir dérangée *pour rien*, ajouta-t-il.

Il n'adressa ni un mot, ni un regard à madame de La Motte ; mais comme il était forcé de passer devant elle pour regagner son fauteuil, et qu'il craignait d'offenser la reine en manquant de politesse en sa présence pour une femme qu'elle recevait, il se contraignit à faire à Jeanne un petit salut auquel elle répondit sans précipitation par une profonde révérence, capable de faire valoir toute sa bonne grâce.

Madame de Lamballe sortit du cabinet la première, puis madame de La Motte, que la reine poussait devant elle ; enfin la reine, qui échangea un dernier regard presque caressant avec le roi.

Et puis, on entendait dans le corridor les trois voix de femmes qui s'éloignaient en chuchotant.

— Mon frère, dit alors Louis XVI au comte de Provence, je ne vous retiens plus : j'ai le travail de la semaine à terminer avec monsieur le lieutenant de police ; je vous remercie d'avoir accordé votre attention à cette pleine, entière et éclatante justification de votre sœur. Il est aisé de voir que vous en êtes aussi réjoui que moi, et ce n'est pas peu dire. A nous deux, monsieur de Crosne. Asseyez-vous là, je vous prie.

Le comte de Provence salua, toujours souriant, et sortit du cabinet, quand il n'entendit plus les dames, et qu'il se jugea hors de portée d'un malicieux regard ou d'un mot amer.

XXXVIII

CHEZ LA REINE

La reine, sortie du cabinet de Louis XVI, sonda toute la profondeur du danger qu'elle avait couru.

Elle sut apprécier ce que Jeanne avait mis de délicatesse et de réservé dans sa déposition improvisée, comme aussi le tact vraiment remarquable avec lequel, après le succès, elle restait dans l'ombre.

En effet, Jeanne qui venait, par un bonheur inouï, d'être initiée du premier coup à ces secrets d'intimité que les courtisans les plus habiles chassent dix ans sans les atteindre, et partant sûre désormais d'être pour beaucoup dans une journée importante de la reine, n'en prenait pas avantage par un de ces riens que la susceptibilité orgueilleuse des grands sait deviner sur le visage des inférieurs.

Aussi la reine, au lieu d'accepter la proposition que lui fit Jeanne de lui présenter ses respects et de partir, la retint-elle par un sourire aimable en disant :

— Il est vraiment heureux, comtesse, que vous m'ayez empêchée d'entrer chez Mesmer avec la princesse de Lamballe; car, voyez la noirceur; on m'a vue, soit à la porte, soit à l'antichambre, et l'on a pris texte de là pour dire que j'avais été dans ce qu'ils appellent la salle aux crises, n'est-ce pas cela? — La salle aux crises, oui, Madame. — Mais, dit la princesse de Lamballe, comment se fait-il que, si les assistants ont su que la reine était là, les agents de monsieur de Crosne s'y soient trompés? là est le mystère, selon moi; les agents du lieutenant de police affirment en effet que la reine a été dans la salle aux crises. — C'est vrai, dit la reine pensive. Et il n'y a nul intérêt de la part de monsieur de Crosne, qui est un honnête homme et qui m'aime; mais des agents peuvent avoir été soudoyés, chère Lamballe. J'ai des ennemis, vous le voyez. Il faut que ce bruit ait reposé sur quelque chose. Dites-nous donc le détail, madame la comtesse. D'abord, l'infâme brochure me représente enivrée, fascinée, magnétisée de telle sorte que j'aurais perdu toute dignité de femme. Qu'y a-t-il de vraisemblable là-dedans. Y a-t-il eu, en effet, ce jour-là, une femme?...

Jeanne rougit. Le secret se présentait encore à elle, le secret dont un seul mot pouvait détruire sa funeste influence sur la destinée de la reine.

Ce secret, Jeanne, en le révélant, perdait l'occasion d'être utile, indispensable même à Sa Majesté. Cette situation ruinait son avenir; elle se tint réservée comme la première fois.

— Madame, dit-elle, il y avait, en effet, une femme très-agitée qui s'est beaucoup affichée par ses contorsions et son délire. Mais il me semble... — Il vous semble, dit vivement la reine, que cette femme était quelque femme de théâtre, ou ce qu'on appelle une fille du monde, et non pas la reine de France, n'est-ce pas? — Certes, non, Madame. — Comtesse, vous avez très-bien répondu au roi; et maintenant, c'est à moi de parler pour vous. Voyons, où en êtes-vous de vos affaires? à quel moment comptez-vous faire connaître vos droits? Mais n'y a-t-il pas quelqu'un, princesse?...

Madame de Misery entra.

— Votre Majesté veut-elle recevoir mademoiselle de Taverney? demanda la femme de chambre. — Elle! assurément. Oh! la cérémonieuse! jamais elle ne manquerait à l'étiquette. Andrée! Andrée! venez donc. — Votre Majesté est trop bonne pour moi, dit celle-ci en saluant avec grâce.

Et elle aperçut Jeanne qui, reconnaissant la seconde dame allemande du bureau de secours, venait d'appeler à son aide une rougeur et une modestie de commande.

La princesse de Lamballe profita du renfort survenu à la reine pour retourner à Sceaux, chez le duc de Penthièvre.

Andrée prit place à côté de Marie-Antoinette, ses yeux calmes et scrutateurs fixés sur madame de La Motte.

— Eh bien! Andrée, dit la reine, voilà cette dame que nous allâmes voir le dernier jour de la gelée. — J'ai reconnu Madame, répliqua Andrée en s'inclinant.

Jeanne, déjà orgueilleuse, se hâta de chercher sur les traits d'Andrée un symptôme de jalousie. Elle ne vit rien qu'une parfaite indifférence.

Andrée, avec les mêmes passions que la reine, Andrée, femme et supérieure à toutes les femmes en bonté, en esprit, en générosité, si elle eût été heureuse, Andrée se renfermait dans son impénétrable dissimulation que toute la cour prenait pour la fière pudeur de Diane virginale.

— Savez-vous, lui dit la reine, ce qu'on a dit sur moi au roi? — On a dû dire tout ce qu'il y a de mauvais, répliqua Andrée, précisément parce qu'on ne saurait dire assez ce qu'il y a de bon. — Voilà, dit Jeanne simplement, la plus belle phrase que j'aie entendue. Je la dis belle, parce qu'elle rend, sans en rien ôter, le sentiment qui est celui de toute ma vie, et que mon faible esprit n'aurait jamais su formuler ces paroles. — Je vous conterai cela, Andrée. — Oh! je le sais, dit celle-ci; monsieur le comte de Provence l'a raconté tout à l'heure; une amie à moi l'a entendu. — C'est un heureux moyen, dit la reine avec colère, de propager le mensonge après avoir rendu hommage à la vérité. Laissons cela. J'en étais avec la comtesse à l'exposé de sa situation. Qui vous protège, comtesse? — Vous, Madame, dit hardiment Jeanne; vous qui me permettez de venir vous baiser la main. — Elle a du cœur, dit Marie-Antoinette à Andrée, et j'aime ses élans.

Andrée ne répondit rien.

— Madame, continua Jeanne, peu de personnes m'ont osé protéger quand j'étais dans la gêne et dans l'obscurité; mais à présent qu'on m'aura vue une fois à Versailles, tout le monde va se disputer le droit d'être agréable à la reine, je veux dire à une personne que Sa Majesté a daigné honorer d'un regard. — Eh quoi! dit la reine en s'asseyant, nul n'a été assez brave ou assez corrompu pour vous protéger pour vous-même? — J'ai eu d'abord madame de Boulainvilliers, répondit Jeanne, une femme brave; puis monsieur de Boulainvilliers, un protecteur corrompu... Mais depuis mon mariage, personne, oh! personne! dit-elle avec une syncope des plus habiles. Oh! pardon, j'oubliais un galant homme, prince généreux... — Un prince! comtesse, qui donc? — Monsieur le cardinal de Rohan.

La reine fit un mouvement brusque vers Jeanne.

— Mon ennemi! dit-elle en souriant. — Ennemi de Votre Majesté! Lui! le cardinal! s'écria Jeanne. Oh! madame. — On dirait que cela vous étonne, comtesse, qu'une reine ait un ennemi. Comme on voit que vous n'avez pas vécu à la cour! — Mais, Madame, le cardinal est en adoration devant Votre Majesté, du moins je croyais le savoir; et, si je ne me suis pas trompée, son respect pour l'auguste épouse du roi égale son dévouement. — Oh! je vous crois, comtesse, reprit Marie-Antoinette en se livrant à sa gaieté habituelle, je vous crois en partie. Oui, c'est cela, le cardinal est en adoration.

Et elle se retourna, en disant ces mots, vers Andrée de Taverney avec un franc éclat de rire.

— Eh bien! comtesse, oui, monsieur le cardinal est en adoration. Voilà pourquoi il est mon ennemi.

Jeanne de La Motte effecta la suprise d'une provinciale.

— Ah! vous êtes la protégée de monsieur le prince archevêque Louis de Rohan, continua la reine. Contez-nous donc cela, comtesse. — C'est bien simple, Madame. Son Excellence, par les procédés les plus magnanimes, les plus délicats, la générosité la plus ingénieuse, m'a secourue. — Très-bien. Le prince Louis est prodigue, on ne peut lui refuser cela. Est-ce que vous ne pensez pas, Andrée, que monsieur le cardinal pourra bien ressentir aussi quelque adoration pour cette jolie comtesse? Hein! comtesse, voyons dites-nous?

Et Marie-Antoinette recommença ses joyeux éclats de rire franc et heureux, que mademoiselle de Taverney, toujours sérieuse, n'encourageait cependant pas.

— Il n'est pas possible que toute cette gaieté bruyante ne soit pas une gaieté factice, pensa Jeanne. Voyons. Madame, dit-elle d'un air grave et avec un accent pénétré, j'ai l'honneur d'affirmer à Votre Majesté que monsieur de Rohan... — C'est bien, c'est bien, fit la reine en interrompant la comtesse. Puisque vous êtes si zélée pour lui... puisque vous êtes son amie... — Oh! Madame, fit Jeanne avec une délicieuse expression de pudeur et de respect. — Bien, chère petite; bien, reprit la reine avec un doux sourire; mais demandez-lui donc un peu ce qu'il a fait des cheveux qu'il m'a fait voler par un certain coiffeur, à qui cette facétie a coûté cher, car je l'ai chassé. — Votre Majesté me surprend, dit Jeanne. Quoi! monsieur de Rohan aurait fait cela? — Eh! oui.., l'adoration, toujours l'adoration. Après m'avoir exécrée à Vienne, après avoir tout employé, tout essayé, pour rompre le mariage projeté entre le roi et moi, il s'est un jour aperçu que j'étais femme et que j'étais sa reine; qu'il avait, lui, grand diplomate, fait une école; qu'il aurait toujours maille à partir avec moi. Il a eu peur alors pour son avenir, ce cher prince. Il a fait comme tous les gens de sa profession, qui caressent le plus ceux dont ils ont le plus peur; et, comme il me savait jeune, comme il me savait sotte et vaine, il a tourné au Céladon. Après les soupirs, les airs de langueur, il s'est jeté, comme vous dites, dans l'adoration. Il m'adore, n'est-ce pas Andrée? — Madame! fit celle-ci en s'inclinant. — Oui... Andrée aussi ne veut pas se compromettre, mais moi je me risque; il faut au moins que la royauté soit bonne à quelque chose. Comtesse, je sais, et vous savez que le cardinal m'adore? C'est chose convenue; dites-lui que je ne lui en veux pas.

Ces mots, qui contenaient une ironie amère, touchèrent profondément le cœur gangrené de Jeanne de La Motte.

Si elle eût été noble, pure et loyale, elle n'y eût vu que ce suprême dédain de la femme au cœur sublime, que le mépris complet d'une âme supérieure pour les intrigues subalternes qui s'agitent au-dessous d'elle. Ce genre de femmes, ces anges si rares ne défendent jamais leur réputation contre les embûches qui leur sont dressées sur la terre.

Ils ne veulent pas même soupçonner cette fange à laquelle ils se souillent, cette glu dans laquelle ils laissent les plus brillantes plumes de leurs ailes dorées.

Jeanne, nature vulgaire et corrompue, Jeanne, femme de la tête aux pieds, Jeanne, vaine d'un seul de ses cheveux qui la distinguaient, Jeanne, qui sentait le besoin de plaire et de vaincre par tous ses avantages, ne pouvait pas comprendre qu'une femme pensât autrement qu'elle sur ces matières délicates.

— Il y a dépit chez Sa Majesté, se dit-elle. Or, s'il y a dépit, il doit y avoir autre chose.

Alors, réfléchissant que le choc engendre la lumière, elle se mit à défendre monsieur de Rohan avec tout l'esprit et toute la curiosité dont la nature, en bonne mère, l'avait douée si largement.

La reine écoutait.

— Elle écoute, se dit Jeanne.

Et la comtesse, trompée par sa nature mauvaise, n'apercevait même point que la reine écoutait par générosité, parce qu'à la cour il est d'usage que jamais nul ne dise du bien de ceux dont le maître pense du mal.

Cette infraction toute nouvelle aux traditions, cette dérogation aux habitudes du château, rendait la reine contente et presque heureuse.

Marie-Antoinette voyait un cœur, là où Dieu n'avait placé qu'une éponge aride et altérée.

La conversation continuait sur le pied de cette intimité bienveillante de la part de la reine. Jeanne était sur les épines ; sa contenance était embarrassée ; elle ne voyait plus la possibilité de sortir sans être congédiée, elle qui tout à l'heure encore avait le rôle si beau de l'étrangère qui demande un congé ; mais soudain une voix jeune, enjouée, bruyante, retentit dans le cabinet voisin.

— Le comte d'Artois ! dit la reine.

Andrée se leva sur-le-champ. Jeanne se disposa au départ ; mais le prince avait pénétré si subitement dans la pièce où se tenait la reine, que la sortie devenait presque impossible. Cependant madame de La Motte fit ce qu'on appelle, au théâtre, dessiner une sortie.

Le prince s'arrêta en voyant cette jolie personne et la salua.

— Madame la comtesse de La Motte, dit la reine en présentant Jeanne au prince. — Ah ! ah ! fit le comte d'Artois. Que je ne vous chasse pas, madame la comtesse.

La reine fit un signe à Andrée, qui retint Jeanne.

Ce signe voulait dire : J'avais quelque largesse à faire à madame de La Motte ; je n'ai pas eu le temps ; remettons à plus tard.

— Vous voilà donc revenu de la chasse au loup, dit la reine, en donnant la main à son frère, d'après la mode anglaise, qui déjà reprenait faveur. — Oui, ma sœur, et j'ai fait bonne chasse, car j'en ai tué sept, et c'est énorme, répondit le prince. — Tué vous-même ? — Je n'en suis pas bien sûr, dit-il en riant, mais on me l'a dit. En attendant, ma sœur, savez-vous que j'ai gagné sept cents livres ? — Bah ! et comment ? — Vous saurez que l'on paie cent livres pour chaque tête de ces horribles animaux. C'est cher, mais j'en donnerais bien de bon cœur deux cents par tête de gazetier. Et vous, ma sœur ? — Ah ! dit la reine, vous savez déjà l'histoire ? — Monsieur de Provence me l'a contée. — Et de trois, reprit Marie-Antoinette ; Monsieur est un conteur intrépide, infatigable. Contez-nous donc un peu comment il vous a conté cela. — De façon à vous faire paraître plus blanche que l'hermine, plus blanche que Vénus Aphrodite. Il y a bien encore un autre nom qui finit en *ène* ; les savants pourraient vous le dire. Monsieur de Provence, par exemple. — Il n'en est pas moins vrai qu'il vous a conté l'aventure? — Du gazetier! oui, ma sœur. Mais Votre Majesté en est sortie à son honneur. On pourrait même dire, si on faisait un calembourg, comme monsieur de Bièvre en fait chaque journée : L'affaire du baquet est lavée. — Oh! l'affreux jeu de mots. — Ma sœur ne maltraitez pas un paladin qui venait mettre à votre disposition sa lance et son bras. Heureusement vous n'avez besoin de personne. Ah! chère sœur, en avez-vous du vrai bonheur, vous! — Vous appelez cela du bonheur! L'entendez-vous, Andrée?

Jeanne se mit à rire. Le comte qui ne cessait de la regarder, lui donnait courage. On parlait à Andrée, Jeanne répondait.

— C'est du bonheur, répéta le comte d'Artois, car enfin il se pouvait fort bien, ma très-chère sœur : 1° que madame de Lamballe n'eût pas été avec vous. — Y fussé-je allée seule? — 2° Que madame de La Motte ne se fût pas rencontrée là pour vous empêcher d'entrer. — Ah! vous savez que madame la comtesse était là? — Ma sœur, quand monsieur le comte de Provence raconte, il raconte tout. Il se pouvait enfin que madame de La Motte ne se fût pas trouvée à Versailles tout à point pour porter témoignage. Vous allez, sans aucun doute, me dire que la vertu et l'innocence sont comme la violette, qui n'a pas besoin d'être vue pour être reconnue; mais la violette, ma sœur, on en fait des bouquets quand on la voit, et on la jette quand on l'a respirée. Voilà ma morale! — Elle est belle! — Je la prends comme je la trouve, et je vous ai prouvé que vous aviez eu du bonheur. — Mal prouvé. — Faut-il le prouver mieux? — Ce ne sera pas superflu. — Eh bien! vous êtes injuste d'accuser la fortune, dit le comte en pirouettant pour venir tomber sur un sofa à côté de la reine, car enfin, sauvée de la fameuse escapade du cabriolet... — Une, dit la reine en comptant sur ses doigts. — Sauvée du baquet... — Soit, je la compte. Deux. Après? — Et sauvée de l'affaire du bal, lui dit-il à l'oreille. — Quel bal? — Le bal de l'Opéra. — Plaît-il? — Je dis le bal de l'Opéra, ma sœur. — Je ne vous comprends pas.

Il se mit à rire.

— Quel sot je fais d'avoir été vous parler d'un secret. — Un secret! En vérité, mon frère, on voit que vous parlez du bal de l'Opéra, car je suis tout intriguée.

Ces mots : Bal, Opéra, venaient de frapper l'oreille de Jeanne. Elle redoubla d'attention.

— Motus! dit le prince. — Pas du tout, pas du tout! Expliquons-nous, riposta la reine. Vous parliez d'une affaire d'Opéra; qu'est-ce que cela? — J'implore votre pitié, ma sœur... — J'insiste, comte, pour savoir. — Et moi, ma sœur, pour me taire. — Voulez-vous me désobliger? — Nullement. J'en ai assez dit pour que vous me compreniez, je suppose. —

Vous n'avez rien dit du tout. — Oh! petite sœur, c'est vous qui m'intriguez... Voyons.... de bonne foi? — Parole d'honneur, je ne plaisante pas. — Vous voulez que je parle? — Sur-le-champ. — Autre part qu'ici, fit-il en montrant Jeanne et Andrée. — Ici! ici! Jamais il n'y a trop de monde pour une explication. — Gare à vous, ma sœur! — Je risque. — Vous n'étiez pas au dernier bal de l'Opéra? — Moi! s'écria la reine, moi, au bal de l'Opéra! — Chut! de grâce. — Oh! non, crions cela, mon frère... Moi, dites-vous, j'étais au bal de l'Opéra? — Certes, oui, vous y étiez. — Vous m'avez vue, peut-être? fit-elle avec ironie, mais en plaisantant jusque-là. — Je vous y ai vue. — Moi! moi! — Vous! vous! — C'est fort. — C'est ce que je me suis dit. — Pourquoi ne dites-vous pas que vous m'avez parlé? ce serait plus drôle. — Ma foi, j'allais vous parler, quand un flot de masques nous a séparés. — Vous êtes fou! — J'étais sûr que vous me diriez cela. J'aurais dû ne pas m'y exposer, c'est ma faute.

La reine se leva tout à coup, fit quelque pas dans la chambre avec agitation.

Le comte la regardait d'un air étonné.

Andrée frissonnait de crainte et d'inquiétude.

Jeanne s'enfonçait les ongles dans la chair pour garder bonne contenance.

La reine s'arrêta.

— Mon ami, dit-elle au jeune prince, ne plaisantons pas; j'ai un si mauvais caractère, que, vous voyez, je perds déjà patience; avouez-moi vite que vous avez voulu vous divertir à mes dépens, et je serai très-heureuse. — Je vous avouerai cela si vous le voulez, ma sœur. — Soyez sérieux, Charles. — Comme un poisson, ma sœur. — Par grâce, dites-moi, vous avez forgé ce conte, n'est-ce pas?

Il regarda en clignant les dames; puis:

— Oui, j'ai forgé, dit-il, veuillez m'excuser. — Vous ne m'avez pas compris, mon frère, répéta la reine avec véhémence. Oui ou non, devant ces dames, retirez-vous ce que vous m'avez dit? Ne mentez pas; ne me ménagez pas.

Andrée et Jeanne s'éclipsèrent derrière la tenture des Gobelins.

— Eh bien! sœur, dit le prince à voix basse quand elles n'y furent plus, j'ai dit la vérité; que ne m'avertissiez-vous plus tôt. — Vous m'avez vue au bal de l'Opéra? — Comme je vous vois, et vous m'avez vu aussi.

La reine poussa un cri, rappela Jeanne et Andrée, courut les chercher de l'autre côté de la tapisserie, les ramena chacune par une main, les entraînant rapidement toutes deux.

— Mesdames, monsieur le comte d'Artois affirme, dit-elle, qu'il m'a vue à l'Opéra. — Oh! murmura Andrée. — Il n'est plus temps de reculer, continua la reine, prouvez, prouvez... — Voici, dit le prince. J'étais avec le maréchal de Richelieu, avec monsieur de Calonne, avec... ma foi! avec du monde. Votre masque est tombé. — Mon masque! — J'allais vous dire : c'est plus que téméraire, ma sœur; mais vous avez disparu, entraînée par le cavalier qui vous donnait le bras. — Le cavalier! Oh! mon Dieu! mais vous me rendez folle. — Un domino bleu, fit le prince.

La reine passa sa main sur son front.

— Quel jour cela? dit-elle. — Samedi, la veille de mon départ pour la chasse. Vous dormiez encore, le matin, quand je suis parti, sans quoi je vous eusse dit ce que je viens de dire. — Mon Dieu! mon Dieu! à quelle heure m'avez-vous vue? — Il pouvait être deux à trois heures. — Décidément, je suis folle ou vous êtes fou. — Je vous répète que c'est moi... je me serai trompé... cependant... — Cependant... — Ne vous faites pas tant de mal... on n'en a rien su... Un moment j'avais cru que vous étiez avec le roi, mais le personnage parlait allemand, et le roi ne sait que l'anglais. — Allemand... un Allemand. Oh! j'ai une preuve, mon frère. Samedi, j'étais couchée à onze heures.

Le comte salua comme un homme incrédule, en souriant.

La reine sonna.

— Madame de Misery va vous le dire, dit-elle.

Le comte se mit à rire.

— Que n'appelez-vous aussi Laurent, le suisse des Réservoirs; il portera aussi témoignage. C'est moi qui ai fondu ce canon, petite sœur, ne le tirez pas sur moi. — Oh! fit la reine avec rage; oh! ne pas être crue! — Je vous croirais si vous vous mettiez moins en colère. Mais le moyen! si je vous dis oui, d'autres diront, après être venus, non. — D'autres? quels autres? — Pardieu! ceux qui ont vu comme moi. — Ah! voilà qui est curieux, par exemple! Il y a des gens qui m'ont vue. Eh bien! montrez-les-moi. — Tout de suite... Philippe de Taverney est-il là? — Mon frère! dit Andrée. — Il y était, Mademoiselle, répondit le prince; voulez-vous qu'on l'interroge, ma sœur? — Je le demande instamment. — Mon Dieu! murmura Andrée. — Quoi! fit la reine. — Mon frère appelé en témoignage. — Oui, oui, je le veux.

Et la reine appela : on courut, on alla chercher Philippe jusque chez son père, qu'il venait de quitter après la scène que nous avons décrite.

Philippe, maître du champ de bataille avec son duel avec Charny; Philippe, qui venait de rendre un service à la reine, marchait joyeusement vers le château de Versailles.

On le trouva en chemin. On lui communiqua l'ordre de la reine. Il accourut.

Marie-Antoinette s'élança à sa rencontre, et, se plaçant en face de lui :

— Voyons, Monsieur, dit-elle, êtes-vous capable de dire la vérité ? — Oui, Madame, et incapable de mentir, répliqua-t-il. — Alors, dites... dites franchement si... si vous m'avez vue dans un endroit public depuis huit jours. — Oui, Madame, répondit Philippe.

Les cœurs battaient dans l'appartement; on eût pu les entendre.

— Où m'avez-vous vue ? fit la reine d'une voix terrible.

Philippe se tut.

— Oh! ne ménagez rien, Monsieur; mon frère, que voilà, dit bien m'avoir vue au bal de l'Opéra, lui; et vous, où m'avez-vous vue ? — Comme monseigneur le comte d'Artois, au bal de l'Opéra, Madame.

La reine tomba foudroyée sur le sofa.

Puis, se relevant avec la rapidité d'une panthère blessée.

— Ce n'est pas possible, dit-elle, puisque je n'y étais pas. Prenez garde, monsieur de Taverney, je m'aperçois que vous prenez ici des airs de puritain ; c'était bon en Amérique, avec monsieur de Lafayette, mais à Versailles, nous sommes Français, et polis, et simples. — Votre Majesté accable monsieur de Taverney, dit Andrée, pâle de colère et d'indignation. S'il dit avoir vu, c'est qu'il a vu. — Vous aussi, fit Marie-Antoinette ; vous aussi ! Il ne manque vraiment plus qu'une chose, c'est que vous m'ayez vue. Par Dieu ! si j'ai des amis qui me défendent, j'ai des ennemis qui m'assassinent. Un seul témoin ne fait pas un témoignage, Messieurs. — Vous me faites souvenir, dit le comte d'Artois, qu'à ce moment où je vous voyais et où je m'aperçus que le domino bleu n'était pas le roi, je crus que c'était le neveu de monsieur de Suffren. Comment l'appelez-vous, ce brave officier qui a fait cet exploit du pavillon ? Vous l'avez si bien reçu l'autre jour, que je l'ai cru votre chevalier d'honneur.

La reine rougit; Andrée devint pâle comme la mort. Toutes deux se regardèrent et frémirent de se voir ainsi.

Philippe, lui, devint livide.

— Monsieur de Charny ? murmura-t-il. — Charny ! c'est cela, continua le comte d'Artois. N'est-il pas vrai, monsieur Philippe, que la tournure de ce domino bleu avait quelque analogie avec celle de monsieur de Charny ? — Je n'ai pas remarqué, Monseigneur, dit Philippe en suffoquant. — Mais, poursuivit monsieur le comte d'Artois, je m'aperçus bien vite que je m'étais trompé, car monsieur de Charny s'offrit soudain à mes yeux. Il était là, près de monsieur de Richelieu, en face de vous, ma sœur, au moment où votre masque est tombé. — Et il m'a vue ? s'écria

LE COMTE D'ARTOIS.

la reine hors de toute prudence. — A moins qu'il ne soit aveugle, dit le prince.

La reine fit un geste désespéré, agita de nouveau la sonnette.

— Que faites-vous? dit le prince. — Je veux interroger aussi monsieur de Charny, boire le calice jusqu'à la fin. — Je ne crois pas que monsieur de Charny soit à Versailles, murmura Philippe. — Pourquoi? — On m'a dit, je crois, qu'il était... indisposé. — Oh! la chose est assez grave pour qu'il vienne, Monsieur. Moi aussi je suis indisposée, pourtant j'irais au bout du monde, pieds nus, pour prouver...

Philippe, le cœur déchiré, s'approcha d'Andrée qui regardait par la fenêtre qui donnait sur les parterres.

— Qu'y a-t-il? dit la reine en s'avançant vers elle. — Rien, rien... On disait monsieur de Charny malade, et je le vois. — Vous le voyez? s'écria Philippe en courant à son tour. — Oui, c'est lui.

La reine, oubliant tout, ouvrit la fenêtre elle-même avec une vigueur extraordinaire, et appela de sa voix :

— Monsieur de Charny!

Celui-ci tourna la tête, et, tout effaré d'étonnement, se dirigea vers le château.

XXXIX

UN ALIBI

Monsieur de Charny entra, un peu pâle, mais droit et sans souffrance apparente.

A l'aspect de cette compagnie illustre, il prit le maintien respectueux et raide de l'homme du monde et du soldat.

— Prenez garde, ma sœur, dit le comte d'Artois bas à la reine, il me semble que vous interrogez beaucoup de monde. — Mon frère, j'interrogerai le monde entier, jusqu'à ce que je parvienne à rencontrer quelqu'un qui me dise que vous vous êtes trompé.

Pendant ce temps, Charny avait vu Philippe, et l'avait salué courtoisement.

— Vous êtes un bourreau de votre santé, dit tout bas Philippe à son adversaire. Sortir blessé! mais, en vérité, vous voulez mourir. — On ne meurt pas de s'être égratigné à un buisson du bois de Boulogne, répliqua Charny, heureux de rendre à son ennemi une piqûre morale plus douloureuse que la blessure de l'épée.

La reine se rapprocha et mit fin à ce colloque, qui avait été plutôt un double *aparté* qu'un dialogue.

— Monsieur de Charny, dit-elle, vous étiez, disent ces Messieurs, au bal de l'Opéra? — Oui, Votre Majesté, répondit Charny en s'inclinant. — Dites-nous ce que vous y avez vu. — Votre Majesté demande-t-elle ce que j'y ai vu, ou qui j'y ai vu? — Précisément... qui vous y avez vu, et pas de discrétion, monsieur de Charny, pas de réticence complaisante. — Il faut tout dire, Madame?

Les joues de la reine reprirent cette pâleur qui dix fois depuis le matin avait remplacé une rougeur fébrile.

— Pour commencer, d'après la hiérarchie, d'après la loi de mon respect, répliqua Charny. — Bien, vous m'avez vue? — Oui, Votre Majesté, au moment où le masque de la reine est tombé, par malheur.

Marie-Antoinette froissa dans ses mains nerveuses la dentelle de son fichu.

— Monsieur, dit-elle d'une voix dans laquelle un observateur plus intelligent eût deviné des sanglots prêts à s'exhaler, regardez-moi bien, êtes-vous bien sûr? — Madame, les traits de Votre Majesté sont gravés dans les cœurs de tous ses sujets. Avoir vu Votre Majesté une fois, c'est la voir toujours.

Philippe regarda Andrée, Andrée plongea ses regards dans ceux de Philippe. Ces deux douleurs, ces deux jalousies firent une douloureuse alliance.

— Monsieur, répéta la reine en se rapprochant de Charny, je vous assure que je n'ai pas été au bal de l'Opéra. — Oh! Madame, s'écria le jeune homme en courbant profondément son front vers la terre, Votre Majesté n'a-t-elle pas le droit d'aller où bon lui semble, et, fût-ce en enfer, dès que Votre Majesté y a mis le pied, l'enfer est purifié. — Je ne vous demande pas d'excuser ma démarche, fit la reine; je vous prie de croire que je ne l'ai pas faite. — Je croirai tout ce que Votre Majesté m'ordonnera de croire, répondit Charny, ému jusqu'au fond du cœur de cette insistance de la reine, de cette humilité affectueuse d'une femme si fière. — Ma sœur! ma sœur! c'est trop, murmura le comte d'Artois à l'oreille de Marie-Antoinette.

Car cette scène avait glacé tous les assistants; les uns par la douleur de leur amour ou de leur amour-propre blessé; les autres par l'émotion qu'inspire toujours une femme accusée qui se défend avec courage contre des preuves accablantes.

— On le croit! on le croit! s'écria la reine éperdue de colère; et, découragée, elle tomba sur un fauteuil, essuyant du bout de son doigt, à la dérobée, la trace d'une larme que l'orgueil brûlait au bord de sa paupière. Tout à coup elle se releva. — Ma sœur! ma sœur! pardonnez-moi, dit tendrement le comte d'Artois, vous êtes entourée d'amis dévoués; ce secret dont vous vous effrayez outre mesure, nous le connaissons seuls, et de nos cœurs où il est renfermé, nul ne le tirera qu'avec notre vie. — Le secret! le secret! s'écria la reine, oh! je n'en veux pas. — Ma sœur! — Pas de secret. Une preuve. — Madame, dit Andrée, on vient. — Madame, dit Philippe d'une voix lente, le roi. — Le roi, dit un huissier dans l'antichambre. — Le roi! tant mieux. Oh! le roi est mon seul ami; le roi, lui, ne me jugerait pas coupable, même quand il croirait m'avoir vue en faute : le roi est le bienvenu.

Le roi entra. Son regard contrastait avec tout ce désordre et tout ce bouleversement des figures autour de la reine.

— Sire! s'écria celle-ci, vous venez à propos. Sire, encore une calomnie; encore une insulte à combattre — Qu'y a-t-il? dit Louis XVI en s'avançant. — Monsieur, un bruit, un bruit infâme. Il va se propager. Aidez-moi; aidez-moi, sire, car cette fois ce ne sont plus des ennemis qui m'accusent : ce sont mes amis. — Vos amis? — Ces Messieurs; mon frère, pardon! monsieur le comte d'Artois, monsieur de Taverney, monsieur de Charny, assurent, m'assurent à moi, qu'ils m'ont vue au bal de l'Opéra. — Au bal de l'Opéra! s'écria le roi en fronçant le sourcil. — Oui, sire.

Un silence terrible pesa sur cette assemblée.

Madame de La Motte vit la sombre inquiétude du roi. Elle vit la pâleur mortelle de la reine; d'un mot, d'un seul mot, elle pouvait faire cesser une peine aussi lamentable; elle pouvait d'un mot anéantir toutes les accusations du passé, sauver la reine pour l'avenir.

Mais son cœur ne l'y porta point; son intérêt l'en écarta. Elle se dit qu'il n'était plus temps; que déjà, pour le baquet, elle avait menti, et qu'en rétractant sa parole, en laissant voir qu'elle avait menti une fois, en montrant à la reine qu'elle l'avait laissée aux prises avec la première accusation, la nouvelle favorite se ruinait du premier coup, tranchait en herbe le profit de sa faveur future; elle se tut.

Alors le roi répéta d'un air plein d'angoisses :

— Au bal de l'Opéra? Qui a parlé de cela? Monsieur le comte de Provence le sait-il? — Mais ce n'est pas vrai, s'écria la reine, avec l'accent d'une innocence désespérée. Ce n'est pas vrai; monsieur le comte d'Artois se trompe, monsieur de Taverney se trompe. Vous vous trompez, monsieur de Charny. Enfin, on peut se tromper.

Tous s'inclinèrent.

— Voyons! s'écria la reine, qu'on fasse venir mes gens, tout le monde. Qu'on interroge! c'était samedi ce bal, n'est-ce pas? — Oui, ma sœur.

— Eh bien! qu'ai-je fait samedi? Qu'on me le dise, car en vérité je deviens folle, et si cela continue je croirai moi-même que je suis allée à cet infâme bal de l'Opéra; mais si j'y étais allée, Messieurs, je le dirais.

Tout à coup le roi s'approcha, l'œil dilaté, le front riant, les mains étendues.

— Samedi, dit-il, samedi, n'est-ce pas, Messieurs? — Oui, sire. — Eh bien! mais, continua-t-il, de plus en plus calme, de plus en plus joyeux, ce n'est pas à d'autres qu'à votre femme de chambre, Marie, qu'il faut demander cela. Elle se rappellera peut-être à quelle heure je suis entré chez vous ce jour-là; c'était, je crois, vers onze heures du soir. — Ah! s'écria la reine tout enivrée de joie, oui, sire.

Elle se jeta dans ses bras; puis, tout à coup rouge et confuse de se voir regardée, elle cacha son visage dans la poitrine du roi, qui baisait tendrement ses beaux cheveux.

— Eh bien! dit le comte d'Artois hébété de surprise et de joie tout ensemble, j'achèterai des lunettes; mais, vive Dieu! je ne donnerais pas cette scène pour un million; n'est-ce pas, Messieurs?

Philippe était adossé au lambris, pâle comme la mort. Charny, froid et impassible, venait d'essuyer son front couvert de sueur.

— Voilà pourquoi, Messieurs, dit le roi appuyant avec bonheur sur l'effet qu'il avait produit, voilà pourquoi il est impossible que la reine ait été cette nuit-là au bal de l'Opéra. Croyez-le si bon vous semble; la reine, j'en suis sûr, se contente d'être crue par moi. — Eh bien! ajouta le comte d'Artois, monsieur de Provence en pensera ce qu'il voudra, mais je défie sa femme de prouver de la même façon un alibi, le jour où on l'accusera d'avoir passé la nuit dehors. — Mon frère! — Sire, je vous baise les mains. — Charles, je pars avec vous, dit le roi, après un dernier baiser donné à la reine.

Philippe n'avait pas remué.

— Monsieur de Taverney, fit la reine sévèrement, est-ce que vous n'accompagnez pas monsieur le comte d'Artois?

Philippe se redressa soudain. Le sang afflua à ses tempes et à ses yeux. Il faillit s'évanouir. A peine eut-il la force de saluer, de regarder Andrée, de jeter un regard terrible à Charny, et de refouler l'expression de sa douleur insensée.

Il sortit.

La reine garda près d'elle Andrée et monsieur de Charny.

Cette situation d'Andrée, placée entre son frère et la reine, entre son amitié et sa jalousie, nous n'aurions pu l'esquisser sans ralentir la marche de la scène dramatique dans laquelle le roi arriva comme un heureux dénouement.

Cependant, rien ne méritait plus notre attention que cette souffrance de la jeune fille : elle sentait que Philippe eût donné sa vie pour empêcher le tête à tête de la reine et de Charny, et elle s'avouait qu'elle-même eût senti son cœur se briser si, pour suivre et consoler Philippe comme elle devait le faire, elle eût laissé Charny seul librement avec madame de La Motte et la reine, c'est-à-dire plus librement que seul. Elle le devinait à l'air à la fois modeste et familier de Jeanne.

Ce qu'elle ressentait, comment se l'expliquer?

Était-ce de l'amour? Oh! l'amour, se fût-elle dit, ne germe pas, ne grandit pas avec cette rapidité dans la froide atmosphère des sentiments de cour. L'amour, cette plante rare, se plaît à fleurir dans les cœurs généreux, purs, intacts. Il ne va pas pousser ses racines dans un cœur profané par des souvenirs, dans un sol glacé par des larmes qui s'y concentrent depuis des années. Non, ce n'était pas de l'amour que mademoiselle de Taverney ressentait pour monsieur de Charny. Elle repoussait avec force une pareille idée, parce qu'elle s'était juré de n'aimer jamais rien en ce monde.

Mais alors, pourquoi avait-elle tant souffert quand Charny avait adressé à la reine quelques mots de respect et de dévouement. Certes, c'était bien là de la jalousie.

Oui, Andrée s'avouait qu'elle était jalouse, non pas de l'amour qu'un homme pouvait sentir pour une autre femme que pour elle, mais jalouse de la femme qui pouvait inspirer, accueillir, autoriser cet amour.

Elle regardait passer autour d'elle avec mélancolie tous les beaux amoureux de la cour nouvelle. Ces gens vaillants et pleins d'ardeur qui ne la comprenaient point, et s'éloignaient après lui avoir offert quelques hommages, les uns parce que sa froideur n'était pas de la philosophie, les autres parce que cette froideur était un étrange contraste avec les vieilles légèretés dans lesquelles Andrée avait dû prendre naissance.

Et puis, les hommes, soit qu'ils cherchent le plaisir, soit qu'ils rêvent à l'amour, se défient de la froideur d'une femme de vingt-cinq ans, qui est belle, qui est riche, qui est la favorite d'une reine, et qui passe seule, glacée, silencieuse et pâle, dans un chemin où la suprême joie et le suprême bonheur sont de faire un souverain bruit.

Ce n'est pas un attrait que d'être un problème vivant; Andrée s'en était bien aperçue : elle avait vu les yeux se détourner peu à peu de sa beauté, les esprits se défier de son esprit ou le nier. Elle vit même plus : cet abandon devint une habitude chez les anciens, un instinct chez les nouveaux; il n'était pas plus d'usage d'aborder mademoiselle de Taverney et de lui parler, qu'il n'était consacré d'aborder Latone ou Diane à Versailles, dans leur froide ceinture d'eau noircie. Quiconque avait salué mademoiselle de Taverney, fait sa pirouette et souri à une autre femme, avait accompli son devoir.

Toutes ces nuances n'échappèrent point à l'œil subtil de la jeune fille. Elle, dont le cœur avait éprouvé tous les chagrins sans connaître un seul plaisir; elle, qui sentait l'âge s'avancer avec un cortége de pâles ennuis et de noirs souvenirs, elle invoquait tout bas celui qui punit plus que celui qui pardonne, et, dans ses insomnies douloureuses, passant en revue les délices offertes en pâture aux heureux amants de Versailles, elle soupirait avec une amertume mortelle : Et moi! mon Dieu! Et moi!

Lorsqu'elle trouva Charny, le soir du grand froid, lorsqu'elle vit les yeux du jeune homme s'arrêter curieusement sur elle et l'envelopper peu à peu d'un réseau sympathique, elle ne reconnut plus cette réserve étrange que témoignaient devant elle tous ses courtisans. Pour cet homme, elle était une femme. Il avait réveillé en elle la jeunesse et avait galvanisé la mort; il avait fait rougir le marbre de Diane et de Latone.

Aussi, mademoiselle de Taverney s'attacha-t-elle subitement à ce régénérateur, qui venait de lui faire sentir sa vitalité. Aussi fut-elle heureuse de regarder ce jeune homme, pour qui elle n'était pas un problème. Aussi fut-elle malheureuse de penser qu'une autre femme allait couper les ailes à sa fantaisie azurée, confisquer son rêve à peine sorti par la porte d'or.

On nous pardonnera d'avoir expliqué ainsi comment Andrée ne suivit pas Philippe hors du cabinet de la reine, bien qu'elle eût souffert de l'injure adressée à son frère, bien que ce frère fût pour elle une idolâtrie, une religion, presqu'un amour.

Mademoiselle de Taverney, qui ne voulait pas que la reine restât en tête-à-tête avec Charny, ne songea plus à prendre sa part de la conversation, après le renvoi de son frère.

Elle s'assit au coin de la cheminée, le dos presque tourné au groupe que formait la reine assise, Charny debout et demi-incliné, madame de La Motte droite dans l'embrasure de la fenêtre, où sa fausse timidité cherchait un asile, sa curiosité réelle une observation favorable.

La reine demeura quelques minutes silencieuse; elle ne savait comment renouer une nouvelle conversation à cette explication si délicate qui venait d'avoir lieu.

Charny paraissait souffrant, et son attitude ne déplaisait pas à la reine.

Enfin, Marie-Antoinette rompit le silence, et répondant en même temps à sa propre pensée et à celle des autres :

— Cela prouve, fit-elle tout à coup, que nous ne manquons pas d'ennemis. Croirait-on qu'il se passe d'aussi misérables choses à la cour de France, Monsieur. Le croirait-on?

Charny ne répliqua pas.

— Sur vos vaisseaux, continua la reine, quel bonheur de vivre en plein ciel, en pleine mer! On nous parle à nous, citadins, de la colère, de la méchanceté des flots. Ah! Monsieur, Monsieur, regardez-vous! Est-ce que les lames de l'Océan, les plus furieuses lames, n'ont pas jeté sur vous l'écume de leur colère? Est-ce que leurs assauts ne vous ont pas renversé quelquefois sur le pont du navire, souvent, n'est-ce pas? Eh bien! regardez-vous, vous êtes sain, vous êtes jeune, vous êtes honoré. — Madame! — Est-ce que les Anglais, continua la reine qui s'animait par degrés, ne vous ont pas envoyé aussi leurs colères de flamme et de mitraille, colères dangereuses pour la vie, n'est-ce pas? Mais que vous importe, à vous? vous êtes sauf, vous êtes fort; et à cause de cette colère des ennemis que vous avez vaincus, le roi vous a félicité, caressé, le peuple sait votre nom et l'aime. — Eh bien! Madame? murmura Charny, qui voyait avec crainte cette fièvre exalter insensiblement les nerfs de Marie-Antoinette. — A quoi j'en veux arriver? dit-elle, le voici : Bénis soient les ennemis qui lancent sur nous la flamme, le fer, l'onde écumante; bénis soient les ennemis qui ne menacent que de la mort! — Mon Dieu! Madame, répliqua Charny, il n'y a pas d'ennemis pour Votre Majesté; il n'y en a pas plus que de serpents pour l'aigle. Tout ce qui rampe en bas attaché au sol ne gêne pas ceux qui planent dans les nuages. — Monsieur, se hâta de répondre la reine, vous êtes, je le sais, revenu sain et sauf de la bataille, sorti sain et sauf de la tempête; vous en êtes sorti triomphant et aimé : tandis que ceux dont un ennemi, comme nous en avons nous autres, salit la renommée avec sa bave de calomnie, ceux-là ne courent aucun risque de la vie, c'est vrai, mais ils vieillissent après chaque tempête; ils s'habituent à courber le front, dans la crainte de rencontrer, ainsi que j'ai fait aujourd'hui, la double injure des amis et des ennemis, fondue en une seule attaque. Et puis, Monsieur, si vous saviez combien il est dur d'être haï!

Andrée attendit avec anxiété la réponse du jeune homme; elle tremblait qu'il ne répliquât par la consolation affectueuse que semblait solliciter la reine.

Mais Charny, tout au contraire, essuya son front avec son mouchoir, chercha un point d'appui sur le dossier d'un fauteuil et pâlit.

La reine, le regardant :

— Ne fait-il pas trop chaud ici? dit-elle.

Madame de La Motte ouvrit la fenêtre avec sa petite main, qui secoua l'espagnolette comme eût fait le poing vigoureux d'un homme. Charny but l'air avec délice.

— Monsieur est accoutumé au vent de la mer, il étouffera dans les boudoirs de Versailles. — Ce n'est point cela, Madame, répondit Charny, mais j'ai un service à deux heures, et à moins que Sa Majesté ne m'ordonne de rester... — Non pas, Monsieur, dit la reine, nous savons ce que c'est qu'une consigne, n'est-ce pas, Andrée?

Puis se retournant vers Charny, et avec un ton légèrement piqué :

— Vous êtes libre, Monsieur, dit-elle.

Et elle congédia le jeune officier du geste.

Charny salua en homme qui se hâte et disparut derrière la tapisserie.

Au bout de quelques secondes, on entendit dans l'antichambre comme une plainte, et comme le bruit que font plusieurs personnes en se pressant.

La reine se trouvait près de la porte, soit par hasard, soit qu'elle eût voulu suivre des yeux Charny, dont la retraite précipitée lui avait paru extraordinaire.

Elle leva la tapisserie, poussa un faible cri et parut prête à s'élancer.

Mais Andrée, qui ne l'avait pas perdue de vue, se trouva entre elle et la porte.

— Oh! Madame! fit-elle.

La reine regarda fixement Andrée, qui soutint fermement ce regard.

Madame de La Motte allongea la tête.

Entre la reine et Andrée était un léger intervalle, et par cet intervalle elle put voir monsieur de Charny évanoui, auquel les serviteurs et les gardes portaient secours.

La reine, voyant le mouvement de madame de La Motte, referma vivement la porte.

Mais trop tard; madame de La Motte avait vu.

Marie-Antoinette, le sourcil froncé, la démarche pensive, alla se rasseoir dans son fauteuil; elle était en proie à cette préoccupation sombre qui suit toute émotion violente. On n'eût pas dit qu'elle se doutât qu'on vécût autour d'elle.

Andrée, de son côté, quoique restée debout et appuyée à un mur, ne semblait pas moins distraite que la reine.

Il se fit un moment de silence.

— Voilà quelque chose de bizarre, dit tout haut et tout à coup la reine, dont la parole fit tressaillir ses deux compagnes surprises, tant cette parole était inattendue : Monsieur de Charny me paraît douter encore...
— Douter de quoi? Madame, demanda Andrée. — Mais de mon séjour au château la nuit de ce bal. — Oh! Madame. — N'est-ce pas, comtesse, n'est-ce pas que j'ai raison, dit la reine, et que monsieur de Charny doute encore? — Malgré la parole du roi, oh! c'est impossible, Madame, fit Andrée. — On peut penser que le roi est venu par amour-

propre à mon secours. Oh! il ne croit pas! non, il ne croit pas! c'est facile à voir.

Andrée se mordit les lèvres.

— Mon frère n'est point si incrédule que monsieur de Charny, dit-elle; il paraissait bien convaincu, lui, — Oh! ce serait mal, continua la reine, qui n'avait point écouté la réponse d'Andrée. Et, dans ce cas-là, ce jeune homme n'aurait point le cœur droit et pur comme je le pensais.

Puis frappant dans ses mains avec colère :

— Mais au bout du compte, s'écria-t-elle, s'il a vu, pourquoi croirait-il? Monsieur le comte d'Artois aussi a vu, monsieur Philippe aussi a vu, il le dit du moins; tout le monde avait vu, et il a fallu la parole du roi pour qu'on croie ou plutôt pour qu'on fasse semblant de croire. Oh! il y a quelque chose sous tout cela, quelque chose que je dois éclaircir, puisque nul n'y songe. N'est-ce pas, Andrée, qu'il faut que je cherche et découvre la raison de tout ceci? — Votre Majesté a raison, dit Andrée, et je suis sûre que madame de La Motte est de mon avis, et qu'elle pense que Votre Majesté doit chercher jusqu'à ce qu'elle trouve. N'est-ce pas? Madame.

Madame de La Motte, prise au dépourvu, tressaillit et ne répondit pas.

— Car enfin, continua la reine, on dit m'avoir vue chez Mesmer. — Votre Majesté y était, se hâta de dire madame de La Motte avec un sourire. — Soit, répondit la reine, mais je n'y ai point fait ce que dit le pamphlet. Et puis, on m'a vue à l'Opéra, et là je n'y étais point.

Elle réfléchit; puis tout à coup et vivement :

— Oh! s'écria-t-elle, je tiens la vérité. — La vérité? balbutia la comtesse. — Oh! tant mieux! dit Andrée. — Qu'on fasse venir monsieur de Crosne, interrompit joyeusement la reine à madame de Misery qui entra.

XL

MONSIEUR DE CROSNE

Monsieur de Crosne, qui était un homme fort poli, se trouvait on ne peut plus embarrassé depuis l'explication du roi et de la reine.

Ce n'est pas une médiocre difficulté que la parfaite connaissance de tous les secrets d'une femme, surtout quand cette femme est la reine, et qu'on a mission de prendre les intérêts d'une couronne et le soin d'une renommée.

Monsieur de Crosne sentit qu'il allait porter tout le poids d'une colère de femme et d'une indignation de reine ; mais il s'était courageusement retranché dans son devoir, et son urbanité bien connue devait lui servir de cuirasse pour amortir les premiers coups.

Il entra paisiblement, le sourire sur les lèvres.

La reine, elle, ne souriait pas.

— Voyons, monsieur de Crosne, dit-elle, à notre tour de nous expliquer. — Je suis aux ordres de Votre Majesté. — Vous devez savoir la cause de tout ce qui m'arrive, monsieur le lieutenant de police !

Monsieur de Crosne regarda autour de lui d'un air un peu effaré.

— Ne vous inquiétez pas, poursuivit la reine ; vous connaissez parfaitement ces deux dames : vous connaissez tout le monde, vous. — A peu près, dit le magistrat ; je connais les personnes, je connais les effets, mais je ne connais pas la cause de ce dont parle Votre Majesté. — J'aurai donc le déplaisir de vous l'apprendre, répliqua la reine, dépitée de cette tranquillité du lieutenant de police. Il est bien évident que je pourrais vous donner mon secret, comme on donne ses secrets, à voix basse ou à l'écart ; mais j'en suis venue, Monsieur, à toujours rechercher le grand jour et la pleine voix. Eh bien ! j'attribue les effets, vous nommez cela ainsi, les effets dont je me plains, à la mauvaise conduite d'une personne qui me ressemble, et qui se donne en spectacle partout où vous croyez me voir, vous, Monsieur, ou vos agents. — Une ressemblance ! s'écria monsieur de Crosne, trop occupé de soutenir l'attaque de la reine pour remarquer le trouble passager de Jeanne et l'exclamation d'Andrée. — Est-ce que vous trouveriez cette supposition impossible, monsieur le lieutenant de police ? Est-ce que vous aimeriez mieux croire que je me trompe ou que je vous trompe ? — Madame, je ne dis pas cela ; mais, quelle que soit la ressemblance entre toute femme et Votre Majesté, il y a une telle différence que nul regard exercé ne pourra s'y tromper. — On peut s'y tromper, Monsieur, puisque l'on s'y trompe. — Et j'en fournirais un exemple à Votre Majesté, fit Andrée. — Ah !... — Lorsque nous habitions Taverney-Maison-Rouge, avec mon père, nous avions une fille de service qui, par une étrange bizarrerie... — Me ressemblait ! — Oh ! Votre Majesté, c'était à s'y méprendre. — Et cette fille, qu'est-elle devenue ? — Nous ne savions pas encore à quel point l'esprit de Sa Majesté est généreux, élevé, supérieur ; mon père craignit que cette ressemblance déplût à la reine, et, quand nous étions à Trianon, nous cachions cette fille aux yeux de toute la cour. — Vous voyez bien, Monsieur de Crosne. Ah ! ah ! cela vous intéresse. — Beaucoup, Madame. — Ensuite ? ma chère Andrée. — Eh bien ! Madame, cette fille, qui était un esprit remuant, ambitieux, s'ennuya d'être ainsi sequestrée ; elle fit une mauvaise connaissance sans doute, et un soir, à mon coucher, je fus surprise de ne la plus voir. On la chercha. Rien. Elle avait disparu. — Elle vous avait bien un peu volé quelque chose, ma Sosie? — Non, Madame, je ne possédais rien.

Jeanne avait écouté ce colloque avec une attention facile à comprendre.

— Ainsi, vous ne saviez pas tout cela, monsieur de Crosne? demanda la reine. — Non, Madame. — Ainsi, il existe une femme dont la ressemblance avec moi est frappante, et vous ne le savez pas! Ainsi, un événement de cette importance se produit dans le royaume et y cause de graves désordres, et vous n'êtes pas le premier instruit de cet événement? Allons, avouons-le, Monsieur, la police est bien mal faite? — Mais, répondit le magistrat, je vous assure que non, Madame. Libre au vulgaire d'élever les fonctions du lieutenant de police jusqu'à la hauteur des fonctions d'un Dieu. Mais Votre Majesté, qui siége bien au-dessus de moi dans cet Olympe terrestre, sait bien que les magistrats du roi ne sont que des hommes; je ne commande pas aux événements, moi. Il y en a de si étranges, que l'intelligence humaine suffit à peine à les comprendre. — Monsieur, quand un homme a reçu tous les pouvoirs possibles pour pénétrer jusque dans les pensées de ses semblables; quand avec des agents il paie des espions; quand avec des espions, il peut noter jusqu'aux gestes que je fais devant mon miroir, si cet homme n'est pas le maître des événements... — Madame, quand Votre Majesté a passé la nuit hors de son appartement, je l'ai su. Ma police était-elle bien faite? Oui, n'est-ce pas? Ce jour-là Votre Majesté était allée chez Madame, que voici, rue Saint-Claude, au Marais. Cela ne me regarde pas. Lorsque vous avez paru au baquet de Mesmer avec madame de Lamballe, vous y êtes bien allée, je crois; ma police a été bien faite, puisque les agents vous ont vue. Quand vous êtes allée à l'Opéra...

La reine dressa vivement la tête.

— Laissez-moi dire, Madame. Je dis vous, comme monsieur le comte d'Artois a dit vous. Si le beau-frère se méprend aux traits de sa sœur, à plus forte raison se méprendra un agent qui touche un petit écu par jour. L'agent a cru vous voir, il l'a dit. Ma police était encore bien faite ce jour-là. Direz-vous aussi, Madame, que mes agents n'ont pas bien suivi cette affaire du gazetier Reteau, si bien étrillé par monsieur de Charny?

— Par monsieur de Charny! s'écrièrent à la fois Andrée et la reine. — L'événement n'est pas vieux, Madame, et les coups de canne sont encore chauds sur les épaules du gazetier. Voilà une de ces aventures qui faisaient le triomphe de monsieur de Sartines, mon prédécesseur, alors qu'il les contait si spirituellement au feu roi ou à la favorite. — Monsieur de Charny s'est commis avec ce misérable. — Je ne l'ai su que par ma police, si calomniée, Madame, et vous m'avouerez qu'il a fallu quelque intelligence à cette police pour découvrir le duel qui a suivi cette affaire. — Un duel de monsieur de Charny! monsieur de Charny s'est battu! s'écria la reine. — Avec le gazetier? dit ardemment Andrée. — Oh! non, Mesdames; le gazetier tant battu n'aurait pas donné à monsieur de Charny le coup d'épée qui l'a fait se trouver mal dans votre antichambre. — Blessé! il est blessé! s'écria la reine. Blessé! mais quand cela? mais comment? Vous vous trompez, monsieur de Crosne. — Oh! Madame, Votre Majesté me trouve assez souvent en défaut pour m'accorder cette fois que je n'y suis pas. — Tout à l'heure, il était ici. — Je le sais bien. — Oh! mais, dit Andrée, j'ai bien vu, moi, qu'il souffrait.

Et ces mots, elle les prononça de telle façon que la reine en découvrit l'hostilité, et se retourna vivement.

Le regard de la reine fut une riposte qu'Andrée soutint avec énergie.

— Que dites-vous? fit Marie-Antoinette; vous avez remarqué que monsieur de Charny souffrait, et vous ne l'avez pas dit!

Andrée ne répondit pas. Jeanne voulut venir au secours de la favorite, dont il fallait se faire une amie.

— Moi aussi, reprit-elle, j'ai cru m'apercevoir que monsieur de Charny se soutenait difficilement pendant tout le temps que Sa Majesté lui faisait l'honneur de lui parler. — Difficilement, oui, dit la fière Andrée, qui ne remercia pas même la comtesse avec un regard.

Monsieur de Crosne, lui qu'on interrogeait, savourait à l'aise ses observations sur les trois femmes, dont pas une, Jeanne exceptée, ne se doutait qu'elle posait devant un lieutenant de police.

Enfin la reine reprit :

— Monsieur, avec qui et pourquoi monsieur de Charny s'est-il battu?

Pendant ce temps, Andrée put reprendre contenance.

— Avec un gentilhomme qui... Mais, mon Dieu! Madame, c'est bien inutile à présent... Les deux adversaires sont en fort bonne intelligence à l'heure qu'il est, puisque tout présentement ils causaient ensemble devant Votre Majesté. — Devant moi... ici? — Ici même... d'où le vainqueur est sorti le premier, voilà vingt minutes peut-être. — Monsieur de Taverney! s'écria la reine avec un éclair de rage dans les yeux. — Mon frère! murmura Andrée, qui se reprocha d'avoir été assez égoïste pour ne pas tout comprendre. — Je crois, dit monsieur de Crosne, que c'est en effet avec monsieur Philippe de Taverney que monsieur de Charny s'est battu.

La reine frappa violemment ses mains l'une contre l'autre, ce qui était l'indice de sa plus chaude colère.

— C'est inconvenant... inconvenant, dit-elle... Quoi!... les mœurs d'Amérique apportées à Versailles... Oh! non, je ne m'en accommoderai pas, moi.

Andrée baissa la tête, monsieur de Crosne également.

— Ainsi, parce qu'on a couru avec monsieur de Lafayette et Washington, la reine affecta de prononcer ce nom à la française, ainsi l'on transformera ma cour en une lice du xvie siècle; non, encore une fois, non, Andrée, vous deviez savoir que votre frère s'est battu. — Je l'apprends, Madame, répondit-elle. — Pourquoi s'est-il battu? — Nous aurions pu le demander à monsieur de Charny, qui s'est battu avec lui, fit Andrée pâle et les yeux brillants. — Je ne demande pas, répondit arrogamment la reine, ce qu'a fait monsieur de Charny, mais bien ce qu'a fait monsieur Philippe de Taverney. — Si mon frère s'est battu, dit la jeune fille en laissant tomber une à une ses paroles, ce ne peut être contre le service de Votre Majesté. — Est-ce à dire que monsieur de Charny ne se battait pas pour mon service, Mademoiselle? — J'ai l'honneur de faire observer à Votre Majesté, répondit Andrée du même ton, que je ne parle à la reine que de mon frère, et non d'un autre.

Marie-Antoinette se tint calme, et, pour en venir là, il lui fallut toute la force dont elle était capable.

Elle se leva, fit un tour dans la chambre, feignit de se regarder au miroir, prit un volume dans un casier de laque, en parcourut sept à huit lignes, puis le jeta.

— Merci, monsieur de Crosne, dit-elle au magistrat, vous m'avez convaincue. J'avais la tête un peu bouleversée par tous ces rapports, par toutes ces suppositions. Oui, la police est très-bien faite, Monsieur; mais, je vous en prie, songez à cette ressemblance dont je vous ai parlé, n'est-ce pas, Monsieur? Adieu.

Elle lui tendit sa main avec une grâce suprême, et il partit doublement heureux et renseigné au décuple.

Andrée sentit la nuance de ce mot : Adieu; elle fit une révérence longue et solennelle.

La reine lui dit adieu négligemment, mais sans rancune apparente.

Jeanne s'inclina comme devant un autel sacré; elle se préparait à prendre congé.

Madame de Misery entra.

— Madame, dit-elle à la reine, Votre Majesté n'a-t-elle pas donné heure à messieurs Bœhmer et Bossange? — Ah! c'est vrai, ma bonne Misery, c'est vrai. Qu'ils entrent. Restez encore, madame de La Motte, je veux que le roi fasse une paix plus complète avec vous.

La reine, en disant ces mots, guettait dans une glace l'expression du visage d'Andrée, qui gagnait lentement la porte du vaste cabinet. Elle voulait peut-être piquer sa jalousie en favorisant ainsi la nouvelle venue.

Andrée disparut sous les pans de la tapisserie; elle n'avait ni sourcillé ni tressailli.

— Acier! acier! s'écria la reine en soupirant. Oui, acier, que ces Taverney, mais or aussi. Ah! messieurs les joailliers, bonjour. Que m'apportez-vous de nouveau? Vous savez bien que je n'ai pas d'argent.

LXI

LA TENTATRICE

Madame de La Motte avait repris son poste; à l'écart comme une femme modeste, debout et attentive comme une femme à qui l'on a permis de rester et d'écouter.

Messieurs Bœhmer et Bossange, en habits de cérémonie, se présentèrent à l'audience de la souveraine. Ils multiplièrent leurs saluts jusqu'au fauteuil de Marie-Antoinette.

— Des joailliers, dit-elle soudain, ne viennent ici que pour parler joyaux. Vous tombez mal, Messieurs.

Monsieur Bœhmer prit la parole, c'était l'orateur de l'association.

— Madame, répliqua-t-il, nous ne venons point offrir des marchandises à Votre Majesté, nous craindrions d'être indiscrets. — Oh! fit la reine, qui se repentait déjà d'avoir témoigné trop de courage, voir des joyaux, ce n'est pas en acheter? — Sans doute, Madame, continua Bœhmer en cherchant le fil de sa phrase, mais nous venons pour accomplir un devoir, et cela nous a enhardis. — Un devoir!... fit la reine avec étonnement. — Il s'agit encore de ce beau collier de diamants que Votre Majesté n'a pas daigné prendre. — Ah! bien... le collier... Nous y voilà revenus! s'écria Marie-Antoinette en riant.

Bœhmer demeura sérieux.

— Le fait est qu'il était beau, monsieur Bœhmer, poursuivit la reine. — Si beau, Madame, dit Bossange timidement, que Votre Majesté seule était digne de le porter. — Ce qui me console, fit Marie-Antoinette avec un léger soupir qui n'échappa point à madame de La Motte, ce qui me console, c'est qu'il coûtait... un million et demi, n'est-ce pas, monsieur Bœhmer? — Oui, Votre Majesté. — Et que, continua la reine, en cet aimable temps où nous vivons, quand les cœurs des peuples se sont refroidis comme le soleil de Dieu, il n'est plus de souverain qui puisse acheter un collier de diamants quinze cent mille livres. — Quinze cent mille livres! répéta comme un écho fidèle madame de La Motte. — En sorte que, Messieurs, ce que je n'ai pu, ce que je n'ai pas dû acheter, personne ne l'aura... Vous me répondrez que les morceaux en sont bons. C'est vrai; mais je n'envierai à personne deux ou trois diamants; j'en pourrais envier soixante.

La reine se frotta les mains avec une sorte de satisfaction dans laquelle entrait pour quelque chose le désir de narguer un peu messieurs Bœhmer et Bossange.

— Voilà justement en quoi Votre Majesté fait erreur, dit Bœhmer, et voilà aussi de quelle nature est le devoir que nous venions accomplir auprès d'elle : le collier est vendu. — Vendu! s'écria la reine en se retournant. — Vendu! dit madame de La Motte, à qui le mouvement de sa protectrice inspira de l'inquiétude pour sa prétendue abnégation. — A qui donc? reprit la reine. — Ah! Madame, ceci est un secret d'État. — Un secret d'État! bon, nous en pouvons rire, exclama joyeusement Marie-Antoinette. Ce qu'on ne dit pas, souvent c'est qu'on ne pourrait le dire, n'est-ce pas, Bœhmer? — Madame. — Oh! les secrets d'État; mais cela nous est familier à nous autres. Prenez garde, Bœhmer, si vous ne me donnez pas le vôtre, je vous le ferai voler par un employé de monsieur de Crosne.

Et elle se mit à rire de bon cœur, manifestant sans voile son opinion sur le prétendu secret qui empêchait Bœhmer et Bossange de révéler le nom des acquéreurs du collier.

— Avec Votre Majesté, dit gravement Bœhmer, on ne se comporte pas comme avec d'autres clients; nous sommes venus dire à Votre Majesté que le collier était vendu, parce qu'il est vendu, et nous avons dû taire le nom de l'acquéreur, parce qu'en effet l'acquisition s'est faite secrètement, à la suite du voyage d'un ambassadeur envoyé incognito.

La reine, à ce mot ambassadeur, fut prise d'un nouvel accès d'hilarité. Elle se tourna vers madame de La Motte en lui disant :

— Ce qu'il y a d'admirable dans Bœhmer, c'est qu'il est capable de croire ce qu'il vient de me dire. Voyons, Bœhmer, seulement le pays d'où vient cet ambassadeur?... Non, c'est trop, fit-elle en riant... la première lettre de son nom? voilà tout...

Et lancée dans le rire, elle ne s'arrêta plus.

— C'est monsieur l'ambassadeur de Portugal, dit Bœhmer en baissant la voix, comme pour sauver au moins son secret des oreilles de madame de La Motte.

A cette articulation si positive, si nette, la reine s'arrêta tout à coup.

— Un ambassadeur de Portugal! dit-elle; il n'y en a pas ici, Bœhmer. — Il en est venu un exprès, Madame. — Chez vous... incognito? — Oui, Madame. — Qui donc? — Monsieur de Souza.

La reine ne répliqua pas. Elle balança un moment sa tête; puis, en femme qui a pris son parti :

— Eh bien! dit-elle, tant mieux pour Sa Majesté la reine de Portugal; les diamants sont beaux. N'en parlons plus. — Madame, au contraire; Votre Majesté daignera me permettre d'en parler... Nous permettre, dit Bœhmer en regardant son associé.

Bossange salua.

— Les connaissez-vous, ces diamants, comtesse? s'écria la reine avec un regard à l'adresse de Jeanne. — Non, Madame. — De beaux diamants!... C'est dommage que ces Messieurs ne les aient point apportés. — Les voici, fit Bossange avec empressement.

Et il tira du fond de son chapeau, qu'il portait sous son bras, la petite boîte plate qui renfermait cette parure.

— Voyez, voyez, comtesse, vous êtes femme, cela vous amusera, dit la reine.

Et elle s'écarta un peu du guéridon de Sèvres sur lequel Bœhmer venait d'étaler avec art le collier, de façon à ce que le jour, en frappant les pierres, en fit jaillir les feux d'un plus grand nombre de facettes.

Jeanne poussa un cri d'admiration. Et de fait, rien n'était plus beau; on eût dit une langue de feux, tantôt verts et rouges, tantôt blancs comme la lumière elle-même. Bœhmer faisait osciller l'écrin et ruisseler les merveilles de ces flammes liquides.

— Admirable! admirable! s'écria Jeanne en proie au délire d'une admiration enthousiaste. — Quinze cent mille livres qui tiendraient dans le creux de la main, répéta la reine avec l'affectation d'un flegme philosophique que monsieur Rousseau de Genève eût déployé en pareille circonstance.

Mais Jeanne vit autre chose dans ce dédain que le dédain lui-même, car elle ne perdit pas l'espoir de convaincre la reine, et après un long examen :

— Monsieur le joaillier avait raison, dit-elle; il n'y a au monde qu'une reine digne de porter ce collier, c'est Votre Majesté. — Cependant, Ma Majesté ne le portera pas, répliqua Marie-Antoinette. — Nous n'avons pas dû le laisser sortir de France, Madame, sans venir déposer aux pieds de Votre Majesté tous nos regrets. C'est un joyau que toute l'Europe connaît maintenant et qu'on se dispute. Que telle ou telle souveraine s'en pare au refus de la reine de France, notre orgueil national le permettra, quand vous, Madame, vous aurez encore une fois, définiti-

LA TENTATRICE.

vement, irrévocablement refusé. — Mon refus a été prononcé, répondit la reine. Il a été public. On m'a trop louée pour que je m'en repente. — Oh! Madame, dit Bœhmer, si le peuple a trouvé beau que Votre Majesté préférât un vaisseau à un collier, la noblesse, qui est française aussi, n'aurait pas trouvé surprenant que la reine de France achetât un collier après avoir acheté un vaisseau. — Ne parlons plus de cela, fit Marie-Antoinette en jetant un dernier regard à l'écrin.

Jeanne soupira pour aider le soupir de la reine.

— Ah! vous soupirez, vous, comtesse. Si vous étiez à ma place, vous feriez comme moi. — Je ne sais pas, murmura Jeanne. — Avez-vous bien regardé? se hâta de dire la reine. — Je regarderais toujours, Madame. — Laissez cette curieuse, Messieurs; elle admire. Cela n'ôte rien aux diamants; ils valent toujours quinze cent mille livres, malheureusement.

Ce mot-là sembla une occasion favorable à la comtesse.

La reine regrettait, donc elle avait eu envie. Elle avait eu envie, donc elle devait désirer encore, n'ayant pas été satisfaite. Telle était la logique de Jeanne, il faut le croire, puisqu'elle ajouta:

— Quinze cent mille livres, Madame, qui, à votre cou, feraient mourir de jalousie toutes les femmes, fussent-elles Cléopâtre, fussent-elles Vénus.

Et, saisissant dans l'écrin le royal collier, elle l'agrafa si habilement, si prestidigieusement sur la peau satinée de Marie-Antoinette, que celle-ci se trouva en un clin d'œil inondée de phosphore et de chatoyantes couleurs.

— Oh! Votre Majesté est sublime ainsi, dit Jeanne.

Marie-Antoinette s'approcha vivement d'un miroir; elle éblouissait.

Son cou fin et souple autant que celui de Jeanne Gray, ce cou mignon comme le tube d'un lis, destiné comme la fleur de Virgile à tomber sous le fer, s'élevait gracieusement avec ses boucles dorées et frisées du sein de ce flot lumineux.

Jeanne avait osé découvrir les épaules de la reine, en sorte que les derniers rangs du collier tombaient sur sa poitrine de nacre. La reine était radieuse, la femme était superbe. Rois ou sujets, tout se fût prosterné.

Marie-Antoinette s'oublia jusqu'à s'admirer ainsi. Puis, saisie de crainte, elle voulut arracher le collier de ses épaules.

— Assez, dit-elle, assez! — Il a touché Votre Majesté, s'écria Bœhmer, il ne peut plus convenir à personne. — Impossible, répliqua fermement la reine. Messieurs, j'ai un peu joué avec ces diamants, mais prolonger le jeu, ce serait une faute. — Votre Majesté a tout le temps nécessaire

pour s'accoutumer à cette idée, glissa Bœhmer à la reine; demain nous reviendrons. — Payer tard, c'est toujours payer. Et puis, pourquoi payer tard? Vous êtes pressés. On vous paie sans doute plus avantageusement. — Oui, Votre Majesté, comptant, riposta le marchand redevenu marchand.
— Prenez! prenez! s'écria la reine; dans l'écrin les diamants. Vite! vite!
— Votre Majesté oublie peut-être qu'un pareil joyau, c'est de l'argent, et que dans cent ans le collier vaudra toujours ce qu'il vaut aujourd'hui.
— Donnez-moi quinze cent mille livres, comtesse, répliqua en souriant forcément la reine, et nous verrons. — Si je les avais, s'écria celle-ci; oh!...

Elle se tut. Les longues phrases ne valent pas toujours une heureuse réticence.

Bœhmer et Bossange eurent beau mettre un quart d'heure à serrer, à cadenasser leurs diamants, la reine ne bougea plus.

On voyait à son air affecté, à son silence, que l'impression avait été vive, la lutte pénible.

Selon son habitude dans les moments de dépit, elle allongea les mains vers un livre, dont elle feuilleta quelques pages sans lire.

Les joailliers prirent congé en disant:

— Votre Majesté a refusé? — Oui... et oui, soupira la reine, qui, cette fois, soupira pour tout le monde.

Ils sortirent.

Jeanne vit que le pied de Marie-Antoinette s'agitait au-dessus du coussin de velours dans lequel son empreinte était marquée encore.

— Elle souffre, pensa la comtesse immobile.

Tout à coup la reine se leva, fit un tour dans sa chambre, et s'arrêtant devant Jeanne, dont le regard la fascinait:

— Comtesse, dit-elle d'une voix brève, il paraît que le roi ne viendra pas. Notre petite supplique est remise à une prochaine audience.

Jeanne salua respectueusement et se recula jusqu'à la porte.

— Mais je penserai à vous, ajouta la reine avec bonté.

Jeanne appuya ses lèvres sur sa main, comme si elle y déposait son cœur, et sortit, laissant Marie-Antoinette toute possédée de chagrins et de vertiges.

— Les chagrins de l'impuissance, les vertiges du désir, se dit Jeanne. Et elle est la reine! Oh! non! elle est femme!

La comtesse disparut.

XLII

DEUX AMBITIONS QUI VEULENT PASSER POUR DEUX AMOURS

Jeanne aussi était femme, et sans être reine.

Il en résulta qu'à peine dans sa voiture, Jeanne compara ce beau palais de Versailles, ce riche et splendide appartement, à son quatrième étage de la rue Saint-Gilles; ces laquais magnifiques à sa vieille servante.

Mais presque aussitôt l'humble mansarde et la vieille servante s'enfuirent dans l'ombre du passé, comme une de ces visions qui, n'existant plus, n'ont jamais existé, et Jeanne vit sa petite maison du faubourg Saint-Antoine si distinguée, si gracieuse, si confortable, comme on dirait de nos jours, avec ses laquais moins brodés que ceux de Versailles, mais aussi respectueux, aussi obéissants.

Cette maison et ces laquais, c'était son Versailles à elle; elle y était non moins reine que Marie-Antoinette, et ses désirs formés, pourvu qu'elle sût les borner, non pas au nécessaire, mais au raisonnable, étaient aussi bien et aussi vite exécutés que si elle eût tenu le sceptre.

Ce fut donc le front épanoui et le sourire sur les lèvres que Jeanne rentra chez elle. Il était de bonne heure encore; elle prit du papier, une plume et de l'encre, écrivit quelques lignes, les introduisit dans une enveloppe fine et parfumée, traça l'adresse et sonna.

A peine la dernière vibration de la sonnette avait-elle retenti que la porte s'ouvrait et qu'un laquais, debout, attendait sur le seuil.

— J'avais raison, murmura Jeanne, la reine n'est pas mieux servie.

Puis étendant la main?

— Cette lettre à monsieur le cardinal de Rohan, dit-elle.

Le laquais s'avança, prit le billet, et sortit sans dire un mot, avec cette obéissance muette des valets de bonne maison.

La comtesse tomba dans une profonde rêverie, rêverie qui n'était pas nouvelle, mais qui faisait suite à celle de la voiture.

Cinq minutes ne s'étaient pas écoulées qu'on gratta à la porte.

— Entrez! dit madame de La Motte.

Le même laquais reparut.

— Eh bien! demanda madame de La Motte avec un léger mouvement d'impatience, en voyant que son ordre n'était point exécuté. — Au moment où je sortais pour exécuter les ordres de madame la comtesse, dit le laquais, Monseigneur frappait à la porte. Je lui ai dit que j'allais à son hôtel. Il a pris la lettre de madame la comtesse, l'a lue, est sauté à bas de sa voiture, et est entré en disant : C'est bien ; annoncez-moi. — Après ? — Monseigneur est là ; il attend qu'il plaise à Madame de le faire entrer.

Un léger sourire passa sur les lèvres de la comtesse. Au bout de deux secondes :

— Faites entrer, dit-elle enfin, avec un accent de satisfaction marquée.

Ces deux secondes avaient-elles pour but de faire attendre dans son antichambre un prince de l'Église, ou bien étaient-elles nécessaires à madame de La Motte pour achever son plan ?

Le prince parut sur le seuil.

En rentrant chez elle, en envoyant chercher le cardinal, en éprouvant une si grande joie de ce que le cardinal était là, Jeanne avait donc un plan ?

Oui, car la fantaisie de la reine, pareille à un de ces feux follets qui éclairent toute une vallée aux sombres accidents, cette fantaisie de reine, et surtout de femme, venait d'ouvrir aux regards de l'intrigante comtesse tous les secrets replis d'une âme trop hautaine, d'ailleurs, pour prendre de grandes précautions à les cacher.

La route est longue de Versailles à Paris, et quand on la fait côte à côte avec le démon de la cupidité, il a le temps de vous souffler à l'oreille les plus hardis calculs.

Jeanne se sentait ivre de ce chiffre de quinze cent mille livres, épanoui en diamants sur le satin blanc de l'écrin de messieurs Bœhmer et Bossange.

Quinze cent mille livres ! n'était-ce pas, en effet, une fortune de prince, et surtout pour la pauvre mendiante qui, il y a un mois encore, tendait la main à l'aumône des grands ?

Certes, il y avait plus loin de la Jeanne de Valois de la rue Saint-Gilles à la Jeanne de Valois du faubourg Saint-Antoine, qu'il n'y avait de la Jeanne de Valois du faubourg Saint-Antoine à la Jeanne de Valois maîtresse du collier.

Elle avait donc déjà franchi plus de la moitié du chemin qui mène à la fortune.

Et cette fortune que Jeanne convoitait, ce n'était pas une illusion comme l'est le mot d'un contrat, comme l'est une possession territoriale, toutes choses premières sans doute, mais auxquelles on a besoin de s'adjoindre l'intelligence de l'esprit et des yeux.

Non, ce collier, c'était bien autre chose qu'un contrat ou une terre : ce collier, c'était la fortune visible ; aussi était-il là, toujours là, brûlant et fascinateur; et puisque la reine le désirait, Jeanne de Valois pouvait bien y rêver; puisque la reine savait s'en priver, madame de La Motte pouvait bien y borner son ambition.

Aussi mille idées vagues, ces fantômes étranges aux contours nuageux que le poëte Aristophane disait s'assimiler aux hommes dans leurs moments de passion, mille envies, mille rages de posséder prirent pour Jeanne, pendant cette route de Paris à Versailles, la forme de loups, de renards et de serpents ailés.

Le cardinal, qui devait réaliser ces rêves, les interrompit en répondant par sa présence inattendue au désir que madame de La Motte avait de le voir.

Lui aussi avait ses rêves, lui aussi avait son ambition, qu'il cachait sous un masque d'empressement, sous un semblant d'amour.

— Ah! chère comtesse, dit-il, c'est vous. Vous m'êtes devenue, en vérité, si nécessaire, que toute ma journée s'est assombrie de l'idée que vous étiez loin de moi. Êtes-vous venue en bonne santé de Versailles, au moins? — Mais, comme vous voyez, Monseigneur. — Et contente? — Enchantée. — La reine vous a donc reçue? — Aussitôt mon arrivée, j'ai été introduite auprès d'elle. — Vous avez du bonheur. Gageons, à votre air triomphant, que la reine vous a parlé? — J'ai passé trois heures à peu près dans le cabinet de Sa Majesté.

Le cardinal tressaillit, et peu s'en fallut qu'il ne répétât après Jeanne, avec l'accent de la déclamation :

— Trois heures!

Mais il se contint.

— Vous êtes réellement, dit-il, une enchanteresse, et nul ne saurait vous résister. — Oh! oh! vous exagérez, prince. — Non, en vérité; et vous êtes restée, dites-vous, trois heures avec la reine?

Jeanne fit un signe de tête affirmatif.

— Trois heures! répéta le cardinal en souriant; que de choses une femme d'esprit comme vous peut dire en trois heures! — Oh! je vous réponds, Monseigneur, que je n'ai pas perdu mon temps. — Je parie que pendant ces trois heures, hasarda le cardinal, vous n'avez pas pensé à moi une seule minute? — Ingrat! — Vraiment! s'écria le cardinal. — J'ai fait plus que penser à vous. — Qu'avez-vous fait? — J'ai parlé de vous.

— Parlé de moi, et à qui? demanda le prélat, dont le cœur commençait à battre, avec une voix dont toute sa puissance sur lui-même ne pouvait dissimuler l'émotion. — A qui, sinon à la reine?

Et en disant ces mots si précieux pour le cardinal, Jeanne eut l'art de ne point regarder le prince en face, comme si elle se fût peu inquiétée de l'effet qu'ils devaient produire.

Monsieur de Rohan palpitait.

— Ah! dit-il, voyons, chère comtesse, racontez-moi cela. En vérité, je m'intéresse tant à ce qui vous arrive, que je ne veux pas que vous me fassiez grâce du plus petit détail.

Jeanne sourit; elle savait ce qui intéressait le cardinal tout aussi bien que lui-même.

Mais comme ce récit méticuleux était arrêté d'avance dans son esprit, comme elle l'eût fait d'elle-même si le cardinal ne l'eût point priée de le faire, elle commença doucement, se faisant tirer chaque syllabe; racontant toute l'entrevue, toute la conversation; produisant à chaque mot la preuve que par un de ces hasards heureux qui font la fortune des courtisans, elle était tombée à Versailles dans une de ces circonstances singulières qui font en un jour d'une étrangère une amie presque indispensable. En effet, en un jour, Jeanne de La Motte avait été initiée à tous les malheurs de la reine, à toutes les impuissances de la royauté.

Monsieur de Rohan ne paraissait retenir du récit que ce que la reine avait dit pour Jeanne. Jeanne, dans son récit, n'appuyait que sur ce que la reine avait dit pour monsieur de Rohan.

Le récit venait d'être achevé à peine que le même laquais entra, annonçant que le souper était servi.

Jeanne invita le cardinal d'un coup d'œil. Le cardinal accepta d'un signe.

Il donna le bras à la maîtresse de la maison, qui s'était si vite habituée à en faire les honneurs, et passa dans la salle à manger.

Quand le souper fut achevé, force lui fut de compter enfin avec cette femme qui tenait les cœurs des puissances dans sa main.

Car il remarquait, avec une surprise qui tenait de l'épouvante, qu'au lieu de se faire valoir comme toute femme que l'on recherche et dont on a besoin, elle allait au-devant des vœux de son interlocuteur avec une bonne grâce bien différente de cette fierté léonine du dernier souper, pris à la même place et dans la même maison.

Jeanne, cette fois, faisait les honneurs de chez elle en femme non-seulement maîtresse d'elle-même, mais encore maîtresse des autres. Nul embarras dans son regard, nulle réserve dans sa voix. N'avait-elle pas, pour prendre ces hautes leçons d'aristocratie, fréquenté tout le jour la fleur de la noblesse française; une reine sans rivale ne l'avait-elle pas appelée ma chère comtesse?

Le cardinal était subjugué; cette femme était bien une Armide ou une Circé. La position devenait des plus dangereuses, et la devise: *Fais ce que dois, advienne que pourra*, n'eût peut-être pas prévalu dans l'âme d'un plus brave chevalier que n'était le prince de Rohan.

Loin de nous cependant la pensée de flétrir un homme du caractère du cardinal; nous voulons croire, au contraire, avec tous les bons esprits, qu'il resta vainqueur de toutes les tentations qui, dans ce moment-là, vinrent l'assaillir; et sans le comparer à saint Antoine, qui chassait les démons par la prière, nous chercherons à prouver à nos lecteurs que Monseigneur fit un appel énergique à la sagesse, et qu'il triompha des charmes et des enchantements de Circé.

Des malveillants prétendirent que Monseigneur renvoya son carrosse et qu'il attendit au logis de la comtesse le retour de l'aurore; mais les preuves de cette criminelle étourderie ayant manqué, nous nous abstiendrons de rien affirmer. Voilà nos réserves faites, il ne nous reste plus qu'à reprendre librement notre récit.

XLIII

OU L'ON COMMENCE A VOIR LES VISAGES SOUS LES MASQUES

Dès le lendemain matin, le cardinal était chez la comtesse. Elle le reçut avec cette fine diplomatie qui lui était habituelle. Chacun d'eux avait un but : ils ne se l'avouèrent pas réciproquement; mais ils le devinèrent chacun de son côté, et sans prendre la précaution de le cacher.

Aussi le cardinal ne se donna-t-il point la peine de dissimuler son impatience. Il se contenta de faire un détour, et ramenant la conversation sur Versailles et sur les honneurs qui y attendaient la nouvelle favorite de la reine :

— Elle est généreuse, dit-il, et rien ne lui coûte pour les gens qu'elle aime. Elle a le rare esprit de donner un peu à beaucoup de monde, et de donner beaucoup à peu d'amis. — Vous la croyez donc riche? demanda madame de La Motte. — Elle sait se faire des ressources avec un mot, un geste, un sourire. Jamais ministre, excepté Turgot peut-être, n'a eu le courage de refuser à la reine ce qu'elle demandait. — Eh bien! moi, dit madame de La Motte, je la vois moins riche que vous ne la faites ; pauvre reine, ou plutôt pauvre femme! — Comment cela? — Est-on riche quand on est obligée de s'imposer des privations? — Des privations! contez-moi cela, comtesse. — Oh! mon Dieu, je vous dirai ce que j'ai vu, rien de plus, rien de moins. — Dites, je vous écoute. — Figurez-vous deux affreux supplices que cette malheureuse reine a endurés. — Deux supplices? Lesquels, voyons. — Savez-vous ce que c'est qu'un désir de femme, Monseigneur? — Non, mais je voudrais que vous me l'apprissiez, comtesse. — Eh bien! la reine a un désir qu'elle ne peut satisfaire. — De qui? — Non de quoi. — Soit, de quoi? — D'un collier de diamants. — Attendez donc, je sais. Ne voulez-vous point parler des diamants de Bœhmer et Bossange? — Précisément. — Oh! vieille histoire, comtesse. — Vieille ou neuve; n'est-ce pas un véritable désespoir pour une reine, dites, que de ne pouvoir posséder ce qu'a failli posséder une simple favorite? Quinze jours d'existence de plus au roi Louis XV, et Jeanne Vaubernier avait ce que ne peut avoir Marie-Antoinette. — Eh bien! chère comtesse, voilà ce qui vous trompe, la reine a pu avoir cinq ou six fois ces diamants, et la reine les a toujours refusés. — Oh! — Quand je vous le dis; le roi les lui a offerts, et elle les a refusés de la main du roi.

Et le cardinal raconta l'histoire du vaisseau.

Jeanne écouta avidement, et lorsque le cardinal eut fini :

— Eh bien! dit-elle, après? — Comment, après? — Oui, qu'est-ce que cela prouve? — Qu'elle n'en a point voulu, ce me semble.

Jeanne haussa les épaules.

— Vous connaissez les femmes, vous connaissez la cour, vous connaissez les rois, et vous vous laissez prendre à une pareille réponse? — Dam! je constate un refus. — Mon cher prince, cela constate une chose : c'est que la reine a eu besoin de faire un mot brillant, un mot populaire, et qu'elle l'a fait. — Bon! dit le cardinal, voilà comme vous croyez aux vertus royales, vous? Ah! sceptique! Mais saint Thomas était un croyant, près de vous. — Sceptique ou croyante, je vous affirme une chose, moi. — Laquelle? — C'est que la reine n'a pas eu plutôt refusé le collier, qu'elle a été prise d'une envie folle de l'avoir. — Vous vous forgez ces idées-là, ma chère, et d'abord, croyez bien à une chose, c'est qu'à travers tous ses défauts, la reine a une qualité immense. — Laquelle? — Elle est désintéressée! Elle n'aime ni l'or ni l'argent, ni les pierres. Elle pèse les minéraux à leur valeur; pour elle une fleur au corset vaut un diamant à l'oreille. — Je ne dis pas non. Seulement, à cette heure, je soutiens qu'elle a envie de se mettre plusieurs diamants au cou. — Oh! comtesse, prouvez. — Rien ne sera plus facile; tantôt j'ai vu le collier. — Vous? — Moi; non-seulement je l'ai vu, mais je l'ai touché. — Où cela? — A Versailles, toujours. — A Versailles? — Oui, où les joailliers l'apportaient pour essayer de tenter la reine une dernière fois. — Et c'est beau? — C'est merveilleux. — Alors, vous qui êtes vraiment femme, vous comprenez qu'on pense à ce collier. — Je comprends qu'on en perde l'appétit et le sommeil. — Hélas! que n'ai-je un vaisseau à donner au roi. — Un vaisseau? — Oui, il me donnerait le collier; et une fois que je l'aurais, vous pourriez manger et dormir tranquille. — Vous riez? — Non, je vous jure. — Eh bien! je vais vous dire une chose qui vous étonnera fort. — Dites. — Ce collier, je n'en voudrais pas! — Tant mieux, comtesse, car je ne pourrais pas vous le donner. — Hélas! ni vous ni personne, c'est bien ce que sent la reine, et voilà pourquoi elle le désire. — Mais, je vous répète que le roi le lui offrait.

Jeanne fit un mouvement rapide, un mouvement presque importun.

— Et moi, dit-elle, je vous dis que les femmes aiment surtout ces présents-là quand ils ne sont pas faits par des gens qui les forcent de les accepter.

Le cardinal regarda Jeanne avec plus d'attention.

— Je ne comprends pas trop, dit-il. — Tant mieux; brisons là. Que vous fait d'abord ce collier, puisque nous ne pouvons pas l'avoir? — Oh! si j'étais le roi et que vous fussiez la reine, je vous forcerais bien de l'accepter. — Eh bien! sans être le roi, forcez la reine à le prendre, et vous verrez si elle est aussi fâchée que vous croyez de cette violence.

Le cardinal regarda Jeanne encore une fois.

— Vrai, dit-il, vous êtes sûre de ne pas vous tromper; la reine a ce désir? — Dévorant. Écoutez, prince, ne m'avez-vous pas dit une fois, ou n'ai-je point entendu dire que vous ne seriez point fâché d'être ministre? — Mais il est très-possible que j'aie dit cela, comtesse. — Eh bien! gageons, mon prince... — Quoi? — Que la reine ferait ministre l'homme qui s'arrangerait de façon à ce que ce collier fût sur sa toilette dans huit jours. — Oh! comtesse. — Je dis ce que je dis... Aimez-vous mieux que je pense tout bas? — Oh! jamais. — D'ailleurs, ce que je dis ne vous concerne pas. Il est bien clair que vous n'allez pas engloutir un million et demi dans un caprice royal; ce serait payer trop cher un portefeuille que vous aurez pour rien et qui vous est dû. Prenez donc tout ce que je vous ai dit pour du bavardage. Je suis comme les perroquets : on m'a éblouie au soleil, et me voilà répétant toujours qu'il fait chaud. Ah! Monseigneur, que c'est une rude épreuve qu'une journée de faveur pour une petite provinciale! Ces rayons-là, il faut être aigle comme vous pour les regarder en face.

Le cardinal devint rêveur.

— Allons, voyons, dit Jeanne, voilà que vous me jugez si mal, voilà que vous me trouvez si vulgaire et si misérable, que vous ne daignez plus même me parler. — Ah! par exemple! — La reine jugée par moi, c'est moi. — Comtesse! — Que voulez-vous? j'ai cru qu'elle désirait les diamants parce qu'elle a soupiré en les voyant; je l'ai cru parce qu'à sa place je les eusse désirés; excusez ma faiblesse. — Vous avez les ruses de la femme et les naïvetés de l'enfant, comtesse. Vous avez par une alliance incroyable, la faiblesse du cœur comme vous le dites et la force de l'esprit. Eh bien! ce caractère est effrayant, parce qu'on craint toujours un piége là où l'on voit des fleurs.

Et le cardinal en disant ces mots regardait Jeanne avec une expression étrange.

— Voyons, ne parlons plus de toutes ces choses-là, reprit-il. — Soit, murmura Jeanne tout bas, mais je crois que l'hameçon a mordu dans les chairs.

Mais tout en disant : Ne parlons plus de cela, le cardinal reprit :

— Et vous croyez que c'est Bœhmer qui est revenu à la charge? dit-il. — Avec Bossange, oui, répondit innocemment madame de La Motte. — Bossange... Attendez donc, fit le cardinal, comme s'il cherchait, Bossange, n'est-ce pas son associé? — Oui, un grand sec. — C'est cela. — Qui demeure?... — Il doit demeurer quelque part comme au quai de la Ferraille ou bien de l'École, je ne sais pas trop; mais en tout cas dans les environs du Pont-Neuf. — Du Pont-Neuf; vous avez raison; j'ai lu ces noms-là au-dessus d'une porte en passant dans mon carrosse. — Allons, allons, murmura Jeanne, le poisson mord de plus en plus.

Jeanne avait raison, et l'hameçon était entré au plus profond de la proie.

Aussi dès le jour même, le cardinal se fit-il conduire directement chez Bœhmer.

Il comptait garder l'incognito, mais Bœhmer et Bossange étaient les joailliers de la cour, et aux premiers mots qu'il prononça, ils l'appelèrent Monseigneur.

— Eh bien! oui, Monseigneur, dit le cardinal; mais puisque vous me reconnaissez, tâchez au moins que d'autres ne me reconnaissent pas. — Monseigneur peut être tranquille. Nous attendons les ordres de Monseigneur. — Je viens pour vous acheter le collier en diamants que vous avez montré à la reine. — En vérité, nous sommes au désespoir, mais Monseigneur vient trop tard. — Comment cela? — Il est vendu. — C'est impossible, puisque hier vous avez été l'offrir de nouveau à Sa Majesté. — Qui l'a refusé de nouveau, Monseigneur, voilà pourquoi l'ancien marché subsiste. — Et avec qui ce marché a-t-il été conclu? demanda le cardinal. — C'est un secret, Monseigneur. — Trop de secrets, monsieur Bœhmer.

Et le cardinal se leva.

— Mais, Monseigneur. — Je croyais, Monsieur, continua le cardinal, qu'un joaillier de la couronne de France devait se trouver content de vendre en France ces belles pierreries; vous préférez le Portugal, à votre aise, monsieur Bœhmer. — Monseigneur sait tout! s'écria le joaillier. —

Eh bien! que voyez-vous d'étonnant à cela? — Mais, si Monseigneur sait tout, ce ne peut être que par la reine. — Et quand cela serait? dit monsieur de Rohan sans repousser la supposition, qui flattait son amour-propre. — Oh! c'est que cela changerait bien les choses, Monseigneur. — Expliquez-vous, je ne comprends pas. — Monseigneur veut-il me permettre de lui parler en toute liberté? — Parlez. — Eh bien! la reine a envie de notre collier. — Vous le croyez? — Nous en sommes sûrs. — Ah! et pourquoi ne l'achète-t-elle pas alors? — Mais parce qu'elle a refusé au roi, et que revenir sur cette décision qui a valu tant d'éloges à Sa Majesté, ce serait montrer du caprice. — La reine est au-dessus de ce que l'on dit. — Oui, quand c'est le peuple, ou même quand ce sont des courtisans qui disent; mais quand c'est le roi qui parle... — Le roi, vous le savez bien, a voulu donner ce collier à la reine. — Sans doute; mais il s'est empressé de remercier la reine quand la reine a refusé. — Voyons, que conclut M. Bœhmer? — Que la reine voudrait bien avoir le collier sans paraître l'acheter. — Eh bien! vous vous trompez, Monsieur, dit le cardinal; il ne s'agit point de cela. — C'est fâcheux, Monseigneur, car c'eût été la seule raison décisive pour nous de manquer de parole à monsieur l'ambassadeur de Portugal.

Le cardinal réfléchit.

Si forte que soit la diplomatie des diplomates, celle des marchands leur est toujours supérieure... D'abord, le diplomate négocie presque toujours des valeurs qu'il n'a pas; le marchand tient et serre dans sa griffe l'objet qui excite la curiosité: le lui acheter, le lui payer cher, c'est presque le dépouiller.

Monsieur de Rohan, voyant qu'il était au pouvoir de cet homme:

— Monsieur, dit-il, supposez si vous voulez que la reine ait envie de votre collier. — Cela change tout, Monseigneur. Je puis rompre tous les marchés quand il s'agit de donner la préférence à la reine. — Combien vendez-vous ce collier? — Quinze cent mille livres. — Comment organisez-vous le paiement? — Le Portugal me payait un à-compte, et j'allais porter le collier moi-même à Lisbonne, où l'on me payait à vue. — Ce mode de paiement n'est pas praticable avec nous, monsieur Bœhmer; un à-compte, vous l'aurez s'il est raisonnable. — Cent mille livres. — On peut les trouver. Pour le reste? — Votre Éminence voudrait du temps? dit Bœhmer. Avec la garantie de votre Éminence, tout est faisable. Seulement, le retard implique une perte; car, notez bien ceci, Monseigneur: dans une affaire de cette importance, les chiffres grossissent d'eux-mêmes sans raison. Les intérêts de quinze cent mille livres font, au denier cinq, soixante-quinze mille livres, et le denier cinq est une ruine pour les marchands. Dix pour cent sont tout au plus le taux acceptable. — Ce serait cent cinquante mille livres, à votre compte? — Mais, oui, Monseigneur. — Mettons que vous vendez le collier seize cent mille livres, monsieur Bœhmer, et divisez le paiement de quinze cent mille livres qui resteront en trois échéances complétant une année. Est-ce dit? — Monseigneur, nous perdons cinquante mille livres à ce marché. — Je ne crois pas, Monsieur. Si vous aviez à toucher demain quinze cent mille livres, vous seriez embarrassé: un joaillier n'achète pas une terre de ce prix-là. — Nous sommes deux, Monseigneur, mon associé et moi. — Je le veux bien, mais n'importe, et vous serez bien plus à l'aise de toucher cinq cent mille livres chaque tiers d'année, c'est-à-dire deux cent cinquante mille livres chacun. — Monseigneur oublie que ces diamants ne nous appartiennent pas. Oh! s'ils nous appartenaient, nous serions assez riches pour ne nous inquiéter ni du paiement, ni du placement à la rentrée des fonds. — A qui donc appartiennent-ils alors? — Mais, à dix créanciers peut-être: nous avons acheté ces pierres en détail. Nous les devons l'une à Hambourg, l'autre à Naples; une à Buénos-Ayres, deux à Moscou. Nos créanciers attendent la vente du collier pour être remboursés. Le bénéfice que nous ferons fait notre seule propriété; mais, hélas! Monseigneur, depuis que ce malheureux collier est en vente, c'est-à-dire depuis deux ans, nous perdons déjà deux cent mille livres d'intérêt. Jugez si nous sommes en bénéfice.

Monsieur de Rohan interrompit Bœhmer.

— Avec tout cela, dit-il, je ne l'ai pas vu, moi, ce collier. — C'est vrai, Monseigneur, le voici.

Et Bœhmer, après toutes les précautions d'usage, exhiba le précieux joyau.

— Superbe! cria le cardinal en passant le doigt sur les pierreries. Marché conclu? ajouta-t-il. — Oui, Monseigneur; et de ce pas, je m'en vais à l'ambassade pour me dédire. — Je ne croyais pas qu'il y eût d'ambassadeur du Portugal à Paris en ce moment? — En effet, Monseigneur, monsieur de Souza s'y trouve en ce moment; il est venu incognito. — Pour traiter l'affaire? dit le cardinal en riant. — Oui, Monseigneur. — Oh! pauvre Souza! je le connais beaucoup. Pauvre Souza!

Et il redoubla d'hilarité.

Monsieur Bœhmer crut devoir s'associer à la gaieté de son client.

On s'égaya longtemps sur cet écrin, aux dépens du Portugal.

Monsieur de Rohan allait partir.

Bœhmer l'arrêta.

— Monseigneur veut-il me dire comment se réglera l'affaire? demanda-t-il. — Mais tout naturellement. — L'intendant de Monseigneur? — Non pas; personne excepté moi; vous n'aurez affaire qu'à moi. — Et quand? — Dès demain. — Les cent mille livres? — Je les apporterai ici demain. — Bien, Monseigneur. Et les effets? — Je les souscrirai ici demain. — C'est au mieux, Monseigneur. — Et puisque vous êtes un homme de secret, monsieur Bœhmer, souvenez-vous bien que vous en tenez dans vos mains un des plus importants. — Monseigneur, je le sens, et je mériterai votre confiance, ainsi que celle de Sa Majesté la reine, ajouta-t-il finement.

Monsieur de Rohan rougit et sortit tout troublé, mais satisfait comme tout homme qui se ruine pour une folie.

Le lendemain de ce jour, monsieur Bœhmer se dirigea d'un air composé vers l'ambassade de Portugal.

Au moment où il allait frapper à la porte, monsieur Beausire, premier secrétaire, se faisait rendre des comptes par monsieur Ducorneau, premier chancelier, et don Manoël y Souza, l'ambassadeur, expliquait un nouveau plan de campagne à son associé, le valet de chambre.

Depuis la dernière visite de monsieur Bœhmer à la rue de La Jussienne, l'hôtel avait subi beaucoup de transformations.

Tout le personnel débarqué, comme nous l'avons vu, dans les deux voitures de poste, s'était casé selon les exigences du besoin, et dans les attributions diverses qu'il devait remplir dans la maison du nouvel ambassadeur.

Il faut dire que les associés, en se partageant les rôles qu'ils remplissaient admirablement bien, devant les changer, avaient l'occasion de surveiller eux-mêmes leurs intérêts, ce qui donne toujours un peu de courage dans les plus pénibles besognes.

Monsieur Ducorneau, enchanté de l'intelligence de tous ces valets, admirait en même temps que l'ambassadeur se fût assez peu soucié du préjugé national pour prendre une maison entièrement française, depuis le premier secrétaire jusqu'au troisième valet de chambre.

Aussi ce fut à ce propos qu'en établissant les chiffres avec monsieur de Beausire, il entamait avec ce dernier une conversation pleine d'éloges pour le chef de l'ambassade.

— Les Souza, voyez-vous, disait Beausire, ne sont pas de ces Portugais encroûtés qui s'en tiennent à la vie du quatorzième siècle, comme vous en verriez beaucoup dans nos provinces. Non, ce sont des gentilshommes voyageurs, riches à millions, qui seraient rois quelque part si l'envie leur en prenait. — Mais elle ne leur prend pas, dit spirituellement monsieur Ducorneau. — Pourquoi faire? monsieur le chancelier; est-ce qu'avec un certain nombre de millions et un nom de prince on ne vaut pas un roi? — Oh! mais voilà des doctrines philosophiques, monsieur le secrétaire, dit Ducorneau surpris, je ne m'attendais pas à voir sortir ces maximes égalitaires de la bouche d'un diplomate. — Nous faisons exception, répondit Beausire un peu contrarié de son anachronisme ; sans être un voltairien ou un Arménien à la façon de Rousseau, on connaît son monde philosophique, on connaît les théories naturelles de l'inégalité des conditions et des forces. — Savez-vous, s'écria le chancelier avec élan, qu'il est heureux que le Portugal soit un petit État! — Eh! pourquoi? — Parce que, avec de tels hommes à son sommet, il s'agrandirait vite, Monsieur. — Oh! vous nous flattez, cher chancelier. Non, nous faisons de la politique philosophique. C'est spécieux, mais peu applicable. Maintenant brisons là. Il y a donc cent huit mille livres dans la caisse, dites-vous? — Oui, monsieur le secrétaire, cent huit mille livres. — Et pas de dettes? — Pas un denier. — C'est exemplaire. Donnez-moi le bordereau, je vous prie. — Le voici. A quand la présentation, monsieur le secrétaire? Je vous dirai que dans le quartier c'est un sujet de curiosité, de commentaires inépuisables, je dirai presque d'inquiétude. — Ah! ah! — Oui, l'on voit de temps en temps rôder autour de l'hôtel des gens qui voudraient que la porte fût en verre. — Des gens!... fit Beausire, des gens du quartier? — Et autres. Oh! la mission de monsieur l'ambassadeur étant secrète, vous jugez bien que la police s'occupera vite d'en pénétrer les motifs. — J'ai pensé comme vous, dit Beausire assez inquiet. — Tenez, monsieur le secrétaire, fit Ducorneau en menant Beausire au grillage d'une fenêtre qui s'ouvrait sur le pan coupé d'un pavillon de l'hôtel. Tenez, voyez-vous dans la rue cet homme en surtout brun sale? — Oui, je le vois. — Comme il regarde, hein? — En effet. Que croyez-vous qu'il soit, cet homme? — Que sais-je? moi... Un espion de monsieur de Crosne, peut-être? — C'est probable. — Entre nous soit dit, monsieur le secrétaire, monsieur de Crosne n'est pas un magistrat de la force de monsieur de Sartines. Avez-vous connu monsieur de Sartines? — Non, monsieur, non! — Oh! celui-là vous eût dix fois déjà devinés. Il est vrai que vous prenez des précautions...

La sonnette retentit.

— Monsieur l'ambassadeur appelle, dit précipitamment Beausire, que la conversation commençait à gêner.

Et, ouvrant la porte avec force, il repoussa avec les deux battants de cette porte deux associés qui, l'un la plume à l'oreille et l'autre le balai à la main, l'un service de quatrième ordre, l'autre valet de pied, trouvaient la conversation longue et voulaient y participer, ne fût-ce que par le sens de l'ouïe.

Beausire jugea qu'il était suspect, et se promit de redoubler de vigilance.

Il monta donc chez l'ambassadeur, après avoir, dans l'ombre, serré la main de ses deux amis et co-intéressés.

LXIV

OU MONSIEUR DUCORNEAU NE COMPREND ABSOLUMENT RIEN A CE QUI SE PASSE

Don Manoël y Souza était moins jaune que de coutume, c'est-à-dire qu'il était plus rouge. Il venait d'avoir avec monsieur le commandeur valet de chambre une explication pénible.

Cette explication n'était pas encore terminée.

Lorsque Beausire arriva, les deux coqs s'arrachaient les dernières plumes.

— Voyons, monsieur de Beausire, dit le commandeur, mettez-nous d'accord. — En quoi, dit le secrétaire, qui prit des airs d'arbitre, après avoir échangé un coup d'œil avec l'ambassadeur, son allié naturel. — Vous savez, dit le valet de chambre, que monsieur Bœhmer doit venir aujourd'hui conclure l'affaire du collier. — Je le sais. — Et qu'on doit lui compter les cent mille livres. — Je le sais encore. — Ces cent mille livres sont la propriété de l'association, n'est-ce pas? — Qui en doute?

— Ah! monsieur de Beausire me donne raison, fit le commandeur en se retournant vers don Manoël. — Attendons, attendons, dit le Portugais en faisant un signe de patience avec la main. — Je ne vous donne raison que sur ce point, dit Beausire, que les cent mille livres sont aux associés. — Voilà tout; je n'en demande pas davantage. — Eh bien! alors, la caisse qui les renferme ne doit pas être située dans le seul bureau de l'ambassade qui soit contigu à la chambre de monsieur l'ambassadeur. — Pourquoi cela? dit Beausire. — Et monsieur l'ambassadeur, poursuivit le commandeur, doit nous donner à chacun une clé de cette caisse. — Non pas, dit le Portugais. — Vos raisons? — Ah! oui, vos raisons? demanda Beausire. — On se défie de moi, dit le Portugais en caressant sa barbe fraîche, pourquoi ne me défierais-je pas des autres. Il me semble que si je puis être accusé de voler l'association, je puis suspecter l'association de me vouloir voler. Nous sommes des gens qui se valent.

— D'accord, dit le valet de chambre; mais justement pour cela, nous avons des droits égaux. — Alors, mon cher Monsieur, si vous voulez faire ici de l'égalité, vous eussiez dû décider que nous ferions chacun à notre tour le rôle de l'ambassadeur. C'eût été moins vraisemblable peut-être aux yeux du public, mais les associés eussent été rassurés. C'est tout, n'est-ce pas? — Et d'abord, interrompit Beausire, monsieur le commandeur, vous n'agissez pas en bon confrère; est-ce que le seigneur don Manoël n'a pas un privilége incontestable, celui de l'invention? — — Ah! oui... dit l'ambassadeur, et monsieur de Beausire le partage avec moi. — Oh! répliqua le commandeur, quand une fois une affaire est en train, on ne fait plus attention aux priviléges. — D'accord, mais on continue de faire attention aux procédés, dit Beausire. — Je ne viens pas seul faire cette réclamation, murmura le commandeur un peu honteux, tous nos camarades pensent comme moi. — Et ils ont tort, répliqua le Portugais. — Ils ont tort, dit Beausire.

Le commandeur releva la tête.

— J'ai eu tort moi-même, dit-il dépité, de prendre l'avis de monsieur de Beausire. Le secrétaire ne pouvait manquer de s'entendre avec l'ambassadeur. — Monsieur le commandeur, répliqua Beausire avec un flegme étonnant, vous êtes un coquin à qui je couperais les oreilles, si vous aviez encore des oreilles; mais on vous les a rognées trop de fois. — Plaît-il? fit le commandeur en se redressant. — Nous sommes là très-tranquillement dans le cabinet de monsieur l'ambassadeur, et nous pourrons traiter l'affaire en famille. Or, vous venez de m'insulter en disant que je m'entends avec don Manoël. — Et vous m'avez insulté aussi, dit froidement le Portugais venant en aide à Beausire. — Il s'agit d'en rendre raison, monsieur le commandeur. — Oh! je ne suis pas un fier-à-bras, moi, s'écria le valet de chambre. — Je le vois bien, répliqua Beausire, en conséquence vous serez rossé, commandeur. — Au secours! cria celui-ci, déjà saisi par l'amant de mademoiselle Oliva, et presque étranglé par le Portugais.

Mais au moment où les deux chefs allaient se faire justice, la sonnette d'en bas avertit qu'une visite entrait.

— Lâchons-le, dit don Manoël. — Et qu'il fasse son office, dit Beausire. — Les camarades sauront cela, répliqua le commandeur en se rajustant. — Oh! dites, dites-leur ce que vous voudrez, nous savons ce que nous leur répondrons. — Monsieur Bœhmer! cria d'en bas le suisse. — Eh! voilà qui finit tout, cher commandeur, dit Beausire en envoyant un léger soufflet sur la nuque de son adversaire. — Nous n'aurons plus de conteste avec les cent mille livres, puisque les cent mille livres vont disparaître avec monsieur Bœhmer. Çà, faites le beau, monsieur le valet de chambre!

Le commandeur sortit en grommelant, et reprit son air humble pour introduire convenablement le joaillier de la couronne.

Dans l'intervalle de son départ à l'entrée de Bœhmer, Beausire et le Portugais avaient échangé un second coup d'œil tout aussi significatif que le premier.

Bœhmer entra, suivi de Bossange. Tous deux avaient une contenance humble et déconfite, à laquelle les fins observateurs de l'ambassade ne durent pas se tromper.

Tandis qu'ils prenaient les siéges offerts par Beausire, celui-ci continuait son investigation, et guettait l'œil de don Manoël pour entretenir la correspondance.

Manoël gardait son air digne et officiel.

Bœhmer, l'homme aux initiatives, prit la parole dans cette circonstance difficile.

Il expliqua que des raisons politiques d'une haute importance l'empêchaient de donner suite à la négociation commencée.

Manoël se récria.

Beausire fit un hum!

Monsieur Bœhmer s'embarrassa de plus en plus.

Don Manoël lui fit observer que le marché était conclu, que l'argent de l'à-compte était prêt.

Bœhmer persista.

L'ambassadeur, toujours par l'entremise de Beausire, répondit que son gouvernement avait ou devait avoir connaissance de la conclusion du marché; que le rompre, c'était exposer Sa Majesté portugaise à un quasi-affront.

Monsieur Bœhmer objecta qu'il avait pesé toutes les conséquences de ces réflexions, mais que revenir à ses premières idées lui était devenu impossible.

Beausire ne se décidait pas à accepter la rupture; il déclara tout net à Bœhmer que se dédire était d'un mauvais négociant, d'un homme sans parole.

Bossange prit alors la parole pour défendre le commerce incriminé dans sa personne et celle de son associé.

Mais il ne fut pas éloquent.

Beausire lui fit clore la bouche avec ce seul mot : vous avez trouvé un enchérisseur?

Les joailliers, qui n'étaient pas extrêmement forts en politique, et qui avaient de la diplomatie en général et des diplomates portugais en particulier une idée excessivement haute, rougirent, se croyant pénétrés.

Beausire vit qu'il avait frappé juste ; et comme il lui importait de finir cette affaire, dans laquelle il sentait toute une fortune, il feignit de consulter en portugais son ambassadeur.

20

— Messieurs, dit-il alors aux joailliers, on vous a offert un bénéfice; rien de plus naturel; cela prouve que les diamants sont d'un beau prix. Eh bien! Sa Majesté portugaise ne veut pas d'un bon marché qui nuirait à des négociants honnêtes. Faut-il vous offrir cinquante mille livres?

Bœhmer fit un signe négatif.

— Cent mille, cent cinquante mille livres, continua Beausire, décidé, sans se compromettre, à offrir un million de plus pour gagner sa part des quinze cent mille livres.

Les joailliers, éblouis, demeurèrent un moment gênés; puis, s'étant consultés :

— Non, monsieur le secrétaire, dirent-ils à Beausire, ne prenez pas la peine de nous tenter; le marché est fini, une volonté plus puissante que la nôtre nous contraint de vendre le collier dans ce pays. Vous comprenez sans doute; excusez-nous, ce n'est pas nous qui refusons, ne nous en veuillez donc point; c'est de quelqu'un plus grand que nous, plus grand que vous, que naît l'opposition.

Beausire et Manoël ne trouvèrent rien à répondre. Bien au contraire, ils firent une sorte de compliment aux joailliers et tâchèrent de se montrer indifférents.

Ils s'y appliquèrent si activement, qu'ils ne virent pas dans l'antichambre monsieur le commandeur valet de chambre, occupé à écouter aux portes, pour savoir comment se traitait l'affaire dont on voulait l'exclure.

Ce digne associé fut maladroit cependant, car, en s'inclinant sur la porte, il glissa et tomba dans le panneau qui résonna.

Beausire s'élança vers l'antichambre et trouva le malheureux tout effaré.

— Que fais-tu ici, malheureux? s'écria Beausire. — Monsieur, répondit le commandeur, j'apportais le courrier de ce matin. — Bien! fit Beausire; allez.

Et, prenant ces dépêches, il renvoya le commandeur.

Ces dépêches étaient toute la correspondance de la chancellerie : lettres de Portugal ou d'Espagne, fort insignifiantes pour la plupart, qui faisaient le travail quotidien de monsieur Ducorneau, mais qui, passant toujours par les mains de Beausire ou de don Manoël avant d'aller à la chancellerie, avaient déjà fourni aux deux chefs d'utiles renseignements sur les affaires de l'ambassade.

Au mot dépêches que les joailliers entendirent, ils se levèrent soulagés, comme des gens qui viennent de recevoir leur congé, après une audience embarrassante.

On les laissa partir, et le valet de chambre reçut l'ordre de les accompagner jusque dans la cour.

A peine eût-il quitté l'escalier que don Manoël et Beausire, s'envoyant de ces regards qui entament vite une action, se rapprochèrent.

— Eh bien! dit don Manoël, l'affaire est manquée. — Net, dit Beausire. — Sur cent mille livres, vol médiocre, nous avons chacun huit mille quatre cents livres. — Ce n'est pas la peine, répliqua Beausire. — N'est-ce pas? Tandis que là, dans la caisse...

Il montrait la caisse si vivement convoitée par le commandeur.

— Là, dans la caisse, il y a cent huit mille livres. — Cinquante-quatre mille chacun. — Eh bien! c'est dit, répliqua don Manoël. Partageons. — Soit, mais le commandeur ne va plus nous quitter à présent qu'il sait l'affaire manquée. — Je vais chercher un moyen, dit don Manoël d'un air singulier — Et moi j'en ai trouvé un, dit Beausire. — Lequel? — Le voici. Le commandeur va rentrer? — Oui. — Il va demander sa part et celle des associés? — Oui. — Nous allons avoir toute la maison sur les bras? — Oui. — Appelons le commandeur comme pour lui conter un secret, et laissez-moi faire. — Il me semble que je devine, dit don Manoël; allez au-devant de lui. — J'allais vous dire d'y aller vous-même.

Ni l'un ni l'autre ne voulait laisser son *ami* seul avec la caisse. C'est un rare bijou que la confiance.

Don Manoël répondit que sa qualité d'ambassadeur l'empêchait de faire cette démarche.

— Vous n'êtes pas un ambassadeur pour lui, dit Beausire; enfin n'importe. — Vous y allez? — Non; je l'appelle par la fenêtre.

En effet, Beausire hêla par la fenêtre monsieur le commandeur, qui déjà se préparait à entamer une conversation avec le suisse.

Le commandeur, se voyant appeler, monta.

Il trouva les deux chefs dans la chambre voisine de celle où était la caisse.

Beausire, s'adressant à lui d'un air souriant :

— Gageons, dit-il, que je sais ce que vous disiez au suisse. — Moi? — Oui : vous lui contiez que l'affaire avec Bœhmer avait manqué. — Ma foi! non. — Vous mentez! — Je vous jure que non! — A la bonne heure; car si vous aviez parlé, vous auriez fait une bien grande sottise et perdu une bien belle somme d'argent. — Comment cela? s'écria le commandeur surpris; quelle somme d'argent? — Vous n'êtes pas sans comprendre qu'à nous trois seuls nous savons le secret. — C'est vrai. — Et qu'à nous trois, par conséquent, nous avons les cent huit mille livres, puisque tous croient que Bœhmer et Bossange ont emporté la somme.

— Morbleu! s'écria le commandeur saisi de joie, c'est vrai. — Trente-trois mille trois cent trente-trois francs six sous chacun, dit Manoël. — Plus! plus! s'écria le commandeur, il y a une fraction de huit mille livres. — C'est vrai, dit Beausire; vous acceptez? — Si j'accepte! fit le valet de chambre en se frottant les mains, je le crois bien. A la bonne heure, voilà parler. — Voilà parler comme un coquin! dit Beausire d'une voix tonnante; quand je vous disais que vous n'étiez qu'un fripon. Allons, don Manoël, vous qui êtes robuste, saisissez-moi ce drôle, et livrons-le pour ce qu'il est à nos associés. — Grâce! grâce! cria le malheureux, j'ai voulu plaisanter. — Allons! allons! continua Beausire, dans la chambre noire jusqu'à plus ample justice. — Grâce! cria encore le commandeur. — Prenez garde, dit Beausire à don Manoël, qui serrait le perfide commandeur, prenez garde que monsieur Ducorneau n'entende. — Si vous ne me lâchez pas, dit le commandeur, je vous dénoncerai tous! — Et moi, je t'étranglerai! dit don Manoël d'une voix pleine de colère en poussant le valet de chambre vers un cabinet voisin. — Renvoyez monsieur Ducorneau, fit-il à l'oreille de Beausire.

Celui-ci ne se le fit pas répéter. Il passa rapidement dans la chambre contiguë à celle de l'ambassadeur, tandis que ce dernier enfermait le commandeur dans la sourde épaisseur de ce cachot.

Une minute se passa, Beausire ne revenait pas.

Don Manoël eut une idée; il se sentait seul, la caisse était à dix pas; pour l'ouvrir, pour y prendre les cent huit mille livres en billets, pour s'élancer par une fenêtre et déguerpir à travers le jardin avec la proie, tout voleur bien organisé n'avait besoin que de deux minutes.

Don Manoël calcula que Beausire, pour le renvoi de Ducorneau et son retour à la chambre, perdrait cinq minutes au moins.

Il s'élança vers la porte de la chambre où était la caisse. Cette porte se trouva fermée au verrou. Don Manoël était robuste, adroit; il eût ouvert la porte d'une ville avec une clé de montre.

— Beausire s'est défié de moi, pensa-t-il, parce que j'ai seul la clé; il a mis le verrou; c'est juste.

Avec son épée, il fit sauter le verrou.

Il arriva sur la caisse et poussa un cri terrible. La caisse ouvrait une bouche large et démeublée. Rien dans ses profondeurs béantes!

Beausire, qui avait une seconde clé, était entré par l'autre porte et avait râflé la somme.

Don Manoël courut comme un insensé jusqu'à la loge du suisse, qu'il trouva chantant.

Beausire avait cinq minutes d'avance.

Quand le Portugais, par ses cris et ses doléances, eut mis tout l'hôtel au fait de l'aventure ; quand, pour s'appuyer d'un témoignage, il eut remis le commandeur en liberté, il ne trouva que des incrédules et des furieux.

On l'accusa d'avoir ourdi ce complot avec Beausire, lequel courait devant lui en gardant la moitié du vol.

Plus de masques, plus de mystères, l'honnête monsieur Ducorneau ne comprenait plus avec quels gens il se trouvait lié.

Il faillit s'évanouir quand il vit ces diplomates se préparer à pendre sous un hangar don Manoël, qui n'en pouvait mais !...

— Pendre monsieur de Souza ! criait le chancelier, mais c'est un crime de lèse-majesté ; prenez garde !

On prit le parti de le jeter dans une cave ; il criait trop fort.

C'est à ce moment que trois coups frappés solennellement à la porte firent tressaillir les associés.

Le silence se rétablit parmi eux.

Les trois coups se répétèrent.

Puis une voix aiguë cria en portugais :

— Ouvrez ! au nom de monsieur l'ambassadeur du Portugal ! — L'ambassadeur ! murmurèrent tous les coquins en s'éparpillant dans tout l'hôtel, et pendant quelques minutes, ce fut par les jardins, par les murs du voisinage, par les toits, un sauve-qui-peut, un pêle-mêle désordonné.

L'ambassadeur véritable, qui venait effectivement d'arriver, ne put rentrer chez lui qu'avec des archers de la police, qui enfoncèrent la porte en présence d'une foule immense, attirée par ce spectacle curieux.

Puis on fit main-basse partout, et l'on arrêta monsieur Ducorneau, qui fut conduit au Châtelet, où il coucha.

C'est ainsi que se termina l'aventure de la fausse ambassade de Portugal.

XLV

ILLUSIONS ET RÉALITÉS

Si le suisse de l'ambassade eût pu courir après Beausire, comme le lui commandait don Manoël, avouons qu'il eût eu fort à faire.

Beausire, à peine hors de l'antre, avait gagné au petit galop la rue Coquillière, et au grand galop la rue Saint-Honoré.

Toujours se défiant d'être poursuivi, il avait croisé ses traces en courant des bordées dans les rues sans alignement et sans raison qui ceignent notre halle aux blés; au bout de quelques minutes, il était à peu près sûr que nul n'avait pu le suivre; il était sûr aussi d'une chose, c'est que ses forces étaient épuisées, et qu'un bon cheval de chasse n'eût pu en faire davantage.

Beausire s'assit sur un sac de blé, dans la rue de Viarmes, qui tourne autour de la halle, et là feignit de considérer avec la plus vive attention la colonne de Médicis, que Bachaumont avait achetée pour l'arracher au marteau des démolisseurs, et en faire présent à l'hôtel de ville.

Le fait est que monsieur de Beausire ne regardait ni la colonne de monsieur Philibert Delorme, ni le cadran solaire dont monsieur de Pingré l'avait décorée. Il tirait péniblement du fond de ses poumons une respiration stridente et rauque comme celle d'un soufflet de forge fatigué.

Pendant plusieurs instants il ne put réussir à compléter la masse d'air qu'il lui fallait dégorger de son larynx pour rétablir l'équilibre entre la suffocation et la pléthore.

Enfin il y parvint, et ce fut avec un soupir qui eût été entendu par les habitants de la rue de Viarmes s'ils n'eussent été occupés à vendre ou à peser leurs grains.

— Ah! pensa Beausire, voilà donc mon rêve réalisé, j'ai une fortune.

Et il respira encore.

— Je vais donc pouvoir devenir un parfait honnête homme, il me semble déjà que j'engraisse.

Et de fait, s'il n'engraissait pas, il enflait.

— Je vais, continua-t-il en son monologue silencieux, faire d'Oliva une femme aussi honnête que je serai moi-même honnête homme. Elle est belle, elle est naïve dans ses goûts.

Le malheureux!

— Elle ne haïra pas une vie retirée en province dans une belle métairie que nous appellerons notre terre, à proximité d'une petite ville où nous serons facilement pris pour des seigneurs. Nicole est bonne; elle n'a que deux défauts : la paresse et l'orgueil.

Pas davantage! pauvre Beausire! deux péchés mortels!

— Et avec ces défauts que je satisferai, moi l'équivoque Beausire, je me serai fait une femme accomplie.

Il n'alla pas plus loin, la respiration lui était revenue.

Il s'essuya le front, s'assura que les cent mille livres étaient encore dans sa poche, et, plus libre de son corps comme de son esprit, il voulut réfléchir.

On ne le chercherait pas rue de Viarmes, mais on le chercherait. Messieurs de l'ambassade n'étaient pas gens à perdre de gaieté de cœur leur part de butin.

On se diviserait donc en plusieurs bandes, et l'on commencerait par aller explorer le domicile du voleur.

Là était toute la difficulté. Dans ce domicile logeait Oliva. On la préviendrait, on la maltraiterait peut-être ; que sait-on ? on pousserait la cruauté jusqu'à se faire d'elle un otage.

Pourquoi ces gueux-là ne sauraient-ils pas que mademoiselle Oliva était la passion de Beausire, et pourquoi, le sachant, ne spéculeraient-ils pas sur cette passion ?

Beausire faillit devenir fou sur la lisière de ces deux mortels dangers.

L'amour l'emporta.

Il ne voulut pas que nul touchât à l'objet de son amour. Il courut comme un trait à la maison de la rue Dauphine.

Il avait, d'ailleurs, une confiance illimitée dans la rapidité de sa marche ; ses ennemis, si agiles qu'ils fussent, ne pouvaient l'avoir prévenu.

D'ailleurs, il se jeta dans un fiacre au cocher duquel il montra un écu de six livres, en lui disant : Au Pont-Neuf.

Les chevaux ne coururent pas, ils s'envolèrent.

Le soir venait.

Beausire se fit conduire au terre-plain du pont, derrière la statue d'Henri IV. On y abordait dans ce temps en voiture ; c'était un lieu de rendez-vous assez trivial, mais usité.

Puis, hasardant sa tête par une portière, il plongea ses regards dans la rue Dauphine.

Beausire n'était pas sans quelque habitude des gens de police, il avait passé dix ans à tâcher de les reconnaître pour les éviter en temps et lieu.

Il remarqua sur la descente du pont, du côté de la rue Dauphine, deux hommes espacés qui tendaient leurs cous vers cette rue pour y considérer un spectacle quelconque.

Ces hommes étaient des espions. Voir des espions sur le Pont-Neuf, ce n'était pas rare, puisque le proverbe dit à cette époque que pour voir en tout temps un prélat, une fille de joie et un cheval blanc, il n'est rien tel que de passer sur le Pont-Neuf.

Or, les chevaux blancs et les habits de prêtres et les filles de joie ont toujours été des points de mire pour les hommes de police.

Beausire ne fut que contrarié, que gêné ; il se fit tout bossu, tout clopinant, pour déguiser sa marche, et coupant la foule, il gagna la rue Dauphine.

Nulle trace de ce qu'il redoutait pour lui. Il apercevait déjà la maison aux fenêtres de laquelle se montrait souvent la belle Oliva, son étoile.

Les fenêtres étaient fermées, sans doute elle reposait sur le sofa où lisait quelque mauvais livre, ou croquait quelque friandise.

Soudain Beausire crut voir un hoqueton de soldat du guet dans l'allée en face.

Bien plus, il en vit un paraître à la croisée du petit salon.

La sueur le reprit; sueur froide, celle-là est malsaine. Il n'y avait pas à reculer; il s'agissait de passer devant la maison.

Beausire eut ce courage; il passa et regarda la maison.

Quel spectacle!

Une allée gorgée de fantassins de la garde de Paris, au milieu desquels on voyait un commissaire du Châtelet tout en noir.

Ces gens... le rapide coup d'œil de Beausire les vit troublés, effarés, désappointés. On a ou l'on n'a pas l'habitude de lire sur les visages des gens de la police; quand on l'a comme l'avait Beausire, on n'a pas besoin de s'y prendre à deux fois pour deviner que ces messieurs ont manqué leur coup.

Beausire se dit que monsieur de Crosne, prévenu sans doute n'importe comment ou par qui, avait voulu faire prendre Beausire et n'avait trouvé qu'Oliva. *Indè iræ.*

De là le désappointement. Certes, si Beausire se fût trouvé dans des circonstances ordinaires, s'il n'eût eu cent mille livres dans sa poche, il se fût jeté au milieu des alguazils, en criant comme Nisus : Me voici! me voici! c'est moi qui ai fait tout!

Mais l'idée que ces gens là palperaient les cent milles livres, en feraient des gorges chaudes toute leur vie, l'idée que le coup de main si audacieux et si subtil tenté par lui, Beausire, ne profiterait qu'aux agents du lieutenant de police, cette idée triompha de tous ses scrupules, disons-le, et étouffa tous ses chagrins d'amour.

— Logique... se dit-il : Je me fais prendre... Je fais prendre les cent mille livres. Je ne sers pas Oliva... Je me ruine... Je lui prouve que je l'aime comme un insensé... Mais je mérite qu'elle me dise : Vous êtes une brute; il fallait m'aimer moins et me sauver.

Décidément, jouons des jambes et mettons en sûreté l'argent, qui est la source de tout : liberté, bonheur, philosophie.

Cela dit, Beausire appuya les billets de caisse sur son cœur et se reprit à courir vers le Luxembourg; car il n'allait plus que par instinct depuis une heure, et cent fois ayant été chercher Oliva au jardin du Luxembourg, il laissait ses jambes le porter là.

Pour un homme aussi entêté de logique, c'était un pauvre raisonnement.

En effet, les archers, qui savent les habitudes des voleurs, comme Beausire savait les habitudes des archers, eussent été naturellement chercher Beausire au Luxembourg.

BEAUSIRE DANS LA RUE DAUPHINE.

Mais le ciel ou le diable avait décidé que monsieur de Crosne ne ferait rien avec Beausire cette fois.

A peine l'amant de Nicole tournait-il la rue Saint-Germain-des-Prés qu'il faillit être renversé par un beau carrosse dont les chevaux couraient fièrement vers la rue Dauphine.

Beausire n'eut que le temps, grâce à cette légèreté parisienne inconnue au reste des Européens, d'esquiver le timon. Il est vrai qu'il n'esquiva pas le juron et le coup de fouet du cocher; mais un propriétaire de cent mille livres ne s'arrête pas aux misères d'un pareil point d'honneur, surtout quand il a les compagnies de l'Étoile et les gardes de Paris à ses trousses.

Beausire se jeta donc de côté; mais en se cambrant, il vit dans ce carrosse Oliva et un fort bel homme qui causaient avec vivacité.

Il jeta un petit cri qui ne fit qu'animer davantage les chevaux. Il eût bien suivi la voiture, mais cette voiture s'en allait rue Dauphine, la seule rue de Paris où Beausire ne voulait point passer en ce moment.

Et puis quelle apparence que ce fût Oliva qui occupât ce carrosse? fantômes, visions, absurdités; c'était voir, non pas trouble, mais double; c'était voir Oliva quand même.

Il y avait encore ce raisonnement à se faire, c'est qu'Oliva n'était pas dans ce carrosse, puisque les archers l'arrêtaient chez elle rue Dauphine.

Le pauvre Beausire, aux abois moralement et physiquement, se jeta dans la rue des Fossés-Monsieur-le-Prince, gagna le Luxembourg, traversa le quartier déjà désert, et parvint hors barrière à se réfugier dans un petit cabinet dont l'hôtesse avait pour lui toutes sortes d'égards.

Il s'installa dans ce bouge, cacha ses billets sous un carreau de la chambre, appuya sur ce carreau le pied de son lit, et se coucha, suant et pestant, mais entremêlant ses blasphèmes de remerciements à Mercure, ses nausées fiévreuses d'une infusion de vin sucré avec de la cannelle, breuvage tout à fait propre à ranimer la transpiration à la peau et la confiance au cœur.

Il était sûr que la police ne le trouverait plus. Il était sûr que nul ne le dépouillerait de son argent.

Il était sûr que Nicole, fût-elle arrêtée, n'était coupable d'aucun crime, et que le temps se passait des éternelles réclusions sans motif.

Il était sûr enfin que les cent mille livres lui serviraient même à arracher de la prison, si on la retenait, Oliva, sa compagne inséparable.

Restaient les compagnons de l'ambassade; avec eux le compte était plus difficile à régler.

Mais Beausire avait prévu les chicanes, il les laissait tous en France, et partait pour la Suisse, pays libre et moral, aussitôt que mademoiselle Oliva se serait trouvée libre.

Rien de tout ce que méditait Beausire, en buvant son vin chaud, ne succéda selon ses prévisions : c'était écrit.

L'homme a presque toujours le tort de se figurer qu'il voit les choses quand il ne les voit pas. Il a plus tort encore de se figurer qu'il ne les a pas vues quand réellement il les a vues.

Nous allons commenter cette glose au lecteur.

XLVI

OU MADEMOISELLE OLIVA COMMENCE A SE DEMANDER CE QUE L'ON VEUT FAIRE D'ELLE

Si monsieur Beausire eût bien voulu s'en rapporter à ses yeux, qui étaient excellents, au lieu de faire travailler son esprit que tout aveuglait alors, monsieur de Beausire se fût épargné beaucoup de chagrins et de déceptions.

En effet, c'était bien mademoiselle Oliva qu'il avait vue dans le carrosse, aux côtés d'un homme qu'il n'avait pas reconnu en ne le regardant qu'une fois, et qu'il eût reconnu en le regardant deux fois ; Oliva, qui, le matin, avait été comme d'habitude faire sa promenade dans le jardin du Luxembourg, et qui, au lieu de rentrer à deux heures pour dîner, avait rencontré, accosté, questionné cet étrange ami qu'elle s'était fait le jour du bal de l'Opéra.

En effet, au moment où elle payait sa chaise pour revenir, et souriait au cafetier du jardin dont elle était la pratique assidue, Cagliostro, débouchant d'une allée, était accouru vers elle et lui avait pris le bras.

Elle poussa un petit cri.

— Où allez-vous ? dit-il. — Mais, rue Dauphine, chez nous. — Voilà qui va servir à souhait les gens qui vous y attendent, répartit le seigneur inconnu. — Des gens... qui m'attendent... comment cela ? Mais personne ne m'attend. — Oh ! si fait ; une douzaine de visiteurs à peu près. — Une douzaine de visiteurs ! s'écria Oliva en riant ; pourquoi pas un régiment tout de suite. — Ma foi, c'eût été possible d'envoyer un régiment rue Dauphine qu'il y serait. — Vous m'étonnez ! — Je vous étonnerai bien plus encore si je vous laisse aller rue Dauphine. — Parce que ? — Parce que vous y serez arrêtée, ma chère. — Arrêtée, moi ! — Assurément, ces douze Messieurs qui vous attendent sont des archers expédiés par monsieur de Crosne.

Oliva frissonna : certaines gens ont toujours peur de certaines choses.

Néanmoins, se raidissant après une inspection de conscience un peu plus approfondie :

— Je n'ai rien fait, dit-elle. Pourquoi m'arrêterait-on ? — Pourquoi arrête-t-on une femme ? Pour des intrigues, des niaiseries. — Je n'ai pas d'intrigues. — Vous en avez peut-être bien eu ? — Oh ! je ne dis pas. — Bref, on a tort sans doute de vous arrêter ; mais on cherche à vous arrêter, c'est le fait. Allons-nous toujours rue Dauphine ?

Oliva s'arrêta pâle et troublée.

— Vous jouez avec moi comme un chat avec une pauvre souris, dit-elle. Voyons, si vous savez quelque chose, dites-le moi. N'est-ce pas à Beausire qu'on en veut ?

Et elle arrêtait sur Cagliostro un regard suppliant.

— Peut-être bien. Je le soupçonnerais d'avoir la conscience moins nette que vous. — Pauvre garçon !... — Plaignez-le ; mais s'il est pris, ne l'imitez pas en vous laissant prendre à votre tour. — Mais quel intérêt avez-vous à me protéger ? Quel intérêt avez-vous à vous occuper de moi ? Tenez, fit-elle hardiment, ce n'est pas naturel qu'un homme tel que vous... — N'achevez pas, vous diriez une sottise ; et les moments sont précieux, parce que les agents de monsieur de Crosne, ne vous voyant pas rentrer, seraient capables de venir vous chercher ici. — Ici ! on sait que je suis ici ? — La belle affaire de le savoir ; je le sais bien, moi ! Je continue. Comme je m'intéresse à votre personne et vous veux du bien, le reste ne vous regarde pas. Vite, gagnons la rue d'Enfer, mon carrosse vous y attend. Ah ! vous doutez encore ? — Oui. — Eh bien ! nous allons faire une chose assez imprudente, mais qui vous convaincra une fois pour toutes, j'espère. Nous allons passer devant votre maison dans mon carrosse, et quand vous aurez vu ces messieurs de la police d'assez loin pour n'être pas prise, et d'assez près pour juger de leurs dispositions, eh bien ! alors vous estimerez mes bonnes intentions ce qu'elles valent.

En disant ces mots, il avait conduit Oliva jusqu'à la grille de la rue d'Enfer. Le carrosse s'était rapproché, avait reçu le couple et conduit Cagliostro et Oliva dans la rue Dauphine, à l'endroit où Beausire les avait aperçus tous deux.

Certes, s'il eût crié à ce moment, s'il eût suivi la voiture, Oliva eût tout fait pour se rapprocher de lui, pour le sauver, poursuivi, ou se sauver avec lui, libre.

Mais Cagliostro vit ce malheureux, détourna l'attention d'Oliva en lui montrant la foule qui déjà s'attroupait par curiosité autour du guet.

Du moment où Oliva eut distingué les soldats de la police et sa maison envahie, elle se jeta dans les bras de son protecteur avec un désespoir qui eût attendri tout autre homme que cet homme de fer.

Lui se contenta de serrer la main de la jeune femme et de la cacher elle-même en abaissant le store.

— Sauvez-moi! sauvez-moi! répétait pendant ce temps la pauvre fille.
— Je vous le promets, dit-il. — Mais puisque vous dites que ces hommes de police savent tout, ils trouveront toujours. — Non pas, non pas; à l'endroit où vous serez, nul ne vous découvrira; car si l'on vient vous prendre chez vous, on ne viendra pas vous prendre chez moi. — Oh! fit-elle avec effroi, chez vous... nous allons chez vous? — Vous êtes folle, répliqua-t-il, on dirait que vous ne vous souvenez plus de ce dont nous sommes convenus. Je ne suis pas votre amant, ma belle, et ne veux pas l'être. — Alors, c'est la prison que vous m'offrez? — Si vous préférez l'hôpital, vous êtes libre. — Allons, répliqua-t-elle épouvantée, je me livre à vous, faites de moi ce que vous voudrez.

Il la conduisit rue Neuve-Saint-Gilles, dans cette maison où nous l'avons vu recevoir Philippe de Taverney.

Quand il l'eut installée loin du domestique et de toute surveillance, dans un petit appartement, au deuxième étage.

— Il importe que vous soyez plus heureuse que vous n'allez être ici.
— Heureuse! Comment cela? fit-elle, le cœur gros. Heureuse, sans liberté, sans la promenade! C'est si triste ici. Pas même de jardin. J'en mourrai.

Et elle jetait un coup d'œil vague et désespéré sur l'extérieur.

— Vous avez raison, dit-il, je veux que vous ne manquiez de rien; vous seriez mal ici, et d'ailleurs mes gens finiraient par vous voir et vous gêner. — Ou par me vendre, ajouta-t-elle. — Quant à cela, ne craignez rien, mes gens ne vendent que ce que je leur achète, ma chère enfant; mais pour que vous ayez toute la tranquillité désirable, je vais m'occuper de vous procurer une autre demeure.

Oliva se montra un peu consolée par ces promesses. D'ailleurs, le séjour de son nouvel appartement lui plut. Elle y trouva l'aisance et des livres amusants.

Son protecteur la quitta en lui disant :

— Je ne veux point vous prendre par la famine, chère enfant. Si vous voulez me voir, sonnez-moi, j'arriverai tout de suite, si je me trouve chez moi, ou sitôt mon retour, si je suis sorti.

Il lui baisa la main et la quitta.

— Ah! cria-t-elle, faites-moi surtout avoir des nouvelles de Beausire.
— Avant tout, lui répondit le comte.

Et il l'enferma dans sa chambre.

Puis, en descendant l'escalier, rêveur :

— Ce sera, dit-il, une profanation que de la loger dans cette maison de la rue Saint-Claude. Mais il faut que nul ne la voie, et dans cette maison nul ne la verra. S'il faut, au contraire, qu'une seule personne l'aperçoive, cette personne l'apercevra dans cette seule maison de la rue Saint-Claude. Allons, encore ce sacrifice. Éteignons cette dernière étincelle du flambeau qui brûla autrefois.

Le comte prit un large surtout, chercha des clés dans son secrétaire, en choisit plusieurs, qu'il regarda d'un air attendri, et sortit seul à pied de son hôtel, en remontant la rue Saint-Louis du Marais.

XLVII

LA MAISON DÉSERTE

Monsieur de Cagliostro arriva seul à cette ancienne maison de la rue Saint-Claude, que nos lecteurs ne doivent pas avoir tout à fait oubliée. La nuit tombait comme il s'arrêtait en face de la porte, et l'on n'apercevait plus que quelques rares passants sur la chaussée du boulevard.

Les pas d'un cheval retentissant dans la rue Saint-Louis, une fenêtre qui se fermait avec un bruit de vieilles ferrures, le grincement des barres de la massive porte cochère après le retour du maître de l'hôtel voisin, voici les seuls mouvements de ce quartier à l'heure où nous parlons.

Un chien aboyait, ou plutôt hurlait, dans le petit enclos du couvent, et une bouffée de vent attiédi roulait jusque dans la rue Saint-Claude les trois quarts mélancoliques de l'heure sonnant à Saint-Paul.

C'était neuf heures moins un quart.

Le comte arriva, comme nous avons dit, en face de la porte cochère, tira de dessous sa houppelande, une grosse clé, broya pour la faire entrer dans la serrure une foule de débris qui s'y étaient réfugiés, poussés par les vents depuis plusieurs années.

La paille sèche, dont un fétu s'était introduit dans l'ogivique entrée de la serrure; la petite graine, qui courait vers le midi pour devenir une ravenelle ou une mauve, et qui un jour se trouva emprisonnée dans ce sombre réservoir; l'éclat de pierre envolé du bâtiment voisin; les mouches casernées depuis dix ans dans cet hôpital de fer, et dont les cadavres avaient fini par combler la profondeur; tout cela cria et se moulut en poussière sous la pression de la clé.

Une fois que la clé eut accompli ses évolutions dans la serrure, il ne s'agit plus que d'ouvrir la porte.

Mais le temps avait fait son œuvre. Le bois s'était gonflé dans les jointures, la rouille avait mordu dans les gonds. L'herbe avait poussé dans tous les interstices du pavé, verdissant le bas de la porte de ses humides émanations; partout une espèce de mastic pareil aux constructions des hirondelles calfeutrait chaque interstice, et les vigoureuses végétations des madrépores terrestres, superposant leurs arcades, avaient masqué le bois sous la chair vivace de leurs cotylédons.

Cagliostro sentit la résistance; il appuya le poing, puis le coude, puis l'épaule, et enfonça toutes ces barricades, qui cédèrent l'une après l'autre avec un craquement de mauvaise humeur.

Quand cette porte s'ouvrit, toute la cour apparut désolée, moussue comme un cimetière, aux yeux de Cagliostro.

Il referma la porte derrière lui, et ses pas s'imprimèrent dans le chiendent rétif et dru qui avait envahi l'aire des pavés eux-mêmes.

Nul ne l'avait vu entrer, nul ne le voyait dans l'enceinte de ces murs énormes. Il put s'arrêter un moment et rentrer peu à peu dans sa vie passée comme il venait de rentrer dans sa maison.

L'une était désolée et triste, l'autre ruinée et déserte.

Le perron, de douze marches, n'avait plus que trois degrés.

Les autres, minées par le travail de l'eau des pluies, par le jeu des pariétaires et des pavots envahisseurs, avaient d'abord chancelé, puis roulé loin de leurs attaches. En tombant, les pierres s'étaient brisées, l'herbe avait monté sur les ruines et planté fièrement, comme les étendards de la dévastation, ses panaches au-dessus d'elles.

Cagliostro monta le perron tremblant sous ses pieds, et à l'aide d'une seconde clé, pénétra dans l'antichambre immense.

Là seulement il alluma une lanterne dont il avait pris soin de se munir; mais si soigneusement qu'il eût allumé la bougie, l'haleine sinistre de la maison l'éteignit du premier coup.

Le souffle de la mort réagissait violemment contre la vie; l'obscurité tuait la lumière.

Cagliostro ralluma sa lanterne et continua son chemin.

Dans la salle à manger, les dressoirs moisis dans leur angle avaient presque perdu la forme première, les dalles visqueuses n'en retenaient plus le pied. Toutes les portes intérieures étaient ouvertes, laissant la pensée pénétrer librement avec la vue dans ses profondeurs funèbres où elles avaient déjà laissé passer la mort.

Le comte sentit comme un frisson hérisser sa chair, car, à l'extrémité du salon, là où jadis commençait l'escalier, un bruit s'était fait entendre.

Ce bruit, autrefois, annonçait une chère présence, ce bruit éveillait dans tous les sens du maître de cette maison la vie, l'espoir, le bonheur. Ce bruit, qui ne représentait rien à l'heure présente, rappelait tout dans le passé.

Cagliostro, le sourcil froncé, la respiration lente, la main froide, se dirigea vers la statue d'Harpocrate, près de laquelle jouait le ressort de l'ancienne porte de communication, lien mystérieux, insaisissable, qui unissait la maison connue à la maison secrète.

Le ressort fonctionna sans peine, quoique les boiseries vermoulues tremblassent à l'entour. Mais à peine le comte eut-il posé le pied sur l'escalier secret, que ce bruit étrange recommença de se faire entendre. Cagliostro étendit sa main avec sa lanterne pour en découvrir la cause : il ne vit qu'une grosse couleuvre qui descendait lentement l'escalier, et fouettait de sa queue chaque marche sonore.

Le reptile attacha tranquillement son œil noir sur Cagliostro, puis se glissa dans le premier trou de la boiserie et disparut.

Sans doute c'était le génie de la solitude.

Le comte poursuivit sa marche.

Partout dans cette ascension l'accompagnait un souvenir, ou, pour mieux dire, une ombre; et lorsque sur les parois la lumière dessinait une silhouette mobile, le comte tressaillait, pensant que son ombre à lui était une ombre étrangère ressuscitée pour faire, elle aussi, la visite du mystérieux séjour.

Ainsi marchant, ainsi rêvant, il arriva jusqu'à la plaque de cette cheminée qui servait de passage entre la chambre des armes de Balsamo et la retraite parfumée de Lorenza Feliciani.

Les murs étaient nus, les chambres vides. Dans le foyer encore béant gisait un amas énorme de cendres, parmi lesquelles scintillaient quelques petits lingots d'or et d'argent.

Cette cendre fine, blanche et parfumée, c'était le mobilier de Lorenza que Balsamo avait brûlé jusqu'à la dernière parcelle; c'étaient les armoires d'écaille, le clavecin et la corbeille en bois de rose, le beau lit diapré de porcelaines de Sèvres, dont on retrouvait la poussière micacée pareille à celle de la poudre de marbre; c'étaient les moulures et les ornements de métal fondus au grand feu hermétique; c'étaient les rideaux et les tapis de brocard de soie; c'étaient les boîtes d'aloès et de sandal dont l'odeur pénétrante s'exhalant par les cheminées, lors de l'incendie, avait parfumé toute la zone de Paris sur laquelle avait passé la fumée; en sorte que durant deux jours les passants avaient levé la tête pour respirer ces aromes étranges mêlés à notre air parisien ; en sorte que le courtaud du quartier des halles et la grisette du quartier Saint-Honoré avaient vécu enivrés de ces atomes violents et enflammés que la brise enlève aux rampes du Liban et aux plaines de la Syrie.

Ces parfums, disons-nous, la chambre déserte et froide les gardait encore. Cagliostro se baissa, prit une pincée de cendres, la respira longtemps avec une passion sauvage.

— Ainsi puissé-je, murmura-t-il, absorber un reste de cette âme qui, autrefois, se communiquait à cette poussière.

Puis il revit les barreaux de fer, la tristesse de la cour voisine, et par l'escalier, les hautes déchirures que l'incendie avait faites à cette maison intérieure, dont il avait dévoré l'étage supérieur.

Spectacle sinistre et beau ! La chambre d'Althotas avait disparu ; il ne restait des murs que sept à huit crénelures sur lesquelles le feu avait promené ses langues qui dévorent et noircissent.

Pour quiconque eût dévoré l'histoire douloureuse de Balsamo et de Lorenza, il était impossible de ne pas déplorer cette ruine. Tout dans cette maison respirait la grandeur abaissée, la splendeur éteinte, le bonheur perdu.

Cagliostro s'imprégna donc de ces rêves. L'homme descendit des hauteurs de sa philosophie pour se repétrir dans ce peu d'humanité tendre qu'on appelle les sentiments du cœur, et qui ne sont pas du raisonnement.

Après avoir évoqué les doux fantômes de la solitude et fait la part du ciel, il croyait en être quitte avec la faiblesse humaine, lorsque ses yeux s'arrêtèrent sur un objet encore brillant parmi tout ce désastre et toutes ces misères.

Il se baissa et vit dans la rainure du parquet, à moitié ensevelie sous la poussière, une petite flèche d'argent qui semblait récemment tombée des cheveux d'une femme.

C'était une de ces épingles italiennes comme les dames de ce temps aimaient à en choisir pour retenir les anneaux de la chevelure, devenue trop lourde quand elle était poudrée.

Le philosophe, le savant, le prophète, le contempteur de l'humanité, celui qui voulait que le ciel lui-même comptât avec lui, cet homme qui avait refoulé tant de douleurs chez lui et tiré tant de gouttes de sang du cœur des autres, Cagliostro l'athée, le charlatan, le sceptique rieur, ramassa cette épingle, l'approcha de ses lèvres, et, bien sûr qu'on ne pouvait le voir, il laissa une larme monter jusqu'à ses yeux en murmurant :

— Lorenza !

Et puis ce fut tout. Il y avait du démon dans cet homme.

Il cherchait la lutte, et, pour son propre bonheur, l'entretenait en lui.

Après avoir baisé ardemment cette relique sacrée, il ouvrit la fenêtre, passa son bras à travers les barreaux, et lança le frêle morceau de métal dans l'enclos du couvent voisin, dans les branches, dans l'air, dans la poussière, on ne sait où.

Il se punissait ainsi d'avoir fait usage de son cœur.

— Adieu ! dit-il à l'insensible objet qui se perdait peut-être pour jamais. Adieu, souvenir qui m'était envoyé pour m'attendrir, pour m'amoindrir sans doute. Désormais je ne penserai plus qu'à la terre.

Oui, cette maison va être profanée. Que dis-je, elle l'est déjà ! J'ai rouvert les portes, j'ai apporté la lumière aux murailles, j'ai vu l'intérieur du tombeau, j'ai fouillé la cendre de la mort.

Profanée est donc la maison ! Qu'elle le soit tout à fait et pour un bien quelconque !

Une femme encore traversera cette cour, une femme appuiera ses pieds sur l'escalier, une femme chantera peut-être sous cette voûte où vibre encore le dernier soupir de Lorenza !

Soit. Mais toutes ces profanations auront lieu dans un but, dans le but de servir ma cause. Si Dieu y perd, Satan ne fera qu'y gagner.

Il posa sa lanterne sur l'escalier.

— Toute cette cage d'escalier, dit-il, tombera. Toute cette maison intérieure tombera aussi. Le mystère s'envolera ; l'hôtel restera cachette et cessera d'être sanctuaire.

Il écrivit à la hâte sur ses tablettes les lignes suivantes :

« A monsieur Lenoir, mon architecte :

« Nettoyer cour et vestibules ; restaurer remises et écuries ; démolir le pavillon intérieur ; réduire l'hôtel à deux étages : huit jours. »

— Maintenant, dit-il, voyons si l'on aperçoit bien d'ici la fenêtre de la petite comtesse.

Il s'approcha d'une fenêtre située au second étage de l'hôtel.

On embrassait de là toute la façade opposée de la rue Saint-Claude par-dessus la porte cochère.

En face, à soixante pieds au plus, on voyait le logement occupé par Jeanne de La Motte.

— C'est infaillible, les deux femmes se verront, dit Cagliostro. Bien.

Il reprit sa lanterne et descendit l'escalier.

Une grande heure après, il était rentré chez lui et envoyait son devis à l'architecte.

Il faut dire que dès le lendemain cinquante ouvriers avaient envahi l'hôtel, que le marteau, la scie et les pics résonnaient partout, que l'herbe amassée en gros tas commençait à fumer dans un coin de la cour, et que le soir, à sa rentrée, le passant, fidèle à son inspection quotidienne, vit un gros rat pendu par une patte au bas d'un cerceau dans la cour, au milieu d'un cercle de manœuvres maçons qui raillaient sa moustache grisonnante et son embonpoint vénérable.

Le silencieux habitant de l'hôtel avait été muré dans son trou par la chute d'une pierre de taille. A demi mort quand la grue releva cette pierre, il fut saisi par la queue et sacrifié aux divertissements des jeunes Auvergnats gâcheurs de plâtre; soit honte, soit asphyxie, il en mourut.

Le passant lui fit cette oraison funèbre :

— En voilà un qui avait été heureux dix ans!

Sic transit gloria mundi.

La maison en huit jours fut restaurée comme Cagliostro l'avait commandé à l'architecte.

XLVIII

JEANNE PROTECTRICE

Monsieur le cardinal de Rohan reçut, deux jours après sa visite à Bœhmer, un billet ainsi conçu :

« Son Éminence, monsieur le cardinal de Rohan, sait sans doute où il soupera ce soir. »

— De la petite comtesse, dit-il en flairant le papier. J'irai.

Voici à quel propos madame de La Motte demandait cette entrevue au cardinal.

Des cinq laquais mis à son service par Son Éminence, elle en avait distingué un, cheveux noirs, yeux bruns, le teint fleuri du sanguin mêlé à la solide carnation du bilieux. C'étaient, pour l'observatrice, tous les symptômes d'une organisation active, intelligente et opiniâtre.

Elle fit venir cet homme, et, en un quart d'heure, elle obtint de sa docilité, de sa perspicacité, tout ce qu'elle en voulait tirer.

Cet homme suivit le cardinal et rapporta qu'il avait vu Son Éminence aller deux fois en deux jours chez messieurs Bœhmer et Bossange.

Jeanne en savait assez. Un homme tel que monsieur de Rohan ne marchande pas. D'habiles marchands comme Bœhmer ne laissent pas aller l'acheteur. Le collier devait être vendu.

Vendu par Bœhmer.

Acheté par monsieur de Rohan! et ce dernier n'en aurait pas sonné un mot à sa confidente.

Le symptôme était grave. Jeanne plissa son front, pinça ses lèvres fines, et adressa au cardinal le billet que nous avons lu.

Monsieur de Rohan vint le soir. Il s'était fait précéder par un panier de vin de Tokay et de quelques raretés, absolument comme s'il allait souper chez quelqu'un de son intimité.

La nuance n'échappa pas plus à Jeanne que tant d'autres ne lui avaient échappé; elle affecta de ne rien faire servir de ce qu'avait envoyé le cardinal; puis, ouvrant avec lui la conversation avec une certaine émotion lorsqu'ils furent seuls :

— En vérité, Monseigneur, dit-elle, une chose m'afflige considérablement. — Oh! laquelle, comtesse? fit monsieur de Rohan avec cette affectation de contrariété qui n'est pas toujours signe que l'on est contrarié véritablement. — Eh bien! Monseigneur, la cause de ma contrariété, c'est de voir que depuis le jour où nous nous sommes rencontrés, nous n'avons vraiment éprouvé d'amitié l'un pour l'autre que par un motif d'intérêt. — Ah! fi! comtesse. — C'est là la vérité, Monseigneur. — La vérité? — Monseigneur, je vous dirai comme le paysan normand disait de la potence de son fils : « Si tu en es dégoûté, n'en dégoûte pas les autres. » Fi! de l'intérêt, Monseigneur, comme vous y allez! — Eh bien! voyons, comtesse, supposons que nous sommes intéressés, en quoi puis-je servir vos intérêts et vous les miens? — Et d'abord, Monseigneur, avant toute chose, il me prend envie de vous faire une querelle. — Sur quoi? — Vous avez manqué de confiance en moi, c'est-à-dire d'estime. — Moi! Et quand cela, je vous prie? — Quand? Nierez-vous qu'après m'avoir tiré habilement de l'esprit des détails que je mourais d'envie de vous donner... — Sur quoi? comtesse. — Sur le goût de certaine grande dame, pour certaine chose; vous vous êtes mis en mesure de satisfaire ce goût sans m'en parler. — Tirer des détails, deviner le goût de certaine dame pour certaine chose, satisfaire ce goût! comtesse, en vérité, vous êtes une énigme, un sphinx. — Eh! non, Monseigneur, je suis loin d'être un sphinx, car c'est moi-même qui vais vous donner le mot de l'énigme. Les détails, c'est ce qui s'était passé à Versailles; le goût de certaine dame, c'est la reine; et la satisfaction donnée à ce goût de la reine, c'est l'achat que vous avez fait hier à messieurs Bœhmer et Bossange de leur fameux collier. — Comtesse! murmura le cardinal, tout vacillant et tout pâle.

Jeanne attacha sur lui son plus clair regard.

— Voyons, dit-elle, pourquoi me regarder ainsi d'un air tout effaré; est-ce que vous n'avez point hier passé marché avec les joailliers du quai de l'École?

Un Rohan ne ment pas, même avec une femme. Le cardinal se tut.

Jeanne profita de l'hésitation du prince pour reprendre la parole. Dans ce moment-là, elle le dominait et elle n'était pas femme à perdre une si favorable position.

— Pardon, prince, dit-elle. J'ai hâte de vous dire en quoi vous vous trompez sur mon compte. Vous me croyez sotte, méchante et curieuse. — Oh! oh! comtesse. — Enfin... — Pas un mot de plus, laissez-moi parler à mon tour. Je vous persuaderai peut-être, car dès aujourd'hui je vois clairement à qui j'ai affaire. Je m'attendais à trouver en vous une femme légère, pleine d'esprit; une femme comme il en est beaucoup. Vous êtes mieux que cela. Écoutez:

Jeanne se rapprocha pour mieux entendre.

— Vous avez bien voulu être ma confidente; vous m'avez dit que vous seriez heureuse de ma confiance et de mon attachement. — Et je vous le dis encore, fit madame de La Motte. — Vous aviez un but, alors? — Assurément. — Le but, comtesse? — Vous avez besoin que je vous l'explique? — Non, je le touche du doigt. Vous voulez faire ma fortune. N'est-il pas sûr qu'une fois ma fortune faite, mon premier soin sera d'assurer la vôtre? Est-ce bien cela, et me suis-je trompé? — Vous ne vous êtes pas trompé, Monseigneur, et c'est bien cela. — Vous êtes aimable, comtesse, et c'est tout plaisir que de causer affaires avec vous... je disais donc que vous avez deviné juste. Vous savez que j'ai quelque part un respectueux attachement, et cet attachement ne sera jamais partagé. — Eh! fit la comtesse, une femme n'est pas toujours reine, et vous valez bien, que je sache, monsieur le cardinal Mazarin. — C'était un fort bel homme aussi, dit en riant monsieur de Rohan. — Et un excellent premier ministre, répartit Jeanne avec le plus grand calme. — Comtesse, avec vous c'est peine perdue de penser, c'est vingt fois surabondant de dire. Vous pensez et vous parlez pour vos amis. Oui, je tends à devenir premier ministre. Tout m'y pousse: la naissance, l'habitude des affaires, certaine bienveillance que me témoignent les cours étrangères, beaucoup de sympathie qui m'est accordée par le peuple français. — Tout enfin, dit Jeanne, excepté une chose. — Excepté une répugnance, voulez-vous dire? — Oui, de la reine; et cette répugnance, c'est le véritable obstacle. Ce qu'elle aime, la reine, il faut toujours que le roi finisse par l'aimer; ce qu'elle hait, il le déteste d'avance. — Et elle me hait? — Oh! — Soyons francs. Je ne crois pas qu'il nous soit permis de rester en si beau chemin, comtesse. — Eh bien! Monseigneur, la reine ne vous aime pas. Alors, je suis perdu! Il n'y a pas de collier qui tienne. — Voilà en quoi vous pouvez vous tromper, prince. — Comment me tromper? puisque la reine me hait. — Je n'ai pas dit cela, Monseigneur. Entre haïr et ne pas aimer il y a une lieue de distance. — Alors, comtesse, vous espérez que les répugnances céderont? vous espérez que j'entrerai en faveur, et que je deviendrai premier ministre? — J'en suis presque certaine. — Oh! presque? — Non, j'en suis sûre. — Comtesse, vous me ravissez de joie. Dites alors ce que je dois faire pour vous. Voyons! quelles sont vos ambitions? Parlez, ma reconnaissance... — Je vous parlerai de mes ambitions, Monseigneur, quand vous serez en état de les satisfaire. — Quand je serai premier ministre et tout à fait dans les bonnes grâces de Sa Majesté? — C'est cela même. — C'est parler cela. Je vous attends à ce jour. — Merci, Monseigneur. Maintenant, soupons. — Tenez, comtesse, il faut que je l'avoue, je n'ai plus faim. — Peste! comme les parfums de l'ambition vous grisent! alors, causons. — Mais, je n'ai plus rien à dire. — Alors, quittons-nous. — Voilà, dit-il, ce que vous appelez notre alliance. Vous me congédiez? — Pour être vraiment l'un à l'autre, dit-elle, Monseigneur, soyons tout à fait l'un et l'autre à nous-mêmes. — Vous avez raison, comtesse; pardon de m'être encore trompé cette fois sur votre compte. Oh! je vous jure bien que ce sera la dernière.

Il lui reprit la main, et la baisa si respectueusement, qu'il ne vit pas le sourire narquois, diabolique, de la comtesse, au moment où ces mots avaient retenti :

« Ce sera la dernière fois que je me tromperai sur votre compte. »

Jeanne se leva, reconduisit le prince jusqu'à l'antichambre. Là, il s'arrêta, et tout bas :

— La suite, comtesse? — C'est tout simple. — Que ferai-je? — Rien. Attendez-moi. — Et vous irez? — A Versailles. — Quand? — Demain. — Et j'aurai réponse? — Tout de suite. — Allons, ma protectrice, je m'abandonne à vous. — Laissez-moi faire.

Elle rentra sur ce mot chez elle, se mit au lit, et, considérant vaguement le bel Endymion de marbre qui attendait Diane :

— Décidément, la liberté vaut mieux, murmura-t-elle.

XLIX

JEANNE PROTÉGÉE

Maîtresse d'un pareil secret, riche d'un pareil avenir, étayée de deux appuis si considérables, Jeanne se sentit forte à lever le monde.

Elle se donna quinze jours de délai pour commencer de mordre pleinement à la grappe savoureuse que la fortune suspendait au-dessus de son front.

Paraître à la cour non plus comme une solliciteuse, non plus comme la pauvre mendiante retirée par madame de Boulainvilliers, mais comme une descendante des Valois, riche de cent mille livres de rentes, avoir un mari duc et pair, s'appeler la favorite de la reine, et, par ce temps d'intrigues et d'orages, gouverner l'État en gouvernant le roi par Marie-Antoinette, voilà tout simplement le panorama qui se déroula devant l'inépuisable imagination de la comtesse de La Motte.

Le jour venu, elle ne fit qu'un bond jusqu'à Versailles. Elle n'avait pas de lettre d'audience; mais sa foi en sa fortune était devenue telle, que Jeanne ne doutait plus de voir fléchir l'étiquette devant son désir.

Et elle avait raison.

Tous ces officieux de cour, si fort empressés de deviner les goûts du maître, avaient remarqué déjà combien Marie-Antoinette prenait du plaisir dans la société de la jolie comtesse.

C'en fut assez pour qu'à son arrivée un huissier intelligent, jaloux de se faire bien venir, allât se placer sur le passage de la reine qui venait de la chapelle, et là, comme par hasard, prononçât devant le gentilhomme de service ces mots :

— Monsieur, comment faire pour madame la comtesse de La Motte-Valois, qui n'a pas de lettre d'audience?

La reine causait bas avec madame de Lamballe.

Le nom de Jeanne, adroitement lancé par cet homme, l'arrêta dans sa conversation.

Elle se retourna.

— Ne dit-on pas, demanda-t-elle, qu'il y a là madame de La Motte-Valois? — Je crois que oui, Votre Majesté, répliqua le gentilhomme. — Qui dit cela? — Cet huissier, Madame.

L'huissier s'inclina modestement.

— Je recevrai madame de La Motte-Valois, fit la reine, qui continua sa route.

Puis, en se retirant :

— Vous la conduirez dans le cabinet des bains, dit-elle.

Et elle passa.

Jeanne, à qui cet homme raconta simplement ce qu'il venait de faire, porta tout de suite la main à sa bourse, mais l'huissier l'arrêta par un sourire.

— Madame la comtesse, veuillez, je vous prie, dit-il, accumuler cette dette, vous pourrez bientôt me la payer avec de meilleurs intérêts.

Jeanne remit l'argent dans sa poche.

— Vous avez raison, mon ami, merci. Pourquoi, se dit-elle, ne protégerais-je pas un huissier qui m'a protégée. J'en fais bien autant pour un cardinal.

Jeanne se trouva bientôt en présence de sa souveraine.

Marie-Antoinette était sérieuse, peu disposée en apparence, peut-être même par cela qu'elle avait trop favorisé la comtesse avec une réception inespérée.

Au fond, pensa l'amie de monsieur de Rohan, la reine se figure que je vais encore mendier... Avant que j'aie prononcé vingt mots, elle se sera déridée ou m'aura fait jeter à la porte.

— Madame, dit la reine, je n'ai pas encore trouvé l'occasion de parler au roi. — Ah! Madame, Votre Majesté n'a été que trop bonne déjà pour moi, et je n'attends rien de plus. Je venais... — Pourquoi venez-vous? dit la reine habile à saisir les transitions. Vous n'aviez pas demandé audience. Il y a urgence peut-être... pour vous? — Urgence... oui, Madame; mais pour moi... non. — Pour moi, alors... Voyons, parlez, comtesse.

Et la reine conduisit Jeanne dans la salle des bains, où ses femmes l'attendaient.

La comtesse, voyant autour de la reine tout ce monde, ne commençait pas la conversation.

La reine, une fois au bain, renvoya ses femmes.

— Madame, dit Jeanne, Votre Majesté me voit bien embarrassée. — Comment cela? Je vous le disais bien. — Votre Majesté sait, je crois le lui avoir dit, toute la grâce que met monsieur le cardinal de Rohan à m'obliger.

La reine fronça le sourcil.

— Je ne sais, dit-elle. — Je croyais... — N'importe... dites. — Eh bien! Madame, Son Éminence me fit l'honneur avant-hier de me rendre visite. — Ah! — C'était pour une bonne œuvre que je préside. — Très-bien, comtesse, très-bien. Je donnerai aussi... à votre bonne œuvre. — Votre Majesté se méprend. J'ai eu l'honneur de lui dire que je ne demandais rien. Monsieur le cardinal, selon sa coutume, me parla de la bonté de la reine, de sa grâce inépuisable. — Et demanda que je protégeasse ses protégés? — D'abord! oui, Votre Majesté. — Je le ferai, non pour monsieur le cardinal, mais pour les malheureux que j'accueille toujours bien, de quelque part qu'ils viennent. Seulement, dites à Son Éminence que je suis fort gênée. — Hélas! Madame, voilà bien ce que je lui dis, et de là vient l'embarras que je signalais à la reine. — Ah! ah! — J'exprimai à monsieur le cardinal toute la charité si ardente dont s'emplit le cœur de Votre Majesté à l'annonce d'une infortune quelconque, toute la générosité qui fait vider incessamment la bourse de la reine, trop étroite toujours. — Bien! bien! — Tenez, Monseigneur, lui dis-je, comme exemple, Sa Majesté se rend esclave de ses propres bontés. Elle se sacrifie à ses pauvres. Le bien qu'elle fait lui tourne à mal, et là-dessus je m'accusai moi-même. — Comment cela, comtesse? dit la reine, qui écoutait, soit que Jeanne eût su la prendre par son faible, soit que l'esprit distingué de Marie-Antoinette sentît sous la longueur de ce préambule un vif intérêt, résultant pour elle de la préparation. — Je dis, Madame, que Votre Majesté m'avait donné une forte somme quelques jours avant; que mille fois, au moins, cela était arrivé depuis deux ans à la reine, et que si la reine eût été moins sensible, moins généreuse, elle aurait deux millions en caisse, grâce auxquels nulle considération ne l'empêcherait de se donner ce beau collier de diamants, si noblement, si courageusement, mais, permettez-moi de le dire, Madame, si injustement repoussé.

La reine rougit et se remit à regarder Jeanne. Évidemment la conclusion se renfermait dans la dernière phrase? Y avait-il piége? y avait-il seulement flagornerie? Certes, la question étant ainsi posée, il ne pouvait manquer d'y avoir danger pour une reine. Mais Sa Majesté rencontra sur le visage de Jeanne tant de douceur, de candide bienveillance, tant de vérité pure, que rien n'accusait une pareille physionomie d'être perfide ou adulatrice.

Et comme la reine elle-même avait une âme pleine de vraie générosité, et que dans la générosité il y a toujours la force, dans la force toujours la solide vérité, alors Marie-Antoinette poussant un soupir:

— Oui, dit-elle, le collier est beau; il était beau, veux-je dire, et je suis bien aise qu'une femme de goût me loue de l'avoir repoussé. — Si vous saviez, Madame, s'écria Jeanne, coupant à propos la phrase, comme on finit par connaître les sentiments des gens lorsqu'on porte intérêt à ceux que ces gens aiment? — Que voulez-vous dire? — Je veux dire,

Madame, qu'en apprenant votre héroïque sacrifice du collier, je vis monsieur de Rohan pâlir. — Pâlir! — En un moment ses yeux se remplirent de larmes. Je ne sais, Madame, s'il est vrai que monsieur de Rohan soit un bel homme et un seigneur accompli, ainsi que beaucoup le prétendent; ce que je sais, c'est qu'en ce moment sa figure, éclairée par le feu de son âme, et toute sillonnée de larmes provoquées par votre généreux désintéressement, que dis-je, par votre privation sublime, cette figure-là ne sortira jamais de mon souvenir.

La reine s'arrêta un moment à faire tomber l'eau du bec de cygne doré qui plongeait sur sa baignoire de marbre.

— Eh bien! comtesse, dit-elle, puisque monsieur de Rohan vous a paru si beau et si accompli que vous venez de le dire, je ne vous engage pas à le lui laisser voir. C'est un prélat mondain. — Oh! Madame. — Eh bien! quoi? est-ce que je le calomnie? N'est-ce pas là sa réputation? ne s'en fait-il pas une sorte de gloire? ne le voyez-vous pas agiter ses belles mains en l'air, elles sont belles, c'est vrai, pour les rendre plus blanches, et sur ses mains, étincelant de la bague pastorale, les dévotes fixent des yeux plus brillants que le diamant du cardinal.

Jeanne s'inclina comme pour approuver ce reproche.

— Allons, Madame, convenons-en, nous ne sommes plus au temps de la Fronde. Le loue qui voudra pour cela, je me récuse, allez. — Eh bien! Madame, fit Jeanne mise à l'aise par cette familiarité, comme aussi par la situation toute physique de son interlocutrice, je ne sais pas si monsieur le cardinal pensait aux dévotes quand il me parlait si ardemment des vertus de Votre Majesté, mais tout ce que je sais, c'est que ses belles mains, au lieu d'être en l'air, s'appuyaient sur son cœur.

La reine secoua la tête en riant forcément.

— Oui-da! pensa Jeanne, est-ce que les choses iraient mieux que nous ne le croyons? est-ce que le dépit serait notre auxiliaire? oh! nous aurions trop de facilités alors.

La reine reprit vite son air noble et indifférent.

— Continuez, dit-elle. — Votre Majesté me glace; cette modestie qui lui fait repousser la louange... — Du cardinal! Oh! oui. — Mais pourquoi, Madame? — Parce qu'elle m'est suspecte, comtesse. — Il ne m'appartient pas, répliqua Jeanne avec le plus profond respect, de défendre celui qui a été assez malheureux pour être tombé dans la disgrâce de Votre Majesté; n'en doutons pas un moment, celui-là est bien coupable, puisqu'il a déplu à la reine. — Monsieur de Rohan ne m'a pas déplu, il m'a offensée. Mais je suis reine et chrétienne, et doublement portée, par conséquent, à oublier les offenses,

Et la reine dit ces paroles avec cette majestueuse bonté qui n'appartenait qu'à elle.

Jeanne se tut.

— Vous ne dites plus rien. — Je serais suspecte à Votre Majesté, j'encourrais sa disgrâce, son blâme, en exprimant une opinion qui froisserait la sienne. — Vous pensez le contraire de ce que je pense à l'égard du cardinal? — Diamétralement, Madame. — Vous ne parleriez pas ainsi le jour où vous sauriez ce que le prince Louis a fait contre moi. — Je sais seulement ce que je l'ai vu faire pour le service de Votre Majesté. — Des galanteries?

Jeanne s'inclina.

— Des politesses, des souhaits, des compliments? continua la reine.

Jeanne se tut.

— Vous avez pour monsieur de Rohan une amitié vive, comtesse; je ne l'attaquerai plus devant vous.

Et la reine se mit à rire.

— Madame, répondit Jeanne, j'aimais mieux votre colère que votre raillerie. Ce que ressent monsieur le cardinal pour Votre Majesté est un sentiment tellement respectueux, que, j'en suis sûre, s'il voyait la reine rire de lui, il mourrait. — Oh! oh! il a donc bien changé. — Mais Votre Majesté me faisait l'honneur de me dire l'autre jour que, depuis six ans déjà, monsieur de Rohan était passionnément... — Je plaisantais, comtesse, dit sévèrement la reine.

Jeanne, réduite au silence, parut à la reine résignée à ne plus lutter, mais Marie-Antoinette se trompait bien. Pour ces femmes, nature de tigre et de serpent, le moment où elles se replient est toujours le prélude de l'attaque; le repos concentré précède l'élan.

— Vous parlez de ces diamants, fit imprudemment la reine. Avouez que vous y avez pensé. — Jour et nuit, Madame, dit Jeanne avec la joie d'un général qui voit faire sur le champ de bataille une faute décisive à son ennemi. Ils sont si beaux, ils iront si bien à Votre Majesté. — Comment cela? — Oui, Madame, oui, à Votre Majesté. — Mais ils sont vendus! — Oui, ils sont vendus. — A l'ambassadeur de Portugal?

Jeanne secoua doucement la tête.

— Non? fit la reine avec joie. — Non, Madame. — A qui donc? — Monsieur de Rohan les a achetés.

La reine fit un bond, et, tout à coup refroidie :

— Ah! fit-elle. — Tenez, Madame, dit Jeanne avec une éloquence pleine de fougue et d'entraînement, ce que fait monsieur de Rohan est superbe; c'est un moment de générosité, de bon cœur; c'est un beau mouvement; une âme comme celle de Votre Majesté ne peut s'empêcher de sympathiser avec tout ce qui est bon et sensible. A peine monsieur de Rohan a-t-il su par moi, je l'avoue, la gêne momentanée de Votre Majesté :

« Comment ! s'est-il écrié, la reine de France se refuse ce que n'oserait se refuser une femme de fermier général ? Comment ! la reine peut s'exposer à voir un jour madame Necker parée de ces diamants ? »

Monsieur de Rohan ignorait encore que l'ambassadeur de Portugal les eût marchandés. Je le lui appris. Son indignation redoubla. « Ce n'est plus, dit-il, une question de plaisir à faire à la reine, c'est une question de dignité royale. Je connais l'esprit des cours étrangères, vanité, ostentation ; on y rira de la reine de France, qui n'a plus d'argent pour satisfaire un goût légitime ; et moi, je souffrirais qu'on raillât la reine de France ! Non, jamais. » Et il m'a quittée brusquement. Une heure après, je sus qu'il avait acheté les diamants.

— Quinze cent mille livres ? — Seize cent mille livres. — Et quelle a été son intention en les achetant ? — Que, puisqu'ils ne pouvaient être à Votre Majesté, ils ne fussent pas du moins à une autre femme. — Et vous êtes sûre que ce n'est pas pour en faire hommage à quelqu'un que monsieur de Rohan a acheté ce collier ? — Je suis sûre que c'est pour l'anéantir plutôt que de le voir briller à un autre cou qu'à celui de la reine.

Marie-Antoinette réfléchit, et sa noble physionomie laissa voir sans nuage tout ce qui se passait dans son âme.

— Ce qu'a fait là monsieur de Rohan est bien, dit-elle ; c'est un trait noble et d'un dévouement délicat.

Jeanne absorbait ardemment ces paroles.

— Vous remercierez donc monsieur de Rohan, continua la reine. — Oh ! oui, Madame. — Vous ajouterez que l'amitié de monsieur de Rohan m'est prouvée, et que moi, en honnête homme, ainsi que le dit Catherine, j'accepte tout de l'amitié, à charge de revanche. Aussi, j'accepte, non pas le don de monsieur de Rohan... — Quoi donc, alors ? — Mais son avance... Monsieur de Rohan a bien voulu avancer son argent ou son crédit pour me faire plaisir ; je le rembourserai. Bœhmer avait demandé du comptant, je crois ? — Oui, Madame. — Combien, deux cent mille livres ? — Deux cent cinquante mille livres. — C'est le trimestre de la pension que me fait le roi. On me l'a envoyé ce matin, d'avance, je le sais, mais enfin on me l'a envoyé.

La reine sonna rapidement ses femmes qui l'habillèrent, après l'avoir enveloppée de fines batistes chauffées.

Restée seule avec Jeanne, et réinstallée dans sa chambre, elle dit à la comtesse :

— Ouvrez, je vous prie, ce tiroir. — Le premier? — Non, le second. Vous voyez un portefeuille? — Le voici, Madame. — Il renferme deux cent cinquante mille livres. Comptez-les.

Jeanne obéit.

— Portez-les au cardinal. Remerciez-le encore. Dites-lui que chaque mois je m'arrangerai pour payer ainsi. On réglera les intérêts. De cette façon, j'aurai le collier qui me plaisait tant, et si je me gêne pour le payer, au moins je ne gênerai point le roi.

Elle se recueillit une minute.

— Et j'aurai gagné à cela, continua-t-elle, d'apprendre que j'ai un ami délicat qui m'a servie...

Elle attendit encore.

— Et une amie qui m'a devinée, fit-elle en offrant à Jeanne sa main, sur laquelle se précipita la comtesse.

Puis, comme elle allait sortir, après avoir encore hésité :

— Comtesse, dit-elle tout bas, comme si elle avait peur de ce qu'elle disait, vous instruirez monsieur de Rohan qu'il sera bien venu à Versailles, et que j'ai des remerciements à lui faire.

Jeanne s'élança hors de l'appartement, non pas ivre, mais insensée de joie et d'orgueil satisfait.

Elle serrait les billets de caisse comme un vautour sa proie volée.

L

LE PORTEFEUILLE DE LA REINE

Cette fortune, au propre et au figuré, que portait Jeanne de Valois, nul n'en sentit l'importance plus que les chevaux qui la ramenèrent de Versailles.

Si jamais chevaux pressés de gagner un prix volèrent dans la carrière, ce furent ces deux pauvres chevaux de carrosse de louage.

Leur cocher, stimulé par la comtesse, leur fit croire qu'ils étaient les légers quadrupèdes du pays d'Élis, et qu'il y avait à gagner deux talents d'or pour le maître, triple ration d'orge mondé pour eux.

Le cardinal n'était pas encore sorti, quand madame de La Motte arriva chez lui, tout au milieu de son hôtel et de son monde.

Elle se fit annoncer plus cérémonieusement qu'elle n'avait fait chez la reine.

LE PORTEFEUILLE DE LA REINE.

— Vous venez de Versailles? dit-il. — Oui, Monseigneur.

Il la regardait, elle était impénétrable.

Elle vit son frisson, sa tristesse, son malaise, elle n'eut pitié de rien.

— Eh bien? fit-il. — Eh bien! voyons, Monseigneur, que désirez-vous? Parlez un peu, afin que je ne me fasse pas trop de reproches. — Ah! comtesse, vous me dites cela d'un air!... — Attristant, n'est-ce pas? — Tuant. — Vous vouliez que je visse la reine? — Oui. — Je l'ai vue. Vous vouliez qu'elle me laissât parler de vous, elle qui, plusieurs fois, avait témoigné son éloignement pour vous, et son mécontentement en entendant prononcer votre nom? — Je vois qu'il faut, si j'ai eu ce désir, renoncer à le voir exaucé. — Non, la reine m'a parlé de vous. — Ou plutôt vous avez été assez bonne pour lui parler de moi? — Il est vrai. — Et Sa Majesté a écouté? — Cela mérite explication. — Ne me dites pas un mot de plus, comtesse, je vois combien Sa Majesté a eu de répugnance... — Non, pas trop... J'ai osé parler du collier. — Osé dire que j'ai pensé...? — A l'acheter pour elle, oui. — Oh! comtesse, c'est sublime; et elle a écouté? — Mais oui. — Vous lui avez dit que je lui offrais ces diamants? — Elle a refusé net. — Je suis perdu. — Refusé d'accepter le don, oui; mais le prêt... — Le prêt!... Vous auriez tourné si délicatement l'offre? — Si délicatement qu'elle a accepté. — Je prête à la reine, moi!... comtesse, est-il possible? — C'est plus que si vous donniez, n'est-ce pas? — Mille fois. — Je le pensais bien. Toutefois Sa Majesté accepte.

Le cardinal se leva, puis re rassit. Il vint encore jusqu'à Jeanne, et, lui prenant les mains :

— Ne me trompez pas, dit-il, songez qu'avec un mot vous pouvez faire de moi le dernier des hommes. — On ne joue pas avec des passions, Monseigneur; bon avec le ridicule; et les hommes de votre rang et de votre mérite ne peuvent jamais être ridicules. — C'est vrai. Alors ce que vous me dites... — Est l'exacte vérité. — J'ai un secret avec la reine? — Un secret... mortel.

Le cardinal courut à Jeanne, et lui serra la main.

— J'aime cette poignée de main, dit la comtesse, elle est d'un homme à un homme. — Elle est d'un homme heureux à un ange protecteur. — Monseigneur, n'exagérez rien. — Oh! si fait, ma joie, ma reconnaissance... jamais... — Mais vous exagérez l'une et l'autre. Prêter un million et demi à la reine, n'est-ce que cela qu'il nous fallait?

Le cardinal soupira.

— Buckingham eût demandé autre chose à Anne d'Autriche, Monseigneur, après ses perles semées sur le parquet de la chambre royale. — Ce que Buckingham a eu, comtesse, je ne veux pas même le souhaiter, fût-ce en rêve. — Vous vous expliquerez de cela, Monseigneur, avec la reine, car elle m'a donné ordre de vous avertir qu'elle vous verrait avec plaisir à Versailles.

L'imprudente n'eut pas plutôt laissé échapper ces mots, que le cardinal pâlit et soupira.

Le fauteuil qui se trouvait à sa portée, il le prit en tâtonnant comme un homme ivre.

— Ah! ah! pensa Jeanne, c'est encore plus sérieux que je ne croyais; j'avais rêvé le duché, la pairie, cent mille livres de rente, j'irai jusqu'à la principauté, jusqu'au demi-million de rente; car monsieur de Rohan, ne travaille ni par ambition ni par avarice, il est sous l'influence d'une passion plus dangereuse.

Monsieur de Rohan se remit vite. La joie n'est pas une maladie qui dure longtemps; et comme c'était un esprit solide, il jugea convenable de parler affaire avec Jeanne, afin de lui faire oublier qu'il venait de parler amour.

Elle le laissa faire.

— Comtesse, dit-il, que prétend faire la reine de ce prêt que vous lui avez supposé? — Vous me demandez cela parce que la reine est censée n'avoir pas d'argent? — Tout juste. — Eh bien! elle prétend vous payer comme si elle payait Bœhmer, avec cette différence que si elle avait acheté de Bœhmer, tout Paris le saurait, chose impossible depuis le fameux mot du vaisseau, et que si elle faisait faire la moue au roi, toute la France ferait la grimace. La reine veut donc avoir en détail les diamants, et les payer en détail. Vous lui en fournirez l'occasion; vous êtes pour elle un caissier discret, un caissier solvable, dans le cas où elle se trouverait embarrassée, voilà tout; elle est heureuse et elle paie, n'en demandez pas davantage. — Elle paie. Comment? — La reine, femme qui comprend tout, sait bien que vous avez des dettes, Monseigneur; et puis elle est fière, ce n'est pas une amie qui reçoive des présents... Quand je lui ai dit que vous aviez avancé deux cent cinquante mille livres... — Vous le lui avez dit? — Pourquoi pas. — C'était lui rendre tout de suite l'affaire impossible. — C'était lui procurer le moyen, la raison de l'accepter. Rien pour rien, voilà la devise de la reine. — Mon Dieu!

Jeanne fouilla tranquillement dans sa poche et en tira le portefeuille de Sa Majesté.

— Qu'est cela? dit monsieur de Rohan. — Un portefeuille qui renferme des billets de caisse pour deux cent cinquante mille livres. — Mais oui. — Et la reine vous les adresse avec un beau merci. — Oh! — Le compte y est. J'ai compté. — Il s'agit bien de cela. — Mais que regardez-vous? — Je regarde ce portefeuille, que je ne vous connaissais pas. — Il vous plaît. Cependant il n'est ni beau ni riche. — Il me plaît, je ne sais pourquoi. — Vous avez bon goût. — Vous me raillez? En quoi dites-vous que j'ai bon goût? — Sans doute, puisque vous avez le même goût que la reine. — Ce portefeuille... — Était à la reine, Monseigneur. — Y tenez-vous? — Oh! beaucoup.

Monsieur de Rohan soupira.

— Cela se conçoit, dit-il. — Cependant, s'il vous faisait plaisir, dit la comtesse avec un sourire diabolique et charmant. — Vous n'en doutez pas, comtesse; mais je ne veux pas vous en priver. — Prenez-le. — Comtesse! s'écria le cardinal entraîné par sa joie, vous êtes l'amie la plus précieuse, la plus spirituelle, la plus... — Oui, oui. — Et c'est entre nous... — A la vie, à la mort! on dit toujours cela. Non, je n'ai qu'un mérite. — Lequel donc? — Celui d'avoir fait vos affaires avec assez do bonheur et avec beaucoup de zéle. — Si vous n'aviez que ce bonheur-là, comtesse, je dirais que je vous vaux presque, attendu que moi, tandis que vous alliez à Versailles, j'ai aussi travaillé pour vous.

Jeanne regarda le cardinal avec surprise.

— Oui, une misère, fit-il. Un homme est venu, mon banquier, me proposer des actions sur je ne sais quelle affaire de marais à dessécher ou à exploiter. — Ah! — C'était un profit certain; j'ai accepté. — Et bien vous fîtes. — Oh! vous allez voir que je vous place toujours dans ma pensée au premier rang. — Au deuxième, c'est encore plus que je ne mérite. Mais voyons. — Mon banquier m'a donné deux cents actions, j'en ai pris le quart pour vous, les dernières. — Oh! Monseigneur. — Laissez-moi donc faire. Deux heures après il est revenu. Le fait seul du placement de ces actions en ce jour avait déterminé une hausse de cent pour cent. Il me donna cent mille livres. — Belle spéculation. — Dont voici votre part, chère comtesse.

Et du paquet de deux cent cinquante mille livres données par la reine, il glissa vingt-cinq mille livres dans la main de Jeanne.

— C'est bien, Monseigneur, donnant, donnant. Ce qui me flatte le plus, c'est que vous avez pensé à moi. — Il en sera toujours de même, répliqua le cardinal. — Attendez-vous à la pareille, dit Jeanne... Monseigneur, à bientôt, à Versailles.

Et elle partit, après avoir donné au cardinal la liste des échéances choisies par la reine, et dont la première, à un mois de date, faisait une somme de cinq cent mille livres.

LI

OU L'ON RETROUVE LE DOCTEUR LOUIS

Peut-être nos lecteurs, en se rappelant dans quelle position difficile nous avons laissé monsieur de Charny, nous sauront-ils quelque gré de les ramener dans cette antichambre des petits appartements de Versailles, dans laquelle le brave marin, que ni les hommes ni les éléments n'avaient jamais intimidé, avait fui de peur de se trouver mal devant trois femmes : la reine, Andrée, madame de La Motte.

Arrivé au milieu de l'antichambre, monsieur de Charny avait en effet compris qu'il lui était impossible d'aller plus loin. Il avait, tout chancelant, étendu les bras. On s'était aperçu que les forces lui manquaient, et l'on était venu à son secours.

C'était alors que le jeune officier s'était évanoui, et au bout de quelques instants était revenu à lui, sans se douter que la reine l'avait vu, et peut-être fût accourue à lui dans un premier mouvement d'inquiétude, si Andrée ne l'eût arrêtée, bien plus encore par une jalousie ardente que par un froid sentiment des convenances.

Au reste, bien avait pris à la reine de rentrer dans sa chambre à l'avis donné par Andrée, quel que fût le sentiment qui eût dicté cet avis, car à peine la porte s'était-elle refermée sur elle, qu'à travers son épaisseur elle entendit le cri de l'huissier :

— Le roi !

C'était en effet le roi qui allait de ses appartements à la terrasse, et qui voulait, avant le conseil, visiter ses équipages de chasse, qu'il trouvait un peu négligés depuis quelque temps.

En entrant dans l'antichambre, le roi, qui était suivi de quelques officiers de sa maison, s'arrêta ; il voyait un homme renversé sur l'appui d'une fenêtre, et dans une position à alarmer les deux gardes du corps qui lui portaient secours, et qui n'avaient pas l'habitude de voir s'évanouir pour rien des officiers.

Aussi, tout en soutenant monsieur de Charny, criaient-ils :

— Monsieur, Monsieur, qu'avez-vous donc ?

Mais la voix manquait au malade, et il lui était impossible de répondre.

Le roi, comprenant à ce silence la gravité du mal, accéléra sa marche.

— Mais oui, dit-il, oui, c'est quelqu'un qui perd connaissance.

A la voix du roi, les deux gardes se retournèrent, et par un mouvement machinal lâchèrent monsieur de Charny qui, soutenu par un reste de force, tomba ou plutôt se laissa aller sur les dalles avec un gémissement.

— Oh! Messieurs, dit le roi, que faites-vous donc?

On se précipita. On releva doucement monsieur de Charny qui avait complétement perdu connaissance, et on l'étendit sur un fauteuil.

— Oh! mais, s'écria le roi tout à coup en reconnaissant le jeune officier; c'est monsieur de Charny! — Monsieur de Charny? s'écrièrent les assistants. — Oui, le neveu de monsieur de Suffren.

Ces mots firent un effet magique. Charny fut en un moment inondé d'eaux de senteurs ni plus ni moins que s'il se fût trouvé au milieu de dix femmes. Un médecin avait été mandé, il examina vivement le malade.

Le roi, curieux de toute science et compatissant à tous les maux, ne voulut pas s'éloigner; il assistait à la consultation.

Le premier soin du médecin fut d'écarter la veste et la chemise du jeune homme, afin que l'air touchât sa poitrine; mais, en accomplissant cet acte, il trouva ce qu'il ne cherchait point.

— Une blessure! dit le roi redoublant d'intérêt et s'approchant de manière à voir de ses propres yeux. — Oui, oui, murmura monsieur de Charny en essayant de se soulever, et en promenant autour de lui des yeux affaiblis, une blessure ancienne qui s'est rouverte. Ce n'est rien... rien...

Et sa main serrait imperceptiblement les doigts du médecin.

Un médecin comprend et doit comprendre tout. Celui-là n'était pas un médecin de cour, mais un chirurgien des communs de Versailles. Il voulut se donner de l'importance.

— Oh! ancienne... cela vous plaît à dire, Monsieur; ses lèvres sont trop fraîches, le sang est trop vermeil : cette blessure n'a pas vingt-quatre heures.

Charny, à qui cette contradiction rendit ses forces, se remit sur ses pieds et dit :

— Je ne suppose pas que vous m'appreniez à quel moment j'ai reçu ma blessure, Monsieur; je vous dis et je vous répète qu'elle est ancienne.

Alors, en ce moment, il aperçut et reconnut le roi. Il boutonna sa veste, comme honteux d'avoir eu un aussi illustre spectateur de sa faiblesse.

— Le roi! dit-il. — Oui, monsieur de Charny, oui, moi-même, qui bénis le ciel d'être venu ici pour vous apporter un peu de soulagement.
— Une égratignure, sire, balbutia Charny; une ancienne blessure, sire, voilà tout. — Ancienne ou nouvelle, dit Louis XVI, la blessure m'a fait

voir votre sang, sang précieux d'un brave gentilhomme. — À qui deux heures dans son lit rendront la santé, ajouta Charny.

Et il voulut se lever encore; mais il avait compté sans ses forces. Le cerveau embarrassé, les jambes vacillantes, il ne se souleva que pour retomber aussitôt dans le fauteuil.

— Allons, dit le roi, il est bien malade. — Oh! oui, fit le médecin d'un air fin et diplomate, qui sentait sa pétition d'avancement; mais cependant on peut le sauver.

Le roi était honnête homme; il avait deviné que Charny cachait quelque chose. Ce secret lui était sacré. Tout autre l'eût été cueillir aux lèvres du médecin qui l'offrait si obligeamment; mais Louis XVI préféra laisser le secret à son propriétaire.

— Je ne veux pas, dit-il, que monsieur de Charny coure aucun risque en retournant chez lui. On soignera monsieur de Charny à Versailles; on appellera vite son oncle, monsieur de Suffren, et quand on aura remercié Monsieur de ses soins, et il désignait l'officieux médecin, on ira chercher le chirurgien de ma maison, le docteur Louis. Il est, je crois, de quartier.

Un officier courut exécuter les ordres du roi. Deux autres s'emparèrent de Charny et le transportèrent au bout de la galerie, dans la chambre de l'officier des gardes.

Cette scène se passa plus vite que celle de la reine et de monsieur de Crosne.

Monsieur de Suffren fut mandé, le docteur Louis appelé en remplacement du surnuméraire.

Nous connaissons cet honnête homme, sage et modeste, intelligence moins brillante qu'utile, courageux laboureur de ce champ immense de la science, où celui-là est plus honoré qui récolte le grain, où celui-là n'est pas moins honorable qui ouvre le sillon.

Derrière le chirurgien, penché déjà sur son client, s'empressait le bailli de Suffren, à qui une estafette venait d'apporter la nouvelle.

L'illustre marin ne comprenait rien à cette syncope, à ce malaise subit.

Lorsqu'il eut pris la main de Charny et regardé ses yeux ternes :

— Étrange! dit-il, étrange! Savez-vous, docteur, que jamais mon neveu n'a été malade. — Cela ne prouve rien, monsieur le bailli, dit le docteur. — L'air de Versailles est donc bien lourd, car, je vous le répète, j'ai vu Olivier en mer pendant dix ans, et toujours vigoureux, droit comme un mât. — C'est sa blessure, dit un des officiers présents. — Comment sa blessure! s'écria l'amiral; Olivier n'a jamais été blessé de sa vie. — Oh! pardon, répliqua l'officier en montrant la batiste rougie; mais je croyais...

Monsieur de Suffren vit du sang.

— C'est bon, c'est bon, fit avec une brusquerie familière le docteur, qui venait de sentir le pouls de son malade, n'allons-nous pas discuter l'origine du mal? Nous avons le mal, contentons-nous-en, et guérissons-le si c'est possible.

Le bailli aimait les propos sans réplique; il n'avait pas accoutumé les chirurgiens de ses équipages à ouater leurs paroles.

— Est-ce bien dangereux, docteur? demanda-t-il avec plus d'émotion qu'il n'en voulait montrer. — A peu près comme une coupure de rasoir au menton. — Bien. Remerciez le roi, Messieurs. Olivier, je te reviendrai voir.

Olivier remua les yeux et les doigts, comme pour remercier à la fois son oncle qui le quittait, et le docteur qui lui faisait lâcher prise.

Puis, heureux d'être dans un lit, heureux de se voir abandonné à un homme plein d'intelligence et de douceur, il feignit de s'endormir

Le docteur renvoya tout le monde.

Le fait est qu'Olivier s'endormit, non sans avoir remercié le ciel de tout ce qui lui était arrivé, ou plutôt de ce qui ne lui était pas advenu de mal en des circonstances si graves.

La fièvre s'était emparée de lui, cette fièvre régénératrice merveilleuse de l'humanité, séve éternelle qui fleurit dans le sang de l'homme; et, servant les desseins de Dieu, c'est-à-dire de l'humanité, fait germer la santé dans le malade, ou emporte le vivant au milieu de la santé.

Quand Olivier eut bien ruminé, avec cette ardeur des fiévreux, sa scène avec Philippe, sa scène avec la reine, sa scène avec le roi, il tomba dans un cercle terrible que le sang furieux vient jeter comme un filet sur l'intelligence... Il délira.

Trois heures après, on eût pu l'entendre de la galerie où se promenaient quelques gardes; ce que remarquant le docteur, il appela son laquais et lui commanda de prendre Olivier dans ses bras. Olivier poussa quelques cris plaintifs.

— Roulez-lui la couverture sur la tête. — Et qu'en ferai-je? dit le valet. Il est trop lourd et se défend trop. Je vais demander assistance à l'un de messieurs les gardes. — Vous êtes une poule mouillée, si vous avez peur d'un malade, dit le vieux docteur. — Monsieur... — Et si vous le trouvez trop lourd, c'est que vous n'êtes pas fort comme je l'avais cru. Je vous renverrai donc en Auvergne.

La menace fit son effet. Charny, criant, hurlant, délirant et gesticulant, fut enlevé comme une plume par l'Auvergnat à la vue des gardes du corps.

Ceux-ci questionnaient Louis et l'entouraient.

— Messieurs, dit le docteur en criant plus fort que Charny pour couvrir ses cris, vous entendez bien que je n'irai pas faire une lieue toutes les heures pour visiter ce malade que le roi m'a confié. Votre galerie est au bout du monde. — Où le conduisez-vous, alors, docteur? — Chez moi, comme un paresseux que je suis. J'ai ici, vous le savez, deux chambres; je le coucherai dans l'une d'elles, et après-demain, si personne ne se mêle de lui, je vous en rendrai compte. — Mais, docteur, dit l'officier, je vous assure qu'ici le malade est très-bien, nous aimons tous monsieur de Suffren, et... — Oui, oui, je connais ces soins-là de camarade à camarade. Le blessé a soif, on est bon pour lui; on lui donne à boire, et il meurt. Au diable les bons soins de messieurs les gardes. On m'a tué ainsi dix malades.

Le docteur parlait encore que déjà Olivier ne pouvait plus être entendu!

— Oui-da! poursuivit le digne médecin, c'est fort bien fait, c'est puissamment raisonné. Il n'y a qu'un malheur à cela, c'est que le roi voudra voir le malade... Et s'il le voit... il l'entendra... Diable! il n'y a pas à hésiter. Je vais prévenir la reine, elle me donnera un conseil.

Le bon docteur ayant pris cette résolution avec cette promptitude d'homme à qui la nature compte les secondes, inonda d'eau fraîche le visage du blessé, le plaça dans un lit de façon à ce qu'il ne se tuât pas en remuant ou en tombant. Il mit un cadenas aux volets, ferma la porte de la chambre à double tour, et, la clé dans sa poche, se rendit chez la reine, après s'être assuré, en écoutant au dehors, que pas un des cris d'Olivier ne pouvait être perçu ou compris.

Il va sans dire que, pour plus de précaution, l'Auvergnat était enfermé avec le malade.

Il trouva juste à cette porte madame de Misery, que la reine expédiait pour prendre des nouvelles du blessé.

Elle insistait pour entrer.

— Venez, venez, Madame, dit-il, je sors. — Mais, docteur, la reine attend! — Je vais chez la reine, Madame. — La reine désire... — La reine en saura tout autant qu'elle en désire savoir; c'est moi qui vous le dis, Madame. Allons.

Et il fit si bien, qu'il força la dame de Marie-Antoinette à courir pour arriver en même temps que lui.

LII

ÆGRI SOMNIA

La reine attendait la réponse de madame de Misery, elle n'attendait pas le docteur.

Celui-ci entra avec sa familiarité accoutumée.

— Madame, dit-il tout haut, le malade, auquel le roi et Votre Majesté s'intéressent, va aussi bien qu'on va quand on a la fièvre.

Le reine connaissait le docteur; elle savait toute son horreur pour les gens qui, disait-il, poussent des cris entiers quand ils ressentent des demi-souffrances.

Elle se figura que monsieur de Charny avait un peu outré sa position. Les femmes fortes sont disposées à trouver faibles les hommes forts.

— Le blessé, dit-elle, est un blessé pour rire. — Eh! eh! fit le docteur. — Une égratignure... — Mais non, non, Madame; enfin, égratignure ou blessure, tout ce que je sais, c'est qu'il a la fièvre. — Pauvre garçon! Une fièvre assez forte? — Une fièvre terrible. — Bah! fit la reine avec effroi; je ne pensais pas que, comme cela... tout de suite... la fièvre...

Le docteur regarda un moment la reine.

— Il y a fièvre et fièvre, répliqua-t-il. — Mon cher Louis, tenez, vous m'effrayez. Vous qui d'ordinaire êtes si rassurant, je ne sais vraiment ce que vous avez ce soir. — Rien d'extraordinaire. — Ah! par exemple! vous vous retournez, et vous regardez de droite et de gauche, vous avez l'air d'un homme qui voudrait me confier un grand secret. — Eh! qui dit non? — Vous voyez bien; un secret à propos de fièvre! — Mais, oui. — De la fièvre de monsieur de Charny? — Mais, oui. — Et vous me cherchez pour ce secret? — Mais, oui. — Vite au fait. Vous savez que je suis curieuse. Tenez, commençons par le commencement. — Comme Petit-Jean, n'est-ce pas? — Oui, mon cher docteur. — Eh bien! Madame... — Eh bien! j'attends, docteur. — Non, c'est moi qui attends. — Quoi? — Que vous me questionniez, Madame. Je ne raconte pas bien, mais si on me fait des demandes, je réponds comme un livre. — Eh bien! je vous ai demandé comment va la fièvre de monsieur de Charny. — Non, c'est mal débuté. Demandez-moi d'abord comment il se fait que monsieur de Charny soit chez moi, dans une de mes deux

petites chambres, au lieu d'être dans la galerie ou dans le poste de l'officier des gardes. — Soit, je vous le demande, en effet. C'est étonnant.
— Eh bien! Madame, je n'ai pas voulu laisser monsieur de Charny dans cette galerie, dans ce poste, comme vous voudrez, parce que monsieur de Charny n'est pas un fiévreux ordinaire.

La reine fit un geste de surprise.

— Que voulez-vous dire? — Monsieur de Charny, quand il a la fièvre, délire tout de suite. — Oh! fit la reine en joignant les mains. — Et, poursuivit Louis en se rapprochant de la reine, lorsqu'il délire, le pauvre jeune homme! il dit une foule de choses extrêmement délicates à entendre pour messieurs les gardes du roi ou toute autre personne. — Docteur!
— Ah dam! il ne fallait pas me questionner, si vous ne vouliez pas que je répondisse. — Dites toujours, cher docteur.

Et la reine prit la main du bon savant.

— Ce jeune homme est un athée, peut-être, et, dans son délire, il blasphème. — Non pas, non pas. Il a, au contraire, une religion très-profonde. — Il y aurait exaltation peut-être dans ses idées? — Exaltation, c'est le mot.

La reine composa son visage, et, prenant ce superbe sang-froid qui accompagne toujours les actes des princes habitués au respect des autres et à l'estime d'eux-mêmes, faculté indispensable aux grands de la terre pour dominer et ne pas se trahir :

— Monsieur de Charny, dit-elle, m'est recommandé. Il est le neveu de monsieur de Suffren, notre héros. Il m'a rendu des services; je veux être à son égard comme serait une parente, une amie. Dites-moi donc la vérité; je dois et je veux l'entendre. — Mais, moi, je ne puis vous la dire, répliqua Louis, et puisque Votre Majesté tient si fort à la connaître, je ne sais qu'un moyen, c'est que Votre Majesté entende elle-même. De cette façon, si quelque chose est dit à tort par ce jeune homme, la reine n'en voudra ni à l'indiscret qui aura laissé pénétrer le secret, ni à l'imprudent qui l'aura étouffé. — J'aime votre amitié, s'écria la reine, et crois dès à présent que monsieur de Charny dit des choses étranges dans son délire... — Des choses qu'il est urgent que Votre Majesté entende pour les apprécier, fit le bon docteur.

Et il prit doucement la main émue de la reine.

— Mais d'abord, prenez garde, s'écria la reine, je ne fais point ici un pas sans avoir quelque charitable espion derrière moi. — Vous n'aurez que moi ce soir. Il s'agit de traverser mon corridor, qui a une porte à chaque extrémité. Je fermerai celle par laquelle nous entrerons, et nul ne sera près de nous, Madame. — Je m'abandonne à mon cher docteur, fit la reine.

Et prenant le bras de Louis, elle se glissa hors des appartements toute palpitante de curiosité.

Le docteur tint sa promesse. Jamais roi, marchant au combat ou faisant une reconnaissance dans une ville de guerre; jamais reine, escortée en aventure, ne fut plus vigilamment éclairée par un capitaine des gardes ou un grand officier du palais.

Le docteur ferma la première porte, s'approcha de la deuxième, à laquelle il colla son oreille.

— Eh bien! dit la reine, c'est donc là qu'est votre malade? — Non pas, Madame, il est dans la seconde pièce. Oh! s'il était dans celle-ci, vous l'eussiez entendu du bout du corridor. Écoutez déjà de cette porte.

On entendait, en effet, le murmure inarticulé de quelques plaintes.

— Il gémit, il souffre, docteur. — Non pas, non pas, il ne gémit pas du tout. Il parle bel et bien. Tenez, je vais ouvrir cette porte — Mais je ne veux pas entrer près de lui, s'écria la reine en se rejetant en arrière. — Ce n'est pas non plus cela que je vous propose, dit le docteur. Je vous parle seulement d'entrer dans la première chambre, et de là, sans crainte d'être vue ou de voir, vous entendrez tout ce qui se dira chez le blessé. — Tous ces mystères, toutes ces préparations me font peur, murmura la reine. — Que sera-ce donc lorsque vous aurez entendu! répliqua le docteur.

Et il entra seul près de Charny.

Vêtu de sa culotte d'uniforme, dont le bon docteur avait dénoué les boucles, sa jambe nerveuse et fine prise dans un bas de soie aux spirales d'opale et de nacre, ses bras étendus comme ceux d'un cadavre, et tout raides dans les manches de batiste froissée, Charny essayait de soulever sur l'oreiller sa tête plus lourde que si elle eût été de plomb.

Une sueur bouillante ruisselait en perles sur son front, et collait à ses tempes les boucles dénouées de ses cheveux.

Abattu, écrasé, inerte, il n'était plus qu'une pensée, qu'un sentiment, qu'un reflet; son corps ne vivait plus que sur cette flamme, toujours animée et s'irritant elle-même dans son cerveau, comme le lumignon dans la veilleuse d'albâtre.

Ce n'est pas une vaine comparaison que nous avons choisie, car cette flamme, seule existence de Charny, éclairait fantastiquement et d'une façon adoucie certains détails que la mémoire seule n'eût pas traduits en longs poëmes.

Charny en était à se raconter lui-même son entrevue dans le fiacre avec la dame allemande rencontrée de Paris à Versailles.

— Allemande! Allemande! répétait-il toujours. — Oui, Allemande, nous savons cela, dit le docteur, route de Versailles. — Reine de France, s'écria-t-il tout à coup. — Eh! fit Louis en regardant dans la chambre de la reine. Rien que cela. Qu'en dites-vous, Madame? — Voilà ce qu'il y a d'affreux, murmura Charny; c'est d'aimer un ange, une femme, de l'aimer follement, de donner sa vie pour elle, et de n'avoir plus en face, quand on s'approche, qu'une reine de velours et d'or, un métal ou une étoffe, pas de cœur! — Oh! fit le docteur en riant d'un rire forcé.

Charny ne fit pas attention à l'interruption.

— J'aimerais, dit-il, une femme mariée. Je l'aimerais avec cet amour sauvage qui fait que l'on oublie tout. Eh bien!... je dirais à cette femme : il nous reste quelques beaux jours sur cette terre; ceux qui nous attendent en dehors de l'amour vaudront-ils ces jours-là! Viens, ma bien-aimée, tant que tu m'aimeras et que je t'aimerai, ce sera la vie des élus. Après, eh bien! après, ce sera la mort, c'est-à-dire la vie que nous avons en ce moment. Donc gagnons les bénéfices de l'amour.

— Pas mal raisonné pour un fiévreux, murmura le docteur, bien que cette morale fût des moins serrées. — Mais ses enfants!... s'écria tout à coup Charny avec rage; elle ne laissera pas ses deux enfants. — Voilà l'obstacle, *hic nodus*, fit Louis en étanchant la sueur du front de Charny, avec un sublime mélange de raillerie et de charité. — Oh! reprit le jeune homme insensible à tout, des enfants, cela s'emportera bien dans le pan d'un manteau de voyage, des enfants!... Voyons, Charny, puisque tu emportes la mère, elle, plus légère qu'une plume de fauvette, dans tes bras; puisque tu la soulèves sans rien sentir qu'un frisson d'amour au lieu d'un fardeau, est-ce que tu n'emporterais pas aussi les enfants de Marie... Ah!...

Il poussa un cri terrible.

— Les enfants d'un roi, c'est si lourd qu'on en sentirait le vide dans une moitié du monde.

Louis quitta son malade et s'approcha de la reine.

Il la trouva debout, froide et tremblante; il lui prit la main; elle avait aussi le frisson.

— Vous avez raison, dit-elle. C'est plus que du délire, c'est un danger réel que court ce jeune homme si on l'entendait. — Écoutez! écoutez! poursuivit le docteur. — Non, plus un mot. — Il s'adoucit. Tenez, le voilà qui prie.

En effet, Charny venait de se soulever et joignait les mains; il fixait de grands yeux étonnés dans le vague et le chimérique infini.

— Marie, dit-il d'une voix vibrante et douce, Marie, j'ai bien senti que vous m'aimiez. Oh! je n'en dirai rien. Votre pied, Marie, s'est approché du mien dans le fiacre, et je me suis senti mourir. Votre main a

ÆGRI SOMNIA.

descendu sur la mienne... la... la... je n'en dirai rien, c'est le secret de ma vie. Mon sang a beau couler, Marie, de ma blessure, le secret ne sortira pas avec lui.

Mon ennemi a trempé son épée dans mon sang ; mais s'il a un peu de mon secret à moi, il n'a rien du vôtre. Ne craignez donc rien, Marie; ne me dites même pas que vous m'aimez : c'est inutile; puisque vous rougissez, vous n'avez rien à m'apprendre.

— Oh! oh! fit le docteur. Ce n'est plus seulement de la fièvre, alors; voyez comme il est calme... c'est... — C'est?... fit la reine avec inquiétude. — C'est une extase, Madame : l'extase ressemble à la mémoire. C'est en effet la mémoire d'une âme lorsqu'elle se souvient du ciel. — J'en ai entendu assez, murmura la reine, si troublée qu'elle essaya de fuir.

Le docteur l'arrêta violemment par la main.

— Madame, Madame, dit-il, que voulez-vous? — Rien, docteur; rien. — Mais si le roi veut voir son protégé? — Ah! oui. Oh! ce serait un malheur. — Que dirai-je? — Docteur, je n'ai pas une idée, je n'ai pas une parole; ce spectacle affreux m'a navrée. — Et vous lui avez pris sa fièvre à cet extatique, dit tout bas le docteur : il y a là cent pulsations au moins.

La reine ne répondit pas, dégagea sa main et disparut.

LIII

OU IL EST DÉMONTRÉ QUE L'AUTOPSIE DU CŒUR EST PLUS DIFFICILE QUE CELLE DU CORPS

Le docteur demeura pensif, regardant s'éloigner la reine.

Puis à lui-même et en secouant la tête :

— Il y a dans ce château, murmura-t-il, des mystères qui ne sont pas du ressort de la science. Contre les uns, je m'arme de la lancette et je leur perce la veine pour les guérir; contre les autres, je m'arme du reproche et leur perce le cœur : les guérirai-je?

Puis, comme l'accès était passé, il ferma les yeux de Charny, restés ouverts et hagards, lui rafraîchit les tempes avec de l'eau et du vinaigre, et disposa autour de lui ces soins qui changent l'atmosphère brûlante du malade en un paradis de délices.

Alors ayant vu le calme revenir sur les traits du blessé, remarquant que ses sanglots se changeaient tout doucement en soupirs, que de vagues syllabes s'échappaient de sa bouche au lieu de furieuses paroles :

— Oui, oui, il y avait non-seulement sympathie, mais encore influence, dit-il; ce délire s'était levé comme pour venir au-devant de la visite que le malade a reçue; oui, les atomes humains se déplacent comme dans le règne végétal les poussières fécondantes; oui, la pensée a des communications invisibles, les cœurs ont des rapports secrets.

Tout à coup il tressaillit, et se retourna à moitié, écoutant à la fois de l'oreille et de l'œil.

— Voyons, qui est encore là? murmura-t-il.

En effet, il venait d'entendre comme un murmure et un frôlement de robe à l'extrémité du corridor.

— Il est impossible que ce soit la reine, murmura-t-il; elle ne reviendrait pas sur une résolution probablement invariable. Voyons.

Et il alla doucement ouvrir une autre porte donnant aussi sur le corridor, et, avançant la tête sans bruit, il vit à dix pas de lui une femme vêtue de longs habits aux plis immobiles, et pareille à la statue froide et inerte du désespoir.

Il faisait nuit, la faible lumière placée dans le corridor ne pouvait l'éclairer d'un bout à l'autre; mais par une fenêtre passait un rayon de lune qui portait sur elle et qui la faisait visible jusqu'au moment où un nuage passerait entre elle et le rayon.

Le docteur rentra doucement, franchit l'espace qui séparait une porte de l'autre; puis sans bruit, mais rapidement, il ouvrit celle derrière laquelle cette femme était cachée.

Elle poussa un cri, étendit les mains, et rencontra les mains du docteur Louis.

— Qui est là? demanda-t-il avec une voix où il y avait plus de pitié que de menace; car il devinait, à l'immobilité même de cette ombre, qu'elle écoutait plus encore avec le cœur qu'avec l'oreille. — Moi, docteur, moi, répondit une voix douce et triste.

Quoique cette voix ne fût pas inconnue au docteur, elle n'éveilla en lui qu'un vague et lointain souvenir.

— Moi, Andrée de Taverney, docteur. — Ah! mon Dieu! qu'y a-t-il? s'écria le docteur, est-ce qu'elle s'est trouvée mal? — *Elle!* s'écria Andrée. *Elle!* qui donc *Elle?*

Le docteur sentit qu'il venait de commettre une imprudence.

— Pardon, mais j'ai vu tout à l'heure une femme s'éloigner. Peut-être était-ce vous? — Ah! oui, dit Andrée, il est venu une femme avant moi ici, n'est-ce pas?

Et Andrée prononça ces paroles avec une ardente curiosité, qui ne laissa aucun doute au docteur sur le sentiment qui les avait dictées.

— Ma chère enfant, dit le docteur, il me semble que nous jouons aux propos interrompus. De qui me parlez-vous? que me voulez-vous? expliquez-vous. — Docteur, reprit Andrée avec une voix si triste, qu'elle alla jusqu'au fond du cœur de celui qu'elle interrogeait, bon docteur, n'essayez pas de me tromper, vous qui avez pris l'habitude de me dire la vérité; avouez qu'une femme était ici tout à l'heure, avouez-le-moi, aussi bien je l'ai vue. — Eh! qui vous dit qu'il n'est venu personne? — Oui, mais une femme, une femme, docteur. — Sans doute, une femme; à moins que vous ne comptiez soutenir cette thèse qu'une femme n'est femme que jusqu'à l'âge de quarante ans. — Celle qui est venue avait quarante ans, docteur! s'écria Andrée, respirant pour la première fois; ah! — Quand je dis quarante ans, je lui fais grâce encore de cinq ou six bonnes années; mais il faut être galant avec ses amis, et madame de Misery est de mes amies, et même de mes bonnes amies. — Madame de Misery? — Sans doute. — C'est bien elle qui est venue? — Et pourquoi diable! ne vous le dirais-je pas, si c'était une autre? — Oh! c'est que...
— En vérité les femmes sont toutes les mêmes, inexplicables; je croyais cependant vous connaître, vous particulièrement. Eh bien! non, je ne vous connais pas plus que les autres. C'est à se damner. — Bon et cher docteur! — Assez. Venons au fait.

Andrée le regarda avec inquiétude.

— Est-ce qu'elle s'est trouvée plus mal? demanda-t-il. — Qui cela? — Pardieu! la reine. — La reine! — Oui, la reine, pour qui madame de Misery est venue me chercher tout à l'heure; la reine, qui a ses suffocations, ses palpitations. Triste maladie, ma chère demoiselle, incurable. Donnez-moi donc de ses nouvelles si vous êtes venue de sa part, et retournons auprès d'elle.

Et le docteur Louis fit un mouvement qui indiquait son intention de quitter la place où il se trouvait.

Mais Andrée l'arrêta doucement, et respirant plus à l'aise.

— Non, cher docteur, dit-elle. Je ne viens point de la part de la reine. J'ignorais même qu'elle fût souffrante. Pauvre reine! si je l'eusse su... Tenez, pardonnez-moi, docteur, mais je ne sais plus ce que je dis. — Je le vois bien. — Non-seulement je ne sais plus ce que je dis, mais ce que je fais. — Oh! ce que vous faites, moi je le sais : vous vous trouvez mal.

Et, en effet, Andrée avait lâché le bras du docteur; sa main froide retombait tout le long de son corps; elle s'inclinait, livide et froide.

Le docteur la redressa, la ranima, l'encouragea.

Andrée alors fit sur elle-même un violent effort. Cette âme vigoureuse, qui ne s'était jamais laissée abattre ni par la douleur physique ni par la douleur morale, tendit ses ressorts d'acier.

— Docteur, dit-elle, vous savez que je suis nerveuse, et que l'obscurité me cause d'affreuses terreurs? Je me suis égarée dans l'obscurité, de là l'état étrange où je me trouve. — Et pourquoi diable! vous y exposez-vous, à l'obscurité? Qui vous y force? puisque personne ne vous envoyait ici, puisque rien ne vous y amenait. — Je n'ai pas dit *rien*, docteur, j'ai dit *personne*. — Ah! ah! des subtilités, ma chère malade. Nous sommes mal ici pour en faire. Allons ailleurs, surtout si vous en avez pour longtemps. — Dix minutes, docteur, c'est tout ce que je vous demande. — Dix minutes, soit, mais pas debout; mes jambes se refusent positivement à ce mode de dialogue; allons nous asseoir. — Où cela? — Sur la banquette du corridor, si vous voulez. — Et là personne ne nous entendra, vous croyez, docteur? demanda Andrée avec effroi. — Personne. — Pas même le blessé qui est là? continua-t-elle du même ton, en indiquant au docteur cette chambre éclairée par un doux reflet bleuâtre, dans laquelle son regard plongeait. — Non, dit le docteur, pas même ce pauvre garçon, et j'ajouterai que si quelqu'un nous entend, à coup sûr ce ne sera point celui-là.

Andrée joignit les mains.

— Oh! mon Dieu! il est donc bien mal? dit-elle. — Le fait est qu'il n'est pas bien. Mais parlons de ce qui vous amène; vite, mon enfant, vite; vous savez que la reine m'attend. — Eh bien! docteur, dit Andrée en poussant un soupir. Nous en parlons, ce me semble. — Quoi! monsieur de Charny? — C'est de lui qu'il s'agit, docteur, et je venais vous demander de ses nouvelles.

Le silence avec lequel le docteur Louis accueillit les paroles auxquelles il devait s'attendre cependant fut glacial. En effet, le docteur rapprochait en ce moment la démarche d'Andrée de la démarche de la reine; il voyait ces deux femmes mues par un même sentiment, et aux symptômes il croyait reconnaître que ce sentiment c'était un violent amour.

Andrée, qui ignorait la visite de la reine, et qui ne pouvait lire dans l'esprit du docteur tout ce qu'il y avait de triste bienveillance et de miséricordieuse pitié, prit le silence du docteur pour un blâme, peut-être un peu durement formulé, et elle se redressa comme d'habitude sous cette pression, toute muette qu'elle fût.

— Cette démarche, vous pouvez l'excuser, ce me semble, docteur, dit-elle, car monsieur de Charny est malade d'une blessure reçue dans un duel, et cette blessure c'est mon frère qui la lui a faite. — Votre frère! s'écria le docteur Louis; c'est monsieur Philippe de Taverney qui a blessé monsieur de Charny? — Sans doute. — Oh! mais j'ignorais cette circonstance. — Mais maintenant que vous le savez, ne comprenez-vous pas que je doive m'enquérir de l'état dans lequel il se trouve? — Oh! si fait, mon enfant, dit le bon docteur, enchanté de trouver une occasion d'être indulgent. J'ignorais, moi, je ne pouvais deviner la véritable cause.

Et il appuya sur ces derniers mots de manière à prouver à Andrée qu'il n'adoptait ses conclusions que sous toutes réserves.

— Voyons, docteur, dit Andrée en s'appuyant des deux mains aux bras de son interlocuteur, et en le regardant en face, voyons, dites toute votre pensée. — Mais, je l'ai dite. Pourquoi ferais-je des restrictions mentales? — Un duel entre gentilshommes c'est chose banale, c'est un événement de tous les jours. — La seule chose qui pourrait donner de l'importance à ce duel, ce serait le cas où nos deux jeunes gens se seraient battus pour une femme. — Pour une femme, docteur? — Oui. Pour vous, par exemple. — Pour moi! Andrée poussa un profond soupir. Non, docteur, ce n'est pas pour moi que monsieur de Charny s'est battu.

Le docteur eut l'air de se contenter de la réponse; mais, d'une façon ou de l'autre, il voulut avoir l'explication du soupir.

— Alors, dit-il, je comprends, c'est votre frère qui vous a envoyée pour avoir un bulletin exact de la santé du blessé? — Oui! c'est mon frère! oui, docteur, s'écria Andrée.

Le docteur la regarda à son tour en face.

— Oh! ce que tu as dans le cœur, âme inflexible, je vais bien le savoir! murmura-t-il.

Puis, tout haut :

— Eh bien donc! dit-il, je vais vous dire toute la vérité, comme on la doit à toute personne intéressée à la connaître. Reportez-la à votre frère, et qu'il prenne ses arrangements en conséquence... Vous comprenez. — Non, docteur, car je cherche ce que vous voulez dire par ces mots : Qu'il prenne ses arrangements en conséquence. — Voici... Un duel, même à présent, n'est pas chose agréable au roi. Le roi ne fait plus observer les édits, c'est vrai; mais quand un duel a fait scandale, Sa Majesté bannit ou emprisonne. — C'est vrai, docteur. — Et quand, par malheur, il y a eu mort d'homme; oh! alors, le roi est impitoyable. Eh bien! conseillez à votre cher frère de se mettre à couvert pour un temps donné. — Docteur! s'écria Andrée, docteur, monsieur de Charny est donc bien mal? — Écoutez, chère demoiselle, je vous ai promis la vérité, la voici : Vous voyez bien ce pauvre garçon qui dort là-bas ou plutôt qui râle dans cette chambre? — Docteur, oui, répartit Andrée d'une voix étranglée; eh bien?... — Eh bien! s'il n'est pas sauvé demain à pareille heure, si la fièvre qui vient de naître et qui le dévore n'a pas cessé, monsieur de Charny, demain à pareille heure, sera un homme mort.

Andrée sentit qu'elle allait pousser un cri, elle se serra la gorge, elle s'enfonça les ongles dans les chairs, pour éteindre dans la douleur physique un peu de cette angoisse qui lui déchirait le cœur.

Louis ne put voir sur ses traits l'effrayant ravage que cette lutte avait produit.

Andrée se donnait comme une femme spartiate.

— Mon frère, dit-elle, ne fuira pas; il a combattu monsieur de Charny en homme de cœur; s'il a eu le malheur de le frapper, c'était à son corps défendant; s'il l'a tué, Dieu le jugera. — Elle n'était pas venue pour son compte, se dit le docteur; c'est donc pour la reine, alors. Voyons si Sa Majesté a poussé la légèreté jusque-là. Comment la reine a-t-elle pris ce duel? demanda-t-il. — La reine? je ne sais pas, répartit Andrée. Qu'importe à la reine? — Mais monsieur de Taverney lui est agréable, je suppose? — Eh bien! monsieur de Taverney est sauf; espérons que Sa Majesté défendra elle-même mon frère, si on l'accusait.

Louis, battu des deux côtés dans sa double hypothèse, abandonna la partie.

— Je ne suis pas un physiologiste, dit-il, je ne suis qu'un chirurgien. Pourquoi, diable! quand je sais si bien le jeu des muscles et des nerfs, vais-je me mêler du jeu des caprices et des passions des femmes? Mademoiselle, vous avez appris ce que vous désiriez savoir. Faites, ou ne faites pas fuir monsieur de Taverney, cela vous regarde. Quant à moi, mon devoir est d'essayer à sauver le blessé... cette nuit, sans quoi la mort qui continue tranquillement son œuvre me l'enlèverait dans les vingt-quatre heures. Adieu.

Et il lui ferma doucement, mais net, la porte sur les talons.

Andrée passa une main convulsive sur son front, se vit seule, seule avec cette épouvantable réalité. Il lui sembla que déjà la mort, dont venait de parler si froidement le docteur, descendait sur cette chambre, et passait en blanc suaire dans le corridor obscur.

Le vent de la funèbre apparition glaça ses membres; elle s'enfuit jusqu'à son appartement; s'enferma sous un triple tour de clé, et tombant à deux genoux sur le tapis de son lit:

— Mon Dieu! s'écria-t-elle avec une énergie sauvage, avec des torrents de larmes brûlantes, mon Dieu! vous n'êtes pas injuste, vous n'êtes pas insensé; vous n'êtes pas cruel, mon Dieu! Vous pouvez tout, vous ne laisserez pas mourir ce jeune homme, qui n'a pas fait de mal et qui est aimé en ce monde. Mon Dieu! nous autres, pauvres humains, nous ne croyons vraiment qu'au pouvoir de votre bienfaisance, bien qu'en toute occasion nous tremblions devant le pouvoir de votre colère. Mais moi!... moi... qui vous supplie, j'ai été assez éprouvée en ce monde, j'ai assez souffert sans avoir commis de crime. Eh bien! je ne me suis jamais plainte, même à vous; je n'ai jamais douté de vous. Si, aujourd'hui que je vous prie; si, aujourd'hui que je conjure; si, aujourd'hui que je demande, que je veux la vie d'un jeune homme... si aujourd'hui vous me refusez, ô mon Dieu! je dirais que vous avez abusé contre moi de toutes vos forces, et que vous êtes un dieu de sombres colères, de vengeances inconnues; je dirais... Oh! je blasphème, pardon! je blasphème!... et vous ne me frappez pas! Pardon, pardon! vous êtes bien le Dieu de la clémence et de la miséricorde.

Andrée sentit sa vue s'éteindre, ses muscles plier; elle se renversa inanimée, les cheveux épars, et resta comme un cadavre sur le parquet.

Lorsqu'elle se réveilla de ce froid sommeil, et que tout lui vint à l'esprit, fantômes et douleurs:

Mon Dieu! murmura-t-elle avec un accent sinistre, vous avez été miséricordieux; vous m'avez punie, je l'aime!... Oh! oui, je l'aime! C'est assez, n'est-ce pas? Maintenant, me le tuerez-vous?

LIV

DÉLIRE

Dieu avait sans doute entendu la prière d'Andrée. Monsieur de Charny ne succomba pas à son accès de fièvre.

Le lendemain, tandis qu'elle absorbait avec avidité toutes les nouvelles qui lui arrivaient du blessé, celui-ci, grâce aux soins du bon docteur Louis, passait de la mort à la vie. L'inflammation avait cédé à l'énergie et au remède. La guérison commençait.

Charny une fois sauvé, le docteur Louis s'en occupa moitié moins; le sujet cessait d'être intéressant. Pour le médecin le vivant est bien peu de chose, surtout lorsqu'il est convalescent ou qu'il se porte bien.

Seulement, au bout de huit jours, pendant lesquels Andrée se rassura tout à fait, Louis, qui avait sur le cœur toutes les manifestations de son malade pendant la crise, jugea bon de faire transporter Charny dans un endroit éloigné. Il voulait dépayser le délire.

Mais Charny, aux premières tentatives qui furent faites, se révolta. Il leva sur le docteur des yeux étincelants de colère, lui dit qu'il était chez le roi, et que nul n'avait le droit de chasser un homme à qui Sa Majesté donnait un asile.

Le docteur, qui n'était pas patient envers les convalescences revêches, fit entrer purement et simplement quatre valets en leur ordonnant d'enlever le blessé.

Mais Charny se cramponna au bois de son lit, et frappa rudement un des hommes en menaçant les autres comme Charles XII à Bender.

Le docteur Louis essaya du raisonnement. Charny fut d'abord assez logique; mais comme les valets insistaient, il fit un tel effort que la plaie se rouvrit, et avec son sang sa raison se mit à s'enfuir. Il était rentré dans un accès de délire plus violent que le premier.

Alors il commença à crier qu'on voulait l'éloigner pour le priver des visions qu'il avait eues dans son sommeil, mais que c'était en vain, que les visions lui souriraient toujours, qu'on l'aimait et qu'on viendrait le voir malgré le docteur : celle qui l'aimait étant d'un rang à ne craindre les refus de personne.

A ces mots, le docteur tremblant se hâta de congédier les valets, reprit la blessure en sous-œuvre, et décidé à soigner la raison après le corps, il remit la matière en un état satisfaisant, mais il n'arrêta point le délire, ce qui commença à l'effrayer, attendu que de l'égarement le malade pouvait passer à la folie.

Tout empira en un jour de telle sorte que le docteur Louis songea aux remèdes héroïques. Le malade, non-seulement se perdait, mais il perdait la reine; à force de parler il criait, à force de se souvenir il inventait; le pis était que dans ses moments lucides, et il en avait beaucoup, Charny était plus fou que dans sa folie.

Embarrassé au suprême degré, Louis, ne pouvant s'étayer de l'autorité du roi, car le malade s'en étayait aussi, résolut d'aller tout dire à la reine, et il profita pour faire cette démarche d'un moment où Charny dormait, fatigué d'avoir conté ses rêves et d'avoir appelé sa vision.

Il trouva Marie-Antoinette toute pensive et toute radieuse à la fois, car elle supposait que le docteur allait lui rendre bon compte de son malade.

Mais elle fut bien surprise; dès sa première question, Louis répondit vertement que le malade était très-malade.

— Comment! s'écria la reine, hier il allait fort bien. — Non, Madame, il allait fort mal. — Cependant j'ai envoyé Misery, et vous avez répondu par un bon bulletin. — Je me leurrais et voulais vous leurrer. — Qu'est-ce à dire? répliqua la reine fort pâle, s'il est mal, pourquoi me le cacher? Qu'ai-je à craindre, docteur, sinon un malheur, trop commun, hélas! — Madame... — Et s'il va bien, pourquoi me donner une inquiétude toute naturelle quand il s'agit d'un bon serviteur du roi?... Ainsi donc, répondez franchement par oui ou par non. Quoi sur la maladie? Quoi sur le malade? Y a-t-il danger? — Pour lui, moins encore que pour d'autres, Madame. — Voilà où commencent les énigmes, docteur, fit la reine impatientée. Expliquez-vous. — C'est malaisé, Madame, répondit le docteur. Qu'il vous suffise de savoir que le mal du comte de Charny est tout moral. La blessure n'est qu'un accessoire dans les souffrances, un prétexte pour le délire. — Un mal moral! monsieur de Charny! — Oui, Madame; et j'appelle moral tout ce qui ne s'analyse point avec le scalpel. Épargnez-moi d'en dire plus long à Votre Majesté. — Vous voulez dire que le comte... insista la reine. — Vous le voulez? fit le docteur. — Mais sans doute, je le veux. — Eh bien! je veux dire que le comte est amoureux, voilà ce que je veux dire. Votre Majesté demande une explication, je m'explique.

La reine fit un petit mouvement d'épaules qui signifiait : la belle affaire!

— Et vous croyez qu'on guérit comme cela d'une blessure, Madame? reprit le docteur; non, le mal empire, et du délire passager, monsieur de Charny tombera dans une monomanie mortelle. Alors... — Alors, docteur? — Vous aurez perdu ce jeune homme, Madame. — En vérité, docteur, vous êtes surprenant avec vos façons. J'aurai perdu ce jeune homme! Est-ce que je suis cause, moi, s'il est fou? — Sans doute. — Mais vous me révoltez, docteur. — Si vous n'en êtes pas cause en ce moment, poursuivit l'inflexible docteur en haussant les épaules, vous le serez plus tard. — Donnez des conseils alors, puisque c'est votre état, dit la reine un peu radoucie. — C'est-à-dire que je fasse une ordonnance? — Si vous voulez. — La voici. Que le jeune homme soit guéri par le baume ou par le fer; que la femme dont il invoque le nom à chaque instant le tue ou le guérisse. — Voilà bien de vos extrêmes, interrompit la reine reprenant son impatience. Tuer... guérir... grands mots! Est-ce qu'on tue un homme avec une dureté? Est-ce qu'on guérit un pauvre fou avec un sourire? — Ah! si vous êtes incrédule, vous aussi, dit le docteur, je n'ai plus rien à faire qu'à présenter mes très-humbles respects à Votre Majesté. — Mais, voyons, s'agit-il de moi, d'abord? — Je n'en sais rien, et n'en veux rien savoir; je vous répète seulement que monsieur de Charny est un fou raisonnable, que la raison peut à la fois rendre insensé et tuer, que la folie peut rendre raisonnable et guérir. Ainsi quand vous voudrez débarrasser ce palais de cris, de rêves et de scandale, vous prendrez un parti. — Lequel? — Ah! voilà; lequel? Moi, je ne fais que des ordonnances et je ne conseille pas. Suis-je bien sûr d'avoir entendu ce que j'ai entendu, d'avoir vu ce que mes yeux ont vu! — Allons, supposez que je vous comprenne, qu'en résultera-t-il? — Deux bonheurs : l'un, le meilleur pour vous comme pour nous tous, c'est que le malade, frappé au cœur par ce stylet infaillible qu'on nomme la raison, voie finir

23

son agonie qui commence; l'autre... eh bien! l'autre... Ah! Madame, excusez-moi, j'ai eu le tort de voir deux issues au labyrinthe. Il n'y en a qu'une pour Marie-Antoinette, pour la reine de France. — Je vous comprends; vous avez parlé avec franchise, docteur. Il faut que la femme pour laquelle monsieur de Charny a perdu la raison lui rende cette raison de gré ou de force. — Très-bien! C'est cela. — Il faut qu'elle ait le courage d'aller lui arracher ses rêves, c'est-à-dire le serpent rongeur qui vit replié au plus profond de son âme. — Oui, Votre Majesté. — Faites parvenir quelqu'un, mademoiselle de Taverney, par exemple. — Mademoiselle de Taverney? fit le docteur. — Oui, vous disposerez toutes choses pour que le blessé nous reçoive convenablement. — C'est fait, Madame. — Sans ménagement aucun. — Il le faut bien. — Mais, murmura la reine, il est plus triste que vous ne croyez d'aller ainsi chercher la vie ou la mort d'un homme. — C'est ce que je fais tous les jours quand j'aborde une maladie inconnue. L'attaquerai-je par le remède qui tue le mal ou par le remède qui tue le malade? — Vous, vous êtes bien sûr de tuer le malade, n'est-ce pas? fit la reine en frissonnant. — Eh! dit le docteur d'un air sombre, quand bien même il mourrait un homme pour l'honneur d'une reine, combien n'en meurt-il pas tous les jours pour le caprice d'un roi? Allons, Madame, allons!

La reine soupira et suivit le vieux docteur, sans avoir pu trouver Andrée.

Il était onze heures du matin; Charny, tout habillé, dormait sur un fauteuil après l'agitation d'une nuit terrible. Les volets de la chambre, fermés avec soin, ne laissaient passer qu'un reflet affaibli du jour. Tout ménageait pour le malade cette sensibilité nerveuse, cause première de sa souffrance.

Pas de bruit, pas de contact, pas de vue. Le docteur Louis s'attaquait habilement à tous les prétextes d'une recrudescence, et cependant, décidé à frapper un grand coup, il ne reculait pas devant une crise qui pouvait tuer son malade. Il est vrai qu'elle pouvait aussi le sauver.

La reine, vêtue d'un habit du matin, coiffée avec une élégance tout abandonnée, entra brusquement dans le corridor qui menait à la chambre de Charny. Le docteur lui avait recommandé de ne pas hésiter, de ne pas essayer, mais de se présenter sur-le-champ, avec résolution, pour produire un violent effet.

Elle tourna donc si vivement le bouton ciselé de la première porte de l'antichambre, qu'une personne penchée sur la porte de la chambre de Charny, une femme enveloppée de sa mante, n'eut que le temps de se redresser et de prendre une contenance, dont sa physionomie bouleversée, ses mains tremblantes, démentaient la tranquillité.

— Andrée! s'écria la reine surprise... Vous, ici? — Moi! répliqua Andrée pâle et troublée, moi! oui, Votre Majesté. Moi! mais Votre Majesté n'y est-elle pas elle-même? — Oh! oh! complication, murmura le docteur. — Je vous cherchais partout, dit la reine; où étiez-vous donc?

Il y avait dans ces paroles de la reine un accent qui n'était pas celui de sa bonté ordinaire. C'était comme le prélude d'un interrogatoire, c'était comme le symptôme d'un soupçon.

Andrée eut peur, elle craignait surtout que sa démarche inconsidérée ne donnât la clé de ses sentiments si effrayants pour elle-même. Aussi toute fièvre qu'elle fût, se décida-t-elle à mentir pour la seconde fois.

— Ici, vous le voyez. — Sans doute; mais comment ici? — Madame, répliqua-t-elle, on m'a dit que Votre Majesté me faisait chercher; je suis venue.

La reine n'était pas au bout de sa défiance, elle insista.

— Comment avez-vous fait, dit-elle, pour deviner où j'allais? — C'était facile, Madame; vous étiez avec monsieur le docteur Louis, et l'on vous avait vue traverser les petits appartements; vous n'aviez, dès lors, d'autre but que ce pavillon. — Bien deviné, reprit la reine encore indécise mais sans dureté, bien deviné.

Andrée fit un dernier effort.

— Madame, dit-elle en souriant, si Votre Majesté avait l'intention de se cacher, il n'eût pas fallu se montrer dans les galeries découvertes, comme elle l'a fait tout à l'heure pour venir ici. Quand la reine traverse la terrasse, mademoiselle de Taverney la voit de son appartement, et ce n'est pas difficile de suivre ou de précéder quelqu'un qu'on a vu de loin.
— Elle a raison, dit la reine, et cent fois raison. J'ai une malheureuse habitude, qui est de ne deviner jamais; moi, réfléchissant peu, je ne crois pas aux réflexions des autres.

La reine sentait qu'elle allait avoir besoin d'indulgence peut-être, puisqu'elle avait besoin de confidente.

Son âme, d'ailleurs, n'étant pas un composé de coquetterie et de défiance comme l'âme des femmes vulgaires, elle avait foi dans ses amitiés, sachant qu'elle pouvait aimer. Les femmes qui se défient d'elles se défient encore bien plus des autres. Un grand malheur qui punit les coquettes, c'est qu'elles ne se croient jamais aimées de leurs amants.

Marie-Antoinette oublia donc bien vite l'impression que lui avait faite mademoiselle de Taverney devant la porte de Charny. Elle prit la main d'Andrée, lui fit tourner la clé de cette porte, et passant la première avec une rapidité extrême, elle pénétra dans la chambre du malade pendant que le docteur restait dehors avec Andrée.

A peine celle-ci eut-elle vu disparaître la reine qu'elle leva vers le ciel un regard plein de colère et de douleur, dont l'expression ressemblait à une imprécation furieuse.

Le bon docteur lui prit le bras et arpenta avec elle le corridor en lui disant :

— Croyez-vous qu'elle réussira ? — Réussir, et à quoi ? mon Dieu ! dit Andrée. — A faire transporter ailleurs ce pauvre fou, qui mourra ici pour peu que sa fièvre dure. — Il guérirait donc ailleurs ? s'écria Andrée.

Le docteur la regarda, surpris, inquiet.

— Je crois que oui, dit-il. — Oh ! qu'elle réussisse alors ! fit la pauvre fille.

LV

CONVALESCENCE

Cependant la reine avait marché droit au fauteuil de Charny.

Celui-ci leva la tête au bruit des mules qui criaient sur le parquet.

— La reine ! murmura-t-il en essayant de se lever. — La reine, oui, Monsieur, se hâta de dire Marie-Antoinette, la reine qui sait comment vous travaillez à perdre la raison et la vie, la reine que vous offensez dans vos rêves, la reine que vous offensez éveillé, la reine qui a soin de son honneur et de votre sûreté ! Voici pourquoi elle vient à vous, Monsieur, et ce n'est pas ainsi que vous devriez la recevoir.

Charny s'était levé tremblant, éperdu, puis aux derniers mots il s'était laissé glisser sur ses genoux, tellement écrasé par la douleur physique et la douleur morale, que, courbé ainsi en coupable, il ne voulait ni ne pouvait se relever.

— Est-il possible, continua la reine touchée de ce respect et de ce silence, est-il possible qu'un gentilhomme, renommé autrefois parmi les plus loyaux, s'attache comme un ennemi à la réputation d'une femme ? Car notez ceci, monsieur de Charny, dès notre première entrevue, ce n'est pas la reine que vous avez vue et que je vous ai montrée, c'était une femme, et vous n'eussiez jamais dû l'oublier.

Charny, entraîné par ces paroles sorties du cœur, voulut essayer d'articuler un mot pour sa défense, Marie-Antoinette ne lui en laissa pas le temps.

— Que feront mes ennemis, dit-elle, si vous donnez l'exemple de la trahison ? — La trahison... balbutia Charny. — Monsieur, voulez-vous

CONVALESCENCE.

choisir? ou vous êtes un insensé, et je vais vous ôter le moyen de faire le mal; ou vous êtes un traître, et je vais vous punir. — Madame, ne dites pas que je suis un traître. Dans la bouche des rois cette accusation précède l'arrêt de mort, dans la bouche d'une femme elle déshonore. Reine, tuez-moi; femme, épargnez-moi. — Êtes-vous dans votre bon sens, monsieur de Charny? dit la reine d'une voix altérée. — Oui, Madame. — Avez-vous conscience de vos torts envers moi, de votre crime envers... le roi? — Mon Dieu! murmura l'infortuné. — Car, vous l'oubliez trop facilement, messieurs les gentilhommes, le roi est l'époux de cette femme que vous insultez tous en levant les yeux sur elle; le roi est le père de votre maître futur, mon dauphin. Le roi, c'est un homme plus grand et meilleur que vous tous, un homme que je vénère et que j'aime. — Oh! murmura Charny en poussant un sourd gémissement, et, pour se soutenir, il fut obligé d'appuyer une de ses mains sur le parquet.

Son cri traversa le cœur de la reine. Elle lut dans le regard éteint du jeune homme qu'il venait d'être frappé à mort, si elle ne tirait promptement de la blessure le trait qu'elle y avait enfoncé.

C'est pourquoi, miséricordieuse et douce, elle s'effraya de la pâleur et de la faiblesse du coupable, et fut près un moment d'appeler au secours.

Mais elle réfléchit que le docteur, qu'Andrée, interpréteraient mal cette pamoison du malade. Elle le releva de ses mains.

— Parlons, dit-elle, moi en reine, vous en homme. Le docteur Louis a essayé de vous guérir; cette blessure, qui n'était rien, empire par les extravagances de votre cerveau. Quand sera-t-elle guérie, cette blessure? Quand cesserez-vous de donner au bon docteur le spectacle scandaleux d'une folie qui l'inquiète? Quand partirez-vous du château? — Madame, balbutia Charny, Votre Majesté me chasse... Je pars, je pars.

Et il fit un mouvement si violent pour partir, que, lancé hors de son équilibre, il vint tomber en chancelant aux pieds de la reine qui lui barrait le passage.

— Je ne vous chasse pas, reprit-elle, et comme vous êtes atteint de folie, la pitié m'ordonne de vous parler avec bonté. — Parlez, Madame.

La reine aida Charny à se relever, et, avec une grâce et une dignité adorables, elle le soutint jusqu'à ce qu'il fut assis dans un fauteuil.

— Monsieur de Charny, dit-elle, tout ce qui se passe ici est étrange, et je ne devrais pas le souffrir. Cependant vous voyez que j'oublie que je suis la reine; vous voyez que je n'écoute dans ce moment que la voix du cœur.

Elle s'arrêta.

— Oh! Madame, continuez. Quand vous me parlez comme cela la vie me revient. Vous pouvez un miracle, vous pouvez me sauver.

La reine s'épouvanta d'avoir réveillé un souvenir et un espoir quand elle n'avait cru que donner une consolation comme dernier adieu. Elle fit trois pas vers la porte avec une telle précipitation, que Charny eut à peine le temps de saisir le bas de sa robe en s'écriant :

— Madame! au nom de tout le respect que j'ai pour Dieu, moins grand que le respect que j'ai pour vous!... — Adieu! adieu! dit la reine. — Madame! oh! pardonnez-moi! — Je vous pardonne, monsieur de Charny. — Madame, un dernier regard! — Monsieur de Charny, fit la reine en tremblant d'émotion et de colère, si vous n'êtes pas le dernier des hommes, ce soir, demain, vous serez mort ou parti du château.

Une reine prie quand elle commande en ces termes. Charny, joignant les mains avec ivresse, se traîna agenouillé jusqu'aux pieds de Marie-Antoinette.

Celle-ci avait déjà ouvert la porte pour fuir plus vite le danger.

Andrée, dont les yeux dévoraient cette porte depuis le commencement de l'entretien, vit ce jeune homme prosterné, la reine défaillante; elle vit les yeux de celui-ci resplendir d'espoir et d'orgueil, les regards de celle-là pencher éteints vers le sol.

Frappée au cœur, désespérée, gonflée de haine et de mépris, elle ne courba point la tête. Quand elle vit revenir la reine, il lui sembla que Dieu avait trop donné à cette femme en lui donnant comme superflu un trône et la beauté, puisqu'il venait de lui donner cette demi-heure avec monsieur de Charny.

Le docteur, lui, voyait trop de choses pour en remarquer aucune.

Tout entier au succès de la négociation entamée par la reine, il se contenta de dire :

— Eh bien! Madame?

La reine prit une minute pour se remettre et retrouver la voix étouffée par les battements de son cœur.

— Que fera-t-il? répéta le docteur. — Il partira, murmura la reine.

Et, sans faire attention à Andrée qui fronçait le sourcil, et à Louis qui se frottait les mains, elle traversa d'un pas rapide le corridor de la galerie, s'enveloppa machinalement de sa mante à ruche de dentelle, et rentra dans son appartement.

Andrée serra la main du docteur, qui courait retrouver son malade; puis, d'un pas solennel comme celui d'une ombre, elle retourna dans son logis à elle, la tête baissée, l'œil fixe et la pensée absente.

Elle n'avait pas même songé à demander les ordres de la reine. Pour une nature comme celle d'Andrée, la reine n'est rien : la rivale est tout.

Charny, remis aux soins de Louis, ne parut plus être le même homme que la veille.

Fort jusqu'à l'exagération, hardi jusqu'à la fanfaronnade, il adressa au bon docteur des questions si pressées, si énergiques au sujet de sa prochaine convalescence, sur le régime à suivre, sur les moyens de transport, que Louis crut à une rechute plus dangereuse, produite par une manie d'un autre ordre.

Charny le détrompa bientôt ; il ressemblait à ces fers rougis au feu, dont la teinte s'affaiblit à l'œil à mesure que la chaleur diminue d'intensité. Le fer est noir et ne parle plus à la vue, mais il est encore assez brûlant pour dévorer tout ce qu'on lui présentera.

Louis vit le jeune homme reprendre son calme et sa logique des bons jours. Charny fut réellement si raisonnable, qu'il se crut obligé d'expliquer au médecin le brusque changement de sa résolution.

— La reine, dit-il, m'a plus guéri en me faisant honte, que votre science, cher docteur, ne l'eût fait avec d'excellents remèdes ; me prendre par l'amour-propre, voyez-vous, c'est me dompter comme on dompte un cheval avec un mors. — Tant mieux, tant mieux, murmurait le docteur. — Oui, je me souviens qu'un Espagnol, ils sont assez vantards, me disait un jour, pour me prouver sa force de volonté, qu'il lui avait suffi, dans un duel où il était blessé, de vouloir retenir son sang, pour que le sang ne coulât pas et ne réjouît pas l'œil de l'adversaire. J'ai ri de cet Espagnol, cependant je suis un peu comme lui ; si ma fièvre, si ce délire que vous me reprochez voulaient reparaître, je les chasserais, je gage, en disant : délire et fièvre, vous ne reparaîtrez plus. — Nous avons des exemples de ce phénomène, dit gravement le docteur. Toutefois, permettez-moi de vous féliciter. Vous voilà guéri moralement ? — Oh ! oui. — Eh bien ! vous ne tarderez pas à voir tout le rapport qu'il y a entre le moral et le physique de l'homme. C'est une belle théorie que je rédigerais en livre si j'avais le temps. Sain d'esprit, vous serez sain de corps en huit jours. — Cher docteur, merci ! — Et pour commencer vous allez donc partir ? — Quand il vous plaira. Tout de suite. — Attendons ce soir. Modérons-nous. Procéder par les extrêmes, c'est risquer toujours. — Attendons au soir, docteur. — Irez-vous loin ? — Au bout du monde, s'il le faut. — C'est trop loin pour une première sortie, dit le docteur avec le même flegme. Contentons-nous de Versailles d'abord, hein ? — Versailles soit, puisque vous le voulez. — Il me semble, dit le docteur, que ce n'est pas une raison pour vous expatrier, que d'être guéri de votre blessure.

Ce sang-froid étudié acheva de mettre Charny sur ses gardes.

— C'est vrai, docteur, j'ai une maison à Versailles. — Eh bien ! voilà notre affaire : on vous y portera ce soir. — C'est que vous ne m'avez pas bien compris, docteur, je désirerais faire un tour dans mes terres !

— Ah! dites donc cela. Vos terres, que diable! mais vos terres ne sont pas au bout du monde. — Elles sont sur les frontières de Picardie, à quinze ou dix-huit lieues d'ici. — Vous voyez bien!

Charny serra la main du docteur, comme pour le remercier de toutes ses délicatesses.

Le soir, les quatre valets qu'il avait si rudement éconduits lors de leur première tentative, emportèrent Charny jusqu'à son carrosse, qui l'attendait au guichet des communs.

Le roi, ayant chassé toute la journée, venait de souper et dormait. Charny, un peu préoccupé de partir sans prendre congé, fut pleinement rassuré par le docteur, qui promit d'excuser le départ en le motivant par un besoin de changement.

Charny, avant d'entrer dans son carrosse, se donna la douloureuse satisfaction de regarder jusqu'au dernier moment les fenêtres de l'appartement de la reine. Nul ne pouvait le voir. Un des laquais, portant un flambeau à la main, éclairait le chemin sans éclairer la physionomie.

Charny ne rencontra sur les degrés que plusieurs officiers, ses amis, prévenus assez à temps pour que le départ n'eût pas l'air d'une fuite.

Escorté jusqu'au carrosse par ces joyeux compagnons, Charny put permettre à ces yeux d'errer sur les fenêtres : celles de la reine resplendissaient de lumière. Sa Majesté, un peu souffrante, avait reçu les dames dans sa chambre à coucher.

Celles d'Andrée, mornes et noires, cachaient derrière le pli des rideaux de damas une femme tout anxieuse, toute palpitante, qui suivait sans être aperçue jusqu'au mouvement du malade et de son escorte.

Le carrosse partit enfin, mais si lentement qu'on entendait chaque fer des chevaux sur le pavé sonore.

— S'il n'est pas à moi, murmura Andrée, il n'est plus à personne, du moins. — S'il lui reprend des envies de mourir, dit le docteur en entrant chez lui, au moins ne mourra-t-il ni chez moi ni dans mes mains. Diantre soit des maladies de l'âme! on n'est pas le médecin d'Antiochus et de Stratonice pour guérir ces maladies-là.

Charny arriva sain et sauf à sa maison. Le docteur lui vint rendre visite le soir, et le trouva si bien, qu'il se hâta d'annoncer que ce serait la dernière visite qu'il lui ferait.

Le malade soupa d'un blanc de poulet et d'une cuillerée de confitures d'Orléans.

Le lendemain, il reçut la visite de son oncle, monsieur de Suffren, la visite de monsieur de Lafayette, celle d'un envoyé du roi. Il en fut à peu près de même le surlendemain, et puis on ne s'occupa plus de lui.

Il se levait et marchait dans son jardin.

Au bout de huit jours, il pouvait monter un cheval de paisible allure; ses forces étaient revenues. Sa maison n'étant pas encore assez délaissée, il demanda au médecin de son oncle, et fit demander au docteur Louis l'autorisation de partir pour ses terres.

Louis répondit de confiance que la locomotion était le dernier degré de la médication des blessures; que monsieur de Charny avait une bonne chaise, que la route de Picardie était unie comme un miroir, et que demeurer à Versailles, quand on pouvait si bien et si heureusement voyager, serait folie.

Charny fit charger un gros fourgon de bagages; il offrit ses adieux au roi, qui le combla de bontés, pria monsieur de Suffren de présenter ses respects à la reine, ce soir-là malade, et qui ne recevait pas. Puis, montant dans sa chaise à la porte même du château royal, il partit pour la petite ville de Villers-Cotterets, d'où il devait gagner le château de Boursonne, situé à une lieue de cette petite ville, qu'illustraient déjà les premières poésies de Dumoustier.

LVI

DEUX CŒURS SAIGNANTS

Le lendemain du jour où la reine avait été surprise par Andrée fuyant Charny agenouillé devant elle, mademoiselle de Taverney entra, suivant son habitude, dans la chambre royale à l'heure de la petite toilette, avant la messe.

La reine n'avait pas encore reçu de visite. Elle venait seulement de lire un billet de madame de La Motte, et son humeur était riante.

Andrée, plus pâle encore que la veille, avait dans toute sa personne ce sérieux et cette froide réserve qui appelle l'attention, et force les plus grands à compter avec les plus petits.

Simple, austère pour ainsi dire dans sa toilette, Andrée ressemblait à une messagère de malheur, ce malheur fût-il pour elle ou pour d'autres.

La reine était dans ses jours de distractions; aussi ne prit-elle point garde à cette démarche lente et grave d'Andrée, à ses yeux rougis, à la mate blancheur de ses tempes et de ses mains.

Elle tourna la tête tout juste autant qu'il fallait pour faire entendre son salut amical.

— Bonjour, petite.

Andrée attendit que la reine lui donnât une occasion de parler. Elle attendit, bien sûre que son silence, que son immobilité, finiraient par attirer les yeux de Marie-Antoinette.

Ce fut ce qui arriva. Ne recevant point de réponse autre qu'une grande révérence, la reine se tourna, et, obliquement, aperçut ce visage frappé de douleur et de rigidité.

— Mon Dieu! qu'y a-t-il, Andrée? fit-elle en se retournant tout à fait, est-ce qu'il t'arrive malheur? — Un grand malheur, oui, Madame, répondit la jeune femme. — Quoi donc? — Je vais quitter Votre Majesté. — Me quitter! Tu pars? — Oui, Madame. — Où vas-tu donc; quelle cause peut avoir ce départ précipité? — Madame, je ne suis pas heureuse dans mes affections...

La reine leva la tête.

— De famille, ajouta Andrée en rougissant.

La reine rougit à son tour, et l'éclair de leurs deux regards se croisa en brillant comme un choc d'épée.

La reine se remit la première.

— Je ne vous comprends pas bien, dit-elle; vous étiez heureuse, hier, ce me semble? — Non, Madame, répondit fermement Andrée; hier fut encore un des jours infortunés de ma vie. — Ah! fit la reine devenue rêveuse.

Et elle ajouta :

— Expliquez-vous. — Il faudrait me résigner à fatiguer Votre Majesté de détails au-dessous d'elle. Je n'ai aucune satisfaction dans ma famille; je n'ai rien à attendre des biens de la terre, et je viens demander un congé à Votre Majesté pour m'occuper de mon salut.

La reine se leva, et bien que cette demande parût coûter à son orgueil, elle vint prendre la main d'Andrée.

— Que signifie cette résolution de mauvaise tête, dit-elle; n'aviez-vous pas hier un frère, un père, comme aujourd'hui? Étaient-ils moins gênants et moins nuisibles qu'aujourd'hui? Me croyez-vous capable de vous laisser dans l'embarras, et ne suis-je plus la mère de famille qui rend une famille à ceux qui n'en ont pas?

Andrée se mit à trembler comme une coupable, et s'inclinant devant la reine, elle dit :

— Madame, votre bonté me pénètre, mais elle ne me dissuadera pas. J'ai résolu de quitter la cour, j'ai besoin de rentrer dans la solitude, ne m'exposez pas à trahir mes devoirs envers vous par le manque de vocation que je me sens. — Depuis hier alors? — Veuille Votre Majesté ne pas m'ordonner de parler sur ce sujet. — Soyez libre, fit la reine avec amertume, seulement je mettais assez de confiance avec vous pour que vous en missiez avec moi. Mais à celui qui ne veut pas parler, folle qui demande une parole. Gardez vos secrets, Mademoiselle; soyez plus heureuse au loin que vous n'avez été ici. Souvenez-vous d'une seule chose, c'est que mon amitié ne délaisse pas les gens malgré leurs caprices, et que vous ne cesserez pas d'être pour moi une amie. Maintenant, Andrée, allez, vous êtes libre.

Andrée fit une révérence de cour et sortit. A la porte, la reine la rappela.

— Où allez-vous, Andrée? — A l'abbaye de Saint-Denis, Madame, répondit mademoiselle de Taverney. — Au couvent! oh! c'est bien, Mademoiselle, vous n'avez peut-être rien à vous reprocher; mais n'eussiez-vous que l'ingratitude et l'oubli, c'est trop encore; vous êtes assez coupable envers moi; allez, mademoiselle de Taverney; allez.

Il résulta de là que, sans donner d'autres explications sur lesquelles comptait le bon cœur de la reine, sans s'humilier, sans s'attendrir, Andrée prit au bond la permission de la reine et disparut.

Marie-Antoinette put s'apercevoir et s'aperçut que mademoiselle de Taverney quittait sur-le-champ le château.

En effet, elle se rendait dans la maison de son père, où, selon qu'elle s'y attendait, elle trouva Philippe au jardin. Le frère rêvait; la sœur agissait.

A l'aspect d'Andrée, que son service devait à une pareille heure retenir au château, Philippe s'avança surpris, presque effrayé.

Effrayé surtout de cette sombre mine, lui que sa sœur n'abordait jamais qu'avec un sourire d'amitié tendre, il commença comme avait fait la reine : il questionna.

Andrée lui annonça qu'elle venait de quitter le service de la reine; que son congé était accepté, qu'elle allait entrer au couvent.

Philippe frappa dans ses mains avec force, comme un homme qui reçoit un coup inattendu.

— Quoi! dit-il, vous aussi, ma sœur? — Quoi! moi aussi? Que voulez-vous dire? — C'est donc un contact maudit pour notre famille que celui des Bourbons? s'écria-t-il; vous vous croyez forcée de faire des vœux! vous! religieuse par goût, par âme; vous, la moins mondaine des femmes et la moins capable d'obéissance éternelle aux lois de l'ascétisme! Voyons, que reprochez-vous à la reine? — On n'a rien à reprocher à la reine, Philippe, répondit froidement la jeune femme; vous qui avez tant compté sur la faveur des cours; vous qui, plus que personne, y dûtes compter, pourquoi n'avez-vous pu demeurer? pourquoi n'y restâtes-vous pas trois jours? Moi j'y suis restée trois ans! — La reine est capricieuse parfois, Andrée. — Si cela est, Philippe, vous pouviez le souffrir, vous, un homme;

moi, femme, je ne le dois pas, je ne le veux pas; si elle a des caprices, eh bien! ses servantes sont là. — Cela, ma sœur, fit le jeune homme avec contrainte, ne m'apprend pas comment vous avez eu des démêlés avec la reine. — Aucun, je vous jure; en eûtes-vous, Philippe, vous qui l'avez quittée? Oh! elle est ingrate, cette femme! — Il faut lui pardonner, Andrée. La flatterie l'a un peu gâtée; elle est bonne au fond. — Témoin ce qu'elle a fait pour vous, Philippe. — Qu'a-t-elle fait? — Vous l'avez oublié déjà? Oh! moi, j'ai meilleure mémoire. Aussi dans un seul et même jour, avec une seule et même résolution, je paie votre dette et la mienne, Philippe. — Trop cher, ce me semble, Andrée; ce n'est pas à votre âge, avec votre beauté, qu'on renonce au monde. Prenez garde, chère amie, vous le quittez jeune, vous le regretterez vieille, et, quand il ne sera plus temps, vous y rentrerez alors, désobligeant tous vos amis dont une folie vous aura séparée. — Vous ne raisonniez pas ainsi, vous, un brave officier tout pétri d'honneur et de sentiment, mais peu soucieux de sa renommée ou de sa fortune, que là où cent autres ont amassé titres et or vous n'avez su faire que des dettes et vous amoindrir; vous ne raisonniez pas ainsi, quand vous me disiez : *elle* est capricieuse, Andrée, *elle* est coquette, *elle* est perfide; j'aime mieux ne la point servir. Comme pratique de cette théorie, vous avez renoncé au monde, quoique vous ne vous soyez pas fait religieux, et de nous deux, celui qui est le plus près des vœux irrévocables, ce n'est pas moi qui vais les faire, c'est vous qui les avez déjà faits. — Vous avez raison, ma sœur, et sans notre père... — Notre père! ah! Philippe ne parlez pas ainsi, reprit Andrée avec amertume, un père ne doit-il pas être le soutien de ses enfants ou accepter leur appui. C'est à ces conditions seulement qu'il est le père. Que fait le nôtre, je vous le demande? Avez-vous jamais eu l'idée de confier un secret à monsieur de Taverney? Et le croyez-vous capable de vous appeler pour vous dire un de ses secrets à lui? Non, continua Andrée avec une expression de chagrin, non, monsieur de Taverney est fait pour vivre seul en ce monde. — Je le veux bien, Andrée, mais il n'est pas fait pour mourir seul.

Ces mots, dits avec une sévérité douce, rappelaient à la jeune femme qu'elle laissait à ses colères, à ses aigreurs, à ses rancunes contre le monde une trop grande place dans son cœur.

— Je ne voudrais pas, répondit-elle, que vous me prissiez pour une fille sans entrailles; vous savez si je suis une sœur tendre; mais ici-bas chacun a voulu tuer en moi l'instinct sympathique qui lui correspondait. Dieu m'avait donné en naissant, comme à toute créature, une âme et un corps; de cette âme et de ce corps toute créature humaine peut disposer pour son bonheur, en ce monde et dans l'autre. Un homme que je ne connaissais pas a pris mon âme, Balsamo. Un homme que je connaissais à peine, et qui n'était pas un homme pour moi, a pris mon corps, Gilbert. Je vous le répète, Philippe, pour être une bonne et pieuse fille, il ne me manque qu'un père. Passons à vous, examinons ce que vous a rapporté le service des grands de la terre, à vous qui les aimiez.

Philippe baissa la tête.

— Épargnez-moi, dit-il; les grands de la terre n'étaient pour moi que des créatures semblables à moi : je les aimais : Dieu nous a dit de nous aimer les uns les autres. — Oh! Philippe, dit-elle, il n'arrive jamais sur cette terre que le cœur aimant réponde directement à qui l'aime; ceux que nous avons choisis en choisissent d'autres.

Philippe leva son front pâle et considéra longtemps sa sœur, sans autre expression que celle de l'étonnement.

— Pourquoi me dites-vous cela? où voulez-vous en venir? demanda-t-il. — A rien, à rien, répondit généreusement Andrée, qui recula devant l'idée de descendre à des rapports ou à des confidences. Je suis frappée, mon frère. Je crois que ma raison souffre; ne donnez à mes paroles aucune attention. — Cependant...

Andrée s'approcha de Philippe et lui prit la main.

— Assez sur ce sujet, mon bien-aimé frère. Je suis venue vous prier de me conduire à un couvent : j'ai choisi Saint-Denis; je n'y veux pas faire de vœux, soyez tranquille. Cela viendra plus tard, s'il est nécessaire. Au lieu de chercher dans un asile ce que la plupart des femmes y veulent trouver, l'oubli, moi j'y vais demander la mémoire. Il me semble que j'ai trop oublié le Seigneur. Il est le seul roi, le seul maître, l'unique consolation, comme l'unique réel afflicteur. En me rapprochant de lui, aujourd'hui que je le comprends, j'aurai plus fait pour mon bonheur que si tout ce qu'il y a de riche, de fort, de puissant et d'aimable dans ce monde avait conspiré pour me faire une vie heureuse. A la solitude, mon frère, à la solitude, ce vestibule de la béatitude éternelle!... Dans la solitude, Dieu parle au cœur de l'homme; dans la solitude, l'homme parle au cœur de Dieu.

Philippe arrêta Andrée du geste.

— Souvenez-vous, dit-il, que je m'oppose moralement à ce dessein désespéré : vous ne m'avez pas fait juge des causes de votre désespoir. — Désespoir! fit-elle avec un souverain mépris, vous dites désespoir! ah! Dieu merci! je ne pars point désespérée, moi! Regretter avec désespoir! Non! non! mille fois non!

Et d'un mouvement plein d'une fierté sauvage, elle jeta sur ses épaules la mante de soie qui reposait près d'elle sur un fauteuil.

— Cet excès même de dédain manifeste en vous un état qui ne peut durer, reprit Philippe; vous ne voulez pas du mot désespoir, Andrée, acceptez le mot dépit. — Dépit! répliqua la jeune femme, en modifiant son sourire sardonique par un sourire plein de fierté. Vous ne croyez pas, mon frère, que mademoiselle de Taverney soit si peu forte que de céder sa place en ce monde pour un mouvement de dépit. Le dépit, c'est la faiblesse des coquettes ou des sottes. L'œil qui s'est allumé par le dépit se mouille bientôt de pleurs, et l'incendie est éteint. Je n'ai pas de dépit, Philippe. Je voudrais bien que vous me crussiez; et pour cela, il ne s'agirait que de vous interroger vous-même, quand vous avez quelque grief à formuler. Répondez, Philippe, si demain vous vous retiriez à la Trappe, si vous vous faisiez chartreux, comment appelleriez-vous la cause qui vous aurait poussé à cette résolution? — J'appellerais cette cause un incurable chagrin, ma sœur, dit Philippe avec la douce majesté du malheur. — A la bonne heure, Philippe, voilà un mot qui me convient et que j'adopte. Soit, c'est donc un incurable chagrin qui me pousse vers la solitude. — Bien! répondit Philippe, et le frère et la sœur n'auront pas eu de dissemblance dans leur vie. Heureux bien également, ils auront toujours été malheureux au même degré. Cela fait la bonne famille, Andrée.

Andrée crut que Philippe, emporté par son émotion, lui faisait une question nouvelle, et peut-être son cœur inflexible se fût-il brisé sous l'étreinte de l'amitié fraternelle.

Mais Philippe savait par expérience que les grandes âmes se suffisent à elles seules : il n'inquiéta pas celle d'Andrée dans le retranchement qu'elle s'était choisi.

— A quelle heure et quel jour comptez-vous partir? demanda-t-il. — Demain; aujourd'hui même, s'il était temps encore. — Ne ferez-vous pas un dernier tour de promenade avec moi dans le parc? — Non, dit-elle.

Il comprit bien au serrement de main qui accompagna ce refus, que la jeune femme refusait seulement une occasion de se laisser attendrir.

— Je serai prêt quand vous me ferez avertir, répliqua-t-il.

Et il lui baisa la main, sans ajouter un mot, qui eût fait déborder l'amertume de leur cœur.

Andrée, après avoir fait les premiers préparatifs, se retira chez elle où elle reçut ce billet de Philippe :

« Vous pouvez voir notre père à cinq heures ce soir. L'adieu est indispensable. Monsieur de Taverney crierait à l'abandon, aux mauvais procédés. »

Elle répondit :

« A cinq heures, je serai chez monsieur de Taverney en habit de voyage. A sept heures nous pouvons être rendus à Saint-Denis. M'accorderez-vous votre soirée? »

Pour toute réponse, Philippe cria par la fenêtre, assez proche de l'appartement d'Andrée pour qu'Andrée pût l'entendre :

— A cinq heures, les chevaux à la chaise.

LVII

UN MINISTÈRE DES FINANCES

Nous avons vu que la reine, avant de recevoir Andrée, avait lu un billet de madame de La Motte, et qu'elle avait souri.

Ce billet renfermait seulement ces mots, avec toutes les formules possibles de respect :

« ... Et Votre Majesté peut être assurée qu'il lui sera fait crédit, et que la marchandise sera livrée de confiance. »

Donc, la reine avait souri, et brûlé le petit billet de Jeanne.

Lorsqu'elle se fut un peu assombrie en la société de mademoiselle de Taverney, madame de Misery vint lui annoncer que monsieur de Calonne attendait l'honneur d'être admis auprès d'elle.

Il n'est pas hors de propos d'expliquer ce nouveau personnage au lecteur. L'histoire le lui a assez fait connaître, mais le roman, qui dessine moins exactement les perspectives et les grands traits, donne peut-être un détail plus satisfaisant à l'imagination.

Monsieur de Calonne était un homme d'esprit, d'infiniment d'esprit même, qui, sortant de cette génération de la dernière moitié du siècle, peu habituée aux larmes, bien que raisonneuse, avait pris son parti du malheur suspendu sur la France, mêlait son intérêt à l'intérêt commun, disait comme Louis XV : Après nous la fin du monde; et cherchait partout des fleurs pour parer son dernier jour.

Il savait les affaires, était homme de cour. Tout ce qu'il y eut de femmes illustres par leur esprit, leur richesse et leur beauté, il l'avait cultivé par des hommages pareils à ceux que l'abeille rend aux plantes chargées d'aromes et de sucs.

C'était alors le résumé de toutes les connaissances que la conversation de sept à huit hommes et de dix à douze femmes. Monsieur de Calonne avait pu compter avec d'Alembert, raisonner avec Diderot, railler avec Voltaire, rêver avec Rousseau. Enfin il avait été assez fort pour rire au nez de la popularité de monsieur Necker.

Monsieur Necker le sage et le profond, dont le compte rendu avait paru éclairer toute la France; Calonne l'ayant bien observé sur toutes ses faces, avait fini par le rendre ridicule aux yeux même de ceux qui .e craignaient le plus, et la reine et le roi, que ce nom faisait tressaillir, ne s'étaient accoutumés qu'en tremblant à l'entendre bafouer par un homme d'État élégant, de bonne humeur, qui, pour répondre à tant de beaux chiffres, se contentait de dire : A quoi bon prouver qu'on ne peut rien prouver.

En effet, Necker n'avait prouvé qu'une chose, l'impossibilité où il se trouvait de continuer à gérer les finances. Monsieur de Calonne, lui, les accepta comme un fardeau trop léger pour ses épaules, et dès les premiers moments on peut dire qu'il plia sous le faix.

Que voulait monsieur Necker? Des réformes. Ces réformes partielles épouvantaient tous les esprits. Peu de gens y gagnaient, et ceux qui y gagnaient y gagnaient peu de chose; beaucoup, au contraire, y perdaient et y perdaient trop. Quand Necker voulait opérer une juste répartition de l'impôt, quand il entendait frapper les terres de la noblesse et les revenus du clergé, Necker indiquait brutalement une révolution impossible. Il fractionnait la nation et l'affaiblissait d'avance quand il eût fallu concentrer toutes ses forces pour l'amener à un résultat général de rénovation.

Ce but, Necker le signalait et le rendait impossible à atteindre, par cela seulement qu'il le signalait. Parler d'une réforme d'abus à ceux qui ne veulent point que ces abus soient réformés, n'est-ce pas s'exposer à l'opposition des intéressés? Faut-il prévenir l'ennemi de l'heure à laquelle on donnera l'assaut à une place?

C'est ce que Calonne avait compris, plus réellement ami de la nation en cela que le Genevois Necker, plus ami, disons-nous, quant aux faits accomplis, car, au lieu de prévenir un mal inévitable, Calonne accélérait l'invasion du fléau.

Son plan était hardi, gigantesque, sûr; il s'agissait d'entraîner en deux ans vers la banqueroute le roi et la noblesse, qui l'eussent retardée de dix ans; puis la banqueroute étant faite, de dire : Maintenant, riches, payez pour les pauvres, car ils ont faim et dévoreront ceux qui ne les nourriront pas.

Comment le roi ne vit-il pas tout d'abord les conséquences de ce plan ou ce plan lui-même? Comment lui qui avait frémi de rage en lisant le compte rendu, ne frissonna-t-il pas en devinant son ministre? Comment ne choisit-il pas entre les deux systèmes, et préféra-t-il se laisser aller à l'aventure? C'est le seul compte réel que Louis XVI, homme politique, ait à régler avec la postérité. C'était ce fameux principe auquel s'oppose toujours quiconque n'a pas assez de puissance pour couper le mal alors qu'il est invétéré.

Mais pour que le bandeau se soit épaissi de la sorte aux yeux du roi; pour que la reine, si clairvoyante et si nette dans ses aperçus, se soit montrée aussi aveugle que son époux sur la conduite du ministre, l'histoire, on devrait plutôt dire le roman, c'est ici qu'il est le bienvenu, va donner quelques détails indispensables.

Monsieur de Calonne entra chez la reine.

Il était beau, grand de taille et noble de manières; il savait faire rire les reines et pleurer ses maîtresses. Bien assuré que Marie-Antoinette l'avait mandé pour un besoin urgent, il arrivait le sourire sur les lèvres. Tant d'autres fussent venus avec une mine renfrognée pour doubler plus tard le mérite de leur consentement!

La reine aussi fut bien gracieuse, elle fit asseoir le ministre et parla d'abord de mille choses qui n'étaient rien.

— Avons-nous de l'argent, dit-elle ensuite, mon cher monsieur de Calonne? — De l'argent? s'écria monsieur de Calonne, mais certainement, Madame, que nous en ayons, nous en avons toujours. — Voilà qui est merveilleux, reprit la reine, je n'ai jamais connu que vous pour répondre ainsi à des demandes d'argent; comme financier vous êtes incomparable. — Quelle somme faut-il à Votre Majesté? répliqua Calonne. — Expliquez-moi d'abord, je vous en prie, comment vous avez fait pour trouver de l'argent là où monsieur Necker disait si bien qu'il n'y en avait pas? — Monsieur Necker avait raison, Madame, il n'y avait plus d'argent dans les coffres, et cela est si vrai que, le jour de mon avénement au ministère, le 5 novembre 1783, on n'oublie pas ces choses-là, Madame, en cherchant le trésor public, je ne trouvai dans la caisse que deux sacs de douze cents livres. Il n'y avait pas un denier de moins.

La reine se mit à rire.

— Eh bien? dit-elle. — Eh bien! madame, si monsieur Necker, au lieu de dire : Il n'y a plus d'argent, se fût mis à emprunter, comme je l'ai fait, cent millions la première année, et cent vingt-cinq la seconde; s'il était sûr, comme je le suis, d'un nouvel emprunt de quatre-vingt millions pour la troisième, monsieur Necker eût été un vrai financier : tout le monde peut dire : Il n'y a plus d'argent dans la caisse; mais tout le monde ne sait pas répondre : Il y en a. — C'est ce que je vous disais; c'est sur quoi je vous félicitais, Monsieur. Comment paiera-t-on? voilà la difficulté. — Oh! Madame, répondit Calonne avec un sourire dont nul œil humain ne pouvait mesurer la profonde, l'effrayante signification, je vous réponds bien qu'on paiera. — Je m'en rapporte à vous, dit la reine, mais causons toujours finances; avec vous, c'est une science pleine d'intérêt; ronce chez les autres, elle est un arbre à fruits chez vous.

Calonne s'inclina.

— Avez-vous quelques nouvelles idées? demanda la reine; donnez-m'en la primeur, je vous en prie. — J'ai une idée, Madame, qui mettra vingt millions dans la poche des Français, et sept ou huit millions dans la vôtre; pardon, dans la caisse de Sa Majesté. — Ces millions seront les bienvenus ici et là. Par où arriveront-ils? — Votre Majesté n'ignore pas que la monnaie d'or n'a point la même valeur dans tous les États de l'Europe? — Je le sais. En Espagne, l'or est plus cher qu'en France. — Votre Majesté a parfaitement raison, et c'est un plaisir que de causer finances avec elle. L'or vaut en Espagne, depuis cinq à six ans, dix-huit onces de plus par marc qu'en France. Il en résulte que les exportateurs gagnent sur un marc d'or qu'ils exportent de France en Espagne la valeur de quatorze onces d'argent à peu près. — C'est considérable! dit la reine. — Si bien que, dans un an, continua le ministre, si les capitalistes savaient ce que je sais, il n'y aurait plus chez nous un seul louis d'or. — Vous allez empêcher cela? — Immédiatement, Madame; je vais hausser la valeur de l'or à quinze marcs quatre onces, un quinzième de bénéfice. Votre Majesté comprend que pas un louis ne restera dans les coffres, quand on saura qu'à la Monnaie ce bénéfice est donné aux porteurs d'or. La refonte de cette monnaie se fera donc, et dans le marc d'or, qui contient aujourd'hui trente louis, nous en trouverons trente-deux. — Bénéfice présent, bénéfice futur, s'écria la reine. C'est une idée charmante et qui fera fureur. — Je le crois, Madame, et je suis bien heureux qu'elle ait si complétement obtenu votre approbation. — Ayez-en toujours de pareilles, et je suis bien certaine alors que vous paierez toutes nos dettes. — Permettez-moi, Madame, dit le ministre, d'en revenir à ce que vous désirez de moi. — Serait-il possible, Monsieur, d'avoir en ce moment... — Quelle somme? — Oh! beaucoup trop forte peut-être.

Calonne sourit d'une manière qui encouragea la reine.

— Cinq cent mille livres, dit-elle. — Ah! Madame, s'écria-t-il, quelle peur Votre Majesté m'a faite; j'ai cru qu'il s'agissait d'une vraie somme. — Vous pouvez donc? — Assurément. — Sans que le roi?... — Ah! Madame, voilà qui est impossible; tous mes comptes sont chaque mois soumis au roi; mais il n'y a pas d'exemples que le roi les ait lus, et je m'en honore. — Quand pourrai-je compter sur cette somme? — Quel jour Votre Majesté en a-t-elle besoin? — Au cinq du mois prochain seulement. — Les comptes seront ordonnancés le deux; vous aurez votre argent le trois, Madame. — Monsieur de Calonne, merci. — Mon plus grand bonheur est de plaire à Votre Majesté. Je la supplie de ne jamais se gêner avec ma caisse. Ce sera un plaisir tout d'amour-propre pour son contrôleur général des finances.

Il s'était levé, avait salué gracieusement; la reine lui donna sa main à baiser.

— Un mot encore, dit-elle. — J'écoute, Madame. — Cet argent me coûte un remords. — Un remords... dit-il. — Oui. C'est pour satisfaire un caprice. — Tant mieux, tant mieux... Sur la somme, alors, il y aura au moins moitié de vrais bénéfices pour notre industrie, notre commerce ou nos plaisirs. — Au fait, c'est vrai, murmura la reine, et vous avez une façon charmante de me consoler, Monsieur. — Dieu soit loué! Madame; n'ayons jamais d'autres remords que ceux de Votre Majesté, et nous irons droit en paradis. — C'est que, voyez-vous, monsieur de Calonne, ce serait trop cruel pour moi de faire payer mes caprices au pauvre peuple. — Eh bien! dit le ministre en appuyant avec son sourire sinistre sur chacune de ses paroles, n'ayons donc plus de scrupules, Madame, car, je vous le jure, ce ne sera jamais le pauvre peuple qui paiera. — Pourquoi? dit la reine surprise. — Parce que le pauvre peuple n'a plus rien, répondit imperturbablement le ministre, et que là où il n'y a rien le roi perd ses droits.

Il salua et sortit.

LVIII

ILLUSIONS RETROUVÉES. — SECRET PERDU

A peine monsieur de Calonne traversait-il la galerie pour retourner chez lui, que l'ongle d'une main pressée gratta la porte du boudoir de la reine.

Jeanne parut.

— Madame, dit-elle, il est là. — Le cardinal? demanda la reine, un peu étonnée du mot *il*, qui signifie tant de choses prononcé par une femme.

Elle n'acheva pas, Jeanne avait déjà introduit monsieur de Rohan et pris congé, en serrant à la dérobée la main du protecteur protégé.

Le prince se trouva seul à trois pas de la reine, à laquelle il fit bien respectueusement les saluts obligés.

La reine, voyant cette réserve pleine de tact, fut touchée; elle tendit sa main au cardinal, qui n'avait pas encore levé les yeux sur elle.

— Monsieur, dit-elle, on m'a rapporté de vous un trait qui efface bien des torts. — Permettez-moi, dit le prince en tremblant d'une émotion qui n'était pas affectée, permettez-moi, Madame, de vous affirmer que les torts dont parle Votre Majesté seraient bien atténués par un mot d'explication entre elle et moi. — Je ne vous défends point de vous justifier, répliqua la reine avec dignité, mais ce que vous me diriez jetterait une ombre sur l'amour et le respect que j'ai pour mon pays et ma famille. Vous ne pouvez vous disculper qu'en me blessant, monsieur le cardinal. Mais tenez, ne touchons pas à ce feu mal éteint, peut-être il brûlerait encore vos doigts ou les miens ; je préfère vous voir sous le nouveau jour qui vous a révélé à moi, obligeant, respectueux, dévoué... — Dévoué jusqu'à la mort, interrompit le cardinal. — A la bonne heure. Mais, fit Marie-Antoinette en souriant, jusqu'à présent, il ne s'agit que de la ruine. Vous me seriez dévoué jusqu'à la ruine, monsieur le cardinal ? C'est fort beau, bien assez beau. Heureusement, j'y mets bon ordre. Vous vivrez et vous ne serez pas ruiné, à moins que, comme on le dit, vous ne vous ruiniez vous-même. — Madame... — Ce sont vos affaires. Toutefois, en amie, puisque nous voilà bons amis, je vous donnerai un conseil : Soyez économe, c'est une vertu pastorale; le roi vous aimera mieux économe que prodigue. — Je deviendrai avare pour plaire à Votre Majesté. — Le roi, reprit la reine avec une nuance délicate, n'aime pas non plus les avares. — Je deviendrai ce que Votre Majesté voudra, interrompit le cardinal avec une passion mal déguisée. — Je vous disais donc, coupa brusquement la reine, que vous ne seriez pas ruiné par mon fait. Vous avez répondu pour moi, je vous en remercie, mais j'ai de quoi faire honneur à mes engagements; ne vous occupez donc plus de ces affaires qui, à partir du premier paiement, ne regarderont que moi. — Pour que l'affaire soit terminée, Madame, dit alors le cardinal en s'inclinant, il me reste à offrir le collier à Votre Majesté.

En même temps il tira de sa poche l'écrin qu'il présenta à la reine.

Elle ne le regarda même pas, ce qui accusait chez elle un bien grand désir de le voir, et tremblante de joie elle le déposa sur un chiffonnier, mais sous sa main.

Le cardinal essaya ensuite quelques propos de politesse qui furent très-bien reçus, puis revint sur ce qu'avait dit la reine à propos de leur réconciliation.

Mais, comme elle s'était promis de ne pas regarder les diamants devant lui, et qu'elle brûlait de les voir, elle ne l'écouta plus qu'avec distraction. Mais la bonté brillait dans son regard.

Alors le cardinal prit congé, croyant gêner, ce qui le combla de joie.

Un simple ami ne gêne jamais, un indifférent moins encore.

Ainsi se passa cette entrevue, qui ferma toutes les plaies du cœur du cardinal. Il sortit de chez la reine enthousiasmé, ivre d'espérance, et prêt à prouver à madame de La Motte une reconnaissance sans bornes pour la négociation qu'elle avait si heureusement menée à bien.

Jeanne l'attendait dans son carrosse, cent pas en avant de la barrière; elle reçut la protestation chaleureuse de son amitié.

— Eh bien! dit-elle après la première explosion de cette gratitude, serez-vous Richelieu ou Mazarin? La lèvre autrichienne vous a-t-elle donné des encouragements d'ambition? Êtes-vous lancé dans la politique ou dans l'intrigue? — Ne riez pas, chère comtesse, dit le prince; je suis fou de bonheur. — Déjà! — Assistez-moi, et dans trois semaines je puis tenir un ministère. — Peste! dans trois semaines; comme c'est long; l'échéance des premiers engagements est fixée à quinze jours d'ici. — Oh! tous les bonheurs arrivent à la fois: la reine a de l'argent, elle paiera; j'aurai eu le mérite de l'intention seulement. C'est trop peu, comtesse, d'honneur! c'est trop peu. Dieu m'est témoin que j'eusse payé bien volontiers cette réconciliation au prix de cinq cent mille livres. — Soyez tranquille, interrompit la comtesse en souriant, vous aurez ce mérite-là par-dessus les autres. Y tenez-vous beaucoup? — J'avoue que je le préférerais; la reine devenue mon obligée... — Monseigneur, quelque chose me dit que vous jouirez de cette satisfaction. Vous y êtes-vous préparé? — J'ai fait vendre mes derniers biens et engagé pour l'année prochaine mes revenus et mes bénéfices. — Vous avez les cinq cent mille livres, alors? — Je les ai; seulement, après ce paiement fait, je ne saurai plus comment faire. — Ce paiement, s'écria Jeanne, nous donne un trimestre de tranquillité. En trois mois, que d'événements, bon Dieu! — C'est vrai; mais le roi me fait dire de ne plus faire de dettes. — Un séjour de deux mois au ministère vous mettra tous vos comptes au net. — Oh! comtesse... — Ne vous révoltez pas. Si vous ne le faisiez pas, vos cousins le feraient. — Vous avez toujours raison. Où allez-vous? — Retrouver la reine, savoir l'effet qu'a produit votre présence. — Très-bien. Moi je retourne à Paris. — Pourquoi? Vous seriez revenu au jeu ce soir. C'est d'une bonne tactique; n'abandonnez pas le terrain. — Il faut malheureusement que je me trouve à un rendez-vous que j'ai reçu ce matin avant de partir. — Un rendez-vous? — Assez sérieux, si j'en juge par le contenu du billet qu'on m'a fait tenir. Voyez... — Une écriture d'homme! dit la comtesse.

Et elle lut :

« Monseigneur, quelqu'un veut vous entretenir du recouvrement

« d'une somme importante. Cette personne se présentera ce soir chez
« vous, à Paris, pour obtenir l'honneur d'une audience. »

— Anonyme... Un mendiant. — Non, comtesse, on ne s'expose pas de gaieté de cœur à être bâtonné par mes gens pour s'être joué de moi. — Vous croyez? — Je ne sais pourquoi, mais il me semble que je connais cette écriture. — Allez donc, Monseigneur; d'ailleurs, on ne risque jamais grand'chose avec les gens qui promettent de l'argent. Ce qu'il y aurait de pis, ce serait qu'ils ne payassent pas. Adieu, Monseigneur. — Comtesse, au bonheur de vous revoir. — A propos, Monseigneur, deux choses. — Lesquelles? — Si par hasard il allait vous rentrer inopinément une grosse somme? — Eh bien! comtesse? — Quelque chose de perdu; une trouvaille! un trésor! — Je vous entends, espiègle, part à deux, voulez-vous dire? — Ma foi! Monseigneur? — Vous me portez bonheur, comtesse; pourquoi ne vous en tiendrais-je pas compte. Ce sera fait. L'autre chose à présent? — La voici. Ne vous mettez pas à entamer les cinq cent mille livres. — Oh! ne craignez rien.

Et ils se séparèrent. Puis le cardinal revint à Paris dans une atmosphère de félicités célestes.

La vie changeait de face pour lui en effet depuis deux heures. La reine venait de lui donner plus qu'il n'avait espéré. Elle avait généreusement ouvert la porte à ses ambitions, et nous dirons même à ses folles ambitions.

Le roi, habilement conduit par sa femme, devenait l'instrument d'une fortune que désormais rien ne pourrait arrêter. Le prince Louis se sentait plein d'idées; il avait autant de génie politique que pas un de ses rivaux, il entendait la question d'amélioration, il ralliait le clergé au peuple pour former une de ces solides majorités qui gouvernent longtemps par la force et par le droit.

Mettre à la tête de ce mouvement de réforme la reine, qu'il adorait, et dont il eût changé la désaffection toujours croissante en une popularité sans égale : tel était le rêve du prélat, et ce rêve, un seul mot tendre de la reine Marie-Antoinette pouvait le changer en une réalité.

Il se crut à l'œuvre dès son retour à Paris. Il appela son intendant pour ordonner des réformes, fit tailler des plumes par un secrétaire pour écrire des mémoires sur la politique de l'Angleterre, qu'il comprenait à merveille, et, depuis une heure au travail, il commençait à rentrer dans la possession de lui-même, lorsqu'un coup de sonnette l'avertit, dans son cabinet, qu'une visite importante lui arrivait. Un huissier parut.

— Qui est là? demanda le prélat. — La personne qui a écrit ce matin à Monseigneur. — Sans signer? — Oui, Monseigneur. — Mais cette personne a un nom. Demandez-le-lui.

L'huissier revint le moment d'après.

— Monsieur le comte de Cagliostro, dit-il.

Le prince tressaillit.

— Qu'il entre.

Le comte entra, les portes se refermèrent derrière lui.

— Grand Dieu! s'écria le cardinal, qu'est-ce que je vois? — N'est-ce pas, Monseigneur, dit Cagliostro avec un sourire, que je ne suis guère changé? — Est-il possible!... murmura monsieur de Rohan, Joseph Balsamo vivant, lui qu'on disait mort dans cet incendie. Joseph Balsamo...
— Comte de Fœnix, vivant, oui, Monseigneur, et vivant plus que jamais.
— Mais, Monsieur, sous quel nom vous présentez-vous alors... et pourquoi n'avoir pas gardé l'ancien? — Précisément, Monseigneur, parce qu'il est ancien et qu'il rappelle, à moi d'abord, aux autres ensuite, trop de souvenirs tristes ou gênants. Je ne parle que de vous, Monseigneur; dites-moi, n'eussiez-vous pas refusé la porte à Joseph Balsamo? — Moi! mais non, Monsieur, non.

Et le cardinal, encore stupéfait, n'offrait pas même un siége à Cagliostro.

— C'est qu'alors, reprit celui-ci, Votre Éminence a plus de mémoire et de probité que tous les autres hommes ensemble. — Monsieur, vous m'avez rendu autrefois un tel service... — N'est-ce pas, Monseigneur? interrompit Balsamo, que je n'ai pas changé d'âge, et que je suis un bien bel échantillon des résultats de mes gouttes de vie. — Je le confesse, Monsieur, mais vous êtes au-dessus de l'humanité, vous qui dispensez libéralement l'or et la santé à tous. — La santé, je ne dis pas, Monseigneur; mais l'or... non, oh! non pas... — Vous ne faites plus d'or?
— Non, Monseigneur. — Et mais pourquoi? — Parce que j'ai perdu la dernière parcelle d'un ingrédient indispensable que mon maître, le sage Althotas, m'avait donné après sa sortie d'Égypte. La seule recette que j'aie jamais eue en propre. — Il l'a gardée? — Non... c'est-à-dire oui, gardée ou emportée dans le tombeau, comme vous voudrez. — Il est mort. — Je l'ai perdu. — Comment n'avez-vous pas prolongé la vie de cet homme, indispensable receleur de l'indispensable recette, vous qui vous êtes gardé vivant et jeune depuis des siècles, à ce que vous dites?
— Parce que je puis tout contre la maladie, contre la blessure, mais rien contre l'accident qui tue sans qu'on m'appelle. — Et c'est un accident qui a terminé les jours d'Althotas! — Vous avez dû l'apprendre, puisque vous saviez ma mort, à moi. — Cet incendie de la rue Saint-Claude, dans lequel vous avez disparu? — A tué Althotas tout seul, ou plutôt le sage, fatigué de la vie, a voulu mourir. — C'est étrange. — Non, c'est naturel. Moi, j'ai songé à en finir de vivre à mon tour. —

Oui, mais vous y avez persisté, cependant. — Parce que j'ai choisi un état de jeunesse dans lequel la belle santé, les passions, les plaisirs du corps me procurent encore quelque distraction; Althotas, au contraire, avait choisi l'état de vieillesse. — Il fallait qu'Althotas fît comme vous. — Non pas, il était un homme profond et supérieur, lui ; de toutes les choses de ce monde, il ne voulait que la science. Et cette jeunesse au sang impérieux, ces passions, ces plaisirs, l'eussent détourné de l'éternelle contemplation ; Monseigneur, il importe d'être exempt toujours de fièvre ; pour bien penser, il faut pouvoir s'absorber dans une somnolence imperturbable.

Le vieillard médite mieux que le jeune homme; aussi, quand la tristesse le prend, n'y a-t-il plus de remède. Althotas est mort victime de son dévouement à la science. Moi, je vis comme un mondain, je perds mon temps et ne fais absolument rien. Je suis une plante... je n'ose dire une fleur; je ne vis pas, je respire.

— Oh! murmura le cardinal, avec l'homme ressuscité, voilà tous mes étonnements qui renaissent. Vous me rendez, Monsieur, à ce temps où la magie de vos paroles, où le merveilleux de vos actions, doublaient toutes mes facultés, et rehaussaient à mes yeux la valeur d'une créature. Vous me rappelez les doux rêves de ma jeunesse. Il y a dix ans, savez-vous, que vous m'avez apparu ? — Je le sais, nous avons bien baissé tous deux, allez, Monseigneur. Moi je ne suis plus un sage, mais un savant. Vous, vous n'êtes plus un beau jeune homme, mais un beau prince. Vous souvient-il, Monseigneur, de ce jour où, dans mon cabinet, rajeuni aujourd'hui par les tapisseries, je vous promettais l'amour d'une femme dont ma voyante avait consulté les blonds cheveux?

Le cardinal pâlit, puis rougit tout à coup. La terreur et la joie venaient de suspendre successivement les battements de son cœur.

— Je me souviens, dit-il, mais avec confusion... — Voyons, fit Cagliostro en souriant, voyons si je pourrais encore passer pour un magicien. Attendez que je me fixe sur cette idée.

Il réfléchit.

— Cette blonde enfant de vos rêves amoureux, dit-il après un silence, où est-elle? que fait-elle? Ah! parbleu! je la vois; oui... et vous-même l'avez vue aujourd'hui. Il y a plus encore, vous sortez d'auprès d'elle.

Le cardinal appuya une main glacée sur son cœur palpitant.

— Monsieur, dit-il, si bas que Cagliostro l'entendit à peine, par grâce... — Voulez-vous que nous parlions d'autre chose, fit le devin avec courtoisie. Oh! je suis bien à vos ordres, Monseigneur. Disposez de moi, je vous prie.

Et il s'étendit assez librement sur un sofa que le cardinal avait oublié de lui indiquer depuis le commencement de cette intéressante conversation.

LIX

LE DÉBITEUR ET LE CRÉANCIER

Le cardinal regardait faire son hôte d'un air presque hébété.

— Eh bien! fit celui-ci, maintenant que nous avons renouvelé connaissance, Monseigneur, causons, si vous voulez. — Oui, reprit le prélat se remettant peu à peu, oui, causons de ce recouvrement, que... que... — Que je vous indiquais dans ma lettre, n'est-ce pas? Votre Éminence a hâte de savoir... — Oh! c'était un prétexte, n'est-ce pas? à ce que je présume, du moins. — Non, Monseigneur, pas le moins du monde, c'était une réalité, et des plus sérieuses, je vous assure. Ce recouvrement vaut tout à fait la peine d'être effectué, attendu qu'il s'agit de cinq cent mille livres, et que cinq cent mille livres c'est une somme. — Et une somme que vous m'avez gracieusement prêtée même, s'écria le cardinal en laissant apparaître sur son visage une légère pâleur. — Oui, Monseigneur, que je vous ai prêtée, dit Balsamo; j'aime à voir dans un grand prince comme vous une si bonne mémoire.

Le cardinal avait reçu le coup; il sentait une sueur froide descendre de son front à ses joues.

— J'ai cru un moment, dit-il en essayant de sourire, que Joseph Balsamo, l'homme surnaturel, avait emporté sa créance dans la tombe, comme il avait jeté mon reçu dans le feu. — Monseigneur, répondit gravement le comte, la vie de Joseph Balsamo est indestructible, comme l'est cette feuille de papier que vous croyiez anéantie.

La mort ne peut rien contre l'élixir de vie, le feu ne peut rien contre l'amiante.

— Je ne comprends pas, dit le cardinal, à qui un éblouissement passait devant les yeux. — Vous allez comprendre, Monseigneur, j'en suis sûr, dit Cagliostro. — Comment cela? — En reconnaissant votre signature.

Et il offrit un papier plié au prince, qui, même avant de l'ouvrir, s'écria :

— Mon reçu! — Oui, Monseigneur, votre reçu, répondit Cagliostro avec un léger sourire, mitigé encore par une froide révérence. — Vous l'avez brûlé cependant, Monsieur, j'en ai vu la flamme. — J'ai jeté ce papier dans le feu, c'est vrai, dit le comte, mais comme je vous l'ai dit, Monseigneur, le hasard a voulu que vous ayez écrit sur un morceau d'amiante, au lieu d'écrire sur un papier ordinaire, de sorte que j'ai retrouvé le reçu intact sur les charbons consumés. — Monsieur, dit le cardinal avec une certaine hauteur, car il croyait voir dans la représentation de ce reçu une marque de défiance, Monsieur, croyez bien que je n'eusse pas plus renié ma dette sans ce papier, que je ne la renie avec ce papier; ainsi vous avez eu tort de me tromper. — Moi, vous tromper, Monseigneur, je n'en ai pas eu un instant l'intention, je vous le jure.

Le cardinal fit un signe de tête.

— Vous m'avez fait croire, Monsieur, dit-il, que le gage était anéanti.
— Pour vous laisser la jouissance calme et heureuse des cinq cent mille livres, répondit à son tour Balsamo, avec un léger mouvement d'épaules.
— Mais enfin, Monsieur, continua le cardinal, comment, pendant dix années, avez-vous laissé une pareille somme en souffrance? — Je savais, Monseigneur, chez qui elle était placée. Les événements, le jeu, les voleurs, m'ont successivement dépouillé de tous mes biens. Mais sachant que j'avais cet argent en sûreté, j'ai patienté et attendu jusqu'au dernier moment. — Et le dernier moment est arrivé? — Hélas! oui, Monseigneur! — De sorte que vous ne pouvez plus patienter ni attendre. — C'est en effet chose impossible pour moi, répondit Cagliostro. — Ainsi vous me redemandez votre argent? — Oui, Monseigneur. — Dès aujourd'hui? — S'il vous plaît.

Le cardinal garda un silence tout palpitant de désespoir.

Puis, d'une voix altérée :

— Monsieur le comte, dit-il, les malheureux princes de la terre n'improvisent point des fortunes aussi rapides que vous autres enchanteurs, qui commandez aux esprits de ténèbres et de lumières. — Oh! Monseigneur, dit Cagliostro, croyez bien que je ne vous eusse pas demandé cette somme si je n'avais su d'avance que vous l'aviez. — J'ai cinq cent mille livres, moi! s'écria le cardinal. — Trente mille livres en or, dix mille en argent, et le reste en bons de caisse.

Le cardinal pâlit.

— Lesquels sont là dans cette armoire de Boule, continua Cagliostro.
— Oh! Monsieur, vous savez cela? — Oui, Monseigneur; et je sais aussi tout ce qu'il vous a fallu faire de sacrifices pour vous procurer cette somme. J'ai ouï dire même que vous avez acheté cet argent deux fois sa valeur. — Oh! c'est bien vrai, cela. — Mais... — Mais?... s'écria le malheureux prince. — Mais moi, Monseigneur, continua Cagliostro, depuis dix ans, j'ai vingt fois failli mourir de faim ou d'embarras à côté de

LE DÉBITEUR ET LE CRÉANCIER.

ce papier, qui représentait pour moi un demi-million ; et cependant, pour ne point vous troubler, j'ai attendu. Je crois donc que nous sommes à peu près quittes, Monseigneur. — Quittes, Monsieur ! s'écria le prince ; oh ! ne dites pas que nous sommes quittes, puisqu'il vous reste l'avantage de m'avoir si généreusement prêté une somme de cette importance ; quittes ! oh ! non ! non ! je suis et demeurerai éternellement votre obligé. Seulement, monsieur le comte, je vous demande pourquoi vous, qui pouviez depuis dix ans me redemander cette somme, vous avez gardé le silence ? Pendant ces dix ans, j'eusse eu vingt occasions de vous rendre cet argent sans me gêner. — Tandis qu'aujourd'hui ?... demanda Cagliostro. — Oh ! aujourd'hui je ne vous cache point, s'écria le prince, que cette restitution que vous exigez, car vous l'exigez, n'est-ce pas ? — Hélas ! Monseigneur. — Eh bien ! me gêne horriblement.

Cagliostro fit de la tête et des épaules un petit mouvement qui signifiait : Que voulez-vous, Monseigneur, cela est ainsi et ne peut être autrement.

— Mais vous qui devinez tout, s'écria le prince ; vous qui savez lire au fond des cœurs, et même au fond des armoires, ce qui est quelquefois bien pis, vous n'en êtes probablement pas à apprendre pourquoi je tiens tant à cet argent, et quel est l'usage mystérieux et sacré auquel je le destine ? — Vous vous trompez, Monseigneur, dit Cagliostro d'un ton glacial, non, je ne m'en doute pas, et mes secrets, à moi, m'ont rapporté assez de chagrins, de déceptions et de misères, pour que je n'aille point m'occuper des secrets d'autrui, à moins qu'ils ne m'intéressent. Il m'intéressait de savoir si vous aviez de l'argent ou si vous n'en aviez pas, attendu que j'avais de l'argent à réclamer de vous. Mais sachant une fois que vous aviez cet argent, peu m'importait de savoir à quoi vous le destiniez. D'ailleurs, Monseigneur, si je savais en ce moment la cause de votre embarras, elle me paraîtrait peut-être fort grave et tellement respectable que j'aurais la faiblesse de temporiser encore, ce qui, dans les circonstances présentes, je vous le répète, m'occasionnerait le plus grand préjudice. Je préfère donc ignorer. — Oh ! Monsieur, s'écria le cardinal dont ces dernières paroles venaient de réveiller l'orgueil et la susceptibilité, ne croyez pas au moins que je veuille vous apitoyer sur mes embarras personnels ; vous avez vos intérêts : ils sont représentés et garantis par ce billet ; ce billet est signé de ma main, c'est assez. Vous allez avoir vos cinq cent mille livres.

Cagliostro s'inclina.

— Je sais bien, continua le cardinal dévoré par la douleur de perdre en une minute tant d'argent péniblement amassé, je sais, Monsieur, que ce papier n'est qu'une reconnaissance de la dette, et ne fixe pas d'échéance au paiement. — Votre Éminence veut-elle m'excuser, répliqua le comte; mais je m'en rapporte à la lettre de ce reçu, et j'y vois écrit :

« Je reconnais avoir reçu de monsieur Joseph Balsamo la somme de cinq cent mille livres, que je lui paierai sur sa première demande.

« *Signé* : LOUIS DE ROHAN. »

Le cardinal frissonna de tous ses membres; il avait oublié non-seulement la dette, mais encore les termes dans lesquels elle était reconnue.

— Vous voyez, Monseigneur, continua Balsamo, que je ne demande pas l'impossible, moi. Vous ne pouvez pas, soit. Seulement, je regrette que Votre Éminence paraisse oublier que la somme a été donnée par Joseph Balsamo spontanément, dans une heure suprême; et cela à qui, à monsieur de Rohan, qu'il ne connaissait pas. Voilà, ce me semble, un de ces procédés de grand seigneur que monsieur de Rohan, si grand seigneur de toute manière, eût pu imiter pour la restitution. Mais vous avez jugé que cela ne devait point se faire ainsi, n'en parlons plus; je reprends mon billet. Adieu, Monseigneur.

Et Cagliostro ploya froidement le papier et s'apprêta à le remettre dans sa poche.

Le cardinal l'arrêta.

— Monsieur le comte, dit-il, un Rohan ne souffre pas que personne au monde lui donne des leçons de générosité. D'ailleurs, ici, ce serait tout simplement une leçon de probité. Donnez-moi ce billet, Monsieur, je vous prie, afin que je le paie.

Ce fut Cagliostro alors qui, à son tour, parut hésiter.

En effet le visage pâle, les yeux gonflés, la main vacillante du cardinal semblaient émouvoir en lui une compassion très-vive.

Le cardinal, tout fier qu'il fût, comprit cette bonne pensée de Cagliostro. Un moment il espéra qu'elle serait suivie d'un bon résultat.

Mais soudain l'œil du comte s'endurcit, un nuage courut entre ses sourcils froncés, et il tendit la main et le billet au cardinal.

Monsieur de Rohan, frappé au cœur, ne perdit pas un instant; il se dirigea vers l'armoire qu'avait signalée Cagliostro, et en tira une liasse de billets sur la caisse des eaux et forêts; puis il indiqua du doigt plusieurs sacs d'argent, et tira un tiroir plein d'or.

— Monsieur le comte, dit-il, voici vos cinq cent mille livres; seulement, je vous dois encore à cette heure deux cent cinquante autres mille livres pour les intérêts, en admettant que vous refusiez l'intérêt composé, qui ferait une somme plus considérable encore. Je vais faire faire les comptes par mon intendant et vous donner des sûretés pour ce paiement, en vous priant de vouloir bien m'accorder du temps. — Monseigneur, répondit Cagliostro, j'ai prêté cinq cent mille livres à monsieur de Rohan. Monsieur de Rohan me doit cinq cent mille livres, et pas autre chose. Si j'eusse désiré toucher des intérêts, je les eusse stipulés dans le reçu. Mandataire ou héritier de Joseph Balsamo, comme il vous plaira, car Joseph Balsamo est bien mort, je ne dois accepter que les sommes énoncées dans la reconnaissance; vous me les payez, je les reçois et vous remercie, en vous priant d'accepter mes respectueuses révérences. Je prends donc les billets, Monseigneur, et comme j'ai instamment besoin de la somme tout entière dans la journée, j'enverrai prendre l'or et l'argent que je vous prie de me tenir prêts.

Et sur ces mots, auxquels le cardinal ne trouvait rien à répondre, Cagliostro mit la liasse de billets dans sa poche, salua respectueusement le prince, aux mains duquel il laissa le billot, et sortit.

— Le malheur n'est que pour moi, soupira monsieur de Rohan, après le départ de Cagliostro, puisque la reine est en mesure de payer, et qu'à elle, au moins, un Joseph Balsamo inattendu ne viendra pas réclamer un arriéré de cinq cent mille livres.

LX

COMPTES DE MÉNAGE

C'était l'avant-veille du premier paiement indiqué par la reine. Monsieur de Calonne n'avait pas encore tenu ses promesses. Ses comptes n'étaient point signés du roi.

C'est que le ministre avait eu beaucoup de choses à faire. Il avait un peu oublié la reine. Elle, de son côté, ne pensait pas qu'il fût de sa dignité de rafraîchir la mémoire du contrôleur des finances. Ayant reçu sa promesse, elle attendait.

Cependant elle commençait à s'inquiéter et à s'informer, à chercher les moyens de parler à monsieur de Calonne sans compromettre la reine, quand un billet lui vint du ministre.

« Ce soir, disait-il, l'affaire dont Votre Majesté m'a fait l'honneur de me charger sera signée au conseil, et les fonds seront chez la reine demain matin. »

Toute sa gaieté revint aux lèvres de Marie-Antoinette. Elle ne songea plus à rien, pas même à ce lendemain si lourd.

On la vit même chercher dans ses promenades les plus secrètes allées, comme pour isoler ses pensées de tout contact matériel et mondain.

Elle se promenait encore avec madame de Lamballe et le comte d'Artois qui l'avaient rejointe quand le roi entra au conseil après son dîner.

Le roi était d'une humeur difficile. Les nouvelles de Russie se présentaient mauvaises. Un vaisseau s'était perdu dans le golfe de Lyon. Quelques provinces refusaient l'impôt. Une belle mappemonde, polie et vernie par le roi lui-même, avait éclaté de chaleur, et l'Europe se trouvait coupée en deux parties, à la jonction du 30º degré de latitude avec le 55º de longitude. Sa Majesté boudait tout le monde, même monsieur de Calonne.

En vain, celui-ci offrit-il son beau portefeuille parfumé avec sa mine riante. Le roi se mit, silencieux et morose, à griffonner sur un morceau de papier blanc des *hachures* qui signifiaient : Tempête, comme les *bonshommes* et les *chevaux* signifiaient : Beau temps.

Car la manie du roi était de dessiner pendant les conseils. Louis XVI n'aimait pas à regarder les gens en face, il était timide; une plume à sa main lui donnait assurance et maintien. Pendant qu'il s'occupait ainsi, l'orateur pouvait développer ses arguments; le roi, levant un œil furtif, prenait çà et là un peu du feu de ses regards, tout juste autant qu'il en fallait pour ne pas oublier l'homme en jugeant l'idée.

Parlait-il lui-même, et il parlait bien, son dessin ôtait tout air de prétention à son discours, il n'avait plus de geste à faire; il pouvait s'interrompre ou s'échauffer à loisir, le trait sur le papier remplaçait au besoin les ornements de la parole.

Le roi prit donc la plume, selon son habitude, et les ministres commencèrent la lecture des projets ou des notes diplomatiques.

Le roi ne souffla pas le mot, il laissa passer la correspondance étrangère, comme s'il ne comprenait pas une parole à ce genre de travail.

Mais on en vint au détail des comptes du mois; il leva la tête.

Monsieur de Calonne venait d'ouvrir un mémoire relatif à l'emprunt projeté pour l'année suivante.

Le roi se mit à faire des hachures avec fureur.

— Toujours emprunter, dit-il, sans savoir comment on rendra, c'est pourtant un problème cela, monsieur de Calonne. — Sire, un emprunt, c'est la saignée faite à une source, l'eau disparaît d'ici pour abonder là. Il y a plus, elle se voit doublée par les aspirations souterraines. Et d'abord, au lieu de dire comment paierons-nous, il faudrait dire : comment et sur quoi emprunterons-nous? car le problème dont parlait Votre Majesté n'est pas : Avec quoi rendra-t-on? mais bien : Trouvera-t-on des créanciers?

Le roi poussa les hachures jusqu'au noir le plus opaque ; mais il n'ajouta pas un mot : ses traits parlaient d'eux-mêmes.

Monsieur de Calonne ayant exposé son plan, avec l'approbation de ses collègues, le roi prit le projet et le signa, bien qu'en soupirant.

— Maintenant que nous avons de l'argent, dit monsieur de Calonne en riant, dépensons.

Le roi regarda son ministre avec une grimace, et de la hachure fit un énorme pâté d'encre.

Monsieur de Calonne lui passa un état composé de pensions, de gratifications, d'encouragements, de dons et de soldes.

Le travail était court, bien détaillé. Le roi tourna les pages et courut au total.

— Un million cent mille livres pour si peu! Comment cela se fait-il?

Et il laissa reposer la plume.

— Lisez, sire, lisez, et veuillez remarquer que, sur les onze cent mille livres, un seul article est porté à cinq cent mille livres. — Quel article, monsieur le contrôleur général? — L'avance faite à Sa Majesté la reine, sire. — A la reine! s'écria Louis XVI... Cinq cent mille livres à la reine! Eh! Monsieur, ce n'est pas possible. — Pardon, sire; mais le chiffre est exact. — Cinq cent mille livres à la reine! répéta le roi. Il faut qu'il y ait erreur. La semaine dernière... non, la quinzaine, j'ai fait payer le trimestre à Sa Majesté. — Sire, si la reine a eu besoin d'argent, et l'on sait comment Sa Majesté en use, il n'est point extraordinaire... — Non, non! s'écria le roi, qui éprouva le besoin de faire parler de son économie et de concilier quelques applaudissements à la reine quand elle irait à l'Opéra; la reine ne veut pas de cette somme-là, monsieur de Calonne. La reine m'a dit qu'un vaisseau vaut mieux que des joyaux. La reine pense que si la France emprunte pour nourrir ses pauvres, nous autres riches nous devons prêter à la France. Donc, si la reine a besoin de cet argent, son mérite sera plus grand de l'attendre ; et je vous garantis, moi, qu'elle l'attendra.

Les ministres applaudirent beaucoup cet élan patriotique du roi, que le divin Horace n'eût pas appelé *Uxorius* en ce moment.

Seul, monsieur de Calonne, qui savait l'embarras de la reine, insista sur l'allocation.

— Vraiment, dit le roi, vous êtes plus intéressé pour nous que nous-mêmes. Calmez-vous, monsieur de Calonne. — La reine, sire, m'accusera d'avoir été bien peu zélé pour son service. — Je plaiderai votre cause auprès d'elle. — La reine, sire, ne demande jamais que forcée

par la nécessité. — Si la reine a des besoins, ils sont moins impérieux, je l'espère, que ceux des pauvres, et elle en conviendra toute la première.
— Sire... — Article entendu, fit le roi résolument.

Et il prit la plume aux hachures.

— Vous biffez ce crédit, sire? fit monsieur de Calonne consterné. — Je le biffe, répondit majestueusement Louis XVI. Et il me semble entendre d'ici la voix généreuse de la reine me remercier d'avoir si bien compris son cœur.

Monsieur de Calonne se mordit les lèvres; Louis XVI, content de ce sacrifice personnel héroïque, signa tout le reste avec une bonne foi aveugle.

Et il dessina un beau zèbre entouré de zéros, en répétant :

— J'ai gagné ce soir cinq cent milles livres : une jolie journée de roi, Calonne; vous donnerez cette bonne nouvelle à la reine; vous verrez, vous verrez. — Ah! mon Dieu! sire, murmura le ministre, je serais au désespoir de vous ôter la joie de cet aveu. A chacun selon ses mérites. — Soit, répliqua le roi. Levons la séance. Assez de besogne quand la besogne est bonne. Ah! voilà la reine qui revient; allons-nous au-devant d'elle, Calonne? — Sire, je demande pardon à Votre Majesté, mais j'ai ma signature.

Et il s'esquiva le plus promptement possible par le corridor.

Le roi alla bravement et tout épanoui au-devant de Marie-Antoinette, qui chantait dans le vestibule, en appuyant son bras sur celui du comte d'Artois.

— Madame, dit-il, vous avez fait une bonne promenade, n'est-ce pas? — Excellente, sire, et vous, avez-vous fait un bon travail ? — Jugez-en, je vous ai gagné cinq cent mille livres. — Calonne a tenu parole, pensa la reine. — Figurez-vous, ajouta Louis XVI, que Calonne vous avait porté sur le crédit pour un demi-million. — Oh! fit Marie-Antoinette en souriant. — Et moi... j'ai biffé. Voilà cinq cent mille livres de gagnées d'un revers de plume. — Comment, biffé? dit la reine en pâlissant. — Tout net; cela va vous faire un bien énorme. Bonsoir, Madame, bonsoir. — Sire! sire! — J'ai grand faim. Je rentre. N'est-ce pas que j'ai bien gagné mon souper? — Sire! écoutez donc.

Mais Louis XVI sautilla et s'enfuit, radieux de sa plaisanterie, laissant la reine ébahie, muette et consternée.

— Mon frère, faites-moi chercher monsieur de Calonne, dit-elle enfin au comte d'Artois, il y a quelque mauvais tour là-dessous.

Justement on apportait à la reine le billet suivant du ministre :

« Votre Majesté aura su que le roi avait refusé le crédit. C'est incompréhensible, Madame, et je me suis retiré du conseil, malade et pénétré de douleur. »

— Lisez, fit-elle en passant le billet au comte d'Artois. — Et il y a des gens qui disent que nous dilapidons les finances, ma sœur! s'écria le prince. C'est là un procédé... — De mari, murmura la reine. Adieu, mon frère. — Recevez mes compliments de condoléance, chère sœur; me voilà averti, moi qui voulais demander demain. — Qu'on m'aille quérir madame de La Motte, dit la reine à madame de Misery, après une longue méditation, partout où elle sera et sur-le-champ.

LXI

MARIE-ANTOINETTE REINE, JEANNE DE LA MOTTE FEMME

Le courrier qu'on expédia à Paris, à madame de La Motte, trouva la comtesse, ou plutôt ne la trouva pas chez le cardinal de Rohan.

Jeanne était allée rendre visite à Son Éminence; elle y avait dîné, elle y soupait, et s'entretenait avec lui de cette restitution malencontreuse, quand le courrier vint demander si la comtesse se trouvait chez monsieur de Rohan.

Le suisse, en habile homme, répondit que Son Éminence était sortie, et que madame de La Motte n'était pas à l'hôtel, mais que rien n'était plus aisé que de lui faire dire ce dont la reine avait chargé son messager, attendu qu'elle viendrait probablement le soir à l'hôtel.

— Qu'elle se rende à Versailles le plus vite qu'il se pourra, dit le coureur, et il partit ayant semé le même avis dans tous les domiciles présumés de la nomade comtesse.

Mais à peine le messager fut-il parti, que le suisse, faisant sa commission sans aller bien loin, envoya sa femme prévenir madame de La Motte chez monsieur de Rohan, où les deux associés philosophaient à loisir sur l'instabilité des grosses sommes d'argent.

La comtesse, à l'avertissement, comprit qu'il y avait urgence à partir. Elle demanda deux bons chevaux au cardinal, qui l'installa lui-même dans une berline sans armoiries, et tandis qu'il faisait force commentaires sur ce message, la comtesse roulait si bien qu'en une heure elle arrivait devant le château.

Quelqu'un l'attendait qui l'introduisit sans retard auprès de Marie-Antoinette.

La reine était retirée dans sa chambre. Le service de nuit tout fait : plus une femme dans l'appartement, excepté madame de Misery, qui lisait dans le petit boudoir.

Marie-Antoinette brodait ou feignait de broder, prêtant une oreille inquiète à tous les bruits du dehors, lorsque Jeanne se précipita au-devant d'elle.

— Ah! s'écria la reine, vous voici, tant mieux. Une nouvelle... comtesse. — Bonne, Madame? — Jugez-en. Le roi a refusé les cinq cent mille livres. — A monsieur de Calonne? — A tout le monde. Le roi ne veut plus me donner d'argent. Ces choses-là n'arrivent qu'à moi. — Mon Dieu! murmura la comtesse. — C'est à ne pas croire, n'est-ce pas, comtesse? Refuser, biffer l'ordonnance déjà faite. Enfin, ne parlons plus de ce qui est mort. Vous allez vite retourner à Paris. — Oui, Madame. — Et dire au cardinal, puisqu'il a mis tant de dévouement à me faire plaisir, que j'accepte ses cinq cent mille livres jusqu'au prochain trimestre. C'est égoïste de ma part, comtesse! mais il le faut... j'abuse. — Eh! Madame, murmura Jeanne, nous sommes perdues, monsieur le cardinal n'a plus d'argent.

La reine fit un bond, comme si elle venait d'être blessée ou insultée.

— Plus... d'argent!... balbutia-t-elle. — Madame, une créance sur laquelle ne comptait plus monsieur de Rohan lui est revenue. C'était une dette d'honneur, il a payé. — Cinq cent mille livres? — Oui, Madame. — Mais... — Son dernier argent... Plus de ressources!

La reine s'arrêta comme étourdie par ce malheur.

— Je suis bien éveillée, n'est-ce pas? dit-elle. C'est bien à moi qu'arrivent tous ces mécomptes? Comment savez-vous cela, comtesse, que monsieur de Rohan n'a plus d'argent? — Il me contait ce désastre il y a une heure et demie, Madame. Ce désastre est d'autant moins réparable que les cinq cent mille livres étaient ce qu'on appelle le fond du tiroir.

La reine appuya son front sur ses deux mains.

— Il faut prendre un parti, dit-elle. — Que va faire la reine? pensa Jeanne. — Voyez-vous, comtesse, c'est une leçon terrible, qui me punira d'avoir fait en cachette du roi une action de médiocre importance, de médiocre ambition ou de mesquine coquetterie. Je n'avais aucun besoin de ce collier, avouez-le? — C'est vrai, Madame, mais si une reine ne consultait que ses besoins et ses goûts... — Je veux consulter avant tout ma tranquillité, le bonheur de ma maison. Il ne fallait rien moins que ce premier échec pour me prouver à combien d'ennuis j'allais m'exposer, combien était féconde en disgrâces la route que j'avais choisie, j'y renonce. Allons franchement, allons librement, allons simplement. —

Madame! — Et pour commencer, sacrifions notre vanité sur l'autel du devoir, comme dirait monsieur Dorat.

Puis, avec un soupir :

— Ah! ce collier était bien beau, cependant, murmura-t-elle. — Il l'est encore, Madame, et c'est de l'argent vivant, ce collier. — Dès à présent, il n'est plus qu'un tas de pierres pour moi. Les pierres, on en fait, quand on a joué avec elles, ce que font les enfants après la partie de marelle, on les jette, on les oublie. — Que veut dire la reine? — La reine veut dire, chère comtesse, que vous allez reprendre l'écrin apporté... par monsieur de Rohan.... le reporter aux joailliers Bœhmer et Bossange. — Le leur rendre? — Précisément. — Mais, Madame, Votre Majesté a donné deux cent cinquante mille livres d'arrhes. — C'est encore deux cent cinquante mille livres que je gagne, comtesse ; me voilà d'accord avec les comptes du roi. — Madame! Madame! s'écria la comtesse, perdre ainsi un quart de million! Car il peut arriver que les joailliers fassent des difficultés pour rendre des fonds dont ils auraient disposé. — J'y compte et leur abandonne les arrhes, à condition que le marché sera rompu. Depuis que j'entrevois ce but, comtesse, je me sens plus légère. Avec ce collier sont venus s'installer ici les soucis, les chagrins, les craintes, les soupçons. Jamais ces diamants n'auraient eu assez de feux pour sécher toutes les larmes que je sens peser en nuages sur moi. Comtesse, emportez-moi cet écrin tout de suite. Les joailliers font là une bonne affaire. Deux cent cinquante mille livres de pot-de-vin, c'est un bénéfice ; c'est le bénéfice qu'ils faisaient sur moi, et, de plus, ils ont le collier. Je pense qu'ils ne se plaindront pas, et que nul n'en saura rien. Le cardinal n'a agi qu'en vue de me faire plaisir. Vous lui direz que mon plaisir est de n'avoir plus ce collier, et s'il est homme d'esprit, il me comprendra ; s'il est bon prêtre, il m'approuvera et m'affermira dans mon sacrifice.

En disant ces mots, la reine tendait à Jeanne l'écrin fermé. Celle-ci le repoussa doucement.

— Madame, dit-elle, pourquoi ne pas essayer d'obtenir encore un délai? — Demander... non! — J'ai dit obtenir, Madame. — Demander, c'est s'humilier, comtesse ; obtenir, c'est être humiliée. Je concevrais peut-être qu'on s'humiliât pour une personne aimée, pour sauver une créature vivante, fût-ce son chien ; mais pour avoir le droit de garder ces pierres qui brûlent comme le charbon allumé sans être plus lumineuses et aussi durables, oh! comtesse, voilà ce que nul ne pourra jamais me décider à accepter. Jamais! Emportez l'écrin, ma chère, emportez! — Mais songez, Madame, au bruit que ces joailliers vont faire, par politesse au moins et pour vous plaindre. Votre refus sera aussi compromettant que l'eût été votre acquiescement. Tout le public saura que vous avez eu les diamants en votre pouvoir. — Nul ne saura rien. Je ne dois plus rien à ces joailliers ; je ne les recevrai plus ; c'est bien le moins qu'ils se taisent pour mes deux cent cinquante mille livres ; et mes ennemis, au lieu de dire que j'achète des diamants un million et demi, diront seulement que je jette mon argent dans le commerce. C'est moins désagréable. Emportez, comtesse, emportez, et remerciez bien monsieur de Rohan pour sa bonne grâce et sa bonne volonté.

Et, par un mouvement impérieux, la reine remit l'écrin à Jeanne qui ne sentit pas ce poids entre ses mains sans une certaine émotion.

— Vous n'avez pas de temps à perdre, poursuivit la reine ; moins les joailliers auront d'inquiétude, plus nous serons assurées du secret ; repartez vite, et que nul ne voie l'écrin. Touchez d'abord chez vous, dans la crainte qu'une visite chez Bœhmer à cette heure n'éveille les soupçons de la police, qui certainement s'occupe de ce qu'on fait chez moi ; puis, quand votre retour aura dépisté les espions, rendez-vous chez les joailliers et rapportez-moi un reçu d'eux. — Oui, Madame, il en sera fait ainsi, puisque vous le voulez.

Elle serra l'écrin sous son mantelet, ayant soin que rien ne trahît le volume de la boîte, et monta en carrosse avec tout le zèle que réclamait l'auguste complice de son action.

D'abord, pour obéir, elle se fit conduire chez elle, et renvoya le carrosse chez monsieur de Rohan, afin de ne rien dévoiler du secret au cocher qui l'avait conduite. Ensuite, elle se fit déshabiller pour prendre un costume moins élégant, plus propre à cette course nocturne.

Sa femme de chambre l'habilla rapidement et observa qu'elle était pensive et distraite durant cette opération, ordinairement honorée de toute l'attention d'une femme de cour.

Jeanne réellement ne songeait pas à sa toilette, elle se laissait faire, elle tendait sa réflexion vers une idée étrange inspirée par l'occasion.

Elle se demandait si le cardinal ne commettait pas une grande faute en laissant la reine rendre cette parure, et si la faute commise n'allait pas devenir un amoindrissement pour la fortune que monsieur de Rohan rêvait et pouvait se flatter d'atteindre, participant aux petits secrets de la reine.

Agir selon l'ordre de Marie-Antoinette sans consulter monsieur de Rohan, n'était-ce pas manquer aux premiers devoirs de l'association ? Fût-il à bout de toutes ressources, le cardinal n'aimerait-il pas mieux se vendre lui-même que de laisser la reine privée d'un objet qu'elle avait convoité ?

— Je ne puis faire autrement, se dit Jeanne, que de consulter le cardinal... Quatorze cent mille livres ? ajouta-t-elle dans sa pensée ; jamais il n'aura quatorze cent mille livres !

JEANNE ET LE COLLIER.

Puis, tout à coup, se tournant vers sa femme de chambre :

— Sortez, Rose, dit-elle.

La femme de chambre obéit et madame de La Motte continua son monologue mental.

— Quelle somme ! quelle fortune ! quelle radieuse vie ! et comme toute la félicité, tout l'éclat que procure une pareille somme sont bien représentés par ce petit serpent en pierres qui flamboie dans l'écrin que voici.

Elle ouvrit l'écrin et se brûla les yeux au contact de ces ruisselantes flammes. Elle tira le collier du satin, le roula dans ses doigts, l'enferma dans ses deux petites mains en disant :

— Quatorze cent mille livres qui tiennent là-dedans, car ce collier vaut quatorze cent mille livres argent réel, et les joailliers le paieraient ce prix encore aujourd'hui.

Étrange destinée qui permet à la petite Jeanne de Valois, mendiante et obscure, de toucher de sa main la main d'une reine, la première du monde, et de posséder dans ses mains aussi, pour une heure il est vrai, quatorze cent mille livres, une somme qui ne marche jamais seule en ce monde, et que l'on fait toujours escorter par des gardiens armés ou par des garanties qui ne peuvent être moindres en France que celles d'un cardinal et d'une reine.

Tout cela dans mes dix doigts !... comme c'est lourd et comme c'est léger !

Pour emporter en or, précieux métal, l'équivalent de cet écrin, j'aurais besoin de deux chevaux ; pour l'emporter en billets de caisse... et les billets de caisse sont-ils toujours payés ? ne faut-il pas signer, contrôler ? Et puis un billet, c'est du papier : le feu, l'air, l'eau le détruisent. Un billet de caisse n'a pas de cours dans tous les pays ; il trahit son origine, il décèle le nom de son auteur, le nom de son porteur. Un billet de caisse après un certain temps perd une partie de sa valeur ou sa valeur entière. Les diamants, au contraire, sont la dure matière qui résiste à tout, et que tout homme connaît, apprécie, admire et achète, à Londres, à Berlin, à Madrid, au Brésil même. Tous comprennent un diamant, un diamant surtout de la taille et de l'eau qu'on trouve dans ceux-ci ! Qu'ils sont beaux ! Qu'ils sont admirables ! Quel ensemble et quel détail ! Chacun d'eux détaché vaudrait peut-être plus, proportions gardées, qu'ils ne valent tous ensemble !

Mais à quoi vais-je penser, dit-elle tout à coup ; vite prenons le parti soit d'aller trouver le cardinal, soit de rendre le collier à Bœhmer, ainsi que m'en a chargé la reine.

Elle se leva, tenant toujours dans sa main les diamants qui s'échauffaient et resplendissaient.

— Ils vont donc rentrer chez le froid bijoutier, qui les pèsera et les polira de sa brosse. Eux qui pouvaient briller sur le sein de Marie-Antoinette… Bœhmer se récriera d'abord, puis se rassurera en songeant qu'il a le bénéfice et conserve la marchandise. Ah! j'oubliais! dans quelle forme faut-il que je fasse rédiger le reçu du joaillier? C'est grave; oui, il y a dans cette rédaction beaucoup de diplomatie à faire. Il faut que l'écrit n'engage, ni Bœhmer, ni la reine, ni le cardinal, ni moi.

Je ne rédigerai jamais seule un pareil acte. J'ai besoin d'un conseil.

Le cardinal… oh! non.

Elle s'assit sur son sofa, les diamants… roulés autour de sa main, la tête brûlante, pleine de pensées confuses et qui parfois l'épouvantaient et qu'elle repoussait avec une énergie fiévreuse.

Soudain son œil devint plus calme, plus fixe, plus arrêté sur une image de pensée uniforme; elle ne s'aperçut pas que les minutes passaient, que tout prenait en elle un aplomb désormais inébranlable; que pareille à ces nageurs qui ont posé le pied dans la vase des fleuves, chaque mouvement qu'elle faisait pour se dégager la plongeait plus avant. Une heure se passa dans cette muette et profonde contemplation d'un but mystérieux.

Après quoi elle se leva lentement, pâlie comme la prêtresse par l'inspiration, et sonna sa femme de chambre.

Il était deux heures du matin.

— Trouvez-moi un fiacre, dit-elle, ou une brouette s'il n'y a plus de voiture.

La servante trouva un fiacre qui dormait dans la vieille rue du Temple.

Madame de La Motte monta seule, et renvoya sa camériste.

Dix minutes après, le fiacre s'arrêtait à la porte du pamphlétaire Reteau de Villette.

LXII

LE REÇU DE BŒHMER ET LA RECONNAISSANCE DE LA REINE

Le résultat de cette visite nocturne faite au pamphlétaire Reteau de Villette apparut seulement le lendemain, et voici de quelle façon:

A sept heures du matin, madame de La Motte fit parvenir à la reine une lettre qui contenait le reçu des joailliers. Cette pièce importante était ainsi conçue:

« Nous, soussignés, reconnaissons avoir repris en possession le collier de diamants primitivement vendu à la reine moyennant une somme de seize cent mille livres, les diamants n'ayant pas agréé à Sa Majesté, qui nous a dédommagés de nos démarches et de nos déboursés par l'abandon d'une somme de deux cent cinquante mille livres, versée entre nos mains. »

Signé : Bœhmer et Bossange.

La reine, alors tranquille sur l'affaire qui l'avait tourmentée trop longtemps, enferma le reçu dans son chiffonnier et n'y pensa plus.

Mais, par une étrange contradiction, avec ce billet, les joailliers Bœhmer et Bossange reçurent deux jours après la visite du cardinal Rohan, qui avait conservé, lui, quelques inquiétudes sur le paiement du premier solde convenu entre les vendeurs et la reine.

Monsieur de Rohan trouva Bœhmer dans sa maison du quai de l'École. Depuis le matin, échéance de ce premier terme, s'il y eût eu retard ou refus, l'alarme devait être au camp des joailliers.

Mais tout, au contraire, dans la maison de Bœhmer, respirait le calme, et monsieur de Rohan fut heureux de trouver bon visage aux valets, dos rond et queue frétillante au chien du logis. Bœhmer reçut son client illustre avec l'épanchement de la satisfaction.

— Eh bien! dit le premier, c'était aujourd'hui le terme du paiement. La reine a donc payé? — Monseigneur, non, répondit Bœhmer. Sa Majesté n'a pu donner d'argent. Vous savez que monsieur de Calonne s'est vu refuser par le roi. Tout le monde en parle. — Oui, tout le monde en parle, Bœhmer, et c'est justement ce refus qui m'amène. — Mais, continua le joaillier, Sa Majesté est excellente et de bonne volonté. N'ayant pu payer, elle a garanti la dette, et nous n'en demandons pas davantage. — Ah! tant mieux, s'écria le cardinal; garanti la dette, dites-vous? c'est très-bien; mais... comment? — De la façon la plus simple et la plus délicate, répliqua le joaillier; d'une façon toute royale. — Par l'entremise de cette spirituelle comtesse, peut-être? — Non, Monseigneur, non. Madame de La Motte n'a pas même paru, et voilà ce qui nous a beaucoup flattés, monsieur Bossange et moi. — Pas paru! la comtesse n'a pas paru?... Croyez bien qu'elle est pour quelque chose cependant dans ceci, monsieur Bœhmer. Toute bonne inspiration doit émaner de la comtesse. Je n'ôte rien à Sa Majesté, vous comprenez. — Monseigneur va juger si Sa Majesté a été délicate et bonne pour nous. Des bruits s'étaient répandus sur le refus du roi pour l'ordonnancement des cinq cent mille livres; nous autres nous écrivîmes à madame de La Motte. — Quand cela? — Hier, Monseigneur. — Que répondit-elle? — Votre Éminence n'en sait rien? dit Bœhmer avec une imperceptible nuance de respectueuse familiarité. —

Non, voilà trois jours que je n'ai eu l'honneur de voir madame la comtesse, répartit le prince en vrai prince. — Eh bien! Monseigneur, madame de La Motte répondit ce seul mot : *Attendez !* — Par écrit? — Non, Monseigneur, de vive voix. Notre lettre priait madame de La Motte de vous demander une audience, et de prévenir la reine que le paiement approchait. — Le mot *attendez* était tout naturel, répartit le cardinal. — Nous attendîmes donc, Monseigneur, et hier au soir nous reçûmes de la reine, par un courrier très-mystérieux, une lettre. — Une lettre? à vous, Bœhmer? — Ou plutôt une reconnaissance en bonne forme, Monseigneur. — Voyons! fit le cardinal. — Oh! je vous la montrerais, si nous ne nous étions juré, mon associé et moi, de ne la faire voir à personne. — Et pourquoi? — Parce que cette réserve nous est imposée par la reine elle-même, Monseigneur; jugez-en, Sa Majesté nous recommande le secret. — Ah! c'est différent, vous êtes très-heureux, vous, messieurs les bijoutiers, d'avoir des lettres de la reine. — Pour treize cent cinquante mille livres, Monseigneur, dit le joaillier en ricanant, on peut avoir... — Dix millions, et cent millions ne paient pas de certaines choses, Monsieur, répartit sévèrement le prélat. Enfin, vous êtes bien garantis? — Autant que possible, Monseigneur. — La reine reconnaît la dette? — Bien et dûment. — Et s'engage à payer... — Dans trois mois cinq cent mille livres; le reste dans le semestre. — Et... les intérêts? — Oh! Monseigneur, un mot de Sa Majesté les garantit. — « *Faisons*, ajoute Sa Majesté avec bonté, *faisons cette affaire entre nous; entre nous*, Votre Excellence comprend bien la recommandation; *vous n'aurez pas lieu de vous en repentir.* » Et elle signe! Dès à présent, voyez-vous, Monseigneur, c'est pour mon associé comme pour moi une affaire d'honneur. — Me voilà quitte envers vous, monsieur Bœhmer, dit le cardinal charmé; à bientôt une autre affaire. — Quand Votre Excellence daignera nous honorer de sa confiance. — Mais remarquez encore en ceci la main de cette aimable comtesse... — Nous sommes bien reconnaissants à madame de La Motte, Monseigneur, et nous sommes convenus, monsieur Bossange et moi, de reconnaître ses bontés, quand le collier, payé intégralement, nous aura remis en argent comptant. — Chut! chut! fit le cardinal, vous ne m'avez pas compris.

Et il regagna son carrosse, escorté par les respects de toute la maison.

On peut maintenant lever le masque. Pour personne le voile n'est resté sur la statue. Ce que Jeanne de La Motte a fait contre sa bienfaitrice, chacun l'a compris en la voyant emprunter la plume du pamphlétaire Reteau de Villette. Plus d'inquiétude chez les joailliers, plus de scrupules chez la reine, plus de doute chez le cardinal. Trois mois sont donnés à la perpétration du vol et du crime ; dans ces trois mois, les fruits sinistres auront mûri assez pour que la main scélérate les cueille.

Jeanne retourna chez monsieur de Rohan, qui lui demanda comment s'y était prise la reine pour assoupir ainsi les exigences des joailliers.

Madame de La Motte répondit que la reine avait fait aux joailliers une confidence ; que le secret était recommandé ; qu'une reine qui paie a déjà trop besoin de se cacher, mais qu'elle s'y trouve bien autrement forcée encore quand elle demande du crédit.

Le cardinal convint qu'elle avait raison, et en même temps il demanda si on se souvenait encore de ses bonnes intentions.

Jeanne fit un tel tableau de la reconnaissance de la reine, que monsieur de Rohan fut enthousiasmé bien plus comme galant que comme sujet ; bien plus dans son orgueil que dans son dévouement.

Jeanne, en menant cette conversation à son but, avait résolu de rentrer paisiblement chez elle, de s'aboucher avec un marchand de pierreries, de vendre pour cent mille écus de diamants, et de gagner l'Angleterre ou la Russie, pays libres, dans lesquels elle vivrait richement avec cette somme pendant cinq à six années, au bout desquelles, sans pouvoir être inquiétée, elle commencerait à vendre avantageusement, en détail, le reste des diamants.

Mais tout ne réussit pas à ses souhaits. Aux premiers diamants qu'elle fit voir à deux experts, la surprise des Argus et leurs réserves effrayèrent la vendeuse. L'un offrait des sommes méprisables, l'autre s'extasiait devant les pierres en disant qu'il n'en avait jamais vu de semblables, sinon dans le collier de Bœhmer.

Jeanne s'arrêta. Un pas de plus elle était trahie. Elle comprit que l'imprudence en pareil cas, c'était la ruine, que la ruine c'était un pilori et une prison perpétuelle. Serrant les diamants dans la plus profonde de ses cachettes, elle résolut de se munir d'armes défensives si solides, d'armes offensives si acérées, qu'en cas de guerre ceux-là fussent vaincus d'avance qui se présenteraient au combat.

Louvoyer entre les désirs du cardinal, qui chercherait toujours à savoir, entre les indiscrétions de la reine, qui se vanterait toujours d'avoir refusé, c'était un danger terrible. Un mot échangé entre la reine et le cardinal, et tout se découvrait. Jeanne se réconforta en songeant que le cardinal, amoureux de la reine, avait, comme tous les amoureux, un bandeau sur le front, et par conséquent tomberait dans tous les pièges que la ruse lui tendrait sous une ombre d'amour.

Mais ce piége, il fallait qu'une main habile le présentât de façon à y prendre les deux intéressés. Il fallait que si la reine découvrait le vol, elle n'osât se plaindre, que si le cardinal découvrait la fourbe, il se sentît perdu. C'était un coup de maître à jouer contre deux adversaires qui, d'avance, avaient toute la galerie pour eux.

Jeanne ne recula pas. Elle était de ces natures intrépides qui poussent le mal jusqu'à l'héroïsme, le bien jusqu'au mal. Une seule pensée la préoccupa dès ce moment, celle d'empêcher une entrevue du cardinal et de la reine.

Tant qu'elle, Jeanne, serait entre eux, rien n'était perdu; si en arrière d'elle ils échangeaient un mot, ce mot ruinait chez Jeanne la fortune de l'avenir, échafaudée sur l'innocuité du passé.

— Ils ne se verront plus, dit-elle. Jamais. Cependant, objectait-elle, le cardinal voudra revoir la reine; il y tentera. N'attendons pas, pensa la rusée, qu'il y tente; inspirons-lui-en l'idée. Qu'il veuille la voir; qu'il la demande; qu'il se compromette en le demandant. Oui, mais s'il n'y a que lui de compromis?

Et cette pensée la jetait dans une perplexité douloureuse.

Lui seul étant compromis, la reine avait son recours; elle parle si haut, la reine; elle sait si bien arracher un masque aux fourbes!

Que faire? Pour que la reine ne puisse accuser, il faut qu'elle ne puisse ouvrir la bouche; pour fermer cette bouche noble et courageuse, il faut en comprimer les ressorts par l'initiative d'une accusation.

Celui-là n'ose, devant un tribunal, accuser son valet d'avoir volé, qui peut être convaincu par son valet d'un crime aussi déshonorant que le vol. Que monsieur de Rohan soit compromis par rapport à la reine, il est presque sûr que la reine sera compromise quant à monsieur de Rohan.

Mais que le hasard n'aille pas rapprocher ces deux êtres intéressés à découvrir le secret.

Jeanne recula tout d'abord devant l'énormité du rocher qu'elle suspendait sur sa tête. Vivre ainsi, haletante, effarée, sous la menace d'une pareille chute.

Oui, mais comment échapper à cette angoisse? Par la fuite! par l'exil, par le transport en pays étranger des diamants du collier de la reine.

S'enfuir! chose aisée. Une bonne chaise se procure en dix heures; l'espace d'un de ces bons sommeils de Marie-Antoinette; l'intervalle que met le cardinal entre un souper avec des amis et son lever du lendemain. Que la grande route se développe devant Jeanne; qu'elle offre ses pavés infinis aux pieds brûlants des chevaux, cela suffit. Jeanne sera libre, saine, sauve en dix heures.

— Mais quel scandale! quelle honte! Disparue quoique libre; en sûreté quoique proscrite; Jeanne n'est plus une femme de qualité, c'est une voleuse, une contumace, que la justice n'atteint pas, mais qu'elle désigne; que le fer du bourreau ne brûle pas, elle est trop loin, mais que l'opinion dévore et broie.

Non. Elle ne s'enfuiera pas. Le comble de l'audace et le comble de l'habileté sont comme les deux sommets de l'Atlas, qui ressemblent aux jumeaux de la terre. L'un mène à l'autre; l'un vaut l'autre. Qui voit l'un, voit l'autre.

Jeanne résolut de payer d'audace et de rester. Elle résolut cela surtout quand elle eût entrevu la possibilité de créer, entre le cardinal et la reine, une solidarité de terreur pour le jour où l'un ou l'autre voudrait s'apercevoir qu'un vol avait été commis dans leur intimité.

Jeanne s'était demandé combien, en deux ans, rapporterait la faveur de la reine et l'amour du cardinal; elle avait évalué le revenu de ces deux bonheurs à cinq ou six cent mille livres, après lesquelles le dégoût, la disgrâce, l'abandon, viendraient faire expier la faveur, la vogue et l'engouement.

— Je gagne à mon plan sept à huit cent mille livres, se dit la comtesse.

On verra comment cette âme profonde fraya la route tortueuse qui devait aboutir à la honte pour elle, au désespoir pour les autres.

— Rester à Paris, résuma la comtesse, tenir ferme en assistant à tout le jeu des deux acteurs; ne leur laisser jouer que le rôle utile à mes intérêts; choisir parmi les bons moments un moment favorable pour la fuite; que ce soit une commission donnée par la reine; que ce soit une véritable disgrâce qu'on saisirait au bond : empêcher le cardinal de jamais communiquer avec Marie-Antoinette; voilà surtout la difficulté, puisque monsieur de Rohan est amoureux, qu'il est prince, qu'il a droit d'entrer chez Sa Majesté plusieurs fois l'année, et que la reine, coquette, avide d'hommages, reconnaissante d'ailleurs envers le cardinal, ne se sauvera pas si on la recherche.

Ce moyen de séparer les deux augustes personnages, les événements le fourniront. On aidera les événements.

Rien ne serait aussi bon, aussi adroit que d'exciter chez la reine l'orgueil qui couronne la chasteté. Nul doute qu'une avance un peu vive du cardinal ne blesse la femme vive et susceptible. Les natures semblables à celles de la reine aiment les hommages, mais redoutent et repoussent les attaques.

Oui, le moyen est infaillible. En conseillant à monsieur de Rohan de se déclarer librement, on opérera sur l'esprit de Marie-Antoinette un mouvement d'antipathie invincible. Par cette raison, l'on aura pris des armes contre le cardinal, dont on paralysera toutes les manœuvres au grand jour des hostilités.

Soit. Mais encore une fois, si l'on rend le cardinal antipathique à la reine, on n'agit que sur le cardinal : on laisse rayonner la vertu de la reine, c'est-à-dire qu'on affranchit cette princesse, et qu'on lui donne cette liberté du langage qui facilite toute accusation et lui donne le poids de l'autorité.

Ce qu'il faut, c'est une preuve contre monsieur de Rohan et contre la reine; c'est une épée à double tranchant qui blesse à droite et à gauche, qui blesse en sortant du fourreau, qui blesse en coupant le fourreau lui-même.

Ce qu'il faut, c'est une accusation qui fasse pâlir la reine, qui fasse rougir le cardinal, qui, accréditée, lave de tout soupçon étranger Jeanne, confidente des deux principaux coupables. Ce qu'il faut, c'est une combinaison derrière laquelle, retranchée en temps et lieu, Jeanne puisse dire : Ne m'accusez pas ou je vous accuse, ne me perdez pas ou je vous perds. Laissez-moi la fortune, je vous laisserai l'honneur.

Cela vaut qu'on le cherche, pensa la perfide comtesse, et je le chercherai. Mon temps m'est payé à partir d'aujourd'hui.

En effet, madame de La Motte s'enfonça dans de bons coussins, s'approcha de sa fenêtre, brûlée par le doux soleil, et, en présence de Dieu, avec le flambeau de Dieu, elle chercha.

LXIII

LA PRISONNIÈRE

Pendant ces agitations de la comtesse, pendant sa rêverie, une scène d'un autre ordre se passait dans la rue Saint-Claude, en face de la maison habitée par Jeanne.

Monsieur de Cagliostro, on se le rappelle, avait logé dans l'ancien hôtel de Balsamo la fugitive Oliva, poursuivie par la police de monsieur de Crosne.

Mademoiselle Oliva, fort inquiète, avait accepté avec joie cette occasion de fuir à la fois la police et Beausire; elle vivait donc, retirée, cachée, tremblante, dans cette demeure mystérieuse, qui avait abrité tant de drames terribles, plus terribles, hélas! que l'aventure tragi-comique de mademoiselle Nicole Legay.

Cagliostro l'avait comblée de soins et de prévenances : il semblait doux à la jeune femme d'être protégée par ce grand seigneur, qui ne demandait rien, mais qui semblait espérer beaucoup.

Seulement, qu'espérait-il? voilà ce que se demandait inutilement la recluse.

Pour mademoiselle Oliva, monsieur de Cagliostro, cet homme, qui avait dompté Beausire et triomphé des agents de police, était un Dieu sauveur. C'était aussi un amant bien épris, puisqu'il respectait.

Car l'amour-propre d'Oliva ne lui permettait pas de croire que Cagliostro eût sur elle d'autre vue que d'en faire un jour sa maîtresse.

C'est une vertu pour les femmes qui n'en ont plus, que de croire qu'on puisse les aimer respectueusement. Ce cœur est bien flétri, bien aride, bien mort, qui ne compte plus sur l'amour et sur le respect qui suit l'amour.

Oliva se mit donc à faire des châteaux en Espagne du fond de son manoir de la rue Saint-Claude, châteaux chimériques où ce pauvre Beausire, faut-il l'avouer, trouvait bien rarement sa place.

Quand le matin, parée de tous les agréments dont Cagliostro avait meublé ses cabinets de toilette, elle jouait à la grande dame, et repassait les nuances du rôle de Célimène, elle ne vivait que pour cette heure du jour à laquelle Cagliostro venait deux fois la semaine s'informer si elle supportait facilement la vie.

Alors, dans son beau salon, au milieu d'un luxe réel et d'un luxe intelligent, la petite créature enivrée s'avouait à elle-même que tout dans sa vie passée avait été déception, erreur; que, contrairement à l'assertion du moraliste : La vertu fait le bonheur, c'était le bonheur qui fait immanquablement la vertu.

Malheureusement il manquait dans la composition de ce bonheur un élément indispensable pour que le bonheur durât.

Oliva était heureuse, mais Oliva s'ennuyait.

Livres, tableaux, instruments de musique, ne l'avaient pas distraite suffisamment. Les livres n'étaient pas assez libres, ou ceux qui l'étaient avaient été lus trop vite. Les tableaux sont toujours la même chose quand on les a regardés une fois, c'est Oliva qui juge et non pas nous, et les instruments de musique n'ont qu'un cri et jamais une voix pour la main ignorante qui les sollicite.

Il faut le dire, Oliva ne tarda pas à s'ennuyer cruellement de son bonheur, et souvent elle eut des regrets mouillés de larmes pour ces bonnes petites matinées passées à la fenêtre de la rue Dauphine, alors que, magnétisant la rue de ses regards, elle faisait lever la tête à tous les passants.

Et quelles douces promenades dans le quartier Saint-Germain, quand la mule coquette, élevant sur ses talons de deux pouces un pied d'une cambrure voluptueuse, chaque pas de la belle marcheuse était un triomphe, et arrachait aux admirateurs un petit cri, soit de crainte lorsqu'elle glissait, soit de désir quand après le pied se montrait la jambe.

Voilà ce que pensait Nicole enfermée. Il est vrai que les agents de monsieur le lieutenant de police étaient gens redoutables; il est vrai que l'hôpital, dans lequel les femmes s'éteignent dans une captivité sordide, ne valait pas l'emprisonnement éphémère et splendide de la rue Saint-Claude. Mais à quoi servirait-il d'être femme et d'avoir le droit de caprice, si l'on ne s'insurgeait pas parfois contre le bien, pour le changer en mal, au moins en rêve?

Et puis tout devient bientôt noir à qui s'ennuie. Nicole regretta Beausire, après avoir regretté sa liberté. Avouons que rien ne change dans le monde des femmes, depuis le temps où les filles de Judas s'en allaient, la veille d'un mariage d'amour, pleurer leur virginité sur la montagne.

Nous en sommes arrivés à un jour de deuil et d'agacement dans lequel Oliva, privée de toute société, de toute vue, depuis deux semaines, entrait dans la plus triste période du mal d'ennui.

Ayant tout épuisé, n'osant se montrer aux fenêtres ni sortir, elle commençait à perdre l'appétit de l'estomac, mais non celui de l'imagination, lequel redoublait, au contraire, au fur et à mesure que l'autre diminuait.

C'est à ce moment d'agitation morale qu'elle reçut la visite, inattendue ce jour-là, de Cagliostro.

Il entra comme il en avait l'habitude par la porte basse de l'hôtel, et vint, par le petit jardin nouvellement tracé dans les cours, heurter aux volets de l'appartement occupé par Oliva.

Quatre coups, frappés à intervalles convenus entre eux, étaient le signal arrêté d'avance pour que la jeune femme tirât le verrou qu'elle avait cru devoir demander comme sûreté entre elle et un visiteur muni de clés.

Oliva ne pensait pas que les précautions fussent inutiles pour bien conserver une vertu qu'en certaines occasions elle trouvait pesante.

Au signal donné par Cagliostro, elle ouvrit ses verrous avec une rapidité qui témoignait de son besoin d'avoir une conférence.

Vive comme une grisette parisienne, elle s'élança au-devant des pas du noble geôlier, pour le caresser, et d'une voix irritée, rauque, saccadée :

— Monsieur, s'écria-t-elle, je m'ennuie, sachez cela.

Cagliostro la regarda avec un léger mouvement de tête.

— Vous vous ennuyez, dit-il en refermant la porte, hélas! ma chère enfant, c'est un vilain mal. — Je me déplais ici. J'y meurs. — Vraiment! — Oui, j'ai de mauvaises pensées. — La! la! fit le comte, en la calmant comme il eût calmé un épagneul, si vous n'êtes pas bien chez moi, ne m'en veuillez pas trop. Gardez toute votre colère pour monsieur le lieutenant de police, qui est votre ennemi. — Vous m'exaspérez avec votre sang-froid, Monsieur, dit Oliva. J'aime mieux de bonnes colères que des douceurs pareilles; vous trouvez le moyen de me calmer, et cela me rend folle de rage. — Avouez, Mademoiselle, que vous êtes injuste, répondit Cagliostro en s'asseyant loin d'elle, avec cette affectation de respect ou d'indifférence qui lui réussissait si bien auprès d'Oliva. — Vous en parlez bien à votre aise, vous, dit-elle; vous allez, vous venez, vous respirez; votre vie se compose d'une quantité de plaisirs que vous choisissez; moi, je végète dans l'espace que vous m'avez limité; je ne respire pas, je tremble. Je vous préviens, Monsieur, que votre assistance m'est inutile, si elle ne m'empêche pas de mourir. — Mourir! vous! dit le comte en courant, allons donc! — Je vous dis que vous vous conduisez fort mal envers moi, vous oubliez que j'aime profondément, passionnément quelqu'un. — Monsieur Beausire? — Oui, Beausire. Je l'aime, vous dis-je. Je ne vous l'ai jamais caché, je suppose. Vous n'avez pas été vous figurer que j'oublierais mon cher Beausire? — Je l'ai si peu supposé, Mademoiselle, que je me suis mis en quatre pour avoir de ses nouvelles, et que je vous en apporte. — Ah! fit Oliva. — Monsieur de Beausire, continua Cagliostro, est un charmant garçon. — Parbleu! fit Oliva qui ne voyait pas où on la menait. — Jeune et joli. — N'est-ce pas? — Plein d'imagination. — De feu... Un peu brutal pour moi. Mais... qui aime bien, châtie bien. — Vous parlez d'or. Vous avez autant de cœur que d'esprit, et d'esprit que de beauté : et moi qui sais cela, moi qui m'intéresse à tout amour de ce monde, c'est une manie, j'ai songé à vous rapprocher de monsieur de Beausire. — Ce n'était pas votre idée, il y a un mois, dit Oliva en souriant d'un air contraint. — Écoutez donc, ma chère enfant, tout galant homme qui voit une jolie personne cherche à lui plaire quand il est libre comme je le suis. Cependant, vous m'avouerez que si je vous ai fait un doigt de cour, cela n'a pas duré longtemps, hein? — C'est vrai, répliqua Oliva du même ton; un quart d'heure au plus. — C'était bien naturel que je me désistasse, voyant combien vous aimiez monsieur de Beausire. — Oh! ne vous moquez pas de moi. — Non, sur l'honneur! vous m'avez résisté si bien. — Oh! n'est-ce pas? s'écria Oliva, enchantée d'avoir été prise en flagrant délit de résistance. Oui, avouez que j'ai résisté. — C'était la suite de votre amour, dit flegmatiquement Cagliostro. — Mais le vôtre, à vous, riposta Oliva, il n'était guère tenace, alors. — Je ne suis ni assez vieux, ni assez laid, ni assez sot, ni assez pauvre, pour supporter ou les refus ou les chances d'une défaite, Mademoiselle; vous eussiez toujours préféré monsieur de

Beausire à moi, je l'ai senti et j'ai pris mon parti. — Oh! que non pas, dit la coquette; non pas! Cette fameuse association que vous m'avez proposée, vous savez bien, ce droit de me donner le bras, de me visiter, de me courtiser en tout bien tout honneur, est-ce que ce n'était point un petit reste d'espoir?

Et en disant ces mots, la perfide brûlait de ses yeux trop longtemps oisifs le visiteur qui était venu se prendre au piége.

— Je l'avoue, répondit Cagliostro, vous êtes d'une pénétration à laquelle rien ne résiste.

Et il feignit de baisser les yeux pour n'être pas dévoré par le double jet de flamme qui jaillissait des regards d'Oliva.

— Revenons à Beausire, dit-elle, piquée de l'immobilité du comte; que fait-il, où est-il, ce cher ami?

Alors Cagliostro, la regardant avec un reste de timidité.

— Je disais que j'eusse voulu vous réunir à lui, continua-t-il. — Non, vous ne disiez pas cela, murmura-t-elle avec dédain; mais puisque vous me le dites, je le prends pour dit. Continuez. Pourquoi ne l'avez-vous pas amené? c'eût été charitable. Il est libre, lui... — Parce que, répondit Cagliostro sans s'étonner de cette ironie, monsieur de Beausire, qui est comme vous, qui a trop d'esprit, s'est fait aussi une petite affaire avec la police. — Aussi! s'écria Oliva en pâlissant; car cette fois elle sentait le tuf de la vérité. — Aussi, répéta poliment Cagliostro. — Qu'a-t-il fait?... balbutia la jeune femme. — Une charmante espièglerie, un tour de passe infiniment ingénieux; j'appelle cela une drôlerie; mais les gens moroses, monsieur de Crosne, par exemple, vous savez combien il est lourd, ce monsieur de Crosne; eh bien! ils appellent cela un vol. — Un vol! s'écria Oliva épouvantée; mon Dieu! — Un joli vol, par exemple; ce qui prouve combien ce pauvre Beausire a le goût des belles choses. — Monsieur... Monsieur... il est arrêté? — Non, mais il est signalé. — Vous me jurez qu'il n'est point arrêté, qu'il ne court aucun risque? — Je puis bien vous jurer qu'il n'est point arrêté; mais, quant au second point, vous n'aurez pas ma parole. Vous sentez bien, ma chère enfant, que lorsqu'on est signalé, on est suivi, ou recherché du moins, et qu'avec sa figure, avec sa tournure, avec toutes ses qualités bien connues, monsieur de Beausire, s'il se montrait, serait tout de suite dépisté par les limiers. Songez donc un peu à ce coup de filet que ferait monsieur de Crosne. Prendre vous par monsieur de Beausire, et monsieur de Beausire par vous. — Oh! oui, oui, il faut qu'il se cache! Pauvre garçon! Je vais me cacher aussi. Faites-moi fuir hors de France, Monsieur. Tâchez de me rendre ce service; parce qu'ici, voyez-vous, enfermée, étouffée, je ne résisterais pas au désir de faire un jour où l'autre quelque imprudence. — Qu'appelez-vous imprudence? ma chère demoiselle. — Mais... me montrer, me donner un peu d'air. — N'exagérez pas, ma bonne amie; vous êtes déjà toute pâle, et vous finiriez par perdre votre belle santé. Monsieur de Beausire ne vous aimerait plus. Non; prenez autant d'air que vous voudrez, régalez-vous de voir passer quelques figures humaines. — Allons! s'écria Oliva, voici que vous êtes dépité contre moi, et que vous allez aussi m'abandonner. Je vous gêne, peut-être? — Moi? vous êtes folle! Pourquoi me gêneriez-vous? dit-il d'un sérieux de glace. — Parce que... un homme qui a du goût pour une femme, un homme aussi considérable que vous, un seigneur aussi beau que vous l'êtes, a le droit de s'irriter, de se dégoûter même, si une folle comme moi le rebute. Oh! ne me quittez pas, ne me perdez pas, ne me prenez pas en haine, Monsieur!

Et la jeune femme, aussi effrayée qu'elle avait été coquette, vint passer son bras autour du cou de Cagliostro.

— Pauvre petite! dit celui-ci en déposant un chaste baiser sur le front d'Oliva; comme elle a peur. N'ayez pas de moi si méchante opinion, ma fille. Vous couriez un danger, je vous ai rendu service; j'avais des idées sur vous, j'en suis revenu, mais voilà tout. Je n'ai pas plus de haine à vous témoigner que vous n'avez de reconnaissance à m'offrir. J'ai agi pour moi, vous avez agi pour vous, nous sommes quittes. — Oh! Monsieur, que de bonté, quelle généreuse personne vous faites!

Et Oliva mit deux bras au lieu d'un sur les épaules de Cagliostro.

Mais celui-ci la regardant avec sa tranquillité habituelle:

— Vous voyez bien, Oliva, dit-il, maintenant vous m'offririez votre amour, je... — Eh bien? fit-elle toute rouge. — Vous m'offririez votre adorable personne, je refuserais, tant j'aime à n'inspirer que des sentiments vrais, purs et dégagés de tout intérêt. Vous m'avez cru intéressé, vous êtes tombée en ma dépendance. Vous vous croyez engagée; je vous croirais plus reconnaissante que sensible, plus effrayée qu'amoureuse : restons comme nous sommes. J'accomplis en cela votre désir. Je préviens toutes vos délicatesses.

Oliva laissa tomber ses beaux bras et s'éloigna honteuse, humiliée, dupe de cette générosité de Cagliostro sur laquelle elle n'avait pas compté.

— Ainsi, dit le comte, ainsi, ma chère Oliva, c'est convenu, vous me garderez comme un ami, vous aurez toute confiance en moi; vous userez de ma maison, de ma bourse et de mon crédit, et... — Et je me dirai, fit Oliva, qu'il y a des hommes en ce monde bien supérieurs à tous ceux que j'ai connus.

Elle prononça ces mots avec un charme et une dignité qui gravèrent un trait sur cette âme de bronze dont le corps s'était autrefois appelé Balsamo.

— Toute femme est bonne, pensa-t-il, quand on a touché en elle la corde qui correspond au cœur.

Puis se rapprochant de Nicole :

— A partir de ce soir, vous habiterez le dernier étage de l'hôtel. C'est un appartement composé de trois pièces placées en observatoire au-dessus du boulevard et de la rue Saint-Claude. Les fenêtres donnent sur Ménilmontant et sur Belleville. Quelques personnes pourront vous y voir. Ce sont des voisins paisibles, ne les craignez pas. Braves gens sans relations, sans soupçons de ce que vous pouvez être. Laissez-vous voir par eux, sans vous exposer toutefois, et surtout sans jamais vous montrer aux passants, car la rue Saint-Claude est parfois explorée par les agents de monsieur de Crosne ; au moins là vous aurez du soleil.

Oliva frappa joyeusement dans ses mains.

— Voulez-vous que je vous y conduise? dit Cagliostro. — Ce soir?— Mais sans doute, ce soir. Est-ce que cela vous gêne?

Oliva regarda profondément Cagliostro. Un vague espoir rentra dans son cœur, ou plutôt dans sa tête vaine et pervertie.

— Allons! dit-elle.

Le comte prit une lanterne dans l'antichambre, ouvrit lui-même plusieurs portes, et, gravissant un escalier, parvint, suivi d'Oliva, au troisième étage, dans l'appartement qu'il avait désigné.

Elle trouva le logis tout meublé, tout fleuri, tout habitable.

— On dirait que j'étais attendue ici! s'écria-t-elle. — Non pas vous, dit le comte, mais moi, qui aime la vue de ce pavillon et qui souvent y couche.

Le regard d'Oliva prit les teintes fauves et fulgurantes qui viennent iriser parfois les prunelles des chats.

Un mot naissait sur ses lèvres; Cagliostro l'arrêta par ces paroles :

— Rien ne vous manquera ici, votre femme de chambre sera près de vous dans un quart d'heure. Bonsoir, Mademoiselle.

Et il disparut, après avoir fait une grande révérence mitigée par un gracieux sourire.

La pauvre prisonnière tomba assise, consternée, anéantie sur le lit tout prêt, qui attendait dans une élégante alcôve.

— Je ne comprends absolument rien à ce qui m'arrive, murmura-t-elle en suivant des yeux cet homme réellement incompréhensible pour elle.

LXIV

L'OBSERVATOIRE

Oliva se mit au lit après le départ de la femme de chambre que lui envoyait Cagliostro.

Elle dormit peu, les pensées de toute nature qui naissaient de son entretien avec le comte ne lui donnèrent que rêves éveillés, inquiétudes somnolentes; on n'est plus heureux de longtemps quand on est trop riche ou trop tranquille, après avoir été trop pauvre ou trop agité.

Oliva plaignit Beausire, elle admira le comte qu'elle ne comprenait pas, elle ne le croyait plus timide, elle ne le soupçonnait pas insensible. Elle eut fort peur d'être troublée par quelque sylphe durant son sommeil, et les moindres bruits du parquet lui causèrent l'agitation connue de toute héroïne de roman qui couche dans la *tour du Nord*.

Avec l'aube s'enfuirent ces terreurs qui n'étaient pas sans charme... Nous qui ne craignons pas d'inspirer des soupçons à monsieur Beausire, nous pouvons hasarder que Nicole n'entrevit pas l'heure de la parfaite sécurité sans un petit reste de dépit coquet. Nuance intraduisible pour tout pinceau qui n'a pas signé : Watteau, pour toute plume qui n'a pas signé : Marivaux ou Crébillon fils.

Au jour, elle se permit de dormir, savourant la volupté d'absorber dans sa chambre fleurie les rayons pourprés du soleil levant, de voir les oiseaux courir sur la petite terrasse de cette fenêtre, où leurs ailes frôlaient avec des bruits charmants les feuilles des rosiers et les fleurs des jasmins d'Espagne.

Et ce fut tard, bien tard, qu'elle se leva, quand deux ou trois heures d'un sommeil suave eurent posé sur ses paupières, quand bercée entre les bruits de la rue et les engourdissements veloutés du repos, elle se sentit assez forte pour rechercher le mouvement, trop forte pour demeurer gisante et oisive.

Alors elle courut tous les coins de cet appartement nouveau, dans lequel cet incompréhensible sylphe n'avait pas même, l'ignorant qu'il était, pu trouver une trappe, pour venir glisser autour du lit en battant des ailes, et cependant les sylphes en ce moment-là, grâce au comte de Gabalis, n'avaient rien perdu de leur innocente réputation.

Oliva surprit les richesses de son logis dans la simplicité de l'imprévu.

Ce ménage de femme avait commencé par être un mobilier d'homme. On y trouvait tout ce qui peut faire aimer la vie, on y trouvait surtout le grand jour et le grand air, qui changeraient les cachots en jardins, si jamais l'air et le jour pénétraient dans une prison.

Dire la joie enfantine, c'est-à-dire parfaite, avec laquelle Oliva courut à la terrasse, se coucha sur les dalles, au milieu des fleurs et des mousses, semblable à une couleuvre qui sort du nid, nous le ferions certainement si nous n'avions pas à peindre ses étonnements chaque fois qu'un mouvement lui découvrait un nouveau spectacle.

D'abord couchée comme nous venons de le dire, afin de ne pas être vue du dehors, elle regarda entre les barreaux du balcon les cimes des arbres des boulevards, les maisons du quartier Popincourt et les cheminées, océan brumeux dont les vagues inégales s'étageaient à sa droite.

Inondée de soleil, l'oreille tendue au bruit des carrosses roulants, un peu rares il est vrai, mais enfin roulants sur le boulevard, elle demeura ainsi très-heureuse pendant deux heures. Elle déjeuna même du chocolat que lui servit sa femme de chambre et lut une gazette avant d'avoir songé à regarder dans la rue.

C'était un dangereux plaisir.

Les limiers de monsieur de Crosne, ces chiens humains qui chassent le nez en l'air, pouvaient la voir. Quel épouvantable réveil après un sommeil si doux!

Mais cette position horizontale ne pouvait durer, toute bonne qu'elle fût. Nicole se haussa sur un coude.

Et alors elle vit les noyers de Ménilmontant, les grands arbres du cimetière, les myriades de maisons de toutes couleurs qui montaient au revers du coteau depuis Charonne jusqu'aux buttes Chaumont, dans des bouquets de verdure, ou sur les tranches gypseuses des falaises, revêtues de bruyères et de chardons.

Çà et là, dans les chemins, grêles rubans ondulant au cou de ces montagnettes, dans les sentes des vignes, sur les routes blanches, se dessinaient de petits êtres vivants, paysans trottant sur leurs ânes, enfants penchés sur le champ que l'on sarcle, vigneronnes découvrant le raisin au soleil. Cette rusticité charma Nicole, qui avait toujours soupiré après la belle campagne de Taverney, depuis qu'elle avait quitté cette campagne pour ce Paris tant désiré.

Elle finit pourtant par se rassasier de la campagne, et comme elle avait pris une position commode et sûre dans ses fleurs, comme elle savait voir sans risquer d'être vue, elle abaissa ses regards de la montagne à la vallée, de l'horizon lointain aux maisons d'en face.

Partout, c'est-à-dire dans l'espace que peuvent embrasser trois mai-

L'OBSERVATOIRE.

sons, Oliva trouva les fenêtres closes ou peu avenantes. Ici trois étages habités par de vieux rentiers accrochant des cages au dehors, ou nourrissant des chats à l'intérieur; là, quatre étages dont l'Auvergnat, supérieur habitant, arrivait seul à portée de la vue, les autres locataires paraissant être absents, partis pour une campagne quelconque. Enfin, un peu sur la gauche, à la troisième maison, des rideaux de soie jaune, des fleurs, et comme pour meubler ce bien-être, un fauteuil moelleux, qui semblait, près de la fenêtre, attendre son rêveur ou sa rêveuse.

Oliva crut distinguer dans cette chambre, dont le soleil faisait ressortir la noire obscurité, comme une ombre ambulante à mouvements réguliers.

Elle borna là son impatience, se cacha mieux encore qu'elle n'avait fait jusque-là, et appelant sa femme de chambre, entama une conversation avec elle pour varier les plaisirs de la solitude par ceux de la société d'une créature pensante et parlante surtout.

Mais la femme de chambre fut réservée, contre toutes les traditions. Elle voulut bien expliquer à sa maîtresse, Belleville, Charonne et le Père-Lachaise. Elle dit le nom des églises de Saint-Ambroise et de Saint-Laurent; elle démontra la courbe du boulevard et son inclinaison vers la rive droite de la Seine; mais quand la question tomba sur les voisins, la femme de chambre ne trouva pas une parole : elle ne les connaissait pas plus que sa maîtresse.

L'appartement clair-obscur, aux rideaux de soie jaune ne fut pas expliqué à Oliva. Rien sur l'ombre ambulante, rien sur le fauteuil.

Si Oliva n'eut pas la satisfaction de connaître sa voisine d'avance, au moins put-elle se promettre de faire sa connaissance par elle-même. Elle renvoya la trop discrète servante pour se livrer sans témoin à son exploration.

L'occasion ne tarda pas à se présenter. Les voisins commencèrent à ouvrir leurs portes, à faire leur sieste après le repas, à s'habiller pour la promenade de la Place-Royale ou du Chemin-Vert.

Oliva les compta. Ils étaient six, bien assortis dans leur dissemblance, comme il convient à des gens qui ont choisi la rue Saint-Claude pour leur demeure.

Oliva passa une partie de la journée à voir leurs gestes, à étudier leurs habitudes. Elle les passa tous en revue, à l'exception de cette ombre agitée qui, sans montrer son visage, était venue s'ensevelir dans le fauteuil près de la fenêtre, et s'absorbait dans une immobile rêverie.

C'était une femme. Elle avait abandonné sa tête à sa coiffeuse, qui, pendant une heure et demie, avait bâti sur le crâne et les tempes un de ces édifices babyloniens dans lesquels entraient les minéraux, les végétaux, dans lesquels fussent entrés des animaux, si Léonard s'en fût mêlé, et si une femme de cette époque eût consenti à faire de sa tête une arche de Noé avec ses habitants.

Puis cette femme, coiffée, poudrée, blanche d'ajustements et de dentelles, s'était réinstallée dans son fauteuil, le cou étagé par des oreillers assez durs pour que cette partie du corps soutînt l'équilibre du corps entier, et permît au monument de la chevelure de demeurer intact, sans souci des tremblements de terre qui pouvaient agiter la base.

Cette femme immobile ressemblait à ces dieux indiens calés sur leurs siéges, l'œil fixe, grâce à la fixité de la pensée, roulant seul dans son orbite. Selon les besoins du corps ou les caprices de l'esprit, sentinelle et bon serviteur actif, il faisait à lui seul tout le service de l'idole.

Oliva remarqua combien cette dame, ainsi coiffée, était jolie. Combien son pied, posé sur le bord de la fenêtre et balancé dans une petite mule de satin rose, était délicat et spirituel. Elle admira le tour du bras, et celui de la gorge qui repoussait le corset et le peignoir.

Mais ce qui la frappa par-dessus tout, ce fut cette profondeur de la pensée toujours tendue vers un but invisible et vague, pensée tellement impérieuse, qu'elle condamnait le corps tout entier à l'immobilité, qu'elle l'annihilait par sa volonté.

Cette femme, que nous avons reconnue et qu'Oliva ne pouvait reconnaître, ne soupçonnait pas qu'on pût la voir. En face de ses fenêtres, jamais fenêtre ne s'était ouverte. L'hôtel de monsieur de Cagliostro n'avait jamais, en dépit des fleurs que Nicole avait trouvées, des oiseaux qu'elle avait vus voler, découvert ses secrets à sa personne, et à part ses peintres qui l'avaient restauré, nul vivant ne s'était fait voir à la fenêtre.

Pour expliquer ce phénomène contredit par la prétendue habitation de Cagliostro dans le pavillon, un mot suffira. Le comte avait, pendant la soirée, fait préparer ce logement pour Oliva, comme il l'eût fait disposer pour lui. Il s'était pour ainsi dire menti à lui-même, tant ses ordres avaient été bien exécutés.

La dame à la belle coiffure restait donc ensevelie dans ses pensées; Oliva se figura que cette belle personne, rêvant ainsi, rêvait à ses amours traversées.

Sympathie dans la beauté, sympathie dans la solitude, dans l'âge, dans l'ennui, que de liens pour attacher l'une à l'autre deux âmes qui peut-être se cherchaient, grâces aux combinaisons mystérieuses, irrésistibles et intraduisibles du Destin.

Dès qu'elle eut vu cette solitaire pensive, Oliva n'en put détacher ses yeux.

Il y avait une sorte de pureté morale dans cette attraction de la femme vers la femme. Ces délicatesses sont plus communes qu'on ne croit généralement parmi ces malheureuses créatures dont le corps est devenu l'agent principal dans les fonctions de la vie.

Pauvres exilées du paradis spirituel, elles regrettent les jardins perdus et les anges souriants qui se cachent sous les mystiques ombrages.

Oliva crut voir une sœur de son âme dans la belle recluse. Elle construisit un roman pareil à son roman, se figurant, la naïve fille, qu'on ne pouvait être jolie, élégante, et demeurer perdue rue Saint-Claude sans avoir quelque grave inquiétude au fond de son cœur.

Quand elle eut bien forgé d'airain et de diamant sa fable romanesque, Oliva, comme toutes les natures exceptionnelles, se laissa enlever par sa féerie; elle prit des ailes pour courir dans l'espace au-devant de sa compagne, à qui, dans son impatience, elle eût voulu voir pousser des ailes pareilles aux siennes.

Mais la dame au monument ne bougeait pas, elle semblait sommeiller sur son siége. Deux heures s'étaient écoulées sans qu'elle eût oscillé d'un degré.

Oliva se désespérait. Elle n'eût pas fait pour Adonis ou pour Beausire le quart des avances qu'elle fit pour l'inconnue.

De guerre lasse, et passant de la tendresse à la haine, elle ouvrit et referma dix fois sa croisée; dix fois elle effaroucha les oiseaux dans les feuillages, et fit des gestes télégraphiques tellement compromettants, que le plus obtus des instruments de monsieur de Crosne, s'il eût passé sur le boulevard ou dans le bout de la rue Saint-Claude, n'eût pas manqué de les apercevoir et de s'en préoccuper.

Enfin, Nicole arriva à se persuader que la dame aux belles nattes avait bien vu tous ses gestes, compris tous ses signaux, mais qu'elle les méprisait; qu'elle était vaine ou qu'elle était idiote; idiote! avec des yeux si fins, si spirituels, avec un pied si mobile, une main si inquiète! Impossible.

Vaine, oui; vaine comme pouvait l'être à cette époque une femme de la grande noblesse envers une bourgeoise.

Oliva, démêlant dans la physionomie de la jeune femme tous les caractères de l'aristocratie, conclut qu'elle était orgueilleuse et impossible à émouvoir.

Elle renonça.

Tournant le dos avec une bouderie charmante, elle se remit au soleil, cette fois le soleil couchant, pour reprendre la société de ses fleurs, complaisantes compagnes qui, nobles aussi, élégantes aussi, poudrées aussi, coquettes aussi comme les plus grandes dames, se laissent cependant toucher, respirer, et rendent en parfum, en fraîcheur et en frissonnants contacts, le baiser d'ami ou le baiser d'amour.

Nicole ne réfléchissait pas que cette prétendue orgueilleuse était Jeanne de Valois, comtesse de La Motte, qui, depuis la veille, cherchait une idée.

Que cette idée avait pour but d'empêcher Marie-Antoinette et le cardinal de Rohan de se voir.

Qu'un intérêt plus grand encore exigeait que le cardinal, tout en ne voyant plus la reine dans le particulier, crût fermement qu'il la voyait toujours et que, par conséquent, il se contentât de cette vision et cessât de réclamer la vue réelle.

Idées graves, bien légitimes excuses de cette préoccupation d'une jeune femme à ne pas remuer la tête pendant deux mortelles heures.

Si Nicole eût su tout cela, elle ne se fût pas, de colère, réfugiée au milieu de ses fleurs.

Et elle n'eût pas, en s'y plaçant, chassé hors du balcon un pot de fraxinelles qui alla tomber dans la rue déserte avec un fracas épouvantable.

Oliva, effrayée, regarda vite quel dégât elle avait pu causer.

La dame préoccupée se réveilla au bruit, vit le pot sur le pavé, remonta de l'effet à la cause, c'est-à-dire que ses yeux remontèrent du pavé de la rue à la terrasse de l'hôtel.

Et elle vit Oliva.

En la voyant, elle poussa un cri sauvage, un cri de terreur, un cri qui se termina par un mouvement rapide de tout ce corps si raide et si glacé naguère.

Les yeux d'Oliva et ceux de cette dame se rencontrèrent enfin, s'interrogèrent, se pénétrèrent les uns les autres.

Jeanne s'écria d'abord :

— La reine !

Puis tout à coup, joignant les mains et fronçant le sourcil sans oser remuer, de peur de faire fuir la vision étrange :

— Oh ! murmura-t-elle, je cherchais un moyen, le voilà !

En ce moment, Oliva entendit du bruit derrière elle, et se retourna vivement.

Le comte était dans sa chambre ; il avait remarqué l'échange des reconnaissances.

— Elles se sont vues ! dit-il.

Oliva quitta brusquement le balcon.

LXV

LES DEUX VOISINES

A partir de ce moment où les deux femmes s'étaient aperçues, Oliva, déjà fascinée par la grâce de sa voisine, n'affecta plus de la dédaigner; et, se tournant avec précaution au milieu de ses fleurs, elle répondit par des sourires aux sourires qu'on lui adressait.

Cagliostro, en la visitant, n'avait pas manqué de lui recommander la circonspection la plus grande.

— Surtout, avait-il dit, ne voisinez pas.

Ce mot avait tombé comme un grêlon sinistre sur la tête d'Oliva, qui déjà se faisait une douce occupation des gestes et des saluts de la voisine.

Ne pas voisiner, c'était tourner le dos à cette charmante femme dont l'œil était si brillant et si doux, dont chaque mouvement renfermait une séduction; c'était renoncer à entretenir un commerce télégraphique sur la pluie et le beau temps, c'était rompre avec une amie. Car l'imagination d'Oliva courait à ce point, que Jeanne était déjà pour elle un objet curieux et cher.

La sournoise répondit à son protecteur qu'elle se garderait bien de lui désobéir, et qu'elle n'entreprendrait aucun commerce avec le voisinage. Mais il ne fut pas sitôt parti, qu'elle s'arrangea sur le balcon de manière à absorber toute l'attention de sa voisine.

Celle-ci, on peut le croire, ne demandait pas mieux, car aux premières avances qui lui furent faites, elle répondit par des saluts et par des baisers jetés du doigt.

Oliva correspondit de son mieux à ces aimables avances; elle remarqua que l'inconnue ne quittait plus la fenêtre, et que toujours attentive à envoyer soit un adieu quand elle sortait, soit un bonjour quand elle rentrait, elle semblait avoir concentré toutes ses facultés aimantes sur le balcon d'Oliva.

Un pareil état de choses devait être suivi promptement d'une tentative de rapprochement.

Voici ce qui arriva :

Cagliostro, en venant voir Oliva deux jours après, se plaignit d'une visite qui aurait été rendue à l'hôtel par une personne inconnue.

— Comment cela? fit Oliva un peu rougissante. — Oui, répondit le comte, une dame très-jolie, jeune, élégante, s'est présentée, a parlé à un valet attiré par son insistance à sonner. Elle a demandé à cet homme qui pouvait être une jeune personne habitant le pavillon du troisième, votre appartement, ma chère. Cette femme vous désignait assurément. Elle voulait vous voir. Elle vous connaît donc; elle a donc sur vous des vues; vous êtes donc découverte? Prenez garde, la police a des espions femmes comme des agents hommes, et je vous préviens que je ne pourrai refuser de vous rendre si monsieur de Crosne vous demande à moi.

Oliva, au lieu de s'effrayer, reconnut vite le portrait de sa voisine; elle lui sut un gré infini de sa prévenance, et, bien résolue de l'en remercier par tous les moyens en son pouvoir, elle dissimula au comte.

— Vous ne tremblez pas? dit Cagliostro. — Personne ne m'a vue, répliqua Nicole. — Alors ce n'est pas vous qu'on voulait voir? — Je ne le pense pas. — Cependant, pour deviner qu'il y a une femme dans ce pavillon... Ah! prenez garde, prenez garde. — Eh! monsieur le comte, dit Oliva, comment pourrais-je craindre? Si l'on m'a vue, ce que je ne crois pas, on ne me verra plus, et si l'on me revoyait, ce serait de loin, car la maison est impénétrable, n'est-ce pas? — Impénétrable, c'est le mot, répondit le comte, car à moins d'escalader la muraille, ce qui n'est pas aisé, ou bien d'ouvrir la petite porte d'entrée avec une clé comme la mienne, ce qui n'est pas très-facile, attendu que je ne la quitte pas...

En disant ces mots, il montrait la clé qui lui servait à entrer par la porte basse.

— Or, continua-t-il, comme je n'ai pas d'intérêt à vous perdre, je ne prêterai la clé à personne; et comme vous n'auriez aucun bénéfice à tomber aux mains de monsieur de Crosne, vous ne laisserez pas escalader votre muraille. Ainsi, chère enfant, vous êtes prévenue, arrangez vos affaires comme il vous plaira.

Oliva se répandit en protestations de tout genre, et se hâta d'éconduire le comte qui n'insista pas trop pour demeurer.

Le lendemain, dès six heures du matin, elle était à son balcon, humant l'air pur des coteaux voisins, et dardant un œil curieux sur les fenêtres closes de sa courtoise amie.

Celle-ci, d'ordinaire éveillée à peine vers les onze heures, se montra dès qu'Oliva parut. On eût dit qu'elle-même guettait derrière les rideaux l'occasion de se faire voir.

Les deux femmes se saluèrent, et Jeanne, s'avançant hors de la fenêtre, regarda partout si quelqu'un pouvait l'entendre.

Nul ne parut. Non-seulement la rue, mais les fenêtres des maisons étaient désertes.

Elle mit alors ses deux mains sur sa bouche en guise de porte-voix, et, de cette intonation vibrante et soutenue qui n'est pas un cri, mais qui porte plus loin que l'éclat de la voix, elle dit à Oliva :

— J'ai voulu vous rendre visite, Madame. — Chut! dit Oliva en se reculant avec effroi.

Et elle appliqua un doigt sur ses lèvre

Jeanne, à son tour, fit le plongeon derrière ses rideaux, croyant à la présence de quelque indiscret; mais presque aussitôt elle reparut, rassurée par le sourire de Nicole.

— On ne peut donc vous voir? reprit-elle. — Hélas! fit Oliva du geste. — Attendez, répliqua Jeanne. Peut-on vous adresser des lettres? — Oh! non, s'écria Oliva épouvantée.

Jeanne réfléchit quelques moments.

Oliva, pour la remercier de sa tendre sollicitude, lui envoya un charmant baiser que Jeanne rendit double; après quoi, fermant sa fenêtre, elle sortit.

Oliva se dit que l'amie avait trouvé quelque nouvelle ressource, son imagination éclatant dans son dernier regard.

Jeanne rentra en effet deux heures après; le soleil était dans toute sa force; le petit pavé de la rue brûlait comme le sable d'Espagne pendant le fuego.

Oliva vit apparaître sa voisine à sa fenêtre avec une arbalète. Jeanne, en riant, fit signe à Oliva de s'écarter.

Celle-ci obéit, en riant comme sa compagne, et se réfugia contre son volet.

Jeanne, visant avec soin, lança une petite balle de plomb qui malheureusement, au lieu de franchir le balcon, vint heurter un des barreaux de fer et tomba dans la rue.

Oliva poussa un cri de désappointement. Jeanne, après avoir haussé les épaules avec colère, chercha un moment des yeux son projectile dans la rue, puis disparut pendant quelques minutes.

Oliva, penchée, regardait du balcon en bas; une sorte de chiffonnier passa, cherchant à droite et à gauche : vit-il ou ne vit-il pas cette balle dans le ruisseau? Oliva n'en sut rien; elle se cacha pour n'être pas vue elle-même.

Le second effort de Jeanne fut plus heureux.

Son arbalète lança fidèlement au delà du balcon, dans la chambre de Nicole, une seconde balle, autour de laquelle était roulé un billet conçu en ces termes :

« Vous m'intéressez, toute belle dame. Je vous trouve charmante et vous aime rien qu'à vous voir. Vous êtes donc prisonnière? Savez-vous que j'ai en vain essayé de vous visiter? L'enchanteur qui vous garde à vue me laissera-t-il jamais approcher de vous pour vous dire ce que je ressens de sympathie pour une pauvre victime de la tyrannie des hommes?

« J'ai, comme vous voyez, l'imagination pour servir mes amitiés. Voulez-vous être mon amie? Il paraît que vous ne pouvez sortir, vous; mais vous pouvez écrire, sans doute, et comme moi je sors quand je veux, attendez que je passe sous votre balcon, et jetez-moi votre réponse.

« S'il arrivait que le jeu de l'arbalète fût dangereux et qu'on le découvrît, adoptons un moyen de correspondre plus facilement. Laissez pendre du haut de votre balcon, à la brune, un peloton de fil; attachez-y votre billet, j'y attacherai le mien que vous remonterez sans être vue.

« Songez que si vos yeux ne sont pas menteurs, je compte sur un peu de cette amitié que vous m'avez inspirée, et qu'à nous deux nous vaincrons l'univers.

« Votre amie.

« *P. S.* Avez-vous vu quelqu'un ramasser mon premier billet? »

Jeanne ne signait pas; elle avait même complétement déguisé son écriture.

Oliva tressaillit de joie en recevant le billet. Elle y répondit par les lignes suivantes :

« Je vous aime comme vous m'aimez. Je suis en effet une victime de la méchanceté des hommes. Mais celui qui me retient ici est un protecteur, et non un tyran. Il vient me visiter secrètement une fois par jour. Je vous expliquerai tout cela plus tard. J'aime mieux le billet remonté au bout d'un fil que l'arbalète.

« Hélas! non, je ne puis sortir : je suis sous clé; mais c'est pour mon bien. Oh! que j'aurais de choses à vous dire, si j'avais jamais le bonheur de causer avec vous. Il y a tant de détails qu'on ne peut écrire.

« Votre premier billet n'a été ramassé par personne, sinon par un vilain chiffonnier qui passait; mais ces gens-là ne savent pas lire, et pour eux du plomb est du plomb.

« Votre amie,

« Oliva Legay. »

Oliva signait de toutes ses forces.

Elle fit à la comtesse le geste de dévider un fil; puis, attendant que le soir fût venu, elle laissa rouler la pelotte en bas dans la rue.

Jeanne était sous le balcon, attrapa le fil et ôta le billet, tous mouvements que sa correspondante perçut par le moyen du fil conducteur, et elle rentra chez elle pour lire.

Une demi-heure après, elle attachait au bienheureux cordon un billet contenant ces mots :

« On fait tout ce qu'on veut. Vous n'êtes pas gardée à vue, puisque je vous vois toujours seule. Donc, vous devez avoir toute liberté pour recevoir les gens, ou plutôt pour sortir vous-même. Comment votre maison ferme-t-elle ? Avec une clé ? Qui a cette clé ? l'homme qui vient vous visiter, n'est-ce pas ? Cette clé, la garde-t-il si opiniâtrement que vous ne puissiez la dérober ou en prendre l'empreinte. Il ne s'agit pas de mal faire ; il s'agit de vous procurer quelques heures de liberté, de douces promenades au bras d'une amie qui vous consolera de tous vos malheurs, et vous rendra plus que vous n'avez perdu. Il s'agit même, si vous le voulez absolument, de la liberté tout entière. Nous traiterons ce sujet dans tous ses détails dans la première entrevue que nous aurons. »

Oliva dévora ce billet. Elle sentit monter à sa joue la fièvre de l'indépendance, à son cœur la volupté du fruit défendu.

Elle avait remarqué que le comte, chaque fois qu'il entrait chez elle, lui apportant soit un livre, soit un bijou, déposait sa petite lanterne sourde sur un chiffonnier, sa clé sur la lanterne.

Oliva prépara d'avance un morceau de cire pétrie, sur lequel elle prit l'empreinte de sa clé dès la première visite de Cagliostro.

Celui-ci ne tourna pas la tête une seule fois ; tandis qu'elle accomplissait cette opération, il regardait au balcon les fleurs nouvellement écloses. Oliva put donc sans inquiétude mener à bien son projet.

Le comte parti, Oliva fit descendre dans une boîte l'empreinte de la clé, que Jeanne reçut avec un petit billet.

Et dès le lendemain, vers midi, l'arbalète, moyen extraordinaire et expéditif, moyen qui était à la correspondance par le fil ce que le télégraphe est au courrier à cheval, l'arbalète lança un billet ainsi conçu :

« Ma toute chère, ce soir, à onze heures, quand votre jaloux sera parti, vous descendrez, vous tirerez les verrous, et vous vous trouverez dans les bras de celle qui se dit votre tendre amie. »

Oliva frissonna de joie, plus qu'elle n'avait jamais fait aux plus tendres billets de Gilbert dans le printemps des premières amours et des premiers rendez-vous.

Elle descendit à onze heures sans avoir remarqué aucun soupçon chez le comte. Elle trouva en bas Jeanne qui l'étreignit tendrement, la fit monter dans un carrosse arrêté au boulevard, et, toute étourdie, toute palpitante, toute enivrée, fit avec son amie une promenade de deux heures, pendant lesquelles secrets, baisers, projets d'avenir s'échangèrent sans relâche entre les deux compagnes.

Jeanne conseilla la première à Oliva de rentrer pour n'éveiller aucun soupçon chez son protecteur. Elle venait d'apprendre que ce protecteur était Cagliostro. Elle redoutait le génie de cet homme, et ne voyait de sûreté pour ses plans que dans le plus profond mystère.

Oliva s'était livrée sans réserve : Beausire, la police, elle avait tout avoué.

Jeanne s'était donnée pour une fille de qualité, vivant avec un amant à l'insu de sa famille.

L'une savait tout, l'autre ignorait tout; telle était l'amitié jurée entre ces deux femmes.

A dater de ce jour, elles n'eurent plus besoin de l'arbalète, ni même du fil, Jeanne avait sa clé. Elle faisait descendre Oliva selon son caprice.

Un souper fin, une furtive promenade, étaient les appâts auxquels Oliva se laissait toujours prendre.

— Monsieur de Cagliostro ne découvre-t-il rien? demandait Jeanne, inquiète parfois. — Lui! en vérité, je lui dirais qu'il ne voudrait pas me croire, répondait Oliva.

Huit jours de ces escapades nocturnes firent une habitude, un besoin, et bien plus un plaisir. Au bout de huit jours, le nom de Jeanne se trouvait sur les lèvres d'Oliva bien plus souvent que ne s'y était trouvé celui de Gilbert et celui de Beausire.

LXVI

LE RENDEZ-VOUS

A peine monsieur de Charny était-il arrivé dans ses terres, et renfermé chez lui après les premières visites, que le médecin lui ordonna de ne plus recevoir personne, et de garder l'appartement, consigne qui fut exécutée avec une telle rigueur, que pas un habitant du canton n'aperçut plus le héros de ce combat naval qui avait fait tant de bruit par toute la France, et que les jeunes filles essayaient toutes de voir, parce qu'il était notoirement brave, et qu'on le disait beau.

Charny n'était pas aussi malade de corps qu'on le disait. Il n'avait de mal qu'au cœur et à la tête, mais quel mal, bon Dieu! une douleur aiguë, incessante, impitoyable, la douleur d'un souvenir qui brûlait, la douleur d'un regret qui déchirait.

L'amour n'est qu'une nostalgie : l'absent pleure un paradis idéal, au lieu de pleurer une patrie matérielle, et encore peut-on admettre, si friand que l'on soit de poésie, que la femme bien-aimée ne soit pas un paradis un peu plus matériel que celui des anges.

Monsieur de Charny n'y tint pas trois jours. Furieux de voir tous ses rêves déflorés par l'impossibilité, effacés par l'espace, il fit courir par tout le canton l'ordonnance du médecin que nous avons rapportée ; puis, confiant la garde de ses portes à un serviteur éprouvé, Olivier partit la nuit de son manoir, sur un cheval bien doux et bien rapide. Il était à Versailles huit heures après, louant une petite maison derrière le parc par l'entremise de son valet de chambre.

Cette maison, abandonnée depuis la mort tragique d'un des gentilshommes de la louveterie qui s'y était coupé la gorge, convenait admirablement à Charny qui voulait s'y cacher mieux que dans ses terres.

Elle était meublée proprement, avait deux portes, l'une sur une rue déserte, l'autre sur l'allée de ronde du parc ; et des fenêtres du midi, Charny pouvait plonger dans les allées des Charmilles, car les fenêtres, ouvrant leurs volets entourés de vignes et de lierre, n'étaient que des portes à la hauteur d'un rez-de-chaussée peu élevé pour quiconque eût voulu sauter dans le parc royal.

Cette vicinité, déjà bien rare alors, était le privilége accordé à un inspecteur des chasses pour que, sans se déranger, il pût surveiller les daims et les faisans de Sa Majesté.

On se représentait, rien qu'à voir ces fenêtres joyeusement encadrées dans la verdure vigoureuse, le louvetier mélancolique accoudé, un soir d'automne, sur celle du milieu, tandis que les biches, faisant craquer leurs jambes grêles sur les feuilles sèches, se jouaient au fond des couverts, sous un fauve rayon du soleil couchant.

Cette solitude plut à Charny avant toutes les autres. Était-ce par amour du paysage? nous le verrons bientôt.

Une fois qu'il fut installé, que tout fut bien clos, que son valet eut éteint les curiosités respectueuses du voisinage, Charny, oublié comme il oubliait, commença une vie dont l'idée seule fera tressaillir quiconque a, dans son passage sur la terre, aimé ou entendu parler de l'amour.

En moins de quinze jours il connut toutes les habitudes du château, celles des gardes, il connut les heures auxquelles l'oiseau vient boire dans les mares, auxquelles le daim passe en allongeant sa tête effarée. Il sut les bons moments du silence, ceux des promenades de la reine ou de ses dames, l'instant des rondes; il vécut en un mot de loin avec ceux qui vivaient dans ce Trianon, temple de ses adorations insensées.

Comme la saison était belle, comme les nuits douces et parfumées donnaient plus de liberté à ses yeux et plus de vague rêverie à son âme, il en passait une partie sous les jasmins de sa fenêtre à épier les bruits lointains qui venaient du palais, à suivre par les trouées du feuillage le jeu des lumières mises en mouvement jusqu'à l'heure du coucher.

Bientôt la fenêtre ne lui suffit plus : il était trop éloigné de ce bruit et de ces lumières. Il sauta de sa maison en bas sur le gazon, bien certain de ne rencontrer à cette heure ni chiens ni gardes, et il chercha la délicieuse, la périlleuse volupté d'aller jusqu'à la lisière du taillis, sur la limite qui sépare l'ombre épaisse du clair de lune splendide, pour interroger de là ces silhouettes qui passaient noires et pâles derrière les rideaux blancs de la reine.

De cette façon, il la voyait tous les jours sans qu'elle le sût.

Il savait la reconnaître à un quart de lieue, alors que, marchant avec ses dames ou avec quelque gentilhomme de ses amis, elle jouait avec l'ombrelle chinoise qui abritait son large chapeau garni de fleurs.

Nulle démarche, nulle attitude ne pouvait lui donner le change. Il savait par cœur toutes les robes de la reine et devinait, au milieu des feuilles, le grand fourreau vert à bandes d'un noir moiré qu'elle faisait onduler par un mouvement de corps chastement séducteur.

Et quand la vision avait disparu, quand le soir chassant les promeneurs lui avait permis d'aller guetter, jusqu'aux statues du péristyle, les dernières oscillations de cette ombre aimée, Charny revenait à sa fenêtre, regardait de loin, par une percée qu'il avait su faire à la futaie, la lumière brillant aux vitres de la reine, puis la disparition de cette lumière, et alors il vivait de souvenir et d'espoir, comme il venait de vivre de surveillance et d'admiration.

Un soir qu'il était rentré, que deux heures avaient passé sur son dernier adieu donné à l'ombre absente, que la rosée tombant des étoiles commençait à distiller ses perles blanches sur les feuilles du lierre, Charny allait quitter sa fenêtre et se mettre au lit, lorsque le bruit d'une serrure grinça timidement à son oreille; il revint à son observatoire et écouta.

L'heure était avancée, minuit sonnait encore aux paroisses les plus éloignées de Versailles, Charny s'étonna d'entendre un bruit auquel il n'était pas accoutumé.

Cette serrure rebelle était celle d'une petite porte du parc, située à vingt-cinq pas environ de la maison d'Olivier, et qui jamais ne s'ouvrait, sinon dans les jours de grande chasse pour le passage des paniers de gibier.

Charny remarqua que ceux qui ouvraient cette porte ne parlaient pas; ils refermèrent les verrous et entrèrent dans l'allée qui passait sous les fenêtres de sa maison.

Les taillis, les pampres pendants dissimulaient assez volets et murailles pour qu'en passant on ne les aperçût pas.

D'ailleurs, ceux qui marchaient là baissaient la tête et hâtaient le pas. Charny les distingua confusément dans l'ombre. Seulement, au bruit des jupes flottantes, il reconnut deux femmes dont les mantelets de soie frissonnaient le long des ramées.

Ces femmes, en tournant la grande allée située en face la fenêtre de Charny, furent enveloppées par le rayon plus libre de la lune, et Olivier faillit pousser un cri de surprise joyeuse en reconnaissant la tournure et la coiffure de Marie-Antoinette, comme aussi le bas de son visage éclairé, malgré le reflet sombre de la passe du chapeau. Elle tenait une belle rose à la main.

Le cœur tout palpitant, Charny se laissa glisser dans le parc du haut de sa fenêtre. Il courut sur l'herbe pour ne pas faire de bruit, se cachant derrière les plus gros arbres, et suivant du regard les deux femmes, dont la course se ralentissait à chaque minute.

Que devait-il faire? La reine avait une compagne; elle ne courait aucun danger. Oh! que n'était-elle seule, il eût bravé les tortures pour s'approcher et lui dire à genoux : Je vous aime ! Oh! que n'était-elle menacée par quelque péril immense, il eût jeté sa vie pour sauver cette précieuse vie !

Comme il pensait à tout cela en rêvant mille folles tendresses, les deux promeneuses s'arrêtèrent soudain; l'une, la plus petite, dit quelques mots à sa compagne et la quitta.

La reine demeura seule; on voyait l'autre dame hâter sa marche vers un but que Charny ne devinait pas encore. La reine, battant le sable avec son petit pied, s'adossait à un arbre et s'enveloppait dans sa mante, de façon à couvrir même sa tête avec le capuchon qui, l'instant d'avant, ondoyait en larges plis soyeux sur son épaule.

Quand Charny la vit seule et ainsi rêveuse, il fit un bond comme pour aller tomber à ses genoux.

Mais il réfléchit que trente pas au moins le séparaient d'elle; qu'avant qu'il eût franchi ces trente pas, elle le verrait, et, ne le reconnaissant pas, prendrait peur; qu'elle crierait ou fuierait; que ses cris attireraient sa compagne d'abord, puis quelques gardes; qu'on fouillerait le parc;

27

qu'on découvrirait l'indiscret au moins, la retraite peut-être, et que c'en était fait à jamais du secret, du bonheur et de l'amour.

Il sut s'arrêter et il fit bien, car à peine eût-il réprimé cet élan irrésistible que la compagne de la reine reparut et ne revint pas seule.

Charny vit derrière elle, à deux pas, marcher un homme de belle taille, enseveli sous un large chapeau, perdu sous un vaste manteau.

Cet homme, dont l'aspect fit trembler de haine et de jalousie monsieur de Charny, ne s'avançait pas comme un triomphateur. Chancelant, traînant le pied avec hésitation, il semblait marcher à tâtons dans la nuit, comme s'il n'eût pas eu pour guide la compagne de la reine, pour but la reine elle-même, blanche et droite sous son arbre.

Dès qu'il aperçut Marie-Antoinette, ce tremblement que Charny avait remarqué en lui ne fit qu'augmenter. L'inconnu retira son chapeau et en balaya la terre pour ainsi dire. Il continuait à s'avancer. Charny le vit entrer dans l'épaisseur de l'ombre; il salua profondément et à plusieurs reprises.

Cependant la surprise de Charny s'était changée en stupeur. De la stupeur il allait bientôt passer à une autre émotion bien autrement douloureuse. Que venait faire la reine dans le parc à une heure aussi avancée? Qu'y venait faire cet homme? Pourquoi cet homme avait-il attendu, caché? Pourquoi la reine l'avait-elle envoyé quérir par sa compagne au lieu d'aller elle-même à lui?

Charny faillit perdre la tête. Il se souvint pourtant que la reine s'occupait de politique mystérieuse, qu'elle nouait souvent des intrigues avec les cours allemandes, relations dont le roi était jaloux et qu'il défendait sévèrement.

Peut-être ce cavalier mystérieux était-il un courrier de Schœnbrunn ou de Berlin, quelque gentilhomme porteur d'un message secret, une de ces figures allemandes comme Louis XVI n'en voulait plus voir à Versailles, depuis que l'empereur Joseph II s'était permis de venir faire en France un cours de philosophie et de politique critique à l'usage de son beau-frère le roi Très-Chrétien.

Cette idée, semblable au bandeau de glace que le médecin applique sur un front brûlant de fièvre, rafraîchit ce pauvre Olivier, lui rendit l'intelligence, et calma le délire de sa première colère. La reine, d'ailleurs, gardait une pose pleine de décence et même de dignité.

La compagne, placée à trois pas, inquiète, attentive, guetteuse comme les amies ou les duègnes des parties carrées de Watteau, dérangeait bien par son anxiété complaisante les visées toutes chastes de monsieur de Charny. Mais il est aussi dangereux d'être surpris en rendez-vous politique qu'il est honteux d'être surpris en rendez-vous d'amour.

LE RENDEZ-VOUS.

Et rien ne ressemble plus à un homme amoureux qu'un conspirateur. Tous deux ont même manteau, même susceptibilité d'oreille, même incertitude dans les jambes.

Charny n'eut pas beaucoup de temps pour approfondir ces réflexions; la suivante se dérangea et rompit l'entretien. Le cavalier fit un mouvement comme pour se prosterner; il recevait sans doute son congé après l'audience.

Charny s'effaça derrière son gros arbre. Assurément le groupe, en se séparant, allait passer par fractions devant lui. Retenir son souffle, prier les gnomes et les sylphes d'éteindre tous les échos, soit de la terre, soit du ciel, c'était la seule chose qui lui restait à faire.

En ce moment il crut voir un objet de nuance claire glisser le long de la mante royale; le gentilhomme s'inclina vivement jusque sur l'herbe, puis se releva d'un mouvement respectueux et s'enfuit, car il serait impossible de qualifier autrement la rapidité de son départ.

Mais il fut arrêté dans sa course par la compagne de la reine, qui l'appela d'un petit cri, et, lorsqu'il se fut arrêté, lui jeta à demi voix le mot :

— Attendez.

C'était un cavalier fort obéissant, car il s'arrêta à l'instant même et attendit.

Charny vit alors les deux femmes passer, en se tenant le bras, à deux pas de sa cachette; l'air déplacé par la robe de la reine fit onduler les tiges de gazon presque sous les mains de Charny.

Il sentit les parfums qu'il avait accoutumé d'adorer chez la reine : cette verveine mêlée au réséda; double ivresse pour ses sens et pour son souvenir.

Les femmes passèrent et disparurent.

Puis quelques minutes après vint l'inconnu, dont le jeune homme ne s'était plus occupé pendant tout le trajet que fit la reine jusqu'à la porte; il baisait avec passion, avec folie, une rose toute fraîche, tout embaumée, qui certainement était celle dont Charny avait remarqué la beauté quand la reine était entrée dans le parc, et que tout à l'heure il venait de voir tomber des mains de sa souveraine.

Une rose, un baiser sur cette rose! s'agissait-il d'ambassade et de secrets d'État?

Charny faillit perdre la raison. Il allait s'élancer sur cet homme et lui arracher cette fleur, quand la compagne de la reine reparut et cria :

— Venez, Monseigneur!

Charny crut à la présence de quelque prince du sang, et s'appuya contre l'arbre pour ne pas se laisser tomber à demi mort sur le gazon.

L'inconnu s'élança du côté d'où venait la voix et disparut avec la dame.

LXVII

LA MAIN DE LA REINE

Quand Charny fut rentré dans sa maison, tout meurtri de ce coup terrible, il ne trouva plus de forces contre le nouveau malheur qui le frappait.

Ainsi la Providence l'avait ramené à Versailles, lui avait donné cette cachette précieuse, uniquement pour servir sa jalousie et le mettre sur les traces d'un crime commis par la reine au mépris de toute probité conjugale, de toute dignité royale, de toute fidélité d'amour.

A n'en pas douter, l'homme ainsi reçu dans le parc était un amant. Charny, dans la fièvre de la nuit, dans le délire de son désespoir, essaya de se persuader que l'homme qui avait reçu la rose était un ambassadeur, et que la rose n'était rien qu'un gage de convention secrète, destiné à remplacer une lettre trop compromettante.

Rien ne put prévaloir contre le soupçon. Il ne resta plus au malheureux Olivier que d'examiner sa conduite à lui-même et de se demander pourquoi, en présence d'un pareil malheur, il était demeuré si complétement passif.

Avec un peu de réflexion, rien n'était plus facile que de comprendre l'instinct qui avait commandé cette passivité.

Dans les plus violentes crises de la vie, l'action jaillit momentanément du fond de la nature humaine, et cet instinct qui a donné l'impulsion n'est autre chose, chez les hommes bien organisés, qu'une combinaison de l'habitude et de la réflexion poussée à son plus haut degré de vitesse et d'opportunité. Si Charny n'avait pas agi, c'est que les affaires de la souveraine ne le regardaient point; c'est qu'en montrant sa curiosité, il montrait son amour; c'est qu'en compromettant la reine, il se trahissait, et que c'est une mauvaise posture auprès des traîtres qu'on veut convaincre que la trahison par réciproque.

S'il n'avait pas agi, c'est que, pour aborder un homme honoré de la confiance royale, il fallait risquer de tomber dans une querelle odieuse, de mauvais goût; dans une sorte de guet-apens que la reine n'eût jamais pardonné.

Enfin, le mot Monseigneur, lancé à la fin par la complaisante compagne, était comme l'avertissement salutaire, bien qu'un peu tardif, qui eût sauvé Charny en lui dessillant les yeux au plus fort de sa fureur. Que fût-il devenu, si, l'épée à la main contre cet homme, il l'eût entendu appeler Monseigneur? Et quel poids ne prenait pas sa faute en tombant d'une si grande hauteur?

Telles furent les pensées qui absorbèrent Charny durant toute la nuit et la première moitié du jour suivant. Une fois que midi eut sonné, la veille ne fût plus rien pour lui. Il ne resta plus que l'attente fiévreuse, dévorante de la nuit, pendant laquelle d'autres révélations allaient peut-être se produire.

Avec quelle anxiété le pauvre Charny se plaça-t-il à cette fenêtre, devenue la demeure unique, le cadre infranchissable de sa vie. A le considérer sous ces pampres, derrière les trous percés dans le volet, car il craignait de laisser voir que sa maison fût habitée; à le considérer, disons-nous, dans ce quadrilatère de chêne et de verdure, n'eût-on pas dit un de ces vieux portraits cachés sous les rideaux que jettent aux aïeux, dans les anciens manoirs, la pieuse sollicitude des familles?

Le soir vint, apportant à notre guetteur ardent les sombres désirs et les folles pensées.

Les bruits ordinaires lui parurent avoir des significations nouvelles. Il aperçut dans le lointain la reine qui traversait le perron avec quelques flambeaux portés devant elle. L'attitude de la reine lui sembla être pensive, incertaine, toute agitée de l'agitation de la nuit.

Peu à peu s'éteignirent toutes les lumières du service; le parc, silencieux, s'emplit de silence et de fraîcheur. Ne dirait-on pas que les arbres et les fleurs, qui se fatiguent le jour à s'épanouir pour plaire aux regards et caresser les passants, travaillent à réparer la nuit, quand nul ne les voit ni ne les touche, leur fraîcheur, leur parfum et leur souplesse? C'est qu'en effet les bois et les plantes dorment comme nous.

Charny avait bien retenu l'heure du rendez-vous de la reine. Minuit sonna.

Le cœur de Charny faillit se briser dans sa poitrine. Il appuya sa chair sur la balustrade de la fenêtre pour étouffer les battements qui devenaient hauts et bruyants. Bientôt, se disait-il, la porte s'ouvrira, les verrous grinceront. Rien ne troubla la paix du bois.

Charny s'étonna alors de penser pour la première fois que deux jours de suite les mêmes événements n'arrivent pas. Que rien n'était obligatoire en cet amour, sinon l'amour lui-même, et que ceux-là seraient bien imprudents qui, prenant des habitudes aussi fortes, ne pourraient passer deux jours sans se voir.

— Secret aventuré, pensa Charny, quand la folie s'en mêle. Oui, c'était une vérité incontestable, la reine ne répéterait pas le lendemain l'imprudence de la veille.

Tout à coup les verrous crièrent, et la petite porte s'ouvrit.

Une pâleur mortelle envahit les joues d'Olivier, lorsqu'il aperçut les deux femmes dans le costume de la nuit précédente.

— Faut-il qu'elle soit éprise ! murmura-t-il.

Les deux dames firent la même manœuvre qu'elles avaient faite la veille, et passèrent sous la fenêtre de Charny en hâtant le pas.

Lui, comme la veille, sauta en bas dès qu'elles furent assez loin pour ne pas l'entendre ; et tout en marchant derrière chaque arbre un peu gros, il se jura d'être prudent, fort, impassible ; de ne point oublier qu'il était le sujet, qu'elle était la reine ; qu'il était un homme, c'est-à-dire obligé au respect ; qu'elle était une femme, c'est-à-dire en droit d'exiger des égards.

Et comme il se défiait de son caractère fougueux, explosible, il jeta son épée derrière une touffe de mauves qui entourait un marronnier.

Cependant les deux dames étaient arrivées au même endroit que la veille. Comme la veille aussi, Charny reconnut la reine, et celle-ci s'enveloppa le front de sa calèche, tandis que l'officieuse amie allait chercher dans sa cachette l'inconnu qu'on appelait Monseigneur.

Cette cachette, quelle était-elle ? Voilà ce que se demanda Charny. Il y avait bien, dans la direction que prit la complaisante, la salle des bains d'Apollon, défendue par les hautes charmilles et l'ombre de ses pilastres de marbre ; mais comment l'étranger pouvait-il se cacher là ? Par où entrait-il ?

Charny se rappela que de ce côté du parc existait une petite porte semblable à celle que les dames ouvraient pour venir au rendez-vous. L'inconnu avait sans doute une clé de cette porte. Il se glissait par là jusque sous le couvert des bains d'Apollon, et là attendait qu'on vînt le chercher.

Tout était fixé de cette façon ; puis, c'était par la même petite porte que s'enfuyait Monseigneur après son colloque avec la reine.

Charny, au bout de quelques minutes, aperçut le manteau et le chapeau qu'il avait distingués la veille.

Cette fois l'inconnu ne marchait plus vers la reine avec la même réserve respectueuse : il venait à grands pas, n'osant pas courir ; mais, marchant plus vite, il eût couru.

La reine, adossée à son grand arbre, s'assit sur le manteau que le nouveau Raleigh étendit pour elle, et tandis que l'amie vigilante faisait le guet, comme la veille, l'amoureux seigneur, s'agenouillant sur la mousse, commença à causer avec une rapidité passionnée.

La reine baissait la tête, en proie à une mélancolie amoureuse. Charny n'entendait pas les paroles mêmes du cavalier, mais l'air des paroles était empreint de poésie et d'amour. Chacune des intonations pouvait se traduire par une protestation ardente.

La reine ne répondait rien. Cependant l'inconnu redoublait la caresse de ses discours, parfois il semblait à Charny, au misérable Charny, que la parole, enveloppée dans ce frissonnement harmonieux, allait éclater intelligible, et qu'alors il mourrait de rage et de jalousie. Mais, rien, rien. Au moment où la voix s'éclaircissait, un geste significatif de la compagne, aux écoutes, forçait l'orateur exalté à baisser le diapason de ses élégies.

La reine gardait un silence obstiné.

L'autre, entassant prières sur prières, ce que Charny devinait à la mélodie vibrante de ses inflexions, n'obtenait que le doux consentement du silence, ce qui était bien peu pour une tête montée jusqu'au délire.

Mais soudain la reine laissa échapper quelques mots. Il faut le croire du moins. Paroles bien étouffées, bien éteintes, puisque l'inconnu seul put les entendre; mais à peine les eut-il entendus, que, dans l'excès de son ravissement, il s'écria de façon à se faire entendre lui-même :

— Merci, ô merci, Majesté! Ainsi donc, à demain.

La reine cacha entièrement son visage, déjà si bien caché.

Charny sentit une sueur glacée, la sueur de la mort, descendre lentement sur ses tempes en gouttes pesantes.

L'inconnu saisit la main de la reine, et mettant un genou en terre, il osa baiser cette main comme s'il remerciait d'une haute faveur accordée. Charny endurait tous les supplices de l'enfer. Son cœur faillit se briser. Il vit l'inconnu se relever, et il fut prêt à s'élancer sur lui.

La reine ayant retiré sa main, se leva vivement et saisit le bras de sa compagne.

Toutes deux s'enfuirent en passant, comme la veille, auprès de Charny.

L'inconnu fuyant de son côté, Charny, qui n'avait pu quitter le sol où le tenait enchaîné la prostration d'une douleur indicible, Charny perçut vaguement le bruit simultané de deux portes qui se refermaient.

Nous n'essaierons pas de dépeindre la situation dans laquelle se trouva Charny après cette horrible découverte.

La nuit se passa pour lui en courses furieuses dans le parc, dans les allées, auxquelles il reprochait avec désespoir leur criminelle complicité.

Charny, fou pendant quelques heures, ne retrouva sa raison qu'en heurtant dans sa course aveugle l'épée qu'il avait jetée pour n'avoir pas la tentation de s'en servir.

Cette lame, qui embarrassa ses pieds et causa sa chute, le rappela tout d'un coup au sentiment de sa force comme à celui de sa dignité. Un homme qui sent une épée dans sa main ne peut plus, s'il est encore fou, que se percer de cette épée ou en percer qui l'offense ; il n'a plus le droit d'être faible ni d'avoir peur.

Charny redevint ce qu'il était toujours, un esprit solide, un corps vigoureux. Il discontinua les courses insensées pendant lesquelles il se heurtait aux arbres, et marcha droit et en silence dans l'allée encore sillonnée par les pas des deux femmes et de l'inconnu.

Il alla explorer les pas de ce seigneur avec la froide attention qu'il eût mise à examiner les passées d'une bête fauve. Il reconnut la porte derrière les bains d'Apollon. Il vit, en gravissant le chaperon du mur, des pieds de cheval et beaucoup de ravage dans l'herbe.

— Il vient par là ! Il vient, non de Versailles, mais de Paris ; songea Olivier. Il vient seul, et demain il reviendra, puisqu'on lui a dit : A demain. Jusqu'à demain dévorons silencieusement, non plus les larmes qui coulent de mes yeux, mais le sang qui coule à flots de mon cœur.

Demain sera le dernier jour de ma vie, sinon je suis un lâche et je n'ai jamais aimé.

Allons, allons, fit-il en frappant doucement sur son cœur, comme le cavalier frappe sur le cou de son coursier qui s'emporte, allons, du calme, de la force, puisque l'épreuve n'est pas terminée encore.

Cela dit, il jeta un dernier regard autour de lui, détourna les yeux du château, dans lequel il redoutait de voir éclairée la fenêtre de la perfide reine ; car cette lumière eût été un mensonge, une tache de plus.

En effet, la fenêtre éclairée ne signifie-t-elle pas chambre habitée ? Et pourquoi mentir ainsi quand on a le droit de l'impudeur et du déshonneur, quand on a si peu de distance à franchir entre la honte cachée et le scandale public ?

La fenêtre de la reine était éclairée.

— Faire croire qu'elle est chez elle quand elle court le parc en compagnie d'un amant ! Vraiment, c'est de la chasteté en pure perte, fit Charny, qui saccada ses paroles d'une ironie amère. Elle est trop bonne, cette reine, de dissimuler ainsi avec nous. Il est vrai peut-être qu'elle craint de contrarier son mari.

Et Charny, s'enfonçant les ongles dans les chairs, reprit à pas mesurés le chemin de sa maison.

— Ils ont dit : A demain, ajouta-t-il après avoir franchi le balcon. Oui, à demain !... pour tout le monde, car demain nous serons quatre au rendez-vous, Madame !

LXVIII

FEMME ET REINE

Le lendemain amena mêmes péripéties. La porte s'ouvrit au dernier coup de minuit. Les deux femmes parurent.

C'était, comme dans le conte arabe, cette assiduité des génies obéissant aux talismans à heures fixes.

Charny avait pris toutes ses résolutions; il voulait reconnaître ce soir-là le personnage heureux que favorisait la reine.

Fidèle à ses habitudes, bien qu'elles ne fussent pas invétérées, il marcha se cachant derrière les taillis; mais, lorsqu'il fut arrivé à l'endroit où, depuis deux jours, la rencontre avait lieu, il n'y trouva personne.

La compagne de la reine entraînait Sa Majesté vers les bains d'Apollon.

Une horrible anxiété, une toute nouvelle souffrance terrassa Charny. Dans son innocente probité, il ne s'était pas imaginé que le crime pût aller jusque-là.

La reine, souriant et chuchotant, marcha vers le sombre asile au seuil duquel l'attendait le gentilhomme inconnu.

Elle entra. La grille de fer se referma sur elle.

La complice demeura en dehors, appuyée sur un cippe brisé tout moelleux de feuillages.

Charny avait mal calculé ses forces : elles ne pouvaient résister à un semblable choc. Au moment où, dans sa rage, il allait se précipiter sur la confidente de la reine pour la démasquer, la reconnaître, l'injurier, l'étouffer peut-être, le sang afflua comme un torrent vainqueur à ses tempes, à sa gorge, et l'étouffa.

Il tomba sur les mousses en râlant un faible soupir, qui alla troubler une seconde la tranquillité de cette sentinelle placée aux portes des bains d'Apollon.

Une hémorragie intérieure causée par sa blessure, qui s'était rouverte, l'étouffait.

Charny fut rappelé à la vie par le froid de la rosée, par l'humidité de la terre, par l'impression vivace de sa propre douleur.

Il se releva en trébuchant, reconnut les lieux, sa situation, se souvint et chercha.

La sentinelle avait disparu; nul bruit ne se faisait entendre. Une horloge qui sonna deux heures dans Versailles lui apprit que son évanouissement avait été bien long.

Sans aucun doute l'affreuse vision avait dû disparaître : reine, amant, suivante, avaient eu le temps de fuir. Charny put s'en convaincre en regardant par-dessus le mur les traces récentes du départ d'un cavalier.

Ces vestiges, et les brisures de quelques branches aux environs de la grille des bains d'Apollon, composaient toute la conviction du pauvre Charny.

La nuit fut un long délire. Au matin, il ne s'était pas calmé.

Pâle comme un mort, vieilli de dix années, il appela son valet de chambre et se fit habiller de velours noir, comme un riche du tiers état.

Sombre, muet, absorbant toutes ses douleurs, il s'achemina vers le château de Trianon au moment où la garde venait d'être relevée, c'est-à-dire vers dix heures.

La reine sortait de la chapelle, où elle venait d'entendre la messe.

Sur son passage se baissaient respectueusement les têtes et les épées.

Charny vit quelques femmes rouges de dépit en trouvant que la reine était belle.

Belle, en effet, avec ses beaux cheveux relevés sur ses tempes, sa figure aux traits fins, sa bouche souriante, ses yeux fatigués, mais brillants d'une douce clarté.

Tout à coup elle aperçut Charny à l'extrémité de la haie. Elle rougit et poussa un cri de surprise.

Charny ne baissa pas la tête. Il continua de regarder cette reine, qui lut dans son regard un nouveau malheur. Elle vint à lui.

— Je vous croyais dans vos terres, monsieur de Charny? dit-elle sévèrement. — J'en suis revenu, Madame, dit-il d'un accent bref et presque impoli.

Elle s'arrêta stupéfaite, elle à qui jamais une nuance n'échappait.

Après cet échange de regards et de paroles presque hostiles, elle se tourna du côté des femmes.

— Bonjour, comtesse, dit-elle avec amitié à madame de La Motte.

Et elle lui fit un clignement d'yeux tout familier.

Charny tressaillit. Il regarda plus attentivement.

Jeanne, inquiète de cette attention, détourna la tête.

Charny la suivit comme eût fait un fou, jusqu'à ce qu'elle lui eût montré encore une fois son visage.

Puis il tourna autour d'elle en étudiant sa démarche.

La reine, saluant à droite et à gauche, suivait pourtant ce manége des deux observateurs.

— Aurait-il perdu la tête? pensa-t-elle. Pauvre garçon!
Et elle revint à lui.

— Comment vous trouvez-vous, monsieur de Charny? dit-elle d'une voix suave. — Très-bien, Madame, mais, Dieu merci! moins bien que Votre Majesté.

Et il salua de façon à épouvanter la reine plus qu'il ne l'avait surprise.

— Il y a quelque chose, dit Jeanne attentive. — Où logez-vous donc à présent? reprit la reine. — A Versailles, Madame, dit Olivier. — Depuis combien de temps? — Depuis trois nuits, répondit le jeune homme en appuyant du regard, du geste et de la voix sur les mots.

La reine ne manifesta aucune émotion; Jeanne tressaillit.

— Est-ce que vous n'avez pas quelque chose à me dire? demanda la reine à Charny avec une douceur angélique. — Oh! Madame, répliqua celui-ci, j'aurais trop de choses à dire à Votre Majesté. — Venez, fit-elle brusquement. — Veillons, pensa Jeanne.

La reine, à grands pas, marcha vers ses appartements. Chacun la suivit non moins agité qu'elle. Ce qui parut providentiel à madame de La Motte, ce fut que Marie-Antoinette, pour éviter de paraître chercher un tête à tête, engagea quelques personnes à la suivre.

Au milieu de ces personnes se glissa Jeanne.

La reine arriva dans son appartement et congédia madame de Misery et tout son service.

Il faisait un temps doux et voilé, le soleil ne perçait pas les nuages, mais il faisait filtrer sa chaleur et sa lumière au travers de leurs épaisses fourrures blanches et bleues.

La reine ouvrit la fenêtre qui donnait sur une petite terrasse; elle s'établit devant son chiffonnier chargé de lettres. Elle attendit.

Peu à peu, les personnes qui l'avaient suivie comprirent son désir d'être seule et s'éloignèrent.

Charny, impatient, dévoré par la colère, froissait son chapeau dans ses mains.

— Parlez! parlez! dit la reine; vous paraissez bien troublé, Monsieur? — Comment commencerai-je? dit Charny, qui pensait tout haut? Comment oserai-je accuser l'honneur, accuser la foi, accuser la majesté?

— Plaît-il? s'écria Marie-Antoinette en se retournant vivement avec un flamboyant regard. — Et cependant, je ne dirai pas ce que j'ai vu! continua Charny.

La reine se leva.

— Monsieur, dit-elle froidement, il est bien matin pour que je vous croie ivre; et pourtant vous avez une attitude qui convient mal aux gentilshommes à jeun.

Elle s'attendait à le voir écrasé par cette méprisante apostrophe ; mais lui, immobile :

— Au fait, dit-il, qu'est-ce qu'une reine? Une femme. Et moi, que suis-je? Un homme aussi bien qu'un sujet. — Monsieur ! — Madame, n'embrouillons point ce que j'ai à vous dire par une colère qui aboutirait à la folie. Je crois vous avoir prouvé que j'avais du respect pour la majesté royale; je crains d'avoir prouvé que j'avais un amour insensé pour la personne de la reine. Ainsi, faites votre choix : à laquelle des deux, de la reine ou de la femme, voulez-vous que cet adorateur jette une accusation d'opprobre et de déloyauté ? — Monsieur de Charny, s'écria la reine en pâlissant et en marchant vers le jeune homme, si vous ne sortez pas d'ici, je vous ferai chasser par mes gardes. — Je vais donc vous dire, avant d'être chassé, pourquoi vous êtes une reine indigne ! s'écria Charny ivre de fureur. Depuis trois nuits, je vous suis dans votre parc !

Au lieu de la voir bondir, comme il l'espérait, sous ce coup terrible, Charny vit la reine lever la tête et s'approcher :

— Monsieur de Charny, dit-elle en lui prenant la main, vous êtes dans un état qui me fait pitié ; prenez garde, vos yeux étincellent, votre main tremble, la pâleur est sur vos joues, tout votre sang afflue au cœur. Vous souffrez, voulez-vous que j'appelle ? — Je vous ai vue ! répéta-t-il froidement, vue avec cet homme quand vous lui avez donné la rose ; vue quand, avec lui, vous êtes entrée dans les bains d'Apollon.

La reine passa une main sur son front, comme pour s'assurer qu'elle ne dormait pas.

— Voyons, dit-elle, asseyez-vous, car vous allez tomber si je ne vous retiens ; asseyez-vous, vous dis-je.

Charny se laissa tomber en effet sur un fauteuil, la reine s'assit auprès de lui sur un tabouret.

— Soyez calme, dit-elle, apaisez le cœur et la tête, et répétez-moi ce que vous venez de me dire. — Oh! voulez-vous me tuer? murmura le malheureux. — Laissez, que je vous questionne. Depuis quand êtes-vous revenu de vos terres ? — Depuis quinze jours. — Où logez-vous ? — Dans la maison du louvetier, que j'ai louée exprès. — Ah! oui, la maison du suicide, aux limites du parc ?

Charny affirma du geste.

— Vous parlez d'une personne que vous auriez vue avec moi ? — Je parle d'abord de vous, que j'ai vue. — Où cela ? — Dans le parc. — A quelle heure? quel jour? — A minuit, mardi, pour la première fois. — Vous m'avez vue ? — Comme je vous vois, et j'ai vu aussi celle qui vous accompagnait. — Quelqu'un m'accompagnait ? Reconnaîtriez-vous cette personne ? — Tout à l'heure, il m'avait semblé la voir ici ; mais je n'o-

FEMME ET REINE.

serais affirmer. La tournure seulement ressemble ; quant au visage, on le cache quand on a de ces crimes à commettre. — Bien ! dit la reine avec calme ; vous n'avez pas reconnu ma compagne, mais moi... — Oh ! vous, Madame, je vous ai vue... tenez... est-ce que je ne vous vois pas ?

Elle frappa du pied avec anxiété.

— Et... ce compagnon, dit-elle, celui à qui j'ai donné une rose... car vous m'avez vue donner une rose. — Oui : ce cavalier, jamais je ne l'ai pu joindre. — Vous le connaissez, pourtant ? — On l'appelle Monseigneur ; c'est tout ce que je sais.

La reine frappa son front avec une fureur concentrée.

— Poursuivez, dit-elle. Mardi, j'ai donné une rose, et mercredi ? — L'inconnu vous a baisé la main. — Oh ! c'est trop fort, murmura-t-elle ; et jeudi, hier ?... — Hier, vous avez eu un rendez-vous dans la grotte d'Apollon.

La reine se leva impétueusement.

— Et vous... m'avez... vue ? dit-elle en saccadant chaque syllabe.

Charny leva la main au ciel pour jurer.

— Oh ! gronda la reine, ne vous parjurez pas, Monsieur. Allez m'attendre dans le salon attenant à mon cabinet. Là, loin des témoins qui nous observent, je saurai bien vous forcer à rétracter ces folies.

Charny obéit. La reine se rendit seule au salon désigné. Là, monsieur de Charny, interrogé de nouveau, donna des détails qui confondaient d'étonnement et irritaient la reine au dernier point.

— Oui, disait-il, je vous ai vue, Madame. Mardi, vous portiez votre robe verte à raies moirées d'or ; mercredi, votre robe à grands ramages bleus et rouille ; hier, hier, une robe de soie feuille morte. C'est vous, c'est bien vous ! — Mon Dieu ! s'écria la reine avec un geste désespéré.

Charny baissa la tête.

— Insensé ! ajouta la reine, ouvrez donc les yeux ; voyez donc la vérité ! Ne savez-vous pas que déjà des calomnies aussi atroces que celle-là se sont élevées contre moi ? Est-ce qu'on ne m'a pas vue au bal de l'Opéra, scandalisant la cour ? Est-ce qu'on ne m'a pas vue chez Mesmer en extase, scandalisant les curieux et les filles de joie ?... Vous le savez bien, vous qui vous êtes battu pour moi ! — Madame, en ce temps-là je me suis battu parce que je n'y croyais pas. Aujourd'hui, je me battrais parce que j'y crois.

La reine leva au ciel ses bras raidis par le désespoir, deux larmes brûlantes roulèrent de ses joues sur son sein !

— Mon Dieu ! dit-elle, envoyez-moi une pensée qui me sauve. Je ne veux pas que celui-là me méprise, ô mon Dieu !

Charny se sentit remué jusqu'au fond du cœur par cette simple et vigoureuse prière. Il cacha ses yeux dans ses deux mains.

La reine garda un instant le silence; puis après avoir réfléchi :

— Monsieur, dit-elle, vous me devez une réparation. Voici celle que j'exige de vous : Trois nuits de suite vous m'avez vue dans mon parc la nuit, en compagnie d'un homme. Vous saviez pourtant qu'on a déjà abusé de la ressemblance; qu'une femme, je ne sais laquelle, a dans le visage et la démarche quelque chose de commun avec moi, moi, malheureuse reine! mais puisque vous aimez mieux croire que c'est moi qui courais ainsi la nuit; puisque vous dites que c'est moi, retournez dans le parc à la même heure; retournez-y avec moi. Si c'est moi que vous avez vue hier, forcément vous ne me verrez plus aujourd'hui, puisque je serai près de vous. Si c'est une autre, pourquoi ne la reverrions-nous pas ensemble? Et si nous la voyons... Ah! Monsieur, regretterez-vous tout ce que vous venez de me faire souffrir?

Charny, serrant son cœur de ses deux mains :

— Vous faites trop pour moi, Madame, murmura-t-il, je mérite la mort : ne m'écrasez pas de votre bonté. — Oh! je vous écraserai avec des preuves, dit la reine. Pas un mot à qui que ce soit. Ce soir, à dix heures, attendez seul à la porte de la louveterie ce que j'aurai décidé pour vous convaincre. Allez, Monsieur, et ne laissez rien paraître au dehors.

Charny s'agenouilla sans dire un mot, et sortit.

Au bout du deuxième salon, il passa involontairement sous le regard de Jeanne, qui le couvait des yeux, et qui, au premier appel de la reine, se tint prête à entrer chez Sa Majesté avec tout le monde.

LXIX

FEMME ET DÉMON

Jeanne avait remarqué le trouble de Charny, la sollicitude de la reine, l'empressement de tous deux à lier conversation.

Pour une femme de la force de Jeanne, c'en était plus qu'il n'en fallait pour deviner beaucoup de choses; nous n'avons pas besoin d'ajouter ce que tout le monde a compris déjà.

Après la rencontre ménagée par Cagliostro entre madame de La Motte et Oliva, la comédie des trois dernières nuits peut se passer de commentaires.

Jeanne, rentrée auprès de la reine, écouta, observa; elle voulait démêler sur le visage de Marie-Antoinette les preuves de ce qu'elle soupçonnait.

Mais la reine était habituée depuis quelque temps à se défier de tout le monde. Elle ne laissa rien paraître. Jeanne en fut donc réduite aux conjectures.

Déjà elle avait commandé à un de ses laquais de suivre monsieur de Charny. Le valet revint, annonçant que monsieur le comte avait disparu dans une maison au bout du parc, auprès des charmilles.

Plus de doute, pensa Jeanne, cet homme est un amoureux qui a tout vu.

Elle entendit la reine dire à madame de Misery :

— Je me sens bien faible, ma chère Misery, et je me coucherai ce soir à huit heures.

Comme la dame d'honneur insistait :

— Je ne recevrai personne, ajouta la reine. — C'est assez clair, se dit Jeanne : folle serait qui ne comprendrait pas.

La reine, en proie aux émotions de la scène qu'elle avait eue avec Charny, ne tarda pas à congédier toute sa suite. Jeanne s'en applaudit pour la première fois depuis son entrée à la cour.

— Les cartes sont brouillées, dit-elle; à Paris! Il est temps de défaire ce que j'ai fait.

Et elle partit aussitôt de Versailles.

Conduite chez elle, rue Saint-Claude, elle y trouva un superbe cadeau d'argenterie que le cardinal avait envoyé le matin même.

Quand elle eut donné à ce présent un coup d'œil indifférent, quoiqu'il fût de prix, elle regarda derrière le rideau chez Oliva, dont les fenêtres n'étaient pas encore ouvertes. Oliva dormait, fatiguée sans doute; il faisait très-chaud ce jour-là.

Jeanne se fit conduire chez le cardinal qu'elle trouva radieux, bouffi, insolent de joie et d'orgueil; assis devant son riche bureau, chef-d'œuvre de Boule, il déchirait et récrivait sans se lasser une lettre qui commençait toujours de même et ne finissait jamais.

A l'annonce que fit le valet de chambre, monseigneur le cardinal s'écria :

— Chère comtesse!

Et il s'élança au-devant d'elle.

Monseigneur débuta par des protestations de reconnaissance qui ne manquaient pas d'une éloquente sincérité.

Jeanne l'interrompit et lui dit :

— Savez-vous, Monseigneur, que vous êtes un homme fort délicat, et que je vous remercie. — Et pourquoi, comtesse? — C'est moins pour le charmant cadeau que vous m'avez envoyé ce matin, que pour la manière dont ce cadeau m'est parvenu. Comment sauver les apparences avec tant de précaution! M'envoyer un inconnu sans livrée et qui pouvait passer pour un marchand aux yeux de mes gens, en sorte que nul ne s'est douté de qui me venait ce riche présent, c'est on ne peut mieux! — A qui parlera-t-on de délicatesse, si ce n'est à vous? répliqua le cardinal. — Vous n'êtes pas un homme heureux, fit Jeanne; vous êtes un dieu triomphant. — Je l'avoue, et le bonheur m'effraie; il me gêne; il me rend insupportable la vue des autres hommes. Je me rappelle cette fable païenne du Jupiter fatigué de ses rayons.

Jeanne sourit.

— Vous venez de Versailles? dit-il avidement. — Oui. — Vous... l'avez vue? — Je... la quitte. — Elle... n'a rien dit? — Eh! que voulez-vous qu'elle dît? — Elle... n'a... rien dit? — Pardonnez; ce n'est plus de la curiosité, c'est de la rage. Ne me demandez rien. — Oh! comtesse. — Non, vous dis-je. — Comme vous annoncez cela! On croirait, à vous voir, que vous apportez une mauvaise nouvelle. — Monseigneur, ne me faites pas parler. — Comtesse! comtesse!...

Et le cardinal pâlit.

— Un trop grand bonheur, dit-il, ressemble au point culminant d'une roue de fortune; à côté de l'apogée, il y a le commencement du déclin. Mais ne me ménagez point, s'il y a du malheur. Il n'y en a point... n'est-ce pas? — J'appellerai cela, au contraire, Monseigneur, un bien grand bonheur, répliqua Jeanne. — Cela?... quoi cela?... que voulez-vous dire?... quelle chose est un bonheur? — De n'avoir pas été découvert, dit sèchement Jeanne. — Oh!... Et il se mit à sourire. Avec des précautions, avec l'intelligence de deux cœurs et d'un esprit... — Un esprit et deux cœurs, Monseigneur, n'empêchent jamais des yeux de voir dans les feuillages. — On a vu? s'écria monsieur de Rohan effrayé. — J'ai tout lieu de le croire. — Alors... si l'on a vu, on a reconnu? — Oh! pour cela, Monseigneur, vous n'y pensez pas; si l'on avait reconnu, si ce secret était au pouvoir de quelqu'un, Jeanne de Valois serait déjà au bout du monde, et vous, vous devriez être mort. — C'est vrai. Toutes ces réticences, comtesse, me brûlent à petit feu. On a vu, soit. Mais on a vu des gens se promener dans un parc. Est-ce que cela n'est pas permis? — Demandez au roi. — Le roi sait? — Encore un coup, si le roi savait, vous seriez à la Bastille, moi à l'hôpital. Mais comme un malheur évité vaut deux bonheurs promis, je vous viens dire de ne pas tenter Dieu encore une fois. — Plaît-il? s'écria le cardinal; que signifient vos paroles, chère comtesse? — Ne les comprenez-vous pas? — J'ai peur. — Moi, j'aurais peur si vous ne me rassuriez. — Que faut-il faire pour cela? — Ne plus aller à Versailles.

Le cardinal fit un bond.

— Ne plus aller à Versailles! répéta-t-il. — Incognito, entendons-nous, dit la comtesse. — Impossible! — Il le faut, reprit Jeanne. Monsieur de Rohan tressaillit.

— Vous avez dit impossible, je crois, Monseigneur. — Comtesse, répondit le prince, voulez-vous vous jouer de moi? — Dieu m'en garde! dit Jeanne. Je viens ici en amie dévouée pour vous sauver d'un grand péril. — Que de terreurs, comtesse! vous si brave hier! — J'ai la bravoure des bêtes. Je ne crains rien, tant qu'il n'y a pas de danger. — Moi, j'ai la bravoure de ma race. Je ne suis heureux qu'en présence du danger même. — Très-bien; mais alors permettez-moi de vous dire... — Rien, comtesse, rien, s'écria le prélat; le sacrifice est fait, le sort est jeté, je retournerai à Versailles. — Tout seul! dit la comtesse. — Vous m'abandonneriez? dit monsieur de Rohan d'un ton de reproche. — Moi, d'abord. — Elle viendra, elle. — Vous vous trompez, elle ne viendra pas. — Viendriez-vous m'annoncer cela de sa part? dit en tremblant le cardinal. — C'est le coup que je cherchais à vous atténuer depuis une demi-heure. — Elle ne veut plus me voir? — Jamais, et c'est moi qui le lui ai conseillé. — Madame, dit le prélat d'un ton pénétré, c'est mal à vous d'enfoncer le couteau dans mon cœur. — Ce serait bien plus mal à moi, Monseigneur, de laisser se perdre un homme comme vous. Je donne un bon conseil, en profite qui voudra. — Comtesse, comtesse, plutôt mourir.

Monsieur de Rohan tomba dans une profonde rêverie, mais qui fut bientôt suivie d'une grande agitation. Il allait et venait dans l'appartement, jetant au hasard quelques phrases incohérentes. S'arrêtant tout à coup devant la comtesse :

— Madame, dit-il, vous allez me jurer ici que les dures paroles que vous m'avez fait entendre ne viennent pas de la reine et qu'elle ne vous a pas chargée de m'ordonner de m'éloigner de Versailles. — Ah! ah! reprit la comtesse avec un sourire diabolique, vous me déférez le serment? — Oui, Madame. — Eh bien! soit. Je vous jure donc, Monseigneur, que j'ai parlé au nom de la reine. Là! êtes-vous content? — C'est un délai qu'elle demande, reprit monsieur de Rohan avec un accent fiévreux. — Prenez-le comme vous voudrez; mais suivez ses ordres.

Monsieur de Rohan reprit sa promenade désordonnée à travers l'appartement.

— Non, dit-il en levant les bras au plafond, je ne puis croire à cette barbarie, après les bontés dont j'ai été honoré.

Jeanne leva les épaules.

— On m'accusera de poltronnerie; d'avoir suivi un conseil timide!..
— Vous verrez, reprit l'impitoyable comtesse, que la reine, folle de son chevalier, va lui reprocher d'avoir pris au pied de la lettre l'ordre de s'éloigner des lieux qu'elle habite. — Madame! — Vous verrez que la reine brûle du désir de voir son chevalier braver le roi lui-même. — Madame! — Allons donc! Monseigneur, vous tombez vraiment dans une naïveté à pouffer de rire. — Madame, c'est assez me railler, dit le prince. Je ne souffrirai plus de telles paroles. Oui, mon parti est pris; je reverrai la reine une dernière fois; elle saura ma pensée entière; et ce qu'elle aura décidé après m'avoir entendu, je l'accomplirai comme je ferais d'un vœu sacré.

Jeanne se leva.

— Comme il vous plaira, dit-elle. Allez! seulement vous irez seul. J'ai jeté la clé du parc dans la Seine, en revenant aujourd'hui. Vous irez donc tout à votre aise à Versailles, tandis que moi je vais partir pour la Suisse ou pour la Hollande. Plus je serai loin de la bombe, moins j'en craindrai les éclats. — Comtesse! vous me laisseriez, vous m'abandonneriez! Oh! mon Dieu! mais avec qui parlerai-je d'elle?

Jeanne ici récorda les scènes de Molière; jamais plus insensé Valère n'avait donné à plus rusée Dorine de plus commodes répliques.

— N'avez-vous pas le parc et les échos? dit Jeanne; vous leur apprendrez le nom d'Amaryllis. — Comtesse! ayez pitié. Je suis au désespoir, dit le prélat avec un accent parti du cœur. — Eh bien! répliqua Jeanne avec l'énergie toute brutale du chirurgien qui décide l'amputation d'un membre; si vous êtes au désespoir, monsieur de Rohan, ne vous laissez donc pas aller à des enfantillages plus dangereux que la poudre, que la peste, que la mort! Si vous tenez tant à cette femme, conservez-vous-la, au lieu de la perdre, et si vous ne manquez pas absolument de cœur et de mémoire, ne risquez pas d'englober dans votre ruine ceux qui vous ont servi par amitié. Moi je ne joue pas avec le feu. Me jurez-vous de ne pas faire un pas pour voir la reine? Seulement la voir, entendez-vous, je ne dis pas lui parler, d'ici à quinze jours? Le jurez-vous? je reste et je pourrai vous servir encore. Êtes-vous décidé à tout braver pour enfreindre ma défense et la sienne? Je le saurai, et dix minutes après je pars! Vous vous en tirerez comme vous pourrez. — C'est affreux, murmura le cardinal, la chute est écrasante. — Allons donc! reprit Jeanne. — Oh! j'en mourrai. — Vraiment? nous verrons bien. Savez-vous, Monseigneur, que vous faites là une triste figure pour un prince de Rohan? — Oui, reprit le prince avec fierté et en redressant noblement la tête, le rôle est indigne de moi. — Eh bien! dit Jeanne, c'est mieux, c'est beau. Sachez souffrir. Maintenant décidez-vous. Resterai-je ici? prendrai-je la route de Lausanne? — Restez, comtesse. — Alors, jurez-vous de m'obéir? — Foi de Rohan, si ce que l'on m'impose est digne de moi. — D'accord, Monseigneur. Voici un terme moyen et qui concilie toutes choses. Je vous défends les entrevues, mais je ne défends pas les lettres. — En vérité! s'écria l'insensé ranimé par cet espoir. Je pourrai écrire? — Essayez. — Et elle me répondrait? — J'essaierai.

Le cardinal prit la main de Jeanne et l'appela son ange tutélaire.

Il dut bien rire le démon qui habitait dans le cœur de la comtesse.

LXX

LA NUIT

Ce jour même, il était quatre heures du soir, lorsqu'un homme à cheval s'arrêta sur la lisière du parc, derrière les bains d'Apollon.

Le cavalier faisait une promenade d'agrément; au pas; pensif comme Hippolyte; beau comme lui, sa main laissait flotter les rênes sur le cou du coursier.

Il s'arrêta, ainsi que nous l'avons dit, à l'endroit où monsieur de Rohan depuis trois jours faisait arrêter son cheval. Le sol était, à cet endroit, foulé par les fers, et les arbustes étaient broutés tout à l'entour du chêne au tronc duquel avait été attachée la monture.

Le cavalier mit pied à terre.

— Voici un endroit bien ravagé, dit-il.

Et il approcha du mur.

— Voici des traces d'escalade; voici une porte récemment ouverte. C'est bien ce que j'avais pensé.

On n'a pas fait la guerre avec les Indiens des savanes sans se connaître en traces de chevaux et d'hommes. Or, depuis quinze jours, monsieur de Charny est revenu; depuis quinze jours, monsieur de Charny ne s'est point montré. Voici la porte que monsieur de Charny a choisie pour entrer dans Versailles.

En disant ces mots, le cavalier soupira bruyamment comme s'il arrachait son âme avec ce soupir.

— Laissons au prochain son bonheur, murmura-t-il en regardant une à une les éloquentes traces du gazon et des murs. Ce que Dieu donne aux uns, il le refuse aux autres. Ce n'est pas pour rien que Dieu fait des heureux et des malheureux ; sa volonté soit bénie ! Il faudrait une preuve, cependant. A quel prix, par quel moyen l'acquérir ? Oh ! rien de plus simple. Dans les buissons, la nuit, un homme ne saurait être découvert, et, de sa cachette, il verrait ceux qui viennent. Ce soir, je serai dans les buissons.

Le cavalier ramassa les rênes de son cheval, se remit lentement en selle, et sans presser ni hâter le pas de son cheval, disparut à l'angle du mur.

Quant à Charny, obéissant aux ordres de la reine, il s'était renfermé chez lui, attendant un message de sa part.

La nuit vint, rien ne paraissait. Charny, au lieu de guetter à la fenêtre du pavillon qui donnait sur le parc, guettait, dans la même chambre, à la fenêtre qui donnait sur la petite rue. La reine avait dit : à la porte de la louveterie ; mais fenêtre et porte dans ce pavillon c'était tout un, au rez-de-chaussée. Le principal était qu'on pût voir tout ce qui arriverait.

Il interrogeait la nuit profonde, espérant d'une minute à l'autre entendre le galop d'un cheval ou le pas précipité d'un courrier.

Dix heures et demie sonnèrent. Rien. La reine avait joué Charny. Elle avait fait une concession au premier mouvement de surprise. Honteuse, elle avait promis ce qu'il lui était impossible de tenir ; et, chose affreuse à penser, elle avait promis sachant qu'elle ne tiendrait pas.

Charny, avec cette rapide facilité de soupçon qui caractérise les gens violemment épris, se reprochait déjà d'avoir été si crédule.

— Comment ai-je pu, s'écriait-il, moi qui ai vu, croire à des mensonges et sacrifier ma conviction, ma certitude, à un stupide espoir ?

Il développait avec rage cette idée funeste, quand le bruit d'une poignée de sable lancée sur les vitres de l'autre fenêtre attira son attention et le fit courir du côté du parc.

Il vit alors, dans une large mante noire, en bas, sous la charmille du parc, une figure de femme qui levait vers lui un visage pâle et inquiet.

Il ne put retenir un cri de joie et de regret tout ensemble. La femme qui l'attendait, qui l'appelait, c'était la reine !

D'un bond il s'élança par la fenêtre et vint tomber près de Marie-Antoinette.

— Ah ! vous voilà, Monsieur ? c'est bien heureux ! dit à voix basse la reine tout émue ; que faisiez-vous donc ? — Vous ! vous ! Madame !... vous-même ! est-il possible ? répliqua Charny en se prosternant. — Est-ce ainsi que vous attendiez ? — J'attendais du côté de la rue, Madame. — Est-ce que je pouvais venir par la rue, voyons ? quand il est si simple de

OLIVIER DE CHARNY.

venir par le parc? — Je n'eusse osé espérer de vous voir, Madame, dit Charny avec un accent de reconnaissance passionnée.

Elle l'interrompit.

— Ne restons pas ici, dit-elle, il y fait clair; avez-vous votre épée? — Oui. — Bien!... Par où dites-vous que sont entrés les gens que vous avez vus? — Par cette porte. — Et à quelle heure? — A minuit chaque fois. — Il n'y a pas de raison pour qu'ils ne viennent pas cette nuit encore. Vous n'avez parlé à personne? — A qui que ce soit. — Entrons dans le taillis et attendons. — Oh! Votre Majesté...

La reine passa devant, et, d'un pas assez prompt, fit quelque chemin en sens inverse.

— Vous entendez bien, dit-elle tout à coup, comme pour aller au-devant de la pensée de Charny, que je ne me suis pas amusée à conter cette affaire au lieutenant de police. Depuis que je me suis plainte, monsieur de Crosne aurait dû déjà me faire justice. Si la créature qui usurpe mon nom après avoir usurpé ma ressemblance n'a pas encore été arrêtée, si tout ce mystère n'est pas éclairci, vous sentez qu'il y a deux motifs : ou l'incapacité de monsieur de Crosne, ce qui n'est rien, ou sa connivence avec mes ennemis. Or, il me paraît difficile que chez moi, dans mon parc, on se permette l'ignoble comédie que vous m'avez signalée, sans être sûr d'un appui direct ou d'une tacite complicité. Voilà pourquoi ceux qui s'en sont rendus coupables me paraissent être assez dangereux pour que je ne m'en rapporte qu'à moi-même du soin de les démasquer. Qu'en pensez-vous? — Je demande à Votre Majesté la permission de ne plus ouvrir la bouche. Je suis au désespoir; j'ai encore des craintes et je n'ai plus de soupçons. — Au moins, vous êtes un honnête homme, vous, dit vivement la reine; vous savez dire les choses en face; c'est un mérite qui peut blesser quelquefois les innocents quand on se trompe à leur égard; mais une blessure se guérit. — Oh! Madame, voilà onze heures; je tremble. — Assurez-vous qu'il n'y a personne ici, dit la reine pour éloigner son compagnon.

Charny obéit. Il courut les taillis jusqu'aux murs.

— Personne, fit-il en revenant. — Où s'est passée la scène que vous racontiez? — Madame, à l'instant même, en revenant de mon exploration, j'ai reçu un coup terrible dans le cœur. Je vous ai aperçue à l'endroit même où ces nuits dernières je vis... la fausse reine de France. — Ici! s'écria la reine en s'éloignant avec dégoût de la place qu'elle occupait. — Sous ce châtaignier, oui, Madame. — Mais alors, Monsieur, dit Marie-Antoinette, ne restons pas ici, car s'ils y sont venus ils y reviendront.

Charny suivit la reine dans une autre allée. Son cœur battait si fort qu'il craignit de ne pas entendre le bruit de la porte qui allait s'ouvrir.

Elle, silencieuse et fière, attendait que la preuve vivante de son innocence apparût.

Minuit sonna. La porte ne s'ouvrit pas.

Une demi-heure s'écoula, pendant laquelle Marie-Antoinette demanda plus de dix fois à Charny si les imposteurs avaient été bien exacts à chacun de leurs rendez-vous.

Trois quarts après minuit sonnèrent à Saint-Louis de Versailles.

La reine frappa du pied avec impatience.

— Vous verrez qu'ils ne viendront pas aujourd'hui, dit-elle; ces sortes de malheurs n'arrivent qu'à moi!

Et en disant ces mots elle regardait Charny comme pour lui chercher querelle, si elle avait surpris en ses yeux le moindre éclat de triomphe ou d'ironie.

Mais lui, pâlissant à mesure que ses soupçons revenaient, gardait une attitude tellement grave et mélancolique, que certainement son visage reflétait en ce moment la sereine patience des martyrs et des anges.

La reine lui prit le bras et le ramena au châtaignier sous lequel ils avaient fait leur première station.

— Vous dites, murmura-t-elle, que c'est ici que vous avez vu. — Ici même, Madame. — Ici, que la femme a donné une rose à l'homme. — Oui, Votre Majesté.

Et la reine était si faible, si fatiguée du long séjour fait dans ce parc humide, qu'elle s'adossa au tronc de l'arbre, et pencha sa tête sur sa poitrine.

Insensiblement ses jambes fléchirent; Charny ne lui donnait pas le bras, elle tomba plutôt qu'elle ne s'assit sur l'herbe et la mousse.

Lui, demeurait immobile et sombre.

Elle appuya ses deux mains sur son visage, et Charny ne put voir une larme de cette reine glisser entre ses doigts longs et blancs.

Soudain, relevant sa tête :

— Monsieur, dit-elle, vous avez raison; je suis condamnée. J'avais promis de prouver aujourd'hui que vous m'aviez calomniée : Dieu ne le veut pas, je m'incline. — Madame... murmura Charny. — J'ai fait, continua-t-elle, ce qu'aucune femme n'eût fait à ma place. Je ne parle pas des reines. Oh! Monsieur, qu'est-ce qu'une reine, quand elle ne peut régner même sur un cœur? Qu'est-ce qu'une reine quand elle n'obtient pas même l'estime d'un honnête homme? Voyons, Monsieur, aidez-moi au moins à me relever pour que je parte; ne me méprisez pas au point de me refuser votre main.

Charny se précipita comme un insensé à ses genoux.

— Madame, dit-il en frappant son front sur la terre, si je n'étais un malheureux qui vous aime, vous me pardonneriez, n'est-ce pas? — Vous! s'écria la reine avec un rire amer; vous! vous m'aimez, et vous me croyez infâme!... — Oh!... Madame. — Vous!... vous, qui devriez avoir une mémoire, vous m'accusez d'avoir donné une fleur à un homme... Monsieur, pas de mensonge, vous ne m'aimez pas! — Madame, ce fantôme était là, ce fantôme de reine. Là aussi où je suis était le fantôme de l'inconnu. Arrachez-moi le cœur, puisque ces deux infernales images vivent dans mon cœur et le dévorent. — Vous avez vu, vous avez entendu, reprit la reine avec un ton de suprême dignité, c'est bien; ne cherchons plus à contester. Quand un homme comme vous ose porter contre une femme comme moi un pareil témoignage, il faut bien que cet homme, ce gentilhomme, ait vu réellement et ait entendu. Maintenant, monsieur de Charny, le fait est prouvé. C'était moi.

Charny sentit ses genoux faiblir; une sueur froide inonda son front. Le voyant prêt à défaillir, la reine lui soutint le bras.

— En vérité, reprit-elle, voilà un grand cœur! Eh! que devient donc cette foudroyante accusation, Monsieur, puisque l'accusateur s'anéantit si pitoyablement devant l'accusée? Quoi! suis-je ici la fille des Césars? Vous ai-je rappelé le sang impérial qui coule dans mes veines? Est-ce que je me drape devant vous dans ma majesté de reine? Non, Monsieur. Je descends au rang d'une femme vulgaire, en ce moment; je m'humilie jusqu'à vous demander des preuves de ma faute, et vous tremblez! vous hésitez! vous tombez en défaillance! Or ça, Monsieur, vous avez pourtant *vu*, vous avez *entendu;* qu'est-ce donc que cela prouve?
— Madame, reprit Charny, cela prouve que vous avez sur moi une puissance qui me brise, qui m'écrase. Je crois rêver... et voilà pourquoi je ne tombe pas mort à vos pieds. — Vous croyez rêver, dit la reine. Vous croyez rêver et vous touchez la réalité? Alors, Monsieur, comment n'auriez-vous pas rêvé quand on vous entourait de mensonge, quand on jouait ici même une scène préparée avec un art infernal? Comment n'auriez-vous pas rêvé quand une apparition qui avait ma parfaite ressemblance se montrait devant vous? Ne savez-vous pas que j'ai des ennemis acharnés à ma perte, et qui, au moyen d'une fausse reine ayant mes traits, ma voix, ma taille, ma démarche et des vêtements d'emprunt semblables aux miens, ne savez-vous pas qu'au moyen de cette comédienne habile on m'a compromise déjà dix fois, on a cherché à me flétrir, à me perdre?... Eh! mais, faut-il vous communiquer les rapports faits au roi lui-même par monsieur le lieutenant de police?... Ah! monsieur de Charny, vous qui brûlez, dites-vous, d'une passion si exaltée pour moi, vous qui m'avez voué un culte si profond, vous dérogez terriblement en

m'obligeant à vous fournir des preuves si triviales en faveur de mon honneur et de ma dignité.

La reine, en achevant ces paroles, fixa sur lui un regard si tendre et si rayonnant à la fois, qu'il fut ébloui et se voila le visage de ses deux mains.

— Madame! s'écria-t-il, si vous êtes un ange, achevez de me sauver.

— Un ange qui vous tend la main est un ami, dit la reine. Venez, et tâchez de vous guérir, monsieur le visionnaire.

Puis elle ajouta avec une adorable sérénité :

— Allons voir ensemble la porte par où s'enfuyait l'amant de cette reine.

Joyeuse, légère, prenant le bras de Charny, elle traversa presque en courant les pelouses qui séparaient les taillis du mur de ronde. Ils arrivèrent ainsi à une porte derrière laquelle se voyaient les traces des pieds des chevaux.

— C'est ici au dehors, dit Charny. — J'ai toutes les clés, répondit la reine. Ouvrez, Monsieur; instruisons-nous.

Ils sortirent et se penchèrent pour voir. La lune sortit d'un nuage comme pour les aider dans leurs investigations.

Le blanc rayon s'attacha tendrement au beau visage de la reine qui s'appuyait sur le bras de Charny, en écoutant et en regardant les buissons d'alentour.

Lorsqu'elle se fut bien convaincue que personne n'était là, elle fit rentrer le gentilhomme.

— Adieu, dit-elle. Rentrez chez vous. A demain.

Elle lui serra la main, et sans un mot de plus elle s'éloigna rapidement sous les charmilles, dans la direction du château.

Au delà de cette porte qu'ils venaient de refermer, un homme se leva du milieu des buissons et disparut dans les bois qui bordent la route.

Cet homme emportait en s'en allant le secret de la reine.

LXXI

LE CONGÉ

La reine sortit le lendemain toute souriante et toute belle pour aller à la messe.

Ses gardes avaient ordre de laisser venir à elle tout le monde. C'était un dimanche, et Sa Majesté s'éveillant avait dit :

— Voilà un beau jour; il fait bon vivre aujourd'hui.

Elle parut respirer avec plus de plaisir qu'à l'ordinaire le parfum de ses fleurs favorites; elle se montra plus magnifique dans les dons qu'elle accorda; elle s'empressa davantage d'aller mettre son âme auprès de Dieu.

Elle entendit la messe sans une distraction. Elle n'avait jamais courbé si bas sa tête majestueuse.

Tandis qu'elle priait avec ferveur, la foule s'amassait comme les autres dimanches sur le passage des appartements à la chapelle, et les degrés même des escaliers étaient remplis de gentilshommes et de dames.

Parmi ces dernières brillait modestement, mais élégamment vêtue, madame de La Motte.

Et dans la haie double, formée par les gentilshommes, on voyait à droite monsieur de Charny, complimenté par beaucoup de ses amis sur sa guérison, sur son retour, et surtout sur son visage radieux.

La faveur est un subtil parfum, elle se divise avec une telle facilité dans l'air, que bien longtemps avant l'ouverture de la cassolette l'arome est défini, reconnu et apprécié par les connaisseurs. Olivier n'était ami de la reine que depuis six heures, mais déjà tout le monde se disait l'ami d'Olivier.

Tandis qu'il acceptait toutes ces félicitations avec la bonne mine d'un homme véritablement heureux, et que pour lui témoigner plus d'honneur et plus d'amitié toute la gauche de la haie passait à droite, Olivier, forcé de laisser courir ses regards sur le groupe qui s'éparpillait autour de lui, aperçut seule, en face, une figure dont la sombre pâleur et l'immobilité le frappèrent au milieu de son enivrement.

Il reconnut Philippe de Taverney serré dans son uniforme et la main sur la poignée de son épée.

Depuis les visites de politesse faites par ce dernier à l'antichambre de son adversaire après leur duel, depuis la séquestration de Charny par le docteur Louis, aucune relation n'avait existé entre les deux rivaux.

Charny, en voyant Philippe qui le regardait tranquillement, sans bienveillance ni menace, commença par un salut que Philippe lui rendit de loin.

Puis, fendant avec sa main le groupe qui l'entourait :

— Pardon, Messieurs, dit Olivier; mais laissez-moi remplir un devoir de politesse.

Et traversant l'espace compris entre la haie de droite et la haie de gauche, il vint droit à Philippe qui ne bougeait pas.

— Monsieur de Taverney, dit-il en le saluant avec plus de civilité que la première fois, je devais vous remercier de l'intérêt que vous avez bien voulu prendre à ma santé, mais j'arrive seulement depuis hier.

Philippe rougit et le regarda, puis il baissa les yeux.

— J'aurai l'honneur, Monsieur, continua Charny, de vous rendre visite dès demain, et j'espère que vous ne m'aurez pas gardé rancune. — Nullement, Monsieur, répliqua Philippe.

Charny allait tendre sa main pour que Philippe y déposât la sienne, lorsque le tambour annonça l'arrivée de la reine.

— Voici la reine, Monsieur, dit lentement Philippe, sans avoir répondu au geste amical de Charny.

Et il ponctua cette phrase par une révérence plus mélancolique que froide.

Charny, un peu surpris, se hâta de rejoindre ses amis dans la haie à droite.

Philippe demeura de son côté comme s'il eut été en faction.

La reine approchait, on la vit sourire à plusieurs, prendre ou faire prendre des placets, car de loin elle avait aperçu Charny, et, avec cette téméraire bravoure qu'elle mettait dans ses amitiés, elle prononça tout haut ces paroles :

— Demandez aujourd'hui, Messieurs, demandez, je ne saurais rien refuser aujourd'hui.

Charny fut pénétré jusqu'au fond du cœur par l'accent et par le sens de ces mots magiques. Il tressaillit de plaisir, ce fut là son remerciement à la reine.

Son attention fut attirée soudain par le bruit d'un pas et par le son d'une voix étrangère.

Le pas criait à sa gauche sur la dalle, la voix émue, mais grave, disait :

— Madame !...

La reine aperçut Philippe; elle ne put réprimer un premier mouvement de surprise en se voyant placée entre ces deux hommes, dont elle se reprochait peut-être d'aimer trop l'un et pas assez l'autre.

— Vous! monsieur de Taverney, s'écria-t-elle en se remettant; vous! vous avez quelque chose à me demander? Oh! parlez. — Dix minutes d'audience au loisir de Votre Majesté, dit Philippe en s'inclinant sans avoir désarmé la sévère pâleur de son front. — A l'instant même, Monsieur, répliqua la reine en jetant un regard furtif sur Charny, qu'elle redoutait involontairement de voir si près de son ancien adversaire; suivez-moi.

Et elle passa plus rapidement lorsqu'elle entendit le pas de Philippe derrière le sien, et eut laissé Charny à sa place.

Elle continua cependant de faire sa moisson de lettres, de placets et de suppliques, donna quelques ordres, et rentra chez elle.

Un quart d'heure après, Philippe était introduit dans la bibliothèque où Sa Majesté recevait le dimanche.

— Ah! monsieur de Taverney, entrez, dit-elle en prenant le ton enjoué, entrez et faites-moi de suite bon visage. Il faut vous le confesser, j'ai une inquiétude chaque fois qu'un Taverney désire me parler. Vous êtes de mauvais augure dans votre famille. Rassurez-moi vite, monsieur de Taverney, en me disant que vous ne venez pas m'annoncer un malheur.

Philippe, plus pâle encore après ce préambule qu'il ne l'avait été pendant la scène avec Charny, se contenta de répliquer, voyant combien la reine mettait peu d'affection dans son langage.

— Madame, j'ai l'honneur d'affirmer à Votre Majesté que je ne lui apporte cette fois qu'une bonne nouvelle. — Ah! c'est une nouvelle! dit la reine. — Hélas! oui, Votre Majesté — Ah! mon Dieu! répliqua-t-elle en reprenant cet air gai qui rendait Philippe si malheureux, voilà que vous avez dit hélas! Pauvre que je suis! dirait un Espagnol. Monsieur de Taverney a dit hélas! — Madame, reprit gravement Philippe, deux mots vont rassurer si pleinement Votre Majesté, que non-seulement son noble front ne se voilera pas aujourd'hui à l'approche d'un Taverney, mais ne se voilera jamais par la faute d'un Taverney-Maison-Rouge. A dater d'aujourd'hui, Madame, le dernier de cette famille à qui Votre Majesté avait daigné accorder quelque faveur, va disparaître pour ne plus revenir à la cour de France.

La reine, quittant soudain l'air enjoué qu'elle avait pris comme ressource contre les émotions présumées de cette entrevue :

— Vous partez! s'écria-t-elle. — Oui, Votre Majesté. — Vous... aussi!

Philippe s'inclina.

— Ma sœur, Madame, a déjà eu le regret de quitter Votre Majesté, dit-il; moi, j'étais bien autrement inutile à la reine, et je pars.

La reine s'assit toute troublée en réfléchissant qu'Andrée avait demandé ce congé éternel le lendemain d'une entrevue chez Louis, où monsieur de Charny avait eu le premier indice de la sympathie qu'on ressentait pour lui.

— Étrange! murmura-t-elle rêveuse, et elle n'ajouta plus un mot.

Philippe restait debout comme une statue de marbre, attendant le geste qui congédie.

La reine sortant tout à coup de sa léthargie :

— Où allez-vous? dit-elle. — Je veux aller rejoindre monsieur de La Pérouse, dit Philippe. — Monsieur de La Pérouse est à Terre-Neuve en ce moment. — J'ai tout préparé pour le rejoindre. — Vous savez qu'on lui prédit une mort affreuse? — Affreuse, je ne sais, dit Philippe, mais prompte, je le sais. — Et vous partez?

Il sourit avec sa beauté si noble et si douce.

— C'est pour cela que je veux aller rejoindre La Pérouse, dit-il.

La reine retomba encore une fois dans son inquiet silence.

Philippe, encore une fois, attendit respectueusement.

Cette nature si noble et si brave de Marie-Antoinette se réveilla plus téméraire que jamais.

Elle se leva, s'approcha du jeune homme, et lui dit en croisant ses bras blancs sur sa poitrine :

— Pourquoi partez-vous? — Parce que je suis très-curieux de voyager, répondit-il doucement. — Mais vous avez déjà fait le tour du monde, reprit la reine, dupe un instant de ce calme héroïque. — Du Nouveau-Monde, oui, Madame, continua Philippe, mais pas de l'ancien et du nouveau ensemble.

La reine fit un geste de dépit et répéta ce qu'elle avait dit à Andrée.

— Race de fer, cœurs d'acier que ces Taverney. Votre sœur et vous, vous êtes deux terribles gens, des amis qu'on finit par haïr. Vous partez, non pas pour voyager, vous en êtes las, mais pour me quitter. Votre sœur était, disait-elle, appelée par la religion, elle cache un cœur de feu sous de la cendre. Enfin, elle a voulu partir, elle est partie. Dieu la fasse heureuse! Vous! vous qui pourriez être heureux; vous! vous voilà parti aussi. Quand je vous disais tout à l'heure que les Taverney me portent malheur! — Épargnez-nous, Madame; si Votre Majesté daignait chercher mieux dans nos cœurs, elle n'y verrait qu'un dévouement sans limites. — Écoutez! s'écria la reine avec colère, vous êtes, vous, un quaker, elle, une philosophe, des créatures impossibles; elle se figure le monde comme un paradis, où l'on n'entre qu'à la condition d'être des saints; vous, vous prenez le monde pour l'enfer, où n'entrent que des diables; et tous deux vous avez fui le monde : l'un, parce que vous y trouvez ce que vous ne cherchez pas; l'autre, parce que vous n'y trouvez pas ce que vous cherchez. Ai-je raison? Eh! mon cher monsieur de Taverney, laissez les humains être imparfaits, ne demandez aux familles royales que d'être les moins imparfaites des races humaines; soyez tolérant, ou plutôt ne soyez pas égoïste.

Elle accentua ces mots avec trop de passion. Philippe eut l'avantage.

— Madame, dit-il, l'égoïsme est une vertu, quand on s'en sert pour rehausser ses adorations.

Elle rougit.

— Tout ce que je sais, dit-elle, c'est que j'aimais Andrée, et qu'elle m'a quittée. C'est que je tenais à vous, et que vous me quittez. Il est humiliant pour moi de voir deux personnes aussi parfaites, je ne plaisante pas, Monsieur, abandonner ma maison. — Rien ne peut humilier une personne auguste comme vous, Madame, dit froidement Taverney ; la honte n'atteint pas les fronts élevés comme est le vôtre. — Je cherche avec attention, poursuivit la reine, quelle chose a pu vous blesser. — Rien ne m'a blessé, Madame, reprit vivement Philippe. — Votre grade a été confirmé ; votre fortune est en bon train ; je vous distinguais... — Je répète à Votre Majesté que rien ne me plaît à la cour. — Et si je vous disais de rester... si je vous l'ordonnais ?... — J'aurais la douleur de répondre par un refus à Votre Majesté.

La reine, une troisième fois, se plongea dans cette silencieuse réserve qui était à sa logique ce que l'action de rompre est au ferrailleur fatigué.

Et comme elle sortait toujours de ce repos par un coup d'éclat :

— Il y a peut-être quelqu'un qui vous déplaît ici ? Vous êtes ombrageux, dit-elle en attachant son regard clair sur Philippe. — Personne ne me déplaît. — Je vous croyais mal... avec un gentilhomme... monsieur de Charny... que vous avez blessé en duel... fit la reine en s'animant par degrés. Et comme il est simple que l'on fuie les gens qu'on n'aime pas, dès que vous avez vu monsieur de Charny revenu, vous aurez désiré quitter la cour.

Philippe ne répondit rien.

La reine, se trompant sur le compte de cet homme si loyal et si brave, crut n'avoir affaire qu'à un jaloux ordinaire. Elle le poursuivit sans ménagement.

— Vous savez d'aujourd'hui seulement, continua-t-elle, que monsieur de Charny est de retour. Je dis d'aujourd'hui ! et c'est aujourd'hui que vous me demandez votre congé ?

Philippe devint plus livide que pâle. Ainsi attaqué, ainsi foulé aux pieds, il se releva cruellement.

— Madame, dit-il, c'est seulement d'aujourd'hui que je sais le retour de monsieur de Charny, c'est vrai ; seulement il y a plus longtemps que Votre Majesté ne pense, car j'ai rencontré monsieur de Charny, vers deux heures du matin, à la porte du parc correspondante aux bains d'Apollon.

La reine pâlit à son tour ; et, après avoir regardé avec une admiration mêlée de terreur la parfaite courtoisie que le gentilhomme conservait dans sa colère :

— Bien ! murmura-t-elle d'une voix éteinte ; allez, Monsieur, je ne vous retiens plus.

Philippe salua pour la dernière fois et partit à pas lents.

La reine tomba foudroyée sur son fauteuil en disant :

— France ! pays des nobles cœurs !

LXXII

LA JALOUSIE DU CARDINAL

Cependant le cardinal avait vu se succéder trois nuits bien différentes de celles que son imagination faisait revivre sans cesse.

Pas de nouvelles de personne, pas l'espoir d'une visite! Ce silence mortel, après l'agitation de la passion, c'était l'obscurité d'une cave après la joyeuse lumière du soleil.

Le cardinal s'était bercé d'abord de l'espoir que la reine voudrait connaître de quelle nature était l'amour qu'on lui témoignait et si elle plaisait après l'épreuve comme avant : sentiment tout à fait masculin, dont la matérialité devint une arme à deux tranchants, qui blessa bien douloureusement le cardinal lorsqu'elle se retourna contre lui.

En effet, ne voyant rien venir, et n'entendant que le silence, comme dit monsieur Delille, il craignit, l'infortuné, que cette épreuve ne lui eût été défavorable à lui-même. De là, une angoisse, une terreur, une inquiétude dont on ne peut avoir d'idée, si l'on n'a souffert de ces névralgies générales qui font de chaque fibre aboutissant au cerveau un serpent de feu, qui se tord ou se détend par sa propre volonté.

Ce malaise devint insupportable au cardinal ; il envoya dix fois en une demi-journée au domicile de madame de La Motte, dix fois à Versailles.

Le dixième courrier lui ramena enfin Jeanne, qui surveillait là-bas Charny et la reine, et s'applaudissait intérieurement de cette impatience du cardinal, à laquelle bientôt elle devrait le succès de son entreprise.

Le cardinal en la voyant éclata.

— Comment; dit-il, vous vivez avec cette tranquillité! Comment! vous me savez au supplice, et vous, qui vous dites mon amie, vous laissez ce supplice aller jusqu'à la mort ! — Eh! Monseigneur, répliqua Jeanne, patience, s'il vous plaît: ce que je faisais à Versailles, loin de vous, est bien plus utile que ce que vous faisiez ici en me désirant. — On n'est pas cruelle à ce point, dit Son Excellence, radoucie par l'espoir d'obtenir des nouvelles. Voyons, que dit-on, que fait-on là-bas? — L'absence est un mal douloureux, soit qu'on en souffre à Paris, soit qu'on la subisse à Versailles. — Voilà ce qui me charme, et je vous en remercie; mais... — Mais? — Des preuves! — Ah! bon Dieu! s'écria Jeanne, que dites-vous là, Monseigneur! des preuves! Qu'est-ce que ce mot? Des preuves !... Êtes-vous dans votre bon sens, Monseigneur, pour aller demander à une femme des preuves? — Je ne demande pas des pièces pour un procès, comtesse; je demande un gage d'amour. — Il me semble, fit-elle après avoir regardé Son Excellence d'une certaine façon, que vous devenez bien exigeant, sinon bien oublieux. — Oh! je sais ce que vous allez me dire, je sais que je devrais me tenir fort satisfait, fort honoré; mais prenez mon cœur par le vôtre, comtesse. — Comment accepteriez-vous d'être ainsi jeté de côté après avoir eu les apparences de la faveur? — Vous avez dit les apparences, je crois? répliqua Jeanne du même ton railleur. — Oh! il est certain que vous pouvez me battre avec impunité, comtesse; il est certain que rien ne m'autorise à me plaindre; mais je me plains... — Alors, Monseigneur, je ne puis être responsable de votre mécontentement, s'il n'a que des causes frivoles ou s'il n'a pas de cause du tout. — Comtesse, vous me traitez mal. — Monseigneur, je répète vos paroles. Je suis votre discussion. — Inspirez-vous de vous, au lieu de me reprocher mes folies; aidez-moi au lieu de me tourmenter. — Je ne puis vous aider là où je ne vois rien à faire. — Vous ne voyez rien à faire? dit le cardinal en appuyant sur chaque mot. — Rien. — Eh bien! Madame, dit monsieur de Rohan avec véhémence, tout le monde ne dit peut-être pas la même chose que vous. — Hélas! Monseigneur, nous voici arrivés à la colère; et nous ne nous comprenons plus. Votre Excellence me pardonnera de lui faire observer. — En colère! oui... Votre mauvaise volonté m'y pousse, comtesse. — Et vous ne calculez pas si c'est de l'injustice? — Oh! non pas! Si vous ne me servez plus, c'est parce que vous ne pouvez faire autrement, je le vois bien. — Vous me jugez bien; pourquoi alors m'accuser? — Parce que vous devriez me dire toute la vérité, Madame.

Jeanne le regarda d'un air surpris.

— Expliquez-vous, dit-elle en tremblant, non de peur, mais de joie.

En effet, elle venait d'entrevoir dans la jalousie du cardinal une issue que la circonstance ne lui eût peut-être pas donnée pour sortir d'une aussi difficile position.

— Avouez-moi, continua le cardinal, qui ne calculait plus avec sa passion, avouez, je vous en supplie, que la reine refuse de me voir. La dernière fois que j'ai vu Sa Majesté, je crois avoir entendu marcher dans le massif. — Folie. — Et je dirai tout ce que je soupçonne. — Ne dites pas un mot de plus, Monseigneur, vous offensez la reine; et, d'ailleurs, s'il était vrai qu'elle fût assez malheureuse pour craindre la surveillance de quelqu'un, ce que je ne crois pas, seriez-vous assez injuste pour lui faire un crime du passé qu'elle vous sacrifie? — Le passé! le passé! Voilà un grand mot, mais qui tombe, comtesse, si ce passé est encore le présent et doit être le futur. — Fi! Monseigneur; vous me parlez comme à un courtier qu'on accuserait d'avoir procuré une mauvaise affaire. Vos soupçons, Monseigneur, sont tellement blessants pour la reine, qu'ils finissent par l'être pour moi. — Alors, comtesse, prouvez-moi... — Ah! Monseigneur, si vous répétez ce mot-là, je prendrai l'injure pour mon compte. — Enfin!... m'aime-t-elle un peu? — Mais il y a une chose bien simple, Monseigneur, répliqua Jeanne, en montrant au cardinal sa table et tout ce qu'il fallait pour écrire. Mettez-vous là et demandez-le-lui à elle-même.

Le cardinal saisit avec transport la plume.

— Vous lui remettrez ce billet? dit-il. — Si je ne lui remettais, qui donc s'en chargerait? — Et... vous me promettez une réponse? — Si vous n'aviez pas de réponse, comment sauriez-vous à quoi vous en tenir? — Oh! à la bonne heure!

Il s'assit, prit la plume et commença un billet. Il avait la plume éloquente, monsieur de Rohan, la lettre facile; cependant il déchira dix feuilles avant de se plaire à lui-même.

— Si vous allez toujours de ce train, dit Jeanne, vous n'arriverez jamais. — C'est que, voyez-vous, comtesse, je me défie de ma tendresse; elle déborde malgré moi; elle fatiguerait peut-être la reine. — Ah! fit Jeanne avec ironie, si vous lui écrivez en homme politique, elle vous répondra un billet de diplomate. Cela vous regarde. — Vous avez raison, et vous êtes une vraie femme, cœur et esprit. Tenez, comtesse, pourquoi aurions-nous un secret pour vous qui avez le nôtre?

Elle sourit.

— Le fait est, dit-elle, que vous n'avez que peu de chose à me cacher.

— Lisez par-dessus mon épaule, lisez aussi vite que j'écrirai, si c'est possible; car mon cœur est brûlant, ma plume va dévorer le papier.

Il écrivit, en effet, il écrivit une lettre tellement ardente, tellement folle, tellement pleine de reproches amoureux et de compromettantes protestations, que lorsqu'il eut fini, Jeanne, qui suivait sa pensée jusqu'à sa signature, se dit à elle-même :

— Il vient d'écrire ce que je n'eusse osé lui dicter.

Le cardinal relut et dit à Jeanne :

— Est-ce bien ainsi? — Si elle vous aime, répliqua la traîtresse, vous le verrez demain; maintenant tenez-vous en repos. — Jusqu'à demain, oui. — Je n'en demande pas plus, Monseigneur.

Elle prit le billet cacheté, et rentra chez elle vers le soir.

Là, déshabillée, rafraîchie, elle se mit à songer.

La situation était telle que depuis le début elle se l'était promise à elle-même.

Encore deux pas, elle touchait le but.

Lequel des deux valait-il mieux choisir pour bouclier : de la reine ou du cardinal?

Cette lettre du cardinal le mettait dans l'impossibilité d'accuser jamais madame de La Motte, le jour où elle le forcerait de rembourser les sommes dues pour le collier.

En admettant que le cardinal et la reine se vissent pour s'entendre, comment oseraient-ils perdre madame de La Motte dépositaire d'un secret aussi scandaleux.

La reine ne ferait pas d'éclat, et croirait à la haine du cardinal; le cardinal croirait à la coquetterie de la reine; mais le débat, s'il y en avait, aurait lieu à huis clos, et madame de La Motte, seulement soupçonnée, prendrait ce prétexte pour s'expatrier en réalisant la belle somme d'un million et demi.

Le cardinal saurait bien que Jeanne avait pris ces diamants, la reine le devinerait bien; mais à quoi leur servirait d'ébruiter une alerte si étroitement liée à celle du parc.

Seulement, ce n'était pas assez d'une lettre pour établir tout ce système de défense. Le cardinal avait de bonnes plumes, il écrirait sept à huit fois encore.

Quant à la reine, qui sait si dans ce moment même elle ne forgeait pas, avec monsieur de Charny, des armes pour Jeanne de La Motte!

Tant de trouble et de détours aboutissaient, comme pis-aller, à une fuite, et Jeanne échafaudait d'avance ses degrés.

D'abord l'échéance, dénonciation des joailliers. La reine allait droit à monsieur de Rohan. Comment?

Par l'entremise de Jeanne, cela était inévitable. Jeanne prévenait le cardinal et l'invitait à payer. S'il s'y refusait, menace de publier les lettres; il payait.

Le paiement fait, plus de péril. Quant à l'éclat public, restait à vider la question d'intrigue. Sur ce point, satisfaction absolue. L'honneur d'une reine et d'un prince de l'Église, au prix d'un million et demi, c'était trop bon marché, Jeanne croyait être sûre d'en avoir trois millions quand elle voudrait.

Et pourquoi Jeanne était-elle sûre de son fait quant à la question d'intrigue?

C'est que le cardinal avait la conviction d'avoir vu trois nuits de suite la reine dans les bosquets de Versailles, et que nulle puissance au monde ne prouverait au cardinal qu'il s'était trompé. C'est qu'une seule preuve existait de la supercherie, une preuve vivante, irrécusable, et que cette preuve, Jeanne allait la faire disparaître du débat.

Arrivée à ce point de sa méditation, elle s'approcha de la fenêtre, et vit Oliva toute inquiète, toute curieuse à son balcon.

— A nous deux, pensa Jeanne, en saluant tendrement sa complice.

La comtesse fit à Oliva le signe convenu pour qu'elle descendît le soir.

Toute joyeuse après avoir reçu cette communication officielle, Oliva rentra dans sa chambre; Jeanne reprit ses méditations.

Briser l'instrument quand il ne peut plus servir, c'est l'habitude de tous les gens d'intrigue; seulement, la plupart échouent, soit en brisant cet instrument de manière à lui faire pousser un gémissement qui trahit le secret, soit en le brisant assez incomplétement pour qu'il puisse servir à d'autres.

Jeanne pensa que la petite Oliva, toute au plaisir de vivre, ne se laisserait pas briser comme il le faudrait sans pousser une plainte.

Il était nécessaire d'imaginer pour elle une fable qui la décidât à fuir; une autre qui lui permît de fuir très-volontiers.

Les difficultés surgissaient à chaque pas; mais certains esprits trouvent à résoudre les difficultés autant de plaisir que certains autres à fouler des roses.

Oliva, si fort charmée qu'elle fût de la société de sa nouvelle amie, n'était charmée que relativement, c'est-à-dire qu'entrevoyant cette liaison au travers des vitres de sa prison, elle la trouvait délicieuse. Mais la sincère Nicole ne dissimulait pas à son amie qu'elle eût mieux aimé le grand jour, les promenades au soleil, toutes les réalités enfin de la vie, que ces promenades nocturnes et cette fictive royauté.

Les à peu près de la vie, c'étaient Jeanne, ses caresses et son intimité; la réalité de la vie, c'était de l'argent et Beausire.

Jeanne, qui avait étudié à fond cette théorie, se promit de l'appliquer à la première occasion.

En se résumant, elle donna pour thème à son entretien avec Nicole la nécessité de faire disparaître absolument la preuve des supercheries criminelles commises dans le parc de Versailles.

La nuit vint, Oliva descendit. Jeanne l'attendait à la porte.

Toutes deux, remontant la rue Saint-Claude jusqu'au boulevard désert, allèrent gagner leur voiture, qui, pour mieux les laisser causer, marchait au pas dans le chemin qui va circulairement à Vincennes.

Nicole, bien déguisée dans une robe simple et sous une ample calèche, Jeanne vêtue en grisette, nul ne les pouvait reconnaître. Il eût fallu d'ailleurs pour cela plonger dans le carrosse, et la police seule avait ce droit.

Rien n'avait encore donné l'éveil à la police.

En outre, cette voiture, au lieu d'être un carrosse uni, portait sur ses panneaux les armes de Valois, respectables sentinelles dont aucune violence d'agent n'aurait osé forcer la consigne.

Oliva commença par couvrir de baisers Jeanne, qui les lui rendit avec usure.

— Oh! que je me suis ennuyée! s'écria Oliva; je vous cherchais, je vous invoquais. — Impossible, mon amie, de vous venir voir, j'eusse couru alors et vous eusse fait courir un trop grand danger. — Comment cela? dit Nicole étonnée. — Un danger terrible, chère petite, et dont je frémis encore. — Oh! contez cela bien vite. — Vous savez que vous avez ici beaucoup d'ennui. — Oui, hélas! — Et que pour vous distraire vous aviez désiré sortir. — Ce à quoi vous m'avez aidée si amicalement. — Vous savez aussi que je vous avais parlé de cet officier du gobelet, un peu fou, mais très-aimable, qui est amoureux de la reine, à qui vous ressemblez un peu. — Oui, je le sais. — J'ai eu la faiblesse de vous proposer un divertissement innocent qui consistait à nous amuser du pauvre garçon, et à le mystifier en lui faisant croire à un caprice de la reine pour lui. — Hélas! soupira Oliva. — Je ne vous rappellerai pas les deux premières promenades que nous fîmes la nuit, dans le jardin de Versailles, en compagnie de ce pauvre garçon.

Oliva soupira encore.

— De ces deux nuits pendant lesquelles vous avez si bien joué votre petit rôle que notre amant a pris la chose au sérieux. — C'était peut-être mal, dit Oliva bien bas; car en effet nous le trompions, et il ne le mérite pas; c'est un bien charmant cavalier. — N'est-ce pas? — Oh! oui. — Mais attendez, le mal n'est pas encore là. Lui avoir donné une rose, vous être laissé appeler majesté, avoir donné vos mains à baiser, ce sont là des espiègleries... Mais... ma petite Oliva, il paraît que ce n'est pas tout.

Oliva rougit si fort que, sans la nuit profonde, Jeanne eût été forcée de s'en apercevoir. Il est vrai qu'en femme d'esprit elle regardait le chemin et non pas sa compagne.

— Comment... balbutia Nicole. En quoi... n'est-ce pas tout? — Il y a eu une troisième entrevue, dit Jeanne. — Oui, fit Oliva en hésitant; vous le savez, puisque vous y étiez. — Pardon, chère amie, j'étais comme toujours, à distance, guettant ou faisant semblant de guetter pour donner plus de vérité à votre rôle. Je n'ai donc pas vu ni entendu ce qui s'est passé. Je ne sais que ce que vous m'en avez raconté. Or, vous m'avez raconté, en revenant, que vous vous étiez promenée, que vous aviez causé. Moi, je crois tout ce qu'on me dit, chère petite. — Eh bien!... mais... fit en tremblant Oliva. — Eh bien! ma toute aimable, il paraît que notre fou en dit plus que la prétendue reine ne lui en a accordé. —

Quoi? — Il paraît qu'enivré, étourdi, éperdu, il s'est vanté d'avoir obtenu de la reine une preuve irrécusable d'amour partagé. Ce pauvre diable est fou, décidément. — Mon Dieu! mon Dieu! murmura Oliva. — Il est fou, d'abord parce qu'il ment, n'est-ce pas? dit Jeanne. — Certes... balbutia Oliva. — Vous n'eussiez pas, ma chère petite, voulu vous exposer à un danger aussi terrible sans me le dire.

Oliva frissonna de la tête aux pieds.

— Quelle apparence, continua la terrible amie, que vous, qui aimez monsieur de Beausire, et qui m'avez pour compagne; que vous, qui êtes courtisée par monsieur le comte de Cagliostro, et qui refusez ses soins, vous ayez été, par caprice, donner à ce fou le droit... de... dire?... Non, il a perdu la tête, je n'en démords pas. — Enfin, s'écria Nicole, quel danger? Voyons! — Le voici. Nous avons affaire à un fou, c'est-à-dire à un homme qui ne craint rien et qui ne ménage rien. Tant qu'il ne s'agissait que d'une rose donnée, que d'une main baisée, rien à dire; une reine a des roses dans son parc, elle a des mains à la disposition de tous ses sujets; mais, s'il était vrai qu'à la troisième entrevue... Ah! ma chère enfant, je ne ris plus depuis que j'ai cette idée-là.

Oliva sentit ses dents se serrer de peur.

— Qu'arrivera-t-il donc, ma bonne amie? demanda-t-elle. — Il arrivera d'abord que vous n'êtes pas la reine, pas que je sache, du moins. — Non. — Et que, ayant usurpé la qualité de Sa Majesté pour commettre une... légèreté de ce genre... — Eh bien? — Eh bien! cela s'appelle lèse-majesté. On mène les gens bien loin avec ce mot-là.

Oliva cacha son visage dans ses mains.

— Après tout, continua Jeanne, comme vous n'avez pas fait ce dont il se vante, vous en serez quitte pour le prouver. Les deux légèretés précédentes seront punies de deux à quatre années de prison et du bannissement. — Prison! bannissement! s'écria Oliva effarée. — Ce n'est pas irréparable; mais moi je vais toujours prendre mes précautions et me mettre à l'abri. — Vous seriez inquiétée aussi? — Parbleu! Est-ce qu'il ne me dénoncera pas tout de suite, cet insensé? Ah! ma pauvre Oliva! c'est une mystification qui nous aura coûté cher.

Oliva se mit à fondre en larmes.

— Et moi, moi, dit-elle, qui ne puis jamais rester un moment tranquille! Oh! esprit enragé! Oh! démon! Je suis possédée, voyez-vous. Après ce malheur, j'en irai encore chercher un autre. — Ne vous désespérez pas, tâchez seulement d'éviter l'éclat. — Oh! comme je vais me renfermer chez mon protecteur. Si j'allais tout lui avouer? — Jolie idée! Un homme qui vous élève à la brochette en vous dissimulant son amour; un homme qui n'attend qu'un mot de vous pour vous adorer, et auquel vous irez dire que vous avez commis cette imprudence avec un autre. Je dis imprudence, notez bien cela, sans compter ce qu'il soupçonnera. — Mon Dieu! vous avez raison. — Il y a plus : le bruit de cela va se répandre, la recherche des magistrats éveillera les scrupules de votre protecteur. Qui sait si, pour se mettre bien en cour, il ne vous livrera pas? — Oh! — Admettons qu'il vous chasse purement et simplement, que deviendrez-vous? — Je sais que je suis perdue. — Et monsieur de Beausire, quand il apprendra cela, dit lentement Jeanne, en étudiant l'effet de ce dernier coup.

Oliva bondit. D'un coup violent elle démolit tout l'édifice de sa coiffure.

— Il me tuera. Oh! non, murmura-t-elle, je me tuerai moi-même.

Puis, se tournant vers Jeanne :

— Vous ne pouvez pas me sauver, dit-elle avec désespoir, non, puisque vous êtes perdue vous-même. — J'ai, répliqua Jeanne, au fond de la Picardie, un petit coin de terre, une ferme. Si l'on pouvait sans être vue gagner ce refuge avant l'éclat, peut-être resterait-il une chance? — Mais ce fou, il vous connaît, il vous trouvera toujours bien. — Oh! vous partie, vous cachée, vous introuvable, je ne craindrais plus le fou. Je lui dirais tout haut : Vous êtes un insensé d'avancer de pareilles choses, prouvez-les : ce qui lui serait impossible; tout bas je lui dirais : Vous êtes un lâche! — Je partirai quand et comme il vous plaira, dit Oliva. — Je crois que c'est sage, répliqua Jeanne. — Faut-il partir tout de suite? — Non, attendez que j'aie préparé toutes choses pour le succès. Cachez-vous, ne vous montrez pas, même à moi. Déguisez-vous même en regardant dans votre miroir. — Oui, oui, comptez sur moi, chère amie. — Et, pour commencer, rentrons; nous n'avons plus rien à nous dire. — Rentrons. Combien vous faut-il de temps pour vos préparatifs? — Je ne sais; mais faites attention à une chose; d'ici au jour de votre départ, je ne me montrerai pas à ma fenêtre. Si vous m'y voyez, comptez que ce sera pour le jour même, et tenez-vous prête. — Oui, merci, ma bonne amie.

Elles retournèrent lentement vers la rue Saint-Claude, Oliva n'osant plus parler à Jeanne, Jeanne songeant trop profondément pour parler à Oliva.

En arrivant, elles s'embrassèrent; Oliva demanda humblement pardon à son amie de tout ce qu'elle avait causé de malheur avec son étourderie.

— Je suis femme, répliqua madame de La Motte, en parodiant le poëte latin, et toute faiblesse de femme m'est familière.

LXXIII

LA FUITE

Ce qu'avait promis Oliva, elle le tint.
Ce qu'avait promis Jeanne, elle le fit.
Dès le lendemain, Nicole avait complétement dissimulé son existence à tout le monde ; nul ne pouvait soupçonner qu'elle habitait la maison et la rue Saint-Claude.
Toujours abritée derrière un rideau ou derrière un paravent, toujours calfeutrant la fenêtre, en dépit des rayons de soleil qui venaient joyeusement y mordre.
Jeanne, qui, de son côté, préparait tout, sachant que le lendemain devait amener l'échéance du premier paiement de cinq cent mille livres, Jeanne s'arrangeait de façon à ne laisser derrière elle aucun endroit sensible pour le moment où la bombe éclaterait.
Ce moment terrible était le dernier but de ses observations.
Elle avait calculé sagement l'alternative d'une fuite qui était facile, mais cette fuite c'était l'accusation la plus positive.
Rester, rester immobile comme le duelliste sous le coup de l'adversaire ; rester avec la chance de tomber, mais aussi avec la chance de tuer son ennemi, telle fut la détermination de la comtesse.
Voilà pourquoi, dès le lendemain de son entrevue avec Oliva, elle se montra vers deux heures à sa fenêtre, pour indiquer à la fausse reine qu'il était temps de s'apprêter le soir à prendre du champ.
Dire la joie, dire la terreur d'Oliva, ce serait impossible. Nécessité de s'enfuir signifiait danger ; possibilité de fuir signifiait salut.
Elle se mit à envoyer un baiser éloquent à Jeanne, puis fit ses préparatifs en mettant dans son petit paquet quelque peu des effets précieux de son protecteur.
Jeanne, après son signal, disparut de chez elle pour s'occuper de trouver le carrosse auquel on remettrait la chère destinée de mademoiselle Nicole.
Et puis ce fut tout, tout ce que le plus curieux observateur eût pu démêler parmi les indices les plus significatifs de l'intelligence des deux amies.
Rideaux fermés, fenêtre close, lumière tardivement errante. Puis, on

ne sait trop quels frôlements, quels bruits mystérieux, quels bouleversements auxquels succéda l'ombre avec le silence.

Onze heures du soir sonnaient à l'église Saint-Paul, et le vent de la rivière amenait les coups lugubrement espacés jusqu'à la rue Saint-Claude, lorsque Jeanne arriva dans la rue Saint-Louis avec une chaise de poste attelée de trois vigoureux chevaux.

Sur le siége de cette chaise, un homme enveloppé dans un manteau indiquait l'adresse au postillon.

Jeanne tira cet homme par le bord de son manteau, le fit arrêter au coin de la rue du Roi-Doré.

L'homme vint parler à la maîtresse.

— Que la chaise reste ici, mon cher monsieur Reteau, dit Jeanne ; une demi-heure suffira. J'amènerai ici quelqu'un qui montera dans la voiture, et que vous ferez mener en payant doubles guides à ma petite maison d'Amiens. — Oui, madame la comtesse. — Là, vous remettrez cette personne à mon métayer Fontaine, qui sait ce qui lui reste à faire. — Oui, Madame. — J'oubliais... vous êtes armé? mon cher Reteau. — Oui, Madame. — Cette dame est menacée par un fou... Peut-être voudra-t-on l'arrêter en chemin... — Que ferai-je ? — Vous ferez feu sur quiconque empêcherait votre marche. — Oui, Madame. — Vous m'avez demandé vingt louis de gratification pour ce que vous savez ; j'en donnerai cent, et je paierai le voyage que vous allez faire à Londres, où vous m'attendrez avant trois mois. — Oui, Madame. — Voici les cent louis. Je ne vous verrai sans doute plus, car il est prudent pour vous de gagner Saint-Valery et de vous embarquer sur-le-champ pour l'Angleterre. — Comptez sur moi. — C'est pour vous. — C'est pour nous, dit monsieur Reteau en baisant la main de la comtesse. Ainsi, j'attends. — Et moi, je vais vous expédier la dame.

Reteau entra dans la chaise à la place de Jeanne, qui, d'un pied léger, gagna la rue Saint-Claude et monta chez elle.

Tout dormait dans cet innocent quartier. Jeanne elle-même alluma la bougie qui, levée au-dessus du balcon, devait être le signal pour Oliva de descendre.

— Elle est fille de précaution, se dit la comtesse en voyant la fenêtre sombre.

Jeanne leva et abaissa trois fois sa bougie.

Rien. Mais il lui sembla entendre comme un soupir ou un *oui*, lancé imperceptiblement dans l'air, sous les feuillages de la fenêtre.

— Elle descendra sans avoir rien allumé, se dit Jeanne : ce n'est pas un mal.

Et elle descendit elle-même dans la rue.

La porte ne s'ouvrait pas. Oliva s'était sans doute embarrassée de quelques paquets lourds ou gênants.

— La sotte, dit la comtesse en maugréant; que de temps perdu pour des chiffons.

Rien ne venait. Jeanne alla jusqu'à la porte en face.

Rien. Elle écouta en collant son oreille aux clous de fer à large tête. Un quart d'heure passa ainsi; la demie de onze heures sonna.

Jeanne s'écarta jusqu'au boulevard pour voir de loin si les fenêtres s'éclairaient.

Il lui sembla voir se promener une clarté douce dans le vide des feuilles sous les doubles rideaux.

— Que fait-elle! mon Dieu! que fait-elle, la petite misérable! Elle n'a pas vu le signal, peut-être. — Allons! du courage, remontons. Et en effet elle remonta chez elle pour faire jouer encore le télégraphe de ses bougies.

Aucun signe ne répondit aux siens.

— Il faut, se dit Jeanne en froissant ses manchettes avec rage, il faut que la drôlesse soit malade et ne puisse bouger. Oh! mais, qu'importe! vive ou morte, elle partira ce soir.

Elle descendit encore son escalier avec la précipitation d'une lionne poursuivie. Elle tenait en main la clé qui tant de fois avait procuré à Oliva la liberté nocturne.

Au moment de glisser cette clé dans la serrure de l'hôtel, elle s'arrêta.

— Si quelqu'un était là-haut, près d'elle? pensa la comtesse. Impossible, j'entendrai les voix, et il sera temps de redescendre. Si je rencontrais quelqu'un dans l'escalier... Oh!

Elle faillit reculer sur cette supposition périlleuse.

Le bruit du piétinement de ses chevaux sur le pavé sonore la décida.

— Sans péril, fit-elle, rien de grand! Avec de l'audace, jamais de péril!

Elle fit tourner le pêne de la lourde serrure, et la porte s'ouvrit.

Jeanne connaissait les localités; son intelligence les lui eût révélées lors même qu'en attendant Oliva chaque soir elle ne s'en fût pas rendu compte. L'escalier étant à gauche, Jeanne se lança dans l'escalier.

Pas de bruit, pas de lumière, personne.

Elle arriva ainsi au palier de l'appartement de Nicole.

Là, sous la porte, on voyait la raie lumineuse; là, derrière cette porte, on entendait le bruit d'un pas agité.

Jeanne, haletante, mais étranglant son souffle, écouta. On ne causait pas. Oliva était donc bien seule, elle marchait, rangeait sans doute. Elle n'était donc pas malade, et il ne s'agissait que d'un retard.

Jeanne gratta doucement le bois de la porte.

— Oliva! Oliva! dit-elle; amie! petite amie!...

Le pas s'approcha sur le tapis.

— Ouvrez! ouvrez! dit précipitamment Jeanne.

La porte s'ouvrit, un déluge de lumière inonda Jeanne, qui se trouva en face d'un homme porteur d'un flambeau à trois branches. Elle poussa un cri terrible en se cachant le visage.

— Oliva! dit cet homme, est-ce que ce n'est pas vous?

Et il leva doucement la mante de la comtesse.

— Madame la comtesse de La Motte! s'écria-t-il à son tour, avec un ton de surprise admirablement naturel. — Monsieur de Cagliostro! murmura Jeanne chancelante et près de s'évanouir.

Parmi tous les dangers que Jeanne avait pu supposer, celui-là n'était jamais apparu à la comtesse. Il ne se présentait pas bien effrayant au premier abord, mais en réfléchissant un peu, en observant un peu l'air sombre et la profonde dissimulation de cet homme étrange, le danger devait paraître épouvantable.

Jeanne faillit perdre la tête, elle recula, elle eut envie de se précipiter du haut en bas de l'escalier.

Cagliostro lui tendit poliment la main, en l'envitant à s'asseoir.

— A quoi dois-je l'honneur de votre visite, Madame? dit-il d'une voix assurée. — Monsieur... balbutia l'intrigante, qui ne pouvait détacher ses yeux de ceux du comte, je venais... je cherchais... — Permettez, Madame, que je sonne pour faire châtier ceux de mes gens qui ont la maladresse, la grossièreté de laisser se présenter seule une femme de votre rang.

Jeanne trembla. Elle arrêta la main du comte.

— Il faut, continua celui-ci imperturbablement, que vous soyez tombée à ce drôle d'Allemand qui est mon suisse, et qui s'enivre. Il ne vous aura pas connue. Il aura ouvert sa porte sans rien dire, sans rien faire; il aura dormi après avoir ouvert. — Ne le grondez pas, Monsieur, articula plus librement Jeanne, qui ne soupçonna pas le piége, je vous en prie. — C'est bien lui qui a ouvert, n'est-ce pas, Madame? — Je crois que oui... Mais vous m'avez promis de ne pas le gronder. — Je tiendrai ma parole, dit le comte en souriant. Seulement, Madame, veuillez vous expliquer maintenant.

Et une fois cette échappée donnée, Jeanne, qu'on ne soupçonnait plus d'avoir ouvert elle-même la porte, pouvait mentir sur l'objet de sa visite. Elle n'y manqua pas.

— Je venais, dit-elle fort vite, vous consulter, monsieur le comte, sur certains bruits qui courent. — Quels bruits? Madame. — Ne me

pressez pas, je vous prie, dit-elle en minaudant; ma démarche est délicate... — Cherche! cherche! pensait Cagliostro; moi j'ai déjà trouvé.
— Vous êtes un ami de Son Éminence monseigneur le cardinal de Rohan, dit Jeanne. — Ah! ah! pas mal, pensa Cagliostro: Va jusqu'au bout du fil que je tiens, mais plus loin je te le défends. Je suis en effet, Madame, assez bien avec Son Éminence, dit-il. — Et je venais, continua Jeanne, me renseigner près de vous sur... — Sur? dit Cagliostro avec une nuance d'ironie. — Je vous ai dit que ma position est délicate, Monsieur, n'en abusez pas. Vous ne devez pas ignorer que monsieur de Rohan me témoigne quelque affection, et je voudrais savoir jusqu'à quel point je puis compter... Enfin, Monsieur, vous lisez, dit-on, dans les plus épaisses ténèbres des esprits et des cœurs. — Encore un peu de clarté, Madame, dit le comte, pour que je sache mieux lire dans les ténèbres de votre cœur et de votre esprit. — Monsieur, on dit que Son Éminence aime ailleurs; que Son Éminence aime en haut lieu... On dit même...

Ici Cagliostro fixa sur Jeanne, qui faillit tomber renversée, un regard plein d'éclairs.

— Madame, dit-il, je lis en effet dans les ténèbres; mais pour bien lire, j'ai besoin d'être aidé. Veuillez répondre aux questions que voici : Comment êtes-vous venue me chercher ici? Ce n'est pas ici que je demeure.

Jeanne frémit.

— Comment êtes-vous entrée ici? car il n'y a ni suisse ivre, ni valets, dans cette partie de l'hôtel.

Et si ce n'est pas moi que vous veniez chercher, qu'y cherchiez-vous?

Vous ne répondez pas? fit-il à la tremblante comtesse; je vais donc aider votre intelligence.

Vous êtes entrée avec une clé que je sens là dans votre poche; la voici.

Vous veniez chercher ici une jeune femme que, par bonté pure, je cachais chez moi.

Jeanne chancela comme un arbre déraciné.

— Et... quand cela serait? dit-elle tout bas, quel crime aurais-je commis? N'est-il pas permis à une femme de venir voir une femme? Appelez-la, elle vous dira si notre amitié n'est pas avouable... — Madame, interrompit Cagliostro, vous me dites cela parce que vous savez bien qu'elle n'est plus ici. — Qu'elle n'est plus ici?... s'écria Jeanne épouvantée. Oliva n'est plus ici? — Oh! fit Cagliostro, vous ignorez peut-être qu'elle est partie, vous qui avez aidé à l'enlèvement? — A l'enlèvement! moi! moi! s'écria Jeanne qui reprit espoir. On l'a enlevée et vous m'accusez? — Je fais plus, je vous convaincs, dit Cagliostro. — Prouvez! fit impudemment la comtesse.

Cagliostro prit un papier sur une table et le montra :

« Monsieur et généreux protecteur, disait le billet adressé à Cagliostro, pardonnez-moi de vous quitter; mais avant tout j'aimais monsieur de Beausire; il vient, il m'emmène, je le suis. Adieu. Recevez l'expression de ma reconnaissance. »

— Beausire!... dit Jeanne pétrifiée; Beausire... Lui qui ne savait pas l'adresse d'Oliva! — Oh! que si fait, Madame, répliqua Cagliostro en lui montrant un second papier qu'il tira de sa poche; tenez, j'ai ramassé ce papier dans l'escalier en venant ici rendre ma visite quotidienne. Ce papier sera tombé des poches de monsieur Beausire.

La comtesse lut en frissonnant :

« Monsieur de Beausire trouvera mademoiselle Oliva rue Saint-Claude, au coin du boulevard, il la trouvera et l'emmènera sur-le-champ. C'est une amie bien sincère qui le lui conseille. Il est temps. »

— Oh! fit la comtesse en froissant le papier. — Et il l'a emmenée, dit froidement Cagliostro. — Mais qui a écrit ce billet? dit Jeanne. — Vous, apparemment, vous l'amie sincère d'Oliva. — Mais comment est-il entré ici? s'écria Jeanne, en regardant avec rage son impassible interlocuteur. — Est-ce qu'on n'entre pas avec votre clé? dit Cagliostro à Jeanne. — Mais puisque je l'ai, monsieur Beausire ne l'avait pas. — Quand on a une clé, on peut en avoir deux, répliqua Cagliostro en la regardant en face. — Vous avez là des pièces convaincantes, répondit lentement la comtesse, tandis que moi je n'ai que des soupçons. — Oh! j'en ai aussi, dit Cagliostro, et qui valent bien les vôtres, Madame.

En disant ces mots, il la congédia par un geste imperceptible.

Elle se mit à descendre; mais le long de cet escalier désert, sombre, qu'elle avait monté, elle trouva vingt bougies et vingt laquais espacés, devant lesquels Cagliostro l'appela hautement et à dix reprises : Madame la comtesse de La Motte.

Elle sortit, soufflant la fureur et la vengeance, comme le basilic souffle le feu et le poison.

LXXIV

LA LETTRE ET LE REÇU

Le lendemain de ce jour était le dernier délai du paiement fixé par la reine elle-même aux joailliers Bœhmer et Bossange.

Comme la missive de Sa Majesté leur recommandait la circonspection, ils attendirent que les cinq cent mille livres leur arrivassent.

Et comme chez tous les commerçants, si riche qu'ils soient, c'est une affaire qu'une rentrée de cinq cent mille livres, les associés préparèrent un reçu de la plus belle écriture de la maison.

Le reçu resta inutile; personne ne vint l'échanger contre les cinq cent mille livres.

La nuit se passa fort cruellement pour les joailliers dans l'attente d'un message presque invraisemblable. Cependant la reine avait des idées extraordinaires; elle avait besoin de se cacher; son courrier n'arriverait peut-être qu'après minuit.

L'aube du lendemain détrompa Bœhmer et Bossange de leurs chimères. Bossange prit sa résolution et se rendit à Versailles dans un carrosse au fond duquel l'attendait son associé.

Il demanda d'être introduit auprès de la reine. On lui répondit que s'il n'avait pas de lettre d'audience, il n'entrerait pas.

Étonné, inquiet, il insista; et comme il savait son monde, et comme il avait eu le talent de placer çà et là dans les antichambres quelque petite pierre de rebut, on le protégea pour le mettre sur le passage de Sa Majesté lorsqu'elle reviendrait de se promener dans Trianon.

En effet, Marie-Antoinette, toute émue encore de cette entrevue avec Charny, revenait, le cœur plein de joie et l'esprit tout radieux, lorsqu'elle aperçut la figure un peu contrite et toute respectueuse de Bœhmer.

Elle lui fit un sourire qu'il interpréta de la façon la plus heureuse, et il se hasarda à demander un moment d'audience que la reine lui promit pour deux heures, c'est-à-dire après son dîner. Il alla porter cette excellente nouvelle à Bossange qui attendait dans la voiture, et qui, souffrant d'une fluxion, n'avait pas voulu montrer à la reine une figure disgracieuse.

— Nul doute, se dirent-ils, en commentant les moindres gestes, les moindres mots de Marie-Antoinette, nul doute que Sa Majesté n'ait en son tiroir la somme qu'elle n'aura pu avoir hier ; elle a dit à deux heures, parce que à deux heures elle sera seule.

Et ils se demandèrent, comme les compagnons de la fable, s'ils emporteraient la somme en billets, en or ou en argent.

Deux heures sonnèrent, le joaillier fut à son poste ; on l'introduisit dans le boudoir de Sa Majesté.

— Qu'est-ce encore, Bœhmer, dit la reine du plus loin qu'elle l'aperçut, est-ce que vous voulez me parler bijoux ? vous avez du malheur, vous savez ?

Bœhmer crut que quelqu'un était caché, que la reine avait peur d'être entendue. Il prit donc un air d'intelligence pour répondre en regardant autour de lui :

— Oui, Madame.. — Que cherchez-vous là ? dit la reine surprise. Vous avez quelque secret, hein ?

Il ne répondit rien, un peu suffoqué qu'il était par cette dissimulation.

— Le même secret qu'autrefois ; un joyau à vendre, continua la reine, quelque pièce incomparable ? Oh ! ne vous effrayez pas ainsi : il n'y a personne pour nous entendre. — Alors... murmura Bœhmer. — Eh bien ! quoi ?... — Alors, je puis dire à Sa Majesté... — Mais dites vite, mon cher Bœhmer.

Le joaillier s'approcha avec un gracieux sourire.

— Je puis dire à Sa Majesté que la reine nous a oubliés hier, dit-il en montrant ses dents un peu jaunes, mais toutes bienveillantes.

— Oubliés ! en quoi ? fit la reine surprise. — En ce que hier... était le terme... — Le terme !... quel terme ? — Oh ! mais, pardon, Votre Majesté, si je me permets... Je sais bien qu'il y a indiscrétion. Peut-être la reine n'est-elle pas préparée. Ce serait un grand malheur ; mais, enfin... — Ah çà ! Bœhmer, s'écria la reine, je ne comprends pas un mot à tout ce que vous me dites. Expliquez-vous donc, mon cher. — C'est que Votre Majesté a perdu la mémoire. C'est bien naturel, au milieu de tant de préoccupations. — La mémoire de quoi ? encore un coup. — C'était hier le premier paiement du collier, dit Bœhmer timidement. — Vous avez donc vendu votre collier ? fit la reine. — Mais... dit Bœhmer en la regardant avec stupéfaction, mais il me semble que oui. — Et ceux à qui vous avez vendu ne vous ont pas payé, mon pauvre Bœhmer ; tant pis. Il faut que ces gens-là fassent comme j'ai fait ; il faut que, ne pouvant acheter le collier, ils vous le rendent en vous laissant les à-compte.

— Plaît-il ?... balbutia le joaillier qui chancela comme le voyageur imprudent qui reçoit sur la tête un coup de soleil d'Espagne. Qu'est-ce que Votre Majesté me fait l'honneur de me dire ? — Je dis, mon pauvre Bœhmer, que si dix acheteurs vous rendent votre collier comme je vous j'ai rendu en vous laissant deux cent mille livres de pot-de-vin, cela vous fera deux millions, plus le collier. — Votre Majesté... s'écria Bœhmer ruisselant de sueur, dit bien qu'elle m'a rendu le collier? — Mais oui, je le dis, répliqua la reine tranquillement. Qu'avez-vous? — Quoi! continua le joaillier, Votre Majesté nie m'avoir acheté le collier? — Ah çà! mais quelle comédie jouons-nous, dit sévèrement la reine. Est-ce que ce maudit collier est destiné à faire toujours perdre la tête à quelqu'un? — Mais, reprit Bœhmer tremblant de tous ses membres, c'est qu'il me semblait avoir entendu de la bouche même de Votre Majesté... qu'elle m'avait *rendu*, Votre Majesté a dit rendu le collier de diamants.

La reine regarda Bœhmer en se croisant les bras.

— Heureusement, dit-elle, que j'ai là de quoi vous rafraîchir la mémoire, car vous êtes un homme bien oublieux, monsieur Bœhmer, pour ne rien dire de plus désagréable.

Elle alla droit à son chiffonnier, en tira un papier qu'elle ouvrit, qu'elle parcourut et qu'elle tendit lentement au malheureux Bœhmer.

— Le style est assez clair, dit-elle, je suppose. Et elle s'assit pour mieux regarder le joaillier pendant qu'il lisait.

Le visage de celui-ci exprima d'abord la plus complète incrédulité, puis, par degrés, l'effroi le plus terrible.

— Eh bien! dit la reine, vous reconnaissez ce reçu qui atteste en si bonne forme que vous avez repris le collier; et, à moins que vous n'ayez oublié aussi que vous vous appelez Bœhmer... — Mais, Madame, s'écria Bœhmer étranglant de rage et de frayeur tout ensemble, ce n'est pas moi qui ai signé ce reçu-là.

La reine recula en foudroyant cet homme de ses deux yeux flamboyants.

— Vous niez! dit-elle. — Absolument... Dussé-je laisser ici ma liberté, ma vie, je n'ai jamais reçu le collier; je n'ai jamais signé ce reçu. Le billot serait ici, le bourreau serait là, que je répéterais encore : non, Votre Majesté, ce reçu n'est pas de moi. — Alors, Monsieur, dit la reine en pâlissant légèrement, je vous ai donc volé, moi; j'ai donc votre collier, moi?

Bœhmer fouilla dans son portefeuille et en tira une lettre qu'il tendit à son tour à la reine...

— Je ne crois pas, Madame, dit-il d'une voix respectueuse, mais altérée par l'émotion, je ne crois pas que si Votre Majesté m'avait voulu rendre le collier, elle eût écrit la reconnaissance que voici. — Mais, s'écria la reine, qu'est-ce que ce chiffon? Je n'ai jamais écrit cela, moi! Est-ce que c'est là mon écriture? — C'est signé, dit Bœhmer pulvérisé. — *Marie-Antoinette de France...* Vous êtes fou! Est-ce que je suis de *France,* moi? Est-ce que je ne suis pas archiduchesse d'Autriche? Est-ce

LA LETTRE ET LE REÇU.

qu'il n'est pas absurde que j'aie écrit cela ! Allons donc, monsieur Bœhmer, le piége est trop grossier; allez-vous-en le dire à vos faussaires. — A mes faussaires... balbutia le joaillier, qui faillit s'évanouir en entendant ces paroles. Votre Majesté me soupçonne, moi, Bœhmer! — Vous me soupçonnez bien, moi, Marie-Antoinette ! dit la reine avec hauteur. — Mais cette lettre, objecta-t-il encore en désignant le papier qu'elle tenait toujours. — Et ce reçu, répliqua-t-elle, en lui montrant le papier qu'il n'avait pas quitté.

Bœhmer fut obligé de s'appuyer sur un fauteuil; le parquet tourbillonnait sous lui. Il aspirait l'air à grands flots, et la couleur pourprée de l'apoplexie remplaçait la livide pâleur de la défaillance.

— Rendez-moi mon reçu, dit la reine, je le tiens pour bon, et reprenez votre lettre signée *Antoinette de France;* le premier procureur vous dira ce que cela vaut.

Et lui ayant jeté le billet, après avoir arraché le reçu de ses mains, elle tourna le dos et passa dans une pièce voisine, abandonnant à lui seul le malheureux qui n'avait plus une idée, et qui, contre toute étiquette, se laissa tomber dans un fauteuil.

Cependant, après quelques minutes qui servirent à le remettre, il s'élança, tout étourdi, de l'appartement, et vint retrouver Bossange, auquel il raconta l'aventure, de façon à se faire soupçonner fort par son associé.

Mais il répéta si bien et tant de fois son dire, que Bossange commença à arracher sa perruque, tandis que Bœhmer arrachait ses cheveux, ce qui fit, pour les gens qui passaient et dont le regard plongea dans la voiture, le spectacle le plus douloureux et le plus comique à la fois.

Cependant, comme on ne peut passer une journée entière dans un carrosse; comme, après s'être arraché cheveux ou perruque on trouve le crâne, et que sous le crâne sont ou doivent être les idées, les deux joailliers trouvèrent celle de se réunir pour forcer, s'il était possible, la porte de la reine, et obtenir quelque chose qui ressemblât à une explication.

Ils s'acheminaient donc vers le château, dans un état à faire pitié, lorsqu'ils furent rencontrés par un des officiers de la reine qui les mandait l'un ou l'autre. Qu'on pense de leur joie et de leur empressement à obéir.

Ils furent introduits sans retard.

LXXV

ROI NE PUIS, PRINCE NE DAIGNE, ROHAN JE SUIS

La reine paraissait attendre impatiemment; aussi, dès qu'elle aperçut les joailliers :

— Ah! voici monsieur Bossange, dit-elle vivement; vous avez pris du renfort, Bœhmer, tant mieux.

Bœhmer n'avait rien à dire; il pensait beaucoup. Ce qu'on a de mieux à faire en pareil cas, c'est de procéder par le geste; Bœhmer se jeta aux pieds de Marie-Antoinette.

Le geste était expressif.

Bossange l'imita comme son associé.

— Messieurs, dit la reine, je suis calme à présent, et je ne m'irriterai plus. Il m'est venu d'ailleurs une idée qui modifie mes sentiments à votre égard. Nul doute qu'en cette affaire nous ne soyons, vous et moi, dupes de quelque petit mystère... qui n'est plus un mystère pour moi. — Ah! Madame! s'écria Bœhmer enthousiasmé par ces paroles de la reine, vous ne me soupçonnez donc plus... d'avoir fait... Oh! le vilain mot à prononcer que celui de faussaire ! — Il est aussi dur pour moi de l'entendre, je vous prie de le croire, que pour vous de le prononcer, dit la reine, je ne vous soupçonne plus, non. — Votre Majesté soupçonne-t-elle quelqu'un alors? — Répondez à mes questions. Vous dites que vous n'avez plus les diamants? — Nous ne les avons plus, répondirent ensemble les deux joailliers. — Peu vous importe de savoir à qui je les avais remis pour vous, cela me regarde. Est-ce que vous n'avez pas vu... madame la comtesse de La Motte? — Pardonnez, Madame, nous l'avons vue... — Et elle ne vous a rien donné... de ma part? — Non, Madame. Madame la comtesse nous a dit seulement : Attendez. — Mais cette lettre de moi, qui l'a remise? — Cette lettre? répliqua Bœhmer; celle que Votre Majesté a eue dans les mains, celle-ci c'est un messager inconnu qui l'a apportée chez nous pendant la nuit.

Et il montrait la fausse lettre.

— Ah! ah! fit la reine! bien; vous voyez qu'elle ne vient pas directement de moi.

Elle sonna, un valet de pied parut...

— Qu'on fasse mander madame la comtesse de La Motte, dit tran-

quillement la reine. Et, continua-t-elle avec le même calme, vous n'avez vu personne, vous n'avez pas vu monsieur de Rohan? — Monsieur de Rohan, si fait, Madame, il est venu nous rendre visite et s'informer...
— Très-bien! répliqua la reine; n'allons pas plus loin; du moment que monsieur le cardinal de Rohan se trouve encore mêlé à cette affaire, vous auriez tort de vous désespérer. Je devine : madame de La Motte, en vous disant : *Attendez*, aura voulu... Non, je ne devine rien et je ne veux rien deviner... Allez seulement trouver monsieur le cardinal, et lui racontez ce que vous venez de me dire; ne perdez pas de temps, et ajoutez que je sais tout.

Les joailliers, ranimés par cette petite flamme d'espérance, échangèrent entre eux un regard moins effrayé.

Bossange seul, qui voulait placer son mot, se hasarda bien bas à dire :
— Que, cependant, la reine avait entre les mains un faux reçu, et qu'un faux est un crime.

Marie-Antoinette fronça le sourcil.

— Il est vrai, dit-elle, que si vous n'avez pas reçu le collier, cet écrit constitue un faux. Mais pour constater le faux, il est indispensable que je vous confronte avec la personne que j'ai chargée de vous remettre les diamants. — Quand Votre Majesté voudra, s'écria Bossange; nous ne craignons pas la lumière, nous autres honnêtes marchands. — Alors, allez chercher la lumière auprès de monsieur le cardinal, lui seul peut nous éclairer dans tout ceci. — Et Votre Majesté nous permettra de lui rapporter la réponse? demanda Bœhmer. — Je serai instruite avant vous, dit la reine, c'est moi qui vous tirerai d'embarras. Allez.

Elle les congédia, et lorsqu'ils furent partis, se livrant à toute son inquiétude, elle envoya courrier sur courrier à madame de La Motte.

Nous ne la suivrons pas dans ses recherches et dans ses soupçons, nous l'abandonnerons, au contraire, pour mieux courir avec les joailliers au-devant de cette vérité si désirée.

Le cardinal était chez lui, lisant avec une rage impossible à décrire une petite lettre que madame de La Motte venait de lui envoyer, disait-elle, de Versailles. La lettre était dure, elle ôtait tout espoir au cardinal; elle le sommait de ne plus songer à rien; elle lui interdisait de reparaître familièrement à Versailles; elle faisait un appel à sa loyauté pour ne pas renouer des relations *devenues impossibles*.

En relisant ces mots, le prince bondissait; il épelait les caractères un à un; il semblait demander compte au papier des duretés dont le chargeait une main cruelle.

— Coquette, capricieuse, perfide, s'écriait-il dans son désespoir; oh! je me vengerai.

Il accumulait alors toutes les pauvretés qui soulagent les cœurs faibles dans leurs douleurs d'amour, mais qui ne les guérissent pas de l'amour lui-même.

— Voilà, disait-il, quatre lettres qu'elle m'écrit, toutes plus injustes, toutes plus tyranniques les unes que les autres. Elle m'a pris par caprice, moi! C'est une humiliation qu'à peine je lui pardonnerais, si elle ne me sacrifiait à un caprice nouveau.

Et le malheureux abusé relisait avec la ferveur de l'espoir toutes les lettres, étayées dans leur rigueur avec un art de proportion impitoyable.

La dernière était un chef-d'œuvre de barbarie, le cœur du pauvre cardinal en était percé à jour, et cependant il aimait à un point tel que, par esprit de contradiction, il se délectait à lire, à relire ces froides duretés rapportées de Versailles, selon madame de La Motte.

C'est à ce moment que les joailliers se présentèrent à son hôtel.

Il fut bien surpris de voir leur insistance à forcer la consigne. Il chassa trois fois son valet de chambre qui revint une quatrième fois à la charge, en disant que Bœhmer et Bossange avaient déclaré ne vouloir se retirer que s'ils y étaient contraints par la force.

— Que veut dire ceci? pensa le cardinal. Faites-les entrer.

Ils entrèrent. Leurs visages bouleversés témoignaient du rude combat qu'ils avaient eu à soutenir moralement et physiquement. S'ils étaient demeurés vainqueurs dans l'un de ces combats, les malheureux avaient été battus dans l'autre. Jamais cerveaux plus détraqués n'avaient été appelés à fonctionner devant un prince de l'Église.

— Et d'abord, cria le cardinal en les voyant, qu'est-ce que cette brutalité, messieurs les joailliers, est-ce qu'on vous doit quelque chose ici?

Le ton de début glaça de frayeur les deux associés.

— Est-ce que les scènes de là-bas vont recommencer? dit Bœhmer du coin de l'œil à son associé. — Oh! non pas, non pas, répondit ce dernier en assujettissant sa perruque par un mouvement très-belliqueux, quant à moi, je suis décidé à tous les assauts.

Et il fit un pas presque menaçant, pendant que Bœhmer, plus prudent, restait en arrière.

Le cardinal les crut fous et le leur dit nettement.

— Monseigneur, fit le désespéré Bœhmer en hachant chaque syllabe avec un soupir, justice, miséricorde! épargnez-nous la rage, et ne nous forcez pas à manquer de respect au plus grand, au plus illustre prince.

— Messieurs, ou vous n'êtes pas fous, et alors on vous jettera par les fenêtres, dit le cardinal, ou vous êtes fous, et alors on vous mettra tout simplement à la porte. Faites votre choix. — Monseigneur, nous ne sommes pas fous, nous sommes volés! — Qu'est-ce que cela me fait à moi, reprit monsieur de Rohan; je ne suis pas lieutenant de police. — Mais vous avez eu le collier entre les mains, Monseigneur, dit Bœhmer en sanglotant; vous irez déposer en justice, Monseigneur, vous irez... — J'ai eu le collier? dit le prince... C'est donc ce collier qui a été volé! — Oui, Monseigneur. — Eh bien! que dit la reine? s'écria le cardinal, en faisant un mouvement d'intérêt. — La reine nous a envoyé à vous, Monseigneur. — C'est bien aimable à Sa Majesté. Mais que puis-je faire à cela, mes pauvres gens? — Vous pouvez tout, Monseigneur; vous pouvez dire ce qu'on en a fait. — Moi? — Sans doute. — Mon cher monsieur Bœhmer, vous pourriez me tenir un pareil langage si j'étais de la bande des voleurs qui ont pris le collier à la reine. — Ce n'est pas à la reine que le collier a été pris. — A qui donc? mon Dieu! — La reine nie l'avoir eu en sa possession. — Comment, elle nie! fit le cardinal avec hésitation; puisque vous avez un reçu d'elle. — La reine dit que le reçu est faux. — Allons donc! s'écria le cardinal, vous perdez la tête, Messieurs. — Est-ce vrai? dit Bœhmer à Bossange, qui répondit par un triple assentiment. — La reine a nié, dit le cardinal, parce qu'il y avait quelqu'un chez elle quand vous lui parlâtes. — Personne, Monseigneur; mais ce n'est pas tout. — Quoi donc encore? — Non-seulement la reine a nié, non-seulement elle a prétendu que la reconnaissance est fausse, mais elle nous a montré un reçu de nous prouvant que nous avons repris le collier. — Un reçu de vous, dit le cardinal. Et ce reçu? — Est faux comme l'autre, monsieur le cardinal, vous le savez bien. — Faux... Deux faux... Et vous dites que je le sais bien? — Assurément, puisque vous êtes venu pour nous confirmer dans ce que nous avait dit madame de La Motte; car vous, vous saviez bien que nous avions bien vendu le collier, et qu'il était aux mains de la reine. — Voyons, dit le cardinal en passant une main sur son front, voici des choses bien graves, ce me semble. Entendons-nous un peu. Voici mes opérations avec vous. — Oui, Monseigneur. — D'abord achat fait par moi pour le compte de Sa Majesté d'un collier sur lequel je vous ai payé deux cent cinquante mille livres. — C'est vrai, Monseigneur. — Ensuite vente souscrite directement par la reine, vous me l'avez dit du moins, aux termes fixés par elle et sur la responsabilité de sa signature? — De sa signature... Vous dites que c'est la signature de la reine, n'est-ce pas, Monseigneur? — Montrez-la-moi. — La voici.

— Les joailliers tirèrent la lettre de leur portefeuille. Le cardinal y jeta les yeux.

— Eh mais! s'écria-t-il, vous êtes des enfants... *Marie-Antoinette de France*... Est-ce que la reine n'est pas une fille de la maison d'Autriche?

Vous êtes volés; l'écriture et la signature, tout est faux! — Mais alors, s'écrièrent les joailliers au comble de l'exaspération, madame de La Motte doit connaître le faussaire et le voleur?

La vérité de cette assertion frappa le cardinal.

— Appelons madame de La Motte, dit-il fort troublé.

Et il sonna comme avait fait la reine.

Ses gens s'élancèrent à la poursuite de Jeanne, dont le carrosse ne pouvait encore être très-loin.

Cependant Bœhmer et Bossange se blotissant comme des lièvres au gîte dans les promesses de la reine, répétaient :

— Où est le collier? où est le collier? — Vous allez me faire devenir sourd, dit le cardinal avec humeur. Le sais-je, moi, où est votre collier? Je l'ai remis moi-même à la reine, voilà tout ce que je sais. — Le collier! si nous n'avons pas l'argent; le collier! répétaient les deux marchands. — Messieurs, cela ne me regarde pas, répéta le cardinal hors de lui, et prêt à jeter ces deux créanciers à la porte. — Madame de La Motte! madame la comtesse! crièrent Bœhmer et Bossange, enroués à force de désespoir, c'est elle qui nous a perdus. — Madame de La Motte est d'une probité que je vous défends de suspecter, sous peine d'être roués dans mon hôtel. — Enfin, il y a un coupable, dit Bœhmer d'un ton lamentable, ces deux faux ont été faits par quelqu'un? — Est-ce par moi? dit monsieur de Rohan avec hauteur. — Monseigneur, nous ne voulons pas le dire, certes. — Eh bien, alors? — Enfin, Monseigneur, une explication, au nom du ciel. — Attendez que j'en aie une moi-même. — Mais, Monseigneur, que répondre à la reine, car Sa Majesté crie bien haut contre nous. — Et que dit-elle? — Elle dit que c'est vous ou madame de La Motte qui avez le collier, et non pas elle. — Eh bien! fit le cardinal, pâle de honte et de colère, allez dire à la reine que... Non, ne lui dites rien. Assez de scandale comme cela. Mais demain... demain, entendez-vous, j'officie à la chapelle de Versailles; venez, vous me verrez m'approcher de la reine, lui parler, lui demander si elle n'a pas le collier en sa possession, et vous entendrez ce qu'elle répondra; si, en face de moi, elle nie... alors, Messieurs, je suis Rohan, je paierai!

Et sur ces mots, prononcés avec une grandeur dont la simple prose ne peut donner une idée, le prince congédia les deux associés qui partirent à reculons en se touchant le coude.

— A demain donc, balbutia Bœhmer, n'est-ce pas, Monseigneur? — A demain, onze heures du matin, à la chapelle de Versailles, répondit le cardinal.

LXXVI

ESCRIME ET DIPLOMATIE

Le lendemain entrait à Versailles, vers dix heures, une voiture aux armes de monsieur de Breteuil.

Ceux des lecteurs de ce livre qui se rappellent l'histoire de Balsamo et de Gilbert n'auront pas oublié que monsieur de Breteuil, rival et ennemi personnel de monsieur de Rohan, guettait depuis longtemps toutes les occasions de porter un coup mortel à son ennemi.

La diplomatie est en ceci d'autant supérieure à l'escrime, que, dans cette dernière science, une riposte bonne ou mauvaise doit être fournie en une seconde, tandis que les diplomates ont quinze ans, plus s'il le faut, pour combiner le coup qu'ils rendent et le faire le plus mortel possible.

Monsieur de Breteuil avait fait demander, une heure avant, audience au roi, et il trouva Sa Majesté qui s'habillait pour aller à la messe.

— Un temps superbe, dit Louis XVI tout joyeux, dès que le diplomate entra dans son cabinet; un vrai temps d'Assomption : voyez donc, il n'y a pas un nuage au ciel. — Je suis bien désolé, sire, d'apporter un nuage à votre tranquillité, répondit le ministre. — Allons! s'écria le roi en renfrognant sa bonne mine, voilà que la journée commence mal; qu'y a-t-il? — Je suis bien embarrassé, sire, pour vous conter cela, d'autant que ce n'est pas, au premier abord, une affaire du ressort de mon ministère. C'est une sorte de vol, et cela regarderait le lieutenant de police. — Un vol! fit le roi. Vous êtes garde des sceaux, et les voleurs finissent toujours par rencontrer la justice. Cela regarde monsieur le garde des sceaux; vous l'êtes, parlez. — Eh bien! sire, voici ce dont il s'agit. Votre Majesté a entendu parler d'un collier de diamants? — Celui de monsieur Bœhmer? — Oui, sire. — Celui que la reine a refusé? — Précisément. — Refus qui m'a valu un beau vaisseau : *le Suffren*, dit le roi en se frottant les mains. — Eh bien! sire, dit le baron de Breteuil, insensible à tout le mal qu'il allait faire, ce collier a été volé. — Ah! tant pis, tant pis, dit le roi. C'était cher; mais ses diamants sont reconnaissables. Les couper serait perdre le fruit du vol. On les laissera entiers, la police les retrouvera. — Sire, interrompit le baron de Breteuil, ce n'est pas un vol ordinaire. Il s'y mêle des bruits. — Des bruits ! que voulez-vous dire ? — Sire, on prétend que la reine a gardé le collier. — Comment, gardé ? C'est en ma présence qu'elle l'a refusé, sans même le vouloir regarder. Folies, absurdités, baron ; la reine n'a pas gardé le collier. — Sire, je ne me suis pas servi du mot propre ; les calomnies sont toujours si aveugles à l'égard des souverains, que l'expression est trop blessante pour les oreilles royales. Le mot gardé... — Ah çà ! monsieur de Breteuil, dit le roi avec un sourire, on ne dit pas, je suppose, que la reine ait volé le collier de diamants. — Sire, dit vivement monsieur de Breteuil, on dit que la reine a repris en dessous le marché rompu devant vous par elle ; on dit, et ici je n'ai pas besoin de répéter à Votre Majesté combien mon respect et mon dévouement méprisent ces infâmes suppositions ; on dit donc que les joailliers ont, de Sa Majesté la reine, un reçu attestant qu'elle garde le collier.

Le roi pâlit.

— On dit cela ? répéta-t-il, que ne dit-on pas ? mais cela m'étonne, après tout, s'écria-t-il. La reine aurait acheté en dessous main le collier que je ne la blâmerais point. La reine est une femme, le collier est une pièce rare et merveilleuse. Dieu merci ! la reine peut dépenser un million et demi à sa toilette, si elle l'a voulu. Je l'approuverai ; elle n'aura eu qu'un tort, celui de me taire son désir. Mais ce n'est pas au roi de se mêler dans cette affaire ; elle regarde le mari. Le mari grondera sa femme s'il veut ou s'il peut : je ne reconnais à personne le droit d'intervenir, même avec une médisance.

Le baron s'inclina devant ces paroles si nobles et si vigoureuses du roi. Mais Louis XVI n'avait que l'apparence de la fermeté. Un moment après l'avoir manifestée, il redevenait flottant, inquiet.

— Et puis, dit-il, que parlez-vous de vol ?... Vous avez dit vol, ce me semble ?... S'il y avait vol, le collier ne serait point dans les mains de la reine. Soyons logiques. — Votre Majesté m'a glacé avec sa colère, dit le baron ; et je n'ai pu achever. — Oh ! ma colère !... Moi, en colère !... Pour cela, baron... baron...

Et le bon roi se mit à rire bruyamment.

— Tenez, continuez, et dites-moi tout ; dites-moi même que la reine a vendu le collier à des juifs. Pauvre femme, elle a souvent besoin d'argent, et je ne lui en donne pas toujours. — Voilà précisément ce que j'allais avoir l'honneur de dire à Votre Majesté. La reine avait fait demander, il y a deux mois, cinq cent mille livres par monsieur de Calonne, et Votre Majesté a refusé de signer. — C'est vrai. — Eh bien ! sire, cet argent, dit-on, devait servir à payer le premier quartier des échéances souscrites pour l'achat du collier. La reine n'ayant pas eu d'argent à refusé de payer. — Eh bien? dit le roi, intéressé peu à peu, comme il arrive quand au doute succède un commencement de vraisemblance. — Eh bien! sire, c'est ici que va commencer l'histoire que mon zèle m'ordonne de conter à Votre Majesté. — Quoi! vous dites que l'histoire commence ici; qu'y a-t-il donc, mon Dieu! s'écria le roi, trahissant ainsi sa perplexité aux yeux du baron, qui dès ce moment garda l'avantage. — Sire, on dit que la reine s'est adressée à quelqu'un pour avoir de l'argent. — A qui? à un juif, n'est-ce pas? — Non, sire, pas à un juif. — Eh mon Dieu! vous me dites cela d'un air étrange, Breteuil. Allons, bien! je devine; une intrigue étrangère; la reine a demandé de l'argent à son frère, à sa famille. Il y a de l'Autriche là-dedans.

On sait combien le roi était susceptible à l'égard de la cour de Vienne.

Mieux vaudrait, répliqua monsieur de Breteuil. — Comment! mieux vaudrait. Mais à qui donc la reine a-t-elle pu demander de l'argent? — Sire, je n'ose... — Vous me surprenez, Monsieur, dit le roi en relevant la tête, et en reprenant le ton royal : parlez sur-le-champ, s'il vous plaît, et nommez-moi ce prêteur d'argent. — Monsieur de Rohan, sire. — Eh bien! mais vous ne rougissez pas de me citer monsieur de Rohan, l'homme le plus ruiné de ce royaume! — Sire... dit monsieur de Breteuil en baissant les yeux. — Voilà un air qui me déplaît, ajouta le roi; et vous vous expliquerez tout à l'heure, monsieur le garde des sceaux. — Non, sire; pour rien au monde, attendu que rien au monde ne me forcerait à laisser tomber de mes lèvres un mot compromettant pour l'honneur de mon roi et celui de ma souveraine.

Le roi fronça le sourcil.

— Nous descendons bien bas, monsieur de Breteuil, dit-il; ce rapport de police est tout imprégné des vapeurs de la sentine d'où il sort. — Toute calomnie exhale des miasmes mortels, sire, et voilà pourquoi il faut que les rois purifient, et par de grands moyens, s'ils ne veulent pas que leur honneur soit tué par ces poisons, même sur le trône. — Monsieur de Rohan! murmura le roi; mais quelle vraisemblance?... Le cardinal laisse donc dire?... — Votre Majesté se convaincra, sire, que monsieur de Rohan a été en pourparlers avec les joailliers Bœhmer et Bossange; que l'affaire de la vente a été réglée par lui, qu'il a stipulé et pris des conditions de paiement. — En vérité! s'écria le roi tout troublé par la jalousie et la colère. — C'est un fait que le plus simple interrogatoire prouvera. Je m'y engage envers Votre Majesté. — Vous dites que vous vous y engagez? — Sans réserve, sous ma responsabilité, sire.

Le roi se mit à marcher vivement dans son cabinet.

— Voilà de terribles choses, répétait-il; et oui, mais dans tout cela je ne vois pas encore ce vol. — Sire, les joailliers ont un reçu signé, disent-ils, de la reine, et la reine doit avoir le collier. — Ah! s'écria le roi avec une explosion d'espoir; elle nie! vous voyez bien qu'elle nie, Breteuil. — Eh! sire, ai-je jamais laissé croire à Votre Majesté que je ne savais pas l'innocence de la reine? serais-je assez à plaindre pour que Votre Majesté ne vît pas tout le respect, tout l'amour qui sont dans mon cœur pour la plus pure des femmes! — Vous n'accusez que monsieur de Rohan, alors... — Mais, sire, l'apparence conseille... — Grave accusation, baron. — Qui tombera peut-être devant une enquête; mais l'enquête est indispensable. Songez donc, sire, que la reine prétend n'avoir pas le collier; que les joailliers prétendent l'avoir vendu à la reine; que le collier ne se retrouve pas, et que le mot *vol* a été prononcé dans le peuple, entre le nom de monsieur de Rohan et le nom sacré de la reine. — Il est vrai, il est vrai, dit le roi tout bouleversé; vous avez raison, Breteuil, il faut que toute cette affaire soit éclaircie. — Absolument, sire. — Mon Dieu! qu'est-ce qui passe là-bas dans la galerie? est-ce que ce n'est pas monsieur de Rohan qui se rend à la chapelle? — Pas encore, sire; monsieur de Rohan ne peut se rendre à la chapelle. Il n'est pas onze heures, et puis monsieur de Rohan, qui officie aujourd'hui, serait revêtu de ses habits pontificaux. Ce n'est pas lui qui passe. Votre Majesté dispose encore d'une demi-heure. — Que faire alors? lui parler? le faire venir? — Non, sire; permettez-moi de donner un conseil à Votre Majesté; n'ébruitez pas l'affaire avant d'avoir causé avec Sa Majesté la reine. — Oui, dit le roi, elle me dira la vérité. — N'en doutons pas un seul instant, sire. — Voyons, baron, mettez-vous là, et, sans réserve, sans atténuation, dites-moi chaque fait, chaque commentaire. — J'ai tout détaillé dans ce portefeuille, avec les preuves à l'appui. — A la besogne alors, attendez que je fasse fermer la porte de mon cabinet; j'avais deux audiences ce matin, je les remettrai.

Le roi donna ses ordres, et, se rasseyant, jeta un dernier regard par la fenêtre.

— Cette fois, dit-il, c'est bien le cardinal, regardez.

Breteuil se leva, s'approcha de la fenêtre, et derrière le rideau aperçut monsieur de Rohan qui, en grand habit de cardinal et d'archevêque, se dirigeait vers l'appartement qui lui était désigné chaque fois qu'il venait officier solennellement à Versailles.

— Le voici enfin arrivé, s'écria le roi en se levant. — Tant mieux, dit monsieur de Breteuil, l'explication ne souffrira aucun délai.

Et il se mit à renseigner le roi avec tout le zèle d'un homme qui en veut perdre un autre.

Un art infernal avait réuni dans son portefeuille tout ce qui pouvait accabler le cardinal. Le roi voyait bien s'entasser l'une sur l'autre les preuves de la culpabilité de monsieur de Rohan, mais il se désespérait de ne pas voir arriver assez vite les preuves de l'innocence de la reine.

Il souffrait impatiemment ce supplice depuis un quart d'heure, lorsque tout à coup des cris retentirent dans la galerie voisine.

Le roi prêta l'oreille, Breteuil interrompit sa lecture.

Un officier vint gratter à la porte du cabinet.

— Qu'y a-t-il? demanda le roi, dont tous les nerfs étaient mis en jeu depuis la révélation de monsieur de Breteuil.

L'officier se présenta.

— Sire, Sa Majesté la reine prie Votre Majesté de vouloir bien passer chez elle. — Il y a du nouveau, dit le roi en pâlissant. — Peut-être, dit Breteuil. — Je vais chez la reine, s'écria le roi. Attendez-nous ici, monsieur de Breteuil. — Bien, nous touchons au dénoûment, murmura le garde des sceaux.

LXXVII

GENTILHOMME, CARDINAL ET REINE

A l'heure où monsieur de Breteuil était entré chez le roi, monsieur de Charny, pâle, agité, avait fait demander une audience à la reine.

Celle-ci s'habillait; elle vit, par la fenêtre de son boudoir donnant sur la terrasse, Charny qui insistait pour être introduit.

Elle donna ordre qu'on le fît entrer, avant même qu'il eût achevé sa demande.

Charny entra, toucha en tremblant la main que la reine lui tendait, et d'une voix étouffée :

— Ah! Madame, dit-il, quel malheur! — En effet, qu'avez-vous? s'écria-t-elle en pâlissant de voir son ami si pâle. — Madame, savez-vous ce que je viens d'apprendre? savez-vous ce que l'on dit? savez-vous ce que le roi sait peut-être, ou ce qu'il saura demain?

Elle frissonna, songeant à cette nuit de chastes délices où peut-être un œil jaloux, ennemi, l'avait vue dans le parc de Versailles avec Charny.

— Dites tout, je suis forte, répondit-elle en appuyant une main sur son cœur. — On dit, Madame, que vous avez acheté un collier à Bœhmer et Bossange. — Je l'ai rendu, fit-elle vivement. — Écoutez, on dit que vous avez feint de le rendre, que vous comptiez le pouvoir payer, que le roi vous en a empêché en refusant de signer un bon de monsieur de Calonne; qu'alors vous vous êtes adressée à quelqu'un pour trouver de l'argent. — De quoi voulez-vous parler, monsieur de Charny? La calomnie a un langage que je ne comprends jamais. Est-ce que vous l'avez compris, vous? — Madame, veuillez me prêter une attention soutenue, la circonstance est grave. Hier, je suis allé avec mon oncle, monsieur de Suffren, chez les joailliers de la cour, Bœhmer et Bossange. Mon oncle a rapporté des diamants de l'Inde; il voulait les faire estimer. On a parlé de tout et de tous. Les joailliers ont raconté à monsieur le bailli une affreuse histoire commentée par les ennemis de Votre Majesté. Madame, je suis au désespoir; vous avez acheté le collier, dites-le-moi; vous ne l'avez pas payé, dites-le-moi encore. Mais ne me laissez pas croire que monsieur de Rohan l'a payé pour vous. — Monsieur de Rohan! s'écria la reine. — Oui, monsieur de Rohan, celui à qui la reine emprunte de l'argent; celui qu'un malheureux qu'on appelle monsieur de Charny a vu dans le parc de Versailles, souriant à la reine, s'agenouillant devant la reine, celui... — Monsieur, s'écria Marie-Antoinette, si vous croyez quand je ne suis plus là, c'est que vous ne m'aimez pas quand j'y suis. — Oh! répliqua le jeune homme, il y a un danger pressant; je ne viens vous demander ni franchise ni courage; je viens vous supplier de me rendre un service. — Et d'abord, dit la reine, quel danger, s'il vous plaît? — Le danger! Madame, insensé qui ne le devine pas. Le cardinal répondant pour la reine, payant pour la reine, perd la reine. Je ne vous parle point ici du mortel déplaisir que peut causer à monsieur de Charny une confiance pareille à celle que vous inspire monsieur de Rohan. Non. De ces douleurs-là on meurt, mais on ne se plaint pas... — Vous êtes fou, dit Marie-Antoinette avec colère. — Je ne suis pas fou, Madame, mais vous êtes malheureuse, vous êtes perdue. Je vous ai vue, moi, dans le parc... Je ne m'étais pas trompé, vous dis-je. Aujourd'hui a éclaté l'horrible, la mortelle vérité... Monsieur de Rohan se vante peut-être...

La reine saisit le bras de Charny.

— Fou! fou! répéta-t-elle avec une inexprimable angoisse : croyez la haine, voyez des ombres, croyez l'impossible; mais, au nom du ciel! ne croyez pas que je sois coupable... Coupable! ce mot me ferait bondir dans un brasier ardent... Coupable!... moi qui jamais n'ai pensé à vous sans prier Dieu de me pardonner cette seule pensée, que j'appelais un crime! Oh! monsieur de Charny, si vous ne voulez pas que je sois perdue aujourd'hui, morte demain, ne me dites jamais que vous me soupçonnez, ou bien fuyez si loin que vous n'entendiez pas même le bruit de ma chute au moment de ma mort.

Olivier tordait ses mains avec angoisse.

— Écoutez-moi, dit-il, si vous voulez que je vous rende un service efficace. — Un service de vous! s'écria la reine, de vous, plus cruel que mes ennemis... car ils ne font que m'accuser, eux; tandis que vous me soupçonnez, vous! Un service de la part de l'homme qui me méprise, jamais... Monsieur, jamais!

Olivier se rapprocha de la reine.

— Vous verrez bien, dit-il, que je ne suis pas un homme qui gémit et qui pleure; les moments sont précieux; ce soir serait trop tard pour faire ce qui nous reste à faire. Voulez-vous me sauver du désespoir en vous sauvant de l'opprobre?... — Monsieur!... — Oh! je ne ménagerai plus mes paroles en face de la mort. Si vous ne m'écoutez pas, vous dis-je, ce soir, tous deux nous serons morts; vous de honte; moi de vous avoir vu mourir. Droit à l'ennemi, Madame! comme dans nos batailles! Droit au danger! droit à la mort! Allons-y ensemble, moi comme l'obscur soldat, à mon rang, mais brave; vous le verrez; vous, avec la majesté, avec la force, au plus fort de la mêlée. Si vous y succombez, eh bien! vous ne serez pas seule. Tenez, Madame, voyez en moi un frère... Vous avez besoin... d'argent pour... payer ce collier?... — Moi? — Ne le niez pas. — Je vous dis... — Ne dites pas que vous n'avez pas le collier. — Je vous jure... — Il vous reste un moyen de sauver votre honneur. Le collier vaut seize cent mille livres; vous en avez payé deux cent cinquante mille. Voici un million et demi; prenez-le. — Qu'est cela? — Ne regardez pas; prenez et payez. — Vos biens vendus! vos terres acquises par moi et soldées. Olivier! vous vous dépouillez pour moi! Vous êtes un bon et noble cœur! — Acceptez. — Non. — Monsieur de Rohan paiera donc? Songez-y, Madame, ce n'est plus de votre part une générosité; c'est de la cruauté qui m'accable!... Vous acceptez du cardinal!... — Moi, allons donc, monsieur de Charny. Je suis la reine, et si je donne à mes sujets amour ou fortune, je n'accepte jamais. — Qu'allez-vous faire alors? — C'est vous qui allez me dicter ma conduite. Que dites-vous qu'on pense dans le public au sujet du collier? — Que vous l'avez, que vous l'avez caché, que vous l'avouerez seulement quand il aura été payé, soit par le cardinal, soit par le roi. — Bien, et vous, Charny, à votre tour, je vous regarde en face et vous demande: Que pensez-vous des scènes que vous avez vues dans le parc de Versailles? — Je crois, Madame, que vous avez besoin de me prouver votre innocence, répliqua énergiquement le digne gentilhomme.

La reine essuya la sueur qui coulait de son front.

— Le prince Louis, cardinal de Rohan, grand aumônier de France! cria une voix d'huissier dans le corridor. — Lui! murmura Charny. — Vous voilà servi à souhait, dit la reine. — Vous allez le recevoir? — J'allais le faire appeler. — Mais, moi?... — Entrez dans mon boudoir et laissez la porte entre-bâillée pour bien entendre. — Madame! — Allez vite, voici le cardinal.

Elle poussa monsieur de Charny dans la chambre qu'elle lui avait indiquée, tira la porte comme il convenait et fit entrer le cardinal.

Monsieur de Rohan parut au seuil de la chambre. Il était resplendissant dans son costume d'officiant. Derrière lui se tenait à distance une suite nombreuse, dont les habits brillaient comme celui de leur maître.

Parmi ces gens inclinés, on pouvait apercevoir Bœhmer et Bossange, un peu embarrassés dans leurs vêtements de cérémonie.

La reine alla au-devant du cardinal, en essayant d'un sourire qui expira bientôt sur ses lèvres.

Louis de Rohan était sérieux, triste même. Il avait le calme de l'homme courageux qui va combattre, la menace imperceptible du prêtre qui peut avoir à pardonner.

La reine montra un tabouret; le cardinal resta debout.

— Madame, dit-il, après s'être incliné en tremblant visiblement, j'avais plusieurs choses importantes à communiquer à Votre Majesté, qui prend à tâche d'éviter ma présence. — Moi, fit la reine, mais je vous évite si peu, monsieur le cardinal, que j'allais vous mander.

Le cardinal jeta un coup d'œil sur le boudoir.

— Suis-je seul avec Votre Majesté? dit-il à voix basse; ai-je le droit de parler en toute liberté? — En toute liberté, monsieur le cardinal: ne vous contraignez pas, nous sommes seuls.

Et sa voix ferme semblait vouloir envoyer ses paroles au gentilhomme caché dans cette chambre voisine. Elle jouissait avec orgueil de son courage et de l'assurance qu'allait avoir, dès les premiers mots, monsieur de Charny bien attentif sans doute.

Le cardinal prit son parti. Il approcha le tabouret du fauteuil de la reine, de façon à se trouver le plus loin possible de la porte à deux battants.

— Voilà bien des préambules, dit la reine, affectant d'être enjouée. — C'est que... dit le cardinal. — C'est que?... répéta la reine. — Le roi ne viendra pas? demanda monsieur de Rohan. — N'ayez donc peur ni du roi ni de personne, répliqua vivement Marie-Antoinette. — Oh! c'est de vous que j'ai peur, fit d'une voix émue le cardinal. — Alors, raison de plus, je ne suis pas bien redoutable; dites en peu de mots, dites à haute et intelligible voix, j'aime la franchise, et si vous me ménagez, je croirai que vous n'êtes pas un homme d'honneur. Oh! pas de gestes encore; on m'a dit que vous aviez des griefs contre moi. Parlez, j'aime la guerre, je suis d'un sang qui ne s'effraie pas, moi! Vous aussi, je le sais bien. Qu'avez-vous à me reprocher?

Le cardinal poussa un soupir et se leva comme pour aspirer plus largement l'air de la chambre. Enfin, maître de lui-même, il commença en ces termes :

LXXVIII

EXPLICATIONS

Nous l'avons dit, la reine et le cardinal se trouvaient enfin face à face. Charny, dans le cabinet, pouvait entendre jusqu'à la moindre parole des interlocuteurs, et les explications si impatiemment attendues des deux parts allaient enfin avoir lieu.

— Madame, dit le cardinal en s'inclinant, vous savez ce qui se passe au sujet de notre collier? — Non, Monsieur, je ne le sais pas, et je suis aise de l'apprendre de vous. — Pourquoi Votre Majesté me réduit-elle depuis si longtemps à ne plus communiquer avec elle que par intermédiaire? Pourquoi, si elle a quelque sujet de me haïr, ne me le témoigne-t-elle en me l'expliquant? — Je ne sais ce que vous voulez dire, monsieur le cardinal, je n'ai aucun sujet de vous haïr; mais là n'est pas, je crois, l'objet de notre entretien. Veuillez donc me donner sur ce malheureux collier un renseignement positif, et d'abord où est madame de La Motte? — J'allais le demander à Votre Majesté. — Pardon, mais si quelqu'un peut savoir où est madame de La Motte, c'est vous, je pense. — Moi, Madame, à quel titre? — Oh! je ne suis pas ici pour recevoir vos confessions, monsieur le cardinal, j'ai eu besoin de parler à madame de La Motte, je l'ai fait appeler, on l'a cherchée chez elle à dix reprises; elle n'a rien répondu. Cette disparition est étrange, vous m'avouerez. — Et moi aussi, Madame, je m'étonne de cette disparition, car j'ai fait prier madame de La Motte de venir me voir; elle n'a pas plus répondu à moi qu'à Votre Majesté. — Alors, laissons là la comtesse, Monsieur, et parlons de nous. — Oh! non, Madame, parlons d'elle tout d'abord, car certaines paroles de Votre Majesté m'ont jeté dans un douloureux soupçon; il me semble que Votre Majesté me reprochait des assiduités auprès de la comtesse. — Je ne vous ai encore rien reproché du tout, Monsieur, mais patience. — Oh! Madame, c'est qu'un pareil soupçon m'expliquerait toutes les susceptibilités de votre âme, et, alors, je comprendrais, tout en me désespérant, la rigueur jusque-là inexplicable dont vous avez usé vis-à-vis de moi. — Voilà où nous cessons de nous comprendre, dit la reine ; vous êtes d'une obscurité impénétrable, et ce n'est pas pour nous embrouiller davantage que je vous demande des explications. Au fait ! au fait ! — Madame, s'écria le cardinal en joignant les mains et en se rapprochant de la reine, faites-moi la grâce de ne pas changer la conversation : deux mots de plus sur le sujet que nous traitions tout à l'heure, et nous nous fussions entendus. — En vérité, Monsieur, vous parlez une langue que je ne sais pas ; reprenons le français, je vous prie. Où est ce collier que j'ai rendu aux joailliers ? — Le collier que vous avez rendu ! s'écria monsieur de Rohan. — Oui, qu'en avez-vous fait ? — Moi ! mais je ne sais pas, Madame. — Voyons, il y a une chose toute simple ; madame de La Motte a pris ce collier, l'a rendu en mon nom ; les joailliers prétendent qu'ils ne l'ont pas repris. J'ai dans les mains un reçu qui prouve le contraire ; les joailliers disent que le reçu est faux. Madame de La Motte pourrait d'un mot expliquer tout... Elle ne se trouve pas, eh bien ! laissez-moi mettre des suppositions à la place des faits obscurs. Madame de La Motte a voulu rendre le collier. Vous, dont ce fut toujours la manie, bienveillante sans doute, de me faire acheter ce collier, vous qui me l'avez apporté avec l'offre de payer pour moi, offre... — Que Votre Majesté a refusée bien durement, dit le cardinal avec un soupir. — Eh bien ! oui, vous avez persévéré dans cette idée fixe que je restasse en possession du collier, et vous ne l'aurez pas rendu aux joailliers pour me le faire reprendre dans une occasion quelconque. Madame de La Motte a été faible, elle qui savait mes répugnances, l'impossibilité où j'étais de payer, la résolution immuable que j'avais prise de ne pas avoir ce collier sans argent ; madame de La Motte a conspiré avec vous par zèle pour moi, et aujourd'hui elle craint ma colère et ne se présente pas. Est-ce cela ? Ai-je reconstruit l'affaire au milieu des ténèbres ? dites-moi oui. Laissez-vous reprocher cette légèreté, cette désobéissance à mes ordres formels, vous en serez quitte pour une réprimande, et tout sera fini. Je fais plus, je vous promets le pardon de madame de La Motte, qu'elle sorte de sa pénitence. Mais, par grâce ! de la clarté, de la clarté, Monsieur, je ne veux pas en ce moment qu'il plane une ombre sur ma vie ; je ne le veux pas, entendez-vous ?

La reine avait prononcé ces paroles avec une telle vivacité, elle les avait accentuées si vigoureusement, que le cardinal n'avait ni osé, ni pu l'interrompre, mais aussitôt qu'elle eut cessé :

— Madame, dit-il en étouffant un soupir, je vais répondre à toutes vos suppositions. Non, je n'ai pas persévéré dans l'idée que vous deviez avoir le collier, attendu que j'étais assuré qu'il était en vos mains. Non, je n'ai

EXPLICATIONS.

en rien conspiré avec madame de La Motte au sujet de ce collier. Non, je ne l'ai pas plus que les joailliers ne l'ont, que vous ne dites l'avoir vous-même. — Il n'est pas possible! s'écria la reine avec stupeur; vous n'avez pas le collier? — Non, Madame. — Vous n'avez pas conseillé à madame de La Motte de demeurer hors de tout ceci? — Non, Madame. — Ce n'est pas vous qui la cachez? — Non, Madame. — Vous ne savez pas ce qu'elle est devenue? — Pas plus que vous, Madame. — Mais alors comment vous expliquez-vous ce qui arrive? — Madame, je suis forcé d'avouer que je ne l'explique pas. Au surplus, ce n'est pas la première fois que je me plains à la reine de ne pas être compris par elle. — Quand donc cela, Monsieur? je ne me le rappelle pas. — Soyez bonne, Madame, dit le cardinal, et veuillez relire en idée mes lettres. — Vos lettres! dit la reine surprise. Vous m'avez écrit, vous? — Trop rarement, Madame, pour tout ce que j'avais dans le cœur.

La reine se leva.

— Il me semble, dit-elle, que nous nous trompons l'un et l'autre; finissons vite cette plaisanterie. Que parlez-vous de lettres? quelles lettres, et qu'avez-vous sur le cœur ou dans le cœur, je ne sais trop comment vous venez de dire cela? — Mon Dieu! Madame, je me suis peut-être laissé aller à dire trop haut le secret de mon âme. — Quel secret! Êtes-vous dans votre bon sens, monsieur le cardinal? — Madame! — Oh! ne tergiversons pas; vous parlez comme un homme qui veut me tendre un piége, ou qui veut m'embarrasser devant des témoins. — Je vous jure, Madame, que je n'ai rien dit... Y a-t-il vraiment quelqu'un qui écoute? — Non, Monsieur, mille fois non, il n'y a personne, expliquez-vous donc, mais complétement, et si vous jouissez de votre raison, prouvez-le. — Oh! Madame, pourquoi madame de La Motte n'est-elle pas là? Elle m'aiderait, elle, notre amie, à réveiller, sinon l'attachement, du moins la mémoire de Votre Majesté. — *Notre* amie? mon attachement? ma mémoire? Je tombe des nues. — Ah! Madame, je vous prie, dit le cardinal révolté par le ton aigre de la reine, épargnez-moi. Libre à vous de n'aimer plus, n'offensez pas. — Ah! mon Dieu! s'écria la reine en pâlissant, ah! mon Dieu!... que dit cet homme? — Très-bien! continua monsieur de Rohan, qui s'animait à mesure que la colère montait en bouillonnant, très-bien! Madame, je crois avoir été assez discret et assez réservé pour que vous ne me maltraitiez pas; je ne vous reproche, d'ailleurs, que des griefs frivoles. J'ai le tort de me répéter. J'eusse dû savoir que quand une reine a dit: Je ne veux plus, c'est une loi aussi impérieuse que lorsqu'une femme a dit: Je veux!

La reine poussa un cri farouche, et saisit le cardinal par sa manche de dentelles.

— Dites vite, Monsieur, dit-elle d'une voix tremblante. J'ai dit : *Je ne veux plus* ; et j'avais dit : *Je veux*. A qui ai-je dit l'un, à qui ai-je dit l'autre ? — Mais à moi, tous les deux. — A vous ? — Oubliez que vous avez dit l'un, moi je n'oublie pas que vous avez dit l'autre. — Vous êtes un misérable ! monsieur de Rohan, vous calomniez une femme ! — Moi ! — Vous êtes un traître ; vous insultez la reine. — Et vous, vous êtes une femme sans cœur, une reine sans foi. — Malheureux ! — Vous m'avez amené par degrés à prendre pour vous un fol amour. Vous m'avez laissé m'abreuver d'espérances. — Des espérances ! Mon Dieu ! suis-je une folle ? Est-il un scélérat ? — Est-ce moi qui aurais jamais osé vous demander les audiences nocturnes que vous m'accordâtes ?

La reine poussa un hurlement de rage auquel répondit un long soupir dans le boudoir.

— Est-ce moi, poursuivit monsieur de Rohan, qui aurais osé venir seul dans le parc de Versailles, si vous ne m'eussiez envoyé madame de La Motte ? — Mon Dieu ! — Est-ce moi qui aurais osé voler la clé qui ouvre cette porte de la Louveterie ? — Mon Dieu ! — Est-ce moi qui aurais osé vous demander d'apporter la rose que voici ? Rose adorée ! rose maudite ! séchée, brûlée sous mes baisers !... — Mon Dieu ! — Est-ce moi qui vous ai forcée de descendre le lendemain et de me donner vos deux mains, dont le parfum dévore incessamment mon cerveau et me rend fou. Vous avez raison de me le reprocher. — Oh ! assez ! assez ! — Est-ce moi, enfin, qui, dans mon plus furieux orgueil, aurais jamais osé rêver cette troisième nuit au ciel blanc, aux doux silences, aux perfides amours. — Monsieur ! monsieur ! cria la reine en reculant devant le cardinal, vous blasphémez ! — Mon Dieu ! répliqua le cardinal en levant les yeux au ciel ; tu sais si pour continuer à être aimé de cette femme trompeuse, j'eusse donné mes biens, ma liberté, ma vie ! — Monsieur de Rohan, si vous voulez conserver tout cela, vous allez dire ici même que vous cherchez à me perdre ; que vous avez inventé toutes ces horreurs ; que vous n'êtes pas venu à Versailles la nuit... — J'y suis venu, répliqua noblement le cardinal. — Vous êtes mort si vous soutenez ce langage. — Rohan ne ment pas. J'y suis venu. — Monsieur de Rohan, monsieur de Rohan ! au nom du ciel, dites que vous ne m'avez pas vue dans le parc... — Je mourrai s'il le faut, comme vous m'en menaciez tout à l'heure, mais je n'ai vu que vous dans le parc de Versailles, où me conduisait madame de La Motte. — Encore une fois ! s'écria la reine livide et tremblante, rétractez-vous ? — Non ! — Une seconde fois, dites que vous avez tramé contre moi cette infamie ? — Non ! — Une dernière fois, monsieur de Rohan, avouez-vous qu'on peut vous avoir trompé vous-même, que tout cela fut une calomnie, un rêve, l'impossible, je ne sais quoi ; mais avouez que je suis innocente, que je puis l'être? — Non!

La reine se redressa terrible et solennelle.

— Vous allez donc avoir affaire, dit-elle, à la justice du roi, puisque vous récusez la justice de Dieu.

Le cardinal s'inclina sans rien dire.

La reine sonna si violemment que plusieurs de ses femmes entrèrent à la fois.

— Qu'on prévienne Sa Majesté, dit-elle en essuyant ses lèvres, que je la prie de me faire l'honneur de passer chez moi.

Un officier partit pour exécuter cet ordre. Le cardinal, décidé à tout, demeura intrépidement dans un coin de la chambre.

Marie-Antoinette alla dix fois vers la porte du boudoir sans y entrer, comme si chaque fois, ayant perdu la raison, elle la retrouvait en face de cette porte.

Dix minutes ne s'étaient pas écoulées dans ce terrible jeu de scène, que le roi parut au seuil, la main dans son jabot de dentelles.

On voyait toujours, au plus profond du groupe, la mine effarée de Bœhmer et de Bossange, qui flairaient l'orage.

LXXIX

L'ARRESTATION

A peine le roi parut-il au seuil du cabinet que la reine l'interpella avec une volubilité extraordinaire.

— Sire, dit-elle, voici monsieur le cardinal de Rohan qui dit des choses bien incroyables, veuillez donc le prier de vous les répéter.

A ces paroles inattendues, à cette apostrophe soudaine, le cardinal pâlit. En effet, la position était si étrange, que le prélat cessait de comprendre. Pouvait-il répéter à son roi, le prétendu amant, pouvait-il déclarer au mari, le sujet respectueux, tout ce qu'il croyait avoir de droits sur la reine et sur la femme?

Mais le roi se retournant vers le cardinal, absorbé dans ses réflexions.

— A propos d'un certain collier, n'est-ce pas, Monsieur, dit-il, vous avez des choses incroyables à me dire, et moi des choses incroyables à entendre? Parlez donc, j'écoute.

Monsieur de Rohan prit sur-le-champ son parti; des deux difficultés il choisirait la moindre; des deux attaques il subirait la plus honorable pour le roi et la reine; et si, imprudemment, on le jetait dans le second péril, eh bien! il en sortirait comme un brave homme et comme un chevalier.

— A propos du collier, oui, sire, murmura-t-il. — Mais, Monsieur, dit le roi, vous avez donc acheté le collier? — Sire... — Oui ou non?

Le cardinal regarda la reine et ne répondit pas.

— Oui ou non? répéta-t-elle. La vérité, Monsieur, la vérité; on ne vous demande pas autre chose.

Monsieur de Rohan détourna la tête et ne répliqua point.

— Puisque monsieur de Rohan ne veut pas répondre, répondez, vous, Madame, dit le roi; vous devez savoir quelque chose de tout cela. Avez-vous acheté, oui ou non, ce collier? — Non! dit la reine avec force.

Monsieur de Rohan tressaillit.

— Voici une parole de reine! s'écria le roi avec solennité; prenez-y garde, monsieur le cardinal.

Monsieur de Rohan laissa glisser sur ses lèvres un sourire de mépris.

— Vous ne dites rien? fit le roi. — De quoi m'accuse-t-on? sire. — Les joailliers disent avoir vendu un collier, à vous ou à la reine. Ils montrent un reçu de Sa Majesté. — Le reçu est faux! dit la reine. — Les joailliers, continua le roi, disent qu'à défaut de la reine ils sont garantis par des engagements que vous avez pris, monsieur le cardinal. — Je ne refuse pas de payer, sire, dit monsieur de Rohan. Il faut bien que ce soit la vérité, puisque la reine le laisse dire.

Et un second regard, plus méprisant que le premier, termina sa phrase et sa pensée.

La reine frissonna. Ce mépris du cardinal n'était pas pour elle une insulte, puisqu'elle ne la méritait pas, mais ce devait être la vengeance d'un honnête homme; elle s'effraya.

— Monsieur le cardinal, reprit le roi, il ne reste pas moins dans cette affaire un faux qui a compromis la signature de la reine de France. — Un autre faux, s'écria la reine, et celui-là peut-il être imputé à un gentilhomme, c'est celui qui prétend que les joailliers ont repris le collier. — Libre à la reine, dit monsieur de Rohan du même ton, de m'attribuer les deux faux; en avoir fait un, en avoir fabriqué deux, où est la différence?

La reine faillit éclater d'indignation; le roi la retint d'un geste.

— Prenez garde, dit-il encore au cardinal, vous aggravez votre position, Monsieur. Je vous dis: justifiez-vous, et vous avez l'air d'accuser.

Le cardinal réfléchit un moment; puis, comme s'il eût succombé sous le poids de cette mystérieuse calomnie qui étreignait son honneur:

— Me justifier, dit-il, impossible! — Monsieur, il y a des gens qui disent qu'un collier leur a été volé; en proposant de le payer, vous avouez que vous êtes coupable. — Qui le croira? dit le cardinal avec un superbe dédain. — Alors, Monsieur, si vous ne supposez pas qu'on le croie, on croira donc...

Et un frissonnement de colère bouleversa le visage ordinairement si placide du roi.

— Sire, je ne sais rien de ce qui s'est dit, reprit le cardinal, je ne sais rien de ce qui s'est fait; tout ce que je puis affirmer, c'est que je n'ai pas eu le collier; tout ce que je puis affirmer, c'est que les diamants sont au pouvoir de quelqu'un qui devrait se nommer, qui ne le veut pas, et me force ainsi à lui dire cette parole de l'Écriture : Le mal retombe sur la tête de celui qui l'a commis.

A ces mots, la reine fit un mouvement pour prendre le bras du roi, qui lui dit :

— Le débat est entre vous et lui, Madame. Une dernière fois, avez-vous ce collier? — Non! sur l'honneur de ma mère, sur la vie de mon fils! répondit la reine.

Le roi, plein de joie après cette déclaration, se tourna vers le cardinal:

— Alors, c'est une affaire entre la justice et vous, Monsieur, dit-il; à moins que vous ne préfériez vous en rapporter à ma clémence. — La clémence des rois est faite pour les coupables, sire, répondit le cardinal : je lui préfère la justice des hommes. — Vous ne voulez rien avouer? — Je n'ai rien à dire. — Mais enfin, Monsieur, s'écria la reine, votre silence laisse mon honneur en jeu!

Le cardinal se tut.

— Eh bien! moi, je ne me tairai pas, continua la reine; ce silence me brûle; il atteste une générosité dont je ne veux pas. Apprenez, sire, que tout le crime de monsieur le cardinal n'est pas dans la vente ou dans le vol du collier.

Monsieur de Rohan releva la tête et pâlit.

— Qu'est-ce à dire? fit le roi inquiet. — Madame!... murmura le cardinal épouvanté. — Oh! nulle raison, nulle crainte, nulle faiblesse ne me fermera la bouche; j'ai là, dans mon cœur, des motifs qui me pousseraient à crier mon innocence sur une place publique. — Votre innocence! dit le roi. Eh! Madame, qui serait assez téméraire ou assez lâche pour obliger Votre Majesté à prononcer ce mot! — Je vous supplie, Madame, dit le cardinal. — Ah! vous commencez à trembler. J'avais donc deviné juste, vos complots aiment l'ombre! à moi le grand jour! Sire, sommez monsieur le cardinal de vous dire ce qu'il m'a dit tout à l'heure, ici, à cette place. — Madame! Madame, fit monsieur de Rohan, prenez garde; vous passez les bornes. — Plaît-il? fit le roi avec hauteur, qui donc parle ainsi à la reine? Ce n'est pas moi, je suppose? — Voilà justement, sire, dit Marie-Antoinette. Monsieur le cardinal parle ainsi à la reine, parce qu'il prétend en avoir le droit. — Vous, Monsieur, murmura le roi devenu livide. — Lui! s'écria la reine avec mépris, lui! — Monsieur de Rohan a des preuves? reprit le roi en faisant un pas vers le prince. — Monsieur de Rohan a des lettres, à ce qu'il dit! fit la reine. — Voyons, Monsieur! insista le roi. — Ces lettres, cria la reine avec emportement, ces lettres!

Le cardinal passa sa main sur son front glacé par la sueur, et sembla demander à Dieu comment il avait pu former dans la créature tant d'audace et de perfidie, mais il se tut.

— Oh! ce n'est pas tout, poursuivit la reine, qui s'animait peu à peu sous l'influence de sa générosité même, monsieur le cardinal a obtenu des rendez-vous. — Madame! par pitié! fit le roi. — Par pudeur! dit le cardinal. — Enfin! Monsieur, reprit la reine, si vous n'êtes pas le dernier des hommes, si vous tenez quelque chose pour sacré en ce monde, vous avez des preuves, fournissez-les.

Monsieur de Rohan releva lentement la tête et répliqua :

— Non! Madame, je n'en ai pas. — Vous n'ajouterez pas ce crime aux autres, continua la reine; vous n'entasserez pas sur moi opprobre après opprobre. Vous avez une aide, une complice, un témoin dans tout ceci : nommez-le, ou nommez-la. — Qui donc? s'écria le roi. — Madame de La Motte, sire, fit la reine. — Ah! dit le roi, triomphant de voir enfin que ses préventions contre Jeanne se trouvaient justifiées; allons donc! Eh bien! qu'on la voie, cette femme, qu'on l'interroge. — Ah! bien oui! s'écria la reine, elle a disparu. Demandez à Monsieur ce qu'il en a fait. Il avait trop d'intérêt à ce qu'elle ne fût pas en cause. — D'autres l'auront fait disparaître, répliqua le cardinal, qui avaient encore plus intérêt que moi. C'est ce qui fait qu'on ne la retrouvera point. — Mais, Monsieur, puisque vous êtes innocent, dit la reine avec fureur, aidez-nous donc à trouver les coupables.

Mais le cardinal de Rohan, après avoir lancé un dernier regard, tourna le dos et croisa ses bras.

— Monsieur, dit le roi offensé, vous allez vous rendre à la Bastille.

Le cardinal s'inclina; puis, d'un ton assuré :

— Ainsi vêtu? dit-il, dans mes habits pontificaux? devant toute la cour? Veuillez y réfléchir, sire, le scandale est immense. Il n'en sera que plus lourd pour la tête sur laquelle il retombera. — Je le veux ainsi, fit le roi fort agité. — C'est une douleur injuste que vous faites prématurément subir à un prélat, sire, et la torture avant l'accusation, ce n'est pas légal. — Il faut qu'il en soit ainsi, répondit le roi en ouvrant la porte de la chambre pour chercher des yeux quelqu'un à qui transmettre cet ordre.

Monsieur de Breteuil était là; ses yeux dévorants avaient deviné dans l'exaltation de la reine, dans l'agitation du roi, dans l'attitude du cardinal, la ruine d'un ennemi.

Le roi n'avait pas achevé de lui parler bas, que le garde des sceaux, usurpant les fonctions du capitaine des gardes, cria d'une voix éclatante qui retentit jusqu'au fond des galeries :

— Arrêtez monsieur le cardinal!

Monsieur de Rohan tressaillit. Les murmures qu'il entendit sous les voûtes, l'agitation des courtisans, l'arrivée subite des gardes du corps, donnaient à cette scène un caractère de sinistre augure.

Le cardinal passa devant la reine sans la saluer, ce qui fit bouillir le sang de la fière princesse. Il s'inclina très-humblement en passant devant le roi, et prit en passant près de monsieur de Breteuil une expression de pitié si habilement nuancée, que le baron dut croire qu'il ne s'était pas assez vengé.

Un lieutenant des gardes s'approcha timidement et sembla demander au cardinal lui-même la confirmation de l'ordre qu'il venait d'entendre.

— Oui, Monsieur, lui dit monsieur de Rohan; oui, c'est bien moi qui suis arrêté. — Vous conduirez Monsieur à son appartement, en attendant ce que j'aurai décidé pendant la messe, dit le roi au milieu d'un silence de mort.

Le roi demeura seul chez la reine, portes ouvertes, tandis que le cardinal s'éloignait lentement par la galerie, précédé du lieutenant des gardes, le chapeau à la main.

— Madame, dit le roi haletant, parce qu'il s'était contenu à grand'-peine, vous savez que cela aboutit à un jugement public, c'est-à-dire à un scandale sous lequel tombera l'honneur des coupables? — Merci! s'écria la reine en serrant les mains du roi, vous avez choisi le seul moyen de me justifier. — Vous me remerciez? — De toute mon âme. Vous avez agi en roi! moi en reine, croyez-le bien. — C'est bien, répondit le roi, comblé d'une vive joie; nous aurons raison enfin de toutes ces bassesses. Quand le serpent aura été une fois pour toutes écrasé par vous et par moi, nous vivrons tranquilles, j'espère.

Il baisa la reine au front et rentra chez lui.

Cependant, à l'extrémité de la galerie, monsieur de Rohan avait trouvé Bœhmer et Bossange à moitié évanouis dans les bras l'un de l'autre.

Puis, à quelques pas de là, le cardinal aperçut son coureur qui, effaré de ce désastre, guettait un regard de son maître.

— Monsieur, dit le cardinal à l'officier qui le guidait, en passant toute cette journée ici, je vais inquiéter bien du monde; est-ce que je ne puis annoncer chez moi que je suis arrêté? — Oh! Monseigneur, pourvu que nul ne vous voie, dit le jeune officier.

Le cardinal remercia; puis, adressant la parole en allemand à son coureur, il écrivit quelques mots sur une page de son missel, qu'il déchira.

Et derrière l'officier, qui guettait pour ne pas être surpris, le cardinal roula cette feuille et la laissa tomber.

— Je vous suis, Monsieur, dit-il à l'officier.

En effet, ils disparurent tous deux.

Le coureur fondit sur ce papier comme un vautour sur sa proie, s'élança hors du château, enfourcha son cheval et s'enfuit vers Paris.

Le cardinal put le voir aux champs, par une des fenêtres de l'escalier qu'il descendait avec son guide.

— Elle me perd, murmura-t-il; je la sauve! C'est pour vous, mon roi, que j'agis; c'est pour vous, mon Dieu! qui commandez le pardon des injures, c'est pour vous que je pardonne aux autres... Pardonnez-moi!

LXXX

LES PROCÈS-VERBAUX

A peine le roi était-il rentré heureux dans son appartement, signait-il l'ordre de conduire monsieur de Rohan à la Bastille, que parut monsieur le comte de Provence, lequel entra dans le cabinet en faisant à monsieur de Breteuil des signes que celui-ci, malgré tout son respect et sa bonne volonté, ne put comprendre.

Mais ce n'était pas au garde des sceaux que s'adressaient ces signes, le prince les multipliait ainsi à dessein d'attirer l'attention du roi, qui regardait dans une glace tout en rédigeant son ordre.

Cette affectation ne manqua pas son but : le roi aperçut ces signes, et après avoir congédié monsieur de Breteuil :

— Pourquoi faisiez-vous signe à Breteuil? dit-il à son frère. — Oh! sire... — Cette vivacité de gestes, cet air préoccupé, signifient quelque chose? — Sans doute, mais... — Libre à vous de ne pas parler, mon frère, dit le roi d'un air piqué. — Sire, c'est que je viens d'apprendre l'arrestation de monsieur le cardinal de Rohan. — Eh bien! en quoi cette nouvelle, mon frère, peut-elle causer chez vous cette agitation? Est-ce que monsieur de Rohan ne vous paraît pas coupable? Est-ce que j'ai tort de frapper même le puissant? — Tort? non pas, mon frère. Vous n'avez pas tort. Ce n'est pas cela que je veux dire. — Il m'eût fort surpris, monsieur le comte de Provence, que vous donnassiez gain de cause contre la reine à l'homme qui cherche à la déshonorer. Je viens de voir la reine, mon frère, un mot d'elle a suffi... — Oh! sire, à Dieu ne plaise que j'accuse la reine! vous le savez bien. Sa Majesté... ma sœur, n'a pas d'ami plus dévoué que moi. Combien de fois ne m'est-il pas arrivé de la défendre, au contraire, et, ceci soit dit sans reproche, même contre vous. — En vérité, mon frère, on l'accuse donc bien souvent? — J'ai du malheur, sire; vous m'attaquez sur chacune de mes paroles... Je voulais dire que la reine ne me croirait pas elle-même si je paraissais douter de son innocence. — Alors, vous vous applaudissez avec moi de l'humiliation que je fais subir au cardinal, du procès qui va en résulter, du scandale qui va mettre un terme à toutes les calomnies qu'on n'oserait se permettre contre une simple femme de la cour, et dont chacun ose se faire l'écho, parce que la reine, dit-on, est au-dessus de toutes ces misères? — Oui, sire, j'approuve complètement la conduite de Votre Majesté, et je dis que tout est pour le mieux, quant à l'affaire du collier. — Pardieu! mon frère, rien de plus clair. Ne voit-on pas d'ici monsieur de Rohan se faisant gloire de la familière amitié de la reine, concluant, en son nom, un marché pour des diamants qu'elle a refusés, et laissant dire que ces diamants ont été pris par la reine ou chez la reine, c'est monstrueux, et, comme elle le disait : Que croirait-on si j'avais eu monsieur de Rohan pour compère dans ce trafic mystérieux? — Sire... — Et puis, vous ignorez, mon frère, que jamais une calomnie ne s'arrête à moitié chemin, que la légèreté de monsieur de Rohan compromet la reine, mais que le récit de ces légèretés la déshonore. — Oh! oui, mon frère, oui, je le répète, vous avez eu bien raison quant à ce qui concerne l'affaire du collier. — Eh bien! mais, dit le roi surpris, est-ce qu'il y a encore une autre affaire? — Mais, sire... la reine a dû vous dire... — Me dire... quoi donc? — Sire, vous voulez m'embarrasser. Il est impossible que la reine ne vous ai pas dit... — Quoi donc, Monsieur? quoi donc? — Sire... — Ah! les fanfaronnades de monsieur de Rohan? ces réticences, ces prétendues correspondances? — Non, sire, non. — Quoi donc, alors? les entretiens que la reine aurait accordés à monsieur de Rohan pour l'affaire du collier en question... — Non, sire, ce n'est pas cela. — Tout ce que je sais, reprit le roi, c'est que j'ai en la reine une confiance absolue, qu'elle mérite par la noblesse de son caractère. Il était facile à Sa Majesté de ne rien dire de tout ce qui se passe. Il était facile à elle de payer ou de laisser payer à d'autres, de payer ou de laisser dire; la reine, en arrêtant court ces mystères qui devenaient des scandales, m'a prouvé qu'elle en appelait à moi avant d'en appeler à tout le public. C'est moi que la reine a fait appeler, c'est à moi qu'elle a voulu confier le soin de venger son honneur. Elle m'a pris pour confesseur, pour juge; la reine m'a donc tout dit. — Eh bien! répliqua le comte de Provence, moins embarrassé qu'il n'eût dû l'être, parce qu'il sentait la conviction du roi moins solide qu'on ne voulait le lui faire voir, voilà que vous faites encore le procès à mon amitié, à mon respect pour la reine, ma sœur. Si vous procédez contre moi avec cette susceptibilité, je ne vous dirai rien, craignant toujours, moi qui défends, de passer pour un ennemi ou un accusateur. Et, cependant, voyez combien en ceci vous manquez de logique. Les aveux de la reine vous ont déjà conduit à trouver une vérité qui justifie ma sœur. Pourquoi ne voudriez-vous pas qu'on fît luire à vos yeux d'autres clartés, plus propres encore à révéler toute l'innocence de notre reine? — C'est que... dit le roi gêné, vous commencez toujours, mon frère, par des circuits dans lesquels je me perds. — Précautions oratoires, sire, défaut de chaleur. Hélas! j'en demande pardon à Sa Majesté; c'est mon vice d'éducation. Cicéron m'a gâté. — Mon frère, Cicéron n'est jamais louche que quand il défend une mauvaise cause; vous en tenez une bonne, soyez clair, pour l'amour de Dieu! — Me critiquer dans ma façon de parler, c'est me réduire au silence. — Allons, voilà l'*irritable genus rhetorum* qui prend la mouche, s'écria le roi, dupe de cette rouerie du comte de Provence. Au fait, avocat, au fait! Que savez-vous de plus que ce que m'a dit la reine. — Mon Dieu! sire, rien et tout. Précisons d'abord ce que vous a dit la reine. — La reine m'a dit qu'elle n'avait pas le collier. — Bon! — Elle m'a dit qu'elle n'avait pas signé le reçu des joailliers. — Bien! — Elle m'a dit que tout ce qui avait rapport à un arrangement avec monsieur de Rohan était une fausseté inventée par ses ennemis. — Très-bien! sire. — Elle a dit enfin que jamais elle n'avait donné à monsieur de Rohan le droit de croire qu'il fût plus qu'un de ses sujets, plus qu'un indifférent, plus qu'un inconnu. — Ah!... elle a dit cela... — Et d'un ton qui n'admettait pas de réplique, car le cardinal n'a pas répliqué. — Alors, sire, puisque le cardinal n'a rien répliqué, c'est qu'il s'avoue menteur, et il donne par ce désaveu raison aux autres bruits qui courent sur certaines préférences accordées par la reine à certaines personnes. — Eh! mon Dieu! quoi encore? dit le roi avec découragement. — Rien que de très-absurde, comme vous l'allez voir. Du moment où il a été constant que monsieur de Rohan ne s'est pas promené avec la reine...

LES PROCÈS-VERBAUX.

— Comment ! s'écria le roi, monsieur de Rohan, disait-on, s'est promené avec la reine ? — Ce qui est bien démenti par la reine elle-même, sire, et par le désaveu de monsieur de Rohan ; mais enfin, du moment où cela est constaté, vous comprenez qu'on a dû chercher, la malignité ne s'en est pas abstenue, comment il se faisait que la reine se promenât la nuit dans le parc de Versailles. — La nuit, dans le parc de Versailles ! la reine ! — Et avec qui elle se promenait, continua froidement le comte de Provence. — Avec qui ?... murmura le roi. — Sans doute !... Est-ce que tous les yeux ne s'attachent pas à ce que fait une reine ? Est-ce que ces yeux, que jamais n'éblouit l'éclat du jour ou l'éclat de la majesté, ne sont pas plus clairvoyants encore quand il s'agit de voir la nuit ? — Mais, mon frère, vous dites là des choses infâmes, prenez-y garde. — Sire, je répète, et je répète avec une telle indignation, que je pousserai Votre Majesté, j'en suis sûr, à en découvrir la vérité. — Comment, Monsieur ! On dit que la reine s'est promenée la nuit, en compagnie... dans le parc de Versailles ! — Pas en compagnie, sire, en tête-à-tête... Oh ! si l'on ne disait que *compagnie*, la chose ne vaudrait pas la peine que nous y prissions garde.

Le roi, éclatant tout à coup :

— Vous m'allez prouver que vous répétez, dit-il, et, pour cela, prouvez qu'on a dit. — Oh ! facilement, trop facilement, répondit monsieur de Provence. Il y a quatre témoignages : le premier est celui de mon capitaine des chasses, qui a vu la reine deux jours de suite, ou plutôt deux nuits de suite, sortir du parc de Versailles par la porte de la Louveterie. Voici le titre : il est revêtu de sa signature. Lisez.

Le roi prit en tremblant le papier, le lut et le rendit à son frère.

— Vous en verrez, sire, un plus curieux ; il est du garde de nuit qui veille à Trianon. Il déclare que la nuit a été bonne, qu'un coup de feu a été tiré, par des braconniers sans doute, dans le bois de Satory ; que, quant aux parcs, ils ont été calmes, excepté le jour où Sa Majesté la reine y a fait une promenade avec un gentilhomme à qui elle donnait le bras. Voyez, le procès-verbal est explicite.

Le roi lut encore, frissonna et laissa tomber ses bras à son côté.

— Le troisième, continua imperturbablement monsieur le comte de Provence, est du suisse de la porte de l'Est. Cet homme a vu et reconnu la reine au moment où elle sortait par la porte de la Louveterie. Il dit comment la reine était vêtue ; voyez, sire ; il dit aussi que de loin il n'a pu reconnaître le gentilhomme que *Sa Majesté quittait* ; c'est écrit ; mais qu'à sa tournure il l'a pris pour un officier. Ce procès-verbal est signé. Il ajoute une chose curieuse, à savoir, que la présence de la reine ne peut être révoquée en doute, parce que Sa Majesté était accompagnée de madame de La Motte, amie de la reine. — Amie de la reine! s'écria le roi furieux. Oui, il y a cela : Amie de la reine! — Ne veuillez pas de mal à cet honnête serviteur, sire ; il ne peut être coupable que d'un excès de zèle. Il est chargé de garder, il garde ; de veiller, il veille. — Le dernier, continua le comte de Provence, me paraît le plus clair de tous. Il est du maître serrurier chargé de vérifier si toutes les portes sont fermées après la retraite battue. Cet homme, Votre Majesté le connaît, il certifie avoir vu entrer la reine avec un gentilhomme dans les bains d'Apollon.

Le roi, pâle et étouffant son ressentiment, arracha le papier des mains du comte et le lut.

Monsieur de Provence continua néanmoins pendant cette lecture.

— Il est vrai que madame de La Motte était dehors, à une vingtaine de pas, et que la reine ne demeura qu'une heure environ dans cette salle. — Mais le nom du gentilhomme! s'écria le roi. — Sire, ce n'est pas dans le rapport qu'on le nomme, il faut pour cela que Sa Majesté prenne la peine de parcourir un dernier certificat que voici. Il est d'un garde forestier qui se tenait à l'affût derrière le mur d'enceinte, près des bains d'Apollon. — Daté du lendemain, fit le roi. — Oui, sire, et qui a vu la reine sortir du parc par la petite porte, et regarder au dehors : elle tenait le bras de monsieur de Charny! — Monsieur de Charny!... s'écria le roi, à demi fou de colère et de honte ; bien... bien... Attendez-moi ici, comte, nous allons enfin savoir la vérité.

Et le roi s'élança hors de son cabinet.

LXXXI

UNE DERNIÈRE ACCUSATION

Au moment où le roi avait quitté la chambre de la reine, celle-ci courut au boudoir où monsieur de Charny avait pu tout entendre.

Elle en ouvrit la porte, et revint fermer elle-même celle de son appartement; puis, tombant sur un fauteuil, comme si elle eut été trop faible pour résister à de pareils chocs, elle attendit silencieusement ce que déciderait d'elle monsieur de Charny, son juge le plus redoutable.

Mais elle n'attendit pas longtemps ; le comte sortit du boudoir plus triste et plus pâle qu'il n'avait jamais été.

— Eh bien? dit-elle. — Madame, répliqua-t-il, vous voyez que tout s'oppose à ce que nous soyons amis. Si ce n'est pas ma conviction qui vous blesse, ce sera le bruit public désormais ; avec le scandale qui est fait aujourd'hui, plus de repos pour moi, plus de trêve pour vous. Les ennemis, plus acharnés après cette première blessure qui vous est faite, viendront fondre sur vous pour boire le sang comme font les mouches sur la gazelle blessée... — Vous cherchez bien longtemps, dit la reine avec mélancolie, une parole naturelle, et vous n'en trouvez pas. — Je crois n'avoir jamais donné lieu à Votre Majesté de suspecter ma franchise, répliqua Charny ; si parfois elle a éclaté, c'est avec trop de dureté ; je vous en demande pardon. — Alors, dit la reine fort émue, ce que je viens de faire, ce bruit, cette agression périlleuse contre un des plus grands seigneurs de ce royaume, mon hostilité déclarée avec l'Église, ma renommée exposée aux passions des parlements, tout cela ne vous suffit pas. Je ne parle point de la confiance à jamais ébranlée chez le roi ; vous ne devez pas vous en préoccuper, n'est-ce pas ?... Le roi ! qu'est-ce cela ?... un époux !

Et elle sourit avec une amertume si douloureuse, que les larmes jaillirent de ses yeux.

— Oh ! s'écria Charny, vous êtes la plus noble, la plus généreuse des femmes. Si je ne vous réponds pas sur-le-champ, comme mon cœur m'y contraint, c'est que je me sens inférieur à tout, et que je n'ose profaner ce cœur sublime en y demandant une place. — Monsieur de Charny, vous me croyez coupable. — Madame !... — Monsieur de Charny, vous avez ajouté foi aux paroles du cardinal. — Madame !... — Monsieur de Charny, je vous somme de me dire quelle impression a faite sur vous l'attitude de monsieur de Rohan. — Je dois le dire, Madame, monsieur de Rohan n'a été ni un insensé, comme vous le lui avez reproché, ni un homme faible, comme on pourrait le croire ; c'est un homme convaincu ; c'est un homme qui vous aimait, qui vous aime, et qui en ce moment est la victime d'une erreur qui le conduira, lui, à la ruine, vous... — Moi ? — Vous, Madame, à un déshonneur inévitable. — Mon Dieu ! — Devant moi se lève un spectre menaçant, cette femme odieuse, madame de La Motte, disparue quand son témoignage peut tout nous rendre, repos, honneur, sécurité pour l'avenir. Cette femme est le mauvais génie de votre personne, elle est le fléau de votre royauté ; cette femme que vous avez imprudemment admise à partager vos secrets, et peut-être, hélas ! votre intimité... — Mes secrets, mon intimité, ah ! Monsieur, je vous en prie ! s'écria la reine. — Madame, le cardinal vous a dit clairement et a assez clairement prouvé que vous aviez avec lui concerté l'achat du collier. — Ah !... vous revenez sur cela, monsieur de Charny, dit la reine en rougissant. — Pardon, pardon, vous voyez bien que je suis un cœur moins généreux que vous, vous voyez bien que je suis indigne, moi, d'être appelé à connaître vos pensées. Je cherche à adoucir, j'irrite. — Tenez, Monsieur, fit la reine, revenue à une fierté mêlée de colère, ce que le roi croit, tout le monde peut le croire; je ne serai pas plus facile à mes amis qu'à mon époux. Il me paraît qu'un homme ne peut aimer à voir une femme quand il n'a pas d'estime pour cette femme. Je ne parle pas de vous, Monsieur, interrompit-elle vivement; je ne suis pas une femme, moi! je suis une reine; vous n'êtes pas un homme, mais un juge pour moi.

Charny s'inclina si bas, que la reine dut trouver suffisante la réparation et l'humilité de ce *sujet* fidèle.

— Je vous avais conseillé, dit-elle tout à coup, de demeurer en vos terres; c'était un sage dessein. Loin de la cour à laquelle répugnent vos habitudes, votre droiture, votre inexpérience, permettez-moi de le dire; loin, dis-je, de la cour, vous eussiez mieux apprécié les personnages qui jouent leur rôle sur ce théâtre. Il faut ménager l'illusion de l'optique, monsieur de Charny, il faut garder son rouge et ses hauts talons devant la foule. Reine trop prompte à la condescendance; j'ai négligé d'entretenir chez ceux qui m'aimaient le prestige éblouissant de la royauté. Ah! monsieur de Charny, l'auréole que dessine une couronne au front des reines les dispense de chasteté, de douceur, d'esprit, et les dispense surtout de cœur. On est reine, Monsieur, on domine; à quoi sert de se faire aimer? — Je ne saurais vous dire, Madame, répondit Charny fort ému, combien la sévérité de Sa Majesté me fait mal. J'ai pu oublier que vous étiez ma reine; mais, rendez-moi cette justice, je n'ai jamais oublié que vous fussiez la première des femmes dignes de mon respect et de... — N'achevez pas, je ne mendie point. Oui, je l'ai dit, une absence vous est nécessaire. Quelque chose me dit que votre nom finira par être prononcé dans tout ceci. — Madame, impossible! — Vous dites impossible! Eh! réfléchissez donc au pouvoir de ceux qui depuis six mois jouent avec ma réputation, avec ma vie; ne disiez-vous pas que monsieur le cardinal est *convaincu* qu'il agit en vue d'une *erreur* dans laquelle on le plonge! Ceux qui opèrent des convictions pareilles, monsieur le comte, ceux qui causent des *erreurs* semblables, sont de force à vous prouver que vous êtes un déloyal sujet pour le roi, et pour moi un ami honteux. Ceux-là qui inventent si heureusement le faux découvrent bien facilement le vrai! Ne perdez pas de temps, le péril est grave; retirez-vous dans vos terres, fuyez le scandale qui va résulter du procès qu'on me fera : je ne veux pas que ma destinée vous entraîne, je ne veux pas que votre carrière se perde. Moi qui, Dieu merci! ai l'innocence et la force, mais qui n'ai pas une tache sur ma vie; moi qui suis résolue à ouvrir, s'il le faut, ma poitrine pour montrer à mes ennemis la pureté de mon cœur; moi je résisterai. Pour vous il y aurait la ruine, la diffamation, la prison peut-être ; remportez cet argent si noblement offert, remportez l'assurance que pas un des mouvements généreux de votre âme ne m'a échappé ; que pas un de vos doutes ne m'a blessée ; que pas une de vos souffrances ne m'a laissée froide ; partez, vous dis-je, et cherchez ailleurs ce que la reine de France ne peut plus vous donner : la foi, l'espérance, le bonheur. D'ici à ce que Paris sache l'arrestation du cardinal, à ce que le parlement soit convoqué, à ce que les témoignages se produisent, je compte une quinzaine de jours. Partez ! votre oncle a deux vaisseaux prêts à Cherbourg et à Nantes, choisissez ; mais éloignez-vous de moi. Je porte malheur ; éloignez-vous de moi. Je ne tenais qu'à une chose en ce monde, et comme elle me manque, je me sens perdue.

En disant ces mots la reine se leva brusquement et sembla donner à Charny le congé qui termine les audiences.

Il s'approcha d'elle aussi respectueusement, mais plus vite.

— Votre Majesté, dit-il, d'une voix altérée, vient de me dicter mon devoir. Ce n'est pas dans mes terres, ce n'est pas hors de la France qu'est le danger, c'est à Versailles, où l'on vous soupçonne, c'est à Paris où l'on va vous juger. Il importe, Madame, que tout soupçon s'efface, que tout arrêt soit une justification, et, comme vous ne sauriez avoir un témoin plus loyal, un soutien plus résolu, je reste. Ceux qui savent tant de choses, Madame, les diront. Mais au moins aurons-nous eu le bonheur inestimable pour les gens de cœur de voir nos ennemis face à face. Qu'ils tremblent ceux-là devant la majesté d'une reine innocente, et devant le courage d'un homme meilleur qu'eux. Oui, je reste, Madame, et, croyez-le bien, Votre Majesté n'a pas besoin de me cacher plus longtemps sa pensée ; ce que l'on sait bien, c'est que je ne fuis pas ; ce qu'elle sait bien, c'est que je ne crains rien ; ce qu'elle sait aussi, c'est que pour ne me plus voir jamais, il n'est pas besoin de m'envoyer en exil. Oh ! Madame ! de loin, les cœurs s'entendent, de loin les aspirations sont plus ardentes que de près. Vous voulez que je parte, pour vous et non pour moi ; ne craignez rien ; à portée de vous secourir, de vous défendre, je serai plus à portée de vous offenser ou de vous nuire ; vous ne m'avez pas vu, n'est-ce pas, lorsque durant huit jours j'ai habité à cent toises de vous, épiant chacun de vos gestes, comptant vos pas, vivant de votre vie ?... Eh bien ! il en sera de même cette fois, car je ne puis exécuter votre volonté, je ne puis partir ! D'ailleurs, que vous importe !.. Est-ce que vous songerez à moi ?

Elle fit un mouvement qui l'éloigna du jeune homme.

— Comme il vous plaira, dit-elle, mais... vous m'avez comprise, il ne faut pas que vous vous trompiez jamais à mes paroles ; je ne suis pas une coquette, monsieur de Charny; dire ce qu'elle pense, penser ce qu'elle dit, voilà le privilége d'une véritable reine : je suis ainsi. Un jour, Monsieur, je vous ai choisi parmi tous. Je ne sais quoi entraînait mon cœur de votre côté. J'avais soif d'une amitié forte et pure, je vous l'ai bien laissé voir, n'est-ce pas? ce n'est plus de même aujourd'hui; je ne pense plus ce que je pensais. Votre âme n'est plus sœur de la mienne. Je vous le dis franchement : épargnons-nous l'un l'autre. — Madame, reprit Charny, vous me connaissez mal. J'ai plus de fierté et plus de dévouement que vous ne pensez. Repoussé par vous au moment où vous courez le plus grand danger, car l'opinion va vous juger et vous condamner peut-être, repoussé par vous, je ne suis pas moins déterminé à vous adorer malgré vous, et à donner pour votre service jusqu'à la dernière goutte de mon sang. — Quoi! dit la reine. Si j'étais perdue, vous seul me resteriez?... — Oui, Madame. — Si je n'étais plus reine? — Oui, Madame. — Si l'opinion me condamnait? Si le roi m'exilait du royaume? — Oui, Madame. — Ah! s'écria la reine, vous êtes un noble cœur, Monsieur de Charny.

Elle lui tendit la main. Charny tomba à ses pieds et les baisa avec un transport d'amour religieux.

En ce moment, la porte du corridor secret s'ouvrit, et le roi s'arrêta tremblant et comme foudroyé sur le seuil.

Il venait de surprendre l'homme qu'accusait monsieur de Provence aux pieds de Marie-Antoinette.

LXXXII

LA DEMANDE EN MARIAGE

La reine et Charny échangèrent un coup d'œil si plein d'effroi, que leur plus cruel ennemi eût eu pitié d'eux en ce moment.

Charny se releva lentement, et salua le roi avec un profond respect.

On voyait le cœur de Louis XVI battre violemment sous la dentelle de son jabot.

— Ah! dit-il d'une voix sourde... monsieur de Charny!

Le comte ne répondit que par un nouveau salut.

La reine sentit qu'elle ne pouvait parler, et qu'elle était perdue.

Le roi continuant :

— Monsieur de Charny, fit-il avec une mesure incroyable, c'est peu honorable pour un gentilhomme d'être pris en flagrant délit de vol. — De vol! murmura Charny. — De vol! répéta la reine, qui croyait encore entendre siffler à ses oreilles ces horribles accusations touchant le collier, et qui supposa que le comte en allait être souillé comme elle. — Oui, poursuivit le roi, s'agenouiller devant la femme d'un autre, c'est un vol; et, quand cette femme est une reine, Monsieur, on appelle ce crime lèse-majesté. Je vous ferai dire cela, monsieur de Charny, par mon garde des sceaux.

Le comte allait parler; il allait protester de son innocence, lorsque la reine, impatiente dans sa générosité, ne voulut pas souffrir qu'on accusât d'indignité l'homme qu'elle aimait; elle lui vint en aide.

— Sire, dit-elle vivement, vous êtes, à ce qu'il me paraît, dans une voie de mauvais soupçons, ces préventions tombent à faux, je vous en avertis. Je vois que le respect enchaîne la langue du comte; mais moi, qui connais le fond de son cœur, je ne le laisserai pas accuser sans le défendre.

Elle s'arrêta là, épuisée par son émotion, effrayée du mensonge qu'elle allait être forcée de trouver, éperdue enfin parce qu'elle ne le trouvait pas.

Mais cette hésitation, qui lui paraissait odieuse à elle, fier esprit de reine, c'était tout simplement le salut de la femme. En ces horribles rencontres, où souvent se jouent l'honneur, la vie de celle qu'on a surprise, une minute gagnée suffit pour sauver, comme une seconde perdue avait suffi pour perdre.

La reine, uniquement par instinct, avait saisi l'occasion du délai; elle avait arrêté court le soupçon du roi; elle avait égaré son esprit, elle avait raffermi celui du comte. Ces minutes décisives ont des ailes rapides sur lesquelles est emportée si loin la conviction d'un jaloux, qu'elle ne se retrouve presque jamais, si le démon protecteur des envieux d'amour ne la ramène sur les siennes.

— Me direz-vous, par hasard, répondit Louis XVI, tombant du rôle de roi au rôle de mari inquiet, que je n'ai pas vu de Charny agenouillé, là, devant vous, Madame? Or, pour s'agenouiller sans être relevé, il faut... — Il faut, Monsieur, dit sévèrement la reine, qu'un sujet de la reine de France ait une grâce à lui demander... C'est là, je crois, un cas assez fréquent à la cour. — Une grâce à vous demander? s'écria le roi. — Et une grâce que je ne pouvais accorder, poursuivit la reine. Sans quoi, monsieur de Charny n'eût pas insisté, je vous jure, et je l'eusse relevé bien vite avec la joie d'accorder selon ses désirs à un gentilhomme dont je fais une estime particulière.

Charny respira. L'œil du roi était devenu indécis, son front se désarmait peu à peu de l'insolite menace que cette surprise y avait fait monter.

Pendant ce temps, Marie-Antoinette cherchait avec la rage d'être obligée de mentir, avec la douleur de ne rien trouver qui fût vraisemblable.

Elle avait cru, en s'avouant impuissante à accorder au comte la grâce qu'il sollicitait, enchaîner la curiosité du roi. Elle avait espéré que l'interrogatoire en resterait là. Elle se trompait : toute autre femme eût été plus habile en témoignant moins de raideur; mais pour elle c'était un affreux supplice de mentir devant l'homme qu'elle aimait. Se montrer sous ce jour misérable et faux de la supercherie des comédies, c'était clore toutes ces faussetés, toutes ces ruses, tous ces manéges de l'intrigue du parc par un dénouement conséquent à leur infamie; c'était presque s'en montrer coupable : c'était pire que la mort.

Elle hésita encore. Elle eût donné sa vie pour que Charny trouvât le mensonge; mais lui, le loyal gentilhomme, il ne le pouvait, il n'y pensait même pas. Il craignait trop, dans sa délicatesse, de paraître même disposé à défendre l'honneur de la reine.

Ce que nous écrivons ici en beaucoup de lignes, en trop de lignes peut-être, bien que la situation soit féconde, une demi-minute suffit aux trois acteurs pour le ressentir et l'exprimer.

Marie-Antoinette attendait, suspendue aux lèvres du roi, la question qui enfin éclata.

— Voyons, Madame, dites-moi quelle est cette grâce qui, vainement sollicitée par monsieur de Charny, l'a conduit à s'agenouiller devant vous?

Et, comme pour adoucir la dureté de cette question soupçonneuse, le roi ajouta :

— Je serai peut-être plus heureux que vous, Madame, et monsieur de Charny n'aura pas besoin de s'agenouiller devant moi. — Sire, je vous ai dit que monsieur de Charny demandait une chose impossible. — Laquelle? au moins. — Que peut-on demander à genoux, se disait la reine?... que peut-on implorer de moi qu'il soit impossible d'accorder?... Voyons! voyons! — J'attends, dit le roi. — Sire, c'est que... la demande de monsieur de Charny est un secret de famille. — Il n'y a pas de secret pour le roi; maître dans son royaume, et père de famille intéressé à l'honneur, à la sûreté de tous ses sujets, qui sont ses enfants; même, ajouta Louis XVI avec une dignité redoutable, même quand ces enfants dénaturés attaquent l'honneur et la sûreté de leur père.

La reine bondit sur cette dernière menace du danger.

— Monsieur de Charny, s'écria-t-elle, l'esprit troublé, la main tremblante, monsieur de Charny voulait obtenir de moi... — Quoi donc? Madame. — Une permission pour se marier. — Vraiment! s'écria le roi rassuré tout d'abord. Puis, replongé dans sa jalouse inquiétude... Eh bien! mais, dit-il, sans remarquer combien la pauvre femme souffrait d'avoir prononcé ces mots, combien Charny était pâle de la souffrance de la reine; eh bien! en quoi est-il donc impossible de marier monsieur de Charny? Est-ce qu'il n'est pas d'une bonne noblesse? Est-ce qu'il n'a pas une belle fortune? Est-ce qu'il n'est pas brave et beau? En vérité, mais pour ne pas lui donner accès dans une famille, ou pour le refuser si l'on est femme, il faut être princesse du sang ou mariée; je ne vois que ces deux raisons qui constituent l'impossibilité. Ainsi, Madame, dites-moi le nom de cette femme que voudrait épouser monsieur de Charny, et, si elle n'est ni dans l'un ni dans l'autre cas, je vous réponds que je lèverai la difficulté... pour vous plaire.

La reine, amenée par le péril toujours croissant, entraînée par la conséquence même du premier mensonge, reprit avec force :

— Non, Monsieur, non; il est des difficultés que vous ne pouvez pas vaincre. Celle qui nous occupe est de ce genre. — Raison de plus pour que je sache quelle chose est impossible au roi, interrompit Louis XVI avec une sourde colère.

Charny regarda la reine, elle semblait près de chanceler. Il eût fait un pas vers elle; le roi l'arrêta par son immobilité. De quel droit, lui, qui n'était rien pour cette femme, eût-il offert sa main ou son appui à celle que son roi et son époux abandonnait.

— Quelle est donc, se demandait-elle, la puissance contre laquelle le roi n'ait pas d'action? Encore cette idée, encore ce secours, mon Dieu!

Tout à coup une lueur traversa son esprit.

— Ah! Dieu lui-même m'envoie ce secours, murmura-t-elle. Celles qui appartiennent à Dieu ne lui peuvent être prises, même par le roi.

Alors, relevant la tête :

— Monsieur, dit-elle enfin au roi, celle que monsieur de Charny voudrait épouser est dans un couvent. — Ah! s'écria le roi, voilà une raison; en effet, il est bien difficile d'enlever à Dieu son bien pour le donner aux hommes. Mais cela est étrange, que monsieur de Charny ait conçu de si subites amours : jamais nul ne m'en a parlé, jamais son oncle même, qui peut tout obtenir de moi. Quelle est cette femme que vous aimez, monsieur de Charny? dites-le-moi, je vous prie.

La reine sentit une poignante douleur. Elle allait entendre un nom sortir de la bouche d'Olivier; elle allait subir la torture de ce mensonge. Et qui sait si Charny n'allait pas révéler, soit un nom jadis aimé, souvenir encore saignant du passé, soit un nom, gerbe d'amour, espérance vague de l'avenir.

Pour ne pas recevoir ce coup terrible, Marie-Antoinette prit l'avance; elle s'écria tout à coup :

— Mais, sire, vous connaissez celle que monsieur de Charny demande en mariage, c'est... mademoiselle Andrée de Taverney.

Charny poussa un cri et cacha son visage dans ses deux mains.

La reine s'appuya la main sur le cœur, et alla tomber presque évanouie sur son fauteuil.

— Mademoiselle de Taverney! répéta le roi, mademoiselle de Taverney, qui s'est retirée à Saint-Denis? — Oui, sire, articula faiblement la reine. — Mais elle n'a pas fait de vœux, que je sache? — Mais elle doit en faire. — Nous y mettrons une condition, dit le roi. Cependant, ajouta-t-il avec un dernier levain de défiance, pourquoi ferait-elle ses vœux? — Elle est pauvre, dit Marie-Antoinette; vous n'avez enrichi que son père, ajouta-t-elle durement. — C'est là un tort que je réparerai, Madame; monsieur de Charny l'aime...

La reine frémit et lança au jeune homme un regard avide, comme pour le supplier de nier.

Charny regarda fixement Marie-Antoinette et ne répondit pas.

— Bien! dit le roi, qui prit ce silence pour un respectueux assentiment; et sans doute mademoiselle de Taverney aime monsieur de Charny? Je doterai mademoiselle de Taverney; je lui donnerai les cinq cent mille livres que je dus refuser l'autre jour, pour vous, à monsieur de Calonne. Remerciez la reine, monsieur de Charny, de ce qu'elle a bien voulu me raconter cette affaire et assurer le bonheur de votre vie.

Charny fit un pas en avant et s'inclina comme une pâle statue à qui Dieu, par un miracle, aurait un moment donné la vie.

— Oh! cela vaut la peine que vous vous agenouilliez encore une fois, dit le roi avec cette légère nuance de raillerie vulgaire qui tempérait trop souvent en lui la noblesse traditionnelle de ses ancêtres.

La reine tressaillit, et tendit, par un mouvement spontané, ses deux mains au jeune homme. Il se mit à genoux devant elle, et déposa sur ses belles mains glacées un baiser dans lequel il suppliait Dieu de lui laisser exhaler son âme.

— Allons, dit le roi, laissons maintenant à Madame le soin de vos affaires; venez, Monsieur, venez.

Et il passa devant très-vite, de sorte que Charny put se retourner sur le seuil, et voir l'ineffable douleur de cet adieu éternel que lui envoyaient les yeux de la reine.

La porte se referma entre eux, barrière désormais infranchissable pour d'innocentes amours.

LA DEMANDE EN MARIAGE.

LXXXIII

SAINT-DENIS

La reine resta seule et désespérée. Tant de coups la frappaient à la fois, qu'elle ne savait plus de quel côté venait la plus vive douleur.

Après être demeurée une heure dans cet état de doute et d'abattement, elle se dit qu'il était temps de chercher une issue. Le danger grossissait. Le roi, fier d'une victoire remportée sur les apparences, se hâterait d'en répandre le bruit. Il pouvait arriver que ce bruit fût accueilli de telle sorte au dehors, que tout le bénéfice de la fraude commise se trouvât perdu.

Cette fraude, hélas! comme la reine se la reprochait, comme elle eût voulu reprendre cette parole envolée, comme elle eût voulu ôter, même à Andrée, le bonheur chimérique que peut-être elle allait refuser!

En effet, ici surgissait une autre difficulté. Le nom d'Andrée avait tout sauvé devant le roi. Mais qui pouvait répondre de cet esprit capricieux, indépendant, volontaire, qu'on appelait mademoiselle de Taverney? Qui pouvait compter que cette fière personne aliénerait sa liberté, son avenir, au profit d'une reine que peu de jours avant elle avait quittée en ennemie.

Alors qu'arrivait-il? Andrée refusait, et c'était vraisemblable; tout l'échafaudage mensonger croulait. La reine devenait une intrigante de médiocre esprit, Charny un plat sigisbé, un diseur de mensonges, et la calomnie changée en accusation prenait les proportions d'un adultère incontestable.

Marie-Antoinette sentit sa raison s'égarer à ces réflexions; elle faillit céder à leur possibilité; elle plongea sa tête brûlante dans ses mains et attendit.

A qui se fier? Qui donc était l'amie de la reine? madame de Lamballe? Oh! la pure raison, la froide et inflexible raison! Pourquoi tenter cette virginale imagination, que d'ailleurs ne voudraient pas comprendre les dames d'honneur, serviles adulatrices de la prospérité, tremblantes au souffle de la disgrâce, disposées peut-être à donner une leçon à leur reine quand elle aurait besoin d'un secours.

Il ne restait rien que mademoiselle de Taverney elle-même. C'était un cœur de diamant dont les arêtes pouvaient couper le verre, mais dont la solidité invincible, dont la pureté profonde, pouvaient seules sympathiser avec les grandes douleurs d'une reine.

Marie-Antoinette irait donc trouver Andrée. Elle lui exposerait son malheur, elle la supplierait de s'immoler. Sans doute Andrée refuserait, parce qu'elle n'était pas de celles qui se laissent imposer ; mais peu à peu, adoucie par ses prières, elle consentirait. Qui sait d'ailleurs alors si l'on n'obtiendrait pas un délai ? si le premier feu étant passé, le roi, apaisé par le consentement apparent des deux fiancés, ne finirait point par oublier... Alors un voyage arrangerait tout. Andrée, Charny, s'éloignant pour quelque temps, jusqu'à ce que l'hydre de la calomnie n'eût plus faim, pourraient laisser dire qu'ils s'étaient rendu leur parole à l'amiable, et nul ne devinerait alors que ce projet de mariage était un jeu.

Ainsi, la liberté de mademoiselle de Taverney n'aurait pas été compromise ; celle de Charny ne s'aliénerait pas davantage. Il n'y aurait plus pour la reine cet affreux remords d'avoir sacrifié deux existences à l'égoïsme de son honneur ; mais pourtant cet honneur, qui comprenait celui de son mari, celui de ses enfants, ne serait pas entamé. Elle le transmettrait sans tache à la future reine de France.

Telles étaient ses réflexions.

C'est ainsi qu'elle croyait avoir tout concilié d'avance, convenances et intérêts privés. Il fallait bien raisonner avec cette fermeté de logique, en présence d'un aussi horrible danger. Il fallait bien s'armer de toutes pièces contre un adversaire aussi difficile à combattre que mademoiselle de Taverney, quand elle écoutait son orgueil et non son cœur.

Lorsqu'elle fut préparée, Marie-Antoinette se décida au départ. Elle eût bien voulu prévenir Charny de ne faire aucune fausse démarche, mais elle en fut empêchée par l'idée que des espions la guettaient sans doute ; que tout de sa part serait mal interprété en un pareil moment ; et elle avait assez expérimenté le sens droit, le dévouement et la résolution d'Olivier, pour être convaincue qu'il ratifierait tout ce qu'elle jugerait à propos de faire.

Trois heures arrivèrent ; le dîner en grande cérémonie, les présentations, les visites ; la reine reçut tout le monde avec un visage serein et une affabilité qui n'ôtait rien à son orgueil bien connu. Elle affecta même avec ceux qu'elle jugeait être ses ennemis de montrer une fermeté qui convient peu d'ordinaire aux coupables.

Jamais l'affluence n'avait été aussi grande à la cour ; jamais la curiosité n'avait aussi profondément fouillé les traits d'une reine en péril. Marie-Antoinette fit face à tout, terrassa ses ennemis, enivra ses amis ; changea les indifférents en zélés, les zélés en enthousiastes ; et parut si belle et si grande que le roi lui en adressa publiquement ses félicitations.

Puis, tout bien terminé, déposant ses sourires de commande, rendue à ses souvenirs, c'est-à-dire à ses douleurs, seule, bien seule au monde, elle changea de toilette, prit un chapeau gris à rubans et à fleurs bleues, une robe de soie gris muraille, monta dans son carrosse, et, sans gardes, avec une seule dame, elle se fit conduire à Saint-Denis.

C'était l'heure à laquelle les religieuses, rentrées dans leurs cellules, passaient du bruit modeste du réfectoire au silence des méditations qui précèdent la prière du coucher.

La reine fit appeler au parloir mademoiselle Andrée de Taverney.

Celle-ci, agenouillée, ensevelie dans son peignoir de laine blanche, regardait par sa fenêtre la lune se levant derrière les grands tilleuls, et, dans cette poésie de la nuit qui commence, elle trouvait le thème de toutes les prières ferventes, passionnées, qu'elle envoyait à Dieu pour soulager son âme.

Elle buvait à longs traits la douleur irrémédiable de l'absence volontaire. Ce supplice n'est connu que des âmes fortes; il est à la fois une torture et un plaisir. Il ressemble, pour les angoisses, à toutes les douleurs vulgaires. Il aboutit à une volupté que seuls peuvent sentir ceux qui savent immoler le bonheur à l'orgueil.

Andrée avait d'elle-même quitté la cour, d'elle-même elle avait rompu avec tout ce qui pouvait entretenir son amour. Orgueilleuse comme Cléopâtre, elle n'avait pu même supporter l'idée que monsieur de Charny eût pensé à une autre femme, cette femme fût-elle la reine.

Aucune preuve pour elle de cet amour brûlant pour une autre. Certes, la jalouse Andrée eût tiré de cette preuve toute la conviction qui peut faire saigner un cœur. Mais n'avait-elle pas vu Charny passer indifféremment auprès d'elle? N'avait-elle pas soupçonné la reine de garder innocemment sans doute, mais de garder les hommages et la préférence de Charny?

A quoi bon, dès lors, demeurer à Versailles? Pour mendier des compliments? Pour glaner des sourires? Pour obtenir de temps en temps le pis-aller d'un bras offert, d'une main touchée, quand dans les promenades la reine lui prêterait les politesses de Charny, faute de pouvoir les recueillir en ce moment pour elle?

Non, pas de lâche faiblesse, pas de transaction pour cette âme stoïque. La vie avec l'amour et la préférence, le cloître avec l'amour et l'orgueil blessé.

— Jamais! jamais! se répétait la fière Andrée; celui que j'aime dans l'ombre, celui qui n'est pour moi qu'un nuage, un portrait, un souvenir, celui-là jamais ne m'offense, toujours il me sourit, il ne sourit qu'à moi!

Voilà pourquoi elle avait passé tant de nuits douloureuses, mais libres; voilà pourquoi, heureuse de pleurer quand elle se trouvait faible, de maudire quand elle s'exaltait, Andrée préférait l'absence volontaire qui lui faisait l'intégrité de son amour et de sa dignité, à la faculté de revoir un homme qu'elle haïssait pour être contrainte de l'aimer.

Et, du reste, ces muettes contemplations de l'amour pur, ces extases divines du rêve solitaire, c'était bien plus la vie pour la sauvage Andrée que les fêtes lumineuses à Versailles, et la nécessité de se courber devant des rivales, et la crainte de laisser au grand jour échapper le secret enfermé dans son cœur.

Nous avons dit que le soir de la Saint-Louis, la reine vint chercher Andrée à Saint-Denis, et qu'elle la trouva rêveuse dans sa cellule.

On vint dire en effet à Andrée que la reine venait d'arriver, que le chapitre la recevait au grand parloir, et que Sa Majesté, après les premiers compliments, avait demandé si l'on pouvait parler à mademoiselle de Taverney.

Chose étrange! il n'en fallut pas plus à Andrée, cœur amolli par l'amour, pour bondir au-devant de ce parfum qui lui revenait de Versailles, parfum maudit la veille encore, et plus précieux à mesure qu'il s'éloignait davantage, précieux comme tout ce qui s'évapore, comme tout ce qui s'oublie, précieux comme l'amour!

— La reine! murmura Andrée, la reine à Saint-Denis! la reine qui m'appelle! — Vite, hâtez-vous! lui répondit-on.

Elle se hâta, en effet : elle jeta sur ses épaules la longue mante des religieuses, ceignit la ceinture de laine sur sa robe flottante, et, sans donner un regard à son petit miroir, elle suivit la tourière qui l'était venue chercher.

Mais à peine eut-elle fait cent pas, qu'elle se sentit humiliée d'avoir ressenti tant de joie.

— Pourquoi, dit-elle, mon cœur a-t-il tressailli? En quoi cela touche-t-il Andrée de Taverney, que la reine de France visite le monastère de Saint-Denis? Est-ce de l'orgueil que je ressens? La reine n'est pas ici pour moi. Est-ce du bonheur? je n'aime plus la reine. Allons! du calme, mauvaise religieuse, qui n'appartient ni à Dieu ni au monde; tâche du moins de t'appartenir à toi-même.

Andrée se gourmandait ainsi en descendant le grand degré, et, maîtresse de sa volonté, elle éteignit sur ses joues la rougeur fugitive de la précipitation, tempéra la rapidité de ses mouvements. Mais, pour en arriver là, elle mit plus de temps à achever les six dernières marches, qu'elle n'en avait mis à franchir les trente premières.

Lorsqu'elle arriva derrière le chœur, au parloir de cérémonie, dans lequel l'éclat des lustres et des cires grandissait sous les mains pressées de quelques sœurs converses, Andrée était froide et pâle.

Quand elle entendit son nom prononcé par la tourière qui la ramenait, quand elle aperçut Marie-Antoinette assise sur le fauteuil abbatial, tandis qu'à ses côtés s'inclinaient et s'empressaient les plus nobles fronts du chapitre, Andrée fut prise de palpitations, qui suspendirent sa marche pendant plusieurs secondes.

— Ah! venez donc enfin, que je vous parle, Mademoiselle, dit la reine en souriant à demi.

Andrée s'approcha et courba la tête.

— Vous permettez, Madame, dit la reine en se tournant vers la supérieure.

Celle-ci répondit par une révérence et quitta le parloir, suivie de toutes ses religieuses.

La reine demeura seule assise avec Andrée, dont le cœur battait si fort qu'on eût pu l'entendre sans le bruit plus lent du balancier de la vieille horloge.

LXXXIV

UN CŒUR MORT

La reine commença l'entretien, c'était dans l'ordre.

— Vous voilà donc, Mademoiselle, dit-elle avec un fin sourire; vous me faites une impression singulière, savez-vous, en religieuse.

Andrée ne répondit rien.

— Voir une ancienne compagne, poursuivit la reine, déjà perdue pour le monde où nous autres nous vivons encore, c'est comme un sévère conseil que nous donne la tombe. Est-ce que vous n'êtes pas de mon avis, Mademoiselle? — Madame, répliqua Andrée, qui donc se permettrait de donner des conseils à Votre Majesté. La mort elle-même n'avertira la reine que le jour où elle la prendra. En effet, comment ferait-elle autrement? — Pourquoi cela? — Parce que, Madame, une reine est destinée, par la nature de son élévation, à ne souffrir en ce monde que les inévitables nécessités. Tout ce qui peut améliorer sa vie, elle l'a; tout ce qui peut, chez autrui, l'aider à embellir sa carrière, une reine le prend à autrui.

La reine fit un mouvement de surprise.

— Et c'est un droit, se hâta de dire Andrée ; autrui pour une reine, c'est une collection de sujets dont les biens, l'honneur et la vie, appartiennent à des souverains. Vie, honneur et biens, moraux ou matériels, sont donc la propriété des reines. — Voilà des doctrines qui m'étonnent, dit lentement Marie-Antoinette. Vous faites d'une souveraine, en ce pays, je ne sais quelle ogresse de contes qui engloutit la fortune et le bonheur des simples citoyens. Est-ce que je suis cette femme-là, Andrée ? Est-ce que sérieusement vous avez eu à vous plaindre de moi quand vous étiez à la cour ? — Votre Majesté a eu la bonté de me faire cette question quand je la quittai, répliqua Andrée ; je répondis, comme aujourd'hui : Non, Madame. — Mais souvent, reprit la reine, un grief nous blesse qui ne nous est pas personnel. Ai-je nui à quelqu'un des vôtres, et par conséquent mérité les paroles dures que vous venez de m'adresser ? Andrée, la retraite que vous vous êtes choisie est un asile contre toutes les mauvaises passions du monde. Dieu nous y apprend la douceur, la modération, l'oubli des injures, vertus dont lui-même est le plus pur modèle. Dois-je trouver, en venant voir ici une sœur en Jésus-Christ, dois-je trouver un front sévère et des paroles de fiel ? Dois-je, moi qui accours en amie, rencontrer les reproches ou l'animosité voilée d'une ennemie irréconciliable ?

Andrée leva les yeux, stupéfaite de cette placidité, à laquelle Marie-Antoinette n'avait pas accoutumé ses serviteurs. Elle était hautaine et rude aux résistances.

Entendre sans s'irriter les paroles qu'Andrée avait prononcées, c'était un effort de patience et d'amitié qui toucha sensiblement la solitaire farouche.

— Sa Majesté sait bien, dit-elle plus bas, que les Taverney ne peuvent être ses ennemis. — Je comprends, répliqua la reine ; vous ne me pardonnez pas d'avoir été froide pour votre frère, et lui-même m'accuse peut-être de légèreté, de caprice même ? — Mon frère est un trop respectable sujet pour accuser la reine, dit Andrée, en s'efforçant de garder sa raideur.

La reine vit bien qu'elle se rendrait suspecte en augmentant la dose de miel destinée à apprivoiser le cerbère. Elle s'arrêta au milieu de ses avances.

— Toujours est-il, dit-elle, qu'en venant à Saint-Denis parler à Madame, j'ai voulu vous voir et vous assurer que de près, comme de loin, je suis votre amie.

Andrée sentit cette nuance ; elle craignit d'avoir à son tour offensé qui la caressait ; elle craignit bien plus encore d'avoir révélé sa plaie douloureuse à l'œil toujours clairvoyant d'une femme.

— Votre Majesté me comble d'honneur et de joie, dit-elle tristement.
— Ne parlez pas ainsi, Andrée, répliqua la reine en lui serrant la main; vous me déchirez le cœur. Quoi! il ne sera pas dit qu'une misérable reine puisse avoir une amie, puisse disposer d'une âme, puisse reposer avec confiance ses yeux sur des yeux charmants comme les vôtres, sans soupçonner au fond de ces yeux l'intérêt ou le ressentiment! Oui, oui, Andrée, portez-leur envie, à ces reines, à ces maîtresses des biens, de l'honneur et de la vie de tous. Oh! oui, elles sont reines; oh! oui, elles possèdent l'or et le sang de leurs peuples; mais le cœur, jamais! jamais! elles ne peuvent le prendre; et il faut qu'on le leur donne. — Je vous assure, Madame, dit Andrée ébranlée par cette chaleureuse allocution, que j'ai aimé Votre Majesté autant que j'aimerai jamais en ce monde.

Et en disant ces mots, elle rougit et baissa la tête.

— Vous... m'avez... aimée! s'écria la reine, prenant au bond ces paroles, vous ne m'aimez donc plus? — Oh! Madame. — Je ne vous demande rien, Andrée... Maudit soit le cloître qui éteint si vite le souvenir en de certains cœurs. — N'accusez pas mon cœur, dit vivement Andrée, il est mort. — Votre cœur est mort! Vous, Andrée, jeune, belle, vous dites que votre cœur est mort! Ah! ne jouez donc pas avec ces mots funèbres. Le cœur n'est pas mort chez qui conserve ce sourire, cette beauté; ne dites pas cela, Andrée. — Je vous le répète, Madame, rien à la cour, rien au monde n'est plus pour moi. Ici je vis comme l'herbe et la plante; j'ai des joies que je comprends seule; voilà pourquoi tout à l'heure, en vous retrouvant, splendide et souveraine, je n'ai pas compris de suite, moi, la timide et obscure religieuse; mes yeux se sont fermés, éblouis par votre éclat; je vous supplie de me pardonner : ce n'est pas un crime bien grand que cet oubli des glorieuses vanités du monde; mon confesseur m'en félicite chaque jour, Madame; ne soyez pas, je vous en supplie, plus sévère que lui. — Quoi! vous vous plaisez au couvent? dit la reine. — J'embrasse avec bonheur la vie solitaire. — Rien ne reste plus là qui vous recommande les joies du monde? — Rien. — Mon Dieu! pensa la reine inquiète, est-ce que j'échouerais?

Et un frisson mortel parcourut ses veines.

— Essayons de la tenter, se dit-elle; si ce moyen échoue, j'aurai recours aux prières. Oh! la prier pour cela, la prier pour accepter monsieur de Charny; bonté du ciel! faut-il être assez malheureuse! Andrée, reprit Marie-Antoinette en dominant son émotion, vous venez d'exprimer votre satisfaction en des termes qui m'ôtent l'espoir que j'avais conçu. — Quel espoir, Madame? — N'en parlons pas, si vous êtes décidée comme vous venez de le paraître... Hélas! c'était pour moi une ombre de plaisir, elle a fui! Tout n'est-il pas une ombre pour moi! N'y pensons plus. — Mais enfin, Madame, par cela même que vous devez tirer de là une satisfaction, expliquez-moi... — A quoi bon. Vous vous êtes retirée du monde, n'est-ce pas? — Oui, Madame. — Bien volontiers? — Oh! de toute ma volonté. — Et vous vous applaudissez de ce que vous avez fait? — Plus que jamais. — Vous voyez bien qu'il est superflu de me faire parler. Dieu m'est témoin cependant que j'ai cru un moment vous rendre heureuse. — Moi? — Oui, vous, ingrate qui m'accusiez. Mais aujourd'hui vous avez entrevu d'autres joies, vous savez mieux que moi vos goûts et votre vocation. Je renonce... — Enfin, Madame, faites-moi l'honneur de me donner un détail. — Oh! c'est bien simple, je voulais vous ramener à la cour. — Oh! s'écria Andrée avec un sourire plein d'amertume, moi, revenir à la cour?... mon Dieu!... Non! non! Madame, jamais!... bien qu'il m'en coûte de désobéir à Votre Majesté.

La reine frissonna. Son cœur s'emplit d'une douleur inexprimable. Elle échouait, puissant navire, sur un atome de granit.

— Vous refusez? murmura-t-elle.

Et pour cacher son trouble elle enferma son visage dans ses mains.

Andrée, la croyant accablée, vint à elle et s'agenouilla, comme pour adoucir par son respect la blessure qu'elle venait de faire à l'amitié ou à l'orgueil.

— Voyons, dit-elle, qu'eussiez-vous fait de moi à la cour, de moi triste, de moi nulle, de moi pauvre, de moi maudite, de moi que chacun fuit, parce que je n'ai pas même su, misérable que je suis, inspirer aux femmes la vulgaire inquiétude des rivalités, aux hommes la vulgaire sympathie de la différence des sexes... Ah! Madame et chère maîtresse, laissez cette religieuse, elle n'est pas même acceptée de Dieu qui la trouve encore trop défectueuse, lui qui reçoit les infirmes de corps et de cœur. Laissez-moi à ma misère, à mon isolement; laissez-moi. — Ah! dit la reine en relevant ses yeux, l'état que je venais vous proposer donne un démenti à toutes les humiliations dont vous vous plaignez! Le mariage dont il s'agit vous faisait l'une des plus grandes dames de France. — Un... mariage! balbutia Andrée stupéfaite. — Vous refusez? dit la reine, de plus en plus découragée. — Oh! oui, je refuse, je refuse! — Andrée!... dit-elle. — Je refuse, Madame, je refuse.

Marie-Antoinette se prépara dès lors, avec un affreux serrement de cœur, à entamer les supplications. Andrée vint se jeter à la traverse au moment où elle se levait indécise, tremblante, éperdue, ne tenant pas le premier mot de son discours.

— Au moins, Madame, dit-elle en la retenant par sa robe, car elle croyait la voir partir, faites-moi cette grâce insigne de me nommer

UN CŒUR MORT.

l'homme qui m'accepterait pour compagne ; j'ai tant souffert d'être humiliée dans ma vie, que le nom de cet homme généreux...

Et elle sourit avec une ironie poignante.

— Sera, reprit-elle, le baume que je mettrai désormais sur toutes mes blessures d'orgueil.

La reine hésita ; mais elle avait besoin de pousser jusqu'au bout.

— Monsieur de Charny, dit-elle d'un ton triste, indifférent, — Monsieur de Charny ! s'écria Andrée avec une explosion effrayante ; monsieur Olivier de Charny ? — Monsieur Olivier, oui, dit la reine en regardant la jeune fille avec étonnement. — Le neveu de monsieur de Suffren ? continua Andrée, dont les joues s'empourprèrent, dont les yeux resplendirent comme des étoiles. — Le neveu de monsieur de Suffren, répondit Marie-Antoinette, de plus en plus saisie du changement opéré dans les traits d'Andrée. — C'est à monsieur Olivier que vous voulez me marier, dites, Madame ? — A lui-même. — Et... il consent ?... — Il vous demande en mariage. — Oh ! j'accepte, j'accepte, dit Andrée, folle et transportée. C'est donc moi qu'il aime !... moi qu'il aime comme je l'aimais !

La reine recula livide et tremblante avec un sourd gémissement ; elle alla tomber terrassée sur un fauteuil, tandis que l'insensée Andrée lui baisait les genoux, mouillait ses mains de larmes, et les mordait d'ardents baisers.

— Quand partons-nous ? dit-elle enfin, quand la parole put succéder en elle aux cris étouffés, aux soupirs. — Venez, murmura la reine, qui sentait la vie lui échapper, et qui voulait sauver son honneur avant de mourir.

Elle se leva, s'appuya sur Andrée, dont les lèvres brûlantes cherchaient ses joues glacées ; et, tandis que la jeune fille s'apprêtait au départ :

— Eh bien ! mon Dieu !... est-ce assez de souffrances pour un seul cœur ? dit avec un sanglot amer l'infortunée souveraine, celle qui possédait la vie et l'honneur de trente millions de sujets. Et il faut que je vous remercie, cependant, mon Dieu ! ajouta-t-elle ; car vous sauvez mes enfants de l'opprobre, vous me donnez le droit de mourir sous mon manteau royal !

LXXXV

OU IL EST EXPLIQUÉ POURQUOI LE BARON ENGRAISSAIT

Tandis que la reine décidait du sort de mademoiselle de Taverney à Saint-Denis, Philippe, le cœur déchiré par tout ce qu'il avait appris, par tout ce qu'il venait de découvrir, pressait les préparatifs de son départ.

Un soldat habitué à courir le monde n'est jamais bien long à faire ses malles et à revêtir le manteau de voyage. Mais Philippe avait des motifs plus puissants que tout autre pour s'éloigner rapidement de Versailles : il ne voulait pas être témoin du déshonneur probable et imminent de la reine, son unique passion.

Aussi le vit-on plus ardent que jamais à faire seller ses chevaux, charger ses armes, entasser dans sa valise ce qu'il avait de plus familier pour vivre de la vie d'habitude ; et quand il eut terminé tout cela, il fit prévenir monsieur de Taverney le père qu'il avait à lui parler.

Le petit vieillard revenait de Versailles, secouant du mieux qu'il pouvait ses mollets grêles qui supportaient un ventre rondelet. Le baron depuis trois à quatre mois engraissait, ce qui lui donnait une fierté facile à comprendre, si l'on songe que le comble de l'obésité devait être en lui le signe d'un parfait contentement.

Or, le parfait contentement de monsieur de Taverney, c'est un mot qui renferme bien des sens.

Le baron revenait donc tout guilleret de sa promenade au château. Il avait le soir pris sa part de tout le scandale du jour. Il avait souri à monsieur de Breteuil contre monsieur de Rohan ; à messieurs de Soubise et de Guémenée contre monsieur de Breteuil ; à monsieur de Provence contre la reine ; à monsieur d'Artois contre monsieur de Provence ; à cent personnes contre cent autres personnes ; à pas une pour quelqu'un. Il avait ses provisions de méchancetés, de petites infamies. Panier plein, il rentrait heureux.

Lorsqu'il apprit par son valet que son fils désirait lui parler, au lieu d'attendre la visite de Philippe, ce fut lui qui traversa tout un palier pour venir trouver le voyageur.

Il entra, sans se faire annoncer, dans la chambre pleine de ce désordre qui précède un départ.

Philippe ne s'attendait pas à des éclats de sensibilité, lorsque son père apprendrait sa résolution, mais il ne s'attendait pas non plus à trop d'indifférence. En effet, Andrée avait déjà quitté la maison paternelle, c'était une existence de moins à tourmenter; le vieux baron devait sentir du vide, et lorsque ce vide serait complété par l'absence du dernier martyr, le baron, pareil aux enfants à qui l'on prend leur chien et leur oiseau, pourrait bien pleurnicher, ne fût-ce que par égoïsme.

Mais il fut bien étonné Philippe, quand il entendit le baron s'écrier avec un rire de jubilation :

— Ah! mon Dieu! il part, il part...

Philippe s'arrêta et regarda son père avec stupeur.

— J'en étais sûr, continua le baron ; je l'eusse parié. Bien joué, Philippe, bien joué. — Plaît-il, Monsieur? qu'est-ce qui est bien joué, je vous prie?

Le vieillard se mit à chantonner en sautillant sur une jambe et en soutenant son commencement de ventre avec ses deux mains.

Il faisait en même temps force clignements d'yeux à Philippe pour qu'il congédiât son valet de chambre.

Ce que comprenant, Philippe obéit. Le baron poussa Champagne dehors et lui ferma la porte sur les talons. Puis revenant près de son fils :

— Admirable, dit-il à voix basse, admirable! — Voilà bien des éloges que vous me donnez, Monsieur, répondit froidement Philippe, sans que je sache en quoi je les ai mérités... — Ah! ah! ah! fit le vieillard en se dandinant. — A moins que toute cette hilarité, Monsieur, ne soit causée par mon départ, qui vous débarrasse de moi. — Oh! oh! oh!... dit en riant sur une autre note le vieux baron. La, la, ne te contrains pas devant moi, ce n'est pas la peine ; tu sais bien que je ne suis pas ta dupe... Ah! ah! ah!

Philippe se croisa les bras en se demandant si ce vieillard ne devenait pas fou par quelque coin du cerveau.

— Dupe de quoi? dit-il. — De ton départ, pardieu! est-ce que tu te figures que j'y crois à ton départ? — Vous n'y croyez pas? — Champagne n'est plus ici, je te le répète, ne te contrains pas davantage; d'ailleurs, j'avoue que tu n'avais pas d'autre parti à prendre, et tu le prends, c'est bien. — Monsieur, vous me surprenez à un point!... — Oui, c'est assez surprenant que j'aie deviné cela; mais que veux-tu, Philippe, il n'y a pas d'homme plus curieux, je cherche; il n'y a pas d'homme plus heureux que moi pour trouver quand je cherche; donc, j'ai trouvé que tu fais semblant de partir, et je t'en félicite. — Je fais semblant? cria Philippe intrigué.

Le vieillard s'approcha, toucha la poitrine du jeune homme avec ses

doigts osseux comme des doigts de squelette, et de plus en plus confidentiel :
— Parole d'honneur! dit-il, sans cet expédient-là, je suis sûr que tout était découvert. Tu prends la chose à temps. Tiens, demain il eût été trop tard. Va-t'en vite, mon enfant, va-t'en vite. — Monsieur, dit Philippe d'un ton glacé, je vous proteste que je ne comprends pas un mot, un seul à tout ce que vous me faites l'honneur de me dire. — Où cacheras-tu tes chevaux? continua le vieillard, sans répondre directement; tu as une jument très-reconnaissable; prends garde qu'on ne la voie ici quand on te croira en... A propos, où fais-tu semblant d'aller? — Je passe à Taverney-Maison-Rouge, Monsieur. — Bien... très-bien... tu feins d'aller à Maison-Rouge... Personne ne s'en éclaircira... Oh! mais, très-bien... Cependant sois prudent; il y a bien des yeux braqués sur vous deux. — Sur nous deux!... Qui? — *Elle* est impétueuse, vois-tu, continua le vieillard, *elle* a des fougues capables de tout perdre. Prends garde! sois plus raisonnable qu'elle... — Ah çà! mais, en vérité, s'écria Philippe avec une sourde colère, je m'imagine, Monsieur, que vous vous divertissez à mes dépens, ce qui n'est pas charitable, je vous jure; ce qui n'est pas bon, car vous m'exposez, chagrin comme je le suis et irrité, à vous manquer de respect. — Ah bien! oui, le respect; je t'en dispense; tu es assez grand garçon pour faire nos affaires, et tu t'en acquittes si bien, que tu m'inspires du respect à moi. Tu es le Géronte, je suis l'Étourdi; voyons, laisse-moi une adresse à laquelle je puisse te faire parvenir un avis s'il arrivait quelque chose de pressant. — A Taverney, Monsieur, dit Philippe, croyant que le vieillard rentrait enfin dans son bon sens. — Eh! tu me la donnes belle!... à Taverney, à quatre-vingts lieues! tu te figures que si j'ai un conseil important, pressé, à te faire passer, je m'amuserai à tuer des courriers sur la route de Taverney par vraisemblance? Allons donc, je ne te dis pas de me donner l'adresse de ta maison du parc, parce qu'on pourrait y suivre mes émissaires, où reconnaître mes livrées, mais choisis une tierce adresse à distance d'un quart d'heure; tu as de l'imagination, que diable! Quand on a fait pour ses amours ce que tu viens de faire, on est homme de ressources, morbleu!
— Une maison du parc, des amours, de l'imagination! Monsieur; nous jouons aux énigmes, seulement, vous gardez les mots pour vous. — Je ne connais pas d'animal plus net et plus discret que toi! s'écria le père avec dépit; je n'en connais pas dont les réserves soient plus blessantes. Ne dirait-on pas que tu as peur d'être trahi par moi? Ce serait bizarre!
— Monsieur! dit Philippe exaspéré. — C'est bon! c'est bon! garde tes secrets pour toi; garde le secret de ta maison louée à l'ancienne Louveterie. — J'ai loué la Louveterie? moi! — Garde le secret des promenades

nocturnes faites par toi entre deux adorables amies. — Moi !... je me suis promené, murmura Philippe pâlissant. — Garde le secret de ces baisers éclos comme le miel sous les fleurs et la rosée. — Monsieur! rugit Philippe ivre de jalousie furieuse; Monsieur! vous tairez-vous? — C'est bon, te dis-je encore, tout ce que tu as fait, je l'ai su, t'ai-je dit. T'es-tu douté que je le savais? Mordieu! cela devrait te donner de la confiance. Ton intimité avec la reine, tes entreprises favorisées, tes excursions dans les bains d'Apollon, mon Dieu! mais c'est notre vie et notre fortune à tous. N'aie donc pas peur de moi, Philippe... Confie-toi donc à moi. — Monsieur, vous me faites horreur! s'écria Philippe en cachant son visage dans ses mains.

Et en effet, c'était bien de l'horreur qu'il éprouvait, ce malheureux Philippe, pour l'homme qui mettait à nu ses plaies, et non content de les avoir dénudées, les agrandissait, les décelait avec une sorte de rage. C'était bien de l'horreur qu'il éprouvait pour l'homme qui lui attribuait tout le bonheur d'un autre, et qui, croyant le caresser, le flagellait avec le bonheur d'un rival.

Tout ce que le père avait appris, tout ce qu'il avait deviné, tout ce que les malveillants mettaient sur le compte de monsieur de Rohan, les mieux informés sur le compte de Charny, le baron, lui, le rapportait à son fils. Pour lui, c'était Philippe que la reine aimait et poussait peu à peu dans l'ombre aux plus hauts échelons du favoritisme. Voilà le parfait contentement qui depuis quelques semaines engraissait le ventre de monsieur de Taverney.

Quand Philippe eut découvert ce nouveau bourbier d'infamie, il frissonna de s'y voir plonger par le seul être qui eût dû faire cause commune avec lui pour l'honneur; mais le coup avait été tellement violent, qu'il demeura étourdi, muet, pendant que le baron caquetait avec plus de verve que jamais.

— Vois, lui disait-il, tu as fait là un chef-d'œuvre, tu as dépisté tout le monde; ce soir cinquante yeux m'ont dit : C'est Rohan. Cent m'ont dit : C'est Charny. Deux cents m'ont dit : C'est Rohan et Charny! Pas un, entends-tu bien, pas un n'a dit : C'est Taverney. Je te répète que tu as fait un chef-d'œuvre, c'est bien le moins que je t'en fasse mes compliments... Du reste, à toi comme à elle; cela fait honneur, mon cher. A elle, parce qu'elle t'a pris; à toi, parce que tu la tiens.

Au moment où Philippe, rendu furieux par ce dernier trait, foudroyait d'un regard dévorant l'impitoyable vieillard, d'un regard prélude de la tempête, le bruit d'un carrosse retentit dans la cour de l'hôtel, et certaines rumeurs, certaines allées et venues d'un caractère étrange, appelèrent au dehors l'attention de Philippe.

On entendit Champagne s'écrier :
— Mademoiselle ! c'est Mademoiselle !
Et plusieurs voix répétèrent.
— Mademoiselle !... — Comment, Mademoiselle ? dit Taverney. Quelle demoiselle est-ce là ? — C'est ma sœur ! murmura Philippe, saisi d'étonnement lorsqu'il reconnut Andrée qui descendait de carrosse, éclairée par le flambeau du suisse. — Votre sœur ! répéta le vieillard... Andrée ?... est-ce possible ?

Et Champagne arrivant pour confirmer ce qu'avait annoncé Philippe :
— Monsieur, dit-il à Philippe, mademoiselle votre sœur est dans le boudoir auprès du grand salon ; elle attend Monsieur pour lui parler. — Allons au-devant d'elle, s'écria le baron. — C'est à moi qu'elle veut avoir affaire, dit Philippe en saluant le vieillard ; j'irai le premier, s'il vous plaît.

Au même instant, un second carrosse entra bruyamment dans la cour.
— Qui diable vient encore ! murmura le baron... c'est la soirée aux aventures. — Monsieur le comte Olivier de Charny ! cria la voix du suisse aux valets de pied. — Conduisez monsieur le comte au salon, dit Philippe à Champagne, monsieur le baron le recevra. Moi je vais au boudoir parler à ma sœur.

Les deux hommes descendirent lentement l'escalier.
— Que vient faire ici le comte ? se demandait Philippe. — Qu'est venue faire ici Andrée ? pensait le baron.

LXXXVI

LE PÈRE ET LA FIANCÉE

Le salon de l'hôtel était situé dans le premier corps de logis, au rez-de-chaussée.

A sa gauche était le boudoir, avec une sortie sur l'escalier, conduisant à l'appartement d'Andrée.

A sa droite, un autre petit salon par lequel on entrait dans le grand.

Philippe arriva le premier dans le boudoir où attendait sa sœur.

Il avait, une fois dans le vestibule, doublé le pas pour être plus tôt dans les bras de cette compagne chérie.

Aussitôt qu'il eut ouvert la double porte du boudoir, Andrée vint le prendre à son cou et l'embrassa d'un air joyeux auquel n'était plus habitué depuis longtemps ce triste amant, ce malheureux frère.

— Bonté du ciel! que t'arrive-t-il donc? demanda le jeune homme à Andrée. — Quelque chose d'heureux! oh! de bien heureux! mon frère. — Et tu reviens pour me l'annoncer? — Je reviens pour toujours! s'écria Andrée avec un transport de bonheur qui fit de son exclamation un cri éclatant. — Plus bas, petite sœur, plus bas, dit Philippe; les lambris de cette maison ne sont plus habitués à la joie, et de plus il y a là dans ce salon à côté, ou il va s'y trouver, quelqu'un qui t'entendrait. — Quelqu'un, fit Andrée; qui donc? — Écoute, répliqua Philippe. — Monsieur le comte de Charny! annonça le valet de pied en introduisant Olivier du petit salon dans le grand. — Lui! lui! s'écria Andrée en redoublant ses caresses à son frère. Oh! je sais bien ce qu'il vient faire ici, va. — Tu le sais? — Tiens! je le sais si bien que je m'aperçois du désordre de ma toilette, et que, comme je prévois le moment où je devrai à mon tour entrer dans ce salon pour y entendre de mes oreilles ce que vient dire monsieur de Charny... — Parlez-vous sérieusement, ma chère Andrée? — Écoute, écoute, Philippe, et laisse-moi monter jusqu'à mon appartement. La reine m'a ramenée un peu vite, je vais changer mon négligé de couvent contre une toilette... de fiancée.

Et sur ce mot qu'elle articula bas à Philippe en l'accompagnant d'un baiser joyeux, Andrée, légère et emportée, disparut par l'escalier qui montait à son appartement.

Philippe resta seul et appliqua sa joue sur la porte qui communiquait du boudoir au salon; il écouta.

Le comte de Charny était entré.

Il arpentait lentement le vaste parquet et semblait plutôt méditer qu'attendre.

Monsieur de Taverney le père entra à son tour et vint saluer le comte avec une politesse recherchée, bien que contrainte.

— A quoi, dit-il enfin, dois-je l'honneur de cette visite imprévue, monsieur le comte? en tout cas, croyez qu'elle me comble de joie. — Je suis venu, Monsieur, en cérémonie, comme vous le voyez, et je vous prie de m'excuser si je n'ai point amené avec moi mon oncle, monsieur le bailli de Suffren, ainsi que j'aurais dû le faire. — Comment, balbutia le baron, mais je vous excuse, mon cher monsieur de Charny. — Cela était de convenance, je le sais, pour la demande que je me prépare à vous présenter. — Une demande? dit le baron. — J'ai l'honneur, reprit Charny d'une voix que dominait l'émotion, de vous demander la main de mademoiselle Andrée de Taverney, votre fille.

Le baron fit un soubresaut sur son fauteuil. Il ouvrit des yeux étincelants qui semblaient dévorer chacune des paroles que venait de prononcer le comte de Charny.

— Ma fille!... murmura-t-il; vous me demandez Andrée en mariage?
— Oui, monsieur le baron; à moins que mademoiselle de Taverney ne sente quelque répugnance pour cette union. — Ah çà! mais, pensa le vieillard, la faveur de Philippe est-elle déjà si éclatante que l'un de ces rivaux en veuille profiter en épousant sa sœur? Ma foi! c'est pas mal joué non plus, monsieur de Charny.

Et tout haut, avec un sourire :
— Cette recherche est tellement honorable pour notre maison, monsieur le comte, dit-il, que j'y accède avec bien de la joie; quant à ce qui me regarde, et comme je tiens à ce que vous emportiez d'ici un consentement complet, je ferai prévenir ma fille. — Monsieur, interrompit le comte avec froideur, vous prenez là, je pense, un soin inutile. La reine a bien voulu consulter mademoiselle de Taverney à cet égard, et la réponse de mademoiselle votre fille m'a été favorable. — Ah! fit le baron de plus en plus émerveillé, c'est la reine... — Qui a pris la peine de se transporter à Saint-Denis, oui, Monsieur.

Le baron se leva.
— Il ne me reste plus qu'à vous donner connaissance, monsieur le comte, dit-il, de ce qui concerne la situation de mademoiselle de Taverney. J'ai là-haut les titres de fortune de sa mère. Vous n'épousez pas une fille riche, monsieur le comte, et avant de rien conclure... — Inutile, monsieur le baron, dit sèchement Charny. Je suis riche pour deux, et mademoiselle de Taverney n'est pas de ces femmes qu'on marchande. Mais cette question que vous vouliez traiter pour votre compte, monsieur le baron, il m'est indispensable de la traiter pour le mien.

Il achevait à peine ces mots, que la porte du boudoir s'ouvrit, et que parut Philippe, pâle, défait, une main dans sa veste, et l'autre convulsivement fermée.

Charny le salua cérémonieusement, et reçut un salut pareil.
— Monsieur, dit Philippe, mon père avait raison de vous proposer un entretien sur les comptes de famille; nous avons tous deux des éclaircissements à vous donner. Tandis que monsieur le baron va monter chez lui pour chercher les papiers dont il vous parlait, j'aurai l'honneur de traiter la question avec vous plus en détail.

Et Philippe, avec un regard empreint d'une irrécusable autorité, congédia le baron, qui sortit mal à son aise, prévoyant quelque traverse.

Philippe accompagna le baron jusqu'à la porte de sortie du petit salon, pour être sûr que cette pièce demeurerait vide. Il alla regarder de même dans le boudoir, et assuré de n'être entendu de personne, sinon par celui auquel il s'adressait :

— Monsieur de Charny, dit-il en se croisant les bras en face du comte, comment se fait-il que vous osiez venir demander ma sœur en mariage?

Olivier recula et rougit.

— Est-ce, continua Philippe, pour cacher mieux vos amours avec cette femme que vous poursuivez, avec cette femme qui vous aime? est-ce pour que, vous voyant marié, on ne puisse dire que vous avez une maîtresse? — En vérité, Monsieur... dit Charny chancelant, atterré. — Est-ce, ajouta Philippe, pour que, devenu l'époux d'une femme qui approchera votre maîtresse à toute heure, vous ayez plus de facilité à la voir, cette maîtresse adorée? — Monsieur, vous passez les bornes! — C'est peut-être, et je crois plutôt cela, continua Philippe en se rapprochant de Charny : c'est sans doute pour que, devenu votre beau-frère, je ne révèle pas ce que je sais de vos amours passées. — Ce que vous savez! s'écria Charny épouvanté, prenez garde, prenez garde! — Oui, dit Philippe en s'animant, la maison du Louvetier louée par vous, vos promenades mystérieuses dans le parc de Versailles... la nuit... vos mains pressées, vos soupirs, et surtout ce tendre échange de regards à la petite porte du parc... — Monsieur, au nom du ciel! Monsieur, vous ne savez rien; dites que vous ne savez rien. — Je ne sais rien! s'écria Philippe avec une sanglante ironie. Comment ne saurais-je rien, moi qui étais caché dans les broussailles derrière la porte des bains d'Apollon, quand vous êtes sorti donnant le bras à la reine.

Charny fit deux pas, comme un homme frappé à mort qui cherche un appui autour de lui.

Philippe le regarda avec un farouche silence. Il le laissait souffrir, il le laissait expier par ce tourment passager les heures d'ineffables délices qu'il venait de lui reprocher.

Charny se releva de son affaissement.

— Eh bien! Monsieur, dit-il à Philippe, même après ce que vous venez de me dire, je vous demande, à vous, la main de mademoiselle de Taverney. Si je n'étais qu'un lâche calculateur, comme vous le supposiez il y a un moment, si je me mariais pour moi, je serais tellement misérable, que j'aurais peur de l'homme qui tient mon secret et celui de la reine. Mais il faut que la reine soit sauvée, Monsieur, il le faut. — Et quoi la reine est-elle perdue, dit Philippe, parce que monsieur de Taverney l'a vue serrer le bras de monsieur de Charny, et lever au ciel des yeux humides de bonheur? En quoi la reine est-elle perdue, parce que je sais qu'elle vous aime? Oh! ce n'est pas une raison de sacrifier ma sœur, Monsieur; et je ne la laisserai pas sacrifier. — Monsieur, répondit

Olivier, savez-vous pourquoi la reine est perdue si ce mariage ne se fait pas ? C'est que ce matin même, tandis qu'on arrêtait monsieur de Rohan, le roi m'a surpris aux genoux de la reine. — Mon Dieu ! — Et que la reine, interrogée par son roi jaloux, a répondu que je m'agenouillais pour lui demander la main de votre sœur. Voilà pourquoi, Monsieur, si je n'épouse pas votre sœur, la reine est perdue. Comprenez-vous, maintenant ?

Un double bruit coupa la phrase d'Olivier : un cri et un soupir. Ils partaient tous deux, l'un du boudoir, l'autre du petit salon.

Olivier courut au soupir; il vit dans le boudoir Andrée de Taverney vêtue de blanc comme une fiancée. Elle avait tout entendu et venait de s'évanouir.

Philippe courut au cri dans le petit salon. Il aperçut le corps du baron de Taverney, que cette révélation de l'amour de la reine pour Charny venait de foudroyer sur la ruine de toutes ses espérances.

Le baron, frappé d'apoplexie, avait rendu le dernier soupir.

La prédiction de Cagliostro était accomplie.

Philippe, qui comprenait tout, même la honte de cette mort, abandonna silencieusement le cadavre et revint au salon, vers Charny, qui contemplait en tremblant, et sans oser y toucher, cette belle jeune fille froide et inanimée.

Les deux portes ouvertes laissaient voir ces deux corps parallèlement, symétriquement posés, pour ainsi dire, à l'endroit où les avait frappés le coup de la révélation.

Philippe, les yeux gonflés, le cœur bouillant, eut le courage de prendre la parole pour dire à monsieur de Charny :

— Monsieur le baron de Taverney vient de mourir. Après lui, je suis le chef de ma famille. Si mademoiselle de Taverney survit, je vous la donne en mariage.

Charny regarda le cadavre du baron avec horreur, le corps d'Andrée avec désespoir. Philippe arrachait à deux mains ses cheveux, et lança vers le ciel une exclamation qui dut émouvoir le cœur de Dieu sur son trône éternel.

— Comte de Charny, dit-il après avoir calmé en lui la tempête, je prends cet engagement au nom de ma sœur qui ne m'entend pas : elle donnera son bonheur à une reine, et moi peut-être un jour serai-je assez heureux pour lui donner ma vie. Adieu, monsieur de Charny; adieu, mon beau-frère.

Et, saluant Olivier qui ne savait comment s'éloigner sans passer près d'une des victimes, Philippe releva Andrée, la réchauffa dans ses bras, et livra ainsi passage au comte, qui disparut par le boudoir.

LE PÈRE ET LA FIANCÉE.

TYP. J. CLAYE.

LXXXVII

APRÈS LE DRAGON, LA VIPERE

Il est temps pour nous de revenir à ces personnages de notre histoire que la nécessité et l'intrigue, aussi bien que la vérité historique, ont relégués au deuxième plan.

Oliva se préparait à fuir pour le compte de Jeanne, quand Beausire, prévenu par un avis anonyme, Beausire, haletant après la reprise de Nicole, se trouva conduit jusque dans ses bras, et l'enleva de chez Cagliostro, tandis que monsieur Reteau de Villette attendait vainement au bout de la rue du Roi-Doré.

Pour trouver les heureux amants, que monsieur de Crosne avait tant d'intérêt à découvrir, madame de La Motte, qui se sentait dupée, mit en campagne tout ce qu'elle eut de gens affidés.

Elle aimait mieux, on le conçoit, veiller elle-même sur son secret, que d'en laisser le maniement à d'autres; et pour la bonne gestion de l'affaire qu'elle préparait, il était indispensable que Nicole fût introuvable.

Il est impossible de dépeindre les angoisses qu'elle eut à subir quand chacun de ses émissaires lui annonça, en revenant, que les recherches étaient inutiles.

En ce moment même elle recevait, cachée, ordres sur ordres de paraître chez la reine, et de venir répondre de sa conduite au sujet du collier.

Nuitamment, voilée, elle partit pour Bar-sur-Aube, où elle avait un pied à terre, et y étant arrivée par des chemins de traverse sans avoir été reconnue, elle prit le temps d'envisager sa position sous son véritable jour.

Elle gagnait ainsi deux ou trois jours, face à face avec elle-même, et se donnait le temps, et avec le temps la force de soutenir, par une solide fortification intérieure, l'édifice de ses calomnies.

Deux jours de solitude pour cette âme profonde, c'était la lutte au bout de laquelle seraient domptés le corps et l'esprit, après laquelle la conscience obéissante ne se retournerait plus, instrument dangereux contre la coupable, après laquelle le sang aurait pris l'habitude de circuler autour du cœur sans monter au visage pour y révéler la honte ou la surprise.

La reine, le roi, qui la faisaient chercher, n'apprirent son installation à Bar-sur-Aube qu'au moment où elle était déjà préparée à faire la guerre. Ils envoyèrent un exprès pour l'amener. Ce fut alors qu'elle apprit l'arrestation du cardinal.

Toute autre qu'elle eût été terrassée par cette vigoureuse offensive, mais Jeanne n'avait plus rien à ménager. Qu'était une question de liberté dans la balance, auprès des questions de vie ou de mort qui s'y entassaient chaque jour?

En apprenant la prison du cardinal et l'éclat qu'avait fait Marie-Antoinette :

— La reine a brûlé ses vaisseaux, calcula-t-elle froidement; impossible à elle de revenir sur le passé. En refusant de transiger avec le cardinal et de payer les bijoutiers, elle joue quitte ou double. Cela prouve qu'elle compte sans moi, et qu'elle ne soupçonne pas les forces que j'ai à ma disposition.

Voilà de quelles pièces était faite l'armure que portait Jeanne, lorsqu'un homme, moitié exempt, moitié messager, se présenta tout à coup devant elle et lui annonça qu'il était chargé de la *ramener à la cour.*

Le messager chargé de la ramener à la cour voulait la conduire directement chez le roi; mais Jeanne, avec cette habileté qu'on lui connaît :

—Monsieur, dit-elle, vous aimez la reine, n'est-ce pas?—En doutez-vous, madame la comtesse? répartit le messager. — Eh bien! au nom de cet amour loyal et du respect que vous avez pour la reine, je vous adjure de me conduire chez la reine d'abord.

L'officier voulut faire des objections.

— Vous savez assurément de quoi il s'agit mieux que moi, répartit la comtesse. Voilà pourquoi vous comprendrez qu'un entretien secret de la reine avec moi est indispensable.

Le messager, tout pétri des idées calomnieuses qui empestaient l'air de Versailles depuis plusieurs mois, crut réellement rendre un service à la reine en menant madame de La Motte auprès d'elle avant de la montrer au roi.

Qu'on se figure la hauteur, l'orgueil, la conscience altière de la reine mise en présence de ce démon qu'elle ne connaissait pas encore, mais dont elle soupçonnait la perfide influence sur ses affaires.

Qu'on se représente Marie-Antoinette, veuve encore inconsolée de son amour qui avait succombé au scandale, Marie-Antoinette, écrasée par l'injure d'une accusation qu'elle ne pouvait réfuter, qu'on se la représente, après tant de souffrances, se disposant à mettre le pied sur la tête du serpent qui l'a mordue !

Le dédain suprême, la colère mal contenue, la haine de femme à femme, le sentiment d'une supériorité incomparable de position, voilà quelles étaient les armes des adversaires.

La reine commença par faire entrer comme témoins deux de ses femmes; œil baissé, lèvres closes, révérence lente et solennelle, un cœur plein de mystères, un esprit plein d'idées, le désespoir pour dernier moteur, voilà quel était le second champion.

Madame de La Motte, dès qu'elle aperçut les deux femmes :

— Bon ! dit-elle, voilà deux témoins qu'on renverra tout à l'heure. — Ah ! vous voilà, enfin ! Madame, s'écria la reine ; on vous trouve, enfin !

Jeanne s'inclina une deuxième fois.

— Vous vous cachez donc? dit la reine avec impatience. Me cacher ! non, Madame, répliqua Jeanne d'une voix douce et à peine timbrée, comme si l'émotion produite par la majesté royale en altérait seule la sonorité ordinaire ; je ne me cachais pas; si je me fusse cachée, on ne m'eût point trouvée. — Vous vous êtes enfuie, cependant? Appelons cela comme il vous plaira. — C'est-à-dire que j'ai quitté Paris, oui, Madame. — Sans ma permission ? — Je craignais que Sa Majesté ne m'accordât pas le petit congé dont j'avais besoin pour arranger mes affaires à Bar-sur-Aube, où j'étais depuis six jours, quand l'ordre de Sa Majesté m'y vint chercher. D'ailleurs, il faut le dire, je ne me croyais pas tellement nécessaire à Votre Majesté, que je fusse obligée de la prévenir pour faire une absence de huit jours. — Eh ! vous avez raison, Madame; pourquoi avez-vous craint mon refus d'un congé ? Quel congé avez-vous à me demander? Quel congé ai-je à vous accorder? Est-ce que vous occupez une charge, ici?

Il y eut trop de mépris sur ces derniers mots. Jeanne, blessée, mais retenant son sang comme les chats-tigres piqués par la flèche :

— Madame, dit-elle humblement, je n'ai pas de charge à la cour, c'est vrai ; mais Votre Majesté m'honorait d'une confiance si précieuse, que je me regardais comme engagée bien plus auprès d'elle par la reconnaissance que d'autres ne le sont par le devoir.

Jeanne avait cherché longtemps, elle avait trouvé le mot confiance et elle appuyait dessus.

— Cette confiance, répéta la reine, plus écrasante encore de mépris que dans sa première apostrophe, nous en allons régler le compte. Avez-vous vu le roi ? — Non, Madame. — Vous le verrez.

Jeanne salua.

— Ce sera un grand honneur pour moi, dit-elle.

La reine chercha un peu de calme pour commencer ses questions avec avantage.

Jeanne profita de ce répit pour dire :

— Mais, mon Dieu ! Madame, comme Votre Majesté se montre sévère à mon égard. Je suis toute tremblante. — Vous n'êtes pas au bout, dit brusquement la reine ; savez-vous que monsieur de Rohan est à la Bastille ? — On me l'a dit, Madame. — Vous devinez bien pourquoi ?

Jeanne regarda fixement la reine, et se tournant vers les femmes dont la présence semblait la gêner, répondit :

— Je ne le sais pas, Madame. — Vous savez, cependant, que vous m'avez parlé d'un collier, n'est-ce pas ? — D'un collier de diamants ? oui, Madame. — Et que vous m'avez proposé, de la part du cardinal, un accommodement pour payer ce collier ? — C'est vrai, Madame. — Ai-je accepté ou refusé cet accommodement ? — Votre Majesté a refusé. — Ah ! fit la reine avec une satisfaction mêlée de surprise. — Sa Majesté a même donné un à-compte de deux cent mille livres, ajouta Jeanne. — Bien... et après ? — Après, Sa Majesté ne pouvant payer, parce que monsieur de Calonne lui avait refusé de l'argent, a renvoyé l'écrin aux joailliers Bœhmer et Bossange. — Par qui renvoyé ? — Par moi. — Et vous, qu'avez-vous fait ? — Moi, dit lentement Jeanne, qui sentait tout le poids des paroles qu'elle allait prononcer ; moi, j'ai donné les diamants à monsieur le cardinal. — A monsieur le cardinal ! s'écria la reine, et pourquoi, s'il vous plaît, au lieu de les remettre aux joailliers ? — Parce que, Madame, monsieur de Rohan s'étant intéressé à cette affaire, qui plaisait à Votre Majesté, je l'eusse blessé en ne lui fournissant point l'occasion de la terminer lui-même. — Mais comment se fait-il que vous ayez tiré un reçu des joailliers ? — Parce que monsieur de Rohan m'a remis ce reçu. — Mais cette lettre que vous avez, dit-on, remise aux joailliers comme venant de moi ? — Monsieur de Rohan m'a priée de la remettre. — C'est donc en tout et toujours monsieur de Rohan qui s'est mêlé de cela ? s'écria la reine. — Je ne sais ce que Votre Majesté veut dire, répliqua Jeanne d'un air distrait, ni de quoi monsieur de Rohan s'est mêlé. — Je dis que le reçu des joailliers, remis ou envoyé par moi à vous, est faux ! — Faux ! dit Jeanne avec candeur, oh ! Madame ! — Je dis que la prétendue lettre d'acceptation du collier, signée, dit-on, de moi, est fausse ! — Oh ! s'écria Jeanne plus étonnée en apparence encore que la première fois. — Je dis enfin, poursuivit la reine, que vous avez besoin d'être confrontée avec monsieur de Rohan pour nous faire éclaircir cette affaire. — Confrontée ! dit Jeanne. Mais, Madame, quel besoin de me confronter avec monsieur le cardinal ? — Lui-même le demandait. — Lui ? — Il vous cherchait partout. — Mais, Madame, c'est impossible. — Il voulait vous prouver, disait-il, que vous l'aviez trompé. — Oh! pour cela, Madame, je demande la confrontation. — Elle aura lieu, Madame, croyez-le bien. Ainsi, vous niez savoir où est le collier? — Comment le saurais-je? — Vous niez avoir aidé monsieur le cardinal dans certaines intrigues?... — Votre Majesté a tout droit de me disgracier. Mais de m'offenser, aucun. Je suis une Valois, Madame. — Monsieur le cardinal a soutenu devant le roi des calomnies qu'il espère faire reposer sur des bases sérieuses. — Je ne comprends pas. — Le cardinal a déclaré m'avoir écrit.

Jeanne regarda la reine en face et ne répliqua rien.

— M'entendez-vous? dit la reine. — J'entends, oui, Votre Majesté. — Et que répondez-vous? — Je répondrai quand on m'aura confrontée avec monsieur le cardinal. — Jusque-là, si vous savez la vérité, aidez-nous? — La vérité, Madame, c'est que Votre Majesté m'accable sans sujet et me maltraite sans raison. — Ce n'est pas une réponse, cela. — Je n'en ferai cependant pas d'autre ici, Madame.

Et Jeanne regarda les deux femmes encore une fois.

La reine comprit, mais elle ne céda pas. La curiosité ne put l'emporter sur le respect humain.

Dans les réticences de Jeanne, dans son attitude à la fois humble et insolente perçait l'assurance qui résulte d'un secret acquis.

Ce secret, peut-être la reine l'eût-elle acheté par la douceur.

Elle repoussa ce moyen comme indigne d'elle.

— Monsieur de Rohan a été mis à la Bastille pour avoir trop voulu parler, dit Marie-Antoinette, prenez garde, Madame, d'encourir le même sort pour avoir voulu vous taire.

Jeanne enfonça ses ongles dans ses mains, mais elle sourit.

— A une conscience pure, dit-elle, qu'importe la persécution; la Bastille me convaincra-t-elle d'un crime que je n'ai pas commis?

La reine regarda Jeanne avec un œil courroucé.

— Parlerez-vous? dit-elle. — Je n'ai rien à dire, Madame, sinon à vous. — A moi? Eh bien! est-ce que ce n'est pas à moi que vous parlez? — Pas à vous seule. — Ah! nous y voilà, s'écria la reine; vous voulez le huis clos. Vous craignez le scandale de l'aveu public après m'avoir infligé le scandale du soupçon public.

Jeanne se redressa.

— N'en parlons plus, dit-elle; ce que j'en faisais, c'était pour vous. — Quelle insolence! — Je subis respectueusement les injures de ma reine, dit Jeanne sans changer de couleur. — Vous coucherez à la Bastille ce soir, madame de La Motte. — Soit, Madame. Mais avant de me coucher, selon mon habitude, je prierai Dieu pour qu'il conserve l'honneur et la joie de Votre Majesté, répliqua l'accusée.

La reine, se levant furieuse, passa dans la chambre voisine, en repoussant les portes avec violence.

Après avoir vaincu le dragon, dit-elle, j'écraserai bien la vipère! —
Je sais son jeu par cœur, pensa Jeanne, je crois que j'ai gagné.

LXXXVIII

COMMENT IL SE FIT QUE MONSIEUR DE BEAUSIRE, EN CROYANT CHASSER LE LIÈVRE, FUT CHASSÉ LUI-MÊME PAR LES AGENTS DE M. DE CROSNE

Madame de La Motte fut incarcérée comme l'avait voulu la reine.

Aucune compensation ne parut plus agréable au roi, qui haïssait instinctivement cette femme.

Le procès s'instruisit sur l'affaire du collier avec toute la rage que peuvent mettre des marchands ruinés qui espèrent se tirer d'embarras, des accusés qui veulent se tirer de l'accusation, et des juges populaires qui ont dans les mains l'honneur et la vie d'une reine, sans compter l'amour-propre ou l'esprit de parti.

Ce ne fut qu'un cri par toute la France. Aux nuances de ce cri la reine put reconnaître et compter ses partisans ou ses ennemis.

Depuis qu'il était incarcéré, monsieur de Rohan demandait instamment à être confronté avec madame de La Motte. Cette satisfaction lui fut accordée.

Le prince vivait à la Bastille comme un grand seigneur, dans une maison qu'il avait louée. Hormis la liberté, tout lui était accordé sur sa demande.

Ce procès avait pris dès l'abord des proportions mesquines, eu égard à la qualité des personnes incriminées.

Aussi s'étonnait-on qu'un Rohan pût être inculpé pour vol.

Aussi, les officiers et le gouverneur de la Bastille témoignaient-ils au cardinal toute la déférence, tout le respect dus au malheur.

Pour eux ce n'était pas un accusé, mais un homme en disgrâce.

Ce fut bien autre chose encore lorsqu'il fut répandu dans le public que monsieur de Rohan tombait victime des intrigues de la cour.

Ce ne fut plus pour le prince de la sympathie, ce fut de l'enthousiasme.

Et monsieur de Rohan, l'un des premiers parmi les nobles de ce royaume, ne comprenait pas que l'amour du peuple lui venait uniquement de ce qu'il était persécuté par plus noble que lui.

Monsieur de Rohan, dernière victime du despotisme, était de fait l'un des premiers révolutionnaires de France.

Son entretien avec madame de La Motte fut signalé par un incident remarquable.

La comtesse, à qui l'on permettait de parler bas toutes les fois qu'il s'agissait de la reine, réussit à dire au cardinal :

— Éloignez tout le monde, et je vous donnerai les éclaircissements que vous demandez.

Alors monsieur de Rohan désira d'être seul, et de l'interroger à voix basse.

On le lui refusa ; mais on laissa son conseil s'entretenir avec la comtesse.

Quant au collier, elle répondit qu'elle ignorait ce qu'il était devenu, mais qu'on aurait pu le lui donner à elle.

Et comme le conseil se récriait, étourdi de l'audace de cette femme, elle lui demanda si le service qu'elle avait rendu à la reine et au cardinal ne valait pas un million ?

L'avocat répéta ces mots au cardinal, sur quoi celui-ci pâlit, baissa la tête, et devina qu'il était tombé dans le piége de cette infernale oiseleur.

Mais s'il pensait déjà, lui, à étouffer le bruit de cette affaire qui perdait la reine, ses ennemis, ses amis, le poussaient à ne pas interrompre les hostilités.

On lui objectait que son honneur était en jeu ; qu'il s'agissait d'un vol ; que sans arrêt du parlement l'innocence n'était pas prouvée.

Or, pour prouver cette innocence, il fallait prouver les rapports du cardinal avec la reine, et prouver par conséquent le crime de celle-ci.

A cette réflexion, Jeanne répliqua qu'elle n'accuserait jamais la reine, non plus que le cardinal ; mais que si on persévérait à la rendre responsable du collier, ce qu'elle ne voulait pas faire elle le ferait, c'est-à-dire qu'elle prouverait que reine et cardinal avaient intérêt à l'accuser de mensonge.

Lorsque ces conclusions furent communiquées au cardinal, le prince témoigna tout son mépris pour celle qui parlait de le sacrifier ainsi.

Il ajouta qu'il comprenait jusqu'à un certain point la conduite de Jeanne, mais qu'il ne comprenait pas du tout celle de la reine.

Ces mots, rapportés à Marie-Antoinette et commentés, l'irritaient et la faisaient bondir. Elle voulut qu'un interrogatoire particulier fût dirigé sur les parties mystérieuses de ce procès.

Le grand grief des entrevues nocturnes apparut alors, développé dans son plus large jour par les calomniateurs et les faiseurs de nouvelles.

Mais ce fut alors que la malheureuse reine se trouva menacée.

Jeanne affirmait ne pas connaître ce dont on lui parlait, et cela devant les gens de la reine; mais vis-à-vis des gens du cardinal, elle n'était pas aussi discrète, et répétait toujours :

— Qu'on me laisse tranquille, sinon, je parlerai.

Ces réticences, ces modesties l'avaient posée en héroïne, et embrouillaient si bien le procès, que les plus braves éplucheurs de dossiers frémissaient en consultant les pièces, et que nul juge instructeur n'osait poursuivre les interrogatoires de la comtesse.

Le cardinal fut-il plus faible, plus franc? avoua-t-il à quelque ami ce qu'il appelait son secret d'amour? On ne le sait; on ne doit pas le croire, car c'était un noble cœur, bien dévoué, que celui du prince. Mais si loyal qu'il eût été dans son silence, le bruit se répandit de son colloque avec la reine.

Tout ce que le comte de Provence avait dit, tout ce que Charny et Philippe avaient su ou vu, tous ces arcanes inintelligibles pour tout autre qu'un prétendant comme le frère du roi, ou des rivaux d'amour comme Philippe et Charny, tout le mystère de ces amours si calomniées et si chastes s'évapora comme un parfum, et, fondu dans la vulgaire atmosphère, perdit l'arome illustre de son origine.

On pense si la reine trouva de chauds défenseurs, si monsieur de Rohan trouva de zélés champions.

La question n'était plus celle-ci : La reine a-t-elle volé ou non un collier de diamants?

Question assez déshonorante en elle-même, pourtant; mais cela ne suffisait même plus.

La question était :

La reine a-t-elle dû laisser voler le collier par quelqu'un qui avait pénétré le secret de ses amours?

Voilà comment madame de La Motte était parvenue à tourner la difficulté.

Voilà comment la reine se trouvait engagée dans une voie sans autre issue que le déshonneur.

Elle ne se laissa pas abattre, elle résolut de lutter; le roi la soutint.

Le ministère aussi la soutint et de toutes ses forces.

La reine se rappela que monsieur de Rohan était un homme honnête, incapable de vouloir perdre une femme.

Elle se rappela son assurance quand il jurait avoir été admis aux rendez-vous de Versailles.

Elle conclut que le cardinal n'était pas son ennemi direct, et qu'il n'avait comme elle qu'un intérêt d'honneur dans la question.

On dirigea dès lors tout l'effort du procès sur la comtesse, et l'on chercha activement les traces du collier perdu.

La reine, acceptant le débat sur l'accusation de faiblesse adultère, rejetait sur Jeanne la foudroyante accusation de vol frauduleux.

Tout parlait contre la comtesse, ses antécédents, sa première misère, son élévation étrange; la noblesse n'acceptait pas cette princesse de hasard, le peuple ne pouvait la revendiquer; le peuple hait d'instinct les aventuriers, il ne leur pardonne pas même le succès.

Jeanne s'aperçut qu'elle avait fait fausse route, et que la reine, en subissant l'accusation, en ne cédant pas à la crainte du bruit, engageait le cardinal à l'imiter; que les deux loyautés finiraient par s'entendre et par trouver la lumière, et que, même si elles succombaient, ce serait dans une chute si terrible qu'elles broieraient sous elles la pauvre petite Valois, princesse d'un million volé, qu'elle n'avait même plus sous la main pour corrompre ses juges.

On en était là quand un nouvel épisode se produisit, qui changea la face des choses.

Monsieur de Beausire et mademoiselle Oliva vivaient heureux et riches dans le fond d'une maison de campagne, quand un jour monsieur, qui avait laissé madame au logis pour s'en aller chasser, tomba dans la société de deux des agents que monsieur de Crosne éparpillait par toute la France pour obtenir un dénouement à cette intrigue.

Les deux amants ignoraient tout ce qui se passait à Paris; ils ne songeaient guère qu'à eux-mêmes.

Mademoiselle Oliva engraissait comme une belette dans un grenier, et monsieur Beausire avec le bonheur avait perdu cette inquiète curiosité, signe distinctif des oiseaux voleurs comme des hommes de proie, caractère que la nature a donné aux uns et aux autres pour leur conservation.

Beausire, disons-nous, était sorti ce jour-là pour chasser le lièvre. Il trouva un vol de perdrix qui lui fit traverser une route.

Voilà comment, en cherchant autre chose que ce qu'il eût dû chercher, il trouva ce qu'il ne cherchait pas.

Les agents cherchaient aussi Oliva, et ils trouvèrent Beausire. Ce sont là les caprices ordinaires de la chasse.

Un de ces limiers était homme d'esprit. Quand il eut bien reconnu Beausire, au lieu de l'arrêter tout brutalement, ce qui n'eût rien rapporté, il fit le projet suivant avec son compagnon.

— Beausire chasse; il est donc assez libre et assez riche; il a peut-être cinq à six louis dans sa poche, mais il est possible qu'il ait deux ou trois cents louis à son domicile. Laissons-le rentrer à ce domicile : pénétrons-y et mettons-le à rançon. Beausire, rendu à Paris, ne nous rapportera que cent livres, comme toute prise ordinaire; encore nous grondera-t-on d'avoir encombré la prison pour un personnage peu considérable. Faisons de Beausire une spéculation personnelle.

Ils se mirent à chasser la perdrix comme monsieur Beausire, le lièvre comme monsieur Beausire, et appuyant les chiens quand c'était un lièvre, et rabattant dans la luzerne quand c'était à la perdrix, ils ne quittèrent pas leur homme d'une semelle.

Beausire, voyant les étrangers qui se mêlaient de sa chasse, fut d'abord très-étonné, et puis très-courroucé. Il était devenu jaloux de son gibier, comme tout bon gentillâtre; mais il était aussi ombrageux à l'endroit des nouvelles connaissances.

Au lieu d'interroger lui-même ces acolytes que le hasard lui donnait, il poussa droit à un garde qu'il apercevait dans la plaine, et le chargea d'aller demander à ces messieurs pourquoi ils chassaient sur cette terre.

Le garde répliqua qu'il ne connaissait point ces messieurs pour être du pays, et il ajouta que son désir était de les interrompre dans leur chasse, ce qu'il fit. Mais les deux étrangers répliquèrent qu'ils chassaient avec leur ami, le monsieur là-bas.

Ils désignaient ainsi Beausire.

Le garde les conduisit à lui, malgré tout le chagrin que cette confrontation causait au gentilhomme chasseur.

— Monsieur de Linville, dit-il, ces Messieurs prétendent qu'ils chassent avec vous. — Avec moi! s'écria Beausire irrité, ah! par exemple!
— Tiens, lui dit l'un des agents tout bas, vous vous appelez donc aussi monsieur de Linville, mon cher Beausire?

Beausire tressaillit, lui qui cachait si bien son nom dans le pays.

Il regarda l'agent, puis son compagnon, en homme effaré, crut reconnaître vaguement ces figures, et afin de ne pas envenimer les choses, il congédia le garde en prenant sur lui la chasse de ces messieurs.

— Vous les connaissez donc? fit le garde. — Oui, nous venons de nous reconnaître, répliqua un des agents.

Alors Beausire se trouva en présence des deux chasseurs, bien embarrassé de leur parler sans se compromettre.

— Offrez-nous à déjeuner, Beausire, dit le plus adroit des deux agents, chez vous... — Chez moi! mais... s'écria Beausire. — Vous ne nous ferez pas cette impolitesse, Beausire.

Beausire avait perdu la tête; il se laissa conduire bien plutôt qu'il ne conduisit.

Les agents, dès qu'ils aperçurent la petite maison, en louèrent l'élé-

M. DE BEAUSIRE ET LES AGENTS DE M. DE CROSNE.

gance; la position, les arbres et la perspective, comme des gens de goût devaient le faire, et, en réalité, Beausire avait choisi un endroit charmant pour y poser le nid de ses amours.

C'était un vallon boisé, coupé par une petite rivière ; la maison s'élevait sur un talus au levant.

Une guérite, sorte de clocheton sans cloche, servait d'observatoire à Beausire pour dominer la campagne aux jours de spleen, alors que ses idées roses se fanaient et qu'il voyait des alguazils dans chaque laboureur penché sur la charrue.

D'un seul côté, cette habitation était visible et riante ; des autres, elle disparaissait sous les bois et les plis du terrain.

— Comme on est bien caché là-dedans! lui dit un agent avec admiration.

Beausire frémit de la plaisanterie, et entra le premier dans sa maison, aux aboiements des chiens de cour.

Les agents l'y suivirent avec force cérémonies.

LXXXIX

LES TOURTEREAUX SONT MIS EN CAGE

En entrant par la porte de la cour, Beausire avait son idée : il voulait faire assez de bruit pour prévenir Oliva d'être sur ses gardes.

Beausire, sans rien savoir de l'affaire du collier, savait assez de choses touchant l'affaire du bal de l'Opéra et celle du baquet de Mesmer pour redouter de montrer Oliva à des inconnus.

Il agit raisonnablement ; car la jeune femme, qui lisait des romans frivoles sur le sofa de son petit salon, entendit aboyer les chiens, regarda dans la cour, et vit Beausire accompagné ; ce qui l'empêcha de se porter au-devant de lui comme à l'ordinaire.

Malheureusement, ces deux tourtereaux n'étaient pas hors des serres des vautours.

Il fallut commander le déjeuner, et un valet maladroit, les gens de campagne ne sont pas des Frontins, demanda deux ou trois fois s'il fallait prendre les ordres de Madame.

Ce mot-là fit dresser les oreilles aux limiers. Ils raillèrent agréablement Beausire sur cette dame cachée, dont la compagnie était pour un ermite l'assaisonnement de toutes les félicités que donnent la solitude et l'argent.

Beausire se laissa railler, mais il ne montra pas Oliva.

On servit un gros repas auquel les deux agents firent honneur. On but beaucoup, et l'on porta souvent la santé de la dame absente.

Au dessert, les têtes s'étant échauffées, messieurs de la police jugèrent qu'il serait inhumain de prolonger le supplice de leur hôte. Ils amenèrent adroitement la conversation sur le plaisir qu'il y a pour les bons cœurs à retrouver d'anciennes connaissances.

Sur quoi Beausire, en débouchant un flacon de liqueurs des îles, demanda aux deux inconnus à quel endroit et dans quelle circonstance il avait pu les rencontrer.

— Nous étions, dit l'un d'eux, les amis d'un de vos associés, lors d'une petite affaire que vous fîtes en participation avec plusieurs, l'affaire de l'ambassade de Portugal.

Beausire pâlit.

Quand on touche à des affaires pareilles, on croit toujours sentir un bout de corde dans les plis de sa cravate.

— Ah! vraiment, dit-il tremblant d'embarras, et vous venez me demander pour votre ami... — Au fait, c'est une idée, dit l'alguazil à son camarade, l'introduction est plus honnête ainsi. Demander une restitution au nom d'un ami absent, c'est moral. — De plus, cela réserve tous droits sur le reste, répliqua l'ami de ce moraliste avec un sourire aigre-doux qui fit frémir Beausire de la tête aux pieds. — Donc?... reprit-il. — Donc, cher monsieur Beausire, il nous serait agréable que vous rendissiez à l'un de nous la part de notre ami. Une dizaine de mille livres, je crois. — Au moins, car on ne parle pas des intérêts, fit le camarade Positif. — Messieurs, répliqua Beausire étranglé par la fermeté de cette demande, on n'a pas dix mille livres chez soi, à la campagne. — Cela se comprend, cher Monsieur, et nous n'exigeons que le possible. Combien pouvez-vous donner tout de suite? — J'ai cinquante à soixante louis, pas davantage. — Nous commencerons par les prendre et vous remercierons de votre courtoisie. — Ah! pensa Beausire, charmé de leur facilité, ils sont de bien bonne composition. Est-ce que par hasard ils auraient aussi peur de moi que j'ai peur d'eux? Essayons.

Et il se prit à réfléchir que ces messieurs, en criant bien haut, ne réussiraient qu'à s'avouer ses complices, et que pour les autorités de la province, ce serait une mauvaise recommandation.

Beausire conclut que ces gens-là se déclareraient satisfaits, et qu'ils garderaient un absolu silence.

Il alla, dans son imprudente confiance, jusqu'à se repentir de n'avoir pas offert trente louis au lieu de soixante ; mais il se promit de se débarrasser bien vite après la somme donnée.

Il comptait sans ses hôtes ; ces derniers se trouvaient bien chez lui ; ils goûtaient cette satisfaction béate que procure une agréable digestion ; ils étaient bons pour le moment, parce que se montrer méchant les eût fatigués.

— C'est un charmant ami que Beausire, dit le Positif à son ami. Soixante louis qu'il nous donne sont gracieux à prendre. — Je vais vous les donner tout de suite, s'écria l'hôte, effrayé de voir ses convives éclater en bachiques familiarités. — Rien ne presse, dirent les deux amis. — Si fait, si fait, je ne serai libre de ma conscience qu'après avoir payé. On est délicat, ou on ne l'est pas.

Et il les voulut quitter pour aller chercher l'argent.

Mais ces messieurs avaient des habitudes de recors, habitudes enracinées que l'on perd difficilement lorsqu'on les a une fois prises. Ces messieurs ne savaient pas se séparer de leur proie quand une fois ils la tenaient.

Ainsi le bon chien de chasse ne lâche-t-il sa perdrix blessée que pour la remettre au chasseur.

Le bon recors est celui qui, la prise faite, ne la quitte ni du doigt ni de l'œil. Il sait trop bien comme le destin est capricieux pour les chasseurs, et combien ce que l'on ne tient plus est loin.

Aussi tous deux, avec un ensemble admirable, se mirent-ils, tout étourdis qu'ils étaient, à crier :

— Monsieur Beausire ! mon cher Beausire !

Et à l'arrêter par les pans de son habit de drap vert.

— Qu'y a-t-il ? demanda Beausire. — Ne nous quittez pas, par grâce, dirent-ils en le forçant galamment de se rasseoir. — Mais comment voulez-vous que je vous donne votre argent, si vous ne me laissez pas monter ? — Nous vous accompagnerons, répondit le Positif avec une tendresse effrayante. — Mais, c'est... la chambre de ma femme, répliqua Beausire.

Ce mot, qu'il regardait comme une fin de non-recevoir, fut pour les sbires l'étincelle qui mit le feu aux poudres.

Leur mécontentement qui couvait, un recors est toujours mécontent de quelque chose, prit une forme, un corps, une raison d'être.

— Au fait ! cria le premier des agents, pourquoi cachez-vous votre femme ? — Oui. Est-ce que nous ne sommes pas présentables ? dit le second. — Si vous saviez ce qu'on a fait pour vous, vous seriez plus honnête, reprit le premier. — Et vous nous donneriez tout ce que nous vous demandons, ajouta témérairement le second. — Ah çà ! mais vous

34

le prenez sur un ton bien haut, Messieurs, dit Beausire. — Nous voulons voir ta femme, répondit le sbire Positif. — Et moi, je vous déclare que je vais vous mettre dehors, cria Beausire, fort de leur ivresse.

Ils lui répliquèrent par un éclat de rire qui aurait dû le rendre prudent. Il n'en tint pas compte et s'obstina.

— Maintenant, dit-il, vous n'aurez pas même l'argent que j'avais promis, et vous décamperez.

Ils rirent plus formidablement encore que la première fois.

Beausire tremblant de colère :

— Je vous comprends, dit-il d'une voix étouffée, vous ferez du bruit et vous parlerez ; mais si vous parlez, vous vous perdrez comme moi.

Ils continuèrent de rire entre eux, la plaisanterie leur paraissait excellente.

Ce fut leur seule réponse.

Beausire crut les épouvanter par un coup de vigueur et se précipita vers l'escalier, non plus comme un homme qui va chercher des louis, mais comme un furieux qui va chercher une arme.

Les sbires se levèrent de table, et, fidèles à leur principe, coururent après Beausire, sur lequel ils jetèrent leurs larges mains.

Celui-ci cria ; une porte s'ouvrit, une femme parut, troublée, effarée, sur le seuil des chambres du premier étage.

En la voyant, les hommes lâchèrent Beausire et poussèrent aussi un cri, mais de joie, mais de triomphe, mais d'exaltation sauvage.

Ils venaient de reconnaître celle qui ressemblait si fort à la reine de France.

Beausire, qui les crut un moment désarmés par l'apparition d'une femme, fut bientôt et cruellement désillusionné.

Le Positif s'approcha de mademoiselle Oliva, et d'un ton trop peu poli, eu égard à la ressemblance ;

— Ah ! ah ! fit-il, je vous arrête. — L'arrêter ! cria Beausire ; et pourquoi ?... — Parce que monsieur de Crosne nous en a donné l'ordre, repartit l'autre agent, et que nous sommes au service de monsieur de Crosne.

La foudre tombant entre les deux amants les eût moins épouvantés que cette déclaration.

— Voilà ce que c'est, dit le Positif à Beausire, que de n'avoir pas été gentil.

Il manquait de logique cet agent, et son compagnon le lui fit observer, en disant :

— Tu as tort, Legrigneux, car si Beausire eût été gentil, il nous eût montré Madame, et de toute façon nous eussions pris Madame.

Beausire avait appuyé dans ses mains sa tête brûlante. Il ne pensait même pas que ses deux valets, homme et femme, écoutaient au bas de l'escalier cette scène étrange qui se passait sur le milieu des marches.

Il eut une idée ; elle lui sourit ; elle le rafraîchit aussitôt.

— Vous êtes venus pour m'arrêter, moi ? dit-il aux agents. — Non, c'est le hasard, dirent-ils naïvement. — N'importe, vous pouviez m'arrêter, et pour soixante louis vous me laissiez en liberté. — Oh ! non ; notre intention était d'en demander encore soixante. — Et nous n'avons qu'une parole, continua l'autre ; aussi, pour cent vingt louis nous vous laisserons libre. — Mais... Madame ? dit Beausire tremblant. — Oh ! Madame, c'est différent, répliqua le Positif. — Madame vaut deux cents louis, n'est-ce pas ? se hâta de dire Beausire.

Les agents recommencèrent ce rire terrible, que, cette fois, Beausire comprit, hélas !

— Trois cents... dit-il, quatre cents... mille louis ! mais vous la laisserez libre.

Les yeux de Beausire étincelaient tandis qu'il parlait ainsi :

— Vous ne répondez rien, dit-il ; vous savez que j'ai de l'argent et vous voulez me faire payer, c'est trop juste. Je donnerai deux mille louis, quarante-huit mille livres, votre fortune à tous les deux, mais laissez-lui la liberté. — Tu l'aimes donc beaucoup, cette femme ? dit le Positif.

Ce fut au tour de Beausire à rire, et ce rire ironique fut tellement effrayant, il peignait si bien l'amour désespéré qui dévorait ce cœur flétri, que les deux sbires en eurent peur et se décidèrent à prendre des précautions pour éviter l'explosion du désespoir qu'on lisait dans l'œil égaré de Beausire.

Ils prirent chacun deux pistolets dans leur poche, et les appuyant sur la poitrine de Beausire :

— Pour cent mille écus, dit l'un d'eux, nous ne te rendrions pas cette femme. Monsieur de Rohan nous la paiera cinq cent mille livres, et la reine un million.

Beausire leva les yeux au ciel avec une expression qui eût attendri toute autre bête féroce qu'un alguazil.

— Marchons, dit le Positif. Vous devez avoir ici une carriole, quelque chose de roulant ; faites atteler ce carrosse à Madame, vous lui devez bien cela. — Et comme nous sommes de bons diables, reprit l'autre, nous n'abuserons pas. On vous emmènera, vous aussi, pour la forme ; sur la route, nous détournerons les yeux, vous sauterez à bas de la carriole, et nous ne nous en apercevrons que lorsque vous aurez mille pas d'avance. Est-ce un bon procédé, hein ?

Beausire répondit seulement :

— Où elle va, j'irai. Je ne la quitterai jamais dans cette vie. — Oh! ni dans l'autre! ajouta Oliva glacée de terreur. — Eh bien! tant mieux, interrompit le Positif, plus on conduit de prisonniers à monsieur de Crosne, plus il rit.

Un quart d'heure après, la carriole de Beausire partait de la maison avec les deux amants captifs et leurs gardiens.

XC

LA BIBLIOTHÈQUE DE LA REINE

On peut juger de l'effet que produisit cette capture sur monsieur de Crosne.

Les agents ne reçurent probablement pas le million qu'ils espéraient, mais il y a tout lieu de penser qu'ils furent satisfaits.

Quant au lieutenant de police, après s'être bien frotté les mains en signe de contentement, il se rendit à Versailles dans un carrosse, à la suite duquel venait un autre carrosse hermétiquement fermé et cadenassé.

C'était le lendemain du jour où le Positif et son ami avaient remis Nicole entre les mains du chef de la police.

Monsieur de Crosne fit entrer ses deux carrosses dans Trianon, descendit de celui qu'il occupait, et laissa l'autre à la garde de son premier commis.

Il se fit admettre chez la reine, à laquelle, tout d'abord, il avait envoyé demander une audience à Trianon.

La reine, qui n'avait garde, depuis un mois, de négliger tout ce qui lui arrivait de la part de la police, obtempéra sur-le-champ à la demande du ministre; elle vint dès le matin dans sa maison favorite, et peu accompagnée, en cas de secret nécessaire.

Dès que monsieur de Crosne eut été introduit près d'elle, à son air rayonnant, elle jugea que les nouvelles étaient bonnes.

Pauvre femme! depuis assez longtemps elle voyait autour d'elle des visages sombres et réservés.

Un battement de joie, le premier depuis trente mortels jours, agita son cœur blessé par tant d'émotions mortelles.

Le magistrat, après lui avoir baisé la main :

— Madame, dit-il, Sa Majesté a-t-elle à Trianon une salle où, sans être vue, elle puisse voir ce qui se passe? — J'ai ma bibliothèque, répondit la reine; derrière les placards, j'ai fait ménager des jours dans mon salon de collation, et quelquefois, en goûtant, je m'amusais avec madame de Lamballe ou avec mademoiselle de Taverney, *quand je l'avais*, à regarder les grimaces comiques de l'abbé Vermond, lorsqu'il tombait sur un pamphlet où il était question de lui. — Fort bien, Madame, répondit monsieur de Crosne. Maintenant, j'ai en bas un carrosse que je voudrais faire entrer dans le château sans que le contenu du carrosse fût vu de personne, si ce n'est de Votre Majesté. — Rien de plus aisé, répliqua la reine; où est-il votre carrosse? — Dans la première cour, Madame.

La reine sonna, quelqu'un vint prendre ses ordres.

— Faites entrer le carrosse que monsieur de Crosne vous désignera, dit-elle, dans le grand vestibule, et fermez les deux portes de telle sorte qu'il y fasse noir, et que personne ne voie avant moi les curiosités que monsieur de Crosne m'apporte.

L'ordre fut exécuté. On savait respecter bien plus que des ordres les caprices de la reine.

Le carrosse entra sous la voûte près du logis des gardes, et versa son contenu dans le corridor sombre.

— Maintenant, Madame, dit monsieur de Crosne, veuillez venir avec moi dans votre salon de collation, et donner ordre qu'on laisse entrer mon commis avec ce qu'il apportera dans la bibliothèque.

Dix minutes après la reine épiait, palpitante, derrière ses casiers.

Elle vit entrer dans la bibliothèque une forme voilée, que dévoila le commis, et qui, reconnue, fit pousser un cri d'effroi à la reine.

C'était Oliva, vêtue de l'un des costumes les plus aimés de Marie-Antoinette.

Elle avait la robe verte à larges bandes moirées noir, la coiffure élevée que préférait la reine, des bagues pareilles aux siennes, les mules de satin vert à talons énormes : c'était Marie-Antoinette elle-même, moins le sang des Césars, que remplaçait le fluide plébéien mobile de toutes les voluptés de monsieur Beausire.

La reine crut se voir dans une glace opposée; elle dévora des yeux cette apparition.

— Que dit Votre Majesté de cette ressemblance? fit alors monsieur de Crosne, triomphant de l'effet qu'il avait produit. — Je dis... je dis... Monsieur... balbutia la reine éperdue. Ah! Olivier, pensa-t-elle, pourquoi n'êtes-vous pas là? — Que veut Votre Majesté? — Rien, Monsieur, rien, sinon que le roi sache bien... — Et que monsieur de Provence voie, n'est-ce pas, Madame? — Oh! merci, monsieur de Crosne, merci. Mais que fera-t-on à cette femme? — Est-ce bien à cette femme que l'on attribue tout ce qui s'est fait? demanda monsieur de Crosne. — Vous tenez sans doute les fils du complot? — A peu près, Madame. — Et monsieur de Rohan? — Monsieur de Rohan ne sait rien encore. — Oh! dit la reine en cachant sa tête dans ses mains, cette femme-là, Monsieur, est, je le vois, toute l'erreur du cardinal! — Soit, Madame, mais si c'est l'erreur de monsieur de Rohan, c'est le crime d'un autre! — Cherchez bien, Monsieur; vous avez l'honneur de la maison de France entre vos mains. — Et croyez, Madame, qu'il est bien placé, répondit monsieur de Crosne. — Le procès? fit la reine. — Est en chemin. Partout on nie; mais j'attends le bon moment pour lancer cette pièce de conviction que vous avez là dans votre bibliothèque. — Et madame de La Motte? — Elle ne sait pas que j'ai trouvé cette fille, et accuse monsieur de Cagliostro d'avoir monté la tête au cardinal jusqu'à lui faire perdre la raison. — Et monsieur de Cagliostro? — Monsieur de Cagliostro, que j'ai fait interroger, m'a promis de me venir voir ce matin même. — C'est un homme dangereux. — Ce sera un homme utile. Piqué par une vipère telle que madame de La Motte, il absorbera le venin, et nous rendra du contre-poison. — Vous espérez des révélations? — J'en suis sûr. — Comment cela, Monsieur? Oh! dites-moi tout ce qui peut me rassurer. — Voici mes raisons, Madame : madame de La Motte habitait rue Saint-Claude... — Je sais, je sais, dit la reine en rougissant. — Oui, Votre Majesté fit l'honneur à cette femme de lui être charitable. — Elle m'en a bien payée! n'est-ce pas? Donc, elle habitait rue Saint-Claude. — Et monsieur de Cagliostro habite précisément en face. — Et vous supposez?... — Que s'il y a eu un secret pour l'un ou pour l'autre de ces deux voisins, le secret doit appartenir à l'un et à l'autre. Mais, pardon, Madame, voici bientôt l'heure à laquelle j'attends à Paris monsieur de Cagliostro, et pour rien au monde je ne voudrais retarder ces explications... — Allez, Monsieur, allez, et encore une fois soyez assuré de ma reconnaissance. Voilà donc, s'écria-t-elle tout en pleurs, quand monsieur de Crosne fut parti, voilà une justification qui commence. Je vais lire mon triomphe sur tous les visages. Celui du seul ami auquel je tienne à prouver que je suis innocente, celui-là seul, je ne le verrai pas!

Cependant, monsieur de Crosne volait vers Paris, et rentrait chez lui, où l'attendait monsieur de Cagliostro.

Celui-ci savait tout depuis la veille.

Il allait chez Beausire, dont il connaissait la retraite, pour le pousser à quitter la France, quand, sur la route, entre les deux agents, il le vit dans la carriole.

Oliva était cachée au fond, toute honteuse et toute larmoyante.

Beausire vit le comte qui les croisait dans sa chaise de poste; il le reconnut.

L'idée que ce seigneur mystérieux et puissant lui serait de quelque utilité changea toutes les idées qu'il s'était faites de ne jamais abandonner Oliva.

Il renouvela aux agents la proposition qu'ils lui avaient faite d'une évasion.

Ceux-ci acceptèrent cent louis qu'il avait, et le lâchèrent malgré les pleurs de Nicole.

Cependant, Beausire en embrassant sa maîtresse lui dit à l'oreille :

— Espère ; je vais travailler à te sauver.

Et il arpenta vigoureusement dans le sens de la route que suivait Cagliostro.

Celui-ci s'était arrêté en tout état de cause ; il n'avait plus besoin d'aller chercher Beausire, puisque Beausire revenait.

Il lui était expédient d'attendre Beausire, si quelquefois celui-ci faisait courir après lui.

Cagliostro attendait donc depuis une demi-heure au tournant de la route, quand il vit arriver pâle, essoufflé, demi-mort, le malheureux amant d'Oliva.

Beausire, à l'aspect du carrosse arrêté, poussa le cri de joie du naufragé qui touche une planche.

— Qu'y a-t-il, mon enfant? dit le comte en l'aidant à monter près de lui.

Beausire raconta toute sa lamentable histoire, que Cagliostro écouta en silence.

— Elle est perdue, lui dit-il ensuite. — Comment cela? s'écria Beausire.

Cagliostro lui raconta ce qu'il ne savait pas, l'intrigue de la rue Saint-Claude et celle de Versailles.

Beausire faillit s'évanouir.

— Sauvez-la, sauvez-la, dit-il en tombant à deux genoux dans le carrosse, et je vous la donnerai si vous l'aimez toujours. — Mon ami, répliqua Cagliostro, vous êtes dans l'erreur, je n'ai jamais aimé mademoiselle Oliva ; je n'avais qu'un but, celui de la soustraire à cette vie de débauches que vous lui faisiez partager. — Mais... dit Beausire surpris.

— Cela vous étonne? Sachez donc que je suis l'un des syndics d'une société de réforme morale, ayant pour but d'arracher au vice tout ce qui peut offrir des chances de guérison. J'eusse guéri Oliva en vous l'ôtant, voilà pourquoi je vous l'ai ôtée. Qu'elle dise si jamais elle a entendu de ma bouche un mot de galanterie; qu'elle dise si mes services n'ont pas toujours été désintéressés! — Raison de plus, Monsieur; sauvez-la! sauvez-la! — J'y veux bien essayer; mais cela dépendra de vous, Beausire. — Demandez-moi ma vie. — Je ne demanderai pas tant que cela. Revenez à Paris avec moi, et si vous suivez de point en point mes instructions, peut-être sauverons-nous votre maîtresse. Je n'y mets qu'une condition. — Laquelle, Monsieur? — Je vous la dirai en nous en retournant chez moi, à Paris. — Oh! j'y souscris d'avance; mais la revoir! la revoir! — Voilà justement ce à quoi je pense; avant deux heures, vous la reverrez. — Et je l'embrasserai? — J'y compte; bien plus, vous lui direz ce que je vais vous dire.

Cagliostro reprit, avec Beausire, la route de Paris.

Deux heures après, c'était le soir, il avait rejoint la carriole.

Et une heure après, Beausire achetait cinquante louis aux deux agents le droit d'embrasser Nicole et de lui glisser les recommandations du comte.

Les agents admiraient cet amour passionné, ils se promettaient une cinquantaine de louis comme cela à chaque double poste.

Mais Beausire ne reparut plus, et la chaise de Cagliostro l'emporta rapidement vers Paris, où tant d'événements se préparaient.

Voilà ce qu'il était nécessaire d'apprendre au lecteur avant de lui montrer monsieur Cagliostro causant d'affaires avec monsieur de Crosne.

Maintenant, nous pouvons l'introduire dans le cabinet du lieutenant de police.

XCI

LE CABINET DU LIEUTENANT DE POLICE

Monsieur de Crosne savait de Cagliostro tout ce qu'un habile lieutenant de police peut savoir d'un homme habitant en France, et ce n'est pas peu dire.

Il savait tous ses noms passés, tous ses secrets d'alchimiste, de magnétisme et de divination; il savait ses prétentions à l'ubiquité, à la régénération perpétuelle : il le regardait comme un charlatan grand seigneur.

C'était un esprit fort que ce monsieur de Crosne, connaissant toutes les ressources de sa charge, bien en cour, indifférent à la faveur, ne composant pas avec son orgueil, un homme sur qui n'avait pas prise qui voulait.

A celui-là comme à monsieur de Rohan, Cagliostro ne pouvait offrir des louis chauds encore du fourneau hermétique; à celui-là, Cagliostro n'eût pas offert le bout d'un pistolet, comme Balsamo à monsieur de Sartines; à celui-là, Balsamo n'avait plus de Lorenza à redemander, mais Cagliostro avait des comptes à rendre.

Voilà pourquoi le comte, au lieu d'attendre les événements, avait cru devoir demander audience au magistrat.

Monsieur de Crosne sentait l'avantage de sa position et s'apprêtait à en user.

Cagliostro sentait l'embarras de la sienne et s'apprêtait à en sortir.

Cette partie d'échecs, jouée à découvert, avait un enjeu que l'un des deux joueurs ne soupçonnait pas, et ce joueur, il faut l'avouer, ce n'était pas monsieur de Crosne.

Celui-ci ne connaissait, nous l'avons dit, de Cagliostro, que le charlatan; il ignorait absolument l'adepte.

Aux pierres que sema la philosophie sur le chemin de la monarchie, tant de gens ne se sont heurtés que parce qu'ils ne les voyaient pas.

Monsieur de Crosne attendait de Cagliostro des révélations sur le collier, sur les trafics de madame de La Motte. C'était là son désavantage.

Enfin, il avait droit d'interroger, d'emprisonner, c'était là sa supériorité.

Il reçut le comte en homme qui sent son importance, mais qui ne veut manquer de politesse envers personne, pas même envers un phénomène.

Cagliostro se surveilla.

Il voulut seulement rester grand seigneur, son unique faiblesse qu'il crût devoir laisser soupçonner.

— Monsieur, lui dit le lieutenant de police, vous m'avez demandé une audience. J'arrive de Versailles exprès pour vous la donner. — Monsieur, j'avais pensé que vous auriez quelque intérêt à me questionner sur ce qui se passe, et, en homme qui connaît tout votre mérite et toute l'importance de vos fonctions, je suis venu à vous. Me voici. — Vous questionner? fit le magistrat affectant la surprise; mais sur quoi, Monsieur, et en quelle qualité? — Monsieur, répliqua nettement Cagliostro, vous vous occupez fort de madame de La Motte, de la disparition du collier. — L'auriez-vous trouvé? demanda monsieur de Crosne, presque railleur.

— Non, dit gravement le comte. Mais si je n'ai pas trouvé le collier, au moins sais-je que madame de La Motte habitait rue Saint-Claude. — En face de chez vous, Monsieur, je le savais aussi, dit le magistrat. — Alors, Monsieur, vous savez ce que faisait madame de La Motte... N'en parlons plus. — Mais au contraire, dit monsieur de Crosne d'un air indifférent, parlons-en. — Oh! cela n'avait de sel qu'à propos de la petite Oliva, dit Cagliostro; mais puisque vous savez tout sur madame de La Motte, je n'aurais rien à vous apprendre.

Au nom d'Oliva, monsieur de Crosne tressaillit.

— Que dites-vous d'Oliva? demanda-t-il. Qui est-ce, Oliva? — Vous ne le savez pas? Ah! Monsieur, c'était une curiosité que je serais surpris de vous apprendre. Figurez-vous une fille très-jolie, une taille... des yeux bleus, l'ovale du visage parfait; tenez, un genre de beauté qui rappelle un peu celui de Sa Majesté la reine. — Ah! ah! fit monsieur de Crosne, eh bien? — Eh bien! cette fille vivait mal, cela me faisait peine; elle avait autrefois servi un vieil ami à moi, monsieur de Taverney... — Le baron qui est mort l'autre jour? — Précisément, oui, celui qui est mort. Elle avait en outre appartenu à un savant homme que vous ne connaissez pas, monsieur le lieutenant de police, et qui... Mais je fais double route, et je m'aperçois que je commence à vous gêner. — Monsieur, veuillez continuer, je vous en prie, au contraire. Cette Oliva, disiez-vous?... — Vivait mal, comme j'ai eu l'honneur de vous le dire. Elle souffrait une quasi-misère avec certain drôle, son amant pour la voler et la battre : un de vos plus ordinaires gibiers, Monsieur, un aigrefin que vous ne devez pas connaître... — Certain Beausire, peut-être? dit le magistrat, heureux de paraître bien informé. — Ah! vous le connaissez, c'est surprenant, dit Cagliostro avec admiration. Très-bien! Monsieur, vous êtes encore plus devin que moi. Or, un jour que le Beausire avait plus battu et plus volé cette fille que de coutume, elle vint se réfugier près de moi et me demanda protection. Je suis bon, je donnai je ne sais quel coin de pavillon dans un de mes hôtels... — Chez vous!... Elle était chez vous? s'écria le magistrat surpris. — Sans doute, répliqua Cagliostro, affectant de s'étonner à son tour. Pourquoi ne l'aurais-je pas abritée chez moi, je suis garçon?

Et il se mit à rire avec une si savante bonhomie que monsieur de Crosne tomba complètement dans le panneau.

— Chez vous! répliqua-t-il; c'est donc pour cela que mes agents ont tant cherché pour la trouver. — Comment, cherché! dit Cagliostro. On cherchait cette petite? A-t-elle donc fait quelque chose que je ne sache pas?... — Non, Monsieur, non; poursuivez, je vous en conjure. — Oh! mon Dieu! j'ai fini. Je la logeai chez moi; voilà tout. — Mais, non, non! monsieur le comte, ce n'est pas tout, puisque vous sembliez tout à

l'heure associer à ce nom d'Oliva le nom de madame de La Motte. —
Ah! à cause du voisinage, dit Cagliostro. — Il y a autre chose, monsieur le comte... Vous n'avez pas pour rien dit que madame de La Motte
et mademoiselle Oliva étaient voisines. — Oh! mais cela tient à une
circonstance qu'il serait inutile de vous rapporter. Ce n'est pas au premier
magistrat du royaume qu'on doit aller conter des billevesées de rentier
oisif. — Vous m'intéressez, Monsieur, et plus que vous ne croyez; car
cette Oliva que vous dites avoir été logée chez vous, je l'ai trouvée en
province. — Vous l'avez trouvée!... — Avec le monsieur de Beausire...
— Eh bien! je m'en doutais, s'écria Cagliostro. Elle était avec Beausire? Ah! fort bien! fort bien! Réparation soit faite à madame de La
Motte. — Comment! que voulez-vous dire? répartit monsieur de Crosne.
— Je dis, Monsieur, qu'après avoir un moment soupçonné madame de
La Motte, je lui fais réparation pleine et entière. — Soupçonnée! de
quoi? — Bon Dieu! vous écoutez donc patiemment tous les commérages?
Eh bien! sachez qu'au moment où j'avais espoir de corriger cette Oliva,
de la rejeter dans le travail et l'honnêteté, je m'occupe de morale, Monsieur, à ce moment-là, quelqu'un vint qui me l'enleva. — Qui vous l'enleva! Chez vous? — Chez moi. — C'est étrange! — N'est-ce pas? Et je
me fusse damné pour soutenir que c'était madame de La Motte. A quoi
tiennent les jugements du monde!

Monsieur de Crosne se rapprocha de Cagliostro.

— Voyons, dit-il, précisez s'il vous plaît. — Oh! Monsieur, à présent que vous avez trouvé Oliva avec Beausire, rien ne me fera penser à
madame de La Motte, ni ses assiduités, ni ses signes, ni ses correspondances. — Avec Oliva? — Mais, oui. — Madame de La Motte et Oliva
s'entendaient? — Parfaitement. — Elles se voyaient? — Madame de La
Motte avait trouvé moyen de faire sortir chaque nuit Oliva. — Chaque
nuit! en êtes-vous sûr? — Autant qu'un homme peut l'être de ce qu'il
a vu, entendu. — Oh! Monsieur, mais vous me dites là des choses que
je paierais mille livres le mot! Quel bonheur pour moi que vous fassiez
de l'or! — Je n'en fais plus, Monsieur, c'était trop cher. — Mais vous
êtes l'ami de monsieur de Rohan? — Je le crois. — Mais vous devez savoir pour combien cet élément d'intrigues qu'on appelle madame de La
Motte entre dans son affaire scandaleuse? — Non; je veux ignorer cela.
— Mais vous savez peut-être les suites de ces promenades faites par Oliva
et madame de La Motte? — Monsieur, il est des choses que l'homme
prudent doit toujours tâcher d'ignorer, répartit sentencieusement Cagliostro. — Je ne vais plus avoir l'honneur que de vous demander une
chose, dit vivement monsieur de Crosne. Avez-vous des preuves que
madame de La Motte ait correspondu avec Oliva? — Cent. — Lesquelles?

— Des billets de madame de La Motte qu'elle lançait chez Oliva avec une arbalète qu'on trouvera sans doute en son logis. Plusieurs de ces billets, roulés autour d'un morceau de plomb, n'ont pas atteint le but. Ils tombaient dans la rue, mes gens ou moi nous en avons ramassé plusieurs. — Monsieur, vous les fourniriez à la justice? — Oh! Monsieur, ils sont d'une telle innocence, que je ne m'en ferais pas scrupule, et que je ne croirais pas pour cela mériter un reproche de la part de madame de La Motte. — Et... les preuves des connivences, des rendez-vous? — Mille. — Une seule, je vous prie. — La meilleure. Il paraît que madame de La Motte avait facilité d'entrer dans ma maison pour voir Oliva, car je l'y ai vue, moi, le jour même où disparut la jeune femme. — Le jour même? — Tous mes gens l'ont vue comme moi. — Ah!... et que venait-elle faire, si Oliva avait disparu?... — C'est ce que je me suis demandé d'abord, et je ne me l'expliquais pas. J'avais vu madame de La Motte descendre d'une voiture de poste qui attendait rue du Roi-Doré. Mes gens avaient vu stationner longtemps cette voiture, et ma pensée, je l'avoue, était que madame de La Motte voulait s'attacher Oliva? — Vous laissiez faire? — Pourquoi non? C'est une dame charitable et favorisée du sort, cette madame de La Motte. Elle est reçue à la cour. Pourquoi, moi, l'eussé-je empêchée de me débarrasser d'Oliva? J'aurais eu tort, vous le voyez, puisqu'un autre me l'a enlevée pour la perdre encore. — Ah! dit monsieur de Crosne méditant profondément, mademoiselle Oliva était logée chez vous? — Oui, Monsieur. — Ah! mademoiselle Oliva et madame de La Motte se connaissaient, se voyaient, sortaient ensemble? — Oui, Monsieur. — Ah! madame de La Motte a été vue chez vous, le jour de l'enlèvement d'Oliva? — Oui, Monsieur. — Ah! vous avez pensé que la comtesse voulait s'attacher cette fille? — Que penser autrement? — Mais qu'a dit madame de La Motte, quand elle n'a plus trouvé Oliva chez vous? — Elle m'a paru troublée. — Vous supposez que c'est ce Beausire qui l'a enlevée? — Je le suppose uniquement parce que vous me dites qu'il l'a enlevée en effet, sinon je ne soupçonnerais rien. Cet homme-là ne savait pas la demeure d'Oliva. Qui peut la lui avoir apprise? — Oliva elle-même. — Je ne crois pas, car au lieu de se faire enlever par lui chez moi, elle se fût enfuie de chez moi chez lui, et je vous prie de croire qu'il ne fût pas entré chez moi, si madame de La Motte ne lui eût fait passer une clé. — Elle avait une clé? — On n'en peut pas douter. — Quel jour l'enleva-t-on, je vous prie? dit monsieur de Crosne, éclairé soudain par le flambeau que lui tendait si habilement Cagliostro. — Oh! Monsieur, pour cela je ne me tromperai pas, c'était la propre veille de la Saint-Louis. — C'est cela! s'écria le lieutenant de police, c'est cela? Monsieur, vous venez de rendre un service signalé à l'État. — J'en suis bien heureux, Monsieur. — Et vous en serez remercié comme il convient. — Par ma conscience d'abord dit le comte.

Monsieur de Crosne le salua.

— Puis-je compter sur la consignation de ces preuves dont nous parlions? dit-il. — Je suis, Monsieur, pour obéir à la justice en toutes choses. — Eh bien! Monsieur, je retiendrai votre parole; à l'honneur de vous revoir.

Et il congédia Cagliostro, qui dit en sortant :

— Ah! comtesse, ah! vipère, tu as voulu m'accuser; je crois que tu as mordu sur la lime; gare à tes dents!

XCII

LES INTERROGATOIRES

Pendant que monsieur de Crosne causait ainsi avec Cagliostro, monsieur de Breteuil se présentait à la Bastille, de la part du roi, pour interroger monsieur de Rohan.

Entre ces deux ennemis l'entrevue pouvait être orageuse.

Monsieur de Breteuil connaissait la fierté de monsieur de Rohan : il avait tiré de lui une vengeance assez terrible pour se tenir désormais à des procédés de politesse. Il fut plus que poli.

Monsieur de Rohan refusa de répondre.

Le garde des sceaux insista, mais monsieur de Rohan déclara qu'il s'en rapportait aux mesures que prendraient le parlement et ses juges.

Monsieur de Breteuil dut se retirer devant l'inébranlable volonté de l'accusé.

Il fit appeler chez lui madame de La Motte, occupée à rédiger des mémoires; elle obéit avec empressement.

Monsieur de Breteuil lui expliqua nettement sa situation, qu'elle connaissait mieux que personne.

Elle répondit qu'elle avait des preuves de son innocence, qu'elle fournirait quand besoin serait.

Monsieur de Breteuil lui fit observer que rien n'était plus urgent.

Toute la fable que Jeanne avait composée, elle la débita; c'étaient toujours les mêmes insinuations contre tout le monde, la même affirmation que les faux reproches émanaient elle ne savait d'où.

Elle aussi déclara que le parlement étant saisi de cette affaire, elle ne dirait rien d'absolument vrai qu'en présence de monsieur le cardinal, et d'après les charges qu'il ferait peser sur elle.

Monsieur de Breteuil alors lui déclara que le cardinal faisait tout peser sur elle.

— Tout? dit Jeanne, même le vol? — Même le vol. — Veuillez faire répondre à monsieur le cardinal, dit froidement Jeanne, que je l'engage à ne pas soutenir plus longtemps un mauvais système de défense.

Et ce fut tout.

Mais monsieur de Breteuil n'était pas satisfait.

Il lui fallait quelques détails intimes.

Il lui fallait, pour sa logique, l'énoncé des causes qui avaient amené le cardinal à tant de témérité envers la reine, la reine à tant de colère contre le cardinal.

Il lui fallait l'explication de tous les procès-verbaux recueillis par monsieur le comte de Provence, et passés à l'état de bruit public.

Le garde des sceaux était homme d'esprit, il savait agir sur le caractère d'une femme; il promit tout à madame de La Motte, si elle accusait nettement quelqu'un.

— Prenez garde, lui dit-il, en ne disant rien, vous accusez la reine; si vous persistez en cela, prenez garde, vous serez condamnée comme coupable de lèse-majesté : c'est la honte, c'est la hart! — Je n'accuse pas la reine, dit Jeanne; mais pourquoi m'accuse-t-on? — Accusez alors quelqu'un, dit l'inflexible Breteuil; vous n'avez que ce moyen de vous débarrasser vous-même.

Elle se renferma dans un prudent silence, et cette première entrevue d'elle et du garde des sceaux n'eut aucun résultat.

Cependant le bruit se répandait que des preuves avaient surgi, que les diamants s'étaient vendus en Angleterre, où monsieur de Villette fut arrêté par les agents de monsieur de Vergennes.

Le premier assaut que Jeanne eut à soutenir fut terrible.

Confrontée avec le Reteau, qu'elle devait croire son allié jusqu'à la mort, elle l'entendit avec terreur avouer humblement qu'il était un faussaire, qu'il avait écrit un reçu des diamants, une lettre de la reine, falsifiant à la fois les signatures des joailliers et celle de Sa Majesté.

Interrogé par quel motif il avait commis ces crimes, il répondit que c'était sur la demande de madame de La Motte.

Éperdue, furieuse, elle nia, elle se défendit comme une lionne; elle prétendit n'avoir jamais vu ni connu ce monsieur Reteau de Villette.

Mais là encore elle reçut deux rudes secousses; deux témoignages l'écrasèrent.

LE CARDINAL DE ROHAN.

Le premier était celui d'un cocher de fiacre, trouvé par monsieur de Crosne, qui déclarait avoir mené, au jour et à l'heure cités par Reteau, une dame vêtue de telle façon, rue Montmartre.

Cette dame, s'entourant de tant de mystères, qui pouvait-elle être, prise par le cocher dans le quartier du Marais, sinon madame de La Motte qui habitait rue Saint-Claude?

Et quant à la familiarité qui existait entre ces deux complices, comment la nier quand un témoin affirmait avoir vu, la veille de la Saint-Louis, sur le siége d'une chaise de poste d'où était sortie madame de La Motte, monsieur Reteau de Villette, reconnaissable à sa mine pâle et inquiète.

Le témoin était un des principaux serviteurs de monsieur de Cagliostro.

Ce nom fit bondir Jeanne et la poussa aux extrêmes.

Elle se répandit en accusations contre Cagliostro, qu'elle déclarait avoir, par ses sortiléges et ses charmes, fasciné l'esprit du cardinal de Rohan, auquel il inspirait ainsi des *idées coupables contre la Majesté royale.*

Là était le premier chaînon de l'accusation adultère.

Monsieur de Rohan se défendit en défendant Cagliostro.

Il nia si opiniâtrément, que Jeanne, exaspérée, articula, pour la première fois, cette accusation d'un amour insensé du cardinal pour la reine.

Monsieur de Cagliostro demanda aussitôt et obtint d'être incarcéré pour répondre de son innocence à tout le monde.

Accusateurs et juges s'enflammant, comme il arrive au premier souffle de la vérité, l'opinion publique prit immédiatement fait et cause pour le cardinal et Cagliostro contre la reine.

Ce fut alors que cette infortunée princesse, pour faire comprendre sa persévérance à suivre le procès, laissa publier les rapports faits au roi sur les promenades nocturnes, et appelant à monsieur de Crosne, le somma de déclarer ce qu'il savait.

Le coup, habilement calculé, tomba sur Jeanne et faillit l'anéantir à jamais.

L'interrogateur, en plein conseil d'instruction, somma monsieur de Rohan de déclarer ce qu'il savait de ces promenades dans les jardins de Versailles.

Le cardinal répliqua qu'il ne savait pas mentir, et qu'il en appelait au témoignage de madame de La Motte.

Celle-ci nia qu'il y eût jamais eu de promenades faites de son aveu ou à sa connaissance.

Elle déclara menteurs les procès-verbaux et relations qui la dénonçaient comme ayant paru aux jardins, soit en compagnie de la reine, soit en la compagnie du cardinal.

Cette déclaration innocentait Marie-Antoinette, s'il eût été possible de croire aux paroles d'une femme accusée de faux et de vol.

Mais, venant de cette part, la justification semblait être un acte de complaisance, et la reine ne supporta pas d'être justifiée de la sorte.

Aussi, quand Jeanne cria le plus fort qu'elle n'avait jamais paru de nuit dans le jardin de Versailles, et que jamais elle n'avait rien vu ou su des affaires particulières à la reine et au cardinal, à ce moment Oliva parut, vivant témoignage qui fit changer l'opinion et détruisit tout l'échafaudage de mensonges entassés par la comtesse.

Comment ne fut-elle pas ensevelie sous les ruines? Comment se releva-t-elle plus haineuse et plus terrible?

Nous n'expliquons pas seulement ce phénomène par sa volonté, nous l'expliquons par la fatale influence qui s'attachait à la reine.

Oliva confrontée avec le cardinal, quel coup terrible!

Monsieur de Rohan s'apercevant enfin qu'il avait été joué d'une manière infâme!

Cet homme, plein de délicatesses et de nobles passions, découvrant qu'une aventurière, associée à une friponne, l'avait conduit à mépriser tout haut la reine de France, une femme qu'il aimait et qui n'était pas coupable!

L'effet de cette apparition sur monsieur de Rohan serait, à notre gré, la plus dramatique et la plus importante de cette affaire, si nous n'allions, en nous rapprochant de l'histoire, tomber dans la fange, le sang et l'horreur.

Quand monsieur de Rohan vit Oliva, cette reine de carrefour, et qu'il se rappela la rose, la main serrée et les bains d'Apollon, il pâlit et eût répandu tout son sang aux pieds de Marie-Antoinette, s'il l'eût vue à côté de l'autre en ce moment.

Que de pardons, que de remords, s'élancèrent de son âme pour aller avec ses larmes purifier le dernier degré de ce trône, où un jour il avait répandu son mépris avec le regret d'un amour dédaigné.

Mais cette consolation même lui était interdite; mais il ne pouvait accepter l'identité d'Oliva sans avouer qu'il aimait la véritable reine; mais l'aveu de son erreur était une accusation, une souillure.

Il laissa Jeanne nier tout. Il se tut.

Et lorsque monsieur de Breteuil voulut, avec monsieur de Crosne, forcer Jeanne à s'expliquer plus longuement :

— Le meilleur moyen, dit-elle, de prouver que la reine n'a pas été promener dans le parc la nuit, c'est de montrer une femme qui ressemble à la reine et qui prétende avoir été dans le parc. On la montre; c'est bien.

Cette infâme insinuation eut du succès. Elle infirmait encore une fois la vérité.

Mais comme Oliva, dans son inquiétude ingénue, donnait tous les détails et toutes les preuves, comme elle n'omettait rien, comme elle se faisait bien mieux croire que la comtesse, Jeanne eut recours à un moyen désespéré; elle avoua.

Elle avoua qu'elle avait mené le cardinal à Versailles; que Son Excellence voulait à tout prix voir la reine, lui donner l'assurance de son respectueux attachement; elle avoua, parce qu'elle sentit derrière elle tout un parti qu'elle n'avait pas si elle se renfermait dans la négative; elle avoua, parce qu'en accusant la reine, c'était se donner pour auxiliaires tous les ennemis de la reine, et ils étaient nombreux.

Alors, pour la dixième fois dans cet infernal procès, les rôles changèrent : le cardinal joua celui d'une dupe, Oliva celui d'une prostituée sans poésie et sans sens, Jeanne celui d'une intrigante; elle n'en pouvait choisir de meilleur.

Mais comme, pour faire réussir ce plan ignoble, il fallait que la reine jouât aussi un rôle, on lui donna le plus odieux, le plus abject, le plus compromettant pour la dignité royale, celui d'une coquette étourdie, d'une grisette qui trame des mystifications.

Marie-Antoinette devint Dorimène conspirant avec Frosine contre monsieur Jourdain, cardinal.

Jeanne déclara que ces promenades étaient faites de l'aveu de Marie-Antoinette qui, cachée derrière une charmille, écoutait en riant à en mourir les discours passionnés de l'amoureux monsieur de Rohan.

Voilà ce que choisit pour son dernier retranchement cette voleuse qui ne savait plus où cacher son vol; ce fut le manteau royal fait de l'honneur de Marie-Thérèse et de Marie Leckzinska.

La reine succomba sous cette dernière accusation, car elle n'en pouvait prouver la fausseté.

Elle ne le pouvait, parce que, poussée à bout, Jeanne déclara qu'elle publierait toutes les lettres d'amour écrites par monsieur de Rohan à la reine, et qu'en effet elle possédait ces lettres brûlantes d'une passion insensée.

Elle ne le pouvait, parce que mademoiselle Oliva, qui affirmait avoir été poussée par Jeanne dans le parc de Versailles, n'avait pas la preuve que quelqu'un écoutât ou n'écoutât pas derrière les charmilles.

Enfin la reine ne pouvait prouver son innocence, parce que trop de gens avaient intérêt à prendre ces mensonges infâmes pour la vérité.

XCIII

DERNIER ESPOIR PERDU

A la façon dont Jeanne avait engagé l'affaire, il devenait impossible, on le voit, de découvrir la vérité.

Convaincue irrécusablement, par vingt témoignages émanant de personnes dignes de foi, du détournement des diamants, Jeanne n'avait pu se décider à passer pour une voleuse vulgaire.

Il lui fallait la honte de quelqu'un à côté de la sienne.

Elle se persuadait que le bruit du scandale de Versailles couvrirait si bien son crime, à elle, comtesse de La Motte, que, fût-elle condamnée, l'arrêt frapperait la reine avant tout le monde.

Son calcul avait donc échoué.

La reine, en acceptant franchement le débat sur la double affaire, le cardinal, en subissant son interrogatoire, juges et scandale enlevaient à leur ennemie l'auréole d'innocence qu'elle s'était plu à dorer de toutes ses hypocrites réserves.

Mais, chose étrange! le public allait voir se dérouler devant lui un procès dans lequel personne ne serait innocent, même ceux qu'absoudrait la justice.

Après des confrontations sans nombre, dans lesquelles le cardinal fut constamment calme et poli, même avec Jeanne, dans lesquelles Jeanne se montra violente et nuisible à tous, l'opinion publique en général, et celle des juges en particulier, se trouva formée irrévocablement.

Tous les incidents étaient devenus à peu près impossibles, toutes les révélations étaient épuisées.

Jeanne s'aperçut qu'elle n'avait produit aucun effet sur ses juges.

Elle résuma donc dans le silence du cachot toutes ses forces, toutes ses espérances.

De tout ce qui entourait ou servait monsieur de Breteuil, le conseil venait à Jeanne de ménager la reine et charger sans pitié le cardinal.

De tout ce qui touchait au cardinal, famille puissante, juges partiaux pour la cause populaire, clergé fécond en ressources, le conseil venait à madame de la Motte de dire toute la vérité, de démasquer les intrigues de cour, et de pousser le bruit à un tel point qu'il s'ensuivît un étourdissement mortel aux têtes couronnées.

Ce parti cherchait à intimider Jeanne; il lui représentait encore ce qu'elle savait trop bien, que la majorité des juges penchait pour le cardinal, qu'elle se briserait sans utilité dans la lutte, et il ajoutait que peut-être, à moitié perdue qu'elle était, il valait mieux se laisser condamner pour l'affaire des diamants que de soulever les crimes de lèse-majesté, limon sanglant endormi au fond des codes féodaux, et qu'on n'appelait jamais à la surface d'un procès sans y faire monter aussi la mort.

Ce parti semblait sûr de la victoire. Il l'était.

L'enthousiasme du peuple se manifestait avec celui en faveur du cardinal.

Les hommes admiraient sa patience et les femmes sa discrétion. Les hommes s'indignaient qu'il eût été si lâchement trompé; les femmes ne le voulaient pas croire.

Pour une quantité de gens, Oliva toute vivante, avec sa ressemblance et ses aveux, n'exista jamais, ou si elle existait, c'est que la reine l'avait inventée exprès pour la circonstance.

Jeanne réfléchissait à tout cela.

Ses avocats eux-mêmes l'abandonnaient, ses juges ne dissimulaient pas leur répulsion; les Rohan la chargeaient vigoureusement; l'opinion publique la dédaignait.

Elle résolut de frapper un dernier coup pour donner de l'inquiétude à ses juges, de la crainte aux amis du cardinal, du ressort à la haine publique contre Marie-Antoinette.

Son moyen devait être celui-ci, quant à la cour :

Faire croire qu'elle avait continuellement ménagé la reine et qu'elle allait tout dévoiler si on la poussait à bout.

Quant au cardinal, il fallait faire croire qu'elle ne gardait le silence que pour imiter sa délicatesse; mais que, du moment où il parlerait, affranchie par cet exemple, elle parlerait aussi, et que tous deux ils découvriraient à la fois leur innocence et la vérité.

Ce n'était là, réellement, qu'un résumé de sa conduite pendant l'instruction du procès.

Mais, il faut le dire, tout mets connu peut se rajeunir, grâce à des assaisonnements nouveaux.

Voici ce qu'imagina la comtesse pour rafraîchir ses deux stratagèmes.

Elle écrivit une lettre à la reine, une lettre dont les termes seuls révèlent le caractère et la portée :

« Madame,

« Malgré tout ce que ma position a de pénible et de rigoureux, il ne m'est pas échappé une seule plainte.

« Tous les détours dont on a fait usage pour m'extorquer des aveux n'ont contribué qu'à me fortifier dans la résolution de ne jamais *compromettre* ma souveraine.

« Cependant, quelque persuadée que je sois que ma *constance* et ma *discrétion* doivent me faciliter les moyens de sortir de l'embarras où je me trouve, j'avoue que les efforts de la famille de l'*esclave* (la reine appelait ainsi le cardinal aux jours de leur réconciliation) me font craindre de devenir sa victime.

« Un long emprisonnement, des confrontations qui ne finissent pas, la honte et le désespoir de me voir accusée d'un crime dont je suis innocente, ont affaibli mon courage, et je tremble que ma constance ne succombe à tant de coups portés à la fois.

« Madame peut d'un seul mot mettre fin à cette malheureuse affaire par l'entremise de monsieur de Breteuil, qui peut lui donner, aux yeux du *ministre* (le roi) la tournure que son intelligence lui suggérera, sans que *madame soit compromise en aucune manière*. C'est la crainte d'être obligée *de tout révéler* qui nécessite la démarche que je fais aujourd'hui, persuadée que madame aura égard aux motifs qui me forcent d'y recourir, et qu'elle donnera des ordres pour me tirer de la pénible situation où je me trouve.

« Je suis, avec un profond respect, de Madame, la très-humble et obéissante servante,

« Comtesse de Valois de La Motte. »

Jeanne avait tout calculé, comme on le voit.

Ou cette lettre irait à la reine et l'épouvanterait par la persévérance qu'elle dénotait, après tant de traverses, et alors la reine, qui devait être fatiguée de la lutte, se déciderait à en finir par l'élargissement de Jeanne, puisque sa prison et son procès n'avaient rien amené.

Ou, ce qui était bien plus probable, et ce qui est prouvé par la fin même de la lettre, Jeanne ne comptait en rien sur la lettre, et c'est aisé à démontrer : car lancée ainsi dans le procès, la reine ne pouvait rien arrêter sans se condamner elle-même.

Il est donc évident que jamais Jeanne n'avait compté que sa lettre dût être remise à la reine.

Elle savait que tous ses gardiens étaient dévoués au gouverneur de la Bastille, c'est-à-dire à monsieur de Breteuil. Elle savait que tout le monde en France faisait de cette affaire du collier une spéculation toute politique, ce qui n'était pas arrivé depuis les parlements de monsieur de Maupeou.

Il était certain que le messager qu'elle chargerait de cette lettre, s'il ne la donnait au gouverneur, la garderait pour lui ou pour les juges de son opinion.

Elle avait enfin disposé toutes choses pour que cette lettre, en tombant dans des mains quelconques, y déposât un levain de haine, de défiance et d'irrévérence contre la reine.

En même temps qu'elle écrivait cette lettre à Marie-Antoinette, elle en rédigeait une autre pour le cardinal.

« Je ne puis concevoir, Monseigneur, que vous vous obstiniez à ne pas parler clairement. Il me semble que vous n'avez rien de mieux à faire que d'accorder une confiance illimitée à nos juges ; notre sort en deviendrait plus heureux.

« Quant à moi, je suis résolue à me taire si vous ne voulez pas me seconder. Mais que ne parlez-vous? Expliquez toutes les circonstances de cette affaire mystérieuse, et je vous jure de confirmer tout ce que vous aurez avancé; réfléchissez-y bien, monsieur le cardinal, si je prends sur moi de parler la première, et que vous désavouiez ce que je pourrais dire, je suis perdue, je n'échapperai pas à la vengeance de *celle* qui veut nous sacrifier.

« Mais vous n'avez rien à craindre de semblable de ma part, mon dévouement vous est connu. S'il arrivait qu'*elle* fût implacable, votre cause serait toujours la mienne; je sacrifierais tout pour vous soustraire aux effets de *sa* haine, ou notre disgrâce serait commune.

« *P.-S.* J'ai écrit à *elle* une lettre qui la décidera, je l'espère, sinon à dire la vérité, du moins à ne pas nous accabler, nous qui n'avons d'autre crime à nous reprocher que notre erreur ou notre silence. »

Cette lettre artificieuse fut remise par elle au cardinal dans leur dernière confrontation au grand parloir de la Bastille, et l'on vit le cardinal rougir, pâlir et frissonner en présence d'une semblable audace. Il sortit pour reprendre haleine.

Quant à la lettre pour la reine, elle fut remise à l'instant même par la comtesse à l'abbé Lekel, aumônier de la Bastille, qui avait accompagné le cardinal au parloir, et dévoué aux intérêts des Rohan.

— Monsieur, lui dit-elle, vous pouvez, en vous chargeant de ce message, faire changer le sort de monsieur de Rohan et le mien. Prenez connaissance de ce qu'il renferme. Vous êtes un homme obligé au secret par vos devoirs. Vous vous convaincrez que j'ai frappé à la seule porte où nous puissions, monsieur le cardinal et moi, demander secours.

L'aumônier refusa.

— Vous ne voyez que moi d'ecclésiastique, répliqua-t-il, Sa Majesté croira que vous lui avez écrit d'après mes conseils et que vous m'avez tout avoué; je ne puis consentir à me perdre. — Eh bien! dit Jeanne, désespérant du succès de sa ruse, mais voulant contraindre le cardinal par l'intimidation, dites à monsieur de Rohan qu'il me reste un moyen de prouver mon innocence, c'est de faire lire les lettres qu'il écrivait à la reine. Ce moyen, je répugnais à en user; mais, dans notre intérêt commun, je m'y résoudrai.

En voyant l'aumônier épouvanté par ces menaces, elle essaya une dernière fois de lui mettre dans les mains sa terrible lettre à la reine.

— S'il prend la lettre, se disait-elle, je suis sauvée, parce qu'alors, en pleine audience, je lui demanderai ce qu'il en a fait, et s'il la remise à la reine et sommée d'y faire réponse; s'il ne l'a pas remise, la reine est perdue; l'hésitation des Rohan aura prouvé son crime et mon innocence.

Mais l'abbé Lekel eut-il à peine la lettre dans les mains, qu'il la rendit comme si elle le brûlait.

— Faites attention, dit Jeanne pâle de colère, que vous ne risquez rien, car j'ai caché la lettre de la reine dans une enveloppe adressée à madame de Misery. — Raison de plus! s'écria l'abbé, deux personnes sauraient le secret. Double motif de ressentiment pour la reine. Non, non, je refuse.

Et il repoussa les doigts de la comtesse.

— Remarquez, dit-elle, que vous me réduisez à faire usage des lettres de monsieur de Rohan. — Soit, repartit l'abbé, faites-en usage, Madame.

— Mais, reprit Jeanne tremblante de fureur, comme je vous déclare que la preuve d'une correspondance secrète avec Sa Majesté fait tomber sur un échafaud la tête du cardinal, vous être libre de dire : Soit! Je vous aurai averti.

La porte s'ouvrit en ce moment, et le cardinal reparut, superbe et courroucé, sur le seuil :

— Faites tomber sur un échafaud la tête d'un Rohan, Madame, répondit-il, ce ne sera pas la première fois que la Bastille aura vu ce spectacle. Mais, puisqu'il en est ainsi, je vous déclare, moi, que je ne reprocherai rien à l'échafaud sur lequel roulera ma tête, pourvu que je voie celui sur lequel vous serez flétrie comme voleuse et faussaire! Venez, l'abbé, venez!

Il tourna le dos à Jeanne après ces paroles foudroyantes, et, sortant avec l'aumônier, laissa dans la rage et le désespoir cette malheureuse créature, qui ne pouvait faire aucun mouvement sans se prendre de plus en plus dans la fange mortelle où bientôt elle allait plonger tout entière.

XCIV

LE BAPTÊME DU PETIT BEAUSIRE

Madame de La Motte s'était fourvoyée dans chacun de ses calculs. Cagliostro ne se trompa dans aucun.

A peine à la Bastille, il s'aperçut que le prétexte lui était donné enfin de travailler ouvertement à la ruine de cette monarchie que, depuis tant d'années, il sapait sourdement avec l'illuminisme et les travaux occultes.

Sûr de n'être en rien convaincu, victime arrivée au dénouement le plus favorable à ses vues, il tint religieusement sa promesse envers tout le monde.

Il prépara les matériaux de cette fameuse lettre de Londres, qui, paraissant un mois après l'époque où nous sommes arrivés, fut le premier coup de bélier appliqué sur les murs de la vieille Bastille, la première hostilité de la révolution, le premier choc matériel qui précéda celui du 14 juillet 1789.

Dans cette lettre où Cagliostro, après avoir ruiné roi, reine, cardinal, agioteurs publics, ruinait monsieur de Breteuil, personnification de la tyrannie ministérielle, notre démolisseur s'exprimait ainsi :

« Oui, je le répète libre après l'avoir dit captif, il n'est pas de crime qui ne soit expié par six mois de Bastille.

« Quelqu'un me demande si je retournerai jamais en France ? Assurément, ai-je répondu, *pourvu que la Bastille soit devenue une promenade publique*. Dieu le veuille ! Vous avez tout ce qu'il faut pour être heureux, vous autres Français : sol fécond, doux climat, bon cœur, gaieté charmante, du génie et des grâces propres à tout; sans égaux dans l'art de plaire, sans maîtres dans les autres; il ne vous manque, mes bons amis, qu'un petit point : c'est d'être sûrs de coucher dans vos lits quand vous êtes irréprochables. »

Cagliostro avait tenu sa parole aussi à Oliva. Celle-ci, de son côté, fut religieusement fidèle. Il ne lui échappa point un mot qui compromît son protecteur. Elle n'eut d'autre aveu funeste que pour madame de La Motte, et posa d'une façon nette et irrécusable sa participation innocente à une mystification adressée, selon elle, à un gentilhomme inconnu qu'on lui avait désigné sous le nom de Louis.

Pendant le temps qui s'était écoulé pour les captifs sous les verrous et dans les interrogatoires, Oliva n'avait pas revu son cher Beausire, mais elle n'était cependant point abandonnée tout à fait de lui, et, comme on va le voir, elle avait de son amant le souvenir que désirait Didon quand elle disait en rêvant : Ah! s'il m'était donné de voir jouer sur mes genoux un petit Ascagne!

Au mois de mai de l'année 1786, un homme attendait au milieu des pauvres sur les degrés du portail de Saint-Paul, rue Saint-Antoine. Il était inquiet, haletant, il regardait, sans pouvoir en détacher les yeux, dans la direction de la Bastille.

Auprès de lui vint se placer un homme à longue barbe, un des serviteurs allemands de Cagliostro, celui que Balsamo employait comme chambellan dans ses mystérieuses réceptions de l'ancienne maison de la rue Saint-Claude.

Cet homme arrêta la fougue impatiente de Beausire, et lui dit tout bas :

— Attendez, attendez, ils viendront. — Ah! s'écria l'homme inquiet, c'est vous!

Et comme le *ils viendront* ne satisfaisait point, à ce qu'il paraît, l'homme inquiet, qui continuait à gesticuler plus que de raison, l'Allemand lui dit à l'oreille :

— Monsieur Beausire, vous allez tant faire de bruit que la police nous verra... Mon maître vous avait promis des nouvelles, je vous en donne. — Donnez, donnez, mon ami! — Plus bas. La mère et l'enfant se portent bien. — Oh! oh! s'écria Beausire dans un transport de joie impossible à décrire, elle est accouchée! elle est sauvée! — Oui, Monsieur; mais tirez à l'écart, je vous prie. — D'une fille? — Non, Monsieur, d'un garçon. — Tant mieux! Oh! mon ami, que je suis heureux, que je suis heureux. Remerciez bien votre maître, dites-lui bien que ma vie, que tout ce que j'ai est à lui... — Oui, monsieur Beausire, oui, je lui dirai cela quand je le verrai. — Mon ami, pourquoi me disiez-vous tout à l'heure... Mais prenez donc ces deux louis. — Monsieur, je n'accepte rien que de mon maître. — Ah! pardon, je ne voulais pas vous offenser. — Je le crois, Monsieur. Mais vous me disiez?... — Ah! je vous demandais pourquoi, tout à l'heure, vous vous êtes écrié : Ils viendront? Qui viendra, s'il vous plaît? — Je voulais parler du chirurgien de la Bastille et de la dame Chopin, sage-femme, qui ont accouché mademoiselle Oliva. — Ils viendront ici? Pourquoi? — Pour faire baptiser l'enfant. — Je vais voir mon enfant! s'écria Beausire en bondissant comme un convulsionnaire. Vous dites que je vais voir le fils d'Oliva! ici, tout à l'heure?... — Ici, tout à l'heure; mais modérez-vous, je vous en supplie ; autrement, les deux ou trois agents de monsieur de Crosne, que je devine être cachés sous les haillons de ces mendiants, vous découvriront et devineront que vous avez eu communication avec le prisonnier de la Bastille. Vous vous perdrez et vous compromettrez mon maître. — Oh! s'écria Beausire avec la religion du respect et de la reconnaissance, plutôt mourir que de prononcer une syllabe qui nuise à mon bienfaiteur. J'étoufferai, s'il le faut, mais je ne dirai plus rien. Ils ne viennent pas!... — Patience.

Beausire se rapprocha de l'Allemand.

— Est-elle un peu heureuse, là-bas? demanda-t-il en joignant les mains. — Parfaitement heureuse, répondit l'autre. Oh! voici un fiacre qui vient. — Oui, oui. — Il s'arrête... — Il y a du blanc, de la dentelle... — La tavaïolle de l'enfant. — Mon Dieu!

Et Beausire fut obligé de s'appuyer sur une colonne pour ne pas chanceler, quand il vit sortir du fiacre la sage-femme, le chirurgien et un porte-clés de la Bastille, faisant l'office de témoin dans cette rencontre.

Au passage de ces trois personnes, les pauvres s'émurent et nasillèrent leurs lamentables réclamations.

On vit alors, chose étrange! le parrain et la marraine passer en coudoyant ces misérables, tandis qu'un étranger leur distribuait sa monnaie et ses écus en pleurant de joie.

Puis, le petit cortége étant entré dans l'église, Beausire entra derrière et vint, avec les prêtres et les fidèles curieux, chercher la meilleure place de la sacristie où allait s'accomplir le sacrement du baptême.

Le prêtre reconnaissant la sage-femme et le chirurgien, qui plusieurs fois déjà avaient eu recours à son ministère pour des circonstances pareilles, leur fit un petit salut amical, accompagné d'un sourire.

Beausire salua et sourit avec le prêtre.

La porte de la sacristie se ferma alors, et le prêtre, prenant sa plume, commença d'écrire sur son registre les phrases sacramentelles qui constituent l'acte d'enregistrement.

Lorsqu'il en vint à demander le nom et les prénoms de l'enfant :

— C'est un garçon, dit le chirurgien, voilà tout ce que je sais.

Et quatre éclats de rire ponctuèrent ce mot, qui ne parut pas assez respectueux à Beausire.

— Il a bien un nom quelconque, fût-ce un nom de saint, ajouta le prêtre. — Oui, la demoiselle a voulu qu'on l'appelât Toussaint. — Ils y sont tous! alors, répliqua le prêtre en riant de son jeu de mots, ce qui emplit la sacristie d'une hilarité nouvelle.

Beausire commençait à perdre patience, mais la sage influence de l'Allemand le maintenait encore. Il se contint.

— Eh bien! dit le prêtre, avec ce prénom-là, avec tous saints pour patrons, on peut se passer de père. Écrivons : « Aujourd'hui, nous a été présenté un enfant du sexe masculin, né hier à la Bastille, fils de Nicole-Oliva Legay et de... père inconnu. »

Beausire s'élança furieux aux côtés du prêtre, et lui retenant le poignet avec force :

— Toussaint a un père! s'écria-t-il, comme il a une mère! Il a un tendre père qui ne reniera point son sang. Écrivez, je vous prie, que Toussaint, né hier, de la demoiselle Nicole-Oliva Legay, est fils de Jean-Baptiste Toussaint de Beausire, ici présent!

Qu'on juge de la stupéfaction du prêtre, de celle du parrain et de la marraine! La plume tomba des mains du premier, l'enfant faillit tomber des bras de la sage-femme.

Beausire le reçut dans les siens, et, le couvrant de baisers avides, il laissa tomber sur le front du pauvre petit le premier baptême, le plus sacré en ce monde après celui qui vient de Dieu, le baptême des larmes paternelles.

Les assistants, malgré leur habitude des scènes dramatiques, et le scepticisme ordinaire aux voltairiens de cette époque, furent attendris.

Le prêtre seul garda son sang-froid et révoqua en doute cette paternité; peut-être était-il contrarié d'avoir à recommencer ses écritures.

Mais Beausire devina la difficulté; il déposa sur les fonts baptismaux trois louis d'or, qui, bien mieux que ses larmes, établirent son droit de père et firent briller sa bonne foi.

Le prêtre salua, ramassa les soixante-douze livres, et biffa les deux phrases qu'il venait d'écrire en goguenardant sur son registre.

— Seulement, Monsieur, dit-il, comme la déclaration de monsieur le chirurgien de la Bastille et de la dame Chopin avait été formelle, vous voudrez bien écrire vous-même et certifier que vous vous déclarez le père de cet enfant. — Moi! s'écria Beausire au comble de la joie; mais je l'écrirais de mon sang!

Et il saisit la plume avec enthousiasme.

— Prenez garde, lui dit tout bas le porte-clés Guyon, qui n'avait pas oublié son rôle d'homme scrupuleux. Je crois, mon cher Monsieur, que votre nom sonne mal en de certains endroits; il y a danger à l'écrire sur des registres publics, avec une date qui donne à la fois la preuve de votre présence et de votre commerce avec une accusée. — Merci de votre conseil, l'ami, répliqua Beausire avec fierté; il sent son honnête homme et vaut les deux louis d'or que je vous offre; mais renier le fils de ma femme.... — Elle est votre femme? s'écria le chirurgien. — Légitime? s'écria le prêtre. — Que Dieu lui rende la liberté, dit Beausire en tremblant de plaisir, et le lendemain Nicole Legay s'appellera de Beausire, comme son fils et comme moi ! — En attendant, vous vous risquez, répéta Guyon ; je crois qu'on vous cherche. — Ce ne sera pas moi qui vous trahirai, dit le chirurgien. — Ni moi, dit la sage femme. — Ni moi, fit le prêtre. — Et quand on me trahirait, continua Beausire avec l'exaltation des martyrs, je souffrirai jusqu'à la roue, pour avoir la consolation de reconnaître mon fils. — S'il était roué, dit tout bas à la sage-femme monsieur Guyon, qui se piquait de répartie, ce ne serait pas pour s'être dit le père du petit Toussaint.

Et sur cette plaisanterie qui fit sourire dame Chopin, il fut procédé dans les formes à l'enregistrement et à la reconnaissance du jeune Beausire.

Beausire écrivit sa déclaration dans des termes magnifiques, mais un peu verbeux, comme sont les relations de tout exploit dont s'enorgueillit l'auteur.

Il la relut, la ponctua, la parapha, et la fit parapher par les quatre personnes présentes.

Puis, ayant lu et vérifié de nouveau, il embrassa son fils, dûment baptisé, lui glissa une dizaine de louis sous sa tavaïolle, lui suspendit une bague au cou, présent destiné à l'accouchée, et, fier comme Xénophon pendant sa fameuse retraite, il ouvrit la porte de la sacristie, décidé à ne pas user du moindre stratagème pour échapper aux sbires, s'il en trouvait d'assez dénaturés pour le saisir en ce moment.

Les groupes de mendiants n'avaient pas quitté l'église. Beausire, s'il eût pu les regarder avec des yeux plus fermes, eût peut-être reconnu parmi eux ce fameux Positif, auteur de sa disgrâce ; mais rien ne bougea.

La nouvelle distribution que fit Beausire fut reçue avec des : Dieu vous le garde ! sans mesure, et l'heureux père s'échappa de Saint-Paul avec toutes les apparences d'un gentilhomme vénéré, choyé, béni et caressé des pauvres de sa paroisse.

Quant aux témoins du baptême, ils se retirèrent de leur côté et regagnèrent leur fiacre, émerveillés de cette aventure.

Beausire les guetta du coin de la rue Culture-Sainte-Catherine, les vit monter en voiture, envoya deux ou trois baisers palpitants à son fils, et quand son cœur se fut assez complètement épanché, quand le fiacre eut disparu à ses yeux, il songea qu'il ne fallait tenter ni Dieu ni la police, et gagna un lieu d'asile connu de lui seul, de Cagliostro et de monsieur de Crosne.

C'est-à-dire que monsieur de Crosne, lui aussi, avait tenu parole à Cagliostro et n'avait pas fait inquiéter Beausire.

Lorsque l'enfant rentra dans la Bastille et que la dame Clopin eut appris à Oliva tant d'aventures surprenantes, celle-ci, passant à son plus gros doigt la bague de Beausire, se prit à pleurer aussi, et, ayant embrassé son enfant à qui déjà on cherchait une nourrice :

— Non, dit-elle, autrefois monsieur Gilbert, élève de Rousseau, prétendait que toute bonne mère doit nourrir son enfant, je nourrirai mon fils ; je veux être au moins une bonne mère, ce sera toujours cela.

XCV

LA SELLETTE

Le jour était venu enfin, après de longs débats, où l'arrêt de la cour du parlement allait être provoqué par les conclusions du procureur général.

Les accusés, à l'exception de monsieur de Rohan, avaient été transférés à la Conciergerie pour être plus rapprochés de la salle d'audience, qui s'ouvrait à sept heures chaque matin.

Devant les juges présidés par le premier président d'Aligre, la contenance des accusés avait continué d'être ce qu'elle avait été pendant l'instruction.

Oliva, franche et timide ; Cagliostro, tranquille, supérieur et rayonnant parfois de cette splendeur mystique qu'il se plaisait à affecter.

Villette, honteux, bas et pleurant.

Jeanne, insolente, l'œil étincelant, toujours menaçante et venimeuse.

Le cardinal, simple, rêveur, frappé d'atonie.

Jeanne avait bien vite pris les habitudes de la Conciergerie, et captivé par ses caresses mielleuses et ses petits secrets les bonnes grâces de la concierge du palais, de son mari et de son fils.

De cette façon, elle s'était rendu la vie plus douce et les communications plus libres.

Il faut toujours plus de place au singe qu'au chien, à l'intrigant qu'à l'esprit tranquille.

Les débats n'apprirent rien de nouveau à la France.

C'était bien toujours ce même collier volé avec audace par l'une ou l'autre des deux personnes qu'on accusait et qui s'accusaient réciproquement.

Décider entre les deux quel était le voleur, c'était tout le procès.

Cet esprit qui porte les Français toujours, et qui les portait surtout en ce temps-là aux extrêmes, avait greffé un autre procès sur le véritable.

Il s'agissait de savoir si la reine avait eu raison de faire arrêter le cardinal et de l'accuser de téméraires incivilités.

Pour quiconque raisonnait politique en France, cette annexe au procès constituait la cause véritable.

Monsieur de Rohan avait-il cru pouvoir dire à la reine ce qu'il lui avait dit, agir en son nom, comme il l'avait fait; avait-il été l'agent secret de Marie-Antoinette, agent désavoué sitôt que l'affaire avait fait du bruit?

En un mot, dans cette cause incidente, le cardinal inculpé avait-il agi de bonne foi, comme un confident intime, vis-à-vis de la reine?

S'il avait agi de bonne foi, la reine était donc coupable de toutes ces intimités, même innocentes, qu'elle avait niées, et que madame de La Motte insinuait avoir existé. Et puis, comme total aux yeux de l'opinion, qui ne ménage rien, des intimités sont-elles innocentes, qu'on est contraint de nier à son mari, à ses ministres, à ses sujets?

Tel est le procès que les conclusions du procureur général vont diriger vers son but, vers sa morale.

Le procureur général prit la parole.

Il était l'organe de la cour, il parlait au nom de la dignité royale méconnue, outragée, il plaidait pour le principe immense de l'inviolabilité royale.

Le procureur général entrait dans le procès réel pour certains accusés; il prenait corps à corps le procès incident quant au cardinal. Il ne pouvait admettre que dans cette affaire du collier, la reine pût assumer sur elle un tort, un seul. Si elle n'en avait aucun, ils tombaient donc tous sur la tête du cardinal.

Il conclut donc inflexiblement :

A la condamnation de Villette aux galères;

A la condamnation de Jeanne de La Motte en la marque, le fouet et la réclusion à perpétuité dans l'hôpital;

A la mise hors de cause de Cagliostro;

Au renvoi pur et simple d'Oliva;

A l'aveu auquel serait contraint le cardinal d'une témérité offensante envers la Majesté Royale, aveu à la suite duquel il serait banni de la présence du roi et la reine, et dépouillé de ses charges et dignités.

Ce réquisitoire frappa le parlement d'indécision et les accusés de terreur.

La volonté royale s'y expliquait de telle force, que si l'on eût vécu un quart de siècle auparavant, alors même que les parlements avaient commencé à secouer le joug et à revendiquer leur prérogative, ces conclusions du procureur du roi eussent été dépassées par le zèle et le respect des juges pour le principe, encore vénéré, de l'infaillibilité du trône.

Mais quatorze conseillers seulement adoptèrent l'opinion complète du procureur général, et la division se mit dès lors dans l'assemblée.

On procéda au dernier interrogatoire, formalité presque inutile avec de pareils accusés, puisqu'il avait pour but de provoquer des aveux avant l'arrêt, et qu'il n'y avait ni paix ni trêve à demander aux acharnés adversaires qui luttaient depuis si longtemps.

C'était moins leur propre absolution qu'ils demandaient que la condamnation de leur partie.

L'usage était que l'accusé comparût devant ses juges assis sur un petit siége de bois, siége humble, bas, honteux, déshonoré par le contact des accusés qui de ce siége avaient passé à l'échafaud.

C'est là que vint s'asseoir le faussaire Villette, qui demanda pardon avec ses larmes et ses prières.

Il déclara tout ce qu'on sait, savoir qu'il était coupable du faux, coupable de complicité avec Jeanne de La Motte. Il témoigna que son repentir, ses remords étaient déjà pour lui un supplice capable de désarmer ses juges.

Celui-là n'intéressait personne ; il n'était et ne parut rien autre chose qu'un coquin. Congédié par la cour, il regagna en larmoyant sa cellule de la Conciergerie.

Après lui parut, à l'entrée de la salle, madame de La Motte, conduite par le greffier Frémyn.

Elle était vêtue d'un mantelet et d'une chemise de linon batiste, d'un bonnet de gaze sans rubans ; une sorte de gaze blanche lui couvrait le visage ; elle portait ses cheveux sans poudre.

Sa présence fit une vive impression sur l'assemblée.

Elle venait de subir le premier des outrages auxquels elle était réservée : on l'avait fait passer par le petit escalier, comme les criminels vulgaires.

La chaleur de la salle, le bruit des conversations, le mouvement des têtes qui ondulaient de tous côtés, commencèrent par la troubler ; ses yeux vacillèrent un moment comme pour s'habituer au miroitement de tout cet ensemble.

Alors le même greffier qui la tenait par la main la conduisit assez vivement à la sellette placée au centre de l'hémicycle et pareille à ce petit bloc sinistre qu'on appelle le billot quand il se dresse sur un échafaud au lieu de s'élever dans une salle d'audience.

A la vue de ce siége infamant qu'on lui destinait, à elle, orgueilleuse de s'appeler Valois, et de tenir en ses mains la destinée d'une reine de

France, Jeanne de La Motte pâlit, elle jeta un regard courroucé autour d'elle, comme pour intimider les juges qui se permettaient cet outrage; mais rencontrant partout des volontés fermes, et de la curiosité au lieu de miséricorde, elle refoula son indignation furieuse, et s'assit pour n'avoir pas l'air de tomber sur la sellette.

On remarqua dans les interrogatoires, qu'elle donnait à ses réponses tout le vague duquel les adversaires de la reine eussent pu tirer le plus d'avantage pour défendre leur opinion.

Elle ne précisa rien que les affirmations de son innocence, et força le président de lui adresser une question sur l'existence de ces lettres qu'elle disait venir du cardinal pour la reine, de celles aussi que la reine aurait écrites au cardinal.

Tout le venin du serpent allait se répandre dans la réponse à cette question.

Jeanne commença par protester de son désir de ne pas compromettre la reine; elle ajouta que nul mieux que le cardinal ne pouvait répondre à la question.

— Invitez-le, dit-elle, à produire ces lettres ou copie, pour en faire la lecture et satisfaire votre curiosité. Quant à moi, je ne saurais affirmer si ces lettres sont du cardinal à la reine ou de la reine au cardinal; je trouve celles-ci trop libres et trop familières d'une souveraine à un sujet; je trouve celles-là trop irrévérencieuses, venant d'un sujet pour aller à une reine.

Le silence profond, terrible, qui accueillit cette attaque, dut prouver à Jeanne qu'elle n'avait inspiré que de l'horreur à ses ennemis, de l'effroi à ses partisans, de la défiance à ses juges impartiaux.

Elle ne quitta la sellette qu'avec le doux espoir que le cardinal y serait assis comme elle.

Cette vengeance lui suffisait pour ainsi dire.

Que devint-elle, quand en se retournant pour considérer une dernière fois ce siège d'opprobre où elle forçait un Rohan de s'asseoir après elle, elle ne vit plus la sellette, que, sur l'ordre de la cour, les huissiers avaient fait disparaître et remplacée par un fauteuil.

Un rugissement de rage s'exhala de sa poitrine; elle bondit hors de la salle et se mordit les mains avec frénésie.

Son supplice commençait.

Le cardinal s'avança lentement à son tour.

Il venait de descendre de carrosse : la grande porte avait été ouverte pour lui.

Deux huissiers, deux greffiers l'accompagnaient; le gouverneur de la Bastille marchait à son côté.

A son entrée, un long murmure de sympathie et de respect partit des bancs de la cour.

Il y fut répondu par une puissante acclamation du dehors.

C'était le peuple qui saluait l'accusé et le recommandait à ses juges.

Le prince Louis était pâle, très-ému. Vêtu d'un habit long de cérémonie, il se présentait avec le respect et la condescendance dus à des juges par un accusé qui accepte leur juridiction et l'invoque.

On montra le fauteuil au cardinal, dont les yeux avaient craint de se porter vers l'enceinte, et le président lui ayant adressé un salut et une parole encourageante, toute la cour le pria de s'asseoir avec une bienveillance qui redoubla la pâleur et l'émotion de l'accusé.

Lorsqu'il prit la parole, sa voix tremblante, coupée de soupirs, ses yeux troublés, son maintien humble, remuèrent profondément la compassion de l'auditoire.

Il s'expliqua lentement, présenta des excuses plutôt que des preuves, des supplications plutôt que des raisonnements, et s'arrêtant tout à coup, lui, l'homme éloquent, disert, il produisit par cette paralysie de son esprit et de son courage un effet aussi puissant que tous les plaidoyers et tous les arguments.

Ensuite parut Oliva, la pauvre fille retrouva la sellette. Bien des gens frémirent en voyant cette vivante image de la reine sur le siége honteux qu'avait occupé Jeanne de La Motte; ce fantôme de Marie-Antoinette, reine de France, sur la sellette des voleuses et des faussaires, épouvanta les plus ardents persécuteurs de la monarchie.

Ce spectacle aussi en allécha plusieurs, comme le sang que l'on fait goûter au tigre.

Mais on se disait partout que la pauvre Oliva venait, au greffe, de quitter son enfant, qu'elle allaitait, et quand la porte venait à s'ouvrir, les vagissements du fils de monsieur Beausire venaient plaider douloureusement en faveur de sa mère.

Après Oliva parut Cagliostro, le moins coupable de tous. Il ne lui fut pas enjoint de s'asseoir, bien que le fauteuil eût été conservé près de la sellette.

La cour craignait le plaidoyer de Cagliostro. Un semblant d'interrogatoire, coupé par le *c'est bien!* du président d'Aligre, satisfit aux exigences de la formalité.

Et alors, la cour annonça que les débats étaient clos, et que la délibération commençait.

La foule s'écoula lentement, par la rue et les quais, se promettant de revenir dans la nuit, pour entendre l'arrêt, qui, disait-on, ne tarderait pas à être prononcé.

XCVI

D'UNE GRILLE ET D'UN ABBÉ

Les débats terminés, après le retentissement de l'interrogatoire et les émotions de la sellette, tous les prisonniers furent logés pour cette nuit à la Conciergerie.

La foule, ainsi que nous l'avons dit, vint au soir se placer en groupes silencieux, quoique animés, sur la place du palais, pour recevoir fraîchement la nouvelle de l'arrêt aussitôt qu'il serait rendu.

A Paris, chose étrange! les grands secrets sont précisément ceux que la foule connaît avant qu'ils n'aient éclaté dans leur entier développement.

La foule attendait donc, en savourant la réglisse anisée dont ses fournisseurs ambulants trouvaient l'alimentation première sous la première arche du Pont-au-Change.

Il faisait chaud.

Les nuages de juin roulaient lourdement les uns sur les autres, comme des panaches d'épaisse fumée. Le ciel brillait à l'horizon de feux pâles et réitérés.

Tandis que le cardinal, à qui la faveur avait été accordée de se promener sur les terrasses qui relient les donjons, s'entretenait avec Cagliostro du succès probable de leur mutuelle défense; tandis qu'Oliva, dans sa cellule, caressait son petit enfant et le berçait dans ses bras; que, dans sa loge, Reteau, l'œil sec, les ongles dans ses dents, comptait en idée les écus promis par monsieur de Crosne, et les opposait comme total aux mois de captivité que lui promettait le parlement; pendant ce temps, Jeanne, retirée en la chambre de la concierge, madame Hubert, essayait de distraire son esprit brûlé avec un peu de bruit, avec un peu de mouvement.

Cette chambre, haute de plafond, vaste comme une salle, dallée comme une galerie, était éclairée sur le quai par une grande fenêtre en ogive.

Les petites vitres de cette fenêtre interceptaient la plus grande partie du jour, et comme si, dans cette chambre même où logeaient des gens libres, on eût dû épouvanter la liberté, un énorme grillage de fer appliqué au dehors venait sur les vitres mêmes doubler l'obscurité par l'entrecroisement des barres de fer et des filets de plomb qui encadraient chaque losange de verre.

Du reste, la lumière que tamisait ce double crible était comme adoucie pour l'œil des prisonniers.

Elle n'avait plus rien de ce rayonnement insolent du soleil libre, elle n'était point faite pour offenser ceux qui ne pouvaient sortir.

Il y a dans toutes choses, même dans les mauvaises que l'homme a faites, si le temps, ce pondérateur intermédiaire entre l'homme et Dieu, a passé par-dessus, il y a des harmonies qui mitigent et permettent une transition entre la douleur et le sourire.

C'est dans cette salle que, depuis sa réclusion à la Conciergerie, madame de La Motte vivait tout le jour en compagnie de la concierge, de son fils et de son mari.

Nous avons dit qu'elle avait l'esprit souple, le caractère séduisant. Elle s'était fait aimer de ces gens; elle avait trouvé moyen de leur prouver que la reine était une grande coupable.

Un jour devait venir où, dans cette même salle, une autre concierge, apitoyée aussi sur les malheurs d'une prisonnière, la croirait innocente en la voyant patiente et bonne, et cette prisonnière, ce serait la reine!

Madame de La Motte allait donc, c'est elle-même qui le dit, oublier, dans la société de cette concierge et de ses connaissances, ses idées mélancoliques, et payait ainsi par sa belle humeur les complaisances qu'on avait pour elle.

Ce jour-là, jour de la clôture de l'audience, quand Jeanne revint auprès de ces bonnes gens, elle les trouva soucieux et gênés.

Une nuance n'était pas indifférente à cette femme rusée : elle espérait avec rien, elle s'alarmait avec tout. En vain essayait-elle d'arracher la vérité à madame Hubert, celle-ci et les siens se renfermèrent dans des généralités banales.

Ce jour-là, disons-nous, Jeanne aperçut dans le coin de la cheminée un abbé, commensal intermittent de la maison.

C'était un ancien secrétaire du précepteur de monsieur le comte de Provence. Homme simple de façons, caustique avec mesure, sachant sa cour, et qui, depuis longtemps éloigné de la maison de madame Hubert, était redevenu assidu depuis l'arrivée de madame de La Motte à la Conciergerie.

Il y avait aussi deux ou trois des employés supérieurs du palais; on regardait beaucoup madame de La Motte; on parlait peu.

Elle prit gaiement l'initiative.

— Je suis sûre, dit-elle, qu'on cause plus chaudement là-haut que nous ne parlons ici.

Un faible murmure d'assentiment, échappé au concierge et à sa femme, répondit seul à cette provocation.

— En haut? fit l'abbé jouant l'ignorance. Où cela, madame la comtesse? — Dans la salle où mes juges délibèrent, répliqua Jeanne.

— Oh! oui, oui, dit l'abbé.

Et le silence recommença.

— Je crois, dit-elle, que mon attitude d'aujourd'hui a fait bon effet? Vous devez déjà savoir cela, n'est-ce pas? — Mais, oui, Madame, dit timidement le concierge.

Et il se leva comme pour rompre l'entretien.

— Votre avis, monsieur l'abbé? reprit Jeanne. Est-ce que mon affaire ne se dessine pas bien? Songez qu'on n'articule aucune preuve. — Il est vrai, Madame, dit l'abbé. Aussi, avez-vous beaucoup à espérer. — N'est-ce pas? s'écria-t-elle. — Cependant, ajouta l'abbé, supposez que le roi... — Eh bien! le roi, que fera-t-il? dit Jeanne avec véhémence. — Eh! Madame, le roi peut ne vouloir pas qu'on lui donne un démenti. — Il ferait condamner monsieur de Rohan alors; c'est impossible! — Il est vrai que cela est difficile, répondit-on de toutes parts. — Or, se hâta de glisser Jeanne, dans cette cause, qui dit monsieur de Rohan, dit moi. — Non pas, non pas, reprit l'abbé, vous vous faites illusion, Madame. Il y aura un accusé absous... Moi, je pense que ce sera vous, et je l'espère, même. Mais il n'y en aura qu'un. Il faut un coupable au roi, autrement, que deviendrait la reine? — C'est vrai, dit sourdement Jeanne, blessée d'être contredite, même sur une espérance qu'elle ne faisait qu'affecter. Il faut un coupable au roi. Eh bien! alors, monsieur de Rohan est aussi bon que moi pour cela.

Un silence effrayant pour la comtesse s'établit après ces paroles.

L'abbé le rompit le premier:

— Madame, dit-il, le roi n'a pas de rancune, et, sa première colère satisfaite, il ne songera plus au passé. — Mais qu'appelez-vous une colère satisfaite? dit Jeanne avec ironie. Néron avait ses colères comme Titus avait les siennes. — Une condamnation... quelconque, se hâta de dire l'abbé, c'est une satisfaction. — Quelconque!... Monsieur, s'écria Jeanne, voilà un affreux mot... Il est trop vague... Quelconque, c'est tout dire! — Oh! je ne parle que d'une réclusion dans un couvent, répliqua froidement l'abbé; c'est l'idée que, d'après les bruits qui courent, le roi aurait adoptée le plus volontiers à votre égard.

Jeanne regarda cet homme avec une terreur qui fit place aussitôt à la plus furieuse exaltation.

— La réclusion dans un couvent! dit-elle ; c'est-à-dire une mort lente, ignominieuse par les détails, une mort féroce qui paraîtra un acte de clémence!... La réclusion dans l'*in pace*, n'est-ce pas? Les tortures de la faim, du froid, des corrections! Non, assez de supplices, assez de honte, assez de malheur pour l'innocence quand la coupable est puissante, libre, honorée! La mort tout de suite, mais la mort que j'aurai choisie, le libre arbitre pour me punir d'être née à ce monde infâme!

Et, sans écouter ni les représentations, ni les prières, sans souffrir qu'on l'arrêtât, repoussant le concierge, renversant l'abbé, écartant madame Hubert, elle courut à un dressoir pour y chercher un couteau.

Ces trois personnes réussirent à la détourner ; elle prit sa course comme une panthère que les chasseurs ont inquiétée, non effrayée, et, poussant des hurlements d'une colère trop bruyante pour être naturelle, elle s'élança dans un cabinet attenant à la salle, et là, soulevant un énorme vase de faïence dans lequel végétait un rosier étiolé, elle s'en frappa la tête à plusieurs reprises.

Le vase se brisa, un morceau demeura dans la main de cette furie ; on vit le sang couler sur son front par les gerçures de la peau, qui s'était fendue.

La concierge se jeta en pleurant dans ses bras.

On l'assit sur un fauteuil ; on l'inonda d'eau de senteur et de vinaigre.

Elle s'était évanouie après d'affreuses convulsions.

Lorsqu'elle revint à elle, l'abbé pensa qu'elle étouffait.

— Voyez! dit-il, ce grillage intercepte le jour et l'air. N'est-il pas possible de faire respirer un peu cette pauvre femme.

Alors madame Hubert, oubliant tout, courut à une armoire située près de la cheminée, en tira une clé qui lui servit à ouvrir ce grillage, et aussitôt l'air et la vie entrèrent à flots dans l'appartement.

— Ah! dit l'abbé, je ne savais pas que ce grillage pût s'ouvrir à l'aide d'une clé. Pourquoi tant de précautions? mon Dieu! — C'est l'ordre! répliqua la concierge. — Oui, je comprends, ajouta l'abbé avec une intention marquée, cette fenêtre n'est qu'à sept pieds environ du sol, elle donne sur le quai. S'il arrivait que des prisonniers s'échappassent de l'intérieur de la Conciergerie, en passant par votre salle, ils trouveraient la liberté sans avoir rencontré un seul porte-clés ni une sentinelle. — Précisément, dit la concierge.

L'abbé remarqua du coin de l'œil que madame de La Motte avait entendu, compris, qu'elle avait tressailli même, et qu'aussitôt après avoir recueilli les paroles de l'abbé elle avait levé les yeux sur l'armoire, fermée seulement par un bouton de cuivre, où la concierge serrait cette clé de la grille.

C'en fut assez pour lui. Sa présence ne paraissait plus être utile. Il prit congé.

Cependant, revenant sur ses pas, comme les personnages de théâtre qui font une fausse sortie :

— Que de monde sur la place! dit-il. Toute la foule se porte avec tant d'acharnement du côté de ce palais qu'il n'y a pas une âme sur le quai.

Le concierge se pencha au dehors.

— C'est vrai, dit-il. — Ne pense-t-on pas, poursuivit l'abbé, toujours comme si madame de La Motte ne pouvait l'entendre, et elle l'entendait fort bien, ne croit-on pas que l'arrêt sera rendu dans la nuit? Non, n'est-ce pas? — Je ne suppose pas, dit le concierge, qu'il soit rendu avant demain matin. — Eh bien! ajouta l'abbé, tâchez de laisser reposer un peu cette pauvre madame de La Motte. Après tant de secousses, elle doit avoir besoin de repos. — Nous nous retirerons dans notre chambre, dit le brave concierge à sa femme, et nous laisserons Madame ici sur le fauteuil, à moins qu'elle ne veuille s'aller mettre au lit.

Jeanne, se soulevant, rencontra l'œil de l'abbé, qui guettait sa réponse. Elle feignit de se rendormir.

Alors l'abbé disparut, et le concierge et sa femme partirent aussi, après avoir refermé doucement la grille et remis la clé à sa place.

Aussitôt qu'elle fut seule, Jeanne ouvrit les yeux.

— L'abbé me conseille de fuir, pensa-t-elle. Peut-on plus clairement m'indiquer et la nécessité de l'évasion et le moyen? Me menacer d'une condamnation avant l'arrêt des juges, c'est d'un ami qui veut me pousser à prendre ma liberté, ce ne peut être d'un barbare qui m'insulte. Pour m'enfuir je n'ai qu'un pas à faire; j'ouvre cette armoire, puis cette grille, et me voilà sur le quai désert. Désert, oui!... Personne; la lune elle-même se cache dans les cieux. Fuir!... Oh! la liberté! le bonheur de retrouver mes richesses... le bonheur de rendre à mes ennemis tout le mal qu'ils m'auront fait!

Elle s'élança vers l'armoire et saisit la clé. Déjà elle l'approchait de la serrure du grillage.

Soudain elle crut voir, sur la ligne noire du parapet du pont, une forme noire qui en coupait l'uniforme régularité.

— Un homme est là, dit-elle, dans l'ombre; l'abbé, peut-être; il veille sur mon évasion; il m'attend pour me prêter secours. Oui, mais si c'était un piège... si, descendue sur le quai, j'allais être saisie, surprise en flagrant délit d'évasion?... L'évasion; c'est l'aveu du crime, l'aveu du moins de la peur! Qui s'évade fuit devant sa conscience... D'où vient cet homme?... Il paraît se rattacher à monsieur de Provence... Qui me dit que ce n'est pas un émissaire de la reine ou des Rohan?... Comme on paierait cher, de ce côté, une fausse démarche de ma part!... Oui, quelqu'un est là qui guette!... Me faire fuir quelques heures avant l'arrêt! Ne le pouvait-on plutôt, si l'on m'eût véritablement voulu servir? Mon Dieu! qui sait si déjà la nouvelle n'est pas venue à mes ennemis de mon acquittement résolu dans le conseil des juges; qui sait si l'on ne veut parer ce coup terrible pour la reine, avec une preuve ou un aveu de ma culpabilité. L'aveu, la preuve, ce serait ma fuite. Je resterai!

Jeanne, à partir de ce moment, demeura convaincue qu'elle venait d'échapper au piége. Elle sourit, redressa sa tête astucieuse et hardie, et d'un pas assuré elle alla remettre la clé du grillage dans la petite armoire près de la cheminée.

– Puis, se rasseyant dans le fauteuil entre la fenêtre et la lumière, elle observa de loin, tout en feignant de dormir, l'ombre de cet homme qui guettait, et qui, fatigué sans doute d'attendre, finit par se lever et par disparaître avec les premières lueurs de l'aube, à deux heures et demie du matin, alors que l'œil commença à distinguer l'eau de ses rives.

XCVII

L'ARRÊT

Au matin, quand tous les bruits renaissent, quand Paris reprend la vie ou noue un nouveau chaînon au chaînon de la veille, la comtesse espéra que la nouvelle d'un acquittement allait tout à coup pénétrer dans sa prison avec la joie et les félicitations de ses amis.

Avait-elle des amis! hélas! jamais la fortune, jamais le crédit ne demeurent sans cortége, et cependant Jeanne était devenue riche, puissante; elle avait reçu, elle avait donné sans s'être même fait l'ami banal qui doit brûler le lendemain d'une disgrâce ce qu'il a complimenté la veille.

Mais après son triomphe qu'elle attendait, Jeanne aurait des partisans, elle aurait des admirateurs, elle aurait des envieux.

Ce flot pressé de gens au joyeux visage, elle s'attendait vainement à le voir pénétrer dans la salle du concierge Hubert.

De l'immobilité d'une personne convaincue et qui laisse venir les bras à elle, Jeanne passa, c'était la pente de son caractère, à une inquiétude excessive.

Et comme on ne peut toujours dissimuler, elle ne prit point la peine, avec ses gardiens, de cacher ses impressions.

Il ne lui était pas permis de sortir pour aller s'informer, mais elle passa sa tête au vasistas d'une des fenêtres, et là, anxieuse, elle prêta l'oreille aux bruits de la place voisine, bruits qui se résolvaient en un murmure confus, après avoir percé l'épaisseur des murs du vieux palais de saint Louis.

Jeanne entendit alors, non pas une rumeur, mais une véritable explosion, des bravos, des cris, des trépignements, quelque chose d'éclatant qui l'épouvanta, car elle n'avait pas la conscience que ce fût pour elle qu'on témoignât tant de sympathie.

Ces salves bruyantes se répétèrent deux fois et firent place à des bruits d'un autre genre.

Il lui sembla que c'était de l'approbation aussi, mais une approbation calme et sitôt morte que née.

Bientôt les passants devinrent plus fréquents sur le quai, comme si les groupes de la place se dissolvaient et renvoyaient en détail leurs masses dispersées.

— Un fameux jour pour le cardinal ! dit une sorte de clerc de procureur, en bondissant sur le pavé près du parapet.

Et il jeta une pierre dans la rivière avec cette habileté du jeune Parisien qui a consacré beaucoup de ses journées à l'exercice de cet art, exhumé de la palestre antique.

— Pour le cardinal ! répéta Jeanne. Il y a donc nouvelle que le cardinal est acquitté !

Une goutte de fiel, une goutte de sueur tomba du front de Jeanne.

Elle rentra précipitamment dans la salle.

— Madame, Madame, demanda-t-elle à la femme Hubert, qu'entends-je dire : *Que c'est heureux pour le cardinal*. Quoi donc est heureux, s'il vous plaît ? — Je ne sais, répliqua celle-ci.

Jeanne la regarda bien en face.

— Demandez à votre mari, je vous prie, ajouta-t-elle.

La concierge obéit par complaisance, et Hubert répondit du dehors :

— Je ne sais pas !

Jeanne, impatiente, froissée, s'arrêta un moment au milieu de la chambre.

— Que voulaient dire ces passants, alors, dit-elle ; on ne se trompe pas à ces sortes d'oracles. Ils parlaient du procès, bien sûr. — Peut-être, fit le charitable Hubert, voulaient-ils dire que si monsieur de Rohan est acquitté, ce sera un beau jour pour lui, voilà tout. — Vous croyez qu'il sera acquitté ? s'écria Jeanne en crispant ses doigts. — Cela peut arriver.

— Moi, alors?... — Oh! vous, Madame... vous comme lui; pourquoi pas vous? — Étrange hypothèse! murmura Jeanne.

Et elle se remit aux vitres.

— Vous avez tort, je crois, Madame, lui dit le concierge, d'aller chercher ainsi des émotions qui vous arrivent mal compréhensibles du dehors. Restez, croyez-moi, paisible, en attendant que votre conseil ou monsieur Frémyn viennent vous lire... — L'arrêt... Non! non!

Et elle écouta.

Une femme passait avec ses amies. Bonnets de fête, gros bouquets à la main. L'odeur de ses roses monta comme un baume précieux jusqu'à Jeanne, qui aspirait tout d'en bas.

— Il aura mon bouquet, cria cette femme, et cent autres encore, le cher homme. Oh! si je puis, je l'embrasserai. — Et moi aussi, dit une compagne. — Et moi, je veux qu'il m'embrasse, dit une troisième. — De qui veulent-elles parler? pensa Jeanne. — C'est qu'il est très-bel homme, tu n'es pas dégoûtée, fit une dernière à ses amies.

Et tout passa.

— Encore le cardinal! toujours lui! murmura Jeanne; il est acquitté, il est acquitté!

Et elle prononça ces mots avec tant de découragement et de certitude en même temps, que les concierges, résolus de ne pas occasionner une tempête comme celle de la veille, lui dirent en même temps :

— Eh! Madame, pourquoi ne voudriez-vous pas que le pauvre prisonnier fût absous et libéré?

Jeanne sentit le coup, elle sentit surtout le changement de ses hôtes, et voulant ne rien perdre de leur sympathie :

— Oh! dit-elle, vous ne me comprenez pas. Hélas! me croyez-vous si envieuse ou si méchante que je désire le mal de mes compagnons d'infortune? Mon Dieu! qu'il soit absous, monsieur le cardinal; oh oui! qu'il le soit. Mais moi, moi, que je sache enfin... Croyez-moi donc, mes amis, c'est l'impatience qui me rend ainsi.

Hubert et sa femme se regardèrent l'un et l'autre comme pour mesurer la portée de ce qu'ils voulaient faire. Un fauve éclair, qui jaillit des yeux de Jeanne malgré elle, les arrêta comme ils allaient prendre une décision.

— Vous ne me dites rien! s'écria-t-elle, s'apercevant de sa faute. — Nous ne savons rien, reprirent-ils plus bas.

A ce moment, un ordre appela Hubert hors de son appartement. La concierge, demeurée seule avec Jeanne, essaya de la distraire; ce fut en vain; tous les sens de la captive, toute son intelligence, étaient sollicités à l'extérieur par les bruits, par les souffles, qu'elle percevait avec une susceptibilité décuplée de la fièvre.

La concierge, ne pouvant plus l'empêcher de regarder ou d'écouter, se résigna.

Soudain un grand bruit, un grand mouvement se firent sur la place.

La foule reflua sur le pont, jusque sur le quai, avec des cris tellement compacts, tellement réitérés, que Jeanne en tressaillit à son observatoire.

Ces cris ne cessaient pas; ils s'adressaient à une voiture découverte dont les chevaux, retenus par la main du cocher bien moins encore que par la foule, marchaient à peine au plus petit pas.

Peu à peu, la multitude les pressant, les serrant, portait sur ses épaules, sur ses bras, chevaux, carrosse, et deux personnes que contenait le carrosse.

Aux grands rayons du soleil, sous une pluie de fleurs, sous un dôme de feuillages que mille mains agitaient au-dessus de leurs têtes, la comtesse reconnut ces deux hommes qu'enivrait la foule enthousiaste.

L'un, pâle de son triomphe, effrayé de sa popularité, demeurait grave, étourdi, tremblant. Des femmes montaient aux jantes de ses roues, lui arrachaient les mains pour les dévorer de baisers, et se disputaient à grands coups la dentelle de ses manchettes, qu'elles avaient payée en fleurs les plus fraîches et les plus rares.

D'autres, plus heureuses encore, étaient montées sur l'arrière du carrosse avec les laquais; puis, insensiblement enlevant les obstacles qui gênaient leur amour, elles prenaient la tête du personnage idolâtré, appliquaient un baiser respectueux et sensuel, puis faisaient place à d'autres heureuses.

Cet homme adoré, c'était le cardinal de Rohan.

Son compagnon, frais, joyeux, étincelant, recevait un accueil moins vif, mais aussi flatteur, proportion gardée. D'ailleurs, on le payait en cris, en vivats; les femmes se partageaient le cardinal, les hommes criaient : Vive Cagliostro.

Cette ivresse mit une demi-heure à traverser le Pont-au-Change, et jusqu'à son point culminant Jeanne aperçut les triomphateurs.

Elle ne perdit pas un détail.

Cette manifestation de l'enthousiasme public pour les victimes de la reine, car c'est ainsi qu'on les appelait, donna un moment de joie à Jeanne.

Mais aussitôt :

— Quoi! dit-elle, ils sont déjà libres; déjà pour eux les formalités sont accomplies, et moi, moi je ne sais rien; pourquoi ne me dit-on rien à moi?

Le frisson la prit.

A côté d'elle, elle avait senti madame Hubert qui, silencieuse, attentive à tout ce qui se passait, devait avoir compris cependant, et ne donnait aucune explication.

Jeanne allait provoquer un éclaircissement devenu indispensable, lorsqu'un nouveau bruit attira son attention du côté du Pont-au-Change.

Un fiacre, entouré de gens, gravissait à son tour la pente du pont.

Dans le fiacre, Jeanne reconnut, souriante et montrant son enfant au peuple, Oliva, qui partait aussi, libre et folle de joie des plaisanteries un peu libres, des baisers envoyés à la fraîche et appétissante fille. Voilà l'encens grossier, il est vrai, mais plus que suffisant pour mademoiselle Oliva, que la foule envoyait, dernier relief du festin splendide offert au cardinal.

Au milieu du pont, une chaise de poste attendait.

Monsieur Beausire s'y cachait derrière un de ses amis, qui seul osait se révéler à l'admiration publique.

Il fit un signe à Oliva, qui descendit de son fiacre au milieu des cris changés tant soit peu en huées. Mais pour certains acteurs, qu'est-ce que les huées, quand on pouvait leur infliger les projectiles et les chasser du théâtre ?

Oliva, montée dans la chaise, tomba dans les bras de Beausire qui, la serrant à l'étouffer comme une proie, ne la quitta plus d'une lieue, et, l'inondant de larmes et de baisers, ne respira qu'à Saint-Denis, où l'on changea de chevaux sans avoir été gêné par la police.

Cependant, Jeanne voyant tous ces gens libres, heureux, fêtés, se demandait pourquoi elle seule ne recevait pas de nouvelles.

— Mais moi ! moi ! s'écria-t-elle, par quel raffinement de cruauté ne me déclare-t-on pas l'arrêt qui me concerne ? — Calmez-vous, Madame, dit Hubert en entrant ; calmez-vous. — Il est impossible que vous ne sachiez rien, répliqua Jeanne, vous savez ! vous savez ! instruisez-moi. — Madame... — Si vous n'êtes pas un barbare, instruisez-moi ; vous voyez bien que je souffre. — Il nous est interdit, Madame, à nous bas officiers de la prison, de révéler les arrêts, dont la lecture appartient aux greffiers des cours. — Mais alors, c'est donc tellement affreux que vous n'osez ? s'écria Jeanne dans un transport de rage qui fit peur au concierge, et lui fit entrevoir le renouvellement des scènes de la veille. — Non, dit-il, calmez-vous, calmez-vous. — Alors, parlez. — Serez-vous patiente et ne me compromettrez-vous pas ? — Mais je vous le promets, je vous le jure, parlez ! — Eh bien ! monsieur le cardinal a été absous. — Je le sais. — Monsieur de Cagliostro mis hors de cour. — Je le sais ! je le sais ! — Mademoiselle Oliva renvoyée de l'accusation. — Après ? après ?..

— Monsieur Reteau de Villette est condamné.

Jeanne tressaillit.

— Aux galères!... — Et moi! moi! cria-t-elle en trépignant avec fureur. — Patience, Madame; patience. Est-ce là ce que vous avez promis? — Je suis patiente; voyez, parlez! moi? — Au bannissement, dit d'une voix faible le concierge en détournant les yeux.

Un éclair de joie brilla dans les yeux de la comtesse, éclair aussi vite éteint qu'apparu.

Puis elle feignit de s'évanouir avec un grand cri, et se renversa dans les bras de ses hôtes.

— Que fût-il donc résulté, dit Hubert bas à l'oreille de sa femme, si je lui eusse dit la vérité? — Le bannissement, pensait Jeanne en simulant une attaque de nerfs; c'est la liberté, c'est la richesse, c'est la vengeance, c'est ce que j'ai rêvé... J'ai gagné!

XCVIII

L'EXÉCUTION

Jeanne attendait toujours que ce greffier promis par le concierge vînt lui lire l'arrêt rendu contre elle.

En effet, n'ayant plus les angoisses du doute, conservant à peine celles de la comparaison, c'est-à-dire de l'orgueil, elle se disait :

— Que m'importe à moi, esprit solide je le suppose, que monsieur de Rohan ait été regardé comme moins coupable que moi?

Est-ce à moi qu'on inflige la peine d'une faute? Non. Si j'eusse été bien et dûment reconnue Valois par tout le monde, si j'eusse pu avoir, comme l'a eue monsieur le cardinal, toute une haie de princes et de ducs échelonnés sur le passage des juges, suppliant par leur attitude, par leurs crêpes à l'épée, par leurs pleureuses, je ne crois pas qu'on eût rien refusé à la pauvre comtesse de La Motte, et certainement, en prévision de cette illustre supplique, on eût épargné à la descendante des Valois l'affront de la sellette.

Mais pourquoi s'occuper de tout ce passé qui est mort? La voilà donc terminée cette grande affaire de ma vie. Placée d'une façon équivoque dans le monde, d'une façon équivoque à la cour, exposée à être renversée par le premier souffle venu d'en haut, je végétais, je retournais peut-être à cette misère primordiale qui a été l'apprentissage douloureux de ma vie. Maintenant, rien de pareil. Bannie! je suis bannie! c'est-à-dire que j'ai le droit d'emporter mon million dans ma caisse, de vivre sous les orangers de Séville ou d'Agrigente pendant l'hiver, en Allemagne ou en Angleterre pendant l'été; c'est-à-dire que rien ne m'empêchera, jeune, belle, célèbre, et pouvant expliquer mon procès moi-même, de vivre comme je l'entendrai, soit avec mon mari, s'il est banni comme moi, et je le sais libre, soit avec les amis que donnent toujours le bonheur et la jeunesse!

Et, ajoutait Jeanne, perdue dans ses pensées ardentes, qu'on vienne me dire ensuite à moi la condamnée, à moi la bannie, à moi la pauvre humiliée, que je ne suis pas plus riche que la reine, plus honorée que la reine, plus absoute que la reine; car il ne s'agissait pas pour elle de ma condamnation. Le ver de terre n'importe en rien au lion. Il s'agissait de faire condamner monsieur de Rohan, et monsieur de Rohan a été mis hors de cause!

Maintenant, comment vont-ils s'y prendre pour me signifier l'arrêt, comme aussi pour me faire conduire hors du royaume? Se vengeront-ils sur une femme en l'assujettissant aux pratiques les plus strictes de la pénalité? Me confiera-t-on aux archers pour me mener à la frontière? Me dira-t-on solennellement: Indigne! le roi vous bannit de son royaume. Non, mes maîtres sont débonnaires, fit-elle en souriant; ils ne m'en veulent plus à moi. Ils n'en veulent qu'à ce bon peuple parisien qui hurle sous leurs balcons: Vive monsieur le cardinal! vive Cagliostro! vive le parlement! Voilà leur véritable ennemi : le peuple. Oh! oui, c'est leur ennemi direct, puisque j'avais compté, moi, sur l'appui moral de l'opinion publique, et que j'ai réussi!

Jeanne en était là et faisait ses petits préparatifs en réglant ses comptes avec elle-même. Elle s'occupait déjà du placement de ses diamants, de son établissement à Londres, on était en été, lorsque le souvenir de Reteau de Villette lui traversa, non pas le cœur, mais l'esprit.

— Pauvre garçon! dit-elle avec un sourire méchant, c'est lui qui a payé pour tous. Il faut donc toujours aux expiations une âme vile dans le sens philosophique, et chaque fois que ces sortes de nécessités surgissent, le bouc émissaire surgit de terre avec le coup qui le dévorera.

Pauvre Reteau! chétif, misérable, il paie aujourd'hui ses pamphlets contre la reine, ses conspirations de plume, et Dieu, qui fait à chacun sa part en ce monde, aura voulu faire à celui-là une existence de coups de bâton, de louis d'or intermittents, de guet-apens, de cachettes, avec un dénouement de galères. Voilà ce que c'est que la ruse au lieu de l'intelligence, que la malice au lieu de la méchanceté, que l'esprit d'agression sans la persévérance et la force. Combien d'êtres malfaisants dans la création, depuis le ciron venimeux jusqu'au scorpion, le premier des petits qui se fasse redouter de l'homme! Toutes ces infirmités veulent nuire, mais elles n'ont pas l'honneur de la lutte : on les écrase.

Et Jeanne enterrait avec cette pompe commode son complice Reteau, bien décidée qu'elle était à s'informer du bagne dans lequel on renfermerait le misérable, pour ne pas s'y aventurer en voyage, pour ne pas aller faire cette humiliation à un malheureux, de lui montrer le bonheur d'une ancienne connaissance. Jeanne avait bon cœur.

Elle prit gaiement son repas avec les concierges; ceux-ci avaient totalement perdu leur gaieté; ils ne prenaient plus la peine de dissimuler leur gêne. Jeanne attribua ce refroidissement à la condamnation dont elle venait d'être l'objet. Elle leur en fit l'observation. Ils répondirent que rien n'était aussi douloureux pour eux que l'aspect des personnes, après un arrêt prononcé.

Jeanne était si heureuse au fond du cœur, elle avait tant de mal à dissimuler sa joie, que l'occasion de rester seule, libre avec ses pensées, ne pouvait lui être que très-agréable. Elle se promit de demander après le dîner à retourner dans sa chambre.

Elle fut bien surprise quand le concierge Hubert, prenant la parole au dessert avec une solennité contrainte qu'il n'avait pas l'habitude de mettre dans ses relations :

— Madame, dit-il, nous avons l'ordre de ne plus garder à la geôle les personnes sur le sort desquelles a statué le parlement. — Bien, se dit Jeanne, il va au-devant de mes désirs.

Elle se leva.

— Je ne voudrais pas, répondit-elle, vous mettre en contravention; ce serait mal reconnaître les bontés que vous avez eues pour moi... Je vais donc retourner dans ma chambre.

Elle regarda pour voir l'effet de ses paroles. Hubert roulait une clé dans ses doigts. La concierge détournait sa tête, comme pour cacher une émotion nouvelle.

— Mais, ajouta la comtesse, où viendra-t-on me lire l'arrêt, et quand viendra-t-on? — On attend peut-être que Madame soit chez elle, se hâta de dire Hubert. — Décidément il m'éloigne, pensa Jeanne.

Et un vague sentiment d'inquiétude la fit tressaillir, aussitôt évaporé qu'il avait apparu dans son cœur.

Jeanne monta les trois marches qui conduisaient de cette chambre du concierge au couloir du greffe.

La voyant partir, madame Hubert vint à elle précipitamment et lui prit les mains, non pas avec respect, non pas avec amitié vraie, non pas avec cette susceptibilité qui honore celui qui la témoigne et celui qui en est l'objet, mais avec une compassion profonde, avec un élan de pitié qui n'échappa point à l'intelligente comtesse, à elle qui remarquait tout.

Cette fois, l'impression fut si nette, que Jeanne s'avoua qu'elle ressentait de l'effroi ; mais l'effroi fut rejeté comme l'avait été l'inquiétude, au dehors de cette âme emplie jusqu'aux bords par la joie et l'espérance.

Toutefois, Jeanne voulait demander compte à madame Hubert de sa pitié ; elle ouvrait la bouche et redescendait deux degrés pour formuler une de ces questions précises et vigoureuses comme son esprit, mais elle n'en eut pas le temps. Hubert lui prit la main, moins poliment que vivement, et ouvrit la porte.

La comtesse se vit dans le couloir. Huit archers de la prévôté attendaient là. Qu'attendaient-ils ? Voilà ce que se demanda Jeanne en les apercevant. Mais la porte du concierge était déjà refermée. En avant des archers, se trouvait un des porte-clés ordinaires de la prison, celui qui, chaque soir, reconduisait la comtesse à sa chambre.

Cet homme se mit à précéder Jeanne, comme pour lui montrer le chemin.

— Je rentre chez moi ? dit la comtesse avec le ton d'une femme qui voudrait paraître sûre de ce qu'elle dit, mais qui doute. — Oui, Madame, répliqua le guichetier.

Jeanne saisit la rampe de fer et monta derrière cet homme. Elle entendit les archers qui chuchotaient à quelques pas plus loin, mais qui ne bougèrent pas de place.

Rassurée, elle se laissa enfermer dans sa chambre, et remercia même affectueusement le guichetier. Celui-ci se retira.

Jeanne ne se vit pas plus tôt libre et seule chez elle, que sa joie éclata extravagante, joie bâillonnée trop longtemps par ce masque dont elle avait caché hypocritement son visage chez le concierge. Cette chambre de la Conciergerie, c'était sa loge, à elle, bête fauve un moment enchaînée par les hommes, et qu'un caprice de Dieu allait de nouveau lancer dans le libre espace du monde.

Et, dans sa tanière ou dans sa loge, quand il fait bien nuit, quand aucun bruit n'annonce à la captive la vigilance de ses gardiens, quand son flair subtil ne démêle aux alentours aucune trace, alors commencent les bondissements de cette nature sauvage.

Alors, elle étire ses membres pour les assouplir aux élans de l'indépendance attendue ; alors, elle a des cris, des bonds ou des extases, que ne surprend jamais l'œil de l'homme.

Pour Jeanne, ce fut ainsi. Tout à coup elle entendit marcher dans son corridor ; elle entendit les clés tinter dans le trousseau du guichetier ; elle entendit solliciter la serrure massive.

— Que me veut-on? pensa-t-elle en se redressant attentive et muette. Le guichetier entra.

— Qu'y a-t-il, Jean? demanda Jeanne de sa voix douce et indifférente. — Madame veut-elle me suivre? dit-il. — Où cela? — En bas, Madame. — Comment, en bas?... — Au greffe. — Pourquoi faire, je vous prie? — Madame...

Jeanne s'avança vers cet homme qui hésitait, et elle aperçut, à l'extrémité du corridor, les archers de la prévôté, que d'abord elle avait rencontrés en bas.

— Enfin, s'écria-t-elle avec émotion, dites-moi ce que l'on veut de moi au greffe? — Madame, c'est monsieur Doillot, votre défenseur, qui voudrait vous entretenir. — Au greffe? Pourquoi pas ici, puisque plusieurs fois il a eu la permission d'y venir? — Madame, c'est que monsieur Doillot a reçu des lettres de Versailles, et qu'il veut vous en donner connaissance.

Jeanne ne remarqua point combien était illogique cette réponse. Un seul mot la frappa : des lettres de Versailles, des lettres de la cour, sans doute, apportées par le défenseur lui-même.

— Est-ce que la reine aura intercédé auprès du roi après la publication de l'arrêt? Est-ce que...

Mais à quoi bon faire des conjectures; avait-on le temps; cela était-il nécessaire quand, après deux minutes, on pouvait trouver la solution du problème?

D'ailleurs, le porte-clés insistait; il agitait ses clés comme un homme qui, à défaut de bonnes raisons, objecte une consigne.

— Attendez-moi un peu, dit Jeanne, vous voyez que je m'étais déjà déshabillée pour prendre un peu de repos; j'ai tant fatigué ces jours derniers! — J'attendrai, Madame; mais, je vous en prie, songez que monsieur Doillot est pressé.

Jeanne ferma sa porte, passa une robe un peu plus fraîche, prit un mantelet, et vivement arrangea ses cheveux.

Elle mit à peine cinq minutes à ces préparatifs. Son cœur lui disait que monsieur Doillot apportait l'ordre de partir sur-le-champ, et le moyen de traverser la France d'une façon à la fois discrète et commode! Oui, la reine avait dû penser à ce que son ennemie fût enlevée le plus tôt possible.

La reine, à présent que l'arrêt était rendu, devait s'efforcer d'irriter cette ennemie le moins possible, car si la panthère est dangereuse enchaînée, que ne doit-on pas craindre d'elle quand elle est libre?

Bercée par ces heureuses pensées, Jeanne vola plutôt qu'elle ne courut derrière le porte-clés, qui lui fit descendre le petit escalier par où déjà on l'avait menée à la salle d'audience. Mais au lieu d'aller jusqu'à cette salle, au lieu de tourner à gauche pour entrer au greffe, le geôlier se tourna vers une petite porte située à droite.

— Où allez-vous donc? demanda Jeanne, le greffe est ici. — Venez, venez, Madame, dit mielleusement le guichetier; c'est par ici que monsieur Doillot vous attend.

Il passa d'abord et attira vers lui la prisonnière, qui entendit fermer avec fracas sur elle les verrous extérieurs de cette porte massive.

Jeanne, surprise, mais ne voyant encore personne dans l'obscurité, n'osa rien demander de plus à son gardien.

Elle fit deux ou trois pas et s'arrêta.

Un jour bleuâtre donnait à la chambre où elle se trouvait comme l'aspect d'un intérieur de tombeau.

La lumière filtrait du haut d'un grillage antique par lequel, à travers les toiles d'araignées et la centuple couche d'une poussière séculaire, quelques rayons blafards parvenaient seuls à donner un peu de leur reflet aux murailles.

Jeanne sentit tout à coup le froid; elle sentit l'humidité de ce cachot : elle devina quelque chose de terrible dans les yeux flamboyants du porte-clés.

Cependant, elle ne voyait encore que cet homme; lui seul avec la prisonnière occupait en ce moment l'intérieur de ces quatre murs, tout verdis par l'eau échappée des châssis, tout moisis par le passage d'un air que n'avait jamais tiédi le soleil.

— Monsieur, dit-elle alors, en dominant l'impression de terreur qui la faisait frissonner, que faisons-nous ici tous deux? Où est monsieur Doillot, que vous m'avez promis de me faire voir?

Le porte-clés ne répondit rien; il se retourna comme pour voir si la porte par laquelle ils étaient entrés s'était bien solidement refermée.

Jeanne suivit ce mouvement avec épouvante. L'idée lui vint, comme dans ces romans noirâtres de l'époque, qu'elle avait affaire à l'un de ces geôliers, fauves amoureux de leurs prisonnières, qui, le jour où la proie va leur échapper par la porte ouverte de la cage, se font les tyrans de la *belle captive* et proposent leur amour en échange de la liberté.

Jeanne était forte, elle ne redoutait pas les surprises, elle n'avait point la pudeur de l'âme.

Son imagination luttait avantageusement contre les caprices sophistiques de messieurs Crébillon fils et Louvet. Elle alla droit au geôlier avec un sourire de prunelle :

— Mon ami, dit-elle, que demandez-vous? Avez-vous à me dire quelque chose? Le temps d'une prisonnière, quand elle touche à la liberté, est un temps précieux. Vous semblez avoir choisi pour me parler un rendez-vous bien sinistre?

L'homme aux clés ne lui répondit rien, parce qu'il ne comprenait pas.

Il s'assit au coin de la cheminée basse, et attendit.

— Mais, dit Jeanne, que faisons-nous, je vous le répète?

Et elle craignit d'avoir affaire à un fou.

— Nous attendons maître Doillot, répliqua le guichetier.

Jeanne secoua la tête.

— Vous m'avouerez, dit-elle, que maître Doillot, s'il a des lettres de Versailles à me communiquer, prend mal son temps et sa salle d'audience... Ce n'est pas possible que maître Doillot me fasse attendre ici. Il y a autre chose.

Elle achevait à peine ces mots, quand une porte qu'elle n'avait pas remarquée s'ouvrit en face d'elle.

C'était une de ces trappes arrondies, véritables monuments de bois et de fer, qui découpent en s'ouvrant dans le fond qu'elles masquaient une sorte de rond cabalistique, au centre duquel personnage ou paysage paraissent être vivants par magie.

En effet, derrière cette porte il y avait des degrés qui plongeaient dans quelque corridor mal éclairé, mais plein de vent et de fraîcheur, et au delà de ce corridor, un moment, un seul, aussi rapide que l'éclair, Jeanne aperçut, en se haussant sur ses pieds, un espace pareil à celui que mesure une place, et dans cet espace, une cohue d'hommes et de femmes aux yeux étincelants.

Mais, nous le répétons, ce fut pour Jeanne une vision bien plutôt qu'un coup d'œil; elle n'eut pas même le temps de s'en rendre raison. Devant elle, à un plan bien plus rapproché que n'était cette place, trois personnes apparurent, montant le dernier degré.

Derrière ces personnes, aux degrés inférieurs sans doute, quatre baïonnettes surgirent, blanches et acérées, pareilles à des cierges sinistres qui eussent voulu éclairer cette scène.

Mais la porte ronde se referma.

Les trois hommes seuls entrèrent dans le cachot où se trouvait Jeanne.

Celle-ci marchait de surprise en surprise, ou mieux, d'inquiétudes en terreurs.

Ce guichetier, qu'elle redoutait l'instant d'avant, elle le vint chercher comme pour avoir sa protection contre les inconnus.

Le guichetier se colla sur la muraille même du cachot, montrant par ce mouvement qu'il voulait, qu'il devait rester spectateur passif de ce qui allait avoir lieu.

37

Jeanne fut interpellée avant même que l'idée ne lui fût venue de prendre la parole.

Ce fut un des trois hommes, le plus jeune, qui commença. Il était vêtu de noir. Il avait son chapeau sur la tête, et roulait dans sa main des papiers fermés comme la scytale antique.

Les deux autres, imitant l'attitude du guichetier, se dérobaient aux regards dans la partie la plus sombre de la salle.

— Vous êtes, Madame, dit cet inconnu, Jeanne de Saint-Rémy de Valois, épouse de Marie-Antoine-Nicolas, comte de La Motte? — Oui, Monsieur, répliqua Jeanne. — Vous êtes bien née à Fontette, le 22 juillet 1756? — Oui, Monsieur. — Vous demeurez bien à Paris, rue Neuve-Saint-Gilles? — Oui, Monsieur... Mais pourquoi m'adressez-vous toutes ces questions? — Madame, je suis fâché que vous ne me reconnaissiez pas; j'ai l'honneur d'être le greffier de la cour. — Je vous reconnais. — Alors, Madame, je puis remplir mes fonctions en ma qualité que vous venez de reconnaître? — Un moment, Monsieur. A quoi, s'il vous plaît, vos fonctions vous obligent-elles? — A vous lire, Madame, l'arrêt qui a été prononcé contre vous en séance du 31 mai 1786.

Jeanne frémit.

Elle promena autour d'elle un regard plein d'angoisses et de défiance.

Ce n'est pas sans dessein que nous écrivons le second, ce mot défiance, qui paraîtrait le moins fort des deux; Jeanne frissonna d'une angoisse irréfléchie; elle allumait, pour prendre garde, deux yeux terribles dans les ténèbres.

— Vous êtes le greffier Breton, dit-elle alors; mais qui sont ces deux messieurs, vos acolytes?

Le greffier allait répondre, lorsque le guichetier, prévenant sa parole, s'élança auprès de lui, et, à son oreille, glissa ces mots empreints d'une peur ou d'une compassion éloquente :

— Ne le lui dites pas!

Jeanne entendit; elle regarda ces deux hommes plus attentivement qu'elle n'avait fait jusqu'alors.

Elle s'étonna de voir l'habit gris de fer à boutons de fer de l'un, la veste et le bonnet à poils de l'autre; l'étrange tablier qui couvrait la poitrine de ce dernier appela l'attention de Jeanne; ce tablier semblait brûlé à certains endroits, taché de sang et d'huile à d'autres.

Elle recula. On eût dit qu'elle se pliait comme pour prendre un vigoureux élan.

Le greffier s'approchant, lui dit :

— A genoux, s'il vous plaît, Madame. — A genoux! s'écria Jeanne; à genoux! moi!... moi! une Valois, à genoux! — C'est l'ordre, Madame dit le greffier en s'inclinant. — Mais, Monsieur, objecta Jeanne avec un fatal sourire, vous n'y pensez pas, il faut donc que je vous apprenne la loi. On ne se met pas à genoux, sinon pour faire amende honorable. — Eh bien! Madame? — Eh bien! Monsieur, on ne fait amende honorable qu'en conséquence d'un arrêt qui condamne à une peine infamante. Le bannissement n'est pas, que je sache, une peine infamante dans la loi française? — Je ne vous ai pas dit, Madame, que vous fussiez condamnée au bannissement, dit le greffier avec une tristesse grave. — Alors! s'écria Jeanne avec explosion, à quoi donc suis-je condamnée? — C'est ce que vous allez savoir en écoutant l'arrêt, Madame, et, pour l'écouter, vous commencerez, s'il vous plaît, par vous mettre à genoux. — Jamais! jamais! — Madame, c'est l'article premier de mes instructions. — Jamais! jamais, vous dis-je! — Madame, il est écrit que si la condamnée refuse de s'agenouiller... — Eh bien? — Eh bien! la force l'y contraindra. — La force! envers une femme! — Une femme ne doit pas plus qu'un homme manquer au respect dû au roi et à la justice. — Et à la reine! n'est-ce pas? cria furieusement Jeanne, car je reconnais bien là-dedans la main d'une femme ennemie! — Vous avez tort d'accuser la reine, Madame; Sa Majesté n'est pour rien dans la rédaction des arrêts de la cour. Allons, Madame, je vous en conjure, épargnez-nous la nécessité des violences; à genoux! — Jamais! jamais! jamais!

Le greffier roula ses papiers, et en tira de sa large poche un fort épais qu'il tenait en réserve dans la prévision de ce qui arrivait.

Et il lut l'ordre formel donné par le procureur général à la force publique, de contraindre l'accusée rebelle à s'agenouiller, pour *satisfaire à la justice*.

Jeanne s'arc-bouta dans un angle de la prison, en défiant du regard cette force publique, qu'elle avait cru être les baïonnettes dressées sur l'escalier derrière la porte.

Mais le greffier ne la fit pas ouvrir, cette porte, il fit signe aux deux hommes dont nous avons parlé, lesquels deux hommes s'approchèrent tranquillement comme ces machines de guerre, trapues, inébranlables, qu'on arme contre une muraille dans les sièges.

Un bras de chacun de ces hommes saisit Jeanne sous les épaules et la traîna au milieu de la salle, malgré ses cris et ses hurlements.

Le greffier s'assit impassible et attendit.

Jeanne ne voyait pas que pour se faire ainsi traîner, elle avait dû s'agenouiller aux trois quarts. Un mot du greffier l'en fit s'apercevoir.

— Bien comme cela, dit-il.

Aussitôt le ressort se détendit, Jeanne bondit à deux pieds du sol dans les bras des hommes qui la maintenaient.

— Il est bien inutile que vous criiez ainsi, dit le greffier, car on ne vous entend pas au dehors, et ensuite vous n'entendrez pas la lecture que je dois vous faire de l'arrêt. — Permettez que j'entende debout, et j'écouterai en silence, dit Jeanne haletante. — Toute fois qu'un coupable est puni du fouet, dit le greffier, la punition est infamante et entraîne la génuflexion. — Le fouet! hurla Jeanne. Le fouet! Ah! misérable! Le fouet, dites-vous?...

Et ses vociférations devinrent telles, qu'elles étourdirent le geôlier, le greffier, les deux aides, et que tous ces hommes, perdant la tête, commencèrent, comme des gens ivres, à vouloir dompter la matière par la matière.

Alors ils se jettèrent sur Jeanne et la terrassèrent; mais elle résista victorieusement. Ils voulurent lui faire plier les jarrets; elle raidit ses muscles comme des lames d'acier.

Elle restait suspendue en l'air dans les mains de ces hommes, et elle agitait ses pieds et ses mains de façon à leur infliger de cruelles blessures.

Ils se partagèrent la besogne: un d'eux lui tint les pieds comme dans un étau; les deux autres l'enlevèrent par les poignets, et ils criaient au greffier:

— Lisez, lisez toujours sa sentence, monsieur la greffier, sans quoi nous n'en finirons jamais avec cette enragée! — Je ne laisserai jamais lire une sentence qui me condamne à l'infamie, cria Jeanne en se débattant avec une force surhumaine.

Et joignant l'action à la menace, elle domina la voix du greffier par des rugissements et des cris d'une telle acuité, que pas un mot de ce qu'il lut elle ne l'entendît.

Sa lecture achevée, il replia ses papiers et les remit dans sa poche.

Jeanne croyant qu'il avait fini se tut, et essaya de reprendre des forces pour braver encore ces hommes. Elle fit succéder aux rugissements des éclats de rire plus féroces encore.

— Et, continua le greffier paisiblement comme une fin de formule banale, sera la sentence exécutée sur la place des exécutions. Cour de Justice du palais! — Publiquement! hurla la malheureuse... Oh!... — Monsieur de Paris, je vous livre cette femme, acheva de dire le greffier, en s'adressant à l'homme au tablier de cuir. — Qui donc est cet homme? fit Jeanne dans un dernier paroxysme d'épouvante et de rage. — Le bourreau! répondit en s'inclinant le greffier, qui rajustait ses manchettes.

A peine le greffier avait-il achevé ce mot, que les deux exécuteurs s'emparèrent de Jeanne et l'enlevèrent pour la porter du côté de la galerie qu'elle avait aperçue.

La défense qu'elle opposa, il faut renoncer à la dépeindre.

L'EXÉCUTION.

Cette femme qui, dans la vie ordinaire, s'évanouissait pour une égratignure, supporta pendant près d'une heure les mauvais traitements et les coups des deux exécuteurs ; elle fut traînée jusqu'à la porte extérieure sans avoir cessé de pousser un instant les plus effrayantes clameurs.

Au delà de ce guichet, où les soldats réunis contenaient la foule, la petite cour, dite Cour de Justice, apparut soudain avec les deux ou trois mille spectateurs que la curiosité y avait convoqués depuis les préparatifs et l'apparition de l'échafaud.

Sur une estrade élevée d'environ huit pieds, un poteau noir, garni d'anneaux de fer, se dressait, surmonté d'un écriteau que le greffier, par ordre sans doute, avait tâché de rendre illisible.

Cette estrade n'avait point de rampe ; on y montait par une échelle sans rampe également.

La seule balustrade qu'on y remarquât, c'étaient les baïonnettes des archers. Elles en fermaient l'accès comme une grille à pointes reluisantes.

La foule, voyant que les portes du palais s'ouvraient, que les commissaires venaient avec leur baguette, que le greffier marchait ses papiers à la main, commença son mouvement d'ondulation qui la fait ressembler à la mer.

Partout les cris de :

— La voilà ! la voilà ! retentissaient avec des épithètes peu honorables pour la condamnée.

Et çà et là quelques observations peu charitables pour les juges.

Car Jeanne avait bien raison, elle s'était fait un parti depuis sa condamnation.

Tels la méprisaient deux mois avant, qui l'eussent réhabilitée depuis qu'elle s'était posée en antagoniste de la reine.

Mais monsieur de Crosne avait tout prévu.

Les premiers rangs de cette salle de spectacle avaient été occupés par un parterre dévoué à ceux qui payaient les frais de spectacle.

On remarquait là, auprès des agents à large carrure, les femmes les plus zélées pour le cardinal de Rohan.

On avait trouvé le moyen d'utiliser pour la reine les colères éveillées contre la reine.

Ceux-là même qui avaient si fort applaudi monsieur de Rohan par antipathie de Marie-Antoinette, venaient siffler ou huer madame de La Motte, assez imprudente pour séparer sa cause d'avec celle du cardinal.

Il résulta qu'à son apparition sur la petite place, les cris furieux de :

— *A bas La Motte ! Ho ! la faussaire !* composèrent la majorité et s'exhalèrent des plus vigoureuses poitrines.

Il arriva aussi que ceux qui tentèrent d'exprimer leur pitié pour Jeanne ou leur indignation contre l'arrêt qui la frappait, furent pris pour des ennemis du cardinal par les dames de la halle, pour des ennemis de la reine par les agents, et maltraités en cette double qualité par les deux sexes intéressés à soutenir l'avilissement de la condamnée.

Jeanne était à bout de ses forces, mais non de sa rage; elle cessa de crier, parce que ses cris se perdaient dans l'ensemble des bruits et de la lutte. Mais de sa voix nette, vibrante, métallique, elle lança quelques mots qui firent tomber comme par enchantement tous les murmures.

— Savez-vous qui je suis? dit-elle. Savez-vous que je suis du sang de vos rois? Savez-vous qu'on frappe en moi, non pas une coupable, mais une rivale? Non pas seulement une rivale, mais une complice?

Ici elle fut interrompue par des clameurs lancées à point par les plus intelligents employés de monsieur de Crosne.

Mais elle avait soulevé, sinon l'intérêt, du moins la curiosité : la curiosité du peuple est une soif qui veut être assouvie.

Le silence que Jeanne remarqua lui prouva qu'on voulait l'écouter.

— Oui, répéta-t-elle, une complice! On punit en moi celle qui savait les secrets de... — Prenez garde! lui dit à l'oreille le greffier.

Elle se retourna. Le bourreau tenait un fouet à la main.

A cette vue, Jeanne oublia son discours, sa haine, son désir de capter la multitude; elle ne vit plus que l'infamie, elle ne craignit plus que la douleur.

— Grâce! grâce! cria-t-elle avec une voix déchirante.

Une immense huée couvrit sa prière.

Jeanne se cramponna, saisie de vertige, aux genoux de l'exécuteur, et réussit à lui saisir la main.

Mais il leva l'autre bras, et laissa retomber le fouet mollement sur les épaules de la comtesse.

Chose inouïe, cette femme que la douleur physique eût terrassée, assouplie, domptée peut-être, se redressa quand elle vit qu'on la ménageait; se précipitant sur l'aide, elle essaya de le renverser pour le jeter hors de l'échafaud dans la place.

Tout à coup elle recula.

Cet homme tenait à la main un fer rouge qu'il venait de retirer d'un brasier ardent. Il levait, disons-nous, ce fer, et la chaleur dévorante qu'il exhalait fit bondir Jeanne en arrière avec un hurlement sauvage.

— Marquée! s'écria-t-elle, marquée!

Tout le peuple répondit à son cri par un cri terrible.

— Oui! oui! rugirent ces trois mille bouches. — Au secours! au secours! dit Jeanne éperdue, en essayant de rompre les cordes dont on venait de lui garrotter les mains.

En même temps le bourreau déchirait, ne pouvant l'ouvrir, la robe de la comtesse; et tandis qu'il écartait d'une main tremblante l'étoffe en lambeaux, il essayait de prendre le fer ardent que lui offrait son aide.

Mais Jeanne se ruait sur cet homme, le faisant toujours reculer, car il n'osait la toucher; en sorte que le bourreau, désespérant de prendre l'outil sinistre, commençait à écouter si dans les rangs de la foule surgirait quelque anathème contre lui. L'amour-propre le préoccupait.

La foule, palpitante et commençant à admirer la vigoureuse défense de cette femme, frémissait d'une sourde impatience; le greffier avait descendu l'échelle; les soldats regardaient le spectacle. c'était un désordre, une confusion qui présentaient un aspect menaçant.

— Finissez-en! cria une voix partie du premier rang de la foule.

Voix impérieuse, que sans doute reconnut le bourreau, car, renversant Jeanne par un élan vigoureux, il la plia en deux, et lui courba la tête avec sa main gauche.

Elle se releva, plus ardente que le fer dont on la menaçait, et, d'une voix qui domina tout le tumulte de la place, toutes les imprécations des maladroits bourreaux :

— Lâches Français! s'écria-t-elle, vous ne me défendez pas! vous me laissez torturer! — Taisez-vous! cria le greffier. — Taisez-vous! cria le commissaire. — Me taire!... Ah! bien oui! redit Jeanne, que me fera-t-on?... Oui, je subis cet honte, c'est ma faute. — Ah! ah! ah! cria la foule se méprenant au sens de cet aveu. — Taisez-vous! réitéra le greffier.

— Oui, ma faute, continua Jeanne se tordant toujours, car si j'avais voulu parler... — Taisez-vous! crièrent en rugissant greffier, commissaire et bourreaux. — Si j'avais voulu dire tout ce que je sais sur la reine. Eh bien!... je serais pendue; je ne serais pas déshonorée.

Elle n'en put dire davantage; car le commissaire s'élança sur l'échafaud, suivi d'agents qui bâillonnèrent la misérable, et la livrèrent toute palpitante, toute meurtrie, le visage gonflé, livide, sanglant, aux deux exécuteurs, dont l'un avait de nouveau courbé sa victime; en même temps, il saisit le fer que son aide réussit à lui donner.

Mais Jeanne profita, comme une couleuvre, de l'insuffisance de cette main qui lui serrait la nuque; elle bondit une dernière fois, et, se retournant avec une joie frénétique, offrit sa poitrine au bourreau en le regardant d'un œil provocateur; de sorte que l'instrument fatal, qui descendait sur son épaule, la vint frapper au sein droit, imprima son sillon fumeux et dévorant dans la chair vive, en arrachant à la victime, malgré le bâillon, un de ces hurlements qui n'ont d'équivalent dans aucune des intonations que puisse reproduire la voix humaine.

Jeanne s'affaissa sous la douleur, sous la honte. Elle était vaincue. Ses lèvres ne laissèrent plus échapper un son, ses membres n'eurent plus un tressaillement; elle était bien évanouie, cette fois.

Le bourreau l'emporta, pliée en deux sur son épaule, et descendit avec elle, d'un pas incertain, l'échelle d'ignominie.

Quant au peuple, muet aussi, soit qu'il approuvât, soit qu'il fût consterné, il ne s'écoula par les quatre issues de la place qu'après avoir vu se refermer sur Jeanne les portes de la Conciergerie, après avoir vu l'échafaud se démolir lentement, pièce à pièce, après s'être assuré qu'il n'y avait pas d'épilogue au drame effrayant dont le parlement venait de lui offrir la représentation.

Les agents surveillèrent jusqu'aux dernières impressions des assistants; leurs premières injonctions avaient été si nettement articulées, que c'eût été folie d'opposer quelque objection à leur logique armée de gourdins et de menottes.

L'objection, s'il s'en produisit, fut calme et tout intérieure.

Peu à peu la place reprit son calme ordinaire; seulement à l'extrémité du pont, quand toute cette cohue fut dissipée, deux hommes, jeunes et réfléchis, qui se retiraient comme les autres, eurent ensemble le dialogue suivant :

— Est-ce que c'est bien madame de La Motte que le bourreau a marquée; le croyez-vous, Maximilien? — On le dit, mais je ne le crois pas... répliqua le plus grand des deux interlocuteurs. — Vous êtes bien d'avis, n'est-ce pas, que ce n'est pas elle, ajouta l'autre, un petit homme à la mine basse, à l'œil rond et lumineux comme l'œil des oiseaux de nuit, à la chevelure courte et graisseuse; non, n'est-ce pas, ce n'est point madame de La Motte qu'ils ont marquée? Ils ont trouvé, pour décharger d'accusation Marie-Antoinette, une demoiselle Oliva qui s'avouât prostituée; ils auront pu trouver une fausse madame de La Motte qui s'avouât faussaire. Vous me direz qu'il y a la marque. — Bah! comédie payée au bourreau, payée à la victime! c'est plus cher, voilà tout.

Le compagnon de cet homme écoutait en balançant sa tête. Il souriait sans répondre.

— Que me répondez-vous, dit le petit vilain homme, est-ce que vous ne m'approuvez pas? — C'est beaucoup faire que d'accepter d'être marquée au sein, répliqua-t-il; la comédie dont vous parlez ne me paraît pas prouvée. Vous êtes plus médecin que moi et vous aurez dû sentir la chair brûlée. Souvenir désagréable, je l'avoue. — Affaire d'argent, vous ai-je dit : on paie une condamnée qui serait marquée pour toute autre chose, on la paie pour dire trois à quatre phrases pompeuses, et puis on la bâillonne quand elle est près de renoncer... — La, la, la, dit flegmatiquement celui qu'on avait appelé Maximilien, je ne vous suivrai point sur ce terrain-là, c'est peu solide. — Hum! fit l'autre. Alors, vous ferez comme les autres badauds; vous finirez par dire que vous avez vu marquer madame de La Motte; voilà de vos caprices. Tout à l'heure ce n'est pas ainsi que vous vous exprimiez, car positivement vous m'avez dit : je ne crois pas que ce soit madame de La Motte qu'on ait marquée. — Non, je ne le crois pas encore, reprit le jeune homme en souriant, mais ce n'est pas non plus une de ces condamnées que vous dites. — Alors, qui est-ce, voyons, qu'elle est la personne qui a été flétrie, là, sur la place, au lieu de madame de La Motte? — C'est la reine! dit le jeune homme d'une voix aiguë à son sinistre compagnon, et il ponctua ces mots de son indéfinissable sourire.

L'autre recula en riant aux éclats et en applaudissant à cette plaisanterie, puis regardant autour de lui :

— Adieu, Robespierre, dit-il. — Adieu, Marat, répondit l'autre.

Et ils se séparèrent.

XCIX

LE MARIAGE

Le jour même de cette exécution, à midi, le roi sortit de son cabinet, à Versailles, et on l'entendit congédier monsieur de Provence avec ces mots prononcés rudement :

— Monsieur, j'assiste aujourd'hui à une messe de mariage. Ne me parlez point ménage et mauvais ménage, je vous prie; ce serait un mauvais augure pour les nouveaux époux, que j'aime et que je protégerai.

Le comte de Provence fronça le sourcil en souriant, salua profondément son frère, et rentra dans ses appartements.

Le roi, poursuivant sa route au milieu de ses courtisans répandus dans les galeries, sourit aux uns et regarda fièrement les autres, selon qu'il les avait vus favorables ou opposés dans l'affaire que le parlement venait de juger.

Il parvint ainsi jusqu'au salon carré, dans lequel se tenait la reine toute parée, dans le cercle de ses dames d'honneur et de ses gentilshommes.

Marie-Antoinette, pâle sous son rouge, écoutait avec une attention affectée les douces questions que madame de Lamballe et monsieur de Calonne lui adressaient sur sa santé.

Mais souvent, à la dérobée, elle regardait vers la porte, cherchant, comme quelqu'un qui brûle de voir; et se détournant comme quelqu'un qui tremble d'avoir vu.

— Le roi! cria un des huissiers de la chambre. Et dans un flot de broderies, de dentelles et de lumière, elle vit entrer Louis XVI, dont le premier regard au seuil du salon fut pour elle.

Marie-Antoinette se leva et fit trois pas au-devant du roi, qui lui baisa gracieusement la main.

— Vous êtes belle aujourd'hui, belle à miracle, Madame! dit-il.

Elle sourit tristement, et, encore une fois, chercha d'un œil vague au milieu de la foule ce point inconnu que nous avons dit qu'elle cherchait.

— Nos jeunes époux ne sont-ils pas là? demanda le roi. Midi va sonner, ce me semble. — Sire, répondit la reine avec un effort tellement violent que son rouge se gerça sur ses joues et tomba par places; monsieur de Charny seul est arrivé, il attend dans la galerie que Votre Majesté lui ordonne d'entrer. — Charny!... dit le roi sans remarquer le silence expressif qui avait succédé aux paroles de la reine; Charny est là? qu'il vienne! qu'il vienne!

Quelques gentilshommes se détachèrent pour aller au-devant de monsieur de Charny.

La reine appuya nerveusement ses doigts sur son cœur et se rassit, tournant le dos à la porte.

— Vraiment, c'est qu'il est midi, répéta le roi, la mariée devrait être ici.

Comme le roi prononçait ces paroles, monsieur de Charny parut à l'entrée du salon; il entendit les derniers mots du roi, et répondit aussitôt :

— Que Votre Majesté veuille bien excuser le retard involontaire de mademoiselle de Taverney; depuis la mort de son père, elle n'a pas quitté le lit. C'est aujourd'hui qu'elle se lève pour la première fois, et elle serait déjà rendue aux ordres du roi sans un évanouissement qui vient de la prendre. — Cette chère enfant aimait tant son père! dit tout haut le roi; mais comme elle trouve un bon mari, nous espérons qu'elle se consolera.

La reine écouta, ou plutôt elle entendit sans faire un mouvement. Quiconque l'eût suivie des yeux tandis que Charny parlait, eût vu le sang se retirer, comme un niveau qui baisse, de son front à son cœur.

Le roi, remarquant l'affluence de noblesse et de clergé qui remplissait le salon, leva tout à coup la tête.

— Monsieur de Breteuil, dit-il, avez-vous expédié cet ordre de bannissement pour Cagliostro? — Oui, sire, répliqua humblement le ministre.

Un souffle d'oiseau qui dort eût troublé le silence de l'Assemblée.

— Et cette La Motte, qui se dit de Valois, continua le roi d'une voix forte, est-ce qu'on ne la marque pas aujourd'hui? — En ce moment, sire, répliqua le garde des sceaux, ce doit être fait.

L'œil de la reine étincela. Un murmure qui voulait être approbatif circula dans le salon.

— Cela contrariera monsieur le cardinal, de savoir qu'on a marqué sa complice, poursuivit Louis XVI avec une ténacité de rigueur qu'on n'avait jamais reconnue en lui avant cette affaire.

Et sur ce mot *sa complice*, adressé à un accusé que le parlement venait d'absoudre, sur ce mot qui flétrissait l'idole des Parisiens, sur ce mot qui condamnait comme voleur et faussaire un des premiers princes de l'Église, un des premiers princes français, le roi, comme s'il eut envoyé un défi solennel au clergé, aux nobles, aux parlements, au peuple, pour soutenir l'honneur de sa femme, le roi promena autour de lui un œil flamboyant de cette colère et de cette majesté que nul n'avait senties en France depuis que les yeux de Louis XIV s'étaient fermés pour l'éternel sommeil.

Pas un murmure, pas une parole d'assentiment n'accueillirent cette vengeance que le roi tirait de tous ceux qui avaient conspiré à déshonorer la monarchie. Alors il s'approcha de la reine qui lui tendait les deux mains avec l'effusion d'une reconnaissance profonde.

A ce moment parurent à l'extrémité de la galerie mademoiselle de Taverney, blanche d'habits comme une fiancée, blanche de visage comme un spectre, et Philippe de Taverney, son frère, qui lui donnait la main.

Andrée s'avançait à pas rapides, les regards troublés, le sein haletant; elle ne voyait pas, elle n'entendait pas; la main de son frère lui donnait la force, le courage, et lui imprimait la direction.

La foule des courtisans sourit sur le passage de la fiancée.

Toutes les femmes prirent place derrière la reine, tous les hommes se rangèrent derrière le roi.

Le bailli de Suffren, tenant par la main Olivier de Charny, vint au-devant d'Andrée et de son frère, les salua, et se confondit dans le groupe des amis particuliers et des parents.

Philippe continua son chemin sans que son œil eût rencontré celui d'Olivier, sans que la pression de ses doigts avertît Andrée qu'elle devait lever la tête.

Parvenue en face du roi, il serra la main de sa sœur, et celle-ci, comme une morte galvanisée, ouvrit ses grands yeux et vit Louis XVI, qui lui souriait avec bonté.

Elle salua au milieu du murmure des assistants, qui applaudissaient ainsi à sa beauté.

— Mademoiselle, dit le roi en lui prenant la main, vous avez dû attendre la fin de votre deuil pour épouser monsieur de Charny; peut-être, si je ne vous eusse demandé de hâter le mariage, votre futur époux, malgré son impatience, vous eût-il permis de prendre encore un mois de délai; car vous souffrez, dit-on, et j'en suis affligé; mais je me dois d'assurer le bonheur des bons gentilshommes qui me servent comme monsieur de Charny; si vous ne l'eussiez épousé aujourd'hui, je n'assistais pas à votre mariage, partant demain pour voyager en France avec la reine. Ainsi, j'aurai le plaisir de signer votre contrat aujourd'hui, et de vous voir mariée dans ma chapelle. Saluez la reine, Mademoiselle, et remerciez-la; car Sa Majesté a été toute bonne pour vous.

En même temps il mena lui-même Andrée à Marie-Antoinette.

Celle-ci s'était dressée les genoux tremblants, les mains glacées.

Elle n'osa point lever ses yeux, et vit seulement quelque chose de blanc qui s'approchait et s'inclinait devant elle.

C'était la robe de mariage d'Andrée.

Le roi rendit aussitôt la main de la fiancée à Philippe, donna la sienne à Marie-Antoinette, et d'une voix haute :

— A la chapelle, Messieurs, dit-il.

Toute cette foule passa silencieusement derrière Leurs Majestés pour aller prendre ses places.

La messe commença aussitôt. La reine l'écouta courbée sur son prie-Dieu, la tête ensevelie dans ses mains. Elle pria de toute son âme, de toutes ses forces; elle envoya vers le ciel des vœux si ardents, que le souffle de ses lèvres dévora la trace de ses larmes.

Monsieur de Charny, pâle et beau, sentant sur lui le poids de tous les regards, fut calme et brave comme il avait été à son bord, au milieu des tourbillons de flammes et des ouragans de la mitraille anglaise; seulement il souffrit bien plus.

Philippe, l'œil attaché sur sa sœur, qu'il voyait tressaillir et chanceler, semblait prêt à lui porter secours d'un mot, d'un geste de consolation ou d'amitié.

Mais Andrée ne se démentit pas, demeura la tête haute, respirant à chaque minute son flacon de sels, mourante et vacillante comme la flamme d'une cire; mais debout et persévérant à vivre par la force de sa volonté.

Celle-ci n'adressa point de prières au ciel, celle-ci ne fit point de vœux pour l'avenir; elle n'avait rien à espérer, rien à craindre; elle n'était rien aux hommes, rien à Dieu.

Quand le prêtre parlait, quand la cloche sacrée tintait, quand s'accomplissait autour d'elle le mystère divin :

— Suis-je seulement une chrétienne, moi? se disait Andrée. Suis-je un être comme les autres, une créature pareille aux autres? M'as-tu faite pour la pitié, toi qu'on appelle Dieu souverain, arbitre de toutes choses? Toi qu'on dit juste par excellence et qui m'as toujours punie sans que j'eusse jamais péché? Toi qu'on dit le Dieu de paix et d'amour, et à qui je dois de vivre dans le trouble, les colères, les vengeances sanglantes? Toi à qui je dois d'avoir pour mon plus mortel ennemi l'homme que j'eusse aimé? Non, continua-t-elle, non, les choses de ce monde et les lois de Dieu ne me regardent pas! Sans doute ai-je été maudite avant de naître, et mise en naissant hors la loi de l'humanité.

Puis, revenant à son passé douloureux :

— Étrange! étrange! murmurait-elle. Il y a là, près de moi, un homme dont le nom seul prononcé me faisait mourir de bonheur. Si cet homme fût venu me demander pour moi-même, j'eusse été forcée de me rouler à ses pieds, de lui demander pardon pour *ma faute d'autrefois*, pour votre faute, mon Dieu! Et cet homme que j'adorais m'eût peut-être repoussée. Voilà qu'aujourd'hui cet homme m'épouse, et c'est lui qui viendra me demander pardon à genoux! Étrange! oh! oui, oui, bien étrange!

A ce moment, la voix de l'officiant frappa son oreille; elle disait :

— Jacques-Olivier de Charny, prenez-vous pour épouse Marie-Andrée de Taverney? — Oui, répondit d'une voix ferme Olivier. — Et vous, Marie-Andrée de Taverney, prenez-vous pour époux Jacques-Olivier de Charny? — Oui!... répondit Andrée avec une intonation presque sauvage qui fit frissonner la reine et tressaillir plus d'une femme dans l'auditoire.

Alors Charny passa l'anneau d'or au doigt de sa femme, et cet anneau glissa sans qu'Andrée eût senti la main qui le lui offrait.

Bientôt le roi se leva.

La messe était finie.

Tous les courtisans vinrent saluer dans la galerie les deux époux.

Monsieur de Suffren avait pris en revenant la main de sa nièce; il lui promettait, au nom d'Olivier, le bonheur qu'elle méritait d'avoir.

Andrée remercia le bailli sans se dérider un seul moment, et pria seulement son oncle de la conduire promptement au roi, pour qu'elle le remerciât, car elle se sentait faible.

En même temps une pâleur effrayante envahit son visage.

Charny la vit de loin sans oser s'approcher d'elle.

Le bailli traversa le grand salon, mena Andrée au roi, qui la baisa sur le front et lui dit :

— Madame la comtesse, passez chez la reine; Sa Majesté veut vous faire son présent de noces.

Puis, sur ces mots qu'il croyait être pleins de gracieuseté, le roi se retira, suivi de toute la cour, laissant la nouvelle mariée éperdue, désespérée, au bras de Philippe.

— Oh! murmura-t-elle, c'en est trop, c'en est trop, Philippe! Il me semblait pourtant avoir assez supporté!... — Courage, dit tout bas Philippe; encore cette épreuve, ma sœur. — Non, non, répondit Andrée, je ne le pourrais pas. Les forces d'une femme sont limitées; peut-être ferai-je ce qu'on me demande; mais, songez-y, Philippe, si *elle* me parle, si *elle* me complimente, j'en mourrai! — Vous mourrez s'il le faut, ma chère sœur, dit le jeune homme, et alors vous serez plus heureuse que moi, car je voudrais être mort!

Il prononça ces mots d'un accent tellement sombre et douloureux, qu'Andrée, comme si elle eut été déchirée par un aiguillon, s'élança en avant et pénétra chez la reine.

Olivier la vit passer; il se rangea le long des tapisseries pour ne point effleurer sa robe au passage.

Il demeura seul dans le salon avec Philippe, baissant la tête comme son beau-frère, et attendant le résultat de cet entretien que la reine allait avoir avec Andrée.

Celle-ci trouva Marie-Antoinette dans son grand cabinet.

Malgré la saison, au mois de juin, la reine s'était fait allumer du feu; elle était assise dans son fauteuil, la tête renversée en arrière, les yeux fermés, les mains jointes comme une morte.

Elle grelottait.

Madame de Misery, qui avait introduit Andrée, tira les portières, ferma les portes et sortit de l'appartement.

Andrée, debout, tremblante d'émotion et de colère, tremblante aussi de faiblesse, attendait, les yeux baissés, qu'une parole vînt à son cœur. Elle attendait la voix de la reine comme le condamné attend la hache qui doit lui trancher la vie.

Assurément si Marie-Antoinette eût ouvert la bouche en ce moment, Andrée, brisée comme elle l'était, eût succombé avant de comprendre ou de répondre.

Une minute, un siècle de cette épouvantable souffrance, s'écoula avant que la reine eût fait un mouvement.

Enfin elle se leva en s'appuyant les deux mains sur les bras de son fauteuil, et prit sur la table un papier, que ses doigts vacillants laissèrent échapper plusieurs fois.

Puis marchant comme une ombre, sans qu'on entendît d'autre bruit que le froissement de sa robe sur le tapis, elle vint, le bras étendu vers Andrée, et lui remit le papier sans prononcer une parole.

Entre ces deux cœurs, la parole était superflue : la reine n'avait pas besoin de provoquer l'intelligence d'Andrée ; Andrée ne pouvait douter un moment de la grandeur d'âme de la reine.

Toute autre eût supposé que Marie-Antoinette lui offrait un riche douaire, ou la signature d'un acte de propriété, ou le brevet de quelque charge à la cour.

Andrée devina que le papier contenait autre chose.

Elle le prit, et, sans bouger de la place qu'elle occupait, elle se mit à le lire.

Le bras de Marie-Antoinette retomba. Ses yeux se levèrent lentement sur Andrée.

« Andrée, avait écrit la reine, vous m'avez sauvée. Mon honneur me vient de vous, ma vie est à vous. Au nom de cet honneur qui vous coûte si cher, je vous jure que vous pouvez m'appeler votre sœur. Essayez, vous ne me verrez pas rougir.

« Je remets cet écrit entre vos mains; c'est le gage de ma reconnaissance; c'est la dot que je vous donne.

« Votre cœur est le plus noble de tous les cœurs; il me saura gré du présent que je vous offre.

« *Signé* : Marie-Antoinette de Lorraine
d'Autriche. »

Andrée, à son tour, regarda la reine. Elle la vit les yeux mouillés de larmes, la tête alourdie, attendant une réponse.

Elle traversa lentement la chambre, alla brûler au feu presque éteint le billet de la reine, et, saluant profondément, sans articuler une syllabe, elle sortit du cabinet.

Marie-Antoinette fit un pas pour l'arrêter, pour la suivre; mais l'inflexible comtesse, laissant la porte ouverte, alla retrouver son frère dans le salon voisin.

Philippe appela Charny, lui prit la main, qu'il mit dans celle d'Andrée, tandis que sur le seuil du cabinet, derrière la portière, qu'elle écartait de son bras, la reine assistait à cette scène douloureuse.

Charny s'en alla comme le fiancé de la mort que sa livide fiancée emmène; il s'en alla, regardant en arrière la pâle figure de Marie-Antoinette qui, de pas en pas, le vit disparaître pour toujours.

Elle le croyait du moins.

A la porte du château, deux chaises de voyage attendaient.

Andrée monta dans la première.

Et comme Charny se préparait à la suivre :

— Monsieur, dit la nouvelle comtesse, vous partez, je crois, pour la Picardie? — Oui, Madame, répondit Charny. — Et moi, je pars pour le pays où ma mère est morte, monsieur le comte. Adieu.

Charny s'inclina sans répondre.

Les chevaux emportèrent Andrée seule.

— Restez-vous avec moi pour m'annoncer que vous êtes mon ennemi? dit alors Olivier à Philippe. — Non, monsieur le comte, répliqua celui-ci; vous n'êtes pas mon ennemi, puisque vous êtes mon beau-frère.

Olivier lui tendit la main, monta à son tour dans la seconde voiture et partit.

Philippe, resté seul, tordit un moment ses bras avec l'angoisse du désespoir, et d'une voix étouffée :

— Mon Dieu, dit-il, à ceux qui font leur devoir sur la terre réservez-vous un peu de joie dans le ciel? De la joie! reprit-il assombri en regardant une dernière fois vers le château; je parle de joie!... A quoi bon!... Ceux-là seuls doivent espérer une autre vie qui retrouveront là-haut les cœurs qui les aimaient. Personne ne m'aima ici-bas, moi; je n'ai pas même comme eux la douceur de désirer la mort.

Puis il lança vers les cieux un regard sans fiel, un doux reproche de chrétien dont la foi chancelle, et disparut, comme Andrée, comme Charny, dans le dernier tourbillon de cet orage qui venait de déraciner un trône, en broyant tant d'honneurs et tant d'amours!

FIN DU COLLIER DE LA REINE.

TABLE DES MATIÈRES

		Pages.
I.	Un vieux gentilhomme et un vieux maître d'hôtel	1
II.	Lapeyrouse	7
III.	Deux femmes inconnues	30
IV.	Un intérieur	38
V.	Jeanne de La Motte de Valois	44
VI.	Bélus	53
VII.	Route de Versailles	59
VIII.	La consigne	66
IX.	L'alcôve de la reine	75
X.	Le petit lever de la reine	85
XI.	La pièce d'eau des Suisses	94
XII.	Le tentateur	100
XIII.	Le Suffren	105
XIV.	Monsieur de Charny	112
XV.	Les cent louis de la reine	118
XVI.	Maître Fingret	122
XVII.	Le cardinal de Rohan	128
XVIII.	Mesmer et Saint-Martin	138
XIX.	Le baquet	145
XX.	Mademoiselle Oliva	155
XXI.	Monsieur de Beausire	160
XXII.	L'or	164
XXIII.	La petite maison	168
XXIV.	Quelques mots sur l'Opéra	177
XXV.	Le bal de l'Opéra	179
XXVI.	Sapho	193
XXVII.	L'académie de monsieur de Beausire	197
XXVIII.	L'ambassadeur	206
XXIX.	Messieurs Bœhmer et Bossange	210
XXX.	A l'ambassade	215
XXXI.	Le marché	219
XXXII.	La maison du gazetier	224
XXXIII.	Comment deux amis deviennent ennemis	232
XXXIV.	La maison de la rue Neuve-Saint-Gilles	239
XXXV.	La tête de la famille de Taverney	247
XXXVI.	Le quatrain de monsieur de Provence	252

TABLE DES MATIÈRES.

		Pages.
XXXVII. —	La princesse de Lamballe	258
XXXVIII. —	Chez la reine	263
XXXIX. —	Un alibi	273
XL. —	Monsieur de Crosne	281
XLI. —	La tentatrice	286
XLII. —	Deux ambitions qui veulent passer pour deux amours	291
XLIII. —	Où l'on commence à voir les visages sous les masques	295
XLIV. —	Où monsieur Ducorneau ne comprend absolument rien à ce qui se passe	303
XLV. —	Illusions et réalités	309
XLVI. —	Où mademoiselle Oliva commence à se demander ce que l'on veut faire d'elle	314
XLVII. —	La maison déserte	317
XLVIII. —	Jeanne protectrice	322
XLIX. —	Jeanne protégée	326
L. —	Le portefeuille de la reine	332
LI. —	Où l'on retrouve le docteur Louis	336
LII. —	Ægri somnia	341
LIII. —	Où il est démontré que l'autopsie du cœur est plus difficile que celle du corps	345
LIV. —	Délire	351
LV. —	Convalescence	356
LVI. —	Deux cœurs saignants	361
LVII. —	Un ministère des finances	367
LVIII. —	Illusions retrouvées. — Secret perdu	371
LIX. —	Le débiteur et le créancier	377
LX. —	Comptes de ménage	381
LXI. —	Marie-Antoinette reine, Jeanne de La Motte femme	385
LXII. —	Le reçu de Bœhmer et la reconnaissance de la reine	390
LXIII. —	La prisonnière	396
LXIV. —	L'observatoire	403
LXV. —	Les deux voisines	409
LXVI. —	Le rendez-vous	414
LXVII. —	La main de la reine	420
LXVIII. —	Femme et reine	425
LXIX. —	Femme et démon	430
LXX. —	La nuit	435
LXXI. —	Le congé	440
LXXII. —	La jalousie du cardinal	446
LXXIII. —	La fuite	454
LXXIV. —	La lettre et le reçu	460
LXXV. —	Roi ne puis, prince ne daigne, Rohan je suis	464
LXXVI. —	Escrime et diplomatie	469
LXXVII. —	Gentilhomme, cardinal et reine	473
LXXVIII. —	Explications	477
LXXIX. —	L'arrestation	481
LXXX. —	Les procès-verbaux	486
LXXXI. —	Une dernière accusation	490
LXXXII. —	La demande en mariage	494
LXXXIII. —	Saint-Denis	499
LXXXIV. —	Un cœur mort	503

		Pages.
LXXXV.	— Où il est expliqué pourquoi le baron engraissait.	508
LXXXVI.	— Le père et la fiancée	512
LXXXVII.	— Après le dragon la vipère.	517
LXXXVIII.	— Comment il se fit que monsieur de Beausire, en croyant chasser le lièvre, fut chassé lui-même par les agents de M. de Crosne.	522
LXXXIX.	— Les tourtereaux sont mis en cage.	527
XC.	— La bibliothèque de la reine	532
XCI.	— Le cabinet du lieutenant de police	536
XCII.	— Les interrogatoires	541
XCIII.	— Dernier espoir perdu.	546
XCIV.	— Le baptême du petit Beausire.	551
XCV.	— La sellette	556
XCVI.	— D'une grille et d'un abbé.	561
XCVII.	— L'arrêt	566
XCVIII.	— L'exécution.	571
XCIX.	— Le mariage	585

FIN DE LA TABLE.

CLASSEMENT DES GRAVURES

DU
COLLIER DE LA REINE

Pages.
en regard du titre.

1. — Cagliostro.. 2
2. — Richelieu et son maître d'hôtel............................. 24
3. — Le dîner de monsieur de Richelieu........................... 37
4. — Deux femmes inconnues....................................... 61
5. — Route de Versailles... 70
6. — La consigne... 84
7. — L'alcôve de la reine.. 88
8. — Philippe de Taverney.. 99
9. — La pièce d'eau des Suisses.................................. 108
10. — Le bailli de Suffren....................................... 129
11. — Le cardinal de Rohan chez madame de La Motte............... 152
12. — Le baquet de Mesmer.. 161
13. — Cagliostro chez Beausire................................... 192
14. — Le bal de l'Opéra.. 195
15. — Madame de La Motte visitant sa petite maison............... 214
16. — Bœhmer et Bossange... 219
17. — A l'ambassade.. 237
18. — Duel de Philippe de Taverney et de Charny.................. 258
19. — Madame de Lamballe... 273
20. — Le comte d'Artois.. 289
21. — La tentation... 312
22. — Beausire dans la rue Dauphine.............................. 332
23. — Le portefeuille de la reine................................ 344
24. — Ægri somnia.. 356
25. — Convalescence.. 378
26. — Le débiteur et le créancier................................ 389
27. — Jeanne et le collier....................................... 404
28. — L'observatoire... 418
29. — Le rendez-vous... 429
30. — Femme et reine... 436
31. — Olivier de Charny.. 462
32. — La lettre et le reçu....................................... 479
33. — Explications... 489
34. — Les procès-verbaux... 496
35. — La demande en mariage...................................... 507
36. — Un cœur mort... 516
37. — Le père et la fiancée...................................... 526
38. — Beausire et les agents de monsieur de Crosne............... 543
39. — Monsieur le cardinal de Rohan.............................. 580
40. — L'exécution..

www.ingramcontent.com/pod-product-compliance
Lightning Source LLC
Chambersburg PA
CBHW050056230426
43664CB00010B/1340